Pielok/Starnofsky
Niedersächsisches Raumordnungsgesetz

Niedersächsisches Raumordnungsgesetz (NROG)

KOMMENTAR

von

Claudia Pielok
Regierungsoberamtsrätin,
Niedersächsisches Ministerium für Ernährung,
Landwirtschaft und Verbraucherschutz

Caroline Starnofsky
Ministerialrätin, Niedersächsisches
Ministerium für Ernährung,
Landwirtschaft und Verbraucherschutz

KSV Medien

Bearbeitung
Pielok: § 1, § 2, Vor §§ 9–13, §§ 9–13, § 18, § 20
Starnofsky: Vorbemerkung, Vor §§ 3–8, §§ 3–8, Vor §§ 14–17, §§ 14–17, § 19, § 21, § 22

FSC
www.fsc.org
MIX
Papier | Fördert gute Waldnutzung
FSC® C019821

Die Herstellung bei KSV Medien erfolgt weitgehend digital
und in dem Bewusstsein, eine möglichst ressourcenschonende
Produktion zu gewährleisten.

Bibliografische Information der Deutschen Nationalbibliothek
Die Deutsche Nationalbibliothek verzeichnet diese Publikation in der Deutschen Nationalbibliografie; detaillierte bibliografische Daten sind im Internet über http://dnb.dnb.de abrufbar.

Konrad-Adenauer-Ring 13 · 65187 Wiesbaden
info@ksv-medien.de · www.ksv-medien.de

Satz: C.H.Beck.Media.Solutions · Nördlingen
Druck: Druckerei C.H.Beck · Nördlingen

ISBN 978-3-8293-2084-9

Inhalt

FÜNFTER ABSCHNITT: **ZUSTÄNDIGKEITEN**

Abkürzungsverzeichnis

a. a. O.	=	am angegebenen Ort
ABl. EG	=	Amtsblatt der Europäischen Gemeinschaften
ABl. EU	=	Amtsblatt der Europäischen Union
Abs.	=	Absatz
AEG	=	Allgemeines Eisenbahngesetz
a. F.	=	alter Fassung
AG	=	Aktiengesellschaft
AllGO	=	Allgemeine Gebührenordnung
Alt.	=	Alternative
ARL	=	Akademie für Raumforschung und Landesplanung
Art.	=	Artikel
AWZ	=	ausschließliche Wirtschaftszone
AWZ Nordsee-ROV	=	Verordnung über die Raumordnung in der deutschen ausschließlichen Wirtschaftszone in der Nordsee
AWZ Ostsee-ROV	=	Verordnung über die Raumordnung in der deutschen ausschließlichen Wirtschaftszone in der Ostsee
BAG	=	Bundesarbeitsgericht
BAGE	=	Entscheidungen des Bundesarbeitsgerichts
BAnz.	=	Bundesanzeiger
BauGB	=	Baugesetzbuch
BauR	=	Baurecht – Zeitschrift für das gesamte öffentliche und zivile Baurecht
BayLplG	=	Bayerisches Landesplanungsgesetz
Bd.	=	Band
BeckRS	=	Beck Rechtsprechungssammlung (Online)
Bek.	=	Bekanntmachung
BGB	=	Bürgerliches Gesetzbuch
BGBl.	=	Bundesgesetzblatt
BGH	=	Bundesgerichtshof
BImSchG	=	Bundes-Immissionsschutzgesetz
Bln-Bbg	=	Berlin-Brandenburg
BMVI	=	Bundesministerium für Verkehr und digitale Infrastruktur
BNetzA	=	Bundesnetzagentur
BRS	=	Baurechtssammlung
Beschl.	=	Beschluss
BSH	=	Bundesamt für Seeschifffahrt und Hydrographie
bspw.	=	beispielsweise
BT-Drs.	=	Bundestagsdrucksache
Buchst.	=	Buchstabe
BVerfG	=	Bundesverfassungsgericht
BVerfGE	=	Entscheidungen des Bundesverfassungsgerichts
BVerwG	=	Bundesverwaltungsgericht
BVerwGE	=	Entscheidungen des Bundesverwaltungsgerichts
BW	=	Baden-Württemberg

BWaldG	=	Bundeswaldgesetz
bzw.	=	beziehungsweise
ca.	=	circa
d. h.	=	das heißt
DÖV	=	Die öffentliche Verwaltung – Zeitschrift für öffentliches Recht
DSGVO	=	Datenschutz-Grundverordnung
DVBl	=	Deutsches Verwaltungsblatt
EG	=	Europäische Gemeinschaft
EGovG	=	Gesetz zur Förderung der elektronischen Verwaltung – E-Government-Gesetz
EnWG	=	Energiewirtschaftsgesetz
Erl.	=	Erläuterung, Erläuterungen
ETZ	=	Europäische territoriale Zusammenarbeit
EU	=	Europäische Union
EuGH	=	Europäischer Gerichtshof
EU-Notfallverordnung	=	Verordnung (EU) 2022/2577 des Rates vom 22.12.2022 zur Festlegung eines Rahmens für einen beschleunigten Ausbau der Nutzung erneuerbarer Energien (ABl.EU 2022 Nr. L 335/36)
ff.	=	folgende
FFH-Richtlinie	=	sog. Fauna-Flora-Habitat-Richtlinie; Richtlinie 92/43/EWG des Rates vom 21.5.1992 zur Erhaltung der natürlichen Lebensräume sowie der wild lebenden Tiere und Pflanzen (ABl. Nr. L 206 S. 7), zuletzt geändert durch Art. 1 der Änderungsrichtlinie 2006/105/EG vom 20.11.2006 (ABl. Nr. L 363 S. 368)
FIS-RO	=	Fachinformationssystem Raumordnung
FlurbG	=	Flurbereinigungsgesetz
FStrG	=	Bundesfernstraßengesetz
GDI	=	Geodateninfrastruktur
GDI-DE	=	Geodateninfrastruktur Deutschland
GDI-NI	=	Geodateninfrastruktur Niedersachsen
GeROG	=	Gesetz zur Neufassung des Raumordnungsgesetzes und zur Änderung anderer Vorschriften
GG	=	Grundgesetz
ggf.	=	gegebenenfalls
GGO	=	Gemeinsame Geschäftsordnung der Landesregierung und der Ministerien in Niedersachsen
GIS	=	Geografisches Informationssystem
GMBl.	=	Gemeinsames Ministerialblatt
GVBl.	=	Gesetz- und Verordnungsblatt
Halbs.	=	Halbsatz
HessVGH	=	Hessischer Verwaltungsgerichtshof
HLPG	=	Hessisches Landesplanungsgesetz
Hrsg.	=	Herausgeber
HTTP	=	Hypertext Transfer Protocol
IBR	=	Immobilien- & Baurecht
i. d. R.	=	in der Regel
IfSG	=	Infektionsschutzgesetz

IKZM	=	Integriertes Küstenzonenmanagement
INSPIRE	=	Infrastructure for Spatial Information in Europe
i. S. des	=	im Sinne des
i. S. v.	=	im Sinne von
i. V. m.	=	in Verbindung mit
juris	=	Juristisches Informationssystem für die Bundesrepublik Deutschland (Online)
JZ	=	JuristenZeitung
KrWG	=	Kreislaufwirtschaftsgesetz
KSpG	=	Kohlendioxid-Speicherungsgesetz
KVR-NKomVG	=	Blum, Peter/Baumgarten, Torsten/Freese, Herbert/Göke, Wolfgang/Groseck, Oliver/Grunwald, Ekkehard/Häusler, Bernd/Höptner, Richard/Mehlhorn, Lutz/Menzel, Andreas/Meyer, Hubert/Mielke, Jörg/Miller, Dennis/Rose, Joachim/Schwind, Joachim/Smollich, Thomas/Wefelmeier, Christian Kommunalverfassungsrecht Niedersachsen, Kommentare, Texte, 2017
LPlG BaWü	=	Landesplanungsgesetz Baden-Württemberg
LEP	=	Landesentwicklungsprogramm
LKV	=	Landes- und Kommunalverwaltung, Verwaltungsrechts-Zeitschrift für die Länder Berlin, Brandenburg, Sachsen, Sachsen-Anhalt, Thüringen
LROP	=	Landes-Raumordnungsprogramm
LROP-VO	=	Verordnung über das Landes-Raumordnungsprogramm
Ls.	=	Leitsatz
LSA	=	Sachsen-Anhalt
LT-Drs.	=	Landtagsdrucksache
LuftVG	=	Luftverkehrsgesetz
MBl. NRW	=	Ministerialblatt für das Land Nordrhein-Westfalen
Mio.	=	Millionen
MKRO	=	Ministerkonferenz für Raumordnung
ML	=	Ministerium für Ernährung, Landwirtschaft und Verbraucherschutz
MRO	=	maritime Raumordnung
MRO-Richtlinie	=	Richtlinie 2014/89/EU des Europäischen Parlaments und des Rates vom 23.7.2014 zur Schaffung eines Rahmens für die maritime Raumplanung (ABl. L 257 S. 135)
m. w. N.	=	mit weiteren Nennungen
NABEG	=	Netzausbaubeschleunigungsgesetz
NAbfG	=	Niedersächsisches Abfallgesetz
NAGBNatSchG	=	Niedersächsisches Ausführungsgesetz zum Bundesnaturschutzgesetz
NBank	=	Investitions- und Förderbank Niedersachsen
NBankG	=	Gesetz über die Investitions- und Förderbank Niedersachsen
NBauO	=	Niedersächsische Bauordnung
NDIG	=	Niedersächsisches Gesetz über digitale Verwaltung und Informationssicherheit
NDSG	=	Niedersächsisches Datenschutzgesetz
Nds. AG VwGO	=	Niedersächsisches Ausführungsgesetz zur Verwaltungsgerichtsordnung *(außer Kraft getreten)*

Nds. ERVVO-Justiz	=	Niedersächsische Verordnung über den elektronischen Rechtsverkehr in der Justiz
Nds. GVBl.	=	Niedersächsisches Gesetz- und Verordnungsblatt
Nds. MBl.	=	Niedersächsisches Ministerialblatt
NdsOVG	=	Niedersächsisches Oberverwaltungsgericht
Nds. SOG	=	Niedersächsisches Gesetz über die öffentliche Sicherheit und Ordnung
n. F.	=	neue Fassung
NGöGD	=	Niedersächsisches Gesetz über den öffentlichen Gesundheitsdienst
NHG	=	Niedersächsisches Hochschulgesetz
NJW	=	Neue juristische Wochenschrift
NJG	=	Niedersächsisches Justizgesetz
NKatSG	=	Niedersächsisches Katastrophenschutzgesetz
NKomVG	=	Niedersächsisches Kommunalverfassungsgesetz
NKomZG	=	Niedersächsisches Gesetz über die kommunale Zusammenarbeit
Nr.	=	Nummer
Nrn.	=	Nummern
NordÖR	=	Zeitschrift für Öffentliches Recht in Norddeutschland
NROG	=	Niedersächsisches Raumordnungsgesetz
NROG-2007	=	Niedersächsisches Gesetz über Raumordnung und Landesplanung vom 7.6.2007 (Nds. GVBl. S. 223)
NROG-2012	=	Niedersächsisches Raumordnungsgesetz vom 18.7.2012 (Nds. GVBl. S. 252)
NRW	=	Nordrhein-Westfalen
NStrG	=	Niedersächsisches Straßengesetz
NUIG	=	Niedersächsisches Umweltinformationsgesetz
NuR	=	Natur und Recht
NUVPG	=	Niedersächsisches Gesetz über die Umweltverträglichkeitsprüfung
NV	=	Niedersächsische Verfassung
n. v.	=	nicht veröffentlicht
NVwKostG	=	Niedersächsisches Verwaltungskostengesetz
NVwVG	=	Niedersächsisches Verwaltungsvollstreckungsgesetz
NVwVfG	=	Niedersächsisches Verwaltungsverfahrensgesetz
NVwZ	=	Neue Zeitschrift für Verwaltungsrecht
NVwZ-Beil.	=	Neue Zeitschrift für Verwaltungsrecht, Beilage
NVwZ-RR	=	Neue Zeitschrift für Verwaltungsrecht – Rechtsprechungsreport
NWaldLG	=	Niedersächsisches Gesetz über den Wald und die Landschaftsordnung
NWindG	=	Niedersächsisches Gesetz zur Umsetzung des Windenergieflächenbedarfsgesetzes und über Berichtspflichten – Windenergieflächenbedarfsgesetz
NWVBl.	=	Nordrhein-Westfälische Verwaltungsblätter
NZBau	=	Neue Zeitschrift für Baurecht und Vergaberecht
o. a.	=	oben angeführt
o. Ä.	=	oder ähnlich
o. g.	=	oben genannt
openJur	=	OpenJur freie juristische Datenbank (Online)

OVG	=	Oberverwaltungsgericht
OVG Saarl	=	Saarländisches Oberverwaltungsgericht
PBefG	=	Personenbeförderungsgesetz
PDF	=	Portable Document Format (deutsch: transportables Dokumentenformat)
PlanSiG	=	Gesetz zur Sicherstellung ordnungsgemäßer Planungs- und Genehmigungsverfahren während der COVID-19-Pandemie – Planungssicherstellungsgesetz
qm	=	Quadratmeter
qkm	=	Quadratkilometer
RdE	=	Recht der Energiewirtschaft
RdErl.	=	Runderlass
RED III	=	Richtlinie (EU) 2023/2413 des Europäischen Parlaments und des Rates vom 18.10.2023 zur Änderung der Richtlinie (EU) 2018/2001, der Verordnung (EU) 2018/1999 und der Richtlinie 98/70/EG im Hinblick auf die Förderung von Energie aus erneuerbaren Quellen und zur Aufhebung der Richtlinie (EU) 2015/652 des Rates, ABl. L vom 31.10.2023
Rn.	=	Randnummer
Rdn.	=	Randnummer
RdNr.	=	Randnummer
ROG-2008	=	Raumordnungsgesetz vom 22.11.2008 (BGBl. I S. 2986)
ROG	=	Raumordnungsgesetz
ROK	=	Raumordnungskataster
ROK-OS	=	Objektarten- und Signaturenkatalog für das Raumordnungskataster
RROP	=	Regionales Raumordnungsprogramm, Regionale Raumordnungsprogramme
RoV	=	Raumordnungsverordnung
RuR	=	Raumforschung und Raumordnung
S.	=	Seite
s.	=	siehe
SächsOVG	=	Sächsisches Oberverwaltungsgericht
SH	=	Schleswig-Holstein
sog.	=	so genannt
StandAG	=	Standortauswahlgesetz
s. o.	=	siehe oben
s. u.	=	siehe unten
SUP	=	Strategische Umweltprüfung
SUP-Richtlinie	=	Richtlinie 2001/42/EG des Europäischen Parlaments und des Rates vom 21.7.2001 über die Prüfung der Umweltauswirkungen bestimmter Pläne und Programme (ABl. L 197, S. 30)
ThürLPlG	=	Thüringer Landesplanungsgesetz
u. a.	=	unter anderem
UIG	=	Umweltinformationsgesetz
UK	=	Unterkommission
UmwRG	=	Umwelt-Rechtsbehelfsgesetz

UN ECE	=	United Nations Economic Commission for Europe (deutsch: Wirtschaftskommission für Europa der Vereinten Nationen)
UNESCO	=	United Nations Educational, Scientific and Cultural Organization (deutsch: Organisation der Vereinten Nationen für Erziehung, Wissenschaft und Kultur)
UPR	=	Umwelt- und Planungsrecht – Zeitschrift für Wissenschaft und Praxis
UrhG	=	Gesetz über Urheberrecht und verwandte Schutzrechte – Urheberrechtsgesetz
Urt.	=	Urteil
UVP	=	Umweltverträglichkeitsprüfung
UVPG	=	Gesetz über die Umweltverträglichkeitsprüfung
UVP-Richtlinie	=	Richtlinie 2011/92/EU des Europäischen Parlaments und des Rates vom 13. Dezember 2011 über die Umweltverträglichkeitsprüfung bei bestimmten öffentlichen und privaten Projekten (ABl. L 26, S. 1), geändert durch Richtlinie 2014/52/EU des Europäischen Parlaments und des Rates vom 16.4.2014 (ABl. L 124, S. 1)
VerfVO-RROP	=	Verordnung über die Aufstellung der Regionalen Raumordnungsprogramme
VG	=	Verwaltungsgericht
VGH	=	Verwaltungsgerichtshof
vgl.	=	vergleiche
VO	=	Verordnung
VV-NROG/ROG – RROP	=	RdErl. des Niedersächsischen Ministeriums für Ernährung, Landwirtschaft und Verbraucherschutz vom 25. August 2025, Verwaltungsvorschriften zum ROG und NROG zur Genehmigung Regionaler Raumordnungsprogramme (RROP) und Ausübung der Rechtsaufsicht (Nds. MBl. 2025, Nr. 440)
VV-ROG/NROG-RVP	=	RdErl. des Niedersächsischen Ministeriums für Ernährung, Landwirtschaft und Verbraucherschutz vom 2. September 2025, Verwaltungsvorschriften zum ROG und NROG für die Raumverträglichkeitsprüfung von Vorhaben (VV-ROG/NROG-RVP) (Nds. MBl. 2025, Nr. 466)
VV-ROG/NROG – Untersagung	=	RdErl. des Niedersächsischen Ministeriums für Ernährung, Landwirtschaft und Verbraucherschutz vom 25. Juni 2024, Verwaltungsvorschriften zum ROG und zum NROG für die Untersagung raumbedeutsamer Planungen und Maßnahmen, Nds. MBl. 2024, Nr. 283
VV-ROG/NROG – ZAV	=	RdErl. des Niedersächsischen Ministeriums für Ernährung, Landwirtschaft und Verbraucherschutz vom 25. Juni 2024, Verwaltungsvorschriften zum ROG und zum NROG für die Durchführung von Zielabweichungsverfahren (Nds. MBl. 2024, Nr. 282), geändert durch RdErl. vom 13. November 2025 (Nds. MBl. 2025, Nr. 544)
VwGO	=	Verwaltungsgerichtsordnung
VwVfG	=	Verwaltungsverfahrensgesetz
VwZG	=	Verwaltungszustellungsgesetz
WHG	=	Wasserhaushaltsgesetz
WMS	=	Web Map Services
XML	=	Extensible Markup Language (deutsch: erweiterbare Auszeichnungssprache)
z. B.	=	zum Beispiel

ZfBR	=	Zeitschrift für deutsches und internationales Bau- und Vergaberecht
Ziff.	=	Ziffer
ZNER	=	Zeitschrift für Neues Energierecht
ZVS	=	Zeichenvorschriftscode
ZUR	=	Zeitschrift für Umweltrecht

Literaturverzeichnis

Akademie für Raumforschung und Landesplanung, Handwörterbuch der Raumordnung, 4. Aufl. 2005

Appel, Markus, Bundesfachplanung versus landesplanerische Ziele der Raumordnung – Was hat Vorrang?, NVwZ 2013 S. 457

Balla, Stefan/Sangenstedt, Christof, Umweltverträglichkeitsprüfung in beschleunigten Zeiten – Gedanken zur funktionalen Auslegung und effektiven Anwendung des UVPG sowie zur möglichen Weiterentwicklung des UVP-Rechts – Teil 2, ZUR 2023 S. 476

Battis, Ulrich/Kersten, Jens, Die Raumordnung nach der Föderalismusreform, DVBl 2007 S. 152

Bielenberg, Walter/Runkel, Peter/Spannowsky, Willy/Reitzig, Frank/Schmitz, Holger (zit.: Bearbeiter in Bielenberg/Runkel/Spannowsky), Raumordnungs- und Landesplanungsrecht des Bundes und der Länder, Stand Juni 2024

Blum, Peter/Baumgarten, Torsten/Freese, Herbert/Göke, Wolfgang/Groseck, Oliver/Grunwald, Ekkehard/Häusler, Bernd/Höptner, Richard/Mehlhorn, Lutz/Menzel, Andreas/Meyer, Hubert/Mielke, Jörg/Miller, Dennis/Rose, Joachim/Schwind, Joachim/Smollich, Thomas/Wefelmeier, Christian (zit: Bearbeiter in KVR-NKomVG), Kommunalverfassungsrecht Niedersachsen, Kommentare, Texte, 44. Nachlieferung Mai 2017

Brügelmann, Herrmann (Hrsg., zit. Bearbeiter in Brügelmann) Baugesetzbuch, 102. Lieferung April 2024

Bundesministerium für Verkehr und digitale Infrastruktur (BMVI), Handbuch für eine gute Bürgerbeteiligung, März 2014

Bundesministerium für Verkehr und digitale Infrastruktur (BMVI), Innovationsforum Planungsbeschleunigung – Abschlussbericht, März 2017

Cholewa, Werner/Dyong, Hartmut/von der Heide, Hans-Jürgen/Arenz, Willi (zit. Bearbeiter in Cholewa/Dyong/von der Heide/Arenz), Raumordnung in Bund und Ländern, Kommentar und Vorschriftensammlung, 22. Lieferung / 5. Aufl. Juni 2024

Decker, Andreas, Die förmliche Öffentlichkeitsbeteiligung im Bauleitplanverfahren über das Internet nach dem neuen § 4a Abs. 4 Satz 1 BauGB, ZfBR 2018 S. 325

Degenhart, Christoph, Die Neuordnung der Gesetzgebungskompetenzen durch die Föderalismusreform, NVwZ 2006 S. 1209

DBD- Deutsche Bibliotheksstatistik (https://www.bibliotheksstatisitk.de)

Deutscher Bundesrat – BR-Plenarprotokoll 989 vom 15.5.2020 – BR-Drs. 396/24 vom 16.8.24 Gesetzentwurf der Bundesregierung – Entwurf eines Gesetzes zur Umsetzung der Richtlinie (EU) 2023/2413 in den Bereichen Windenergie an Land und Solarenergie sowie für Energiespeicher am selben Standort

Deutscher Bundesrat – BR-Drs. 369/23 zu Fünftes Gesetz zur Änderung verwaltungsverfahrensrechtlicher Vorschriften sowie zur Änderung des Sechsten Buches des Sozialgesetzbuchs (5. VwVfGÄndG) vom 4.12.2023

Deutscher Bundesrat – BR-Drs. 396/24 Gesetzentwurf der Bundesregierung – Entwurf eines Gesetzes zur Umsetzung der Richtlinie (EU) 2023/2413 in den Bereichen Windenergie an Land und Solarenergie sowie für Energiespeicheranlagen am selben Standort vom 16.8.2024

Deutscher Bundesrat – BR-Drs. 329/25 Gesetzesbeschluss des Deutschen Bundestages Gesetz zur Umsetzung von Vorgaben der Richtlinie (EU) 2023/2413 für Zulassungsverfahren nach dem Bundes-Immissionsschutzgesetz und nach dem Wasserhaushaltsgesetz sowie für Planverfahren nach dem Baugesetzbuch und dem Raumordnungsgesetz, zur Änderung des Bundeswasserstraßengesetzes und zur Änderung des Windenergieflächenbedarfsgesetzes vom 10.7.2025

Deutscher Bundestag – BT-Drs. 13/6392 vom 4.12.1996 Gesetzentwurf der Bundesregierung – Entwurf eines Gesetzes zur Änderung des Baugesetzbuches und zur Neuregelung des Rechts der Raumordnung (Bau- und Raumordnungsgesetz 1998 – BauROG) Gesetzentwurf der Bundesregierung – Entwurf eines Gesetzes zur Änderung des Baugesetzbuches und zur Neuregelung des Rechts der Raumordnung (Bau- und Raumordnungsgesetz 1998 – BauROG) – BT-Drs. 16/813 vom 7.3.2006 Gesetzentwurf der Fraktionen der CDU/CSU und SPD – Entwurf eines Gesetzes zur Änderung des Grundgesetzes (Art. 22, 23, 33, 52, 72, 73, 74, 74a, 75, 84, 85, 87c, 91a, 91b, 93, 98, 104a, 104b, 105, 107, 109, 125a, 125b, 125c, 143c) – BT-Drs. 16/2069 vom 29.6.2006 Bericht des Rechtsausschusses (6. Ausschuss)a) zu dem Gesetzentwurf der Fraktionen der CDU/CSU und SPD – BT-Drs. 16/10292 vom 22.9.2008 Gesetzentwurf der Bundesregierung – Entwurf eines Gesetzes zur Neufassung des Raumordnungsgesetzes und zur Änderung anderer Vorschriften (GeROG) – BT-Drs. 18/9526 vom 5.9.2016 Gesetzentwurf der Bundesregierung – Entwurf eines Gesetzes zur Anpassung des Umwelt-Rechtsbehelfsgesetzes und anderer Vorschriften an europa- und völkerrechtliche Vorgaben – BT-Drs. 18/10883 vom 18.1.2017 Gesetzentwurf der Bundesregierung – Entwurf eines Gesetzes zur Änderung raumordnungsrechtlicher Vorschriften – BT-Drs. 18/11499 vom 13.3.2017 Gesetzentwurf der Bundesregierung – Entwurf eines Gesetzes zur Modernisierung des Rechts der Umweltverträglichkeitsprüfung – BT-Drs. 19/7375 vom 28.1.2019 Gesetzentwurf der Bundesregierung – Entwurf eines Gesetzes zur Beschleunigung des Energieleitungsausbaus – BT-Drs. 19/18965) vom 5.5.2020 Gesetzentwurf der Fraktionen der CDU/CSU und SPD – Entwurf eines Gesetzes zur Sicherstellung ordnungsgemäßer Planungs- und Genehmigungsverfahren während der COVID-19-Pandemie (Planungssicherstellungsgesetz – PlanSiG) – BT-Drs. 19/22139 vom 4.9.2020 Gesetzentwurf der Bundesregierung zur Beschleunigung von Investitionen – BT-Drs. 19/26174 vom 26.1.2021 Gesetzentwurf der Fraktionen CDU/CSU und SPD – Entwurf eines Gesetzes zur Verlängerung der Geltungsdauer des Planungssicherstellungsgesetzes – BT-Drs. 20/3497 vom 20.9.2022 Gesetzentwurf Fraktion BÜNDNIS 90/DIE GRÜNEN, Fraktion der FDP, Fraktion der SPD – Entwurf eines Gesetzes zur Änderung des Energiesicherungsgesetzes und anderer energiewirtschaftlicher Vorschriften – BT-Drs. 20/4823 vom 7.12.2022 Gesetzentwurf der Bundesregierung – Entwurf eines Gesetzes zur Änderung des Raumordnungsgesetzes und anderer Vorschriften (ROGÄndG) – BT-Drs. 20/5830 vom 1.3.2023 – Beschlussempfehlung und Bericht zum Entwurf eines Gesetzes zur Änderung des Raumordnungsgesetzes und anderer Vorschriften (ROGÄndG) – BT-Drs. 20/11226 vom 29.4.2024 Gesetzentwurf der Bundesregierung – Entwurf eines Gesetzes zur Umsetzung der EU-Erneuerbaren-Richtlinie in den Bereichen Windenergie auf See und Stromnetze und zur Änderung des Bundesbedarfsplangesetzes

Deutscher Bundestag – BT-Drs. 20/2355 vom 21.6.2022 Gesetzentwurf der Fraktionen SPD, BÜNDNIS 90/DIE GRÜNEN und FDP – Entwurf eines Gesetzes zur Erhöhung und Beschleunigung des Ausbaus von Windenergieanlagen an Land

Deutscher Bundestag – BT-Drs. 21/568 vom 24.6.2025 Gesetzentwurf der Fraktionen der CDU/CSU und SPD Entwurf eines Gesetzes zur Umsetzung von Vorgaben der Richtline (EU) 2023/2413 für Zulassungsverfahren nach dem Bundes-Immissionsschutzgesetz und dem Wasserhaushaltsgesetz, zur Änderung des Bundeswasserstraßengesetzes, zur Änderung des Windenergieflächenbedarfsgesetzes und zur Änderung des Baugesetzbuchs

Deutscher Bundestag – BT-Drs. 21/797 vom 8.7.2025 Beschlussempfehlung und Bericht des Ausschusses für Umwelt, Klimaschutz, Naturschutz und nukleare Sicherheit (16. Ausschuss) zu dem Gesetzentwurf der Fraktionen der CDU/CSU und SPD

Durinke, Peter/Elgeti, Till, Digitalisierung der Öffentlichkeitsbeteiligung – die Integration des PlanSiG in das VwVfG, NVwZ 2024 S. 112

Durner, Wolfgang, Vollzugs- und Verfassungsfragen des NABEG, NuR 2012 S. 369

Eckhardt, Golo, Die Novelle des Raumordnungsgesetzes, NVwZ 2023 S. 1777

Epping, Volker/Hillgruber, Christian (zit. Bearbeiter in Epping/Hillgruber), Grundgesetz Beck'scher Online-Kommentar, 33. Edition Stand: 1.6.2017

Erbguth, Wilfried, Energiewende: großräumige Steuerung der Elektrizitätsversorgung zwischen Bund und Ländern, NVwZ 2012 S. 326

Erbguth, Wilfried, Eignungsgebiete als Ziele der Raumordnung?, DVBl 1998 S. 209

Ernst, Werner/Zinkahn, Willy/Bielenberg, Walter/Krautzberger, Michael (zit. Bearbeiter in Ernst/Zinkahn/Bielenberg), Kommentar zum Baugesetzbuch, Stand Januar 2024

Gatz, Stephan/Tyczewski, Thomas/Baars, Anja, Regenerative Energien in der Verwaltungs- und Gerichtspraxis, 4. Aufl. 2024

Greiving, Stefan, Der Raumordnerische Vertrag als Instrument zur Absicherung von Kooperationen im zentralörtlichen System, Raumforschung und Raumordnung (RuR) 2003 S. 371

Grünberger, Tom/Zschiesche, Michael, Öffentlichkeitsbeteiligung und Planungsbeschleunigung – Versuch einer ersten Bilanz der 20. Legislatur aus Umweltsicht, NuR 2024 S. 735

Haug, Volker, Die Abweichungsgesetzgebung – ein Kuckucksei der Föderalismusreform?, DÖV 2008 S. 851

Hoppe, Werner, Kompetenz-Debakel für die „Raumordnung" durch die Föderalismusreform infolge des uneingeschränkten Abweichungsrechts der Länder?, DVBl 2007 S. 144

Ipsen, Jörn, Die Kompetenzverteilung zwischen Bund und Ländern nach der Föderalismusnovelle, NJW 2006 S. 2801

Kment, Martin, Bundesfachplanung von Trassenkorridoren für Höchstspannungsleitungen – Grundlegende Regelungselemente des NABEG, NVwZ 2015 S. 616

Kment, Martin (zit. Bearbeiter in Kment), Raumordnungsgesetz mit Landesplanungsrecht, 1. Aufl. 2019

Kopp, Ferdinand O./Schenke, Wolf-Rüdiger (zit. Bearbeiter in Kopp/Schenke), Verwaltungsgerichtsordnung, 23. Aufl. 2017

Kopp, Ferndinand O./Ramsauer, Ulrich/Tegethoff, Carsten/Wysk, Peter (zit. Bearbeiter in Kopp/Ramsauer), Verwaltungsverfahrensgesetz, 18. Aufl. 2017

Kukk, Alexander, Stolpersteine der Veröffentlichung im Internet – praktische Hinweise zum (vermeintlichen) Ende der analogen Auslegung von Bauleitplanentwürfen –, DVBl. 2024, S. 275

Kümper, Boas, Bundesfachplanungen haben grundsätzlich Vorrang vor Landesplanungen – Zur Auslegung des § 15 Abs. 1 Satz 2 NABEG, RdE 2014 S. 320

Kümper, Boas, Das Verhältnis der Bundesfachplanung nach §§ ff. NABEG zur Raumordnung der Länder, NVwZ 2014 S. 1409

Kümper, Boas, Nochmals: Bundesfachplanung für Höchstspannungsleitungen und räumliche Gesamtplanung, NVwZ 2015 S. 1486

Kümper, Boas, Außenbereichsplanung und Zulassungsrecht – Zum Umgang mit divergierenden planerischen Festlegungen bei der Zulassung von Außenbereichsvorhaben, NWVBl. 2019 S. 139

Kümper, Boas, Quantitative Vorgaben zur Reduzierung des kommunalen Flächenverbrauchs durch Raumordnungsziele, DÖV 2021 S. 155

Landmann, Robert von/Rohmer, Gustav, Hrsg. Martin Beckmann, Wolfgang Durner, Thomas Mann, Marc Röckinghausen (zit. Bearbeiter in Landmann/Rohmer), Umweltrecht, 83. Ergänzungslieferung Mai 2017, beck-online

Maunz, Theodor/Dürig, Günter (zit. Bearbeiter in Maunz/Dürig), Grundgesetz-Kommentar, 79. Ergänzungslieferung Dezember 2016; 92. EL August 2020

Meurers, David, Wind-an-Land-Gesetz: Einführung in die Neuordnung des Planungsrechts zur Ausweisung von Windenergiegebieten, UPR 2023 S. 41

Ministerkonferenz für Raumordnung – „Neuregelung der bundesstaatlichen Kompetenzordnung", Beschluss vom 13.10.2003 (Geschäftsstelle der MKRO beim Bundesministerium für Verkehr und digitale Infrastruktur, Berlin) – „Verstärkte Nutzung regenerativer Energien und Ausbau der Netze (Positionspapier zu praxisorientierten Prüfmaßstäben für die Raumverträglichkeitsprüfung nach § 5 NABEG)", Umlaufbeschluss vom 6.2.2013 (Geschäftsstelle der MKRO beim Bundesministerium für Verkehr und digitale Infrastruktur, Berlin) – MKRO- Entschließung „Zentrale Orte" vom 9.3.2016, https://www.bmvi.de/SharedDocs/DE/Anlage/Raumentwicklung/41-mkro-beschluss-entschliessung-zentrale-orte.pdf?__blob=publicationFile

Mitschang, Stephan, Netzausbau und räumliche Gesamtplanung, UPR 2015 S. 1

Niedersächsischer Landesbetrieb für Wasserwirtschaft, Küsten- und Naturschutz, Jahresbericht 2014, Mai 2015

Niedersächsischer Landtag – LT-Drs. 12/4761 vom 6.4.1993 Gesetzentwurf der Landesregierung (Landesministerium) – Zweites Gesetz zur Änderung des Niedersächsischen Gesetzes über Raumordnung und Landesplanung – LT-Drs. 14/1450 vom 1.3.2000 Gesetzentwurf der Landesregierung – Entwurf eines Niedersächsischen Gesetzes über Raumordnung und Landesplanung (NROG) – LT-Drs. 15/3270 vom 31.10.2006 Gesetzentwurf der Landesregierung – Entwurf eines Gesetzes zur Änderung raumordnungsrechtlicher Vorschriften – LT-Drs. 16/4476 vom 14.2.2012 Gesetzentwurf der Landesregierung – Entwurf eines Gesetzes zur Neuordnung des niedersächsischen Raumordnungsrechts – LT-Drs. 17/1467 vom 30.4.2014 Gesetzentwurf der Landesregierung – Gesetz zur Übertragung weiterer Zuständigkeiten auf die Ämter für regionale Landesentwicklung und zur Änderung des Gesetzes über die Investitions- und Förderbank Niedersachsen – LT-Drs. 17/5290 vom 1.3.2016 Gesetzentwurf der Fraktionen der SPD, Bündnis 90/Die Grünen und der FDP – Gesetz zur institutionellen Stärkung und Weiterentwicklung des Zweckverbandes „Großraum Braunschweig– LT-Drs. 17/7472 vom 27.2.2017 Schriftlicher Bericht zum Entwurf eines Gesetzes zur institutionellen Stärkung und Weiterentwicklung des Zweckverbandes „Großraum Braunschweig" – LT-Drs. 17/8171 vom

29.5.2017 Gesetzentwurf der Landesregierung – Gesetz zur Änderung des Niedersächsischen Raumordnungsgesetzes – LT-Drs. 18/4777 vom 9.10.2019 Gesetzentwurf der Landesregierung – Entwurf eines Gesetzes zur Änderung des Niedersächsischen Raumordnungsgesetzes – LT-Drs. 18/5905 vom 24.2.2020 Schriftlicher Bericht zum Entwurf eines Gesetzes zur Änderung des Niedersächsischen Raumordnungsgesetzes – LT-Drs. 18/7034 vom 24.2.2020 – Schriftlicher Bericht zum Entwurf eines Gesetzes zur Änderung des Niedersächsischen Raumordnungsgesetzes – LT-Drs. 18/9620 vom 1.7.2021 Gesetzentwurf der Landesregierung – Entwurf eines Gesetzes zur Änderung des Niedersächsischen Raumordnungsgesetzes – LT-Drs. 18/10063 vom 12.10.2021 Schriftlicher Bericht zum Entwurf eines Gesetzes zur Änderung des Niedersächsischen Raumordnungsgesetzes – LT-Drs. 18/11430 vom 6.10.2022 – Ergänzender schriftlicher Bericht zum Entwurf eines Gesetzes zur Änderung des Niedersächsischen Gesetzes zur Förderung des Klimaschutzes und zur Minderung der Folgen des Klimawandels (Niedersächsisches Klimagesetz – NKlimaG) sowie zur Änderung weiterer Gesetze – LT-Drs. 19/2630 vom 19.10.2023 Gesetzentwurf der Landesregierung – Entwurf eines Gesetzes zur Steigerung des Ausbaus von Windenergieanlagen an Land und von Freiflächen-Photovoltaikanlagen sowie zur Änderung raumordnungsrechtlicher Vorschriften – LT-Drs. 19/3094 vom 11.12.2023 Schriftlicher Bericht zum Entwurf eines Gesetzes zur Verbesserung des Klimaschutzes

Niedersächsischer Landtag – LT-Drs. 19/2630 vom 19.10.2023 Entwurf eines Gesetzes zur Steigerung des Ausbaus von Windenergieanlagen an Land und von Freiflächen-Photovoltaikanlagen sowie zur Änderung raumordnungsrechtlicher Vorschriften

Niedersächsisches Ministerium für Ernährung, Landwirtschaft und Verbraucherschutz, Arbeitshilfe für die Ausweisung von Windenergiegebieten in Regionalen Raumordnungsprogrammen, Stand September 2025, www.ml.niedersachsen.de

Raschke, Marcel, Feststellung über das Erreichen der Flächenziele – Praxisrelevante Fragestellungen und rechtliche Einordnung von § 5 Abs. 1 und Abs. 2 WindBG, Fachagentur Windenergie an Land e. V., Januar 2024

Ritter, Ernst-Hasso, Das uneingeschränkte Abweichungsrecht nach Art. 72 Abs. 3 GG, Nachrichten der ARL 2006 Heft 3 S. 12

Ruge, Reinhard, Das Planungssicherstellungsgesetz (PlanSiG) – Digitalisierung der Öffentlichkeitsbeteiligung von Planungsverfahren in der COVID-19-Pandemie, ZUR 2020 S. 481

Sachs, Michael, Grundgesetz Kommentar, 7. Aufl. 2014

Sailer, Frank/Militz, Saskia, Das überragende öffentliche interesse und die öffentliche Sicherheit nach § 2 EEG 2023, Würzburger Studien zum Umweltenergierecht, Stiftung Umweltenergierecht 2023

Schaller, Werner/Henrich, Marius, Aktuelle Rechtsfragen der Bundesfachplanung, UPR 2014 S. 361

Schink, Alexander, Die Bedeutung des UVP-Gesetzes des Bundes für die Kommunen, NVwZ 1991 S. 935

Schlacke, Sabine, Bundesfachplanung für Höchstspannungsleitungen – Der Schutz von Natur und Landschaft in der SUP und der fachplanerischen Abwägung, NVwZ 2015 S. 626

Schlacke, Sabine, Wiemann, Arno, Berühren der „Grundzüge der Planung" bei Repoweringvorhaben, Fachagentur Windenergie an Land, Dezember 2023

Schmidt-Eichstaedt, Gerd, Zur Methodik und Wirkung der Festlegung von Eignungsgebieten für die Windkraftnutzung durch die Regionalplanung, LKV 2012 S. 481

Schmidt-Eichstaedt, Gerd, Plankonkurrenzen bei der Zulassung von Windkraftanlagen, NordÖR 2016 S. 233

Schmidt-Eichstaedt, Gerd, Planreife und Ausschlusswirkung nach § 35 III 3 BauGB – Anmerkung zu OVG Berlin-Brandenburg, Urt. 9.6.2016 – OVG 2 S 3/16 –, Landes- und Kommunalverwaltung – LKV 2016/399

Schmitz, Holger/Jornitz, Philipp, Die Tücken der Abweichungsgesetzgebung – Dargestellt am Beispiel des neuen Bayerischen Landesplanungsgesetzes, DVBl 2013 S. 741

Schmitz, Holger/Lehrian, Melani, Verfahrensbeschleunigung durch oder trotz Raumordnung – Das Raumordnungsverfahren im Kontext altueller und geplanter Beschleunigungsgesetzes, ZfBR 2023 S. 221

Schmitz, Holger/Müller, Christian, Das Raumordnungsrecht nach der Föderalismusreform, RuR 2007 S. 456

Schoch, Friedrich/Schneider, Jens-Peter/Bier, Wolfgang (zit. Bearbeiter in Schoch/Schneider/Bier), Verwaltungsgerichtsordnung, 32. Lieferung Oktober 2016

Sellner, Dieter/Fellenberg, Frank, Atomausstieg und Energiewende 2011 – das Gesetzespaket im Überblick, NVwZ 2011 S. 1025

Spannowsky, Willy, Rechtsgutachten zur Novellierung des Raumordnungsgesetzes des Bundes im Zuge der Föderalismusreform – Endbericht, Selbstverlag Bonn 2006

Spannowsky, Willy, Die Grenzen der Länderabweichungsbefugnis gem. Art. 72 III Nr. 4 GG im Bereich der Raumordnung, UPR 2007 S. 41

Spannowsky, Willy, Die Zuständigkeitsverteilung zwischen Bund und Ländern im Bereich der Raumordnung nach der Föderalismusreform, ZfBR 2007 S. 221

Spannofsky, Willy, Änderungen des Raumordnungsrechts, ZfBR 2023 S. 540

Spannowsky, Willy/Runkel, Peter/Goppel, Konrad (zit. Bearbeiter in Spannowsky/Runkel/Goppel, ROG), Raumordnungsgesetz (ROG), 2 Aufl. 2018

Stelkens, Paul/Bonk, Heinz Joachim/Sachs, Michael, (zit. Bearbeiter in Stelkens/Bonk/Sachs, VwVfG) Verwaltungsverfahrensgesetz Kommentar, 8. Aufl. 2014

Stüer, Bernhard, Anmerkung zu BVerwG Beschl. vom 10.3.2016 – 4 B 7.16 –, DVBl 2016 S. 712

Thomas, Patrick/Jäger, Johannes M., Neuland: Sicherstellung der förmlichen Öffentlichkeitsbeteiligung in Zeiten der COVID-19-Pandemie, NZBau 2020 S. 623

Wysk, Peter, Verwaltungsgerichtsordnung 2. Aufl. 2016

Wysk, Peter, Planungssicherstellung in der COVID-19-Pandemie, NVwZ 2020 S. 905

Niedersächsisches Raumordnungsgesetz (NROG)

in der Fassung vom 6. Dezember 2017 (Nds. GVBl. S. 456),
zuletzt geändert durch Art. 3 des Gesetzes vom 17. April 2024 (Nds. GVBl. 2024 Nr. 31)

– Text –

Inhaltsübersicht

ERSTER ABSCHNITT
ALLGEMEINE VORSCHRIFTEN

§ 1
Regelungszweck, Begriffsbestimmungen

(1) Dieses Gesetz ergänzt das Raumordnungsgesetz (ROG) und trifft davon abweichende Regelungen für Niedersachsen.

(2) Im Sinne dieses Gesetzes ist

1. **Landesplanung:**
   die Aufstellung und Änderung des Landes-Raumordnungsprogramms und seine Verwirklichung sowie die Abstimmung raumbedeutsamer Planungen und Maßnahmen von überregionaler Bedeutung,

2. Regionalplanung:
die Aufstellung und Änderung des Regionalen Raumordnungsprogramms und seine Verwirklichung sowie die Abstimmung raumbedeutsamer Planungen und Maßnahmen von überörtlicher Bedeutung,
3. Landes-Raumordnungsprogramm:
der Raumordnungsplan für das Landesgebiet,
4. Regionales Raumordnungsprogramm:
der Raumordnungsplan für einen Teilraum des Landes.

§ 2
Grundsätze der Raumordnung

Neben den Grundsätzen der Raumordnung nach § 2 ROG gelten folgende weitere Grundsätze der Raumordnung:

1. [1] Die zentrale Lage des Landes im europäischen Wirtschafts- und Verkehrsraum soll für die wirtschaftliche Entwicklung des Landes und seiner Teilräume genutzt werden. [2] Es sollen die räumlichen Voraussetzungen für den wirtschaftlichen, sozialen und territorialen Zusammenhalt in der Europäischen Union geschaffen, die grenzüberschreitende Zusammenarbeit mit den Nachbarn ausgebaut und die Standortvorteile des Landes im norddeutschen Verbund gestärkt werden.
2. [1] Die verdichteten und die ländlichen Regionen sollen gleichrangig zur Entwicklung des ganzen Landes beitragen. [2] Die Verflechtung zwischen diesen Regionen soll verbessert und gefördert werden. [3] Dabei sind für alle Teile des Landes dauerhaft gleichwertige Lebensverhältnisse anzustreben.
3. Die Siedlungs- und Freiraumstruktur soll so entwickelt werden, dass die Eigenart des Landes, seiner Teilräume, Städte und Dörfer erhalten wird.
4. [1] Das Küstenmeer, die Inseln und der Küstenraum (Küstenzone) sollen durch ein integriertes Küstenzonenmanagement entwickelt werden, bei dem eine intensive Zusammenarbeit der Träger öffentlicher Belange, die Einbeziehung der Betroffenen und eine grenzüberschreitende integrierte Planung sowie die nachhaltige Entwicklung ökologischer, ökonomischer, sozialer und kultureller Belange sichergestellt wird. [2] Die Voraussetzungen für eine nachhaltige Fischerei sollen gesichert werden.
5. [1] Die Standortattraktivität soll in allen Landesteilen durch Anpassung und Modernisierung in den Grundstrukturen der Arbeitsplatz-, Bildungs- und Versorgungsangebote gesichert und ausgebaut werden. [2] Die Entwicklung, Sicherung und Verbesserung dieser Strukturen soll in der Regel auf die zentralen Siedlungsgebiete in den Gemeinden ausgerichtet werden. [3] Dadurch sollen leistungsfähige Zentrale Orte gesichert und entwickelt und die Voraussetzungen für ein ausgeglichenes, abgestuftes und tragfähiges Netz der städtischen und gemeindlichen Grundstrukturen geschaffen werden. [4] Dabei sind die regionalen Besonderheiten und die Vielfalt in den Entwicklungsmöglichkeiten zu berücksichtigen. [5] Die Einrichtungen zur Versorgung der Bevölkerung und der Wirtschaft, die Wohn- und Arbeitsstätten sowie die Freizeiteinrichtungen sollen auch im Hinblick auf eine nachhaltige Entwicklung einander räumlich zweckmäßig zugeordnet werden.
6. [1] Der Ausbau erneuerbarer Energien soll vorrangig unterstützt werden. [2] Die Nutzung solarer Strahlungsenergie zur Erzeugung von Strom durch Freiflächenanlagen soll den Ausbau der Nutzung von Windenergie an Land und den Ausbau der für das Erreichen der Klimaziele notwendigen Infrastruktur wie Hoch- und Höchstspannungsleitungen und Speichersysteme nicht behindern.

ZWEITER ABSCHNITT

RAUMORDNUNGSPLÄNE

§ 3
Aufstellung von Raumordnungsplänen

(1) [1]Innerhalb von zwölf Monaten nach der Unterrichtung nach § 9 Abs. 1 ROG soll die Beteiligung gemäß § 9 Abs. 2 ROG zum Entwurf des Raumordnungsplans, zu seiner Begründung und zum Umweltbericht beginnen. [2]Die gemäß § 9 Abs. 2 ROG zu beteiligenden öffentlichen Stellen sollen über die Veröffentlichung der Unterlagen im Internet und die Inhalte der öffentlichen Bekanntmachung nach § 9 Abs. 2 Sätze 3 und 4 ROG elektronisch gesondert benachrichtigt werden.

(2) [1]Die nicht gemäß § 9 Abs. 2 Satz 4 Nr. 3 ROG ausgeschlossenen Anregungen und Bedenken können erörtert werden. [2]Eine Erörterung kann in Form eines Präsenztermins oder unter Zuschaltung aller oder einzelner Teilnehmer per Video- oder Telefonkonferenztechnik erfolgen.

§ 4
Ergänzende Vorschriften für die Aufstellung des Landes-Raumordnungsprogramms

(1) Im Landes-Raumordnungsprogramm können neben den Festlegungen nach § 7 Abs. 1 Sätze 1 und 2 ROG auch

1. Bestimmungen zur Aufnahme von Zielen oder Grundsätzen in die Regionalen Raumordnungsprogramme, zu denen das Landes-Raumordnungsprogramm keine eigenen Festlegungen enthält, oder

2. Bestimmungen, dass Ziele oder Grundsätze des Landes-Raumordnungsprogramms in die Regionalen Raumordnungsprogramme zu übernehmen oder dort näher festzulegen sind,

(Planungsaufträge) sowie zu deren zeitlicher Umsetzung getroffen werden.

(2) [1]Die Landesregierung beschließt das Landes-Raumordnungsprogramm als Verordnung. [2]Vorher ist dem Landtag Gelegenheit zur Stellungnahme zu geben.

(3) Die nach diesem Gesetz sowie nach § 9 Abs. 2 und 3, § 10 Abs. 2 und § 11 Abs. 5 Satz 2 ROG erforderlichen öffentlichen Bekanntmachungen des Landes werden im Niedersächsischen Ministerialblatt vorgenommen.

§ 5
Ergänzende Vorschriften für die Aufstellung der Regionalen Raumordnungsprogramme

(1) [1]Die Träger der Regionalplanung haben für ihren jeweiligen Planungsraum ein Regionales Raumordnungsprogramm aufzustellen. [2]Abweichend von § 7 Abs. 1 Satz 3 ROG können die Träger der Regionalplanung Festlegungen nicht in sachlichen und nicht in räumlichen Teilprogrammen treffen. [3]Die Festlegung von Flächen für die Windenergie an Land darf abweichend von Satz 2 in einem sachlichen Teilprogramm Windenergie erfolgen, sofern der Antrag auf Genehmigung des Teilprogramms nach Absatz 5 bis spätestens 31. Dezember 2032 bei der oberen Landesplanungsbehörde eingegangen ist. [4]Die erneute Vorlage des Teilprogramms zur Genehmigung nach Durchführung eines ergänzenden Verfahrens zur Behebung von Fehlern nach § 11 Abs. 6 ROG darf auch nach dem 31. Dezember 2032 erfolgen.

(2) Abweichend von Absatz 1 Satz 1 und von § 13 Abs. 1 Satz 1 Nr. 2 ROG können kreisfreie Städte von der Aufstellung eines Regionalen Raumordnungsprogramms absehen.

(3) [1]Im Regionalen Raumordnungsprogramm sind diejenigen Ziele und Grundsätze der Raumordnung festzulegen, die aufgrund von Planungsaufträgen nach § 4 Abs. 1 durch das Landes-Raumordnungsprogramm den Regionalen Raumordnungsprogrammen vorbehalten sind. [2]Es können weitere Ziele und Grundsätze der Raumordnung festgelegt werden, die den gesetzlichen Grundsätzen der Raumordnung und den Zielen und Grundsätzen des Landes-Raumordnungsprogramms nicht widersprechen. [3]Die Träger der Regionalplanung haben ihr jeweiliges Regionales Raumordnungsprogramm nach einer Neuaufstellung oder Änderung des Landes-Raumordnungsprogramms daraufhin zu überprüfen, ob und inwieweit

1. eine Anpassung an dessen Ziele und Grundsätze erforderlich ist und
2. Planungsaufträge nach § 4 Abs. 1 umzusetzen sind.

[4]Das Ergebnis der Überprüfung ist der oberen Landesplanungsbehörde innerhalb von drei Monaten nach Inkrafttreten der Neuaufstellung oder Änderung des Landes-Raumordnungsprogramms zu übermitteln. [5]Stellt der Träger der Regionalplanung einen Regelungsbedarf fest, so soll innerhalb von neun Monaten nach Inkrafttreten der Neuaufstellung oder Änderung des Landes-Raumordnungsprogramms die Unterrichtung nach § 9 Abs. 1 ROG über die Einleitung eines Verfahrens zur Neuaufstellung oder Änderung des Regionalen Raumordnungsprogramms vorgenommen werden. [6]Zum Zeitpunkt des Inkrafttretens der Neuaufstellung oder Änderung des Landes-Raumordnungsprogramms bereits förmlich eingeleitete Verfahren zur Neuaufstellung oder Änderung eines Regionalen Raumordnungsprogramms dürfen

1. ohne Umsetzung neuer oder geänderter Planungsaufträge nach § 4 Abs. 1 und
2. ohne Anpassung an neue oder geänderte Ziele und Grundsätze des Landes-Raumordnungsprogramms, soweit nicht im Regionalen Raumordnungsprogramm Ziele festgelegt werden, die mit den neu aufgestellten oder geänderten Zielen des Landes-Raumordnungsprogramms unvereinbar sind,

abgeschlossen werden, wenn die Genehmigung nach Absatz 5 innerhalb einer Frist von 18 Monaten nach Inkrafttreten der Neuaufstellung oder Änderung des Landes-Raumordnungsprogramms beantragt wird; Satz 5 bleibt unberührt. [7]Verfahren zur Aufstellung oder Änderung eines Regionalen Raumordnungsprogramms, die zumindest auch der Festlegung von Flächen für Windenergie an Land im Sinne des § 3 Abs. 1 des Windenergieflächenbedarfsgesetzes (WindBG) zur Erreichung der Teilflächenziele nach der Anlage zum Niedersächsischen Windenergieflächenbedarfsgesetz (NWindG) dienen, dürfen

1. ohne Umsetzung der Planungsaufträge nach § 4 Abs. 1 und
2. ohne Anpassung an Ziele oder Grundsätze des Landes-Raumordnungsprogramms, soweit nicht im Regionalen Raumordnungsprogramm Ziele festgelegt werden, die mit den Zielen des Landes-Raumordnungsprogramms unvereinbar sind,

abgeschlossen werden, wenn die Genehmigung nach Absatz 5 bis zum 31. Dezember 2027 beantragt wird. [8]In den Fällen des Satzes 7 gilt Satz 5 mit der Maßgabe, dass die Frist mit der Feststellung nach § 5 Abs. 1 oder 2 WindBG, dass das jeweilige Teilflächenziel nach Spalte 2 der Anlage zum Niedersächsischen Windenergieflächenbedarfsgesetz erreicht ist, beginnt, spätestens aber am 1. Januar 2028.

(4) In den Verflechtungsbereichen der Zentralen Orte mit oberzentralen Funktionen ist eine gemeinsame Regionalplanung anzustreben.

(5) [1]Das Regionale Raumordnungsprogramm wird vom Träger der Regionalplanung als Satzung erlassen; es bedarf der Genehmigung der oberen Landesplanungsbehörde, die die Rechtmäßigkeit überprüft. [2]Die obere Landesplanungsbehörde kann räumliche oder sachliche Teile des Regionalen Raumordnungsprogramms vorweg genehmigen oder von der Genehmigung ausnehmen. [3]Die Genehmigung gilt als erteilt, wenn über den Genehmigungsantrag nicht innerhalb von drei Monaten nach seinem Eingang entschieden wor-

den ist. [4] Dies gilt nicht, wenn der Träger der Regionalplanung einer Fristverlängerung zugestimmt hat. [5] Dem Träger der Regionalplanung ist auf Antrag zu bescheinigen, dass die Genehmigung als erteilt gilt. [6] Enthält das Regionale Raumordnungsprogramm Festlegungen von Flächen für die Windenergie an Land im Sinne des § 3 Abs. 1 WindBG, die der Erreichung der Teilflächenziele nach der Anlage zum Niedersächsischen Windenergieflächenbedarfsgesetz dienen, so müssen den Genehmigungsunterlagen auch die Angaben nach § 5 Abs. 1 Satz 1 Halbsatz 2 WindBG zu entnehmen sein. [7] Die Genehmigung des Regionalen Raumordnungsprogramms ist unabhängig von der Erreichung der Teilflächenziele nach der Anlage zum Niedersächsischen Windenergieflächenbedarfsgesetz möglich, solange absehbar ist, dass sich die Planungsträger in dem betroffenen Planungsraum der Erfüllung der Sicherstellungsverpflichtung nach § 2 NWindG weiter annähern.

(6) [1] Die Erteilung der Genehmigung nach Absatz 5 wird vom Träger der Regionalplanung öffentlich bekannt gemacht (§ 10 Abs. 1 ROG). [2] Diese Bekanntmachung tritt an die Stelle der sonst für Satzungen vorgeschriebenen Verkündungen. [3] Werden im Planungsraum die Teilflächenziele nach der Anlage zum Niedersächsischen Windenergieflächenbedarfsgesetz erreicht, so hat die Bekanntmachung auch die Feststellung nach § 5 Abs. 1 Satz 1 Halbsatz 1 WindBG zu enthalten, dass der Plan mit den Teilflächenzielen im Einklang steht. [4] Die Angaben nach § 5 Abs. 1 Satz 1 Halbsatz 2 WindBG sind in oder zusammen mit den in § 10 Abs. 2 Satz 1 ROG genannten Unterlagen im Internet zu veröffentlichen sowie zu jedermanns Einsicht bereit zu halten. [5] Hierauf ist in der Bekanntmachung nach § 10 Abs. 1 ROG hinzuweisen.

(7) [1] Das Regionale Raumordnungsprogramm ist vor Ablauf von zehn Jahren seit seinem Inkrafttreten insgesamt daraufhin zu überprüfen, ob eine Änderung oder Neuaufstellung erforderlich ist. [2] Führt die Überprüfung zu dem Ergebnis, dass weder eine Änderung noch eine Neuaufstellung erforderlich ist, so ist die obere Landesplanungsbehörde hierüber vor der Bekanntmachung nach Satz 3 Nr. 1 zu unterrichten. [3] Das Regionale Raumordnungsprogramm tritt mit Ablauf der Frist nach Satz 1 außer Kraft, wenn nicht vorher

1. der Träger der Regionalplanung öffentlich bekannt macht, dass die Überprüfung nach Satz 1 zu dem Ergebnis geführt hat, dass weder eine Änderung noch eine Neuaufstellung erforderlich ist,
2. der Träger der Regionalplanung die Einleitung des Beteiligungsverfahrens zu einer Änderung oder Neuaufstellung des Plans nach § 9 Abs. 2 Sätze 3, 4 und 6 ROG öffentlich bekannt macht oder
3. die obere Landesplanungsbehörde die Geltungsdauer verlängert und der Träger der Regionalplanung diese Verlängerung öffentlich bekannt macht.

[4] Ein Antrag auf Verlängerung der Geltungsdauer nach Satz 3 Nr. 3 soll bei der oberen Landesplanungsbehörde mindestens drei Monate vor Ablauf der Geltungsdauer und unter Angabe von Gründen gestellt werden. [5] Am Tag der Bekanntmachung nach Satz 3 Nr. 1 oder 2 beginnt die Frist nach Satz 1 neu. [6] Wird die Geltungsdauer des Regionalen Raumordnungsprogramms nach Satz 3 Nr. 3 verlängert, so tritt es mit Ablauf der verlängerten Geltungsdauer außer Kraft, wenn nicht vorher eine neue Bekanntmachung nach Satz 3 vorgenommen wird.

(8) Die Landesregierung wird ermächtigt, durch Verordnung das Nähere zum Verfahren der Aufstellung und Abstimmung der Regionalen Raumordnungsprogramme zu bestimmen sowie Vorschriften über die Darstellung des Planinhalts, insbesondere über einheitlich zu verwendende Planzeichen und ihre Bedeutung, zu erlassen.

§ 6

Planänderungsverfahren

(1) [1]Die Raumordnungspläne sind bei Bedarf zu ändern. [2]Dies kann auch in sachlichen oder räumlichen Teilabschnitten geschehen. [3]Für Änderungen der Raumordnungspläne gelten die Vorschriften über die Planaufstellung entsprechend.

(2) [1]Bei geringfügigen Änderungen eines Raumordnungsplans im Sinne des § 9 Abs. 5 Satz 1 ROG darf unter den dort genannten Voraussetzungen

1. die Frist zur Stellungnahme abweichend von § 9 Abs. 2 Satz 4 ROG nicht weniger als zwei Wochen betragen und soll nicht mehr als zwei Monate betragen,
2. die Beteiligung der Öffentlichkeit nach § 9 Abs. 2 ROG abweichend von § 9 Abs. 5 Satz 1 ROG auch vollständig entfallen.

[2]In den Fällen des Satzes 1 Nr. 2 kann den zu beteiligenden öffentlichen Stellen abweichend von § 9 Abs. 2 ROG und von § 3 Abs. 1 Satz 2 der Entwurf zur Änderung des Raumordnungsplans und dessen Begründung elektronisch unter Setzung einer Frist nach Satz 1 Nr. 1 und mit Hinweisen entsprechend § 9 Abs. 2 Satz 4 Nrn. 2 und 3 ROG zur Stellungnahme zugeleitet werden. [3]Die Sätze 1 und 2 gelten auch für die vollständige oder teilweise Aufhebung von Raumordnungsplänen, die im Sinne des § 9 Abs. 5 Satz 2 ROG funktionslos geworden sind.

§ 7

Planerhaltung

(1) [1]Für die Rechtswirksamkeit eines Raumordnungsplans ist eine Verletzung von Verfahrens- und Formvorschriften nach § 3 Abs. 1 Satz 2 und Abs. 2 unbeachtlich, wenn die Belange der davon berührten öffentlichen Stellen oder Personen unerheblich waren oder in der Entscheidung berücksichtigt worden sind. [2]Für die Rechtswirksamkeit eines Raumordnungsplans ist eine Verletzung von Verfahrens- und Formvorschriften nach § 6 Abs. 2 Satz 1 Nr. 1 und Satz 2, auch in Verbindung mit § 6 Abs. 2 Satz 3, unbeachtlich, wenn einzelne öffentliche Stellen nicht beteiligt worden sind, die entsprechenden Belange jedoch unerheblich waren oder in der Entscheidung berücksichtigt worden sind. [3]Ist eine Verletzung von Verfahrens- und Formvorschriften nach Satz 1 beachtlich, so wird diese unbeachtlich, wenn sie nicht innerhalb eines Jahres seit Bekanntmachung des Raumordnungsplans unter Darlegung des die Verletzung begründenden Sachverhalts geltend gemacht worden ist. [4]Bei der Bekanntmachung nach § 10 Abs. 1 ROG ist auf die Voraussetzungen der Sätze 1 und 2 für die Geltendmachung der Verletzung von Vorschriften sowie auf die Rechtsfolgen der Sätze 1 und 2 hinzuweisen. [5]§ 11 Abs. 6 ROG gilt entsprechend.

(2) Die Verletzung von Verfahrens- und Formvorschriften ist in Bezug auf das Landes-Raumordnungsprogramm gegenüber der obersten Landesplanungsbehörde und in Bezug auf ein Regionales Raumordnungsprogramm gegenüber dem jeweiligen Regionalplanungsträger geltend zu machen.

§ 8

Zielabweichungsverfahren

Eine Abweichung von einem Ziel der Raumordnung nach § 6 Abs. 2 ROG kann nur im Einvernehmen mit den in ihren Belangen berührten öffentlichen Stellen und im Benehmen mit den betroffenen Gemeinden zugelassen werden.

DRITTER ABSCHNITT

VERFAHREN ZUR RAUMVERTRÄGLICHKEITSPRÜFUNG

§ 9

Erfordernis von Verfahren zur Raumverträglichkeitsprüfung

(1) [1]Auch für andere als die gemäß § 15 Abs. 1 Satz 1 ROG bestimmten raumbedeutsamen Planungen und Maßnahmen von überörtlicher Bedeutung kann ein Verfahren zur Raumverträglichkeitsprüfung durchgeführt werden. [2]Bis zum Ablauf des 31. Dezember 2039 wird für raumbedeutsame Planungen und Maßnahmen

a) zur Erzeugung von Strom aus solarer Strahlungsenergie und

b) abweichend von § 15 Abs. 1 Satz 1 und Abs. 4 ROG zur Erzeugung von Strom aus Windenergie

kein Verfahren zur Raumverträglichkeitsprüfung durchgeführt.

(2) [1]Von der Durchführung einer Raumverträglichkeitsprüfung soll sowohl im Fall eines Antrags nach § 15 Abs. 4 Satz 1 ROG als auch im Fall einer Anzeige nach § 15 Abs. 4 Satz 2 ROG insbesondere abgesehen werden (§ 16 Abs. 2 Satz 1 ROG), wenn die Planung oder Maßnahme

1. räumlich und sachlich hinreichend konkreten Zielen der Raumordnung entspricht oder widerspricht,

2. den Darstellungen oder Festsetzungen eines den Zielen der Raumordnung angepassten Flächennutzungs- oder Bebauungsplans nach den Vorschriften des Baugesetzbuchs entspricht oder widerspricht und sich die Zulässigkeit des Vorhabens nicht nach einem Planfeststellungsverfahren oder einem sonstigen Verfahren mit der Rechtswirkung der Planfeststellung für raumbedeutsame Vorhaben bestimmt oder

3. in einem anderen gesetzlichen Abstimmungsverfahren unter Beteiligung der Landesplanungsbehörde festgelegt worden ist.

[2]§ 16 Abs. 2 Satz 2 ROG bleibt unberührt.

§ 10

Durchführung des Verfahrens zur Raumverträglichkeitsprüfung

(1) [1]Der Einleitung eines Verfahrens zur Raumverträglichkeitsprüfung kann eine Antragskonferenz mit dem Vorhabenträger auf Grundlage von ihm vorzulegender geeigneter Unterlagen vorausgehen, um das Erfordernis eines Verfahrens, den Untersuchungsrahmen oder die für eine Raumverträglichkeitsprüfung notwendigen Verfahrensunterlagen zu erörtern. [2]Die Landesplanungsbehörde kann hierzu die wichtigsten am Verfahren zu beteiligenden öffentlichen Stellen, Verbände und Vereinigungen sowie sonstigen Dritten hinzuziehen. [3]Die Antragskonferenz kann in Form eines Präsenztermins oder unter Zuschaltung aller oder einzelner Teilnehmer per Video- oder Telefonkonferenztechnik erfolgen. [4]Soweit das Erfordernis eines Verfahrens, der Untersuchungsrahmen oder die für eine Raumverträglichkeitsprüfung notwendigen Verfahrensunterlagen nicht in einer Antragskonferenz abgestimmt werden, können sie auf Grundlage eines schriftlichen oder elektronischen Austauschs, auch unter Hinzuziehung der in Satz 2 Genannten, festgelegt werden. [5]Werden für das Verfahren Unterlagen in besonderen Formaten benötigt, so hat der Vorhabenträger diese auf Anforderung vorzulegen. [6]Die Landesplanungsbehörde kann ferner die Vorlage von Gutachten verlangen und auf Kosten des Vorhabenträgers Gutachten einholen.

(2) [1]Die Frist nach § 15 Abs. 4 Satz 5 ROG, innerhalb derer dem Vorhabenträger aufgrund einer Anzeige gemäß § 15 Abs. 4 Satz 2 ROG die Entscheidung über die Einleitung

eines Verfahrens zur Raumverträglichkeitsprüfung mitzuteilen ist, beginnt mit Feststellung der Vollständigkeit der erforderlichen Verfahrensunterlagen. [2]Die Landesplanungsbehörde kann zur Feststellung der Vollständigkeit der Verfahrensunterlagen und zur Abschätzung des Konfliktpotenzials des angezeigten Vorhabens eine Konferenz anberaumen, wobei Absatz 1 entsprechend gilt.

(3) Auf die Einleitung eines Verfahrens zur Raumverträglichkeitsprüfung besteht kein Rechtsanspruch.

(4) [1]Bei der Beteiligung der Öffentlichkeit und der in ihren Belangen berührten öffentlichen Stellen nach § 15 Abs. 3 ROG beträgt die Dauer der Veröffentlichung der Verfahrensunterlagen abweichend von § 15 Abs. 3 Satz 2 ROG einen Monat. [2]Die gemäß § 15 Abs. 3 Satz 6 in Verbindung mit Satz 5 ROG öffentlich bekannt zu machende Frist zur Stellungnahme darf die Dauer der Veröffentlichung der Verfahrensunterlagen um nicht mehr als eine Woche überschreiten. [3]Mit Ablauf der Frist sind für dieses Verfahren alle Stellungnahmen ausgeschlossen, die nicht auf besonderen privatrechtlichen Titeln beruhen. [4]Hierauf ist mit der öffentlichen Bekanntmachung der Frist zur Stellungnahme nach § 15 Abs. 3 Satz 6 ROG hinzuweisen. [5]Geht der Untersuchungsraum, auf den sich die Raumverträglichkeitsprüfung für das Vorhaben erstreckt, über das Gebiet der zuständigen Landesplanungsbehörde hinaus, so ist die Bekanntmachung auch im Niedersächsischen Ministerialblatt zu veröffentlichen. [6]Öffentliche Bekanntmachungen der oberen Landesplanungsbehörden werden im Niedersächsischen Ministerialblatt vorgenommen. [7]Die zu beteiligenden öffentlichen Stellen sind über die Veröffentlichung der Verfahrensunterlagen im Internet und die Inhalte der öffentlichen Bekanntmachung nach § 15 Abs. 3 Sätze 5 und 6 ROG und nach Satz 4 elektronisch gesondert zu benachrichtigen.

(5) Die Landesplanungsbehörde kann dem Vorhabenträger und den von ihm Beauftragten die im Beteiligungsverfahren eingegangenen Stellungnahmen und Äußerungen zur Verfügung stellen, um eine Erwiderung zu ermöglichen; die Anforderungen an die Übermittlung personenbezogener Daten nach der Datenschutz-Grundverordnung und § 5 des Niedersächsischen Datenschutzgesetzes bleiben unberührt.

(6) [1]Anregungen und Bedenken, die sich auf wesentliche Inhalte des Vorhabens beziehen, können erörtert werden. [2]Eine Erörterung kann in Form eines Präsenztermins oder unter Zuschaltung aller oder einzelner Teilnehmer per Video- oder Telefonkonferenztechnik erfolgen.

(7) [1]Werden die Verfahrensunterlagen während oder nach der Durchführung der Beteiligung nach § 15 Abs. 3 ROG und den Absätzen 4 bis 6 geändert, so ist ein ergänzendes Beteiligungsverfahren zu den geänderten Teilen der Unterlagen nur nach § 15 Abs. 3 ROG und den Absätzen 4 und 5 und nur durchzuführen, wenn sich durch die Änderungen die Betroffenheit der raumbedeutsamen Belange wesentlich ändert. [2]Die Dauer der Veröffentlichung der Verfahrensunterlagen im Internet und einer etwaigen Bereitstellung derselben über andere Zugangsmöglichkeiten sowie die Frist zur Stellungnahme sollen angemessen verkürzt werden.

(8) [1]Erklärt der Vorhabenträger während eines Verfahrens zur Raumverträglichkeitsprüfung, dass das Vorhaben nicht mehr weiterverfolgt wird, so ist das Verfahren unverzüglich ohne eine Landesplanerische Feststellung nach § 11 einzustellen. [2]Wird das Verfahren zur Raumverträglichkeitsprüfung auf Antrag des Vorhabenträgers gemäß § 15 Abs. 1 Satz 7 ROG über die sechsmonatige Frist nach § 15 Abs. 1 Satz 3 ROG hinaus weitergeführt, so ist es ohne eine Landesplanerische Feststellung nach § 11 einzustellen, wenn

1. eindeutig erkennbar ist, dass das Vorhaben nicht mehr weiterverfolgt wird, oder
2. der Vorhabenträger die für eine Weiterführung des Verfahrens nötigen Unterlagen nicht innerhalb einer angemessenen, von der Landesplanungsbehörde zu setzenden Frist beibringt.

[3]Soll die Einstellung des Verfahrens nach Satz 2 erfolgen, so ist der Vorhabenträger vorher anzuhören.

§ 11
Ergebnis und Wirkungen des Verfahrens zur Raumverträglichkeitsprüfung

(1) Das Ergebnis des Verfahrens zur Raumverträglichkeitsprüfung stellt die Landesplanungsbehörde in einer Landesplanerischen Feststellung fest.

(2) [1]Die Geltungsdauer der Landesplanerischen Feststellung ist auf fünf Jahre befristet. [2]Die Landesplanungsbehörde kann die Frist vor ihrem Ablauf auf Antrag des Vorhabenträgers verlängern, jedoch jeweils um höchstens zwei Jahre. [3]Die Frist ist gehemmt, solange ein vor Fristablauf eingeleitetes Zulassungsverfahren für das Vorhaben nicht mit einer bestandskräftigen Entscheidung abgeschlossen ist.

(3) [1]Die Landesplanerische Feststellung ist dem Vorhabenträger elektronisch bekannt zu geben. [2]Die Landesplanerische Feststellung ist während ihrer Geltungsdauer im Internet zu veröffentlichen und ergänzend bei der Landesplanungsbehörde mindestens einen Monat lang zur Einsicht bereitzuhalten. [3]Die beteiligten öffentlichen Stellen, die den Bindungswirkungen nach § 4 ROG unterliegen, sind elektronisch gesondert über die Veröffentlichung der Landesplanerischen Feststellung im Internet zu benachrichtigen. [4]Die Landesplanungsbehörde hat

1. die in der Landesplanerischen Feststellung getroffene Feststellung über die Raumverträglichkeit des Vorhabens sowie geprüfter Standort- oder Trassenalternativen,
2. die Internetseite oder Internetadresse, unter der die Veröffentlichung der Landesplanerischen Feststellung im Internet erfolgt, sowie
3. Ort und Zeit einer Bereithaltung der Landesplanerischen Feststellung zur Einsicht nach Satz 2

öffentlich bekannt zu machen; § 10 Abs. 4 Sätze 5 und 6 gilt entsprechend. [5]Sind Pläne, Karten oder Zeichnungen Bestandteil der Landesplanerischen Feststellung oder ist die Landesplanerische Feststellung unter Maßgaben ergangen, so ist hierauf in der öffentlichen Bekanntmachung hinzuweisen.

(4) [1]Es ist unbeachtlich, wenn einzelne öffentliche Stellen nicht nach § 10 Abs. 4 Satz 7 oder nach Absatz 3 Satz 3 gesondert benachrichtigt worden sind. [2]Im Übrigen ist eine Verletzung von Verfahrens- oder Formvorschriften bei der Durchführung des Verfahrens zur Raumverträglichkeitsprüfung, die nicht innerhalb eines Jahres schriftlich geltend gemacht worden ist, unbeachtlich. [3]Die Jahresfrist beginnt mit der öffentlichen Bekanntmachung über die Veröffentlichung der Landesplanerischen Feststellung nach Absatz 3 Satz 4. [4]Auf die Voraussetzungen der Sätze 2 und 3 für die Geltendmachung der Verletzung von Vorschriften sowie auf die Rechtsfolge des Satzes 2 ist in der öffentlichen Bekanntmachung nach Absatz 3 Satz 4 hinzuweisen.

§ 12
Beschleunigtes Verfahren zur Raumverträglichkeitsprüfung

[1]Unter den Voraussetzungen des § 16 Abs. 1 Satz 1 ROG ist es abweichend von § 15 Abs. 3 ROG und von § 10 Abs. 4 dieses Gesetzes auch zulässig,

1. die Dauer der Veröffentlichung der Verfahrensunterlagen und die Länge der Frist für die Bekanntmachung sowie der Frist zur Stellungnahme so zu verkürzen, dass das Beteiligungsverfahren insgesamt innerhalb eines Monats abgeschlossen werden kann, oder
2. unter Verzicht auf eine Beteiligung der Öffentlichkeit nur den zu beteiligenden öffentlichen Stellen die Verfahrensunterlagen elektronisch zuzuleiten und sie dabei

unter Setzung einer Frist, die zwei Wochen nicht unterschreiten soll und einen Monat nicht überschreiten darf, zur Stellungnahme aufzufordern.

[2] In Fällen des Satzes 1 Nr. 2 ist abweichend von § 11 Abs. 3 Sätze 2 bis 5 nur den beteiligten öffentlichen Stellen, die den Bindungswirkungen nach § 4 ROG unterliegen, die Landesplanerische Feststellung elektronisch zuzuleiten.

§ 13

Gebührenfreiheit für Maßnahmen öffentlicher Stellen

Für Verfahren zur Raumverträglichkeitsprüfung zu Planungen und Maßnahmen, durch die Gemeinden, Landkreise oder andere Körperschaften des öffentlichen Rechts gesetzliche Pflichtaufgaben erfüllen, werden Gebühren nicht erhoben.

VIERTER ABSCHNITT

WEITERE INSTRUMENTE ZUR VERWIRKLICHUNG DER PLANUNG, ZUSAMMENARBEIT

§ 14

Überwachung

[1] Die Überwachung nach § 8 Abs. 4 ROG obliegt dem Planungsträger. [2] Zur Erfüllung dieser Aufgabe können auch die bei Inkrafttreten des Raumordnungsplans bereits bestehenden Überwachungsinstrumente genutzt werden, soweit sie dafür geeignet sind.

§ 15

Raumordnungskataster

[1] Die obere Landesplanungsbehörde führt ein Raumordnungskataster in elektronischer Form; es soll alle raumbeanspruchenden und raumbeeinflussenden Planungen und Maßnahmen auf der Grundlage der Geodaten des amtlichen Vermessungswesens darstellen, die für die Entscheidungen der Landesplanungsbehörden von Bedeutung sind. [2] Die unteren Landesplanungsbehörden liefern die für die Führung des Raumordnungskatasters erforderlichen Angaben im Sinne des Satzes 1 Halbs. 2 aus ihrem Zuständigkeitsbereich, soweit sie ihnen vorliegen.

§ 16

Abstimmung raumbedeutsamer Planungen und Maßnahmen

(1) Öffentliche Stellen und Personen des Privatrechts nach § 4 Abs. 1 Satz 2 ROG haben ihre raumbedeutsamen Planungen und Maßnahmen aufeinander und untereinander abzustimmen.

(2) Die Behörden des Landes, die Gemeinden und Landkreise sowie die der Aufsicht des Landes unterstehenden sonstigen Körperschaften, Anstalten und Stiftungen des öffentlichen Rechts sind verpflichtet, den Landesplanungsbehörden die raumbeanspruchenden oder raumbeeinflussenden Planungen, Maßnahmen und Einzelvorhaben aus ihrem Zuständigkeitsbereich frühzeitig mitzuteilen.

(3) [1] Den Landesplanungsbehörden ist auf Verlangen über Planungen und Maßnahmen, die für die Raumordnung Bedeutung haben können, Auskunft zu erteilen; auf Verlangen ist die Auskunft elektronisch zu erteilen. [2] Die Auskunftspflicht gilt auch für Personen des Privatrechts nach § 4 Abs. 1 Satz 2 ROG.

§ 17
Anpassungspflicht der Gemeinden

(1) Die oberste Landesplanungsbehörde kann verlangen, dass die Träger der Bauleitplanung ihre Flächennutzungspläne und Bebauungspläne den Zielen der Raumordnung anpassen.

(2) Werden rechtsverbindliche Bebauungspläne nach Absatz 1 aufgehoben oder geändert, so stellt das Land die Gemeinden von der Entschädigungspflicht nach den §§ 39, 42 und 44 des Baugesetzbuchs frei, soweit der Betrag 250 Euro übersteigt und im Fall des § 44 Abs. 1 Satz 3 des Baugesetzbuchs die Gemeinde Ersatz nicht erlangt.

(3) Dient die Aufhebung oder Änderung überwiegend dem Interesse eines bestimmten Begünstigten, so kann das Land das Anpassungsverlangen davon abhängig machen, dass der Begünstigte die sich aus Absatz 2 für das Land ergebenden Entschädigungsverpflichtungen übernimmt.

FÜNFTER ABSCHNITT
ZUSTÄNDIGKEITEN

§ 18
Landesplanungsbehörden

(1) [1] Oberste Landesplanungsbehörde ist das Fachministerium. [2] Obere Landesplanungsbehörden sind die Ämter für regionale Landesentwicklung; sie üben die Fachaufsicht über die unteren Landesplanungsbehörden aus. [3] Die Landkreise und kreisfreien Städte nehmen die Aufgaben der unteren Landesplanungsbehörden als Aufgaben des übertragenen Wirkungskreises wahr; die Zuständigkeit der großen selbständigen Städte und der selbständigen Gemeinden (§ 17 Satz 1 des Niedersächsischen Kommunalverfassungsgesetzes) wird ausgeschlossen. [4] Die Kosten werden im Rahmen des Finanzausgleichs gedeckt.

(2) Ist ein Zweckverband oder der Regionalverband „Großraum Braunschweig" Träger der Regionalplanung, so nimmt er für seinen Bereich die Aufgaben der unteren Landesplanungsbehörde als Aufgabe des übertragenen Wirkungskreises wahr.

§ 19
Zuständigkeiten der Landesplanungsbehörden

(1) [1] Für die Durchführung von Verfahren zur Raumverträglichkeitsprüfung sind die unteren Landesplanungsbehörden zuständig. [2] Berührt ein Vorhaben den Bereich mehrerer unterer Landesplanungsbehörden, so bestimmen diese untereinander die für das Verfahren zur Raumverträglichkeitsprüfung zuständige Behörde. [3] Kommt eine Einigung nicht zustande, so bestimmt die obere Landesplanungsbehörde die zuständige untere Landesplanungsbehörde. [4] Die obere Landesplanungsbehörde kann bei Vorhaben von übergeordneter Bedeutung das Verfahren zur Raumverträglichkeitsprüfung an sich ziehen. [5] Berührt ein Vorhaben in den Fällen der Sätze 3 und 4 den Bereich mehrerer oberer Landesplanungsbehörden, so bestimmt die oberste Landesplanungsbehörde die zuständige Landesplanungsbehörde.

(2) [1] Für die Durchführung von Zielabweichungsverfahren (§ 6 Abs. 2 ROG, § 8) zu Zielen in Regionalen Raumordnungsprogrammen sind die unteren Landesplanungsbehörden zuständig. [2] Für die Durchführung von Zielabweichungsverfahren zu Zielen im Landes-Raumordnungsprogramm ist die oberste Landesplanungsbehörde zuständig. [3] Betrifft ein Zielabweichungsverfahren sowohl Ziele in einem Regionalen Raumordnungsprogramm als auch Ziele im Landes-Raumordnungsprogramm, so ist die untere Landesplanungsbe-

hörde zuständig; das Verfahrensergebnis bedarf der vorherigen Zustimmung der obersten Landesplanungsbehörde. [4]In Fällen des Satzes 3 kann die oberste Landesplanungsbehörde das Zielabweichungsverfahren an sich ziehen, wenn es wegen eines Vorhabens von übergeordneter Bedeutung durchgeführt wird.

(3) [1]Für die Untersagung von raumbedeutsamen Planungen und Maßnahmen (§ 12 ROG), die mit dem geltenden oder dem in Aufstellung befindlichen Regionalen Raumordnungsprogramm nicht vereinbar sind, ist die untere Landesplanungsbehörde zuständig. [2]Für die Untersagung von raumbedeutsamen Planungen und Maßnahmen, die mit dem geltenden oder dem in Aufstellung befindlichen Landes-Raumordnungsprogramm nicht vereinbar sind, ist die oberste Landesplanungsbehörde zuständig. [3]Für die Untersagung von raumbedeutsamen Planungen und Maßnahmen, die weder mit dem geltenden oder dem in Aufstellung befindlichen Regionalen Raumordnungsprogramm noch mit dem geltenden oder dem in Aufstellung befindlichen Landes-Raumordnungsprogramm vereinbar sind, ist die untere Landesplanungsbehörde zuständig; das Verfahrensergebnis bedarf der vorherigen Zustimmung der obersten Landesplanungsbehörde. [4]In Fällen des Satzes 3 kann die oberste Landesplanungsbehörde das Untersagungsverfahren an sich ziehen, wenn es raumbedeutsame Planungen und Maßnahmen von übergeordneter Bedeutung betrifft.

§ 20
Trägerschaft der Regionalplanung

(1) [1]Träger der Regionalplanung sind die Landkreise und kreisfreien Städte für ihr Gebiet. [2]Die Träger der Regionalplanung nehmen die Aufgabe der Regionalplanung als Angelegenheit des eigenen Wirkungskreises wahr.

(2) Die Landkreise und kreisfreien Städte können die Aufgabe der Regionalplanung einem Zweckverband oder dem Regionalverband „Großraum Braunschweig" übertragen oder sonstige Möglichkeiten der Zusammenarbeit nach dem Niedersächsischen Gesetz über die kommunale Zusammenarbeit nutzen, wenn die Abgrenzung des Planungsraums dem Landes-Raumordnungsprogramm nicht widerspricht.

§ 21
Übergangsvorschrift

(1) [1]Verfahren zur Aufstellung und zur Änderung von Raumordnungsplänen sowie Raumordnungsverfahren, die vor dem 29. November 2017 förmlich eingeleitet wurden, werden nach den bis zum 28. November 2017 geltenden Fassungen dieses Gesetzes und des Raumordnungsgesetzes abgeschlossen. [2]Ist mit gesetzlich vorgeschriebenen einzelnen Schritten des Verfahrens noch nicht begonnen worden, so können diese auch nach den ab dem 29. November 2017 geltenden Fassungen dieses Gesetzes und des Raumordnungsgesetzes durchgeführt werden.

(2) [1]In Raumordnungsverfahren, die vor dem 15. März 2020 förmlich eingeleitet wurden, werden gesetzlich vorgeschriebene einzelne Schritte des Verfahrens, die vor dem 15. März 2020 begonnen, aber noch nicht abgeschlossen wurden, nach den bis zum 14. März 2020 geltenden Fassungen dieses Gesetzes und des Raumordnungsgesetzes abgeschlossen. [2]Ist in Raumordnungsverfahren, die vor dem 15. März 2020 förmlich eingeleitet wurden, mit gesetzlich vorgeschriebenen einzelnen Schritten des Verfahrens bis zum 14. März 2020 noch nicht begonnen worden, so werden diese nach den ab dem 15. März 2020 geltenden Fassungen dieses Gesetzes und des Raumordnungsgesetzes durchgeführt.

(3) [1]In Raumordnungsverfahren, die vor dem 20. Oktober 2021 förmlich eingeleitet wurden, werden gesetzlich vorgeschriebene einzelne Schritte des Verfahrens, die vor dem

20. Oktober 2021 begonnen, aber noch nicht abgeschlossen wurden, nach den bis zum 19. Oktober 2021 geltenden Fassungen dieses Gesetzes und des Raumordnungsgesetzes abgeschlossen. [2] Ist in Raumordnungsverfahren, die vor dem 20. Oktober 2021 förmlich eingeleitet wurden, mit gesetzlich vorgeschriebenen einzelnen Schritten des Verfahrens bis zum 19. Oktober 2021 noch nicht begonnen worden, so können diese auch nach den ab dem 20. Oktober 2021 geltenden Fassungen dieses Gesetzes und des Raumordnungsgesetzes durchgeführt werden.

(4) [1] In Verfahren zur Aufstellung und zur Änderung von Raumordnungsplänen sowie Verfahren zur Raumverträglichkeitsprüfung, die vor dem 19. April 2024 förmlich eingeleitet wurden, werden gesetzlich vorgeschriebene einzelne Schritte des Verfahrens, die vor dem 19. April 2024 begonnen, aber noch nicht abgeschlossen wurden, nach der bis zum 18. April 2024 geltenden Fassung dieses Gesetzes und des Raumordnungsgesetzes abgeschlossen. [2] Ist in Verfahren zur Aufstellung und zur Änderung von Raumordnungsplänen sowie Verfahren zur Raumverträglichkeitsprüfung, die vor dem 19. April 2024 förmlich eingeleitet wurden, mit gesetzlich vorgeschriebenen einzelnen Schritten des Verfahrens bis zum 18. April 2024 noch nicht begonnen worden, so können diese auch nach der ab dem 19. April 2024 geltenden Fassung dieses Gesetzes und des Raumordnungsgesetzes durchgeführt werden.

§ 22

(weggefallen)

Niedersächsisches Raumordnungsgesetz (NROG)

in der Fassung vom 6. Dezember 2017 (Nds. GVBl. S. 456), zuletzt geändert durch Art. 3 des Gesetzes vom 17. April 2024 (Nds. GVBl. 2024 Nr. 31)

– Kommentar –

Vorbemerkung, Entwicklung des Raumordnungsrechts

1. Vorbemerkung zu diesem Kommentar[1)]

Das Recht der Raumordnung beinhaltet zwei unterschiedliche Regelungsbereiche: das formal-rechtliche und das inhaltlich-programmatische Raumordnungsrecht. 1

Die **Regelungen formalrechtlicher Art** umfassen die für die raumplanerische, ordnende und sichernde Tätigkeit erforderlichen gesetzlichen **Ermächtigungsgrundlagen, Verfahrens- und Formvorschriften sowie Zuständigkeitsregelungen**. Sie bestimmen den **Auftrag und das Instrumentarium der Raumordnung** und geben vor, wie Verfahren zur Aufstellung von **Raumordnungsplänen, Zielabweichungs- oder Untersagungsverfahren** oder **Raumverträglichkeitsprüfungen** (frühere Bezeichung: Raumordnungsverfahren) durchzuführen sind und welche Wirkungen und Rechtsfolgen deren Ergebnisse haben. Damit bilden sie den „Werkzeugkoffer", um Planungsbehörden rechtlich überhaupt die Aufstellung von Plänen sowie deren Vollziehung zur ermöglichen. 2

Diese formalrechtlichen Ermächtigungen und Vorgaben sind **teils durch Bundesgesetz (ROG), teils durch Landesgesetz (NROG) geregelt**. Nach Abschaffung der Rahmengesetzgebung entstand 2008 mit dem Raumordnungsgesetz des Bundes (ROG) erstmalig ein Vollgesetz, das nicht mehr auf eine landesgesetzliche Umsetzung ausgelegt ist, sondern als unmittelbar geltendes Recht alles Wesentliche selbst regelt. Den Ländern steht im Rahmen der konkurrierenden Gesetzgebung die Befugnis zu, das Bundesrecht zu ergänzen und näher auszugestalten; sie haben ferner eine Befugnis zur **Abweichungsgesetzgebung**. 3

Ergänzend zu den gesetzlichen Vorgaben im ROG und NROG enthalten die Raumordnungsverordnung (RoV) des Bundes sowie die Anlage 3 der Verordnung über das Landes-Raumordnungsprogramm Niedersachsen (LROP-VO) weitere formal-rechtliche Bestimmungen. 4

Erst das **inhaltlich-programmatische Raumordnungsrecht** enthält Festlegungen für die angestrebte räumliche Entwicklung und Ordnung des Raums. Gesetzesrang haben lediglich die – recht abstrakt gefassten – **Grundsätze der Raumordnung in § 2 ROG und § 2 NROG**, die durch die eigentliche „operative" Raumordnungsplanung konkretisiert werden. Raumordnungspläne werden in Niedersachsen als „Raumordnungsprogramme" bezeichnet und stellen unmittelbar geltende untergesetzliche Rechtsnormen dar. Neben einem landesweiten Raumordnungsplan (**Landes-Raumordnungsprogramm Niedersachsen – LROP)** sind für die regionalen Planungsräume **Regionale Raumordnungsprogramme (RROP)** zu erstellen. Die in den Raumordnungsprogrammen enthaltenen Festlegungen sind grds. von sämtlichen öffentlichen Stellen zu beachten und bestimmen den steuernden Rahmen für nachfolgende raumbedeutsame Planungen, Maßnahmen und Zulassungsverfahren. 5

Die fachlichen und rechtlichen Ansprüche an Raumplanung und raumordnerische Instrumentarien sind seit Mitte der 2000er Jahre nochmals erheblich gestiegen, sodass Landes- und Regionalplaner, Vorhabenträger und andere öffentliche Stellen sich bereits auf der Ebene der Raumordnung mit komplexen Fragestellungen auseinandersetzen müssen. Ins- 6

1) Aus Gründen der besseren Lesbarkeit und des Umfangs werden durchgehend männliche Personen- und Funktionsbezeichnungen verwendet. Mit diesen sind alle Geschlechter gleichermaßen gemeint.

besondere RROP werden regelmäßig Gegenstand gerichtlicher Normenkontrolle oder inzident bei Einzelfallentscheidungen überprüft. Neben inhaltlichen Fehlern (z. B. mangelnde Bestimmtheit planerischer Festlegungen, Mängel bei der Abwägung) werden häufig auch formale Fehler (z. B. bei der Beteiligung, bei der Bekanntmachung oder bei der Ausfertigung) festgestellt.

7 Aber auch Entscheidungen über **Zielabweichungen** oder die **Untersagung** raumbedeutsamer Vorhaben sowie die stark formalisierten Verfahren zur **Raumverträglichkeitsprüfung** sind an gerichtlich nachprüfbare Voraussetzungen geknüpft und – abhängig von ihrem Rechtscharakter – selbstständig oder inzident gerichtlich nachprüfbar.

8 Dieser Kommentar erläutert die in Niedersachsen für die Raumordnung geltenden formalrechtlichen Grundlagen. Er enthält dazu nicht nur Ausführungen zu Vorschriften des NROG, sondern im erforderlichen Umfang auch Erläuterungen der damit untrennbar in Verbindung stehenden bundesrechtlichen Vorschriften des ROG sowie Hinweise auf maßgebliche Vorschriften insbesondere des UVPG und des NKomVG.

2. Entwicklung des Raumordnungsrechts seit der 1. Auflage

9 Die 1. Aufl. dieses Kommentars basierte auf dem ROG vom 22.12.2008 (BGBl. I S. 2986) in der Fassung seiner Änderung durch Art. 2 Abs. 15 des Gesetzes vom 20.7.2017 (BGBl. S. 2808). In Bezug auf das NROG basierte er auf dessen Fassung vom 6.12.2017 (Nds. GVBl. S. 456). Die Kommentierung der 1. Aufl. umschloss bereits die Änderungen des ROG durch Gesetz zur Änderung raumordnungsrechtlicher Vorschriften vom 23.5.2017 (BGBl. I S. 1245) zur Schaffung eines Rahmens für die maritime Raumplanung. Sie umschloss ferner die Änderung des UVPG durch Gesetz vom 20.7.2017 (BGBl. I S. 2808), mit der u. a. höhere Anforderungen an die Umweltverträglichkeitsprüfungen in Raumordnungsverfahren normiert wurden.

10 Seit der 1. Aufl. sind die Vorschriften des ROG und des NROG sowie Vorschriften der in unmittelbarem Zusammenhang hierzu stehenden anderen Gesetzes (insbesondere UVPG) mehrfach geändert worden.

11 Mit der **Änderung des Niedersächsischen Raumordnungsgesetzes (NROG) vom 25.2.2020** (Nds. GVBl. S. 30) erfolgte eine Harmonisierung der raumordnerischen Vorgaben mit den Vorgaben des UVPG.

12 Durch das **Planungssicherstellungsgesetz** (PlanSiG) vom 20.5.2020 (BGBl. I S. 1041) wurden bundesrechtliche, befristete Verfahrenserleichterungen aus Anlass der COVID-19-Pandemie auch für Verfahren im Bereich der Raumordnung eingeführt. Diese zunächst bis 31.3.2021 geltenden Sonderregelungen wurden durch Gesetz zur Verlängerung der Geltungsdauer des Planungssicherstellungsgesetzes und der Geltungsdauer dienstrechtlicher Vorschriften vom 18.3.2021 (BGBl. I S. 353) bis Ende 2022 verlängert.

13 Weitergehende, befristete Verfahrenserleichterungen auf Landesebene aus Anlass der **COVID-19-Pandemie** sind durch Gesetz vom 15.7.2020 (Nds. GVBl. S. 244) ergangen und wurden durch Gesetz zur Änderung verschiedener Rechtsvorschriften aus Anlass der COVID-19-Pandemie vom 23.3.2021 (Nds.GVBL. S. 133) ebenfalls bis zum Ablauf des 31.12.2022 verlängert.

14 Mit Art. 5 des **Gesetzes zur Beschleunigung von Investitionen** vom 3.12.2020 (BGBl. I S. 2694) hat der Bundesgesetzgeber die Vorschriften über **Raumordnungsverfahren** geändert. Im Interesse einer Verfahrensbeschleunigung insbesondere von Infrastrukturprojekten sollten Raumordnungsverfahren stärker digitalisiert und enger mit dem nachfolgenden Zulassungsverfahren verzahnt werden. Die Vorschriften traten wegen der konkurrierenden Gesetzgebungsbefugnis mit Abweichungsberechtigung gemäß Art. 72 Abs. 3 Satz 1 GG erst am 9.6.2021 in Kraft. Widersprechendes Landesrecht, insbesondere in Bezug auf beschleunigte Raumordnungsverfahren, wurde insoweit verdrängt.

Mit Gesetz vom 13.10.2021 (Nds. GVBl. S. 706) zur **Änderung des NROG** hat der niedersächsische Landesgesetzgeber etliche Auswirkungen dieser bundesrechtlichen Änderungen wieder „zurückgedreht". Indem das bis zum 9.6.2021 geltende Landesrecht zwar redaktionell angepasst, aber inhaltlich weitgehend unverändert erneut erlassen wurde, überlagert es seitdem als formal neues Recht insoweit wieder das ROG. **15**

Das Auslaufen der „epidemischen Lage von nationaler Tragweite" am 25.11.2021 hatte zur Folge, dass die Voraussetzungen für **pandemiebedingte Verfahrenserleichterungen** nach § 22 NROG a. F. entfallen sind. Mit Art. 4 des Gesetzes vom 7.12.2021 (Nds. GVBl. S. 830) und nochmals mit Art. 3 des Gesetzes vom 22.9.2022 (Nds. GVBl. S. 582) wurde § 22 NROG angepasst und galt bis zum 31.12.2023 ohne bestimmte „Notlagen-Vorbehalte". **16**

3. Entwicklung des Raumordnungsrechts seit der 2. Auflage

Massive Veränderungen sind seit Juli 2022 durch die sog. **„Wind-an-Land-Gesetzgebung"** eingetreten. Durch das Gesetz zur Erhöhung und Beschleunigung des Ausbaus von Windenergieanlagen an Land vom 20.7.2022 (BGBl. I S. 1353) und zahlreiche weitere Gesetzesänderungen wurde ein neues System zum Ausbau erneuerbarer Energien und insbesondere zur Ausweisung von Flächen für die Windenergie und zur Zulassung von Windenergieanlagen geschaffen. **17**

Alle Bundesländer sind verpflichtet, bis zum 31.12.2027 und bis zum 31.12.2032 einen durch Bundesgesetz bestimmten **Anteil ihrer Landesfläche planerisch für die Windenergienutzung auszuweisen**. Die planerische Steuerung der Windenergienutzung durch Vorrang- und Ausschlussflächen gilt nur noch übergangsweise fort. Spätestens ab 1.1.2028 bzw. 1.1.2033 richtet sich die **Zulässigkeit von Windenergieanlagen** danach, ob innerhalb des regionalen Planungsraums ausreichend Flächen für die Windenergie ausgewiesen sind und ob Windenergieanlagen **innerhalb eines ausgewiesenen Windenergiegebietes** liegen. **Außerhalb solcher Windenergiegebiete sind Windenergieanlagen kraft Gesetzes ausgeschlossen.** Werden die Flächenziele nicht erreicht, gilt die sog. **„Super-Privilegierung"**: Windenergieanlagen sind im gesamten Planungsraum als privilegierte Vorhaben zulässig und dürfen auch in Bereichen errichtet werden, die laut RROP oder Flächennutzungsplan für andere Nutzungen vorgesehen sind.

Das Gesetz zur Änderung des Energiesicherungsgesetzes und anderer energiewirtschaftlicher Vorschriften vom 8.10.2022 (BGBl. 2022, 1726) erweiterte § 245e Abs. 1 BauGB um Möglichkeiten zur **Ergänzung bestehender Pläne um weitere Windenergieflächen**. Absatz 4 führte Regelungen zu einer punktuellen Durchbrechung einer bestehenden planerischen Ausschlusswirkung bereits während der Planaufstellung ein. **18**

Auch das Gesetz zur sofortigen Verbesserung der Rahmenbedingungen für die erneuerbaren Energien im Städtebaurecht vom 4.1.2023 (BGBl. I Nr. 6) mit Änderungen im BauGB und im Windenergieflächenbedarfsgesetz verfolgte das Ziel, den Ausbau von Windenergie- und Photovoltaik-Anlagen zu beschleunigen, die Produktion von Wasserstoff aus erneuerbaren Energien zu unterstützen und die Nutzung von Windkraft und Biomasse zu verbessern. Relevanz für die Raumordnung hat die neu eingeführte **Privilegierung von Vorhaben zur Herstellung oder Speicherung von Wasserstoff, die in einem räumlich-funktionalen Zusammenhang mit Windenergieanlagen stehen** (§ 249a BauGB) sowie von **Photovoltaikanlagen in einem 200-Meter-Streifen entlang von Autobahnen und bestimmten Schienenwegen**. Planungsrelevant ist ferner die Bestimmung in § 249 Abs. 10 BauGB, dass „der öffentliche Belang einer **optisch bedrängenden Wirkung" von Windenergieanlagen** der „Erforschung, Entwicklung oder Nutzung der Windenergie" nicht entgegensteht, wenn der Abstand zur nächsten Wohnbebauung zumindest die zweifache Anlagenhöhe beträgt. In § 4 WindBG wurden weitere **Flächenkategorien ergänzt, die auf den Flächenbeitragswert bzw. das Teilflächenziel nach § 3 WindBG angerechnet werden dürfen**: hierzu zählen nunmehr auch bestimmte Flächen im Abbaubereich eines Braunkohlen- oder Sanierungsplans sowie Flächen aus gemeindlichen Flächennutzungs- und **19**

Bebauungsplänen, wenn die Verpflichtung zur Erfüllung der Teilflächenziele an die Träger der Regionalplanung adressiert ist (so in Niedersachsen).

20 Mit dem **Gesetz zur Änderung des Raumordnungsgesetzes und anderer Vorschriften (ROGÄndG) vom 28.3.2023** (BGBl. I Nr. 88) wurde ein weiteres thematisch umfangreiches Regelungspaket erlassen. Die Regelungen des ROG sowie die Regelungen mit Bezug zur Raumordnung traten am 28.9.2023 in Kraft. Im ROG wurden **neue Regelungen zur Konzentrationsflächenplanung und Planerhaltungsmöglichkeiten** eingeführt, die den rechtlichen Bestand einer planerischen Ausschlusswirkung vor Gericht erhöhen sollten. Die von der Rechtsprechung entwickelte Notwendigkeit einer methodischen und optischen **Trennung zwischen harten und weichen Tabuzonen entfällt**. Diese zunächst als wichtigstes Anliegen der Gesetzesnovelle verfolgte Neuerung hat durch die Wind-an-Land-Gesetzgebung allerdings erheblich an Bedeutung verloren und wird nur noch in Einzelfällen zum Tragen kommen.

Das Ermessen, über eine **Zielabweichung** nach § 6 Abs. 2 ROG zu entscheiden, wurde in eine **Soll-Vorgabe** umgewandelt. Das **Raumordnungsverfahren wurde in Raumverträglichkeitsprüfung umbenannt** und **von einer formalisierten Umweltverträglichkeitsprüfung freigestellt**. Sowohl in Bezug auf Raumordnungspläne als auch in Bezug auf Raumverträglichkeitsprüfungen wurden weitere **Digitalisierungsvorgaben** eingeführt.

In Bezug auf bestimmte Windenergieanlagen an Land (§ 6 WindBG) und bestimmte Stromleitungen (§ 43m EnWG) wurden befristete Regelungen eingefügt, die auf der sog. EU-Notfallverordnung basieren. Für die genannten Vorhaben ist im Zulassungsverfahren auf eine Umweltverträglichkeits- bzw. Artenschutzprüfung zu verzichten, sofern die Vorhaben in einem Gebiet liegen, für das eine Strategische Umweltprüfung durchgeführt wurde. Ähnliche Erleichterungen sieht § 72a Windenergie-auf-See-Gesetz für bestimmte Offshore-Vorhaben vor.

21 Zunächst mit dem Gesetz zur Änderung des LNG-Beschleunigungsgesetzes und zur Änderung des Energiewirtschaftsgesetzes und zur Änderung des Baugesetzbuchs vom 12.7.2023 (BGBl. 2023 I Nr. 184) und danach durch Gesetz vom 12.8.2025 (BGBl. 2025 Nr. 189) wurde mit einem neuen Absatz 5 in § 245e BauGB eine sog. **„Gemeindeöffnungsklausel"** eingefügt. Hiernach erhalten Gemeinden die Möglichkeit, vor Erreichen des sog. ersten Teilflächenziels (2027) ein **Windenergiegebiet** auch auf Flächen auszuweisen, wo nach dem Regionalen Raumordnungsprogramm noch eine **Ausschlusswirkung** gilt. Unzulässig bleibt eine Überplanung von Flächen, die in einem Raumordnungsprogramm als Vorranggebiet für eine andere, mit der Windenergie unvereinbare Nutzung ausgewiesen ist. Erforderlich ist ein Zielabweichungsbescheid, der zu erteilen ist, sofern das regionale Raumordnungsprogramm an dieser Stelle kein Gebiet für mit der Windenergie unvereinbare Nutzungen oder Funktionen festlegt.

22 Das Europäische Parlament und der Rat der Europäischen Union haben am 18.10.2023 die sog. **Renewable Energy Directive III (RED III**) erlassen. Diese Richtlinie hat zum Ziel, den Anteil an erneuerbaren Energien am Bruttoendenergieverbrauch der Union bis zum Jahr 2030 auf mindestens 42,5 % zu erhöhen. Die Bestimmungen der Richtlinie müssen von den Mitgliedstaaten in nationales Recht umgesetzt werden. Unter anderem sind sog. **Beschleunigungsgebiete für Windenergie- und Photovoltaikanlagen** vorzusehen, mit denen Vereinfachungen bei der Umweltverträglichkeits- und Artenschutzprüfung im Zulassungsverfahren einhergehen.

23 Als erster Umsetzungsschritt wurden mit dem Solarpaket I (Gesetz zur Änderung des Erneuerbare-Energien-Gesetzes und weiterer energiewirtschaftsrechtlicher Vorschriften zur Steigerung des Ausbaus photovoltaischer Energieerzeugung vom 8.5.2024, BGBl. 2024 I Nr. 151) **sämtliche am 19.5.2024 bestehenden Windenergiegebiete zu Beschleunigungsgebieten erklärt**, soweit sie nicht in einem Natura-2000-Gebiet, einem Naturschutzgebiet, einem Nationalpark oder in der Kern- oder Pflegezone eines Biosphärenreservats liegen (§ 6a WindBG).

Mit **Gesetz vom 17.4.2024** (Nds. GVBL. 2024 Nr. 31) hat das Land Niedesachsen Regelungen zur Ausweisung von Windenergiegebieten geschaffen, um die Bundesvorgaben aus dem WindBG, dem ROG und dem BauGB umzusetzen. Art. 1 enthält das neue **NWindG**. Dieses bestimmt für jeden regionalen Planungsraum, in welcher Höhe Flächenausweisungen bis zum 31.12.2027 und bis zum 31.12.2032 erreicht sein müssen. Das NWindG bestimmt die **Träger der Regionalplanung als Verantwortliche für die Erreichung der Teilflächenziele**, stellt aber zugleich ausdrücklich klar, dass auch gemeindliche Windflächenplanungen angerechnet werden dürfen. Art. 2 enthält ein neues **Gesetz zur finanziellen Beteiligung von Kommunen und Bevölkerung am wirtschaftlichen Überschuss von Windenergie- und Photovoltaikanlagen** (NWindPVBetG). Art. 3 enthält **Änderungen des NROG**. Ein Großteil der Neuerungen dient dazu, die Ausweisung von Flächen für die Windenergienutzung zu erleichtern, insbesondere die Möglichkeit von **Regionalen Teilprogrammen für die Windenergienutzung** und die Möglichkeit zur **Zurückstellung von RROP-Aktualisierungen**. Andere Regelungen sollen allgemein die Regionalplanung beschleunigen und zur größeren Aktualität von RROP beitragen. So wurden bspw. **Planungsfristen** eingeführt, **Erörterungstermine fakultativ** gestellt und die **dauerhafte Nutzung von Telefon- und Videokonferenztechnik** ermöglicht. 24

Mit dem Gesetz zur Umsetzung von Vorgaben der Richtlinie (EU) 2023/2413 für Zulassungsverfahren nach dem Bundes-Immissionsschutzgesetz und dem Wasserhaushaltsgesetz sowie für Planverfahren nach dem Baugesetzbuch und dem Raumordnungsgesetz, zur Änderung des Bundeswasserstraßengesetzes und zur Änderung des Windenergieflächenbedarfsgesetzes (BGl. 2025 Nr. 189) wurde mit **§ 28 ROG** ein neuer Paragraf zur **Ausweisung von Beschleunigungsgebieten für die Windenergie an Land und zur Aufstellung von Regelungen für Minderungsmaßnahmen** eingeführt. 25

ERSTER ABSCHNITT
ALLGEMEINE VORSCHRIFTEN

§ 1
Regelungszweck, Begriffsbestimmungen

(1) Dieses Gesetz ergänzt das Raumordnungsgesetz (ROG) und trifft davon abweichende Regelungen für Niedersachsen.

(2) Im Sinne dieses Gesetzes ist

1. **Landesplanung:**
   die Aufstellung und Änderung des Landes-Raumordnungsprogramms und seine Verwirklichung sowie die Abstimmung raumbedeutsamer Planungen und Maßnahmen von überregionaler Bedeutung,
2. **Regionalplanung:**
   die Aufstellung und Änderung des Regionalen Raumordnungsprogramms und seine Verwirklichung sowie die Abstimmung raumbedeutsamer Planungen und Maßnahmen von überörtlicher Bedeutung,
3. **Landes-Raumordnungsprogramm:**
   der Raumordnungsplan für das Landesgebiet,
4. **Regionales Raumordnungsprogramm:**
   der Raumordnungsplan für einen Teilraum des Landes.

§ 1 Kommentar

Erläuterungen

Übersicht

1. Regelungszweck (Absatz 1)

1.1 Zweck des NROG

1 § 1 Abs. 1 NROG legt den **Regelungszweck** des NROG im Verhältnis zum ROG des Bundes fest. Aufgabe des NROG ist es, unter Berücksichtigung niedersächsischer Interessen die bundesgesetzlichen Vorschriften über Raumordnung bedarfsgerecht zu ergänzen und, soweit es für landesspezifische Besonderheiten erforderlich ist, davon abweichende Sonderregelungen zu treffen.

1.2 Verhältnis von NROG und ROG

1.2.1 Konkurrierende Gesetzgebung, niedersächsisches Ergänzungsrecht zum ROG

2 Das Recht der Raumordnung ist im Zuge der Föderalismusreform seit 2006 gem. Art. 72 Abs. 1 i. V. m. Art. 74 Abs. 1 Nr. 31 GG der **konkurrierenden Gesetzgebung** zugewiesen (Gesetz zur Änderung des Grundgesetzes vom 28.8.2006, BGBl. I S. 2034). Dies erlaubt dem Bund, mit dem ROG die Raumordnung in den Ländern gesetzlich unmittelbar zu regeln, ohne dass er ein besonderes Bedürfnis nach einer bundeseinheitlichen Regelung, etwa zur Herstellung gleichwertiger Lebensverhältnisse im Bundesgebiet oder zur Wahrung anderer gesamtstaatlicher Interessen, darlegen müsste. Erstmalig mit dem ROG vom 22.12.2008 (BGBl. I S. 2986) hat der Bund davon Gebrauch gemacht. Zuvor enthielt das ROG 1998 nur wenige unmittelbar in den Ländern geltende Bestimmungen, sondern überwiegend sog. Rahmenrecht (nach Art. 75 GG a. F.), das an die Länderparlamente adressiert war und erst noch durch Landesraumordnungsgesetze auszugestalten und umzusetzen war.

3 Im Zuge der konkurrierenden Gesetzgebung hat das Land Niedersachsen die Befugnis zur Gesetzgebung, **solange und soweit der Bund von seiner Gesetzgebungskompetenz keinen Gebrauch gemacht hat**. Dass der Bundesgesetzgeber das von ihm erlassene Recht bewusst nicht erschöpfend und abschließend gestaltet hat, zeigt die Gesetzesbegründung zum ROG-2008, wonach nur *„Rahmenregelungen möglichst weitgehend in bundesrechtliche Vollregelungen überführt und den Ländern der erforderliche Spielraum für ergänzendes Landesrecht belassen werden"* sollte (BT-Drs. 16/10292 S. 18). Zudem ergibt sich aus der im ROG enthaltenen Anwendungsvorschrift für die Raumordnung in den Ländern, dass eine enge **Verzahnung des Bundesrechts mit ergänzendem Landesplanungsrecht** erlaubt sein soll und solches Landesrecht weitergelten kann (Begründung zu § 27 Abs. 3 ROG, BT-Drs. 18/10883 vom 18.1.2017 S. 63/64; die spätere Änderung dieser Norm aktualisierte nur den zeitlichen Anwendungsbereich, vgl. BT-Drs. 20/4823 vom 7.12.2022). Der Bund kann sich auf einer Regelungsstufe bewegen, die für ausfüllende Detailregelungen der Länder keine Sperrwirkung entfaltet (vgl. *Degenhart* in Sachs, Grundgesetz, GG Art. 72 Rn. 33); diese Option hat er mit dem ROG genutzt.

4 Vor allem **vervollständigt** das NROG die teils nur **eckpunktartigen Verfahrensvorschriften des Bundes**. Im Zuge der Änderung des NROG durch Art. 3 des Gesetzes vom 17.4.2024 wurden im Interesse der Vereinfachung von Verfahren zur Aufstellung von Raumordnungsplänen sowie für Raumverträglichkeitsprüfungen einige dieser Verfahrens-

vorschriften wieder aufgehoben (z. B. zur Reduzierung sehr detaillierter Vorgaben für Beteiligungsabläufe) oder in optionale Regelungen umgewandelt (z. B. bezüglich Erörterungen oder Antragskonferenzen).

Das Land normiert **vereinzelt weitere materiell-rechtliche Anforderungen**, z. B. für eine Abweichung von Zielen der Raumordnung oder zu Voraussetzungen, unter denen ein Verfahren zur Raumverträglichkeitsprüfung entfallen kann. Es regelt außerdem weitere Grundsätze der Raumordnung, die in Niedersachsen neben die bundesweit geltenden Grundsätze der Raumordnung treten, und regelt z. B. in den §§ 15 bis 17 Sachverhalte, die im Bundesgesetz nicht aufgegriffen wurden. Insoweit sind die NROG-Vorschriften nicht allein auf die Gesetzgebungskompetenz nach Art. 84 GG für das zur Ausführung des ROG nötige Verfahrensrecht gestützt, sondern auf die Kompetenz für ergänzendes Recht nach Art. 72, 74 GG.

Da die Länder das ROG des Bundes gem. Art. 83 GG als eigene Angelegenheit ausführen, 5
bestimmen sie die dafür notwendigen Verwaltungs- und Organisationsstrukturen nach Art. 84 Abs. 1 Satz 1 GG eigenständig und können u. a. regeln, inwieweit auch Kommunen oder Planungsverbände mit Aufgaben betraut werden. Es gehört zu den Angelegenheiten des Landes, den Verwaltungsaufbau zur Ausführung raumordnerischer Aufgaben sowie die Zuständigkeiten der niedersächsischen Landesplanungsbehörden und die Regionalplanungsträgerschaft zu regeln (§§ 18 bis 20 NROG).

Im **Verhältnis von Bundes- zu Landesrecht** haben grundsätzlich die bundesgesetzlichen 6
Vorschriften Vorrang vor gleichartigen Bestimmungen des Landes (Art. 31 GG). Die Änderung des ROG durch Art. 1 des Gesetzes vom 22.3.2023 (BGBl. 2023 I Nr. 88) hat daher einzelne Regelungen ersetzt, die zuvor inhaltlich in gleicher Sache im NROG als Ergänzungsrecht festgelegt waren. So hat z. B. § 9 Abs. 2 ROG n. F. die früher in § 3 Abs. 2 und 3 NROG a. F. enthaltenen Regelungen zur Information und Beteiligung öffentlicher Stellen und der Öffentlichkeit zum Entwurf von Raumordnungsplänen verdrängt und infolge des neuen § 9 Abs. 5 ROG zu geringfügigen Planänderungen, die in einem vereinfachten Verfahren möglich sein sollten, war § 6 Abs. 2 Satz 1 NROG a. F. obsolet. Durch die Neufassung des § 15 ROG wurden auch einzelne Verfahrensregelungen des § 10 NROG zum früheren Raumordnungsverfahren (jetzt: Raumverträglichkeitsprüfung) verdrängt. Das **Bundesrecht hat eine „Sperrwirkung" für inhaltsgleiches Landesrecht**, sodass das ROG wiederholende Formulierungen im NROG allenfalls deklaratorischen Charakter als nachrichtliche Wiedergaben des originären Bundesrechts haben können. Sie finden sich nur vereinzelt in verkürzter Form dort im Gesetz, wo sie zum Verständnis der an das Bundesrecht anknüpfenden landesspezifischen Regelungen unverzichtbar sind.

1.2.2 Niedersächsisches Abweichungsrecht vom ROG, Verhältnis von neuerem zu älterem Recht

Zeitgleich mit der Zuweisung des Rechts der Raumordnung zur konkurrierenden Gesetz- 7
gebung wurden 2006 mit **Art. 72 Abs. 3 Satz 1 Nr. 4 GG** die **Länder ermächtigt, von bestehendem Bundesrecht abweichende gesetzliche Regelungen auf dem Gebiet der Raumordnung zu treffen**. Eine abweichende Regelung hindert den Bund jedoch nicht, erneut das Landesrecht durch ein nachfolgendes Bundesgesetz zu überlagern, von dem dann seinerseits wieder durch Landesgesetz abgewichen werden darf. Weder Bund noch Land sind daran gehindert, eine ihrer früheren Regelung entsprechende Vorschrift erneut zu erlassen (so auch *Seiler* in Epping/Hillgruber, Grundgesetz, GG Art. 72 Rn. 26).

Nach Art. 72 Abs. 3 Satz 3 GG **hat beim Abweichungsrecht im Verhältnis zwischen Bun-** 8
des- und Landesrecht das jeweils spätere Gesetz Vorrang; Art. 72 Abs. 3 GG geht hier als speziellere Regelung dem Art. 31 GG („Bundesrecht bricht Landesrecht") vor. Enthalten das ROG und das NROG für den gleichen Sachverhalt widersprüchliche Regelungen, hat immer die jeweils neuere – also die als letzte verkündete – Regelung Vorrang. Entscheidend ist die originäre Verkündung der Norm. Auf das Datum der Verkündung einer Neubekanntmachung des ROG oder NROG, bei der lediglich eine deklaratorische Neufassung

des Wortlauts des Gesetzes in der aktuellen Fassung erfolgt und der Gesetzestext unter Berücksichtigung zwischenzeitlich gestrichener, ersetzter oder geänderter Textpassagen erneut veröffentlicht wird, kommt es nicht an.

9 Mit ihrem Inkrafttreten **genießt die neuere Norm Anwendungsvorrang**. D. h. die verdrängte alte Norm existiert zwar bis zu ihrer formellen Aufhebung durch den Gesetzgeber weiter, darf aber nicht mehr angewendet werden, soweit und solange dies nicht in Übergangsvorschriften des neueren Gesetzes ausnahmsweise zugelassen wurde. Wird die alte (verdrängte) Norm nicht formell aufgehoben, kann sie dann wieder angewendet werden, wenn die neuere Norm wieder aufgehoben wird (BT-Drs. 16/813 S. 11, zum Entwurf eines Gesetzes zur Änderung des Grundgesetzes). Im Falle einer Aufhebung von neuerem Abweichungsrecht des Landes wäre daher auch das zuvor durch eine landesrechtliche Norm verdrängte Bundesrecht automatisch wieder anwendbar. Dies ist im Einzelfall relevant, wenn landesgesetzliche Abweichungsregelungen von vornherein nur befristet gelten sollen wie etwa § 9 Abs. 1 Satz 2 Buchst. b NROG, der abweichend von § 15 Abs. 1 Satz 1 und Abs. 4 ROG bis Ende 2039 einen generellen Ausschluss von Raumverträglichkeitsprüfungen für Windparks regelt.

10 Um den Ländern zu ermöglichen, gesetzgeberisch zeitnah auf neues Bundesrecht zu reagieren und erforderlichenfalls vor dessen Inkrafttreten neueres Recht in Form von Abweichungsrecht zu setzen, **treten bundesgesetzliche Vorschriften über die Raumordnung in den Ländern** gem. Art. 72 Abs. 3 Satz 2 GG im Regelfall frühestens **sechs Monate nach ihrer Verkündung in Kraft** (etwas anderes kann nur mit Zustimmung des Bundesrates bestimmt werden). In der Praxis reicht dieser Zeitraum allerdings nicht immer aus. Kann vom Land gewünschtes Abweichungsrecht nicht rechtzeitig verabschiedet werden, um eine „lückenlose" Weiterführung in Niedersachsen etablierter Regelungen zu sichern, setzen sich neue ROG-Vorschriften zunächst gegenüber älteren Regelungen im NROG durch.

11 Niedersachsen hat **in einzelnen Punkten im NROG Abweichungsrecht** gem. Art. 72 Abs. 3 Nr. 4 oder Art. 84 GG gesetzt, um eine langjährig bewährte, landesgesetzliche Rechtslage aufrechtzuerhalten oder um einen größeren Beitrag zur Verfahrensbeschleunigung zu leisten. Im Einzelnen wird

- in § 5 Abs. 1 Satz 2 NROG abweichend von § 7 Abs. 1 Satz 3 ROG für die Regionalplanungsebene ausgeschlossen, dass Raumordnungspläne in sachlichen oder räumlichen Teilplänen aufgestellt werden können (mit einer in § 5 Abs. 1 Satz 3 NROG geregelten, befristeten Ausnahme für Teilprogramme Windenergie)
- in § 5 Abs. 2 NROG abweichend von § 13 Abs. 1 Satz 1 Nr. 2 ROG zugelassen, dass kreisfreie Städte als Träger der Regionalplanung auf die Aufstellung eines RROP verzichten können
- in § 6 Abs. 2 NROG beim vereinfachten Planänderungsverfahren für geringfügige Planänderungen ohne Umweltrelevanz abweichend von § 9 Abs. 2 Satz 4 ROG eine Verkürzung der Stellungnahmefrist vorgesehen sowie abweichend von § 9 Abs. 2 und 5 ROG ein vereinfachtes Verfahren auch unter gänzlichem Verzicht auf eine Öffentlichkeitsbeteiligung ermöglicht
- in § 9 Abs. 1 Satz 2 Buchst. b NROG abweichend von § 15 Abs. 1 Satz 1 und Abs. 4 ROG bis Ende 2039 ausgeschlossen, dass in Niedersachsen Raumverträglichkeitsprüfungen für Windenergieanlagen durchgeführt werden
- in § 10 Abs. 4 Satz 1 NROG abweichend von § 15 Abs. 3 Satz 2 ROG eine einmonatige Dauer für die Veröffentlichung von Verfahrensunterlagen im Verfahren zur Raumverträglichkeitsprüfung festgesetzt, sodass die Fristbestimmung nicht mehr im Ermessen der Landesplanungsbehörde liegt
- in § 12 Satz 1 NROG abweichend von § 15 Abs. 3 ROG im beschleunigten Verfahren zur Raumverträglichkeitsprüfung ermöglicht, die Dauer der Veröffentlichung der Verfahrensunterlagen, die Bekanntmachungsfrist und die Stellungnahmefrist zu verkürzen oder gänzlich auf eine Öffentlichkeitsbeteiligung zu verzichten, wenn es um Vorhaben

mit nur geringen raumbedeutsamen Auswirkungen geht oder für die Raumverträglichkeitsprüfung erforderliche Stellungnahmen schon aus anderen Verfahren vorliegen.

Die in § 10 Abs. 2 Satz 1 NROG vorgesehene Regelung zur Frist für die Entscheidung über die Einleitung einer Raumverträglichkeitsprüfung im Falle eines Anzeigeverfahrens ist grundsätzlich als Ergänzungsrecht zu § 15 Abs. 4 ROG konzipiert, könnte in besonderen Einzelfällen aber zu einer Abweichung von § 15 Abs. 4 ROG führen, s. hierzu Erl. zu § 10 NROG Rn. 54.

In Bezug auf reine Verfahrensregelungen ermächtigt **Art. 84 Abs. 1 Sätze 2 bis 4 GG** das Land zu **Abweichungen von etwaigen bundesgesetzlichen Verfahrensvorgaben** und erklärt Art. 72 Abs. 3 Satz 3 GG für entsprechend anwendbar. Die Abgrenzung des formellen Verfahrensrechts vom materiellen Raumordnungsrecht ist bei etlichen Normen schwierig und in Gesetzesbegründungen zum ROG erfolgt keine klare Abgrenzung der Gesetzgebungskompetenzen nach Art. 72, 74 GG von denen nach Art. 84 GG. Das Verfahrensrecht als reinen Annex zum materiellen Raumordnungsrecht zu sehen und Art. 84 GG als maßgebliche Kompetenznorm auszuklammern, überzeugt jedoch nicht. In der Praxis kommt es auf eine eindeutige Abgrenzung von materiellen und verfahrensrechtlichen Regelungsteilen meist nicht an, da sowohl Art. 72 GG als auch Art. 84 GG dem Land vergleichbare Kompetenzen zur Abweichungsgesetzgebung einräumen. Lediglich im Sonderfall nach Art. 84 Abs. 1 Satz 5 GG spielt die Zuordnung eine Rolle. Danach darf der Bund mit Zustimmung des Bundesrats ausnahmsweise bei einem besonderen Bedürfnis nach bundeseinheitlicher Regelung Verfahrensvorschriften ohne Abweichungsmöglichkeit der Länder i. S. des Art. 84 Abs. 1 Satz 5 GG schaffen. 12

Um zu gewährleisten, dass **Abweichungen des NROG vom Bundesrecht** in einer den Rechtsanwendern zugänglichen Weise **dokumentiert werden**, werden Hinweise auf den Erlass, die Änderung oder Aufhebung von Abweichungsrecht auch im BGBl. veröffentlicht. 13

1.2.3 Grenzen der Abweichungsgesetzgebung

Trotz der sehr weitreichenden Ermächtigung in den Art. 72 und 84 GG **unterliegt die Setzung von Abweichungsrecht Grenzen**, insbesondere wenn es um die Umsetzung völker- und/oder europarechtlichen Anforderungen oder um die Raumordnung im Bund und das Zusammenwirken mit bundesgesetzlich geregelten Sachverhalten geht. Darüber hinaus darf sich Abweichungsrecht nicht auf die reine Abschaffung wesentlicher raumordnerischer Instrumente und Steuerungsmöglichkeiten beschränken, sondern es muss gesetzgeberisch eine inhaltlich vom ROG abweichende Ausgestaltung erfolgen. 14

1.2.3.1 Beachtung höherrangigen Rechts, europarechtliche Vorgaben

Bei der Entscheidung über die Setzung von Abweichungsrecht im NROG sind der Gestaltungsfreiheit des Landes **Grenzen durch völker-, europa- und verfassungsrechtliche Vorgaben** gesetzt. Das Land ist bei seiner Gesetzgebung in gleicher Weise wie der Bund hieran gebunden und darf solche höherrangigen Vorgaben nicht verletzen. Mit dem ROG werden folgende Richtlinien des europäischen Rechts umgesetzt: 15

- Richtlinie 79/409/EWG des Rates vom 2.4.1979 über die Erhaltung der wild lebenden Vogelarten (ABl. EG Nr. L 103 S. 1), zuletzt geändert durch Richtlinie 2008/102/EG vom 19.11.2008 (ABl. EU Nr. L 363 S. 368) – sog. Vogelschutzrichtlinie, inzwischen ersetzt durch die kodifizierte Fassung als Richtlinie 2009/147/EG des Europäischen Parlaments und des Rates vom 30.11.2009 (ABl. EU Nr. L 20 vom 26.1.2010 S. 7),
- Richtlinie 92/43/EWG des Rates vom 21.5.1992 zur Erhaltung der natürlichen Lebensräume sowie der wild lebenden Tiere und Pflanzen (ABl. EG Nr. L 206 S. 7), zuletzt geändert durch Art. 1 der Richtlinie 2006/105/EG vom 20.11.2006 (ABl. EU Nr. L 363 S. 368) – sog. FFH-Richtlinie (FFH steht für „Fauna, Flora, Habitat"),

- Richtlinie 2001/42/EG des europäischen Parlaments und des Rates vom 27.6.2001 über die Prüfung der Umweltauswirkungen bestimmter Pläne und Programme (ABl. EU Nr. L 197 S. 30) – sog. SUP-Richtlinie (SUP steht für „strategische Umweltprüfung")
- Richtlinie 2014/89/EU des Europäischen Parlaments und des Rates vom 23.7.2014 zur Schaffung eines Rahmens für die maritime Raumplanung (ABl. EU Nr. L 257 S. 135) – sog. MRO-Richtlinie (MRO steht für „maritime Raumordnung").

Zur Umsetzung der im November 2023 in Kraft getretenen Richtline (EU) 2023/2413 (sog. RED III-Richtlinie, ABl. L, 2023/2413 v. 31.10.2023), die zu einer Erhöhung des Anteils von Energie aus erneuerbaren Quellen beitragen soll, ist zuletzt durch Art. 7 des Gesetzes vom 12.8.2025 (BGBl. 2025 Nr. 189) der neue § 28 ROG mit Sonderregelungen für die Windenergie an Land geschaffen worden (zu dessen Begründung siehe Ausführungen in BT-Drs. 21/797).

Da Gemeinschaftsrecht in aller Regel 1:1 umgesetzt wird, um einerseits Umsetzungsdefizite auszuschließen und anderseits keine überhöhten rechtlichen Anforderungen zu verankern, könnte Landesrecht diese Rechtsakte des Gemeinschaftsrechts nicht wesentlich anders als das Bundesrecht umsetzen und ausgestalten.

1.2.3.2 Beachtung ausschließlicher Bundeskompetenzen, „abweichungsfester Kern"

16 Die Gesetzgebungskompetenz eines Landes – sowohl bei der Gesetzgebung nach Art. 74 Abs. 1 Nr. 31 GG als auch bei der Abweichungsgesetzgebung nach Art. 72 Abs. 3 Satz 1 Nr. 4 GG – ist stets **auf die Regelung von Sachverhalten im Landesgebiet und in dem Raum begrenzt, der der territorialen Souveränität des Landes unterliegt**. Gesetzliche Regelungen für über die Länder hinausgreifende Zusammenhänge – einschließlich der Koordinierung der europäischen Raumentwicklung – oder für die deutsche ausschließliche Wirtschaftszone im Meeresbereich können von der Natur der Sache her nur in der ausschließlichen Gesetzgebungskompetenz des Bundes liegen (vgl. sog. „Baurechtsgutachten" des BVerfG vom 16.6.1954 – 1 PBvV 2/52 –, Abschnitt C. III. Nr. 1; BVerfGE 3, 407; NJW 1954 S. 1474; JZ 19 S. 613; BeckRS 1954, 30700512). Auch im federführenden Rechtsausschuss des Deutschen Bundestages gingen die Koalitionsfraktionen davon aus, dass *„es sich bei der Raumordnung nach Artikel 72 Abs. 3 Nr. 4 GG neu wie bisher um die Raumordnung der Länder handelt" (*BT-Drs. 16/2069 S. 13).

17 Dass es über den ROG-Abschnitt 3 „Raumordnung im Bund" hinaus für weitere Regelungen des ROG eine (ungeschriebene) ausschließliche Bundeskompetenz für den Gesamtstaat geben könnte, wird insbesondere deshalb **kontrovers diskutiert**, weil im Wortlaut des Art. 72 Abs. 3 GG zu Abweichungsrecht auf dem Gebiet der Raumordnung – anders als zu anderen Rechtsgebieten mit Abweichungsrecht – **kein ausdrücklicher „abweichungsfester Kern" festgelegt** ist. Zugunsten eines „abweichungsfesten Kerns" des ROG mit unterschiedlichem Umfang sprechen sich z. B. *Ritter* (Nachrichten der ARL 2006 Heft 3, S. 12), *Spannowsky* (Rechtsgutachten zur Novellierung des Raumordnungsgesetzes des Bundes im Zuge der Föderalismusreform – Endbericht, Selbstverlag Bonn 2006; UPR 2007 S. 41; ZfBR 2007 S. 221) und *Battis/Kersten* (DVBl 2007 S. 152) aus. Nach anderer Auffassung darf der Wortlaut des Art. 72 Abs. 3 GG nicht einengend interpretiert werden und es wird von einem uneingeschränkten Abweichungsrecht der Länder ausgegangen (z. B. *Hoppe*, DVBl 2007 S. 144; *Haug*, DÖV 2008 S. 851; *Schmitz/Jornitz*, DVBl 2013 S. 741).

18 Bei den Regelungen in §§ 1 bis 5 ROG, die vor der Föderalismusreform kein Rahmenrecht und daher schon **vorher nicht durch die Länder zu regeln waren**, handelt es sich nach hiesiger Auffassung um **„Kernnormen" des ROG, die von der Natur der Sache her ausschließlich durch den Bund geregelt werden können**, und zu denen keine Befugnis der Länder zur Abweichung gegeben ist. Der grundsätzliche fachübergreifende Auftrag der Raumordnung zur Entwicklung nicht nur der Teilräume, sondern des Gesamtraums der Bundesrepublik sowie die dafür geltenden Leitvorstellungen und Grundsätze können nur durch den Bund geregelt werden, da den Ländern keine Regelungen zu einer über ihr

Landesgebiet hinausgehenden, bundesweiten Entwicklung möglich sind. Die Begriffsbestimmungen und die Regelungen über Bindungswirkungen der Erfordernisse der Raumordnung sind ebenfalls auf länderübergreifende Zusammenhänge ausgerichtet, da sie sich (auch) auf bundesgesetzlich geregelte Bauleitplan-, Fachplanungs- und Zulassungsverfahren auswirken, Bedeutung für Raumordnungsklauseln in diversen Bundesgesetzen haben oder die Zielbindungswirkung für raumbedeutsame Planungen und Maßnahmen des Bundes betreffen. Wenn entgegen der hier vertretenen Auffassung überhaupt eine Abweichung von den §§ 1 bis 5 ROG in Betracht kommen sollte, kann sich ihre Rechtswirkung jedenfalls nur auf ausschließlich landesgesetzlich geregelte Sachverhalte beschränken und z. B. nicht die in Fachgesetzen des Bundes bundeseinheitlich verwendeten Bezugnahmen auf Erfordernisse der Raumordnung und deren Wirkung verdrängen (vgl. auch *Runkel* in Spannowsky/Runkel/Goppel, § 1 ROG Rn. 34 f.).

1.2.3.3 Beachtung des Gestaltungsauftrags, Schaffung einer inhaltlich „anderen" Regelungskonzeption

Grenzen für die Abweichungsmöglichkeiten vom ROG bestehen auch dort, wo es um eine **gänzliche Abschaffung wesentlicher Teile des raumordnerischen Instrumentariums** ginge. Beim Abweichungsrecht soll es darum gehen, eine das Bundesrecht ersetzende inhaltliche Regelung zu treffen, mit der die Länder die Möglichkeit gewinnen, *„abweichend von der Regelung des Bundes eigene Konzeptionen zu verwirklichen und auf ihre unterschiedlichen strukturellen Voraussetzungen und Bedingungen zu reagieren"* (BT-Drs. 16/813 S. 11). Reines „Abschaffungsrecht" ohne Verbindung mit einer eigenen landesgesetzlichen Ausgestaltung für das Regelungsinstrumentarium der Raumordnung widerspräche dem Wesen und dem Sinn der Abweichungsgesetzgebung und würde die Ermächtigung durch das GG überschreiten. Eine „Negativgesetzgebung" in dem Sinne, dass der Landesgesetzgeber unter Verzicht auf eine eigene sachliche Regelung lediglich anordnet, dass die bundesgesetzliche Regelung nicht gelten solle, dürfte grundsätzlich ausgeschlossen sein (so auch *Degenhart*, NVwZ 2006 S. 1209). 19

1.2.4 Regelungen im ROG

Abschnitt 1 des ROG beinhaltet **allgemeine Vorschriften**, die sowohl für den Gesamtraum der Bundesrepublik Deutschland als auch für die Raumordnung in den Ländern gelten. Die §§ 1 bis 5 ROG (Auftrag und Leitvorstellung der Raumordnung, Gegenstromprinzip, bundesweite Grundsätze der Raumordnung, zentrale Begriffsbestimmungen für den Anwendungsbereich des ROG, Bindungswirkungen von Erfordernissen der Raumordnung) sind dabei – wie schon vor der Föderalismusreform – als Vollregelungen des Bundes ausgestaltet, die nach hiesiger Auffassung keiner Abweichungsgesetzgebung zugänglich sind. Lediglich für landesgesetzliche Ergänzungen etwa von landesspezifischen Grundsätzen der Raumordnung oder Bestimmung von im Landesgesetz verwendeten Begriffen bleibt Raum. Die §§ 6 bis 12 in Abschnitt 1 des ROG beinhalten nähere Regelungen für Raumordnungspläne, planerisch festgelegte Ausnahmen von Zielen der Raumordnung, Zielabweichungen für Einzelfälle sowie die Untersagung raumordnungswidriger Planungen und Maßnahmen. Hierzu wären neben ergänzenden auch abweichende landesgesetzliche Regelungen möglich. 20

Abschnitt 2 des ROG regelt in den Grundzügen die **Raumordnung in den Ländern**. § 13 Abs. 1 ROG legt – in Konkretisierung der abweichungsfesten Regelung in § 1 ROG – ein mehrstufiges Planungssystem für die Raumordnung in den Ländern fest. Abschnitt 2 des ROG enthält ferner mit §§ 15 und 16 ROG Regelungen zur Raumverträglichkeitsprüfung, einem wichtigen Abstimmungsinstrument der Raumordnung in den Ländern. 21

Das **ROG enthält in Abschnitt 3** eine abschließende **Vollregelung für die Raumordnung im Bund**, insbesondere zur Aufstellung von Raumordnungsplänen des Bundes (für diese ist ferner Abschnitt 1 mit allgemeinen Regelungen hinzuzuziehen). Ergänzende Vorschriften, z. B. zur Beteiligung deutscher Stellen bei der Aufstellung von Raumordnungsplänen der 22

Nachbarstaaten, finden sich in Abschnitt 4, in dem auch die Zusammenarbeit von Bund und Ländern in grundsätzlichen Angelegenheiten der Raumordnung geregelt ist.

2. Begriffsbestimmungen (Absatz 2)

2.1 Funktion der Begriffsbestimmungen

23 Die im NROG enthaltenen **gesetzlichen Begriffsbestimmungen (Legaldefinitionen)** legen für zentrale Begriffe der niedersächsischen Raumordnung fest, wie sie inhaltlich zu verstehen sind, um eine stets gleiche Anwendung zu gewährleisten. Geht es um die hier definierten Inhalte, sind in Niedersachsen die dafür in § 1 Abs. 2 NROG eingeführten Begriffe zu verwenden. Die Legaldefinitionen der Begriffe „Landesplanung", „Regionalplanung", „Landes-Raumordnungsprogramm" und „Regionales Raumordnungsprogramm" waren bereits in § 1 NROG-2007 enthalten, allerdings wurden die in den Nummern 3 und 4 enthaltenen Definitionen 2012 unter Berücksichtigung der Regelungen des § 8 Abs. 1 Satz 1 ROG-2008 (jetzt § 13 Abs. 1 Satz 1 ROG) über die in den Ländern aufzustellenden Raumordnungspläne redaktionell angepasst (siehe LT-Drs. 16/4476 S. 28).

Die Regelungen des § 1 Abs. 2 NROG treten ergänzend neben die Begriffsbestimmungen des § 3 Abs. 1 ROG und die Definitionen in § 7 Abs. 3 ROG. Die niedersächsischen Behörden können sich sowohl auf die Legaldefinitionen im NROG als auch im ROG stützen und Regionalplanungsträger müssen im Rahmen ihrer Programme bei Verwendung eines bereits legal definierten Begriffs diesen nicht mehr zwingend selbst erläutern.

2.2 Landes- und Regionalplanung (§ 1 Abs. 2 Nr. 1 und 2 NROG i. V. m. § 1 ROG)

24 Durch § 1 Abs. 2 Nr. 1 und 2 NROG wird definiert, was die **Begriffe „Landesplanung"** und **„Regionalplanung"** i. S. des NROG bedeuten, wobei jedoch ausschließlich auf das jeweils dafür maßgebliche Planungsinstrument und die Planungsebene „Land" oder „Region" eingegangen wird. Zum übergreifenden Verständnis der beiden Begriffe und der Funktion von „Landesplanung" und „Regionalplanung" im Gesamtgefüge der räumlichen Planung in Deutschland sind sie im Zusammenhang mit übergeordneten Prinzipien des ROG zu betrachten. Der Landes- und Regionalplanung ist gemeinsam, dass sie raumordnerische Aufgaben erfüllen und einer Leitvorstellung zur nachhaltigen Raumentwicklung folgen (§ 1 Abs. 1 und 2 ROG). Sie beeinflussen sich im Zuge des Gegenstromprinzips nach § 1 Abs. 3 ROG gegenseitig, stellen aber im mehrstufig aufgebauten Planungssystem der Raumordnung jeweils eigenständige Planungsebenen dar (Rn. 42–47). Die konkrete Funktion in Niedersachsen wird darüber hinaus im NROG definiert (Rn. 48 ff. zur Landesplanung, Rn. 53 ff. zur Regionalplanung).

2.2.1 Gemeinsame Aufgabe und Leitvorstellung der Raumordnung

25 Sowohl die **Landes- als auch die Regionalplanung müssen der Aufgabe der Raumordnung gerecht werden**, die § 1 Abs. 1 ROG wie folgt beschreibt:

„Der Gesamtraum der Bundesrepublik Deutschland und seine Teilräume sind durch Raumordnungspläne, durch raumordnerische Zusammenarbeit und durch Abstimmung raumbedeutsamer Planungen und Maßnahmen zu entwickeln, zu ordnen und zu sichern. Dabei sind

1. *unterschiedliche Anforderungen an den Raum aufeinander abzustimmen und die auf der jeweiligen Planungsebene auftretenden Konflikte auszugleichen,*
2. *Vorsorge für einzelne Nutzungen und Funktionen des Raums zu treffen."*

Raumordnung geht damit über einen rein „planerischen" Auftrag, der für unterschiedliche (Teil-)Räume zu erfüllen ist, hinaus und kann auf ein breiteres Instrumentarium zurückgreifen. „Landes*planung*" im Sinne einer Raumordnung für den in die Verantwortung Niedersachsens fallenden Teilraum der Bundesrepublik Deutschland beschränkt sich nicht auf die Aufstellung eines Raumordnungsplans des Landes, sondern beinhaltet auch andere koordinierende und ordnende Maßnahmen und Verfahren der verschiedenen Landesplanungsbehörden.

2.2.1.1 Abstimmungsauftrag, Koordinierung raumbedeutsamer Planungen und Maßnahmen

Während fachplanerisch oder fachpolitisch nur innerhalb eines bestimmten Sektors über Prioritäten bei der Erfüllung des Bedarfs für einzelne Raumnutzungen oder für die Sicherung bestimmter Raumfunktionen entschieden wird, soll die Raumordnung **in einer fachübergreifenden Gesamtschau die räumliche Entwicklung steuern**. Sie soll die vielfältigen sektoralen Anforderungen an den Raum und seine Ressourcen koordinieren und eine zusammenfassende, abgestimmte Planung über die Nutzung und Sicherung des Raums und seine weitere Entwicklung herbeiführen **(Abstimmungs- bzw. Koordinierungsauftrag)**. Dies erfordert eine raumplanerische Auseinandersetzung mit den gegen- und untereinander abzuwägenden Bedürfnissen und Nutzungsansprüchen (z. B. mit Belangen der Siedlungsentwicklung, der gewerblichen Wirtschaft, der Land- und Forstwirtschaft oder des Umwelt- und Klimaschutzes) und umfassende Abstimmungsverfahren. 26

2.2.1.2 Auftrag zum Konfliktausgleich

Der zunehmende Nutzungsdruck im Freiraum und im Bereich vieler Siedlungsräume führt vermehrt zu Konkurrenzen zwischen verschiedenen raumbedeutsamen Vorhaben und zu Konflikten. Durch Raumordnung soll **zwischen den Nutzungsinteressen und Erfordernissen vermittelt werden**, sodass sie miteinander vereinbart werden können und sich keine unzumutbaren nachteiligen Auswirkungen im Planungsraum ergeben **(Auftrag zum Konfliktausgleich)**. Es soll auf einen großräumigen Ausgleich hingewirkt werden, damit nachteilige Wirkungen der verschiedenen raumbedeutsamen Planungen und Maßnahmen aufeinander und auf andere Belange vermieden oder minimiert und Flächen geschont werden können. Hierzu gehört, frühzeitig vertretbare Standortlösungen für raumbedeutsame Vorhaben aufzuzeigen und zu klären, wo sie im Planungsraum – ggf. in modifizierter Form – raumverträglich und konfliktarm umsetzbar wären. 27

Allerdings erlaubt die Ebene der Raumordnung, sowohl bei der Landesplanung als auch bei der Regionalplanung, nur eine **großräumige Betrachtung** von Raumwiderständen und **Befassung mit raumbedeutsamen Belangen, Planungen und Maßnahmen**. Dadurch werden nachfolgende Planungs- und Zulassungsverfahren zwar entlastet, aber nicht von ihrem detaillierteren Prüfauftrag und einer Lösung verbleibender Konflikte entbunden. So hat das BVerwG mit Urt. vom 16.3.2006 – 4 A 1075.04 –, BVerwGE 125,116; NVwZ-Beil. 2006 S. 1; NuR 2006 S. 766 zwar entschieden, dass die Wahl des Standorts für einen internationalen Verkehrsflughafen vorrangig eine raumordnerische Entscheidung ist, die die Planfeststellungsbehörde nicht durch eine eigene ergebnisoffene Abwägung der nach ihrer Auffassung maßgeblichen Standortanforderungen ersetzen oder korrigieren darf. Das BVerwG hat aber auch festgestellt, dass die Planfeststellungsbehörde keine („positive") Rechtspflicht zur Zulassung eines Flughafenvorhabens an dem von der Landesplanung zielförmig festgelegten Standort trifft, sondern dass ihr die Prüfung örtlicher Einzelheiten und die Erfüllung spezifisch-fachgesetzlicher Anforderungen vorbehalten bleibt. D. h. sie hat bei ihrer Entscheidung über die Zulässigkeit des Vorhabens am vorgesehenen Standort alle berührten öffentlichen und privaten Belange zu berücksichtigen, die auf der Ebene der Raumordnung in dieser Ausprägung und Detailschärfe (noch) nicht erkennbar oder nicht von Bedeutung gewesen sind. 28

2.2.1.3 Vorsorgeauftrag

Mit der Raumordnung soll ferner dafür vorgesorgt werden, dass im Interesse des Allgemeinwohls **jeweils ausreichende Flächen für verschiedene konkurrierende Nutzungen** zur Verfügung stehen und **Flächen zugunsten wichtiger Funktionen des Raums** – etwa für den Wasser- und Naturhaushalt oder das Klima – gesichert werden **(Vorsorgeauftrag)**. Die 29

Vorsorge umfasst z. B. Nutzungen und Funktionen, für die es keine fachplanerische Bedarfs-, Standort- oder Schutzgebietsplanung gibt, wie für landwirtschaftliche Nutzungen, die Rohstoffgewinnung und -sicherung oder Erholungsfunktionen im Freiraum. Mit Blick auf eine nachhaltige Raumentwicklung umfasst die generelle Vorsorge zur Erhaltung der Umwelt auch die Aufgabe von Nutzungen (vgl. BT-Drs. 16/10292 S. 20).

30 Zum Vorsorgeauftrag gehört ferner die **Freihaltung von Trassen oder Standorten für unverzichtbare technische Infrastruktur** wie Straßen, Schienenwege und Versorgungsleitungen, damit dem Allgemeinwohl dienende Projekte umsetzbar bleiben und nicht durch die Realisierung entgegenstehender Nutzungen unmöglich gemacht oder erheblich erschwert werden. Damit wird dem Vorhabenträger lediglich die Option für eine dortige Verwirklichung seines Vorhabens offengehalten; eine Verpflichtung zur tatsächlichen Realisierung des Vorhabens wird durch die Raumordnung nicht begründet.

2.2.1.4 Mittel zur Erfüllung der raumordnerischen Aufgaben

31 Der Auftrag der Raumordnung, den die Landes- und die Regionalplanung erfüllen sollen, erscheint zwar weit gefasst, wird aber dadurch begrenzt, dass seine **Umsetzung an das in § 1 Abs. 1 ROG genannte Instrumentarium gebunden** ist. Das zentrale Instrument dafür ist der Raumordnungsplan. Raumordnungspläne müssen zusammenfassend, überörtlich und fachübergreifend sein (Rn. 72 ff.) und ihre Aufstellung erfolgt in einem förmlichen Verfahren (vgl. Erl. zu §§ 3 ff. NROG). Ferner soll der Auftrag der Raumordnung durch andere Abstimmungsverfahren erfüllt werden, insbesondere im Zuge von Raumverträglichkeitsprüfungen (vgl. Erl. vor §§ 9–13 und zu §§ 9 ff. NROG). In der Praxis ist die Abstimmung von Planungen und Maßnahmen auf- und untereinander aber häufiger in die fachgesetzlich geregelten Planungs- und Zulassungsprozesse eingebunden, in denen die beteiligten Landesplanungsbehörden Stellungnahmen abgeben, oder erfolgt in informellen Prozessen.

2.2.1.5 Leitvorstellung der Raumordnung, Nachhaltigkeit

32 Die der Raumordnung zugrunde liegende **Leitvorstellung** normiert § 1 Abs. 2 ROG wie folgt: *„Leitvorstellung bei der Erfüllung der Aufgabe nach Absatz 1 ist eine nachhaltige Raumentwicklung, die die sozialen und wirtschaftlichen Ansprüche an den Raum mit seinen ökologischen Funktionen in Einklang bringt und zu einer dauerhaften, großräumig ausgewogenen Ordnung mit gleichwertigen Lebensverhältnissen in den Teilräumen führt."*

Sowohl für die Landes- als auch für die Regionalplanung ist sie übergeordnete, lenkende Direktive. Nach dieser Leitvorstellung sind die Grundsätze der Raumordnung anzuwenden und auszulegen, wenn sie gegeneinander und mit anderen Belangen abzuwägen sind.

33 **Nachhaltige Raumentwicklung** hat einen zukunftsorientierten Ansatz und ist auf eine dauerhafte Ordnung ausgerichtet. Sie soll nicht nur durch kurzfristiges Denken bestimmt sein, sondern es soll durch raumordnerische Planung vorausschauend sichergestellt werden, dass **mittel- und langfristig noch genügend räumliche Entwicklungs- und Nutzungsmöglichkeiten für nachfolgende Generationen** bestehen. Die Leitvorstellung der Raumordnung entspricht dem in Art. 20a GG verankerten Grundsatz, dass auch in Verantwortung für die künftigen Generationen die natürlichen Lebensgrundlagen zu schützen sind. Die Landes- und die Regionalplanung haben daher dazu beizutragen, dass durch die vielfältigen wirtschaftlichen und sozialen Nutzungen kein „Raubbau" an der Natur erfolgt. Sie sollen längerfristig ökologische Funktionen des Raums sichern und gewährleisten, dass Flächen und Ressourcen geschont und umsichtig über längere Zeiträume genutzt werden können. Bei der Raumordnungsplanung ist daher prognostisch auch abzuschätzen, welche Erfordernisse und Interessen über einen mittelfristigen Planungshorizont hinaus relevant sein werden, und abzuwägen, inwieweit Ziele und Grundsätze der Raumordnung diesen unter vorläufiger Zurückstellung aktueller Nutzungsansprüche Rechnung tragen sollen.

Der Leitgedanke, dass möglichst **gleichwertige Lebensverhältnisse in allen Teilräumen des Landes** erreicht werden sollen, ist eng mit dem allgemeinen Grundsatz der Raumordnung in § 2 Abs. 2 Nr. 1 ROG verknüpft, nach dem ausgeglichene soziale, infrastrukturelle, wirtschaftliche und kulturelle Verhältnisse anzustreben sind. So soll etwa auf gleichwertige Infrastruktur und Versorgungsstrukturen in den verschiedenen Teilräumen des Landes und einen Ausgleich etwaiger Defizite in einzelnen Regionen hingewirkt werden. Ferner ist dafür Sorge zu tragen, dass raumbedeutsame Planungen und Maßnahmen keine nachteiligen Folgen für die Entwicklung und Funktionen in anderen Bereichen des Planungsraums haben. 34

2.2.2 Einfügung in das räumliche Planungssystem, Gegenstromprinzip

Das **Planungssystem der Raumordnung** ist mit der Bundes-, der Landes- und der Regionalplanungsebene **mehrstufig aufgebaut**. Die verschiedenen Planungsebenen betreffen unterschiedliche Räume und sind an verschiedene räumliche Maßstäbe gebunden. In der Regel geht damit auch ein unterschiedlicher Konkretisierungsgrad einher. 35

Auf **Bundesebene** sind in § 2 Abs. 2 ROG **gesetzliche Grundsätze der Raumordnung** festgelegt, die bundesweit wirken und in Raumordnungsplänen näher zu konkretisieren sind. § 17 Abs. 3 ROG enthält ferner die Ermächtigung, durch einen Bundesraumordnungsplan einzelne dieser gesetzlich festgelegten Grundsätze für die räumliche Entwicklung des Bundesgebietes zu konkretisieren. Diese Option wurde bundesseitig bisher nicht genutzt. 36

Von größerer Bedeutung für eine Steuerung der räumlichen Entwicklung im Bundesgebiet ist die bei der Novellierung des ROG 2017 in § 17 Abs. 2 ROG aufgenommene Ermächtigung, **länderübergreifende Raumordnungspläne des Bundes** mit Festlegung von Zielen und Grundsätzen für 37

- den Hochwasserschutz und
- Standortkonzepte für Häfen und Flughäfen als Grundlage für ihre verkehrliche Anbindung im Rahmen der Bundesverkehrswegeplanung

aufzustellen, die Bindungswirkung auch in den Ländern haben. Voraussetzung ist jeweils, dass solche Raumordnungspläne für die räumliche Entwicklung und Ordnung des Bundesgebietes unter nationalen oder europäischen Gesichtspunkten erforderlich sind.

Bundesseitig wurde im März 2020 mit einer allgemeinen Unterrichtung nach § 9 Abs. 1 ROG erstmalig ein Verfahren für die Aufstellung eines länderübergreifenden Raumordnungsplans für den Hochwasserschutz eröffnet und im September 2020 das Beteiligungsverfahren zum Entwurf eines Bundesraumordnungsplans eingeleitet. Im Mai 2021 erfolgte eine Länder- und Verbändeanhörung zu einem Verordnungsentwurf mit einer überarbeiteten, reduzierteren Planung und drei Monate später wurde der „**Länderübergreifende Raumordnungsplan für den Hochwasserschutz**" als Anlage zur Verordnung über die Raumordnung im Bund für einen länderübergreifenden Hochwasserschutz vom 19.8.2021 (BGBl. I S. 3712 / Anlageband zu BGBl. I 2021, Ausgabe 57 vom 25.8.2021 S. 1–35) verkündet. Bei diesem auf ein sachliches Thema begrenzten Raumordnungsplan stellte die Einhaltung der durch höchstrichterliche Rechtsprechung konkretisierten kompetenzrechtlichen Grenzen der Raumordnung im Verhältnis zum Fachrecht eine besondere Herausforderung dar, nachdem in den vergangenen Jahren die Regelungen zum Hochwasserschutz im Wasserhaushaltsgesetz intensiviert und bereits umfassende fachrechtliche Bestimmungen zum Hochwasserschutz getroffen worden sind. Grundsätzlich dürfen die zulässigerweise getroffenen, verbindlichen fachlichen Regelungen nicht durch eigene (gleichlautende oder abweichende) Zielfestlegungen der Raumordnung überlagert oder ersetzt werden (vgl. BVerwG Urt. vom 30.1.2003 – 4 CN 14.01 –, NVwZ 2003 S. 742; NuR 2003 S. 489; BVerwGE 117, 351). D. h. die Bundesraumordnung darf kein eigenes Schutzregime aufrichten, das mit dem WHG-Schutzregime konkurriert, und keine vergleichbaren Tatbestände wie das WHG regeln. Unabhängig vom fachrechtlichen Regelungszusammenhang dürfen nur zur Erreichung spezifisch raumordnungsrechtlicher Schutzzwecke zusätzliche 38

Festlegungen in einem Raumordnungsplan vorgesehen werden. Der Bundesraumordnungsplan hat insoweit die geltenden hochwasserschutzrechtlichen Anordnungen und Verbote durch eigene Zielfestlegungen ergänzt.

39 Beim Bund liegt außerdem die Zuständigkeit für die **Raumordnungsplanung für die deutsche ausschließliche Wirtschaftszone (AWZ)** gem. § 17 Abs. 1 ROG, die im Rahmen der Vorgaben des Seerechtsübereinkommens der Vereinten Nationen vom 10.12.1982 (verkündet durch Vertragsgesetz Seerechtsübereinkommen vom 2.9.1994, BGBl. 1994 II S. 1798) erfolgt. Als AWZ wird das Meeresgebiet bezeichnet, das seewärts des Küstenmeeres von der 12-Seemeilen-Zone bis maximal zur 200-Seemeilen-Grenze reicht. Nach Art. 56 des Seerechtsübereinkommens hat Deutschland in seiner AWZ souveräne Rechte zur wirtschaftlichen Nutzung des Meeres (samt Meeresboden und dessen Untergrund). Mit der Verordnung über die Raumordnung in der deutschen ausschließlichen Wirtschaftszone in der Nordsee (AWZ Nordsee-ROV) vom 21.9.2009 (BGBl. I S. 3107), geändert durch Art. 5 der Verordnung vom 2.6.2016 (BGBl. I S. 1257), und der Verordnung über die Raumordnung in der deutschen ausschließlichen Wirtschaftszone in der Ostsee (AWZ Ostsee-ROV) vom 10.12.2009 (BGBl. I S. 3861) wurden maritime Raumordnungspläne geschaffen, um die verschiedenen Nutzungen in der AWZ in Nord- bzw. Ostsee räumlich zu koordinieren. Beide Verordnungen wurden inzwischen durch die **Verordnung über die Raumordnung in der deutschen ausschließlichen Wirtschaftszone in der Nordsee und in der Ostsee (AWZROV)** vom 19.8.2021 (BGBl. I S. 3886) ersetzt.

40 Aufgrund des Rechtsstaatsgebots (Art. 20 Abs. 3 GG) dürfen **Landes- und Regionalpläne nicht im Widerspruch zu höherangigem Bundesrecht stehen**. Sie unterliegen zudem gem. dem erst 2023 geschaffenen § 13 Abs. 1 Buchst. a ROG einer aktiven **Anpassungspflicht an Ziele aus Bundesraumordnungsplänen**. Nach der Gesetzesbegründung (BT-Drs. 20/4823 S. 25) sollte mit der an § 1 Abs. 4 BauGB angelehnten Regelung erreicht werden, dass nach Inkrafttreten des Raumordnungsplans des Bundes eine sofortige Prüfung und erforderlichenfalls möglichst kurzfristige Änderung bzw. Anpassung der landesweiten und regionalen Raumordnungspläne erfolgt und Ziele der Bundesraumordnungspläne nicht erst später im Rahmen einer etwaigen von der Landes- oder Regionalplanung beabsichtigten Planänderung aufgrund der Zielbeachtungspflicht nach § 4 ROG einfließen.

Aus der Regelung des § 13 Abs. 1 Buchst. a ROG **zumindest eine zeitnahe Überprüfungspflicht** hinsichtlich dessen Wirkungen und eines möglichen Anpassungsbedarfs abzuleiten, erscheint sachgerecht, auch wenn eine eindeutige Bestimmung des Zeitrahmens (so wie die in § 5 Abs. 3 Satz 4 NROG) fehlt. Angesichts einer fehlenden Fristvorgabe im Wortlaut des § 13 Abs. 1 Buchst. a ROG für die Umsetzung ggf. nötiger Anpassungen und der eher vagen Begründung, dass eine *„möglichst"* kurzfristige Anpassung erfolgen solle, ist jedoch nicht zwangsläufig davon auszugehen, dass Träger der Landes- oder Regionalplanung bei erkanntem Anpassungsbedarf immer sofort eine Planänderung in Angriff nehmen müssen. Vielmehr steht ihnen im Rahmen ihrer Planungshoheit zu, **unter Würdigung der Bedeutung der betroffenen Ziele der Raumordnung und des möglichen Konfliktpotenzials den Zeitpunkt der Anpassung zu bestimmen**. Wie auch bei Anpassungspflichten der Bauleitplanung nach § 1 Abs. 4 BauGB an Ziele der Raumordnung, muss die Anpassung zwar spätestens in das nächstfolgende Planänderungs- oder Neuaufstellungsverfahren integriert werden, sollte mit Blick auf die Gesetzesbegründung aber möglichst vorgezogen werden.

41 **Einzelfallbezogen** dürften im Umgang mit § 13 Abs. 1 Buchst. a ROG **noch unterschiedliche Handhabungen zu erwarten** sein. Als zu weitreichend erscheint die Auffassung, dass *„die Anpassungspflicht im Bereich des Hochwasserschutzes schon dadurch ausgelöst werden kann, dass eine besondere Gefahrenlage besteht und dieser nur hinreichend Rechnung getragen werden kann, wenn den Zielen des Bundesraumordnungsplans für den länderübergreifenden Hochwasserschutz zeitnah, also nicht erst aus Anlass der Überprüfung gem. § 7 Abs. 8 ROG, Rechnung getragen wird"* (*Spannofsky*, Änderungen des Raumordnungsrechts, ZfBR 2023 S. 540). Hiergegen ist zum einen einzuwenden, dass es kaum denkbar erscheint, konkrete Gefahrenlagen durch raumplanerische Tätigkeiten zeitnah abzuwenden, weil die zur Änderung von Raumordnungsplänen nötige Erarbeitung fundierter Planunterlagen und das gesetzlich geregelte Verfahren erhebliche Zeit beanspruchen. Zum anderen erscheint es äußerst fragwürdig, ob es Hochwassergefahrenlagen gibt, denen „nur" – d. h. ausschließlich – durch (angepasste) landes- und regionalplanerische Festlegungen hinreichend Rechnung getragen werden kann, zumal die Ziele des Bundesraumordnungsplans für den Hochwasserschutz nach § 4 ROG ohnehin unmittelbar auf andere nachfolgende, raumbedeutsame Planungen und Maßnahmen öffentlicher Stellen wirken. Hinzu kommt, dass es unabhängig davon fachliche Bestimmungen und Konzepte zum Hochwasserschutz gibt.

Die Landesplanungsebene beinhaltet die in § 2 NROG und § 3a NKlimaG festgelegten **landesgesetzlichen Grundsätze der Raumordnung** und den ganz Niedersachsen umfassenden **landesweiten Raumordnungsplan** i. S. des § 13 Abs. 1 Satz 1 Nr. 1 ROG. Es folgt die Ebene der Regionalplanung mit den aus dem landesweiten Raumordnungsplan zu entwickelnden **Raumordnungsplänen für die verschiedenen regionalen Teilräume des Landes** i. S. des § 13 Abs. 1 Satz 1 Nr. 2 ROG. Die Landesplanung und die Regionalplanung stellen innerhalb des räumlichen Planungssystems eigenständige Planungsebenen im Land dar, greifen aber eng ineinander. 42

Die verschiedenen Raumplanungen beeinflussen sich im Zuge des sog. **Gegenstromprinzips** (§ 1 Abs. 3 ROG) gegenseitig. Danach soll sich die Entwicklung, Ordnung und Sicherung der Teilräume in die Gegebenheiten und Erfordernisse des Gesamtraums einfügen und andererseits soll die Entwicklung, Ordnung und Sicherung des Gesamtraums die Gegebenheiten und Erfordernisse seiner Teilräume berücksichtigen. 43

Die Regionalplanung für die verschiedenen niedersächsischen Teilräume muss sich jeweils im Rahmen der übergeordneten Landesplanung bewegen und in das Planungskonzept für ganz Niedersachsen einfügen. Verdeutlicht wird dies in § 13 Abs. 2 Satz 1 ROG, wonach Regionalpläne aus dem Raumordnungsplan für das Landesgebiet zu entwickeln sind **(Entwicklungsgebot)**, und in § 5 Abs. 3 NROG, wonach regionalplanerische Festlegungen dem LROP nicht widersprechen dürfen und sie innerhalb eines überschaubaren Zeitrahmens an diese angepasst werden müssen. 44

Demgegenüber müssen bei der landesweiten Planung die unterschiedlichen regionalen Besonderheiten und Bedürfnisse mit bedacht werden. Dass Raumordnungspläne des Landes und der Regionalplanungsträger ferner die **Gegebenheiten und Erfordernisse der örtlichen Planungsebene einbeziehen** müssen, ergibt sich aus dem Gebot der gerechten Abwägung und wird für Regionalpläne ausdrücklich in § 13 Abs. 2 Satz 2 ROG normiert. 45

Das **Gegenstromprinzip gilt auch für etwaige Bundesraumordnungsplanungen** nach § 17 ROG. Bei deren Festlegung müssten auch niedersächsische Gegebenheiten einbezogen werden. 46

Landes- und Regionalplanung (sowie die Raumordnungsplanung des Bundes) sind auf größere räumliche Zusammenhänge gerichtet und setzen einen **Rahmen für die nachfolgende örtliche Planungsebene (Bauleitplanung)**. Der raumordnerische Auftrag hat seine Grenze, wo es ausschließlich um Planung in Bezug auf Angelegenheiten der örtlichen Gemeinschaft geht und keine überörtliche Betrachtung hinsichtlich der Entwicklung eines größeren regionalen oder überregionalen Raums geboten ist. 47

2.2.3 Landesplanung (Absatz 2 Nr. 1)

2.2.3.1 Aufgabe und Gegenstand der Landesplanung

Landesplanung ist – anders als der Begriff vermuten lässt – nicht nur die Aufstellung und bedarfsgerechte Fortschreibung der auf das gesamte niedersächsische Hoheitsgebiet (einschließlich des der Souveränität des Landes unterstehenden Küstenmeeres) bezogenen zusammenfassenden, überregionalen und überfachlichen **Gesamtplanung im Rahmen des** 48

LROP. Sie umfasst auch das Hinwirken auf die **Verwirklichung der im LROP festgelegten raumordnerischen Entwicklungsvorstellungen des Landes und die landesplanerische Abstimmung von Vorhaben** unter Nutzung anderer formeller und informeller Instrumente der Raumordnung (vgl. Begründung zu der mit dem aktuellen NROG übereinstimmenden Definition der Landesplanung im NROG 2007, LT-Drs. 15/3270 S. 37). Es ist ein wesentlicher Aspekt der Landesplanung, überregional bedeutsame Planungen und Maßnahmen anderer Träger auf- und untereinander so abzustimmen, dass sie im Einklang mit den Vorgaben des LROP verwirklicht werden können.

49 Ohne ausdrückliche Erwähnung bleiben in § 1 Abs. 2 Nr. 1 NROG **aufsichtliche Tätigkeiten und Vollzugsaufgaben**, die gleichermaßen zur Landesplanung gehören, aber den Landesplanungsbehörden – auch den im übertragenen Wirkungskreis tätigen unteren Landesplanungsbehörden – unabhängig von dem Erfordernis eines überregionalen Bezugs gesondert zugewiesen sind (Rn. 51).

2.2.3.2 Überregionale Bedeutsamkeit

50 Landesplanung befasst sich vor allem mit der Entwicklung und Steuerung überregional bedeutsamer Planungen und Maßnahmen. Überregional bedeutsam sind Planungen und Maßnahmen, die zum einen **überörtliche Bedeutung** haben (vgl. Rn. 57 f.) und zum anderen **für mehr als eine Region relevant** sind, etwa weil sie über den regionalen Planungsraum eines Landkreises hinausgehen (wie manche Verkehrsplanungen oder Leitungsbauvorhaben) oder ihre Auswirkungen regionsübergreifend sind, oder weil sie aufgrund ihres Einzugsbereichs für mehr als einen regionalen Teilraum des Landes von Bedeutung sind (etwa manche Großkraftwerke, Flughäfen, Häfen, große Güterverkehrszentren, Factory Outlet Center etc.). Gleiches gilt, wenn ähnlich geartete raumbedeutsame Planungen oder Maßnahmen in verschiedenen Regionen die Schaffung gleichwertiger Lebensverhältnisse in allen Teilräumen des Landes beeinflussen bzw. behindern können oder wenn infolge bestehender regionaler oder überregionaler Verflechtungen ihre Auswirkungen auf die Nutzung und Funktionen des Raums so bedeutend sind, dass eine Steuerung auf überregionaler Ebene geboten ist. Überregionale Bedeutsamkeit kann auch vorliegen, wenn es um die Sicherung von Raumfunktionen und Ressourcen nicht nur für eine spezifische Region geht (etwa die Sicherung eines landesweit bedeutsamen Bodenschatzes).

2.2.3.3 Staatliche Aufgabe, Aufsichts- und Vollzugstätigkeiten

51 Landesplanung ist eine **staatliche Aufgabe**, die von Landesbehörden und in Niedersachsen auf unterer Ebene von kommunalen Behörden und Verbänden im **übertragenen Wirkungskreis** wahrgenommen wird (zur Organisation der Landesplanungsverwaltung und Zuständigkeiten vgl. Erl. zu §§ 18 und 19 NROG). Über die Einhaltung raumordnungsrechtlicher Vorschriften einschließlich normativer Festlegungen in Raumordnungsplänen zu wachen und einen ordnungsgemäßen Vollzug sicherzustellen, gehört ebenfalls zum staatlichen Auftrag und obliegt den dafür zuständigen Landesplanungsbehörden. Sie sind insoweit aufsichtsbehördlich für die **Einhaltung des ROG, des NROG und des untergesetzlichen Raumordnungsrechts** (LROP-VO, RROP-Satzungen, Bundesraumordnungspläne) verantwortlich und vertreten die sich hieraus ergebenden öffentlichen Belange in förmlichen Verfahren. Weist eine NROG-Norm eine bestimmte Tätigkeit ausdrücklich einer „Landesplanungsbehörde" zu, ist damit zum Ausdruck gebracht, dass es sich um eine landesplanerische Tätigkeit handelt.

52 Bei Tätigkeiten, die der Landesplanung zuzurechnen sind, unterliegen die unteren und oberen Landesplanungsbehörden der Fachaufsicht und sind daher **gebunden an fachliche Weisungen** der ihnen übergeordneten Landesplanungsbehörde/n.

2.2.4 Regionalplanung (Absatz 2 Nr. 2)

2.2.4.1 Aufgabe und Gegenstand der Regionalplanung

Regionalplanung umfasst vor allem die **Aufstellung und Änderung des RROP** und stellt damit die konkreteste Form der Raumordnungsplanung dar. Sie bietet die Möglichkeit zur frühzeitigen Integration aller überörtlich bedeutsamen Belange auf regionaler Ebene und bildet eine wichtige **Schnittstelle zwischen der staatlichen Landesplanung und der kommunalen Bauleitplanung** der Städte und Gemeinden. 53

Die Regionalplanung ist eng **mit der Landesplanung verzahnt**, da die RROP auf dem LROP aufbauen und nicht in Widerspruch zu diesem stehen dürfen. Die Regionalplanungsträger haben daher auch Planungsaufträge zu erfüllen, die ihnen mit dem LROP gem. § 4 Abs. 1 NROG oder durch mit der Regionalplanung verbundene gesetzliche Aufträge (wie durch § 2 NWindG und § 28 ROG) zugewiesen werden. Regionalplanung liegt aber als **Aufgabe des eigenen Wirkungskreises** (§ 20 Abs. 1 Satz 2 NROG) in der Planungshoheit der jeweiligen Regionalplanungsträger. Diese entscheiden eigenverantwortlich über die Art der Konkretisierung landesplanerischer Vorgaben in ihrem Raumordnungsprogramm und verfolgen weitere **eigene Entwicklungsvorstellungen für ihren regionalen Planungsraum**. Regionalplanung hat damit einen eigenen abgegrenzten Planungsauftrag (vgl. Begründung der mit § 1 Abs. 2 Nr. 2 übereinstimmenden Definition im § 1 Abs. 5 Nr. 2 NROG-2007, LT-Drs. 15/3270 S. 37). 54

Zur Regionalplanung gehören des Weiteren die **Verwirklichung der RROP** sowie die **Abstimmung raumbedeutsamer Planungen und Maßnahmen von überörtlicher Bedeutung**. Im Gegensatz zu den Aufgaben der unteren Landesplanungsbehörden (vgl. oben Rn. 51) sind im Zusammenhang mit § 1 Abs. 2 Nr. 2 NROG nur die dem eigenen Wirkungskreis zuzurechnenden Tätigkeiten konzeptioneller, planerischer und informeller Art gemeint, die der eigenen Planungshoheit entspringen und mit denen die Regionalplanungsträger aktiv auf eine Verwirklichung der von ihnen verfolgten Entwicklungsvorstellungen für ihren Regionalplanungsraum hinwirken (insbesondere die raumordnerische Zusammenarbeit mit anderen öffentlichen Stellen und Personen des Privatrechts gem. § 14 ROG). Sowohl durch prozessorientierte **Entwicklungskonzepte** mit themenübergreifendem, integriertem Ansatz als auch mit projekt- und themenorientierten Konzepten für bestimmte Handlungsfelder (wie z. B. Einzelhandelskonzepte, Bodenabbauleitpläne, Energiekonzepte) können Regionalplanungsträger darauf hinwirken, dass überörtlich bedeutsame Planungen und Maßnahmen im Einklang mit den im jeweiligen RROP verfolgten Zielen und Grundsätzen umgesetzt werden. 55

Zum eigenen Wirkungskreis der Regionalplanungsträger können im Einzelfall auch Stellungnahmen in förmlichen Verfahren gehören, etwa wenn sie sich auf Planungsabsichten der Regionalplanungsträger oder begleitende Konzepte beziehen. Bei Abstimmung raumbedeutsamer Planungen und Maßnahmen von überörtlicher Bedeutung kann daher die **Grenze zwischen landes- und regionalplanerischer Tätigkeit manchmal fließend** verlaufen. 56

2.2.4.2 Überörtliche Bedeutsamkeit

Die Regionalplanung koordiniert die überörtliche Entwicklung in ihrem Raum. Überörtlich bedeutsam sind solche Planungen und Maßnahmen, die **Gemeindegrenzen überschreiten**, sich **übergemeindlich auswirken** oder **für die Entwicklung des regionalen Gesamtraums von Bedeutung** sind. Vorhaben können z. B. von überörtlicher Bedeutung sein, wenn sie mit weitreichenden Umweltauswirkungen verbunden sind, sie einen über das Gemeindegebiet hinausreichenden Einzugsbereich haben oder sie auch umgebende Raumnutzungen und -funktionen (wie etwa Versorgungsfunktionen anderer Orte) so beeinflussen können, dass eine überörtliche **koordinierende Planung** geboten ist. Der Begriff „Ort" ist in diesem Kontext nicht im Sinne einer einzelnen Wohnsiedlung oder einer Ortschaft als durch Hauptsatzung festgelegter Gebietsteil einer Gemeinde nach § 90 NKomVG zu ver- 57 stehen, sondern im Sinne einer gesamten Gemeinde als kommunale Gebietskörperschaft, die die Angelegenheiten ihrer eigenen *örtlichen* Gemeinschaft selbst regelt, nicht aber *überörtliche* Angelegenheiten.

58 Das BVerwG führt **zum Begriff der überörtlichen Bedeutung** im Urt. vom 30.3.2017 – 7 C 17.15 –, RdNr. 37, NVwZ-RR 2017 S. 685; UPR 2017 S. 314; BeckRS 2017, 112008, aus: *„Überörtliche Bedeutung hat ein Vorhaben dann, wenn es aufgrund seiner überörtlichen Bezüge bei typisierender Betrachtungsweise einen gemeindeübergreifenden Koordinierungsbedarf hervorruft. Dies setzt nicht voraus, dass das Vorhaben als solches das Gebiet von mindestens zwei Gemeinden berührt (BVerwG, Beschluss vom 30. Juni 2004 - 7 B 92.03 – Buchholz 406.11 § 38 BauGB Nr. 14 S. 3 = juris Rn. 11). Ein Koordinierungsbedarf kann vielmehr auch bei einem auf das Gebiet nur einer Gemeinde beschränkten Vorhaben dann vorliegen, wenn dieses in ein übergreifendes Planungsprojekt, insbesondere bei weiträumigen Infrastrukturvorhaben, eingebettet ist (BVerwG, Beschlüsse vom 31. Juli 2000 - 11 VR 5.00 – juris Rn. 6 und vom 7. Februar 2005 - 9 VR 15.04 – juris Rn. 10).“*

2.2.4.3 Kommunale Aufgabe

59 Grundsätzlich wird die Regionalplanung in Niedersachsen als **kommunale Aufgabe auf Ebene der Landkreise** wahrgenommen; die Regionalplanungsträgerschaft wurde im Rahmen einer kommunalen Gebietsreform auch **kreisfreien Städten** zuerkannt (vgl. Erl. zu § 20 Abs. 1 NROG, Rn. 2 f.). Letzteres stellt einen **Bruch in Bezug auf den überörtlichen Steuerungsauftrag der Regionalplanung** dar. Die zu einer effektiven regionalen Steuerung der Raumentwicklung notwendigen Wirkungsbereiche fehlen den kreisfreien Städten, die die Regionalplanung nicht gem. § 20 Abs. 2 NROG auf einen Zweckverband oder einen anderen Planungsverband übertragen haben (kreisfreie Städte Delmenhorst, Emden, Oldenburg, Osnabrück und Wilhelmshaven sowie die ihnen gleichgestellte Stadt Göttingen).

60 Die Hoffnung des Landesgesetzgebers, dass sich ohne staatliche Eingriffe in das kommunale Gefüge auf freiwilliger Basis durchgehend großräumigere Planungsverbände unter Einschluss der kreisfreien Städte bilden, hat sich nur begrenzt erfüllt. Der für die Regionalplanung im früheren Großraum Hannover zuständige Zweckverband wurde 2001 aufgelöst, als mit der **Region Hannover ein den Landkreisen gleichgestellter Gemeindeverband** die Regionalplanung für diesen Teilraum übernahm. Allein im Großraum Braunschweig nimmt auf Grundlage spezialgesetzlicher Regelungen mit dem **Regionalverband „Großraum Braunschweig“** ein Planungsverband die ihm von drei kreisfreien Städten und fünf Landkreisen übertragenen Aufgaben als Regionalplanungsträger wahr.

61 Die Regionalplanungsträger haben bei Erfüllung der in § 1 Abs. 2 Nr. 2 NROG genannten Aufgaben **Gestaltungsfreiheit im Rahmen der Gesetze**. Sie unterliegen bei ihrem Handeln einer Rechtmäßigkeitskontrolle (Rechtsaufsicht, Kommunalaufsicht), aber keiner fachaufsichtlichen Zweckmäßigkeitskontrolle.

2.3 Landes-Raumordnungsprogramm, Regionales Raumordnungsprogramm

62 Durch das LROP und die RROP soll der in § 1 Abs. 1 ROG genannte Auftrag der Raumordnung erfüllt werden (Rn. 25 ff.). Die Raumordnungsprogramme konkretisieren dabei unter Würdigung der Gegebenheiten in ihrem jeweiligen Planungsraum die gesetzlichen Grundsätze der Raumordnung gem. § 2 ROG und § 2 NROG. Es handelt sich bei diesen Programmen um **Raumordnungspläne i. S. des § 3 Abs. 1 Nr. 7 ROG**. Für sie gelten die Begriffsbestimmung für „Raumordnungspläne“ (Rn. 72 ff.) sowie die generellen Regelungen des ROG zu Inhalten von Raumordnungsplänen (z. B. für darin festzulegende Ziele und Grundsätze der Raumordnung und Typen besonderer Gebietsfestlegungen, vgl. Erl. 2.3.7 ff.).

2.3.1 Landes-Raumordnungsprogramm (Absatz 2 Nr. 3)

„Landes-Raumordnungsprogramm“ ist die niedersächsische **Bezeichnung für den landesweiten Raumordnungsplan** nach § 13 Abs. 1 Satz 1 Nr. 1 ROG (§ 8 Abs. 1 Satz 1 Nr. 1 ROG-2008). Es handelt sich um die zusammenfassende, fachübergreifende und überregionale Gesamtplanung mit den raumordnerischen Festlegungen des Landes. Sein **Planungsraum ist das Land Niedersachsen einschließlich des niedersächsischen Küstenmeeres** (sog. 12-Seemeilen-Zone, die an die Küste angrenzt und mit in die landesplanerische Zuständigkeit fällt). Das LROP legt hierfür flächendeckend und sachlich umfassend die angestrebte räumliche und strukturelle Entwicklung in den Grundzügen fest. 63

§ 7 Abs. 1 Satz 3 ROG erlaubt auf Ebene der Landesplanung (anders als bei RROP, für die in § 5 Abs. 2 NROG grundsätzlich eine vom ROG abweichende Regelung getroffen wurde) die raumordnerischen **Festlegungen zur Entwicklung und Ordnung des Landes auch in räumlichen und sachlichen Teilplänen** zu treffen. Mit dem Wesen von Raumordnungsplänen als zusammenfassende, fachübergreifende Pläne, ihrer Funktion zur räumlichen Koordinierung und Vorsorge und zum Ausgleich bestehender Konflikte sowie mit der Leitvorstellung, eine nachhaltige großräumige Ordnung zu erreichen, sind Teilpläne jedoch nur schwer in Einklang zu bringen. Das Land hat daher die Option, Teilpläne aufzustellen, bisher nicht genutzt. Verfahren zur Änderung des LROP betreffen zwar jeweils nur Abschnitte oder Einzelfestlegungen des Programms, dies führt aber nicht zur Entstehung von Teilplänen, sondern vorgenommene Änderungen fließen in den Gesamtplan ein. 64

Neben den in § 13 Abs. 5 ROG vorgesehenen Inhalten von Raumordnungsplänen (vgl. Erl. 2.3.5) kann das LROP gem. § 4 Abs. 1 NROG noch nähere Bestimmungen dazu treffen, inwieweit zu einzelnen Aspekten der räumlichen Planung die Festlegung von Zielen und Grundsätzen der Raumordnung den RROP vorbehalten bleibt und eine regionalplanerische Aufarbeitung erforderlich ist (sog. **Planungsaufträge**, vgl. Rn. 82 f. und zu § 4 Rn. 20 ff.). Beispiele für Planungsaufträge finden sich in verschiedenen Abschnitten des LROP. Häufig wird eine Übernahme und räumliche Konkretisierung der im LROP festgelegten Vorranggebiete auf der regionalplanerischen Maßstabsebene verlangt. Ein anderes Beispiel findet sich im LROP-Abschnitt 2.2 „Entwicklung der Daseinsvorsorge und Zentralen Orte“ in Ziff. 03, wonach die Festlegung von Grundzentren in den RROP erfolgen muss, während das LROP selbst nur Ober- und Mittelzentren bestimmt. 65

Das LROP wird als **Verordnung der Landesregierung** beschlossen (vgl. Erl. zu § 4 Rn. 26 ff.). Es besteht aus einer Rahmenverordnung mit der beschreibenden Darstellung (Anlage 1 der LROP-VO), die textliche Festlegungen und die zugehörigen Anhänge (Karten, Tabellen) enthält, und einer zeichnerischen Darstellung (Anlage 2 der LROP-VO), einer Karte im Maßstab 1: 500 000 mit zeichnerischen Festlegungen. 66

Die Anlage 3 der LROP-VO ist kein Teil des LROP als landesweitem Raumordnungsplan, sondern ein separater, auf § 5 Abs. 8 NROG beruhender Verordnungsteil mit **formellen Vorgaben für Darstellungen in RROP**, vorzugsweise für deren einheitliche Verwendung von Planzeichen. 67

2.3.2 Regionales Raumordnungsprogramm (Absatz 2 Nr. 4)

Beim „Regionalen Raumordnungsprogramm“ handelt es sich um den **Regionalplan nach § 13 Abs. 1 Satz 1 Nr. 2 ROG für einen Teilraum des Landes Niedersachsen**. Der Begriff „Teilraum des Landes“ bezeichnet in diesem Zusammenhang das gesamte Planungsgebiet eines Trägers der Regionalplanung, für das dieser flächendeckend und sachlich umfassend die von ihm angestrebte räumliche und strukturelle Entwicklung in den Grundzügen festlegt (vgl. Begründung zur Begriffsbestimmung im NROG 2007, LT-Drs. 15/3270 S. 37, an die laut LT-Drs. 16/4476 S. 28 die aktuelle Begriffsbestimmung angelehnt ist). Hiervon zu unterscheiden ist die Verwendung des Begriffs „Teilräume“ in § 1 Abs. 1 Satz 1 ROG, wo es um Teilräume des Gesamtraums der Bundesrepublik Deutschland geht 68 (sowohl die Gebiete der einzelnen Bundesländer als auch die regionalen Planungsräume im Bundesgebiet).

69 **Bei RROP sind räumliche oder sachliche Teilprogramme** abweichend von § 7 Abs. 1 Satz 3 ROG **grundsätzlich unzulässig**, mit einer befristeten **Ausnahme für sachliche Teilprogramme Windenergie** (vgl. Erl. zu § 5 Abs. 1Rn. 8 ff.). Auf räumliche oder auf sachliche Teilbereiche eines RROP begrenzte Verfahren sind ansonsten nur im Rahmen von Planänderungen zulässig, denn diese werden letztlich Teil des Gesamtplans.

70 Gem. § 13 Abs. 2 Satz 1 ROG sind die RROP **aus dem LROP zu entwickeln**. D. h., in ihnen ist die Landesplanung zu konkretisieren und es sind darin die Ziele festzulegen, die im LROP gem. § 4 Abs. 1 NROG ausschließlich der regionalen Planungsebene vorbehalten wurden.

71 RROP werden als **Satzung** von dem jeweiligen politischen Vertretungsgremium beschlossen (§ 5 Abs. 5 NROG). Den Satzungsbeschluss fasst bei Landkreisen der Kreistag, bei der Region Hannover die Regionsversammlung und beim Regionalverband „Großraum Braunschweig" die Verbandsversammlung. Würde eine kreisfreie Stadt als Regionalplanungsträger ein RROP aufstellen, hätte der Rat den Satzungsbeschluss zu fassen (zu den verschiedenen Regionalplanungsträgern vgl. Erl. zu § 20 Rn. 2 f.). Einem Satzungstext wird dabei das RROP als Anlage beigefügt; es besteht aus einer beschreibenden Darstellung mit textlichen Festlegungen und einer zeichnerischen Darstellung. Der dafür maßgebliche Kartenmaßstab von 1: 50 000 wird durch Anlage 3 der LROP-VO vorgegeben.

2.3.3 Raumordnungspläne: zusammenfassend, überörtlich und fachübergreifend

72 Das ROG **definiert in § 3 Abs. 1 Nr. 7** Raumordnungspläne als den Oberbegriff für *„zusammenfassende, überörtliche und fachübergreifende Pläne nach §§ 13 und 17 ROG"*. Während die Regelungen in § 13 ROG das niedersächsische LROP und die RROP umfassen, betrifft § 17 ROG Raumordnungspläne des Bundes.

73 „**Zusammenfassend**" ist ein Raumordnungsplan, weil er in einem gesamträumlichen Plan bzw. Programm die verschiedenen Ansprüche an den Raum zusammenführt (**integrierende Gesamtplanung**) und versucht, Konflikte zu lösen und zu vermeiden. Das LROP schließt als zusammenfassender Plan die Koordinierung der Entwicklung aller regionalen Teilräume des Landes in den Grundzügen ein. Ein RROP ist ein zusammenfassender Plan für die koordinierte räumliche Entwicklung im jeweiligen regionalen Gesamtraum.

74 „**Überörtlich**" ist die Raumordnungsplanung, weil sie **oberhalb der örtlichen Bauleitplanung der Städte und Gemeinden** agiert und sich z. B. auf regionaler, landesweiter oder bundesweiter Ebene um Entwicklungen im Raum kümmert, deren Bedeutung über einzelne Orte hinausgeht (vgl. auch Rn. 57 f. zu überörtlich bedeutsamen Planungen und Maßnahmen). Die Raumplanungskompetenz bezieht sich auf solche Angelegenheiten, die den Kompetenzbereich einer einzelnen Gemeinde für (nur) ihre örtliche Gemeinschaft übersteigt. Raumordnungspläne enthalten gemeindeübergreifende Festlegungen, die rahmensetzend für die Ebene der Bauleitplanung wirken. Gem. § 1 Abs. 4 BauGB sind Bauleitpläne an Ziele der Raumordnung anzupassen.

75 „**Fachübergreifend**" ist Raumordnungsplanung, weil sie nicht einer einzelnen Fachplanung (wie Verkehrsplanung, energiewirtschaftliche Planung, abfall- oder wasserwirtschaftliche Planung, Landschaftsplanung etc.) dient, sondern die unterschiedlichen fachspezifischen Ansprüche an den Raum abstimmend in Einklang bringt oder erforderlichenfalls darüber entscheidet, wo und in welchem Umfang einzelnen Raumnutzungsansprüchen Vorrang vor anderen eingeräumt wird. Sie kann Fachplanungen unterstützen, indem sie vorsorgend Flächen für ihre Verwirklichung sichert, muss aber ihrem fachübergreifenden Auftrag zur Koordinierung der konkurrierenden Raumnutzungsansprüche und zur Bewältigung dabei entstehender Konflikte gerecht werden.

Die in Raumordnungsplänen enthaltenen Festlegungen sind **auf Ebene der verschiedenen Fachplanungen zu beachten oder zu berücksichtigen**. Die Raumordnungsplanung belässt den Fachplanungen aber einen ausreichenden Planungsspielraum. In Einzelfällen kann durch eine in einem landesweiten Raumordnungsplan enthaltene Gewichtungsvorgabe der Abwägungsspielraum einer Planfeststellungsbehörde jedoch auch sehr weit eingeschränkt werden (s. BVerwG, Urt. vom 4.4.2012 – 4 C 8.09 –, RdNr. 304 ff zum Verhältnis von Flughafen-Fachplanung und Landesplanung; BVerwGE 142, 234; NVwZ 2012 S. 1314; UPR 2012 S. 457).

2.3.4 Zeitlicher Planungshorizont

Gem. § 7 Abs. 1 Satz 1 ROG sind in Raumordnungsplänen *"für einen bestimmten Planungsraum und einen regelmäßig mittelfristigen Zeitraum Festlegungen … zu treffen."* 76

In der Raumplanung wird oft ein **Zeitrahmen von etwa zehn bis 15 Jahren** als **mittelfristig** angenommen. Aufgrund der Leitvorstellung einer nachhaltigen Raumentwicklung können Festlegungen in Raumordnungsplänen aber **auch längerfristige Erfordernisse** im Blick haben (z. B. nachhaltige Sicherung von Rohstoffvorkommen für nachfolgende Generationen, Sicherung bestimmter Raumfunktionen zur Minderung langfristiger Klimawandelfolgen). Manche Festlegungen sind daher auf einen längeren Planungshorizont ausgelegt und werden bei einer Überprüfung und Neuaufstellung eines Raumordnungsplans ggf. inhaltsgleich erneut getroffen. Andererseits verändern sich die Planungssituationen heutzutage häufiger als früher (Wechsel politischer und rechtlicher Rahmenbedingungen, neue technische Entwicklungen, die neue Vorhabentypen oder -varianten ermöglichen, unvorhersehbare Veränderungen in der Bevölkerung oder Krisensituationen), sodass Pläne aktuelleren Entwicklungen kurzfristig angepasst werden, um die Raumentwicklung bedarfsgerecht steuern zu können. Nicht alle Festlegungen haben tatsächlich mittelfristig Bestand.

§ 7 Abs. 8 ROG sah zunächst in Umsetzung der MRO-Richtlinie 2014/89/EU nur für den Bereich der maritimen Raumplanung ein **zehnjähriges Überprüfungsintervall** vor, beinhaltet seit 2023 aber eine entsprechende Überprüfungspflicht **für alle Raumordnungspläne**. An die Überprüfungspflicht ist kein zwingender Planungsauftrag gekoppelt, sodass in Bezug auf das LROP das Land entscheidet, inwieweit und wann es bei erkanntem Aktualisierungsbedarf seine Festlegungen ändert. Das Planungsermessen ist allerdings dann reduziert, wenn sich Konflikte mit geändertem höherrangigen Recht ergeben. Inzwischen sieht zudem § 13 Abs. 1 Buchst. a ROG eine aktive **Anpassungspflicht an Ziele aus Bundesraumordnungsplänen** vor (vgl. Rn. 40 f.). In der Praxis wurden Festlegungen des LROP auch bereits vor der Änderung des § 7 Abs. 8 ROG regelmäßig überprüft. In den letzten Jahrzehnten wurde das LROP z. B. 2002, 2006, 2008, 2012, zweimal in 2017 sowie 2022 geändert. Ein Beteiligungsverfahren zum Entwurf einer weiteren LROP-Änderung wurde 2024 eingeleitet. 77

Der **Planungshorizont für RROP** war in Niedersachsen bereits gem. § 5 Abs. 7 NROG **auf zehn Jahre ausgelegt**. Die Geltungsdauer der RROP hat sich dabei stufenweise von anfangs deutlich kürzeren Zeiträumen auf zehn Jahre erhöht. Die Regelung wurde 2007 dahingehend umgestaltet, dass für die RROP ein zehnjähriges Überprüfungsintervall eingeführt und die Option eröffnet wurde, ein RROP auch im Zuge von Änderungsverfahren zu aktualisieren. Wird im Zuge einer RROP-Überprüfung festgestellt, dass Konflikte mit höherrangigem Recht bestehen oder einer im NROG normierten Anpassungspflicht an das LROP nachzukommen ist, darf der Regionalplanungsträger unter Berücksichtigung der Vorgaben des § 5 Abs. 3 NROG nicht untätig bleiben (vgl. § 5 Rn. 35 ff.). Vergleichbares gilt für notwendige Anpassungen an Ziele eines Bundesraumordnungsplans nach § 13 Abs. 1 Buchst. a ROG (Rn. 40 f.). 78

2.3.5 Inhalte der Programme

2.3.5.1 Festlegungen zur Raumstruktur

79 Inhaltlich fordert § 13 Abs. 5 ROG Festlegungen insbesondere

- zur anzustrebenden **Siedlungsstruktur** (z. B. Zentrale Orte, besondere Gemeindefunktionen wie Entwicklungsschwerpunkte oder andere Vorgaben zur Siedlungsentwicklung und zu Versorgungsstrukturen),
- zur anzustrebenden **Freiraumstruktur** (z. B. zum Freiraumschutz, zu Freiraumnutzungen wie Rohstoffgewinnung oder Erholung, zur Sicherung von Freiraumfunktionen im Naturhaushalt, zum vorbeugenden Hochwasserschutz oder zum natürlichen Klimaschutz, Moorerhalt und Moorschutz) sowie
- zu den zu sichernden Standorten und Trassen für **Infrastruktur** (z. B. Verkehrsinfrastruktur, Umschlaganlagen, Ver- und Entsorgungsinfrastruktur wie Strom- oder Gasleitungen und Kraftwerke).

80 Die Norm ermächtigt nicht nur dazu, solche Festlegungen im LROP und in den RROP aufzunehmen. Sie verpflichtet die Planungsträger auch, solche Festlegungen im Regelfall zu treffen, denn obwohl es sich beim Katalog des **§ 13 Abs. 5 ROG** nur um eine beispielhafte, nicht abschließende Aufzählung möglicher Planinhalte handelt, wirkt er aufgrund der einleitenden **„Soll"-Formulierung als eine Regelvorgabe**.

81 Alle raumplanerischen **Inhalte der Programme müssen vom gesetzlichen Auftrag der Raumordnung gedeckt sein** und **mit höherrangigem Recht in Einklang** stehen. Für die Festlegungen muss dargelegt werden, dass sie raumordnerisch erforderlich sind. Dafür genügt es, wenn eine Planung im Hinblick auf die Funktion der Raumordnung nach § 1 ROG **vernünftigerweise geboten** ist. Reine „Verhinderungsplanungen" erfüllen dieses Kriterium nicht, insbesondere wenn sie sich auf nach § 35 BauGB privilegierte Nutzungen im Außenbereich beziehen. Die planerische Steuerung raumbedeutsamer Nutzungen muss sich auch mit positiven Entwicklungsmöglichkeiten befassen und darf sich nicht darin erschöpfen, einzelne Vorhaben auszuschließen.

Die inhaltlichen Festlegungen sind gem. § 7 Abs. 1 Satz 1 ROG im LROP und in den RROP **als Ziele und Grundsätze der Raumordnung** zu treffen.

2.3.5.2 Besondere Inhalte des LROP und der RROP

82 Das LROP kann zusätzlich nach § 4 Abs. 1 NROG **an die Regionalplanung adressierte Planungsaufträge** beinhalten (vgl. Rn. 65 und zu § 4 Rn. 20 ff.). Wird im LROP selbst zu bestimmten Themen auf Festlegungen ganz oder teilweise verzichtet, kann die Festlegung von Zielen und Grundsätzen dazu den RROP vorbehalten werden und sind in diesen inhaltlich umzusetzen.

Planungsaufträge zur Aufnahme von Zielen oder Grundsätzen in die RROP, zu denen das LROP gar keine eigenen Festlegungen enthält, kommen in Betracht, wenn es zwar um landesweit bedeutsame Entwicklungen geht, aber eine Regelung auf LROP-Ebene nicht sachgerecht möglich wäre und/oder der Planungsgegenstand in besonders starkem Maße auch regionale Belange betrifft.

Mit dem LROP können den RROP ferner Planungsaufträge zugewiesen werden, wenn bestimmte landesplanerische Festlegungen auf regionaler Ebene einer Konkretisierung bedürfen, häufig bezüglich der im LROP i. M. 1:500 000 festgelegten Vorranggebiete. Dadurch wird der gesetzliche Auftrag aus § 13 Abs. 2 Satz 1 ROG, dass Regionalpläne aus dem Raumordnungsplan für das Landesgebiet zu entwickeln sind, näher ausgestaltet.

83 Planungsaufträge stellen im LROP eine **eigene Kategorie von Planinhalten** dar. Sie sind zwar ebenfalls verbindliche Vorgaben für die Regionalplanung, aber **weder Ziele noch Grundsätze der Raumordnung** im Sinne der Legaldefinitionen gem. § 3 Abs. 1 ROG. Sie werden dementsprechend im LROP auch anders als diese gekennzeichnet. In RROP gibt es

mangels einer gesetzlichen Ermächtigung keine entsprechende Möglichkeit zur Aufnahme solcher konkreten Planungsaufträge etwa gegenüber der Bauleitplanung.

Mit Art. 7 des Gesetzes zur Umsetzung der Richtlinie (EU) 2023/2413 für Zulassungsverfahren nach dem Bundes-Immissionsschutzgesetz und dem Wasserhaushaltsgesetz sowie für Planverfahren nach dem Baugesetzbuch und dem Raumordnungsgesetz, zur Änderung des Bundeswasserstraßengesetzes und zur Änderung des Windenergieflächenbedarfsgesetzes vom 12.8.2025 (BGBl. 2025 I Nr. 189) wurde ein **neuer § 28 ROG** geschaffen, der weitere, **gänzlich neue Inhalte für Raumordnungspläne, in denen Vorranggebiete für Windenergie an Land festgelegt werden**, vorsieht. **In Niedersachsen betrifft dies die RROP**. 84

Nach § 28 Abs. 5 Satz 1 ROG müssen zugleich mit einer Festlegung von Vorranggebieten (vgl. Rn. 125 ff.) für Windenergienutzung oder in den in § 28 Abs. 5 Satz 2 ROG bestimmten Fällen nachträglich diese Vorranggebiete – zumindest zum Teil – zusätzlich als **sog. Beschleunigungsgebiete für die Windenergie an Land ausgewiesen werden**, in denen eine spätere Zulassung von Windenergieanlagen gem. § 6b Windenergieflächenbedarfsgesetz (WindBG) einfacher und schneller möglich sein soll (vgl. Erl. zu § 5 Rn. 323 ff.). Aus der Gebietskulisse der Vorranggebiete für Windenergie sollen dabei die für den Arten- und Naturschutz besonders bedeutenden und sensiblen Gebiete ausgespart werden. Die neue Anforderung zur Ausweisung von Beschleunigungsgebieten und zugleich **Festlegung gebietsspezifischer Regeln für die Minderung etwaiger Umweltauswirkungen** von Windenergieanlagen geht auf energiewirtschaftsrechtliche Anforderungen gem. Art. 15c der Richtlinie (EU) 2018/2001 in der durch die Richtlinie (EU) 2023/2413 revidierten Fassung zurück. Die vorgesehene Umsetzung im Bundesrecht lässt dem ersten Anschein nach in manchen Punkten eine vertiefte Auseinandersetzung mit Anforderungen des Art. 15c Abs. 1 der RED III-Richtlinie vermissen, denn **nach dieser EU-Richtlinie soll die Ausweisung von Beschleunigungsgebieten möglichst auf bereits vorbelastete Gebiete gelenkt werden, in denen die Nutzung der Windenergie voraussichtlich keine erheblichen Umweltauswirkungen hat** (vorrangig künstliche und versiegelte Flächen, Verkehrsinfrastrukturflächen und ihre unmittelbare Umgebung, Parkplätze, etc., die nicht für die Landwirtschaft genutzt werden können). Die ROG-Regelung konzentriert sich dagegen darauf, dass nur solche Teile der Vorranggebiete für Windenergie von der Ausweisung als Beschleunigungsgebiet ausgenommen werden, die in einem der folgenden Gebiete liegen: Natura-2000-Gebiete, Naturschutzgebiete, Nationalparks sowie Kern- und Pflegezonen von Biosphärenreservaten i. S. des BNatSchG oder Gebiete mit landesweit bedeutenden Vorkommen mindestens einer durch den Ausbau der Windenergie betroffenen Art i. S. des § 7 Abs. 2 Nr. 12 oder 14 BNatSchG einschließlich solcher Gebiete, die für durch den Ausbau der Windenergie betroffene Arten als Lebensraum geeignet sind (sog. sensible Gebiete). Allerdings ergibt sich aus der Gesetzesbegründung (BT-Drs. 21/797 S. 60), dass Erwägungen zum Freiraumschutz, zum Vorrang der Brachflächenentwicklung vor der Flächenneuinanspruchnahme und der sparsamen und schonenden Inanspruchnahme von Naturgütern schon bei der Festlegung der Vorranggebiete sicherstellen würde, dass *„bei der Planung künstliche und versiegelte sowie vorbelastete, für die Landwirtschaft nicht nutzbare Flächen vorrangig"* ausgewählt würden und dadurch den EU-Vorgaben hinreichend Rechnung getragen sei.

Die in § 28 Abs. 2 Satz 1 ROG enthaltene Formulierung, **dass die Vorranggebiete „zusätzlich" als Beschleunigungsgebiete auszuweisen sind, sollte klarstellen, dass es sich bei den Vorranggebieten und Beschleunigungsgebieten um unterschiedliche Planinhalte handelt**. Dass im Zusammenhang mit Beschleunigungsgebieten der Begriff „Ausweisung" verwendet wurde und nicht der ansonsten im ROG gebräuchliche Begriff der „Festlegung", verdeutlicht ebenfalls den unterschiedlichen Rechtscharakter der Instrumente „Vorranggebiet" und „Beschleunigungsgebiet". Bei der Ausweisung eines Beschleunigungsgebietes für die Windenergie an Land handelt es sich um **keine Festlegung im „klassischen" raumplanerischen Sinne**, also weder um ein Vorrang- noch um ein Vorbehaltsge- 85 biet bzw. weder um ein Ziel noch um einen Grundsatz der Raumordnung (vgl. BT-Drs. 21/797 S. 60). Die Rechtsfolgen einer Ausweisung als Beschleunigungsgebiet finden sich dementsprechend nicht in § 4 oder § 7 Abs. 3 Satz 2 ROG wieder, sondern die mit dem Status eines Beschleunigungsgebietes verbundenen Erleichterungen im Genehmigungsverfahren für Windenergieanlagen werden allein in § 6b WindBG aufgegriffen.

Bei einer aufgrund der Übergangsregelung in § 28 Abs. 5 Satz 2 ROG möglichen nachträglichen Ausweisung eines Beschleunigungsgebietes und Festlegung von Regeln für Minderungsmaßnahmen handelt es sich um einen **eigenständigen planerischen Rechtsakt sui generis** (BT-Drs. 21/797 S. 63).

Es bleibt abzuwarten, ob den bundesgesetzlichen Änderungen Anpassungen im NROG folgen.

2.3.6 Inhalte der maritimen Raumplanung im LROP

86 Für die **Inhalte der auf das niedersächsische Küstenmeer bezogenen maritimen Raumordnungsplanung**, die u. a. bestehende Wechselwirkungen zwischen Land und Meer berücksichtigen soll, enthält § 13 Abs. 6 ROG Vorgaben. Danach sollen zum Inhalt der Raumordnungsplanung Festlegungen zur Gewährleistung der Sicherheit und Leichtigkeit des Schiffsverkehrs, zu weiteren wirtschaftlichen Nutzungen (z. B. Festlegungen in Bezug auf Aquakultur und Fischerei, Gebiete für Offshore-Windenergienutzung, Gebiete zur Rohstoffgewinnung, Trassen für Unterseekabel- und Pipelinetrassen, Festlegungen zur Steuerung touristischer Nutzungen etc.), zu wissenschaftlichen Nutzungen (z. B. Gebiete für Meeresforschung) sowie zum Schutz und zur Verbesserung der Meeresumwelt gehören.

2.3.7 Ziele der Raumordnung, Regelung von Ausnahmen

87 Durch **Ziele der Raumordnung** werden gem. § 2 Abs. 1 ROG die gesetzlichen Grundsätze der Raumordnung für den betroffenen Planungsraum konkretisiert. Ziele der Raumordnung können **nur in Raumordnungsplänen** festgelegt werden, erfordern also stets ein formelles Planungsverfahren nach dem ROG i. V. m. dem NROG. Solange ein Ziel der Raumordnung noch in Aufstellung ist, wirkt es lediglich als sonstiges Erfordernis der Raumordnung und ist in anderen Verfahren zu berücksichtigen. Festgelegte Ziele sind bei raumbedeutsamen Planungen und Maßnahmen öffentlicher Stellen und in bestimmten Fällen bei raumbedeutsamen Vorhaben von Personen des Privatrechts zu beachten (vgl. Rn. 158 ff. und Rn. 171 ff.) und deshalb zur Koordinierung verschiedener fachlicher Planungen unverzichtbar. Auch bei Aufstellung der örtlichen Bauleitplanung sind sie zu beachten und sichern raumordnerische Belange ab. § 1 Abs. 4 BauGB sieht eine Anpassungspflicht der Bauleitplanung an die Ziele der Raumordnung vor. Aufgrund ihres **hohen Verbindlichkeitsanspruchs** müssen Ziele der Raumordnung sachlich gerechtfertigt und zum Erreichen der planerischen Intention geeignet sein sowie den Grundsatz der Verhältnismäßigkeit wahren.

88 Ein Ziel der Raumordnung muss alle **tatbestandlichen Voraussetzungen gem. § 3 Abs. 1 Nr. 2 ROG** erfüllen. Dort sind Ziele der Raumordnung definiert als *„verbindliche Vorgaben in Form von räumlich und sachlich bestimmten oder bestimmbaren, vom Träger der Raumordnung abschließend abgewogenen textlichen oder zeichnerischen Festlegungen in Raumordnungsplänen zur Entwicklung, Ordnung und Sicherung des Raums"*.

Die Bewertung, ob eine raumordnerische Festlegung ein Ziel ist, richtet sich nach dem materiellen Gehalt der Planaussage selbst und ist nicht allein aus einer entsprechenden Bezeichnung durch den Plangeber oder etwa einer formellen Kennzeichnung i. S. v. § 7 Abs. 1 Satz 4 ROG ableitbar (vgl. BVerwG, Beschl. vom 1.7.2005 – 4 BN 26.05 –, ZfBR 2005 S. 807; BVerwG, Beschl. vom 15.4.2003 – 4 BN 25.03 –, BauR 2004 S. 285; BVerwG, Urt. vom 18.9.2003 – 4 CN 20.02 –, BVerwGE 119,54; DVBl 2004 S. 251; NVwZ 2004 S. 226; UPR 2004 S. 115).

Von Zielen der Raumordnung können auch **Ausnahmen gem. § 6 Abs. 1 ROG** im Raumordnungsplan festgelegt werden. Eine solche Festlegung muss den gleichen qualitativen und formalen Anforderungen entsprechen wie eine Zielfestlegung ohne Ausnahmeregelung, denn Ziel und Ausnahme bilden nur als Einheit die Reichweite und konkreten Grenzen einer raumordnerischen Vorgabe ab.

2.3.7.1 Verbindlichkeit der Vorgaben

Bei Zielen der Raumordnung handelt es sich um **verbindliche Vorgaben, die nach Maßgabe des § 4 ROG eine Beachtenspflicht bewirken**. Auf nachfolgenden Planungsebenen ist zwar eine Konkretisierung von Zielen der Raumordnung möglich, aber keine erneute Abwägung oder Ermessensentscheidung, in der sie etwa ganz oder teilweise zurückgestellt werden könnten. Das BVerwG hat hierzu unter Verweis auf seinen Beschl. vom 20.8.1992 – 4 NB 20.91 (a. a. O.) und sein Urt. vom 20.11.2003 – 4 CN 6.03 – (BVerwGE 119, 217; DVBl 2004 S. 269; NVwZ 2004 S. 614) im Beschl. vom 15.6.2009 – 4 BN 10.09 – RdNr. 6 (NVwZ 2009 S. 1226), ausgeführt: *„Die Rechtsbindungen, die Ziele der Raumordnung erzeugen, sind in dem Sinne strikt, dass die Adressaten die Ziele zwar je nach Aussageschärfe konkretisieren und ausgestalten, sich über sie aber nicht im Wege der Abwägung hinwegsetzen dürfen"*. 89

Um diese Verbindlichkeit zu vermitteln, müssen Ziele der Raumordnung eine inhaltliche, gestaltende Vorgabe enthalten und **sprachlich die Verbindlichkeit für die jeweiligen Adressaten zweifelsfrei erkennen lassen**. Auch wenn planerisch für eine Fallgruppe oder besondere Fallkonstellation eine Ausnahme von einem Ziel gem. § 6 Abs. 1 ROG zugelassen wird, sollte für die Adressaten deutlich werden, dass der Ausnahmetatbestand Teil der abschließenden Planungsentscheidung ist. Durch eine vom Plangeber schlussabgewogene Ausnahme von einem Ziel wird der Verbindlichkeitsanspruch einer Festlegung nicht gemindert (vgl. BVerwG, Urt. vom 18.9.2003 – 4 CN 20.02 –, BVerwGE 119, 54; DVBl 2004 S. 251; NVwZ 2004 S. 226; UPR 2004 S. 115). 90

2.3.7.2 Räumliche und sachliche Bestimmtheit oder Bestimmbarkeit

In Niedersachsen werden **Ziele der Raumordnung auf Landesebene durch Verordnung und auf regionaler Ebene durch Satzung festgelegt**. Es handelt sich um **untergesetzliche Normen**, die aufgrund Art. 20 GG (Rechtsstaatsprinzip) dem Gebot der Normenklarheit unterliegen. Im Übrigen regelt § 3 Abs. 1 Nr. 2 ROG Bestimmtheitsanforderungen an Ziele der Raumordnung auch unabhängig von ihrer Rechtsform. Ziele der Raumordnung müssen **räumlich und sachlich bestimmt oder** anhand eindeutiger, im Raumordnungsplan festgelegter Kriterien **bestimmbar** sein. Adressaten eines Ziels müssen erkennen oder durch Anwendung von in der Zielfestlegung benannter Kriterien oder Prüfschritte herleiten können, welche Vorgabe sie bei ihren raumbedeutsamen Planungen und Maßnahmen zu beachten haben und welches Handeln oder Unterlassen bezüglich der Nutzung des Raums und seiner Ressourcen von ihnen verlangt wird. Die Begründung des Raumordnungsplans kann zwar zur Auslegung eines Ziels herangezogen werden, es muss sich aber schon aus der Festlegung im Raumordnungsplan hinreichend bestimmt ergeben, was planerisch gewollt ist. 91

Wird mit dem Ziel eine **Ausnahme** gem. § 6 Abs. 1 ROG verbunden, müssen die tatbestandlichen Voraussetzungen, an die eine Ausnahme gebunden ist, **gleichermaßen sachlich und räumlich bestimmt oder bestimmbar** im Raumordnungsplan festgelegt werden wie das „Regel"-Ziel (BVerwG, Urt. vom 18.9.2003 – 4 CN 20.02 –; BVerwGE 119, 54; DVBl 2004 S. 251; NVwZ 2004 S. 226; UPR 2004 S. 115). 92

Die Zielqualität einer Planaussage mit Regel-Ausnahme-Struktur setzt nicht voraus, dass der Plangeber die Entscheidung, unter welchen Voraussetzungen eine Ausnahme greift, ausschließlich durch Vorgabe materiell-rechtlicher Kriterien regelt. **Ausnahmen** von einer raumordnerischen Zielfestlegung **dürfen zusätzlich von der Durchführung eines Verfahrens abhängig gemacht werden, wenn die Voraussetzungen und Bindungen eines sol-**

chen Verfahrens hinreichend bestimmt oder wenigstens bestimmbar sind (BVerwG, Urt. vom 22.6.2011 – 4 CN 4.10 –, BVerwGE 140, 54; NVwZ 2011 S. 1468). So wurde z. B. im LROP Abschnitt 2.3 abweichend von verschiedenen Zielen für Einzelhandelsgroßprojekte ausnahmsweise zugelassen, in der Tourismusregion Lüneburger Heide einen Standort für ein Hersteller-Direktverkaufszentrum mit einer Verkaufsfläche von höchstens 10.000 qm festzulegen, sofern und soweit dieses raumverträglich ist. Gekoppelt wurde diese Ausnahme u. a. an verschiedene Standortvorgaben, die Klärung eines genauen raumverträglichen Standortes und einer raumverträglichen Sortimentsstruktur in einem Raumordnungsverfahren nach § 15 ROG (heute: Raumverträglichkeitsprüfung) und an einen raumordnerischen Vertrag zwischen dem Land, der Standortgemeinde und dem Projektbetreiber.

93 Auch ein **Ziel, das an nachvollziehbare sachliche Festlegungen in anderen Planwerken anknüpft, kann** – selbst wenn deren räumliche Kulisse mitunter wechselt – räumlich ausreichend bestimmt oder **bestimmbar sein**. So war beispielsweise für einige Zeit im LROP-Kapitel „Energie" (Stand 2020) als Ziel der Raumordnung festgelegt, dass landwirtschaftlich genutzte, unbebaute Flächen in Vorbehaltsgebieten für die Landwirtschaft nicht für Anlagen zur Stromerzeugung aus solarer Energie (Photovoltaikanlagen) in Anspruch genommen werden dürfen. Zwar waren die genannten Vorbehaltsgebiete nicht im LROP selbst festgelegt, sondern in den RROP. Die betroffene Gebietskulisse war jedoch jederzeit von den an das Ziel der Raumordnung gebundenen Stellen anhand der geltenden RROP bestimmbar. Hinsichtlich der Frage, ob die Koppelung an eine regionalplanerische Festlegung die Anforderung verletzt, dass Ziele der Raumordnung vom Plangeber selbst schlussabgewogen sein müssen, vgl.Rn. 97 ff.

94 Der **rahmensetzende überörtliche Charakter** von Raumordnungsplänen erfordert, dass die festgelegten Ziele trotz hinreichender Bestimmtheit oder Bestimmbarkeit in aller Regel noch **Konkretisierungsspielraum für nachfolgende Planungsebenen** im Rahmen ihrer jeweiligen Planungskompetenz belassen. Dies schließt bei zeichnerischen Zielfestlegungen (z. B. Darstellung einer Vorranggebietsabgrenzung) einen flurstücksgenauen Konkretisierungsgrad regelmäßig aus. Ein hinreichend bestimmter, räumlicher Konkretisierungsgrad i. S. des § 3 Abs. 1 Nr. 2 ROG ist hier bereits gegeben, wenn es sich um eine kleinmaßstäbliche Darstellung handelt, die der Planungsebene – LROP oder RROP – angemessen ist.

95 Ein **Ziel, das die erforderlichen Bestimmtheitsanforderungen nicht einhält**, ist unwirksam und **darf nicht in einen Grundsatz der Raumordnung umgedeutet werden**. Das NdsOVG hat mit Urt. vom 15.3.2012 – 1 KN 152/10 – (DVBl 2012 S. 851; www.rechtsprechung.niedersachsen.de) die für ein Ziel notwendige Bestimmtheit für das frühere Kongruenzgebot des LROP 2008 Abschnitt 2.3 Ziff. 03 Satz 1 verneint, da einzelne in der Zielfestlegung verwendete Begriffe nicht hinreichend bestimmbar und die Festlegung daher nicht eindeutig zu handhaben war. Es hat ferner verneint, dass die Festlegung dann zumindest als Grundsatz auszulegen und so in die Abwägung auf Ebene der Bauleitplanung einzustellen sei. Eine erkennbar als „Ziel" beabsichtigte Festlegung, die wegen Unbestimmtheit unwirksam ist, darf somit nicht in einen Grundsatz umgedeutet werden. Ob das NdsOVG diese Rechtsprechung in Bezug auf Vorhaben in Niedersachsen weiter verfestigt, bleibt abzuwarten, es sind jedenfalls bislang aus Niedersachsen keine gegenläufigen Urteile bekannt.

96 Anders entschieden hat bspw. das OVG Saarl mit Urt. vom 29.5.2008 – 2 C 153/07 –, BeckRS 2008, 36501. Mangels Konkretisierung von Erweiterungsgebieten für die Gewinnung von Rohstoffen im Landesentwicklungsplan würden die Festlegungen kein Ziel, sondern lediglich eine „Abwägungsdirektive" für die betroffenen Gemeinden darstellen, wie sie für die Grundsätze der Raumordnung kennzeichnend sei. Es bestanden Zweifel an der räumlichen Bestimmtheit, da die Erweiterung in der Karte allein durch ein rechteckiges Symbol ohne nähere zeichnerische Gebietsabgrenzung dargestellt war und sie nicht durch solche textliche Festlegungen im Landesentwicklungsplan ergänzt wurde, die eine ausreichende Bestimmbarkeit anhand landesplanerischer Kriterien ermöglicht hätte. Auch das

OVG RhPf hat mit Urt. vom 28.4.2021 – 8 C 10535/19 – (http://www.landesrecht.rlp.de/jportal) bezüglich zwei im LEP des Landes Rheinland-Pfalz enthaltenen Zielfestlegungen zu Erholungs- und Erlebnisräumen in Natur und Landschaft sowie historischen Kulturlandschaften entschieden, dass ihnen konkrete Handlungsanweisungen nur an die Regionalplanung zu entnehmen seien. Gegenüber der kommunalen Bauleitplanung komme ihnen aber nicht die Bedeutung einer räumlich und sachlich bestimmten, abschließend abgewogenen Festlegung zu, sondern vielmehr von Grundsätzen der Raumordnung, die im Rahmen der Abwägung zu berücksichtigen seien.

2.3.7.3 Schlussabgewogenheit durch Träger der Raumordnungsplanung

Ziele der Raumordnung sind keiner weiteren Abwägung anderer Stellen mehr zugänglich, **97**
sondern müssen **vom Träger der Raumordnungsplanung abschließend abgewogen** sein. Was inhaltlich in die Abwägung einzustellen ist, ergibt sich aus § 7 Abs. 2 ROG.

2.3.7.3.1 Ermittlung und Gewichtung aller abwägungsrelevanten Belange, Grundprinzipien der Abwägung

Eine **rechtsfehlerfreie Abwägungsentscheidung** setzt voraus, dass zunächst alle planungs- **98**
relevanten Tatsachen, Interessen und öffentlichen und privaten Belange vom Planungsträger ermittelt werden. Diese müssen dann ordnungsgemäß gewichtet und gegen- und untereinander abgewogen werden. Es gehört zur raumplanerischen Abwägung, sich bei Kollision verschiedener Interessen und Belange für die Bevorzugung des einen und damit notwendigerweise für die Zurückstellung des anderen zu entscheiden.

Der Planungsträger muss sich mit den für und wider eine Festlegung sprechenden Belangen auseinandersetzen und sowohl die Stellungnahmen aus der im Planungsprozess erforderlichen Behörden- und Öffentlichkeitsbeteiligung, als auch die Ergebnisse der Umweltprüfung mit einbeziehen. Im Rahmen der Gesamtabwägung ist auf einen Ausgleich der konkurrierenden Belange zu achten, um die Verhältnismäßigkeit der getroffenen Entscheidung zu wahren.

Die Anforderungen an **Ermittlungstiefe und Abwägungsdichte** werden einerseits durch **99**
die Aufgaben der betroffenen Raumordnungsebene (Land/Region) und andererseits durch den Detaillierungsgrad der jeweils angestrebten Zielfestlegung bestimmt. Je konkreter eine Festlegung sein soll, umso genauer sind die Raumverhältnisse, die widerstreitenden Erfordernisse der Raumordnung und die betroffenen Belange zu betrachten.

Der **Abwägungsvorgang ist fehlerhaft**, wenn **100**

- abwägungserhebliche Belange und Informationen übersehen bzw. nicht oder nicht vollständig in die Abwägung eingestellt werden
- die Bedeutung der betroffenen Belange verkannt wird
- der Ausgleich zwischen den berührten Belangen in einer Weise vorgenommen wird, der zur objektiven Gewichtigkeit einzelner Belange außer Verhältnis steht
- ein bestehender Abwägungsspielraum nicht als solcher erkannt wird und eine Abwägung nicht oder nur unvollständig stattfindet.

Ein Mangel im Abwägungsvorgang kann von Einfluss auf das Ergebnis der Abwägung sein, wenn nach den Umständen des jeweiligen Einzelfalls die konkrete Möglichkeit besteht, dass ohne ihn die Planung anders ausgefallen wäre (BVerwG, Beschl. vom 9.10.2003 – 4 BN 47.03 –, BauR 2004 S. 1130).

2.3.7.3.2 Abwägung auf Maßstabsebene der Raumordnung

Raumordnungspläne bedürfen in aller Regel weiterer Konkretisierungen, um zu genauen **101**
Festlegungen für einzelne raumbedeutsame Maßnahmen zu gelangen, und sind kein Ersatz für Bauleitpläne oder Fachpläne. Die **Abwägungsprozesse bei raumordnerischen Zielen sind daher regelmäßig grobmaschiger** und die Ermittlung der berührten Belange

pauschaler. In die Abwägung sind solche Belange einzustellen, die von Bedeutung (also nicht nur unwesentlich) sind und die auf der jeweiligen Planungsebene des LROP (1: 500.000) oder RROP (1:50.000) erkennbar sind. Angesichts der Maßstabsebene der Raumordnung kann es Belange geben, die sich räumlich noch nicht auf deren Planungsebene auswirken und erst für eine Abwägung auf nachfolgenden konkreteren Planungsebenen oder in Zulassungsverfahren relevant werden (z. B. einzelne Naturdenkmale, kleine Friedhöfe).

102 Auch bei Berücksichtigung der **Belange privater Flächeneigentümer** ist aufgrund des überörtlichen und nur rahmensetzenden Charakters der Raumordnung keine flurstücksgenaue Betrachtung und Abwägung geboten, sondern es ist zulässig und grundsätzlich ausreichend, diese verallgemeinernd oder als **Gruppenbelange** in die Abwägung einzustellen (vgl. BVerwG, Urt. vom 13.3.2003 – 4 C 4.02 –, BVerwGE 118, 33; NVwZ 2003 S. 738; NdsOVG,Urt. vom 30.7.2015 – 12 KN 220/14 –, NVwZ-RR 2016 S. 138; DVBl 2015 S. 1396; openJur 2015, 14387, bestätigt durch BVerwG mit Beschl. vom 24.3.2016 – 4 BN 42.15 –, ZfBR 2016 S. 477).

2.3.7.3.3 Erwägung von Planungsalternativen und Auswahlentscheidung

103 **Bestehen mehrere Planungsmöglichkeiten**, mit denen die verfolgten Planungsziele erreicht werden könnten, **gehört auch die Auswahl einer davon zum Abwägungs- und Entscheidungsvorgang**. Es ist notwendig, die verschiedenen für und gegen die jeweiligen Planungsalternativen sprechenden Aspekte ordnungsgemäß zu erwägen und sich dann abschließend für eine Zielfestlegung zu entscheiden. Im Zusammenhang mit einer Flughafenplanung hat das BVerwG im Urt. vom 16.3.2006 – 4 A 1075.04 – (BVerwGE 125,116; NVwZ-Beil. 2006 S. 1; NuR 2006 S. 766) ausgeführt:

„Nach den in der Rechtsprechung zum Abwägungsgebot entwickelten Grundsätzen müssen ernsthaft in Betracht kommende Standortalternativen ermittelt, bewertet und untereinander abgewogen werden (vgl. BVerwG, Urteil vom 5. Dezember 1986 – BVerwG 4 C 13.85 – BVerwGE 75, 214, 236 f.). Das gilt für die Landes- und Regionalplanung ebenso wie für die Fachplanung und erstreckt sich auch auf die Möglichkeit, an der gegenwärtigen Verkehrsinfrastruktur im Grundsatz festzuhalten. Die Standortauswahl ist nicht schon dann abwägungsfehlerhaft, wenn sich später herausstellt, dass eine zurückgestellte Alternative ebenfalls mit guten Gründen vertretbar gewesen wäre. […] Ein Abwägungsfehler liegt also nicht schon dann vor, wenn für und gegen den einen wie den anderen Standort einleuchtende Gründe ins Feld geführt werden können. Die Standortwahl ist erst dann rechtswidrig, wenn sich die verworfene Alternative entweder als die eindeutig vorzugswürdige Lösung hätte aufdrängen müssen oder wenn der Planungsbehörde infolge einer fehlerhaften Ermittlung, Bewertung oder Gewichtung einzelner Belange ein rechtserheblicher Fehler unterlaufen ist."

2.3.7.3.4 Wahrung der Verhältnismäßigkeit

104 Der Träger der Landes- oder Regionalplanung bestimmt über Inhalt und Reichweite seines Ziels, unterliegt dabei jedoch dem **Grundsatz der Verhältnismäßigkeit**. Er muss daher selbst bei sehr gewichtigen Gründen und Belangen, die für die von ihm erwogene Zielfestlegung sprechen, gleichermaßen die Nachteile würdigen. Er muss prüfen, ob seine Entscheidung zu unvertretbaren Auswirkungen auf andere Belange führen würde und erforderlichenfalls einen **Ausgleich schaffen**, der zur objektiven Gewichtigkeit der betroffenen Belange in einem angemessenen Verhältnis steht.

Sind unverhältnismäßige Auswirkungen auf andere Belange zu erwarten, ist zu prüfen, ob es eine geeignete planerische Alternative zum Erreichen der Planungsintention gibt, um die Auswirkungen auf ein verträgliches Maß zu reduzieren oder zu vermeiden. So kann es im Einzelfall z. B. geboten sein, die räumliche Abgrenzung von großen Vorranggebieten zu verändern, um anderen Nutzungen mehr Raum zu lassen, oder bei einer sehr strikten textlichen Festlegung erforderlichenfalls einen Ausnahmetatbestand vorzusehen. Die

Festlegung einer auflösenden Bedingung kann bspw. geboten sein, wenn auf Grundlage einer vorgelagerten Raumverträglichkeitsprüfung im LROP Vorranggebiete zur Sicherung von Flächen für lineare Energie- oder Verkehrsinfrastrukturen erfolgt, durch die andere konkurrierende Raumnutzungen verdrängt werden. Zur Vermeidung einer unverhältnismäßigen Beschränkung anderer Raumnutzungen könnte vorgesehen werden, dass eine solche Vorranggebietsfestlegung ganz oder teilweise entfällt, wenn aufgrund eines fortgeschritteneren Planungsstandes (z. B. Linienbestimmung, Planfeststellungsbeschluss) eine verbindliche Trassensicherung an anderer Stelle durch ein RROP gewährleistet wurde (soweit zugleich eine entsprechende Ausnahme für RROP zur Abweichung von dem im LROP gesicherten Trassenverlauf eröffnet wurde).

2.3.7.3.5 Raumplanerische Letztentscheidung, Grenzen für Verweisungen

Ohne raumordnerische Schlussabwägung durch den Träger des LROP oder RROP handelt es sich nicht um ein Ziel i. S. des § 3 Abs. 1 Nr. 2 ROG und die Festlegung kann keine entsprechenden Beachtenspflichten nach § 4 ROG auslösen. Daher ist es für eine Zielfestlegung **erforderlich, seitens des Trägers der Landes- oder Regionalplanung eine *eigene* raumplanerische Letztentscheidung zu treffen**, und die berührten Belange selbst auf überörtlicher bzw. überregionaler Ebene raumplanerisch zu gewichten und abschließend abzuwägen. Es ist nicht zulässig, diese Abwägungsentscheidung in die Hand anderer Stellen zu legen und einfach ohne eigene Erwägungen zu übernehmen. 105

Regionalplanungsträger dürfen nicht ohne nachvollziehbare Auseinandersetzung und **eigene Abwägungsentscheidung Inhalte der Bauleitplanung übernehmen**. Wenn etwa ein Regionalplanungsträger als Ziel der Raumordnung Vorranggebiete für Windenergienutzung ausweisen will und er hierfür ungeprüft die auf der Ebene der Flächennutzungs- oder Bebauungspläne in den Kommunen zum Ausdruck gekommenen Planvorstellungen in das RROP übernimmt, stellt diese **ungeprüfte Übernahme** einen **Abwägungsfehler** dar (NdsOVG, Urt. vom 31.3.2011 – 12 KN 187/08 –, DÖV 2012 S. 79; NuR 2011 S. 652; DVBl 2011 S. 786; openJur 2012 S. 51708). Gleiches gilt, wenn während des Regionalplanungsverfahrens zum Ausdruck gebracht wird, dass gegen den Gemeindewillen keine Flächen für Windenergie in einem Regionalplan ausgewiesen werden und Gemeinden, die mit einer Windkraftnutzung nicht einverstanden sind, allein aufgrund bloßen Gemeindewillens als „Tabuzonen" behandelt werden. Wird auf ein von den Gemeinden mitgeteiltes Ergebnis abgestellt, ohne auch nur ansatzweise zu erforschen, ob es von raumordnungsrechtlich erheblichen Belangen getragen wird und ohne die für und gegen die Windenergienutzung sprechenden Belange abzuwägen, stellt dies einen **vollständigen Ausfall der Abwägung von Belangen** i. S. v. § 7 Abs. 2 ROG dar (OVG SH, Urt. vom 20.1.2015 – 1 KN 6/13 –, ZUR 2015 S. 498; NordÖR 2015 S. 261; openJur 2015, 7334). 106

Werden ohne eine eigene Abwägung zur Festlegung konkreter Ausnahmetatbestände mögliche Ausnahmen von einer raumordnerischen Festlegung **„pauschal" in das Ermessen einer anderen Behörde gestellt** oder in die Abwägung auf einer nachfolgenden Planungsebene verlagert, **mangelt es der Festlegung ebenfalls an einer Zielqualität.** 107

Wird auf Basis eigener Abwägung in einem Ziel der Raumordnung **Bezug auf die Planung oder Vorgabe eines anderen Rechtsträgers** genommen, kann der Planungsträger nur bei einer **starren Verweisung** auf einen bestimmten Stand jener Planung bzw. Vorgabe die voraussichtlichen Folgen seiner Zielfestlegung hinreichend überblicken. **Dynamische Verweisungen**, bei denen auf die jeweils geltende Fassung einer Planung Bezug genommen wird, sind im sog. Binnenverhältnis (etwa durch regionalplanerischen Verweis auf eine Fachplanung desselben Landkreises, durch Verweis im LROP auf eine Fachplanung der Landesregierung) ebenfalls denkbar. Hier liegt die Regelungshoheit beim gleichen Normgeber, d. h. er kann selbst die Normwirkung steuern. Durch gleitende Verweisungen auf Pläne und Vorgaben anderer Rechtsträger (z. B. Bundesfachplanungen, gemeindliche Planungen) würde dagegen das raumplanerische Ziel von Weiterentwicklungen in der Hand eines anderen Trägers abhängig. Dann ist **fraglich, ob die Festlegung als schlussabgewo-** 108

gen anzusehen ist oder ob eine mit der Zielqualität unvereinbare Verlagerung der eigenen Planungsverantwortung erfolgt ist (vgl. OVG SH, Urt. vom 20.1.2015 – 1 KN 6/13 –, a. a. O., mit dem ein Regionalplan auch wegen einer dynamischen Verweisung auf einen ministeriellen Erlass für unwirksam erklärt wurde).

109 Eine dahingehende raumordnerische Festlegung, dass Kerngebiete und Sondergebiete für großflächigen Einzelhandel nur in zentralen Versorgungsbereichen ausgewiesen werden dürfen, wurde gerichtlich die **Qualität eines Ziels der Raumordnung ebenfalls abgesprochen**, weil es an dem für ein Ziel der Raumordnung charakteristischen Verbindlichkeitsanspruch in räumlicher und/oder sachlicher Hinsicht sowie der **erforderlichen abschließenden Abwägung durch den zuständigen Träger der Landesplanung fehlte** (OVG NRW, Urt. vom 30.9.2009 – 10 A 1676/08 –, BeckRS 2009, 39379; www.justiz.nrw.de; BauR 2010 S. 426). Über die bauleitplanerische Festsetzung zentraler Versorgungsbereiche **nach BauGB entscheidet allein die Gemeinde** und nur, wenn sie sich auf der der Raumordnung nachgelagerten Ebene dazu entschließt, solche Bereiche festzusetzen, könnte die raumordnerische Festlegung überhaupt erst eine Wirkung entfalten. Das OVG NRW führt hierzu aus: *„Mithin handelt es sich bei § 24a Abs. 1 Sätze 1 bis 3 LEPro in Verbindung mit § 24a Abs. 2 LEPro nur um eine Vorgabe an die Kommunen für eine gestufte Planung. Daraus folgt, dass der Landesgesetzgeber auf der Ebene des Landesentwicklungsprogramms keine abschließende Entscheidung treffen kann, die der kommunalen Bauleitplanung vorgelagert ist. Die abschließende Entscheidung über Lage, Größe und Funktion von zentralen Versorgungsbereichen und damit auch die Frage, wo Kerngebiete und Sondergebiete für großflächigen Einzelhandel festgesetzt werden dürfen, soll auf der kommunalen Planungsebene getroffen werden. Die Gemeinde ist insoweit nicht an vorgelagerte raumordnerische Zielfestlegungen, sondern (lediglich) an ihre Zentrenkonzepte gebunden. Die Gemeinde kann zudem ihr Zentrenkonzept jederzeit ändern und damit auch die Möglichkeiten für ihre kommunale Bauleitplanung unterschiedlich ausgestalten. Bei einer Zielfestlegung, die eine Gemeinde aufgrund ihrer Anpassungspflicht gemäß § 1 Abs. 4 BauGB hinzunehmen hat, wäre dies gerade nicht der Fall.“*

110 Ein Ziel der Raumordnung, das zwar auf Festlegungen anderer Stellen Bezug nahm, aber eine eigenständige schlussabgewogene Letztentscheidung getroffen hat, enthielt für einige Jahre das LROP-Kapitel „Energie“ (Stand 2020). Dort war festgelegt, dass landwirtschaftlich genutzte, unbebaute **Flächen in Vorbehaltsgebieten für die Landwirtschaft nicht für Photovoltaikanlagen in Anspruch genommen werden dürfen**. Die Vorbehaltsgebiete Landwirtschaft wurden und werden von den Regionalplanungsträgern als Grundsätze der Raumordnung im RROP festgelegt. Da die Vorbehaltsgebiete lediglich berücksichtigungspflichtige Grundsätze der Raumordnung darstellen und insofern für eine Abwägung mit anderen Belangen offen sind, könnten sich dort auch andere Nutzungen ansiedeln, wenn gewichtige Gründe dafür sprechen. Dem LROP-Ziel lag hier jedoch eine eigene Abwägung der Belange der Landwirtschaft und ihrer landesweiten Bedeutung für die Nahrungs- und Futtermittelproduktion mit den Belangen der Energiewirtschaft auf dem Sektor der Photovoltaik zugrunde. Dabei wurde der landwirtschaftlichen Nutzung angesichts des bereits hohen landwirtschaftlichen Flächenentzugs durch andere Nutzungen ein Vorrang gegenüber der Photovoltaiknutzung eingeräumt, die im Außenbereich nach § 35 BauGB seinerzeit nicht privilegiert war. Das LROP-Ziel beruhte insofern auf einer eigenen landesweiten Betrachtung, begrenzte zur Wahrung der Verhältnismäßigkeit die Zurückstellung der Photovoltaiknutzung aber nicht auf sämtlichen landwirtschaftlich genutzten Flächen, sondern nur auf unbebauten in Vorbehaltsgebieten Landwirtschaft, sodass für Photovoltaikanlagen ausreichende andere Flächen (versiegelte Flächen und Freiflächen) verfügbar blieben. Eine ungeprüfte Übernahme von Inhalten der RROP lag also gerade nicht vor, sondern ein **eigenständig abgewogenes Ziel, das für die in Vorbehaltsgebieten Landwirtschaft sonst zulässige Abwägung raumbedeutsamer Belange einen zusätzlichen Rahmen setzte**.

2.3.7.3.6 Nachvollziehbare Dokumentation der Abwägung

Wird der einer Zielfestlegung zugrunde liegende Abwägungsvorgang nicht nachvollziehbar in der **Begründung des Raumordnungsplans** nach § 7 Abs. 5 ROG oder in **begleitenden Unterlagen und Akten** dokumentiert, ist im Falle einer gerichtlichen Überprüfung zu befürchten, dass die Festlegung wegen eines Abwägungsdefizits oder -ausfalls für unwirksam erklärt wird (vgl. BVerwG, Urt. vom 11.4.2013 – 4 CN 2.12 –, NVwZ 2013 S. 1017; NuR 2013 S. 489; DÖV 2013 S. 821; BVerwG, Urt. vom 21.2.1986 – BVerwG 4 N 1.85 –, NJW 1986 S. 2720; DVBl 1986 S. 686; NdsOVG, Urt. vom 31.3.2011 – 12 KN 187/08 –, DÖV 2012 S. 79; NuR 2011 S. 652; DVBl 2011 S. 786; openJur 2012, 51708; NdsOVG im Urt. vom 13.7.2017 – 12 KN 206/15 – juris; www.rechtsprechung.niedersachsen.de). 111

2.3.8 Grundsätze der Raumordnung

Grundsätze der Raumordnung sind gem. § 3 Abs. 1 Nr. 3 ROG definiert als *„Aussagen zur Entwicklung, Ordnung und Sicherung des Raums als* ***Vorgaben für nachfolgende Abwägungs- oder Ermessensentscheidungen****; Grundsätze der Raumordnung können durch Gesetz oder als Festlegungen in einem Raumordnungsplan aufgestellt werden"*. 112

Neben der **gesetzlichen Verankerung** von Grundsätzen der Raumordnung wie in § 2 ROG und § 2 NROG können Grundsätze der Raumordnung **ferner im LROP durch Verordnung oder in einem RROP durch Satzung** im Rahmen eines formellen Planungsverfahren unter Einbeziehung eines breiten Beteiligtenkreises festgelegt werden. Sie haben dann den Charakter **untergesetzlicher Normen**.

Während **gesetzliche Grundsätze der Raumordnung** bis Ende 2023 ausschließlich **in Raumordnungsgesetzen verankert** waren, wurden im Zuge einer Änderung des Niedersächsischen Klimaschutzgesetzes durch Art. 1 des Gesetzes vom 12.12.2023 (Nds. GVBl. S. 289) **erstmals auch mit dem neuen § 3a NKlimaG Grundsätze der Raumordnung in ein Fachgesetz** integriert. Zunächst waren nur fachgesetzliche Begrenzungen und Abwägungsdirektiven vorgesehen, um das – aus Klimaschutzgründen zur Senkung der Luftbelastung mit klimaschädlichen Schadstoffen aus konventioneller Energieerzeugung vorgesehene – Ausbauziel für die Solarstromerzeugung auf Freiflächen so auszugestalten, dass es nicht zu unverhältnismäßigen Auswirkungen auf andere Belange führt. Dies sollte einen Rahmen setzen, um bei Planungen zur Erreichung der Ausbauziele für Freiflächenanlagen eine unverhältnismäßige Inanspruchnahme hochwertiger landwirtschaftlicher Böden zu vermeiden und sicherzustellen, dass auch ökologische Zusammenhänge angemessen berücksichtigt werden. Obwohl es naheliegend gewesen wäre, im Kontext des NKlimaG alle fachgesetzlichen Bestimmungen auf den Kompetenztitel nach Art. 74 Abs. 1 Nr. 24 GG (Luftreinhaltung) und Art. 74 Abs. 1 Nr. 18 GG (Bodenrecht/Bodenschutz) zu stützen, wurde im parlamentarischen Verfahren die genaue rechtliche Einordnung hinterfragt und beschlossen, die Regelungen als Grundsätze der Raumordnung zu qualifizieren und entsprechend zu kennzeichnen (LT-Drs. 19/3094 S. 12 ff). Gleichwohl stellt es einen Systembruch dar, solche Grundsätze der Raumordnung im NKlimaG und nicht im NROG zu regeln. 113

Grundsätze der Raumordnung haben generell nur den **Rang eines Abwägungsbelangs**. Sie haben damit eine andere Wirkung als Ziele der Raumordnung und stellen eine eigene Normierungskategorie dar (vgl. BVerwG, Beschl. vom 15.6.2009 – 4 BN 10.09 –, NVwZ 2009 S. 1226; BVerwG, Urt. vom 4.4.2012 – 4 C 8.09 –, BVerwGE 142, 234; NVwZ 2012 S. 1314; UPR 2012 S. 457; BVerwG, Urt. vom 6.4.2017 – 4 A 2.16 –, DVBl 2017 S. 1039). 114

Es handelt sich bei Grundsätzen um **lenkende raumordnerische Vorgaben**, mit denen der Träger der Raumordnungsplanung festlegen kann, „in welche Richtung" die Entwicklung in seinem Planungsraum gehen soll, die aber **nicht schlussabgewogen** sind. Grundsätze der Raumordnung sind nach Maßgabe des § 4 ROG in nachfolgenden Abwägungs- oder Ermessensentscheidungen zu berücksichtigen, wie bspw. im Rahmen von Planungsprozessen anderer öffentlicher Fachplanungsträger, bei der Bauleitplanung oder in Planfeststellungsverfahren. Öffentliche Stellen müssen sich dabei mit Grundsätzen der Raumordnung ernsthaft auseinandersetzen, können sie aber im Einzelfall **überwinden, wenn es hierfür gewichtige Gründe gibt**.

115 Grundsätze der Raumordnung können durchaus sehr genaue **Gewichtungsvorgaben** enthalten und **dadurch den Abwägungs- und Ermessensspielraum auf nachfolgenden Ebenen stark reduzieren**. Das BVerwG hat z. B. mit Urt. vom 4.4.2012 – 4 C 8.09 – (a. a. O.) im Zusammenhang mit dem Planfeststellungsbeschluss für die Erweiterung eines Flughafens festgestellt, dass die mit der landesplanerischen Standortsicherung verbundene landesplanerische Vorgabe eines „grundsätzlichen Verbots" nächtlicher Flüge keine unzulässige Betriebsregelung, sondern in diesem Kontext eine zulässige raumordnerische Gewichtungsvorgabe sei, die in nachfolgenden Verfahren als Grundsatz der Raumordnung zu berücksichtigen sei. Einen eng gefassten Grundsatz der Raumordnung enthält z. B. auch LROP-Abschnitt 4.2 „Energie", Ziff. 04 (Stand 2020). Danach soll Wald nur bei wenigen, bestimmten Konstellationen für Windenergienutzung in Anspruch genommen werden. Eine abweichende regionalplanerische Festlegung bedarf daher einer fundierten Begründung unter Würdigung der speziellen Aspekte des im LROP festgelegten Grundsatzes.

116 **Je konkreter ein Grundsatz** der Raumordnung gefasst wird und je enger er den Rahmen für nachfolgende Planungsebenen oder Zulassungsverfahren setzt, **desto umfassender sollten sich die raumplanerischen Erwägungen in der Begründung des Raumordnungsplans finden**, damit andere Stellen den Grundsatz auch entsprechend bewerten können. Wichtig ist, den nicht abschließenden Charakter und die Grenze zur Zielfestlegung zu wahren.

2.3.9 Raumbezug (Ausrichtung auf die Entwicklung, Ordnung und Sicherung des Raums)

117 Die Legaldefinition für Ziele und für Grundsätze umfasst als Tatbestandsmerkmal, dass sie auf die Entwicklung, Ordnung und Sicherung des Raumes und seiner Funktionen ausgerichtet sein müssen. D. h. sie **müssen einen nachvollziehbaren Raumbezug haben** und sich **inhaltlich auf den raumordnerischen Auftrag nach § 1 ROG beschränken**. So sind zwar Ziele und Grundsätze zur Versorgung des Raums mit Einrichtungen der Daseinsvorsorge oder Verkehrsinfrastruktur möglich, aber z. B. keine Vorgaben zu deren Betrieb, wie etwa zur angestrebten Klassengröße oder zum Personalbestand in Bildungseinrichtungen, zum genauen Takt von Buslinien oder zur Art der Züge, die auf einer als Vorranggebiet Haupteisenbahnstrecke gesicherten Verbindung eingesetzt werden sollten.

2.3.10 Textliche oder zeichnerische Form der Festlegungen

118 Laut Begriffsbestimmung des § 3 Abs. 1 Nr. 2 ROG sind Ziele der Raumordnung **in Form textlicher oder zeichnerischer Festlegungen möglich**, während eine entsprechende Aussage in der Begriffsbestimmung des § 3 Abs. 1 Nr. 3 ROG für Grundsätze der Raumordnung fehlt. Der Verzicht auf die ausdrückliche Erwähnung zeichnerischer Grundsatzfestlegungen in § 3 Abs. 1 Nr. 3 ROG geht vermutlich darauf zurück, dass Grundsätze der Raumordnung anders als Ziele nicht allein in Raumordnungsplänen festgelegt werden können, sondern auch durch Gesetz (so geschehen in § 2 ROG und § 2 NROG). Es ist jedoch unbestritten, dass sie in Raumordnungsplänen in vergleichbarer Form wie Ziele festgelegt werden können.

119 Häufig werden **zeichnerische Festlegungen** im LROP oder RROP **von ergänzenden textlichen Festlegungen begleitet** oder eine **textliche Festlegung verweist zur räumlichen Konkretisierung auf eine zeichnerische Festlegung**. Der zeichnerischen Darstellung zum LROP oder zu einem RROP kommt vor allem die Funktion zu, solche Ziele und Grundsätze der Raumordnung räumlich bestimmbar zu machen, bei der es um Festlegung von Gebieten, Standorten oder Trassen zugunsten bestimmter Nutzungen oder Funktionen geht. Eine zeichnerische Festlegung mit dem Charakter eines Ziels der Raumordnung stellt z. B. ein Vorranggebiet nach § 7 Abs. 3 Satz 2 Nr. 1 ROG dar; hierunter fallen auch Trassen oder Trassenkorridore, die als linear gestaltete Vorranggebiete für Leitungen oder Ver-

kehrsprojekte gesichert werden (vgl. Rn. 125 ff.). Eine zeichnerische Festlegung mit dem Charakter eines Grundsatzes der Raumordnung ist z. B. die räumliche Abgrenzung eines Vorbehaltsgebietes i. S. d. § 7 Abs. 3 Satz 2 Nr. 2 ROG, das möglichst einer bestimmten Raumnutzung oder -funktion vorbehalten bleiben soll (vgl.Rn. 139 ff.).

§ 7 Abs. 1 Satz 4 ROG verlangt eine **formelle Kennzeichnung der Ziele und Grundsätze**, 120
um ihre Unterscheidbarkeit zu erleichtern. Gem. Ziff. 01 der Anlage 3 der LROP-VO sind in einem RROP textlich festgelegte **Ziele durch Fettdruck** zu kennzeichnen und auch die Landesregierung nutzt diese Kennzeichnungsform im LROP. Die Form der Kennzeichnung von **Grundsätzen der Raumordnung** ist ebenso wie die Form der Kennzeichnung zeichnerischer Festlegungen nicht geregelt und liegt im **Ermessen** des Trägers der Raumordnungsplanung. Ziele und Grundsätze der Raumordnung müssen **auch von weiteren Planinhalten anderer Art unterscheidbar** sein (z. B. von nachrichtlichen Darstellungen, im LROP enthaltenen Planungsaufträgen an die Regionalplanung i. S. des § 4 Abs. 1 NROG oder textlichen Regelungen im RROP zur Ausweisung von Beschleunigungsgebieten i. S. des § 28 Abs. 2 ROG).

Die Landesregierung hat für die Kennzeichnung der **im LROP** enthaltenen textlichen 121
Grundsätze der Raumordnung Standarddruck gewählt. Auch die im LROP gem. § 4 Abs. 1 NROG enthaltenen **Planungsaufträge** für die RROP müssen von den im LROP festgelegten Zielen und Grundsätzen unterscheidbar dargestellt werden; hierfür ist künftig im LROP eine Kennzeichnung durch den **Schriftschnitt „*kursiv*“** vorgesehen. Ob Regionalplanungsträger sich in Anlehnung an das LROP ebenfalls für eine Kennzeichnung von Grundsätzen der Raumordnung in Standarddruck entscheiden, ist ihnen freigestellt. Sie dürften hierfür beispielsweise auch Kursivdruck wählen, denn es besteht keine Verwechselungsgefahr mit Planungsaufträgen i. S. des § 4 Abs. 1 NROG, da keine vergleichbare Ermächtigung für RROP gilt. Auch die in anderen Ländern oder beim Bundes-Raumordnungsplan für den Hochwasserschutz gängige Praxis, textliche Grundsätze der Raumordnung mit einem „G“ zu kennzeichnen, wäre zulässig.

Für zeichnerische Festlegungen muss die Kennzeichnung zur Unterscheidbarkeit von Zielen, Grundsätzen und nachrichtlichen Darstellungen in geeigneter Weise auf der **Legende der zeichnerischen Darstellung** erfolgen.

2.3.11 Befristete und bedingte Festlegungen, Festlegungen zu zeitlichen Abfolgen von Nutzungen

Zur Steuerung von Nutzungen des Raums und Sicherung von Raumfunktionen kann gem. 122
§ 7 Abs. 1 Satz 2 ROG festgelegt werden, dass diese Nutzungen und Funktionen nur **für einen bestimmten Zeitraum oder ab oder bis zum Eintritt bestimmter Umstände** vorgesehen sind (z. B. mit Rücksicht auf Brutzeiten bedrohter Tierarten oder in Fällen, in denen eine bestimmte Nutzung erst nach Eintritt bestimmter rechtlicher oder sachlicher Voraussetzungen gesichert werden soll). Zu auflösenden Bedingungen, nach denen ein Ziel der Raumordnung bei Eintritt eines bestimmten Ereignisses entfallen soll, vgl. das Beispiel zu Vorranggebieten für lineare Infrastrukturen unter Rn. 104.

Ferner sind **Festlegungen zu einer zeitlichen Abfolge von Raumnutzungen** möglich, d. h., 123
raumordnerische Festlegungen können sich auch auf Folge- oder Zwischennutzungen beziehen. Dies kann z. B. der Fall sein, wenn Flächen mit einem zurzeit noch nicht benötigten, seltenen Rohstoffvorkommen zwar gegenüber dauerhaften anderen Nutzungen gesichert werden sollen, aber zwischenzeitlich eine Festlegung zugunsten einer anderen, temporären Nutzung beabsichtigt ist, etwa für mittelfristig nutzbare Photovoltaikanlagen, wenn deren späterer Rückbau gewährleistet wird. Denkbar wäre auch, dass für eine aktuell als Vorranggebiet Rohstoffgewinnung gesicherte Fläche bereits vor deren vollständiger Ausbeutung ein Teil für eine bestimmte, zeitlich anschließende Freiraumnutzung gesichert werden soll.

Durch die 2017 in das ROG eingefügte Regelung wurde eindeutig klargestellt, dass raumordnerische Festlegungen auf den zeitlichen Ablauf von Raumnutzungen einwirken können. Dies war zuvor umstritten (vgl. NdsOVG, Urt. vom 27.7.2011 – 1 KN 224/07 –, openJur 2012, 52115; BeckRS 2011, 53228, das festgelegte Vorranggebiete für Rohstoffgewinnung für unwirksam erklärte, die zwei aufeinander folgenden Zeitstufen zugeordnet waren und nacheinander zeitlich gestaffelt für die Rohstoffgewinnung in Anspruch genommen werden sollten).

2.3.12 Besondere Gebietsfestlegungen

124 In Raumordnungsplänen sind **verschiedene Gebietskategorien festlegbar**, deren Bezeichnung und Rechtsfolge in § 7 Abs. 3 ROG bestimmt wird. Die in § 7 Abs. 3 Satz 2 Nrn. 1 und 2 ROG genannten **Vorrang- und Vorbehaltsgebiete** können sowohl im LROP als auch in den RROP festgelegt werden. Gleiches gilt für die in § 7 Abs. 3 Satz 3 ROG bezeichneten **Vorranggebiete mit Ausschlusswirkung**, obwohl deren Einsatzbreite nur noch sehr gering sein dürfte (vgl. Rn. 128 ff.). Die Festlegung der früher in § 7 Abs. 3 Satz 2 Nrn. 3 und 4 ROG a. F. definierten **Eignungsgebiete** und Eignungsgebiete für den Meeresbereich ist **in künftigen Planungsverfahren nicht mehr möglich**, da die gesetzliche Ermächtigungsgrundlage entfallen ist. Soweit solche Eignungsgebiete in Raumordnungsplänen festgelegt waren, gelten sie jedoch zunächst weiter.

In der Regel werden die o. g. Gebiete jeweils nur zugunsten einer Raumnutzung oder -funktion festgelegt. Durch die mit Gesetz vom 12.8.2025 in § 7 Abs. 1 Satz 2 ROG eingefügte Regelung zur **„Mehrfachnutzung"** wurde jedoch klargestellt, dass auch eine **Gebietsfestlegung zugunsten mehrerer, miteineinder vereinbarer Raumnutzungen** möglich sein kann. Mögliche Anwendungsfelder können sich laut Gesetzesbegründung (BT-Drs. 21/797 S. 59) ergeben, wenn in einem Gebiet etwa bestimmte Bereiche erneuerbarer Energien ohne Probleme mit der Landwirtschaft vereinbart werden können oder wenn Gebiete für eine Rohstoffgewinnung mit Hochwasserschutz oder einer Nutzung für erneuerbare Energien vereinbar wären. Die raumordnerische Festlegung multifunktional nutzbarer Gebiete könnte zu einer Verringerung der Flächeninanspruchnahme und der Beeinträchtigung von Umweltgütern insgesamt führen. Bei der planerischen Abwägung ist jedoch auch zu berücksichtigen, ob Umweltbelange durch zu intensive Nutzungen gefährdet sein können, und zu prüfen, ob dies ggf. einer Mehrfachnutzung entgegensteht.

2.3.12.1 Vorranggebiete

125 **§ 7 Abs. 3 Satz 2 Nr. 1 ROG definiert Vorranggebiete** als *„Gebiete …, die für bestimmte raumbedeutsame Funktionen oder Nutzungen vorgesehen sind und andere raumbedeutsame Funktionen oder Nutzungen in diesem Gebiet ausschließen, soweit diese mit den vorrangigen Funktionen oder Nutzungen nicht vereinbar sind"*.

Vorranggebiete sind **Ziele der Raumordnung**, da in den Grenzen des jeweiligen Gebietes zwischen konkurrierenden Nutzungen oder Funktionen zu Gunsten der letztlich ausgewählten raumbedeutsamen Nutzung oder Funktion entschieden und ihr damit auf Basis einer abschließenden Abwägung ein Vorrang eingeräumt wird. So BVerwG, Beschl. vom 20.8.1992 – 4 NB 20.91 –, BVerwGE 90, 329; NVwZ 1993 S. 167; DÖV 1993 S. 118: *„Besteht ein landesplanerisches Ziel darin, in einem Gebiet einer bestimmten Raumfunktion den absoluten Vorrang zu sichern, so kann dieser Nutzungsvorrang nicht durch Abwägung mit hiermit unvereinbaren Belangen relativiert werden. Das kann auch dann gelten, wenn hiervon nur der Randbereich des Gebietes betroffen ist."* Die **Vorrangnutzung oder -funktion wird innergebietlich** gegen andere mit ihr nicht vereinbare raumbedeutsame Nutzungen und Funktionen **geschützt**. Das Vorranggebiet darf von öffentlichen Stellen nicht mit solchen konkurrierenden Nutzungen überplant werden.

Werden Vorranggebiete für zwei unterschiedliche Raumnutzungen ausgewiesen (vgl. Rn. 124) muss möglich bleiben, dass sich beide Nutzungen dort in ausreichendem Maße realisieren lassen.

Für die Flächen außerhalb abgegrenzter Vorranggebiete bleibt das Verhältnis der Raumnutzungen und -funktionen offen, sofern nicht noch andere raumordnerische Festlegungen getroffenen werden. Ein Vorhabenträger genießt dort nicht die Vorteile der raumordnerischen Konfliktbewältigung und eines Vorrangs der von ihm verfolgten Nutzung.

Eine **außergebietliche Wirkung in Form eines Ausschlusses** der entsprechenden Nutzung auf sonstigen Flächen des Planungsraums haben Vorranggebiete **nur, wenn dies gem. § 7 Abs. 3 Satz 3 ROG mit der Vorranggebietsfestlegung ausdrücklich festgelegt wird** (vgl. Rn. 128 ff.). Die alleinige Ausweisung eines Vorranggebietes zugunsten einer bestimmten Raumnutzung verhindert daher nicht, dass die entsprechende Raumnutzung auch an anderer Stelle verfolgt wird. Selbst wenn im Planungsraum lediglich ein Standort als Vorranggebiet für ein Großkraftwerk festgelegt wird, ist damit keine Verpflichtung verbunden, nur diesen Standort für eine Realisierung des Vorhabens zu wählen (vgl. BVerwG Urt. vom 7.12.2023 – 4 CN 6.22 –, Rn. 30, NVwZ 2024 S. 917). **126**

Vorranggebiete sichern Flächen für eine Raumfunktion oder -nutzung nur im Sinne einer reinen **Freihalte- bzw. Angebotsplanung**. Sie begründen weder eine Verpflichtung zur Realisierung der Nutzung, noch eine („positive") Rechtspflicht zur dortigen Zulassung des Vorhabens. Wird für ein der Vorrangnutzung entsprechendes Vorhaben an dem raumordnerisch gesicherten Standort ein Planfeststellungsverfahren durchgeführt, muss die Planfeststellungsbehörde auch Aspekte prüfen, die auf Ebene der Raumordnung noch nicht maßgeblich waren und die ggf. einer Zulassung entgegenstehen (vgl. BVerwG, Urt. vom 16.3.2006 – 4 A 1075.04 –, BVerwGE 125, 116; NVwZ-Beil. 2006 S. 1; NuR 2006 S. 766). **127**

2.3.12.2 Vorranggebiete mit Ausschlusswirkung

Gem. § 7 Abs. 3 Satz 3 ROG kann **bei Vorranggebieten, die der jeweils vorrangigen Nutzung oder Funktion substanziell Raum verschaffen**, ergänzend festgelegt werden, dass sie diese Nutzung oder Funktion im restlichen Planungsraum ausschließen; sie haben insoweit über die innergebietliche Zielwirkung hinaus eine **außergebietliche Ausschlusswirkung**. Allerdings dürfte der Anwendungsbereich in der Praxis inzwischen eher gering sein. **128**

In Bezug auf **Windenergienutzungen** sind infolge des am 1.2.2023 in Kraft getretenen Gesetzes zur Erhöhung und Beschleunigung des Ausbaus von Windenergieanlagen an Land vom 20.7.2022 (BGBl. I S. 1353) und der damit verbundenen ROG- und BauGB-Änderungen **zukünftig keine Anwendungsfälle** für Konzentrationsflächenplanungen über Vorranggebiete mit Ausschlusswirkung denkbar, denn damit ist ein Systemwechsel für die räumliche Steuerung der Windenergienutzung eingetreten. **129**

Bislang waren Windenergieanlagen nach § 35 BauGB grundsätzlich privilegiert und konnten im Falle ihrer Vereinbarkeit mit öffentlichen Belangen und einer gesicherten Erschließung prinzipiell überall im Außenbereich zugelassen werden. Eine räumliche Steuerung war jedoch aufgrund einer **Konzentrationsflächenplanung (mit Ausschlusswirkung) gem. § 35 Abs. 3 Satz 3 BauGB** möglich. Windenergieanlagen waren dann i. d. R. nur auf den für sie vorgesehenen Vorrangflächen möglich, im restlichen Planungsraum also unzulässig und regelmäßig nicht genehmigungsfähig. **130**

Infolge der neuen §§ 245e und 249 BauGB, die gem. § 28 Abs. 1 ROG auch in Bezug auf die Wirkung von Raumordnungsplänen Vorrang genießen, **gilt die Privilegierung von Windenergieanlagen im Außenbereich und die Raumordnungsklausel des § 35 Abs. 3 Satz 3 BauGB nur noch übergangsweise**. Nach § 245e Abs. 1 Satz 2 BauGB entfällt die Rechtswirkung eines Raumordnungsplans nach § 35 Abs. 3 Satz 3 BauGB mit dem Erreichen des gem. § 5 WindBG i. V. m. § 2 NWindG festgelegten regionalen Teilflächenziels für den Windenergieausbau, spätestens jedoch am 31.12.2027. Darüber hinaus ist § 249 Abs. 1 und 2 BauGB einschlägig, wonach § 35 Abs. 3 Satz 3 BauGB in Bezug auf Windenergienutzung nicht mehr anwendbar ist, sondern bei Erreichen der Teilflächenziele in einem Planungsraum Windenergievorhaben außerhalb von Windenergiegebieten i. S. des § 2 Nr. 1 WindBG nicht mehr privilegiert sind und ihre Zulässigkeit allein nach § 35 Abs. 2

BauGB zu beurteilen ist; Ausnahmen gelten für ein Repowering (§ 245e Abs. 3, § 249 Abs. 3 BauGB) und bei Zulassungsverfahren für Windenergieanlagen im Vorgriff auf in Aufstellung befindliche, schon hinreichend konkretisierte Windenergiegebiete (§ 245e Abs. 4 BauGB).

131 Die Neufestlegung raumordnungsrechtlicher Vorranggebiete mit Ausschlusswirkung hätte aufgrund der BauGB-Novelle keine Steuerungswirkung mehr für die Ebene der Zulassung von Windenergieanlagen, sondern hätte – z. B. in stark durch Windenergienutzung belasteten Regionalplanungsräumen – allenfalls noch die bauleitplanerische Ausweisung von Windenergiegebieten steuern können. Diese Option besteht seit dem 15.8.2025 nicht mehr. **§ 28 Abs. 1 Halbs. 2 ROG schließt aus, Vorranggebiete mit Ausschlusswirkung in Bezug auf die Windenergienutzung festzulegen.**

132 Die Regelung in § 28 Abs. 1 Halbs. 2 ROG nimmt auch solchen Landkreisen, in denen die regionalen Teilflächenziele bereits erreicht wurden und der Windenergie damit schon substanziell Raum geschaffen wurde, eine wichtige regionale Steuerungsmöglichkeit. Problematisch ist dies vor allem in Regionalplanungsräumen, in denen bereits ganz erhebliche Belastungen durch bestehende Windenergieanlagen und andere Energieinfrastruktur bestehen, wie etwa im niedersächsischen Küstenbereich. Da die mit § 7 Abs. 3 Satz 5 ROG beabsichtigte Erleichterung für die Nutzung des Instruments der Vorranggebiete mit Ausschlusswirkung ursprünglich vor allem mit Blick auf die raumplanerische Steuerung der Windenergienutzung konzipiert wurde und ein Einsatz dieses Instruments im Einzelfall nach wie vor sinnvoll sein könnte, ist die im o. a. Gesetzentwurf vorgesehene Regelung des § 28 Abs. 1 ROG-neu nicht zufriedenstellend. Dies gilt insbesondere, weil § 1 Abs. 2 Satz 2 WindBG inzwischen ausdrücklich geregelt hat, dass mit Erreichen der Flächenbeitragswerte für den Windenergieausbau an Land dem überragenden öffentlichen Interesse am Ausbau der Windenergie nach § 2 EEG ausreichend Rechnung getragen ist.

133 **Für Photovoltaiknutzungen** wurde die Festsetzung von Vorranggebieten mit Ausschlusswirkung gesetzlich durch § 7 Abs. 3 Satz 6 ROG **ausgeschlossen**. Nach einem Gesetzentwurf der Bundesregierung vom 16.8.2024 war dies zunächst in einem geplanten § 29 Abs. 1 ROG-neu vorgesehen (BR-Drs. 396/24 S. 22) was aber durch Ablauf der Legislaturperiode nicht mehr verfolgt wurde.

134 Dass für Windenergie und Photovoltaik eine räumliche Steuerung durch Vorranggebiete mit Ausschlusswirkung dauerhaft ausgeschlossen wurde, begegnet auch in der Literatur durchaus Kritik. So wird etwa in Bezug auf die Nichtanwendbarkeit für Windenergienutzung bezweifelt, ob eine so **weitreichende Einschränkung der Gestaltungsbefugnis der Planungsträger in den Ländern** nach Erreichen der Flächenbeitragswerte nach dem WindBG noch gerechtfertigt werden kann. In Frage gestellt wird auch, warum in Planungsräumen, in denen der Photovoltaik bereits substanziell hinreichend Raum gegeben worden ist, die Steuerung über Vorranggebiete mit Ausschlusswirkung verwehrt sein sollte (so *Spannofsky*, ZfBR 2023 S. 540).

135 Soweit zur räumlichen **Steuerung anderer Raumnutzungen** – etwa der Rohstoffgewinnung – Vorranggebiete mit Ausschlusswirkung nach § 7 Abs. 3 Satz 3 ROG genutzt werden sollen, **erfordert dies ein gesamträumliches Konzept**. Die Planung darf sich nicht durch einen unverhältnismäßig weiträumigen Ausschluss einer Nutzung als rein negative „Verhinderungsplanung" darstellen, sondern muss der betreffenden **Nutzung substanziell Raum schaffen** (vgl. BVerwG, Beschl. vom 29.3.2010 – 4 BN 65.09 –, BauR 2010 S. 2074; openJur 2011, 90359; BVerwG, Urt. vom 13.3.2003 – 4 C 3.02 –, NVwZ 2003 S. 1261; UPR 2003 S. 355).

136 Die frühere Rechtsprechung des BVerwG erforderte bei solchen gesamträumlichen Konzentrationsflächenplanungen die Erstellung eines **schlüssigen und nachvollziehbaren Konzepts für Vorrang- und Ausschlussflächen im jeweiligen Planungsraum**. Dazu gehörte u. a. die Ermittlung und Aussonderung von Flächen, die aus tatsächlichen oder rechtlichen Gründen für die betreffende Nutzung nicht in Frage kommen und bei deren Aus-

schluss kein Ermessensspielraum besteht, sog. harte Tabuzonen, und die planerische Entscheidung des Planungsträgers über selbst gesetzte Ausschlusskriterien, die ansonsten im gesamten Planungsraum einheitlich angewendet werden sollen und zur Aussonderung der betreffenden Flächen führen, sog. weiche Tabuzonen (vgl. BVerwG, Urt. vom 13.12.2012 – 4 CN 1.11 –, BVerwGE 145, 231; NVwZ 2013 S. 519; DVBl 2013 S. 507; BVerwG, Urt. vom 11.4.2013 – 4 CN 2.12 –, NVwZ 2013 S. 1017; NuR 2013 S. 489; DÖV 2013 S. 821). Um einer gerichtlichen Überprüfung standzuhalten, wurde vom Planungsträger verlangt, sich zur Vermeidung eines Fehlers im Abwägungsvorgang den **Unterschied zwischen den beiden Arten der Tabuzonen – „harte" und „weiche" – bewusst zu machen** und ihn zu dokumentieren (BVerwG, Urt. vom 13.12.2012 – 4 CN 1.11 –, a. a. O.). Eine pauschale Hilfserwägung dahingehend, dass ein Planungsträger für den Fall einer fehlerhaften Einstufung von Kriterien als „harte" Tabuzonen diese dann zumindest generell als „weiche" Tabuzonen ansehen will, wurde gerichtlich im Regelfall als unzulässig bewertet.

Mit dem 2023 geänderten § 7 Abs. 3 ROG wurde das Ziel verfolgt, die Anforderungen zu **137** vereinfachen. Die ROG-Regelung sieht nunmehr vor, dass eine **systematische Unterscheidung, ob der Ausschluss aus tatsächlichen, rechtlichen oder planerischen Gründen erfolgt, nicht mehr erforderlich** ist.

Weist der Raumordnungsplan ausreichend Vorranggebiete aus, die der betreffenden Nut- **138** zung im Plangebiet substanziell Raum schaffen, ist es zulässig, dass von der Ausschlusswirkung nach § 7 Abs. 3 Satz 3 ROG Flächen ausgenommen werden, die bewusst als raumordnerisch **unbeplante „weiße Flächen"** verbleiben. Dies kann etwa der Fall sein, wenn aufgrund der gesetzten Kriterien die grundsätzliche Eignung einer Fläche für die Vorrangnutzung zwar gegeben scheint, aber ein relevanter Aspekt nicht ausreichend aufklärbar ist und der Planungsträger zu dieser Fläche keine Schlussabwägung dazu treffen kann oder will, ob sie als Vorranggebiet oder als Ausschlussfläche festgelegt werden soll. „Weiße Flächen" werden von der Ausschlusswirkung nicht erfasst, weil es in Bezug auf diese Flächen an einer abschließenden raumordnerischen Entscheidung fehlt (BVerwG, Beschl. vom 28.11.2005 – 4 B 66.05 –, ZfBR 2006 S. 159; NVwZ 2006 S. 339; BVerwG, Urt. vom 13.3.2003 – 4 C 3.02 –, a. a. O.).

2.3.12.3 Vorbehaltsgebiete

Im LROP sind keine **Vorbehaltsgebiete** festgelegt. In den RROP in Niedersachsen wird **139** jedoch von der Festlegung solcher Gebiete regelmäßig Gebrauch gemacht. § 7 Abs. 3 Satz 2 Nr. 2 ROG definiert Vorbehaltsgebiete als *„Gebiete ..., die bestimmten raumbedeutsamen Funktionen oder Nutzungen vorbehalten bleiben sollen, denen bei der Abwägung mit konkurrierenden raumbedeutsamen Funktionen oder Nutzungen besonderes Gewicht beizumessen ist"*. Vorbehaltsgebiete dienen als **Gewichtungsvorgabe für eine nachfolgende Abwägungs- oder Ermessensentscheidung**, etwa in der Bauleitplanung oder Fachplanung, und haben daher keinen schlussabgewogenen Charakter. Sie stellen **Grundsätze der Raumordnung** dar, mit denen zur Sicherung oder Entwicklung standortgebundener Nutzungen und Raumfunktionen in einem bestimmten Gebiet beigetragen wird. Da sie bei nachfolgenden Abwägungs- oder Ermessensentscheidungen mit besonderem Gewicht berücksichtigt werden müssen, können sie sich zwar in etlichen Fällen durchsetzen, sind aber auch zugunsten anderer öffentlicher oder privater Belange von höherem Gewicht überwindbar („wegwägbar"). Ob sich der zu berücksichtigende Grundsatz im Rahmen der Abwägung gegen andere Belange durchsetzt, hängt von der konkreten Planungssituation ab (vgl. BVerwG, Beschl. vom 15.6.2009 – 4 BN 10.09 –, NVwZ 2009 S. 1226).

Die von *Goppel* (in Spannowsky/Runkel/Goppel, ROG, § 7 ROG, Rn. 78–81) vertretene **140** Auffassung, dass es sich bei der Ausweisung von Vorbehaltsgebieten aufgrund der Vorgabe des Normgebers, dass in ihnen *„einer bestimmten raumbedeutsamen Funktion oder Nutzung ein besonderes Gewicht beizumessen ist"* um Zielfestlegungen handele, stellt eine Mindermeinung dar, der nur in Bayern gefolgt wird. Dass sie nicht der herrschenden

Rechtsmeinung entspricht, deutet sich bereits durch die im o. a. Kommentar enthaltene Formulierung an, dass streitig sei, *„ob es sich bei Vorbehaltsgebieten um ‚abschließend abgewogene Festlegungen', d. h. um Ziele der Raumordnung handelt oder nicht vielmehr um bloße Abwägungsdirektiven, so wie etwa Grundsätze der Raumordnung …"*. Die **höchstrichterliche Rechtsprechung hat bestätigt, dass Vorbehaltsgebiete nur Abwägungsdirektiven mit Grundsatzcharakter sind** (BVerwG, Urt. vom 13.3.2003 – 4 C 4.02 –, BVerwGE 118, 33; NVwZ 2003 S. 738; DVBl 2003 S. 1064; BVerwG, Beschl. vom 15.6.2009 – 4 BN 10.09 – a. a. O.; BVerwG, Urt. vom 16.4.2015 – 4 CN 6.14 –, BVerwGE 152, 49; NVwZ 2015 S. 1540; ZfBR 2015 S. 694). Sie erweitern bei nachfolgenden Entscheidungen die in die Abwägung einzustellenden Belange.

141 Aufgrund ihres nicht schlussabgewogenen Charakters als bloße Grundsätze der Raumordnung ist in Raumordnungsplänen eine **Überlagerung mehrerer Vorbehaltsgebiete denkbar**, sodass sie eine flexiblere Steuerung der Raumentwicklung erlauben als Vorranggebiete. Es bleibt dann einer nachfolgenden Ebene überlassen, welche der vorbehaltenen Nutzungen bzw. Funktionen sie im Rahmen einer Abwägungsentscheidung dort Raum gibt (vgl. *Spannowsky* in Bielenberg/Runkel/Spannowsky, ROG 2017, M § 7 Rn. 99). Mit Blick auf den Auftrag der Raumordnung nach § 1 ROG zur Abstimmung und zum Konfliktausgleich **sollte jedoch immer kritisch geprüft werden**, wie weit eine etwaige Überlagerung reichen soll.

2.3.12.4 Eignungsgebiete

142 Da mit Änderung des § 7 Abs. 3 ROG durch Gesetz vom 22.3.2023 die bis dahin geltenden **Grundlagen für die Festlegung von Eignungsgebieten aufgehoben** wurden, können diese Gebiete künftig nicht mehr in Raumordnungsplänen festgelegt werden. Bestehende Gebiete **gelten jedoch bis zu ihrer Aufhebung oder dem Außerkrafttreten des betreffenden Raumordnungsplans weiter**.

143 § 7 Abs. 3 Satz 2 Nr. 3 ROG a. F. definierte Eignungsgebiete als *„Gebiete …, in denen bestimmten raumbedeutsamen Maßnahmen oder Nutzungen, die städtebaulich nach § 35 des Baugesetzbuchs zu beurteilen sind, andere raumbedeutsame Belange nicht entgegenstehen, wobei diese Maßnahmen oder Nutzungen an anderer Stelle im Planungsraum ausgeschlossen sind"*. Außerhalb ihres Gebietes normieren Eignungsgebiete damit einen Ausschluss der bestimmten raumbedeutsamen Nutzung oder Maßnahme; diese **außergebietliche Ausschlusswirkung** stellt ein **Ziel** der Raumordnung dar. Nach ständiger Rechtsprechung ist der planerische Ausschluss von Nutzungen auf Teilflächen eines Planungsraums nur zulässig, wenn er dadurch kompensiert wird, dass sich die ausgeschlossene Nutzung auf anderen Flächen durchsetzen kann und ihr durch ausreichende Positivflächen auf Basis eines gesamträumlichen Konzepts substanziell Raum geschaffen wird (BVerwG, Urt. vom 21.10.2004 – 4 C 2.04 –, ZfBR 2005 S. 195; BVerwG, Urt. vom 11.4.2013 – 4 CN 2.12 –, NVwZ 2013 S. 1017; NuR 2013 S. 489; DÖV 2013 S. 821).

144 Wie weit die **innergebietliche Wirkung eines Eignungsgebiets** reicht, wurde **kontrovers diskutiert**. Teilweise wurde vertreten, dass sich die innergebietliche Eignungsfeststellung lediglich als Abwägungsvorgabe auswirke oder gar keine innergebietliche Gewichtungsvorgabe enthalte, es insofern also an einer Zielqualität fehle. Einen innergebietlichen Zielcharakter verneinen z. B. *Erbguth* (DVBl 1998 S. 209) und *Gatz* (DVBl 2009 S. 737). Teilweise wurde jedoch von einer Zielqualität in Form einer Konzentrationsfunktion oder Nutzungszuweisung ausgegangen, die den Gemeinden innergebietlich nur einen größeren Konkretisierungsspielraum überlasse. So wird z. B. grundsätzlich von *Runkel* in Handwörterbuch der Raumordnung, ARL 4. Aufl. 2005, S. 1262, *Spannowsky* in Bielenberg/Runkel/Spannowsky, ROG 1998, K § 7 Rn. 105 und *Goppel* in Spannowsky/Runkel/Goppel, ROG, § 7 ROG Rn. 83 ff. ein innergebietlicher Zielcharakter bejaht. Das **NdsOVG hat Eignungsgebiete auch innergebietlich als Ziele angesehen** und im Urt. vom 28.1.2010 – 12 KN 65/07 –, BauR 2010 S. 1043, DVBl 2010 S. 525, UPR 2010 S. 359; openJur 2012, 50070, ausgeführt: *„Eignungsgebiete belassen den Gemeinden zwar im Vergleich zu Vorranggebieten inner-*

gebietlich einen größeren Konkretisierungsspielraum für bestimmte raumbedeutsame Vorhaben. Sie enthalten aber eine durch raumordnerische Abwägung zu sichernde positive Nutzungszuweisung, die im Rahmen der gemeindlichen Bauleitplanung nicht mehr zur Disposition steht und durch die der Planvorbehalt gemäß § 35 Abs. 3 Satz 3 BauGB ausgefüllt werden kann [...]. Deshalb kommt ihnen nicht nur in Bezug auf die mit ihnen verfolgte Ausschlusswirkung für raumbedeutsame Maßnahmen außerhalb diese Gebiete, sondern auch innergebietlich als landesplanerische Letztentscheidung Zielcharakter zu [...]". Anders dagegen das OVG LSA im Urt. vom 30.7.2009 – 2 K 142/07 –, ZfBR 2010 S. 167; UPR 2009 S. 161; juris, wonach „*sich die innergebietliche Wirkung eines Eignungsgebiets in der Feststellung erschöpft, dass die innerhalb ihrer Grenzen liegenden Flächen aufgrund ihrer naturräumlichen Eigenschaft für die Windenergie geeignet sind, so dass damit zwar eine den Anlagenstandort ermöglichende, aber keine Standort sichernde Entscheidung getroffen ist, die sich gegenüber konkurrierenden Nutzungen durchsetzt*".

Nach hier vertretener Auffassung ist die innergebietliche Wirkung zumindest nicht so, dass allein durch ein Eignungsgebiet garantiert werden kann, dass einer Nutzung, wie beispielsweise der Windenergienutzung, substanziell Raum geschaffen wird. Die Festlegung von Eignungsgebieten basiert gem. § 7 Abs. 3 Satz 2 Nr. 3 ROG a. F. auf der **Feststellung, dass der betreffenden Nutzung in diesen Gebieten keine wesentlichen raumbedeutsamen Belange entgegenstehen**. Dies bedeutet, dass Eignungsgebiete die genaue Standortsuche für die jeweilige Nutzung zwar einengen und die Intention haben, aufgrund der Eignung der Gebiete für die bezeichnete Nutzung gerade dort deren Bündelung anzustreben; insoweit sind nachfolgende Ebenen an die raumordnerische Zielvorgabe gebunden. Eine abschließend abgewogene Standortzuweisung zugunsten einer bestimmten Nutzung wird mit Eignungsgebieten jedoch nicht getroffen. Dabei kommt es weniger darauf an, dass den Nutzungen noch andere Belange unterhalb der Schwelle der Raumbedeutsamkeit entgegenstehen können, die erst auf nachfolgenden Ebenen erkennbar und beurteilbar sind (z. B. erst später ersichtliche städtebauliche Aspekte oder erst im Zulassungsverfahren feststellbare lokale Vorkommen geschützter Arten), denn dies kann gleichermaßen zutreffen, wenn raumbedeutsame Nutzungen durch Vorranggebiete gesichert werden. Vielmehr ist entscheidend, dass Eignungsgebiete innergebietlich keinen absoluten Vorrang für eine bestimmte raumbedeutsame Nutzung vermitteln, denn sie schließen laut Legaldefinition dort keine anderen Nutzungen aus; die ausgewiesene Nutzung ist nur eine geeignete unter möglichen anderen. Faktisch könnten innerhalb der Gebiete auch andere nach § 35 BauGB privilegierte Vorhaben beantragt und zugelassen werden. Dass der Bundesgesetzgeber den Eignungsgebieten nicht die gleiche innergebietliche „Vorrang"-Wirkung wie den erklärten Vorranggebieten nach § 7 Abs. 3 Satz 2 Nr. 1 ROG zuordnen wollte, zeigt die Regelung im früheren § 7 Abs. 3 Satz 3 ROG a. F., die zusätzlich die Festlegung von „Vorranggebieten mit der Wirkung von Eignungsgebieten" ermöglichte. Wenn schon Eignungsgebiete nach § 7 Abs. 3 Satz 2 Nr. 3 ROG a. F. neben der ihnen zugewiesenen außergebietlichen Ausschlusswirkung auch eine entsprechende innergebietliche Wirkung im Sinne eines Vorrangs der betreffenden Nutzung gegenüber allen konkurrierenden Nutzungen haben sollten, hätte es der Regelung in § 7 Abs. 3 Satz 3 ROG a. F. nicht mehr bedurft. Es spricht jedoch vieles dafür, dass in einem Eignungsgebiet der betreffenden Nutzung gegenüber anderen privilegierten Außenbereichsnutzungen ein besonderes Gewicht einzuräumen ist. Weil der Nutzung in dem als „ungeeignet" qualifizierten Teil des Planungsraums keine Ausweichräume zur Verfügung stehen, ist die Konzentration auf die Eignungsgebiete für sie besonders bedeutend. 145

Die Gebietskategorie der von 2017 bis 2023 im früheren § 7 Abs. 3 Satz 2 Nr. 4 ROG a. F. definierten **Eignungsgebiete für den Meeresbereich** („*Gebiete ..., die im Meeresbereich liegen, und in denen bestimmten raumbedeutsamen Funktionen oder Nutzungen andere raumbedeutsame Belange nicht entgegenstehen, wobei diese Funktionen oder Nutzungen an anderer Stelle im Planungsraum ausgeschlossen sind*") wurde weder im LROP für Festlegungen im niedersächsischen Küstenmeer noch seitens des Bundes im Raumordnungsplan für die AWZ genutzt. Sie haben daher **keinerlei Relevanz mehr**. 146

3. Erläuterung sonstiger Begriffe, Bindungswirkung von Erfordernissen der Raumordnung

147 Welche **Bindungswirkung** die in Raumordnungsplänen festgelegten Ziele und Grundsätze der Raumordnung, die gesetzlichen Grundsätze der Raumordnung i. S. des § 3 Abs. 1 Nr. 2 und 3 ROG sowie sonstige Erfordernisse der Raumordnung im Einzelnen haben, wird nicht im NROG, sondern **in den §§ 4 und 5 ROG geregelt**. Um die Steuerungsfunktion des LROP und der RROP zutreffend zu beurteilen, ist daher eine Auseinandersetzung mit den ROG-Regelungen geboten.

3.1 Erfordernisse der Raumordnung, sonstige Erfordernisse der Raumordnung

148 **„Erfordernisse der Raumordnung"** ist gem. § 3 Abs. 1 Nr. 1 ROG der **Oberbegriff für**

- **Ziele,**
- **Grundsätze und**
- **sonstige Erfordernisse**

der Raumordnung und fasst damit alle Aussagen der Raumordnung zusammen, an die § 4 ROG bestimmte rechtliche Bindungswirkungen knüpft. Die Verwendung des Oberbegriffs erfolgt dort, wo eine umfassende Auseinandersetzung mit bindenden Aussagen der Raumordnung gefordert wird und keine Differenzierung nach dem Grad der Bindungswirkung (also etwa in zu beachtende Ziele oder zu berücksichtigende Grundsätze) geboten ist. Die Erfordernisse der Raumordnung **unterscheiden sich hinsichtlich des Grades bzw. der Art ihrer Bindungswirkung**. Ihnen ist jedoch gemeinsam, dass sich ihre Bindungswirkung auf raumbedeutsame Vorgänge erstreckt und nur in den in § 4 ROG benannten Fallkonstellationen eintritt.

149 Zur Definition von „Zielen" und „Grundsätzen" der Raumordnung gem. § 3 Abs. 1 Nr. 2 und Nr. 3 ROG vgl. Rn. 88 ff. und Rn. 112 ff. Was unter den Begriff der **„sonstigen Erfordernisse der Raumordnung"** fällt, ist in § 3 Abs. 1 Nr. 4 ROG abschließend bestimmt. Es handelt sich danach um

- in Aufstellung befindliche Ziele der Raumordnung,
- Ergebnisse förmlicher landesplanerischer Verfahren wie der Raumverträglichkeitsprüfung und
- landesplanerische Stellungnahmen.

Nicht unter den Begriff der „sonstigen Erfordernisse der Raumordnung" fallen dagegen z. B.

- in Aufstellung befindliche Grundsätze der Raumordnung
- raumordnerische Leitvorstellungen und Absichtserklärungen
- rein nachrichtliche Darstellungen anderer Fachplanungen in Raumordnungsplänen
- raumordnerische Entwicklungskonzepte, die nicht auf förmlichen Verfahren der Raumordnung basieren oder
- raumordnungspolitische Beschlüsse der Bundes- oder Landesregierung oder der Raumentwicklungsministerkonferenz.

Die mit der regionalplanerischen Festlegung von Vorranggebieten für Windenergie einhergehende Ausweisung als Beschleunigungsgebiet gem. § 28 Abs. 2 ff. ROG fällt ebenfalls nicht unter die Definition für sonstige Erfordernisse der Raumordnung, da dies einen Planinhalt eigener Art darstellt. Beschleunigungsgebiete für die Windenergie an Land haben nicht den Charakter eines Ziels oder Grundsatzes der Raumordnung (vgl. Rn. 85), sondern ihre Wirkung ergibt sich allein aus § 6b WindBG.

3.1.1 In Aufstellung befindliche Ziele der Raumordnung

Die steuernde Kraft, die Ziele der Raumordnung nach § 3 Abs. 1 Nr. 2 ROG als verbindliche Vorgaben haben, dokumentiert sich bereits im Aufstellungsverfahren in rechtserheblichen Vorwirkungen als zu berücksichtigende „sonstige Erfordernisse" der Raumordnung i. S. des § 3 Abs. 1 Nr. 4 ROG. Der 2023 in das ROG aufgenommene § 3 Abs. 1 Nr. 4 Buchst. a ROG definiert **in Aufstellung befindliche Ziele der Raumordnung** wie folgt: *„Ziele der Raumordnung, die nach Durchführung des Beteiligungsverfahrens nach § 9 Absatz 2 in einem die Ergebnisse der Beteiligung berücksichtigenden Planentwurf enthalten sind und als solche den Verfahrensbeteiligten zur Kenntnis gegeben wurden"*. Es handelt sich danach um beabsichtigte Festlegungen mit Zielcharakter aus einem Planentwurf, der bereits Gegenstand eines **weit fortgeschrittenen Verfahrens** zur Aufstellung oder Änderung eines Raumordnungsplans ist. Neben der geplanten Neuaufstellung oder der geplanten Änderung eines Ziels kann dies im Einzelfall ferner die Aufhebung eines bestehenden Ziels betreffen, wenn sich aufgrund einer engen Verflechtung mit anderen Zielen dadurch eine neue, raumplanerische Zielgestaltung ergibt (z. B. die geplante Aufhebung einer mit bestehenden Vorranggebietsfestlegungen verbundenen Ausschlusswirkung nach § 7 Abs. 3 Satz 3 ROG oder einer Ziel-Ausnahme i. S. d. § 6 Abs. 1 ROG, wodurch sich dann im fraglichen Raum andere Regelungen ergäben). 150

Qualitativ müssen die in Aufstellung befindlichen Festlegungen **der Legaldefinition des § 3 Abs. 1 Nr. 2 ROG gerecht werden**; vgl. BVerwG, Urt. vom 6.4.2017 – 4 A 1.16 –, BeckRS 2017, 115450, juris: *„Ein Ziel der Raumordnung unterscheidet sich von einem gleich lautenden, in Aufstellung befindlichen Ziel der Raumordnung zwar hinsichtlich seiner Verbindlichkeit, aber nicht hinsichtlich seiner tatbestandlichen Voraussetzungen."* Die materiellen Voraussetzungen für das Vorliegen eines in Aufstellung befindlichen Ziels sind daher erst erfüllt, wenn die sachliche und räumliche Reichweite der künftigen Regelung zumindest so konkret formuliert oder zeichnerisch dargestellt ist, dass sie durch ihren **Bestimmtheitsgrad** und **Abgewogenheit** erkennen lässt, dass sie Zielcharakter i. S. des § 3 Abs. 1 Nr. 2 ROG mit der entsprechenden Steuerungsabsicht haben soll. 151

Ferner muss zu erwarten sein, dass die Festlegung auch rechtliche Verbindlichkeit erlangt, sie sich also zu einer verbindlichen, den Wirksamkeitsanforderungen genügenden Zielfestlegung i. S. des § 3 Nr. 2 ROG verfestigt (BVerwG, Urt. vom 27.1.2005 – 4 C 5.04 –, BVerwGE 122, 364, 371 ff.; NVwZ 2005, 578; UPR 2005 S. 267; NuR 2005 S. 519). Ein ausreichender Verfestigungsgrad als „in Aufstellung befindlich" ist erst mit dem in § 3 Abs. 1 Nr. 4a ROG genannten Verfahrensstand erreicht und setzt Folgendes voraus: 152

- Das **Beteiligungsverfahren nach § 9 Abs. 2 ROG** zu einem ersten Planentwurf wurde bereits abgeschlossen.
- Nach Auswertung der in diesem Beteiligungsverfahren eingegangenen Stellungnahmen ist unter Würdigung der Beteiligungsergebnisse eine planerische **Abwägung** erfolgt, ob das vorgesehene Ziel unverändert oder in modifizierter Form Eingang in den endgültigen Raumordnungsplan finden soll.
- Den nach § 9 Abs. 2 ROG am Verfahren beteiligten öffentlichen Stellen und der Öffentlichkeit wurde die vorgesehene Fassung der **Zielfestlegung, die Eingang in den endgültigen Raumordnungsplan finden soll**, zur Kenntnis gegeben. Hierfür genügt es nicht, nur isoliert die betroffene Zielfestlegung aus dem Planentwurf „ausgekoppelt" zur Kenntnis zu geben, sondern der Zusammenhang des beabsichtigten Ziels mit den übrigen Planinhalten muss erkennbar sein. In welcher Weise die **Bekanntgabe gegenüber den Verfahrensbeteiligten** geschieht, ist nicht gesetzlich geregelt. Es muss lediglich gewährleistet sein, dass der maßgebliche Stand der Planung einsehbar ist, beispielsweise auf den Internetseiten des Planungsträgers.

Ein **Ziel aus einem „schwebend unwirksamen" Raumordnungsplan** (vgl. dazu § 7 Rn. 9) kann ein „in Aufstellung befindliches Ziel" darstellen, wenn die festgestellten Mängel des Raumordnungsplans durch ein ergänzendes Verfahren zur Behebung von Fehlern nach 153

§ 11 Abs. 6 ROG geheilt werden sollen (vgl. BVerwG, Urt. vom 17.9.2008 – 4 BN 22.08 –, DVBl 2008 S. 1511; BauR 2009 S. 75).

154 **Bedeutung** kann das Vorliegen eines in Aufstellung befindlichen Ziels in seltenen Einzelfällen haben, wenn für ein mit dem künftigen „planreifen" Ziel vereinbares Vorhaben die **Abweichung von einem bestehenden Ziel der Raumordnung** nach § 6 Abs. 2 ROG i. V. m. § 8 NROG beantragt wird, während dieses gerade Gegenstand eines Verfahrens zur Änderung, Neuaufstellung oder Aufhebung ist. Aufgrund neuerer Rechtsprechung des BVerwG (Urt. vom 28.9.2023 – 4 C 6.21–, www.bverwg.de, mit Bezugnahme auf eine Entsch. des EuGH vom 9.3.2023 – C-9/22 –, BeckRS 2023, 3593) ist jedoch bei Vorhaben mit erheblichen umweltrelevanten Auswirkungen diese Option voraussichtlich nicht mehr nutzbar (vgl. § 8 Rn. 63 ff. i. V. m. 53 ff.).

In Aufstellung befindliche Ziele der Raumordnung können außerdem im Einzelfall bei Vorliegen weiterer Voraussetzungen die **befristete Untersagung raumbedeutsamer Planungen und Maßnahmen** gem. § 12 ROG rechtfertigen, die deren Verwirklichung erheblich erschweren könnten (vgl. Erl. vor §§ 14 ff. NROG Rn. 7). Bei **Zulassungsverfahren für Windenergieanlagen** im Vorgriff auf in Aufstellung befindliche, schon hinreichend konkretisierte Windenergiegebiete ist dagegen die Sonderregelung des § 245e Abs. 4 BauGB i. V. m. § 28 Abs. 1 ROG zu beachten, die nicht an § 3 Abs. 1 Nr. 4 Buchst. a ROG angelehnt ist.

3.1.2 Ergebnisse förmlicher landesplanerischer Verfahren und landesplanerische Stellungnahmen

155 Zu den sonstigen Erfordernissen der Raumordnung gehören **Ergebnisse förmlicher landesplanerischer Verfahren**. Explizit genannt wird in § 3 Abs. 1 Nr. 4 ROG das Ergebnis der **Raumverträglichkeitsprüfung**, vgl. Erl. zu § 11 Rn. 41 ff. Auch das Zielabweichungsverfahren (§ 6 ROG i. V. m. § 8 NROG) und das Untersagungsverfahren (§ 12 ROG) stellen förmlich geregelte, landesplanerische Verfahren dar. Da ihnen aber gesetzlich eine eindeutige Rechtsfolge gegenüber den jeweiligen Adressaten der getroffenen Entscheidungen zugewiesen ist, hat es in der Praxis keine erkennbare Relevanz, dass das Ergebnis im Übrigen ein sonstiges Erfordernis der Raumordnung darstellt.

156 **Landesplanerische Stellungnahmen**, die außerhalb förmlicher raumordnerischer Verfahren in gesetzlich vorgesehenen Abstimmungs- und Beteiligungsprozessen zu Planungen und Maßnahmen anderer Stellen abgegeben werden, zählen ebenfalls zu den sonstigen Erfordernissen der Raumordnung. Hierzu gehören bspw. Stellungnahmen der Landesplanungsbehörden, die im Zuge der Beteiligungsverfahren bei

- der Bauleitplanung (nach dem BauGB),
- Flurbereinigungen (nach dem FlurbG),
- der Bundesfachplanung für den Netzausbau (nach dem NABEG)
- Abfallwirtschaftskonzepten (nach dem NAbfG)
- der forstlichen Rahmenplanung (nach dem NWaldLG) oder
- der Anhörung zu Planfeststellungsverfahren oder anderen Zulassungsverfahren (nach fachgesetzlichen Vorschriften, ggf. i. V. m. dem VwVfG und NVwVfG)

abgegeben werden.

157 Landesplanerische Feststellungen nach § 11 NROG als Ergebnis von Raumverträglichkeitsprüfungen oder landesplanerische Stellungnahmen in anderen förmlichen Verfahren **relativieren nicht die Bindungswirkung, die Zielen der Raumordnung nach § 4 ROG zukommt**. Sie treten als sonstige Erfordernisse der Raumordnung zu den in § 3 Abs. 1 Nrn. 2 und 3 ROG genannten Erfordernissen (Ziele und Grundsätze) hinzu und können weitere raumbedeutsame Belange formulieren, die sich etwa aufgrund neuer Entwicklun-

gen im Planungsraum oder mit Blick auf die Abstimmung verschiedener konkurrierender raumbedeutsamer Belange ergeben.

3.2 Art der Bindungswirkung: Beachtens- oder Berücksichtigungspflicht

3.2.1 Beachtenspflicht für Ziele der Raumordnung

Ziele der Raumordnung (vgl.Rn. 87 ff.) lösen eine **Beachtenspflicht in den Fällen aus, die in § 4 ROG aufgeführt sind**. Da sie als schlussabgewogene Letztentscheidungen der Träger der Raumordnungsplanung strikt zu beachten sind, stehen sie **bei Abwägungs- und Ermessensentscheidungen anderer öffentlicher Stellen** nicht mehr zu deren Disposition und dürfen von diesen nicht aufgrund eigener Erwägungen hinter anderen Interessen zurückgestellt und verletzt werden. Sie binden **nachfolgende Planungsebenen** insoweit, dass sie von ihnen inhaltlich nicht verändert, sondern nur noch räumlich und sachlich konkretisiert werden können. Soweit Ziele der Raumordnung Flächen für eine bestimmte Nutzung sichern, umfasst die Beachtenspflicht, dass die Sicherungsintention zugunsten dieser Nutzung nicht unterlaufen werden darf. Es wird damit aber weder eine Pflicht zur tatsächlichen Umsetzung der Nutzung noch zur Erteilung einer dafür ggf. benötigten Zulassungsentscheidung begründet. Ziele setzen jedoch für bestimmte Zulassungsverfahren (insbesondere **Planfeststellungsverfahren**) einen verbindlichen Rahmen, sodass mit ihnen unvereinbare Vorhaben nicht zugelassen werden können. 158

In Bezug auf die Beachtung von Zielen der Raumordnung in der Bauleitplanung ist neben § 4 ROG vor allem **§ 1 Abs. 4 BauGB** von Bedeutung. Die darin normierte **Anpassungspflicht der Bauleitplanung an Ziele der Raumordnung** konkretisiert die in § 4 ROG geregelte, generelle Beachtenspflicht. Sie fordert von der gemeindlichen Bauleitplanung nicht nur, Verstöße gegen Ziele der Raumordnung zu unterlassen, sondern die bestehende örtliche Planung aktiv an neue oder geänderte Ziele der überörtlichen Raumordnungsplanung anzupassen oder die Ziele der Raumordnung erstmalig durch eine Bauleitplanung umzusetzen. 159

§ 1 Abs. 4 BauGB begründet dabei keine umgehende Planungspflicht zur Anpassung an Ziele der Raumordnung, wirkt aber **für den Fall, dass die Gemeinde die Initiative für eine Planung ergreift, die Anpassungspflicht insofern „akut" wird** (vgl. dazu *Gierke/Blessing* in Brügelmann, BauGB § 1 Rn. 429). Im Übrigen hat das BVerwG im Beschl. vom 8.3.2006 – 4 BN 56.05 –, IBR 2006 S. 702, deutlich gemacht, dass die in § 1 Abs. 4 BauGB geregelte Pflicht zur Anpassung der Bauleitplanung an Ziele der Raumordnung auf eine dauerhafte Übereinstimmung der beiden Planungsebenen ausgerichtet ist und eine Gemeinde dies bei ihrer Beurteilung eigener Planungserfordernisse einbeziehen muss: *„Bauleitpläne sind den gültigen Zielen der Raumordnung anzupassen, unabhängig davon, wann diese in Kraft getreten sind. [...] Die Pflicht zur Anpassung zielt nicht auf „punktuelle Kooperation", sondern auf dauerhafte Übereinstimmung der beiden Planungsebenen. Die Gemeinde ist – unter dem Vorbehalt der materiellrechtlichen und zeitlichen Erforderlichkeit im Einzelfall – zur Anpassung an die Ziele der Raumordnung nicht nur verpflichtet, wenn sie Bauleitpläne aus eigenem Entschluss und allein aus städtebaulichen Gründen aufstellt oder ändert; sie muss auch dann planerisch aktiv werden, wenn allein geänderte oder neue Ziele der Raumordnung eine Anpassung der Bauleitpläne erfordern (BVerwG, Urteil vom 17. September 2003, a. a. O.). Widersprechen die Festsetzungen eines Bebauungsplans einem geltenden Ziel der Raumordnung, so ist es erforderlich, diesen Bebauungsplan zu ändern oder aufzuheben. [...] Der Standort, den der Gesetzgeber den Zielen der Raumordnung und Landesplanung in der Bauleitplanung zuweist, ist nicht im Abwägungsprogramm zu suchen; er ist diesem vielmehr, wie bereits durch die Stellung des § 1 Abs. 4 BauGB im Gesamtregelungszusammenhang dokumentiert wird, rechtlich vorgelagert (vgl. Beschluss vom 20. August 1992 – BVerwG 4 NB 20.91 – BVerwGE 90, 329 <332>; Urteil vom 30. Januar 2003 – BVerwG 4 CN 14.01 – BVerwGE 117, 351 <356>)."* 160

161 Wenn nach Beschlussfassung eines Bebauungsplans ein Ziel der Raumordnung rechtswirksam wird, das eine Anpassungspflicht nach § 1 Abs. 4 BauGB – also eine Verpflichtung, den Bebauungsplan zu ändern oder von einer Änderung eines früheren Bebauungsplans abzusehen – begründet, **darf der beschlossene zielwidrige Bebauungsplan nicht bekanntgemacht und damit in Kraft gesetzt werden** (BVerwG, Urt. vom 14.5.2007 – 4 BN 8/07 –, NVwZ 2007 S. 953; UPR 2007 S. 311; BauR 2007 S. 1837).

3.2.2 Berücksichtigungspflicht für Grundsätze und sonstige Erfordernisse der Raumordnung

162 Grundsätze (vgl. Rn. 112 ff.) und sonstige Erfordernisse der Raumordnung (vgl. Rn. 148 ff.) bewirken eine **Berücksichtigungspflicht** in den in § 4 ROG genannten Fallkonstellationen, d. h., sie sind **bei nachfolgenden Abwägungs- und Ermessensentscheidungen mit besonderem Gewicht zu berücksichtigen**. Die Berücksichtigungspflicht umschließt die Befugnis, Grundsätze und sonstige Erfordernisse, wie etwa das Ergebnis einer Raumverträglichkeitsprüfung, in einer Abwägungs- oder Ermessensentscheidung hinter anderen Belangen zurücktreten zu lassen, soweit es gerechtfertigt ist. Sie müssen als raumordnerische Vorgabe ernsthaft gewürdigt werden, **können aber durch gewichtigere Belange im Einzelfall überwunden werden**.

3.3 Anknüpfungspunkt: Raumbedeutsamkeit einer Planung oder Maßnahme

163 Aus § 4 ROG ergibt sich, dass Ziele und Grundsätze ebenso wie sonstige Erfordernisse der Raumordnung **nur in Bezug auf raumbedeutsame Planungen und Maßnahmen wirken**. § 3 Abs. 1 Nr. 6 ROG definiert raumbedeutsame Planungen und Maßnahmen wie folgt: *„Planungen einschließlich der Raumordnungspläne, Vorhaben und sonstige Maßnahmen, durch die Raum in Anspruch genommen oder die räumliche Entwicklung oder Funktion eines Gebietes beeinflusst wird, einschließlich des Einsatzes der hierfür vorgesehenen öffentlichen Finanzmittel“.*

164 Ob ein Vorhaben in diesem Sinne **raumbeanspruchend oder raumbeeinflussend** ist, beurteilt sich nach den tatsächlichen Umständen des Einzelfalls (BVerwG, Urt. vom 13.3.2003 – 4 C 4.02 –, BVerwGE 118, 33; NVwZ 2003 S. 738; DVBl 2003 S. 1064; OVG NRW, Urt. vom 30.9.2014 – 8 A 460/13 –, DVBl 2015 S. 309; openJur 2014, 25882). Die Raumbedeutsamkeit kann sich z. B. aus der **Rauminanspruchnahme eines Vorhabens** ergeben, wie etwa der Größe einer Abgrabungsfläche, einer großflächigen Freizeitanlage oder eines Straßenbauvorhabens. Sie kann sich ebenfalls daraus ergeben, ob durch die **Dimensionen eines Vorhabens** wie z. B. Höhe und Rotordurchmesser einer Windenergieanlage oder aufgrund der Anzahl von Anlagen der Raum spürbar beeinflusst wird. Dabei können die **Gegebenheiten des konkreten Standortes** eine Rolle spielen, bspw. wenn in flacher Landschaft oder auf Anhöhen eine weite Fernsicht auf den Raum besteht. Entscheidend ist auch, in welchem Maße sich **Auswirkungen auf andere Raumnutzungen oder -funktionen oder bestimmte Ziele der Raumordnung** (z. B. Schutz von Natur und Landschaft, Erholung und Fremdenverkehr) ergeben. So könnte etwa selbst eine kleinere Photovoltaikanlage inmitten einer wertvollen Rohstofflagerstätte eine ganz erhebliche Auswirkung im Raum haben, wenn durch sie die Rohstoffgewinnung massiv erschwert oder unmöglich würde, während sie an anderen Standorten ggf. auch mit den dortigen Raumnutzungen und -funktionen vereinbar wäre und den Raum nur gering beeinflusst.

165 Eine **Raumbeeinflussung** ist ferner mittelbar möglich, etwa **durch den Einsatz von Fördermitteln zur Unterstützung raumbedeutsamer Planungen und Maßnahmen**. Daher kann die Aufstellung eines Förderprogramms oder die Entscheidung über die Vergabe von Zuwendungen ebenfalls eine raumbedeutsame Maßnahme darstellen.

166 **Ziele und Grundsätze der Raumordnung** im LROP oder in den RROP **können nur die Entwicklung raumbedeutsamer Nutzungen und Funktionen steuern und nur auf raumbedeutsame Vorhaben, deren Zulassung und Finanzierung einwirken**. Vorhaben ohne Raumbedeutsamkeit, die keine nennenswerten Flächen im Raum beanspruchen und keine

relevanten Auswirkungen haben, können deshalb unabhängig von den Zielen und Grundsätzen der Raumordnung verwirklicht werden. Planungen und Maßnahmen, die nicht raumbedeutsam sind, können aufgrund fehlender Bindung an Ziele der Raumordnung nicht gem. § 12 ROG untersagt werden (vgl. Erl. vor §§ 14 ff. NROG, Rn. 16).

Die **Legaldefinition des § 3 Abs. 1 Nr. 6 ROG für „raumbedeutsame Planungen und Maßnahmen"** fällt **nicht** unter die in § 3 Abs. 2 ROG genannten Begriffsbestimmungen, die auch **für alle andere Bundesgesetze maßgeblich** sein sollen. Dem Wortlaut nach könnte der Bundesgesetzgeber dementsprechend in anderen Fachgesetzen regeln, dass einzelne Tätigkeiten unabhängig vom Umfang ihrer Raumbeanspruchung und -beeinflussung als raumbedeutsam gelten (und an Erfordernisse der Raumordnung gebunden sind) oder trotz möglicherweise weiträumiger Auswirkungen und gravierender Folgen im Raum abweichend von § 3 Abs. 1 Nr. 6 ROG noch nicht als raumbedeutsame Planungen und Maßnahmen angesehen werden sollen, weil in einem fachgesetzlichen Kontext beispielsweise abweichend vom ROG eine konkrete Schwelle für die Raumbedeutsamkeit definiert wird. 167

Kritisch ist jedoch zu sehen, **wenn es an einer eigenständigen fachgesetzlichen Definition der Raumbedeutsamkeit fehlt** und ein Vorhaben lediglich **per gesetzlicher Fiktion zu einer *„nicht raumbedeutsamen Planung oder Maßnahme"* i. S. des ROG erklärt** wird, wodurch eine Bindung an Erfordernisse der Raumordnung nach § 4 ROG entfällt. Der fachübergreifende Auftrag der Raumordnung, unterschiedliche Raumnutzungen und -funktionen aufeinander abzustimmen, für sie Vorsorge zu treffen und auf einen Konfliktausgleich hinzuwirken, könnte dadurch zugunsten eines Fachbelangs oder einer sektoralen Fachplanung quasi „ausgesetzt" werden. Dass 2008 bei Aufnahme des § 3 Abs. 2 ROG in das Gesetz eine so weitreichende Öffnung beabsichtigt war, durch die das im ROG verankerte Regelungsregime mit Pflicht zur Beachtung oder Berücksichtigung der Erfordernisse der Raumordnung auf Planungsebene substanziell verdrängt werden könnte, ist nicht ersichtlich. Die Gesetzesbegründung zu § 3 Abs. 2 ROG (BT-Drs. 16/10292 vom 22.9.2008 S. 22) enthält hierfür jedenfalls keinerlei Anhaltspunkte. Vielmehr spricht gegen eine so weit gefasste Auslegung des § 3 Abs. 2 ROG die Tatsache, dass in der Begründung zu Art. 1 – Raumordnungsgesetz – einleitend erläutert wird, **alle in ROG-Abschnitt 1 enthaltenen Regelungen**, die das Wesen der Raumordnung beschreiben und die Bindungswirkungen der Festlegungen in Raumordnungsplänen betreffen, **sollten einheitlich für die Raumordnung in Bund und Ländern gelten** (BT-Drs. 16/10292 S. 20). Ein „Aushebeln" der Bindungswirkungen nach § 4 ROG allein durch die fachgesetzliche Deklaration einer Planung oder Maßnahme als nicht raumbedeutsam i. S. des § 3 Abs. 1 Nr. 6 ROG entsprach jedenfalls bei Schaffung des § 3 Abs. 2 ROG nicht dem erklärten Willen des Bundesgesetzgebers. Bundesgesetzliche Abweichungen von den in der ROG-Definition des § 3 Abs. 1 Nr. 6 ROG genannten Kriterien, nach denen die Raumbedeutsamkeit einer Planung oder Maßnahme sonst regelmäßig zu beurteilen ist, sind zwar zulässig, dürften aber nur in seltenen Ausnahmefällen in Betracht kommen, wenn es im überragenden öffentlichen Interesse geboten ist. 168

Ein **Beispiel für eine gesetzliche Fiktion zum Ausschluss der Raumbedeutsamkeit** von Planungen und Maßnahmen enthält **§ 12c Abs. 2 Buchst. a Satz 11 EnWG**. Er bestimmt, dass es sich bei der **Ermittlung von Präferenzräumen für bestimmte Höchstspannungsleitungen** durch die Bundesnetzagentur nicht um eine raumbedeutsame Planung und Maßnahme i. S. des § 3 Abs. 1 Nr. 6 ROG handelt. Da solche Präferenzräume einen bis zu 10 km breiten Gebietsstreifen zwischen dem Anfangs- und Endpunkt eines Leitungsbauvorhabens umfassen und nur darin anschließend eine geeignete Leitungstrasse ermittelt und planfestgestellt werden darf (s. § 3 Nr. 10 und § 18 NABEG), hat die Einstufung der Präferenzraumermittlung als „nicht raumbedeutsam" i. S. des ROG extrem weitreichende Konsequenzen auf die räumliche Entwicklung und Funktionen der betroffenen Gebiete. Die Gesetzesbegründung zur nachträglichen Ergänzung des § 12c EnWG besagt jedoch nur lapidar, dass mit der Regelung klargestellt werde, dass die Ermittlung von Präferenzräumen keine raumbedeutsame Planung und Maßnahme i. S. des § 3 Abs. 1 Nr. 6 des ROG 169 darstelle und hierzu kein Verfahren i. S. v.§ 15 ROG durchzuführen sei (BT-Drs. 20/3497 vom 20.9.2022 S. 36). Über die Gründe, weshalb die Regelung für erforderlich gehalten wurde, gibt allein der allgemeine Teil der Gesetzesbegründung Aufschluss. Dort wird infolge des Angriffs Russlands auf die Ukraine und die dadurch angespannte Lage auf den Energiemärkten auf die Notwendigkeit zur Sicherung der Stromversorgung durch weitere Beiträge zur Beschleunigung des Stromnetzausbaus hingewiesen (BT-Drs. 20/3497 S. 23). Die Regelung soll demnach nur sicherstellen, dass im Zuge der Ermittlung eines Präferenzraums kein Verfahren nach § 15 ROG durchzuführen ist und die mit der Norm verfolgten Beschleunigungsziele erreicht werden.

170 Eine **geplante Regelung ähnlicher Art** war zunächst in einem Entwurf der Bundesregierung vom 29.4.2024 für ein Gesetz zur Umsetzung der EU-Erneuerbaren-Richtlinie in den Bereichen Windenergie auf See und Stromnetze und zur Änderung des Bundesbedarfsplangesetzes vorgesehen (BT-Drs. 20/11226 vom 29.4.2024 S. 26f), wurde aber **letztlich nicht so umgesetzt**. Danach sollte die Aufstellung eines Infrastrukturgebieteplans, in welchem anhand von Daten zur großräumigen Raum- und Umweltsituation Infrastrukturgebiete für bestimmte Stromleitungstrassen, Trassenkorridore sowie Konverterstandorte für Offhore-Anbindungsleitungen ausgewiesen werden sollen, ebenfalls fiktiv als nicht raumbedeutsame Maßnahme gelten. Nach Bruch der sog. „Ampelkoalition" im November 2024 ist der Gesetzentwurf verfallen. In einem neuen Gesetzentwurf der Bundesregierung vom 8.9.2025 (BT-Drs. 21/1491) wird zwar im geplanten § 12j EnWG weiterhin die Aufstellung eines Infrastrukturgebieteplans verfolgt, aber es ist keine Regelung mehr vorgesehen, die dessen Raumbedeutsamkeit in Frage stellen würde.

3.4 Fallkonstellationen, in denen die Bindungswirkung eintritt

171 Die **Bindungswirkung aller Erfordernisse der Raumordnung** erstreckt sich nur auf die in § 4 Abs. 1 bis 3 ROG genannten Fallkonstellationen. Sie betrifft **vor allem raumbedeutsame Planungen und Maßnahmen der öffentlichen Hand** und nur in begrenztem Umfang Vorhaben von natürlichen oder juristischen Personen des Privatrechts.

172 **In besonderen Einzelfällen** können unter den Vorrausetzungen des § 6 Abs. 2 ROG i. V. m. § 8 NROG **Abweichungen von Zielen der Raumordnung** zugelassen werden, sodass für die Umsetzung eines öffentlichen oder privaten Vorhabens ein dafür sonst geltendes Ziel ausnahmsweise nicht beachtet werden muss (vgl. Erl. zu § 8 NROG).

173 Im Zuge der **Energiewende** wurden einige **fachgesetzliche Sonderregelungen** geschaffen, die in generalisierter Form

- bestimmte **energiewirtschaftsrechtlich wichtige Vorhaben von der ansonsten bestehenden Bindung an Ziele der Raumordnung ausnehmen** oder deren Wirkungen relativieren (vgl. Rn. 209 ff. zum Netzausbau und Rn. 214 ff. zur Windenergienutzung) oder
- eine Bindung an Erfordernisse der Raumordnung dadurch ausschließen, dass planerische Tätigkeiten einzelner Behörden unabhängig von tatsächlichen Auswirkungen auf den Raum **als „keine raumbedeutsame Planung und Maßnahme i. S. des § 3 Abs. 1 Nr. 6 ROG" qualifiziert** werden (vgl. Rn. 168 ff) zu EnWG-Regelungen über die Festlegung von Präferenzräumen.

Die sich abzeichnende Tendenz, behördliche Planungstätigkeiten gesetzlich als „nicht raumbedeutsame Planung oder Maßnahme" i. S. der ROG-Definition einzustufen und sie damit automatisch ohne gesonderte Erwähnung den Bindungswirkungen des § 4 ROG zu entziehen, ist bedenklich, weil dabei die Reichweite der Regelung (auch für die politischen Entscheidungsträger) nicht immer unmittelbar zu erkennen sein dürfte. Zwar ist es verständlich, dass im Zuge der im besonderen öffentlichen Interesse liegenden Energiewende Potenziale zur Planungsbeschleunigung genutzt werden sollen und hierfür im Einzelfall die Pflicht zur Beachtung von Zielen der Raumordnung eingeschränkt und etwa auch eine vorgelagerte Raumverträglichkeitsprüfung ausgeschlossen werden sollen. Wenig nachvollziehbar ist dagegen, warum eine Planungsbeschleunigung über ein weit von der Realität entferntes, fiktives Ausschließen der „Raumbedeutsamkeit" geschehen soll und nicht über transparentere Regelungen, die etwa eindeutig Ausnahmen von der Beachtenspflicht für Ziele der Raumordnung und/oder den Ausschluss von Raumverträglichkeitsprüfungen nach § 15 ROG vorsehen.

3.4.1 Bindungswirkung bei Planungen und Maßnahmen öffentlicher Stellen

Grundsätzlich ist **jede öffentliche Stelle, die eine raumbedeutsame Planung oder Maßnahme verfolgt**, gem. § 4 Abs. 1 Satz 1 Nr. 1 ROG **an die festgelegten Ziele, an Grundsätze und an sonstige Erfordernisse der Raumordnung gebunden**. Daher sind nicht nur solche öffentlichen Stellen an die Festlegungen im LROP oder in den RROP gebunden, die den jeweiligen Planungsträgern im Rahmen behördlicher Funktions- und Weisungsverhältnisse nachgeordnet sind, sondern auch andere **öffentliche Stellen im Land, sowie auch Behörden des Bundes und kommunale Gebietskörperschaften**, die der Planungsbehörde als Träger eigener Rechte oder Pflichten gegenüberstehen (vgl. BVerwG, Urt. vom 20.11.2003 – 4 CN 6.03 –; BVerwGE 119, 217; DVBl 2004 S. 269; NVwZ 2004 S. 614). 174

Der Begriff „**öffentliche Stellen**" wird in § 3 Abs. 1 Nr. 5 ROG definiert als *„Behörden des Bundes und der Länder, kommunale Gebietskörperschaften, bundesunmittelbare und die der Aufsicht eines Landes unterstehenden Körperschaften, Anstalten und Stiftungen des öffentlichen Rechts"*. Damit sind grundsätzlich **alle Stellen der öffentlichen Verwaltung und die mit vergleichbaren hoheitlichen Befugnissen ausgestatteten Träger öffentlicher Belange** erfasst, auch z. B. Beliehene oder öffentlich-rechtlich Verpflichtete in gemeindefreien Gebieten. 175

Behörden des Bundes sind bspw. die verschiedenen Bundesministerien, die Bundesnetzagentur für Elektrizität, Gas, Telekommunikation, Post und Eisenbahnen, das Eisenbahn-Bundesamt, die Generaldirektion Wasserstraßen und Schifffahrt, die Wasser- und Schifffahrtsämter, das Bundesamt für Bauwesen und Raumordnung, das Bundesamt für Infrastruktur, Umweltschutz und Dienstleistungen der Bundeswehr, das Bundesaufsichtsamt für Flugsicherung, das Luftfahrt-Bundesamt, das Bundesamt für Naturschutz, das Umweltbundesamt, das Bundesamt für kerntechnische Entsorgungssicherheit, das Bundesamt für die Sicherheit der nuklearen Entsorgung und das Bundesamt für Seeschifffahrt und Hydrographie. 176

Behörden des Landes sind u. a. die niedersächsischen Ministerien, die Ämter für regionale Landesentwicklung, die Niedersächsischen Landesbehörden für Straßenbau und Verkehr, das Landesamt für Bergbau, Energie und Geologie, das Landesamt für Geoinformation und Landesvermessung Niedersachsen, die Niedersächsischen Landesbetriebe für Wasserwirtschaft, Küsten- und Naturschutz und die Staatlichen Gewerbeaufsichtsämter. 177

Zu den **kommunalen Gebietskörperschaften** gehören die Region Hannover, Landkreise, Städte, Gemeinden und Samtgemeinden. Sie können auch mit staatlichen Aufgaben betraut sein. 178

Bundesunmittelbare Anstalten sind z. B. die Bundesanstalt für Geowissenschaften und Rohstoffe, der Deutsche Wetterdienst und die Bundesanstalt für Immobilienaufgaben. 179

Der **Aufsicht des Landes unterstehende öffentlich-rechtliche Körperschaften** sind z. B. Zweckverbände oder der Regionalverband „Großraum Braunschweig", aber auch Kammern wie Landwirtschafts- oder Industrie- und Handelskammern. 180

Eine **Anstalt des öffentlichen Rechts, die der Aufsicht des Landes untersteht**, ist die Investitions- und Förderbank Niedersachsen (NBank), deren Träger das Land Niedersachsen ist und die aufgrund des Gesetzes über die Investitions- und Förderbank Niedersachsen (NBankG) als Förderinstitut für das Land und andere öffentliche Träger tätig ist. Als Stiftung des öffentlichen Rechts können bspw. aufgrund des Niedersächsischen Hochschulgesetzes (NHG) manche Hochschulen und Fachhochschulen organisiert sein. 181

182 Die Begriffsbestimmung in § 3 Abs. 1 Nr. 5 ROG stellt vor allem auf öffentliche Trägerschaft und Aufsicht ab. **Personen des Privatrechts, die über keine entsprechenden hoheitlichen Befugnisse verfügen**, stellen danach auch dann **keine öffentliche Stelle** dar, wenn sie mit zur Erfüllung öffentlicher Aufgaben beitragen (sie können den Bindungswirkungen der Erfordernisse der Raumordnung jedoch nach § 4 Abs. 1 Satz 2 ROG unterliegen, vgl. Rn. 187 ff.). Auch für nach dem UmwRG anerkannte **Naturschutzvereinigungen und Umweltverbände** gilt, dass diese trotz ihres Einsatzes für Belange von Natur und Umwelt **keine „öffentlichen Stellen"** sind, sondern als juristische Personen des Privatrechts zur organisierten Öffentlichkeit zählen.

183 Öffentliche Stellen müssen gem. § 4 Abs. 1 Satz 1 Nr. 1 ROG **bei ihren raumbedeutsamen Planungen**, wie etwa der Aufstellung oder Änderung von Flächennutzungs- oder Bebauungsplänen, bei Straßenbauplanungen, Abfallwirtschaftsplanungen und anderen öffentlichen Fachplanungen, aber auch bei eher „informellen" Planungen und Konzepten wie etwa bei Erarbeitung eines Einzelhandels- oder Klimaschutzkonzeptes, raumordnerische **Ziele beachten und Grundsätze berücksichtigen.**

184 In der Rechtsprechung des BVerwG ist hinreichend geklärt, **dass auch Art. 28 Abs. 2 GG der Bindung der gemeindlichen Bauleitplanung an Ziele der Raumordnung nicht prinzipiell entgegen steht**, da das Grundgesetz die kommunale Selbstverwaltung nur im Rahmen der Gesetze gewährleistet und die Gemeinde landesplanerischen Zielvorgaben nicht einschränkungslos ausgesetzt ist. **Gemeinden sind**, soweit für sie Beachtens- bzw. Anpassungspflichten begründet werden, **in den überörtlichen Planungsprozess der Raumordnung einzubeziehen**, damit ihre Bedenken und Anregungen in den Entscheidungsprozess einfließen können. **Schränkt die Landes- oder Regionalplanung die Planungshoheit einzelner Gemeinden ein, so müssen überörtliche Interessen von höherem Gewicht den Eingriff rechtfertigen** und der Eingriff in die Planungshoheit muss den **Grundsatz der Verhältnismäßigkeit wahren** (vgl. BVerwG, Urt. vom 15.5.2003 – 4 CN 9.01 –, BVerwGE 118, 181; NVwZ 2003 S. 1263; UPR 2003 S. 358; BVerwG, Beschl. vom 20.8.1992 – 4 NB 20.91 –, BVerwGE 90, 329; NVwZ 1993 S. 167; BVerwG, Beschl. vom 8.3.2006 – 4 B 75.05 –, NVwZ 2006 S. 932; BeckRS 2006, 22133).

185 Die **gleiche Bindungswirkung** wie für öffentliche Planungen **besteht bei raumbedeutsamen Maßnahmen öffentlicher Stellen**, also bspw. der Durchführung von Straßenbaumaßnahmen oder anderen öffentlichen Baumaßnahmen, die sich im Raum spürbar auswirken, oder bei Erlass von Förderrichtlinien bzw. anderen Entscheidungen über den Einsatz öffentlicher Mittel für raumbedeutsame Projekte. Öffentliche Stellen dürfen keine raumbedeutsamen Planungen oder Maßnahmen, die Zielen der Raumordnung widersprechen, durch Zuschüsse, Zuwendungen o. Ä. aus öffentlichen Geldern fördern. So wäre z. B. der Fördermitteleinsatz für ein raumbedeutsames Tourismusprojekt unzulässig, wenn dieses u. a. Maßnahmen zur Entwicklung des großflächigen Einzelhandels oder die Förderung einer Erschließungsmaßnahme dafür umfasst, aber diese Einzelhandelsvorhaben mit dafür bestehenden Zielen der Raumordnung nicht im Einklang stehen. Auch ein raumbedeutsamer Fördermitteleinsatz für die Entwicklung eines Gebietes durch Erarbeitung einer Infrastrukturplanung wäre nur zulässig, wenn die vorgesehene Infrastruktur mit Zielen der Raumordnung, etwa Vorranggebieten für andere Nutzungen, nicht kollidiert. Würde durch eine öffentliche Zuwendung die Erschließung und gewerbliche Nutzung eines größeren Gebiets ermöglicht, das potenziell auch nicht raumordnungskonforme Entwicklungen erlauben würde, wäre dem erforderlichenfalls durch geeignete Nebenbestimmungen zum Zuwendungsbescheid entgegen zu wirken.

186 Auch **öffentliche Stellen, die über die Zulassung der raumbedeutsamen Planung oder Maßnahme einer öffentlichen Stelle entscheiden** (z. B. als zuständige Stelle für die Genehmigung eines gemeindlichen Flächennutzungsplans, als Planfeststellungsbehörde für ein Straßenbauvorhaben etc.), **unterliegen** gem. § 4 Abs. 1 Satz 1 Nr. 2 ROG den oben genannten **Bindungswirkungen**. Sie dürfen daher keine raumbedeutsame öffentliche Planung oder Maßnahme zulassen, die geltenden Zielen der Raumordnung widerspricht.

3.4.2 Bindungswirkung bei Planungen und Maßnahmen von Personen des Privatrechts unter öffentlichem Einfluss

Gem. § 4 Abs. 1 Satz 2 ROG gelten die **Bindungswirkungen** die sich auf raumbedeutsame Vorhaben öffentlicher Stellen und deren Zulassung erstrecken, **entsprechend bei raumbedeutsamen Planungen oder Maßnahmen, die von Personen des Privatrechts in Wahrnehmung öffentlicher Aufgaben durchgeführt werden,** 187

- **wenn** an den betreffenden juristischen Personen des Privatrechts **öffentliche Stellen mehrheitlich beteiligt sind oder**
- wenn die Planungen und Maßnahmen **überwiegend mit öffentlichen Mitteln finanziert** werden.

In solchen Fällen werden die Personen des Privatrechts behandelt wie öffentliche Stellen und müssen vergleichbar wie diese nach § 4 Abs. 1 Satz 1 Nr. 1 ROG bei ihren Vorhaben die Ziele der Raumordnung beachten und Grundsätze sowie sonstige Erfordernisse der Raumordnung in der Abwägung berücksichtigen. Bei behördlichen Entscheidungen über die Zulässigkeit solcher raumbedeutsamen Vorhaben von Personen des Privatrechts bestehen Beachtens- und Berücksichtigungspflichten in gleichem Maße wie bei Entscheidungen über die Zulassung öffentlicher Vorhaben nach § 4 Abs. 1 Satz 1 Nr. 2 ROG.

Öffentliche Aufgaben sind in Gesetzen oder Verordnungen definiert. Es handelt sich um Aufgaben, an denen ein besonderes öffentliches Interesse besteht und die dem Allgemeinwohl dienen, wie z. B. Aufgaben der Daseinsvorsorge. Während in der Vergangenheit in aller Regel öffentliche Stellen dafür zuständig waren, sind sie mittlerweile zum Teil privatisiert und werden von privatwirtschaftlich organisierten Unternehmen wahrgenommen; oft werden sie noch von staatlicher oder kommunaler Seite beeinflusst. 188

Ein **Beispiel** für die Regelung öffentlicher Aufgaben bietet § 2 Abs. 1 EnWG, wonach Energieversorgungsunternehmen zu einer **Versorgung der Allgemeinheit mit Elektrizität und Gas** nach § 1 EnWG verpflichtet sind. Bei der Planung und Umsetzung von raumbedeutsamen Einrichtungen für die Strom- und Gasversorgung sind daher auch private Versorgungsunternehmen nach § 4 Abs. 1 Satz 2 ROG an Ziele und Grundsätze der Raumordnung gebunden, wenn an diesen Unternehmen (z. B. in Form von Aktiengesellschaften, Gesellschaften mit beschränkter Haftung o. a.) mehrheitlich öffentliche Stellen beteiligt sind oder die Finanzierung eines Vorhabens überwiegend aus öffentlichen Mitteln gedeckt wird. Ähnliche Konstellationen gibt es mitunter bei **anderen Ver- oder Entsorgungsunternehmen oder Verkehrsunternehmen** etc., die ursprünglich einmal ganz in öffentlicher Hand waren und ihre Aufgaben von einer früher zuständigen öffentlichen Stelle übernommen haben bzw. dafür gegründet wurden, wie z. B. die Deutsche Bahn AG oder die Bundesgesellschaft für Endlagerung mbH. 189

3.4.3 Bindungswirkung bei Planungen und Maßnahmen von Personen des Privatrechts, die der Planfeststellung oder -genehmigung unterliegen

§ 4 Abs. 1 Satz 1 Nr. 3 ROG regelt, dass die **Bindung** an Ziele, Grundsätze und sonstige Erfordernisse auch besteht, **wenn über die Zulässigkeit raumbedeutsamer Planungen und Maßnahmen von Personen des Privatrechts in einem Planfeststellungsverfahren entschieden wird**. Gleiches gilt, wenn sich ein Verfahren auf eine Genehmigung mit der Rechtswirkung einer Planfeststellung bezieht. In einem solchen Fall darf der Plan für das raumbedeutsame Vorhaben einer Person des Privatrechts von der dafür zuständigen öffentlichen Stelle nur festgestellt werden (Planfeststellungsbeschluss) oder genehmigt werden (Plangenehmigung), wenn sichergestellt ist, dass das betreffende raumbedeutsame Vorhaben nicht im Widerspruch zu Zielen der Raumordnung steht. 190

Planfeststellungsverfahren sind für solche Vorhaben vorgesehen, die aufgrund ihrer räumlichen Dimension und aufgrund ihrer Auswirkungen eine Vielzahl öffentlicher und privater Belange betreffen und konfliktträchtig sein können. Durch eine Planfeststellung wird die Zulässigkeit eines Vorhabens einschließlich etwaiger Folgemaßnahmen an ande- 191 ren Anlagen im Hinblick auf alle von ihm berührten öffentlichen Belange festgestellt. Daneben sind andere behördliche Entscheidungen nicht erforderlich und alle öffentlichrechtlichen Beziehungen zwischen dem Träger des Vorhabens und den durch den Plan Betroffenen werden rechtsgestaltend geregelt.

192 Das förmliche Planfeststellungsverfahren kann in manchen Fällen – etwa bei kleineren Vorhaben mit geringeren Auswirkungen – durch ein einfacheres Genehmigungsverfahren ersetzt werden kann, in dem über eine **Genehmigung mit der Wirkung einer Planfeststellung** entschieden wird. Wann ein Vorhaben einer Planfeststellung bedarf und wann für ein Vorhaben stattdessen eine Plangenehmigung mit gleicher Rechtswirkung ausreicht, ist jeweils fachgesetzlich geregelt, häufig mit Verweis auf die Bestimmungen des VwVfG zu Planfeststellungsverfahren. Solche gesetzlichen Regelungen zu einer erforderlichen Planfeststellung oder -genehmigung sind z. B.

- § 4 und §§ 11 ff. des Gesetzes zur Demonstration der dauerhaften Speicherung von Kohlendioxid (Kohlendioxid-Speicherungsgesetz – KSpG) für Kohlendioxidleitungen und für Kohlendioxidspeicher,
- §§ 43 ff. des Gesetzes über die Elektrizitäts- und Gasversorgung (Energiewirtschaftsgesetz – EnWG) für bestimmte Hochspannungsleitungen, die als Freileitung, Seekabel oder Erdkabel verlegt werden sollen, und für bestimmte Gasversorgungs- und LNG-Anbindungsleitungen,
- §§ 18 ff des Allgemeinen Eisenbahngesetzes (AEG) für Eisenbahnbetriebsanlagen,
- § 28 des Personenbeförderungsgesetzes (PBefG) für Straßenbahnbetriebsanlagen,
- § 8 ff des Luftverkehrsgesetzes (LuftVG) für bestimmte Flughäfen und Landeplätze,
- § 68 des Gesetzes zur Ordnung des Wasserhaushalts (Wasserhaushaltsgesetz – WHG) für den Gewässerausbau (d. h. die Herstellung, Beseitigung und wesentliche Umgestaltung eines Gewässers oder seiner Ufer),
- § 65 des Gesetzes über die Umweltverträglichkeitsprüfung (UVPG) für bestimmte Rohrleitungsanlagen und Wasserspeicher oder
- § 35 des Gesetzes zur Förderung der Kreislaufwirtschaft und Sicherung der umweltverträglichen Bewirtschaftung von Abfällen (Kreislaufwirtschaftsgesetz – KrWG) für Abfalldeponien.

3.4.4 Bindungswirkung bei Genehmigung öffentlich zugänglicher Abfallbeseitigungsanlagen von Personen des Privatrechts

193 Eine weitere Fallkonstellation, bei der die Erfordernisse der Raumordnung zu beachten bzw. zu berücksichtigen sind, regelt § 4 Abs. 3 ROG. Es handelt sich um die **Genehmigung öffentlich zugänglicher, aber von Personen des Privatrechts betriebener Abfallentsorgungsanlagen** nach den Vorschriften des Bundes-Immissionsschutzgesetzes. Obwohl derartige Anlagen nicht planfeststellungspflichtig sind, werden sie den nach § 35 KrWG planfeststellungspflichtigen Deponien hinsichtlich der Bindungswirkungen von Erfordernissen der Raumordnung gleichgestellt.

3.4.5 Bindungswirkung bei Zulassung von Planungen und Maßnahmen von Personen des Privatrechts aufgrund fachgesetzlicher Raumordnungsklauseln

194 Über die o. g. Fallkonstellationen hinaus besteht gem. § 4 Abs. 2 ROG **bei der Entscheidung über die Zulässigkeit von raumbedeutsamen Planungen und Maßnahmen von Privatpersonen oder -unternehmen** dann eine **Bindung an Erfordernisse der Raumordnung, wenn dies in den für die jeweilige Entscheidung maßgeblichen Vorschriften ausdrücklich vorgesehen ist**. Nur wenn das entsprechende Fachrecht eine Zulassungsvoraussetzung normiert, wonach Ziele der Raumordnung zu beachten und/oder Grundsätze und sonstige Erfordernisse der Raumordnung zu berücksichtigen sind, wirken diese auch entsprechend. Enthält ein Fachgesetz eine solche Bestimmung, spricht man von einer sog. **Raumord-**

nungsklausel. Raumordnungsklauseln in Fachgesetzen sind bspw. § 35 Abs. 3 Satz 2 BauGB (maßgeblich für die planungsrechtliche Zulässigkeit von Bauvorhaben im Außenbereich als Voraussetzung einer Baugenehmigung oder einer anderen Zulassung, die die Baugenehmigung einschließt), § 10 Abs. 1 Satz 2 BWaldG (maßgeblich für Erstaufforstungen) oder § 6 Abs. 2 Seeanlagengesetz (für die Genehmigung bestimmter Anlagen auf See).

Einer ausdrücklichen Raumordnungsklausel steht eine allgemeine „**Gemeinwohlklausel**" 195
gleich, d. h. dass nach den fachrechtlichen Vorschriften bei der Genehmigung des Vorhabens „öffentliche Belange", „öffentliche Interessen" oder „das Wohl der Allgemeinheit/Gemeinwohl" zu prüfen sind und nicht beeinträchtigt werden oder nicht entgegenstehen dürfen. In derartigen Abwägungsvorgängen greifen die Bindungswirkungen der Erfordernisse der Raumordnung.

Regelungen, nach denen eine Zulassung nur erteilt werden darf, wenn das Vorhaben „mit den öffentlich-rechtlichen Vorschriften übereinstimmt", sind dagegen selbst keine Raumordnungsklausel i. S. des § 4 Abs. 2 ROG. Wenn allerdings eine derart in Bezug genommene, und damit für diese Zulassungsentscheidung maßgebliche öffentlich-rechtliche Vorschrift ihrerseits eine Raumordnungsklausel beinhaltet, ist deren Reichweite im Verfahren zu beachten. Dies ist z. B. der Fall, wenn die Entscheidung ein im Außenbereich liegendes Vorhaben betrifft und eine Baugenehmigung dafür mit einschließt, weil dann ergänzend über die baurechtlichen Bestimmungen die Raumordnungsklausel in § 35 BauGB zum Tragen kommt. Eine solche Baugenehmigung kann bspw. gem. § 13 BImSchG in einer Genehmigung nach §§ 4 ff BImSchG eingeschlossen sein. Auch eine naturschutzrechtliche Genehmigung zum Abbau bestimmter Bodenschätze schließt nach § 10 Abs. 1 Satz 1 des Niedersächsischen Naturschutzgesetzes (NNatSchG) eine Baugenehmigung ein, soweit eine solche nach der NBauO erforderlich ist (z. B. bei Abgrabungen nach § 2 Abs. 1 Satz 2 Nr. 1 NBauO, wenn diese eine bestimmten Größe haben und daher nicht mehr genehmigungsfrei sind).

3.5 Keine Bindungswirkung bei sonstigen zulassungsbedürftigen oder genehmigungsfreien Vorhaben von Personen des Privatrechts

In anderen als den vorstehend beschriebenen Fällen bleiben bei der Zulassung von pri- 196
vaten Vorhaben Erfordernisse der Raumordnung „außen vor". Das betrifft etwa Baugenehmigungen nach §§ 63, 64 NBauO für Vorhaben, deren bauplanungsrechtliche Zulässigkeit nach § 30 oder § 34 BauGB zu beurteilen sind (also Vorhaben im Geltungsbereich eines Bebauungsplans oder innerhalb der im Zusammenhang bebauten Ortsteile) oder Genehmigungen nach §§ 4 ff. BImSchG, soweit die immissionsschutzrechtliche Genehmigung nicht eine Baugenehmigung für ein Außenbereichsvorhaben beinhaltet. Dies gilt ferner gleichermaßen für andere gebundene Entscheidungen, bei denen eine Genehmigung, Erlaubnis oder andere Zulassung verpflichtend zu erteilen ist, wenn die dafür nötigen Tatbestandsvoraussetzungen erfüllt sind (zu denen die Einhaltung der Ziele der Raumordnung aber gerade nicht zählt).

Genehmigungsfreie Vorhaben von Personen des Privatrechts (außer solche nach § 4 197
Abs. 1 Satz 2 ROG) sind nicht an Ziele oder andere Erfordernisse der Raumordnung gebunden. Daher können z. B. genehmigungsfreie landwirtschaftliche Bewirtschaftungsmaßnahmen ohne Rücksicht auf Festlegungen in Raumordnungsplänen erfolgen, selbst wenn sie besonders großflächig und raumbeeinflussend sind.

3.6 Beschränkung der Bindungswirkung von Zielen der Raumordnung in Fällen des § 5 ROG

3.6.1 Beschränkung der Bindungswirkung von Zielen aus der Landes- oder Regionalplanung bei Vorhaben des Bundes

198 Die **Bindungswirkungen** der Erfordernisse der Raumordnung nach § 4 ROG entstehen grundsätzlich gegenüber allen öffentlichen Stellen, **auch gegenüber solchen des Bundes. Nur in den in § 5 ROG genannten Fällen kann es ausnahmsweise eintreten, dass Ziele der Raumordnung keine Bindungswirkung entfalten**. Dies betrifft nach § 5 Abs. 1 bis 3 ROG zunächst die Wirkung von im LROP oder in einem RROP festgelegten Zielen der Raumordnung **bei raumbedeutsamen Planungen und Maßnahmen des Bundes**, also von Bundesbehörden und bundesunmittelbaren Körperschaften, Anstalten und Stiftungen des öffentlichen Rechts sowie von Personen des Privatrechts, die in Wahrnehmung öffentlicher Aufgaben für den Bund tätig werden (z. B. beim Bau von Bundesautobahnen).

199 Voraussetzung für das **Entstehen einer Bindungswirkung in Bezug auf Bundesvorhaben** ist gem. § 5 Abs. 1 ROG zum einen, dass die öffentlichen Stellen des Bundes oder die für den Bund tätigen Personen **bei der Aufstellung des Raumordnungsplans nach § 9 ROG beteiligt** wurden, sie also in den Prozess zur Aufstellung des betreffenden Ziels ordnungsgemäß eingebunden waren, indem sie über den Planentwurf unterrichtet wurden und dazu Gelegenheit zur Äußerung erhalten haben. Voraussetzung für das Entstehen der Bindungswirkung ist zum anderen, dass die betreffende Stelle oder Person **das aufgestellte Ziel widerspruchslos akzeptiert. Andernfalls** muss die Stelle oder Person dem Ziel innerhalb von zwei Monaten nach der Bekanntmachung des Raumordnungsplans gegenüber der für den Plan zuständigen Behörde **widersprechen, damit die Bindungswirkung entfallen kann.**

200 Außerdem muss sich der **Widerspruch nach § 5 Abs. 2 ROG als begründet erweisen**. Der Widerspruch gegen ein rechtsverbindliches Ziel ist begründet, wenn

- das die Belange der widersprechenden Stelle oder Person berührende Ziel abwägungsfehlerhaft zustande gekommen ist oder
- es keine geeigneten Standort- oder Trassenalternativen zur Durchführung des verfolgten Vorhabens gibt, sondern es nur auf Flächen umgesetzt werden kann, wo das Ziel der Raumordnung entgegensteht.

Ohne fristgerechten und in der Sache begründeten Widerspruch werden nach zwei Monaten landes- oder regionalplanerisch aufgestellte Ziele auch in Bezug auf Bundesvorhaben grundsätzlich bindend.

201 Wird durch einen Widerspruch ein Abwägungsfehler gerügt und bei der Prüfung ein **relevanter Abwägungsmangel** aufgedeckt, der für die Rechtmäßigkeit des Ziels von Bedeutung ist, muss die planaufstellende Behörde prüfen, ob lediglich die jeweilige einzelne Zielfestlegung, ein größerer Abschnitt des Raumordnungsplans oder die gesamte Planung abwägungsfehlerhaft ist. Je nach Auswirkung wäre zu entscheiden, ob und inwieweit der Raumordnungsplan aufrechterhalten werden kann und inwieweit eine Nachbesserung durch ein ergänzendes Verfahren erforderlich ist. Das Vorhaben, auf das sich der Widerspruch bezogen hat, kann weiterverfolgt werden; das betreffende Ziel der Raumordnung, dem widersprochen wurde, muss dabei nicht beachtet werden.

202 Gleiches gilt, wenn bei einem Widerspruch gegen Ziele der Landes- oder Regionalplanung **zutreffend geltend gemacht wird, dass ein unverzichtbares Bundesvorhaben mangels geeigneter Standort- oder Trassenalternativen scheitern würde** und es aus zwingenden Gründen nur (nicht zielkonform) auf den vorgesehenen Flächen realisiert werden kann. § 5 Abs. 2 ROG verdeutlicht, dass im Abwägungsvorgang bei Aufstellung von Zielen der Raumordnung laufende und in Vorbereitung befindliche raumbedeutsame Planungen, die zu den zwingenden Aufgaben des Bundes gehören und für die unter länderübergreifenden Gesichtspunkten ein besonderer Bedarf besteht, mit besonderem Gewicht zu berücksichti-

gen sind. Die Raumordnungsplanung in den Ländern muss daher so gestaltet sein, dass für solche Vorhaben ausreichend geeignete Flächen verfügbar bleiben (vgl. Gesetzesbegründung zu § 5 ROG 2008, BT-Drs. 16/10292 S. 23).

Zeigt sich bei der Prüfung der Begründetheit eines Widerspruchs, dass der **Abwägungsvorgang fehlerfrei** war und bei der Zielaufstellung alle abwägungsrelevanten Belange und Umstände sachgerecht (und ohne Form- und Verfahrensfehler) berücksichtigt wurden oder dass es noch **andere geeignete Alternativen zur Umsetzung des betroffenen Vorhabens** gibt, **bleibt die Bindungswirkung** gegenüber der für das Bundesvorhaben zuständigen öffentlichen Stelle oder Person des Privatrechts bestehen. 203

Eine weitere **nachträgliche Widerspruchsmöglichkeit** regelt § 5 Abs. 3 ROG für den Fall, dass erst eine spätere Veränderung der Sachlage ein Abweichen von den Zielen der Raumordnung erfordert. Die betroffenen Stellen oder Personen können dann mit Zustimmung der nächsthöheren (Aufsichts-)Behörde einem Ziel der Raumordnung noch innerhalb einer angemessenen Frist widersprechen, spätestens aber sechs Monate ab Kenntnis der veränderten Sachlage. Voraussetzung ist auch hier, dass der Widerspruch aufgrund eines der oben genannten Gründe sachlich gerechtfertigt ist. Wird es aufgrund eines nachträglichen Widerspruchs erforderlich, den betroffenen Raumordnungsplan anzupassen, hat die Stelle oder Person, die den Widerspruch eingelegt hat, dem Träger der Raumordnungsplanung die dadurch entstehenden Kosten zu ersetzen (§ 5 Abs. 3 Satz 2 ROG). 204

Bei dem in § 5 ROG genannten Widerspruch handelt es sich **nicht um einen Widerspruch, der sich auf einen Verwaltungsakt i. S. des § 35 VwVfG bezieht**, sondern gegen ein normativ festgelegtes Ziel der Raumordnung und dessen Bindungswirkung. Für eine etwaige gerichtliche Klärung der Zielbeachtenspflicht scheiden daher Anfechtungs- und Verpflichtungsklage aus. Kommen die für den Raumordnungsplan zuständige Stelle und die Stelle oder Person, die den Widerspruch eingelegt hat, nicht zur gleichen Rechtsauffassung hinsichtlich des Bestehens oder Nichtbestehens der Zielbeachtungspflicht, kann eine **verwaltungsgerichtliche Klärung über eine Feststellungsklage gem. § 43 Abs. 1 VwGO** erreicht werden. Eine solche Klage käme etwa in Betracht, wenn der betroffene Träger der Raumordnungsplanung der Auffassung ist, dass ein Widerspruch zu spät erfolgt oder in der Sache unberechtigt sei. 205

3.6.2 Beschränkung der Bindungswirkung von Zielen aus der Bundesraumordnung bei Vorhaben des Landes oder eines Regionalplanungsträgers

Im Zusammenhang mit der Einführung einer Ermächtigungsgrundlage für eine bindende Bundesraumordnungsplanung für den Hochwasserschutz und zu Standortkonzepten für Häfen und Flughäfen als Grundlage für ihre verkehrliche Anbindung im Rahmen der Bundesverkehrswegeplanung (§ 17 Abs. 2 ROG) wurde 2017 in § 5 Abs. 4 ROG ein Widerspruchsrecht gegen vom Bund festgelegte Ziele der Raumordnung eingeführt. Diese Regelung **weitet die Bestimmungen des § 5 Abs. 1 bis 3 ROG entsprechend auf solche Fallkonstellation aus**, in denen **zugunsten raumbedeutsamer Planungen und Maßnahmen des Landes oder von Regionalplanungsträgern** den Zielen eines Bundesraumordnungsplans nach § 17 Abs. 2 ROG widersprochen werden soll (vgl. BT-Drs. 18/10883 S. 40f). 206

3.7 Fachgesetzliche Sonderregelungen in Bezug auf die Bindungswirkung von Zielen der Raumordnung

Durch **Fachgesetze des Bundes** kann im Einzelfall geregelt sein, **dass bestimmte gemeinnützige Planungen und Maßnahmen Vorrang vor Landesplanungen haben**. Dies kann ausnahmsweise dazu führen, dass abweichend von § 4 ROG die Bindungswirkungen der Erfordernisse der Raumordnung nicht zum Tragen kommen und die im LROP oder in einem auf der Landesplanung aufbauenden RROP festgelegten Ziele der Raumordnung überwunden werden. Allerdings hängt es vom jeweiligen Aufbau des Fachgesetzes und den konkreten gesetzlichen Formulierungen ab, wie das genaue Verhältnis zur Raumordnung ist und wie weitreichend die Bindungswirkung nach § 4 ROG eingeschränkt wird. 207

3.7.1 Sonderregelungen im Standortauswahlgesetz

208 Ein Beispiel für eine fachgesetzliche Sonderbestimmung bietet das **Standortauswahlgesetz (StandAG)**, welches Standortauswahlverfahren für eine Endlagerung hochradioaktiver Abfälle regelt. § 12 StandAG betrifft die Erkundung von Standorten und das Verhältnis zur Raumordnung. In dessen Absatz 2 wird geregelt, dass die Entscheidungen im Standortauswahlverfahren einschließlich der Zulassungen und Erlaubnisse für dafür notwendige Erkundungen Vorrang vor Landesplanungen und Bauleitplanungen haben. Es besteht für die mit Planungen und Maßnahmen nach den StandAG befassten öffentlichen Stellen bei keinem Schritt des Erkundungs- und Standortauswahlprozesses eine Beachtenspflicht in Bezug auf die in den Ländern festgelegten Ziele der Raumordnung. Nach § 12 Abs. 4 StandAG bleiben lediglich die Funktionen der Länder als amtliche Sachverständige und Träger öffentlicher Belange unberührt.

3.7.2 Sonderregelungen im Netzausbaubeschleunigungsgesetz und Energiewirtschaftsgesetz

209 Mit Art. 2 des Gesetzes zur Beschleunigung des Energieleitungsausbaus wurde im Mai 2019 eine Sonderregelung im neuen **§ 5 Abs. 2 und § 18 Abs. 4 Netzausbaubeschleunigungsgesetz (NABEG)** geschaffen, die bei der **Bundesfachplanung für Höchstspannungsleitungen und der anschließenden Planfeststellung** Zielen der Raumordnung unter bestimmten Voraussetzungen eine Bindungswirkung abspricht und der Bundesnetzagentur (BNetzA) gestattet, sich über diese Ziele hinwegzusetzen. Gem. § 5 Abs. 2 Satz 2 NABEG gilt die Bindungswirkung der Ziele der Raumordnung nur, wenn die BNetzA bei der Aufstellung, Änderung oder Ergänzung des Raumordnungsplans nach § 9 ROG beteiligt worden ist und sie innerhalb einer Frist von zwei Monaten nach Mitteilung des rechtsverbindlichen Ziels nicht widersprochen hat. Ein Widerspruch nach Satz 2 lässt die Bindungswirkung des Ziels der Raumordnung gegenüber der BNetzA nicht entstehen, wenn das Ziel der Bundesfachplanung entgegensteht. Auch ein nachträglicher Widerspruch der BNetzA ist mit Zustimmung des Bundesministeriums für Wirtschaft und Energie bis zum Abschluss der Bundesfachplanung möglich, wenn die Bundesfachplanung nachträglich ein Abweichen von den Zielen der Raumordnung erforderlich macht (§ 5 Abs. 2 Satz 4 NABEG). Vergleichbar ist die Regelung in § 18 Abs. 4 NABEG hinsichtlich der Grenzen der Zielbindung bei der Planfeststellung formuliert.

210 Die Regelungen sind zwar sprachlich teilweise **an die des § 5 ROG angelehnt, gehen aber weit darüber hinaus**. Mit § 5 Abs. 2 Satz 2 NABEG wird laut der Gesetzesbegründung (BT-Drs. 19/7375 vom 28.1.2019 S. 69 f.) rückwirkend allen vor dem 5.8.2011 (Inkrafttreten des NABEG) in einem ordnungsgemäßen Verfahren aufgestellten, legitimen Zielen der Raumordnung eine Bindungswirkung gegenüber der Bundesfachplanung von vornherein abgesprochen: *„Eine rechtliche Bindungswirkung entfalten die Ziele der Raumordnung im Rahmen der Bundesfachplanung hingegen nur dann, wenn die BNetzA bei der Aufstellung, Änderung oder Ergänzung des Raumordnungsplans beteiligt wurde und innerhalb der in Absatz 2 Satz 2 genannten Frist keinen Widerspruch gegen die Ziele der Raumordnung eingelegt hat. Bei Raumordnungsplänen, die aufgestellt, geändert oder ergänzt wurden, bevor der BNetzA die Aufgabe der Bundesfachplanung durch das NABEG 2011 übertragen wurde, sind die Ziele folglich nicht zu beachten, sondern nur zu berücksichtigen, da die BNetzA keine Möglichkeit hatte, sich bei der Aufstellung, Änderung oder Ergänzung des Raumordnungsplans im Rahmen ihrer Zuständigkeit nach dem NABEG zu beteiligen."* Entsprechendes gilt in Bezug auf die Parallelregelung in § 18 NABEG.

Rückwirkende gesetzliche Regelungen sind unter rechtsstaatlichen Gesichtspunkten in aller Regel nur in engen Schranken zulässig, weil grundsätzlich jedermann auf die jeweils geltende Rechtsordnung vertrauen können darf. Rechtsstaatliche Grenzen der Rückwirkung gibt es allerdings nur bei der Änderung von Gesetzen, die generell geeignet sind, Entscheidungen und Dispositionen von Bürgern herbeizuführen oder wenigstens zu beeinflussen (*Grzeszick* in Maunz/Dürig, Grundgesetz-Kommentar Beck Online, 92. EL August

2020, GG Art. 20 Rn. 74). Dies trifft auf das NABEG und seine Bestimmungen zur Änderung des Verhältnisses zwischen Bundesfachplanung und den normativ festgelegten Zielen der Raumordnung kaum zu. Unmittelbare drittschützende Wirkung haben Ziele der Raumordnung in aller Regel nicht, da diese meist noch einer Konkretisierung und Umsetzung auf nachfolgenden Planungsstufen bedürfen und sie vorrangig auf die Sicherung öffentlicher Belange abzielen, nicht auf die Sicherung privater Rechtspositionen. Allerdings *„sind Ziele der Raumordnung nicht per se ausschließlich dem öffentlichen Interesse verpflichtet, mit der Folge, dass sie nicht auch drittschützend sein könnten. Vielmehr ist anhand der konkreten Ziele zu prüfen, ob die Planaussage Schutznormcharakter hat und als solche geeignet ist, ein Abwehrrecht einzuräumen"* (so *Runkel* in Ernst/Zinkahn/Bielenberg/Krautzberger, Baugesetzbuch – Beck Online139. EL August 2020, BauGB § 1 Rn. 99).

Zwar sollen auch in der Bundesfachplanung Konflikte mit Zielen der Raumordnung im Prozess der Trassenkorridorfestlegung möglichst vermieden werden, bei unauflösbaren Konflikten sollte die 2019 vorgenommene Änderung des § 5 NABEG aber einen **eindeutigen Vorrang der Bundesfachplanung gegenüber Zielen der Raumordnung absichern**. Ferner ist in § 15 Abs. 1 NABEG klargestellt worden, dass die Bundesfachplanung grundsätzlich Vorrang vor nachfolgenden Planungen, insbesondere Landesplanungen (und Bauleitplanungen) hat, sodass sie **auch vor einer Neufestlegung konkurrierender Ziele der Raumordnung geschützt** wird. **211**

Mit Art. 10 des Gesetzes vom 22.12.2023 (BGBl. 2023 I Nr. 405) wurde als eine **weitere Sonderregelung in § 5 NABEG** dessen Absatz 2a neu aufgenommen: *„Soweit die Änderung oder Erweiterung einer Leitung, ein Ersatzneubau oder ein Parallelneubau beantragt und eine Bundesfachplanung durchgeführt wird, entfalten Ziele der Raumordnung, die den Abstand von Höchstspannungsleitungen zu Gebäuden oder überbaubaren Grundstücksflächen regeln, abweichend von Absatz 2 keine Bindungswirkung für die Bundesfachplanung."* Damit wird für die hier genannten Leitungsbauvorhaben auf gesetzlicher Ebene generell entschieden, dass **Ziele der Raumordnung, die zum Schutz des Wohnumfeldes Abstandsvorgaben beinhalten**, bei der Bundesfachplanung **nicht mehr zwingend zu beachten sind**, selbst wenn die BNetzA ordnungsgemäß im Verfahren zu ihrer Aufstellung beteiligt war und ggf. Trassenführungen ohne Verletzung dieser Ziele möglich wären. Zwar wurde § 18 NABEG nicht entsprechend ergänzt, sodass etwaige Konflikte mit abstandsbezogenen Zielen im Planfeststellungsverfahren zunächst noch bestehen können. Die **BNetzA hat jedoch gem. § 18 Abs. 4 Satz 5 NAGBEG auch in ihrer Funktion als Planfeststellungsbehörde jederzeit die Möglichkeit, einem Ziel der Raumordnung nachträglich zu widersprechen**, wenn es der Planfeststellung entgegensteht; dies schließt die in § 5 Abs. 2a NABEG erwähnten Ziele zur Einhaltung von Abständen zwischen Gebäuden und Leitungen ein. Darüber hinaus ist **in § 43 Abs. 3 Satz 5 EnWG** für ohne Bundesfachplanung mögliche **212**

- Leitungsänderungen und -erweiterungen i. S. des § 3 Nr. 1 NABEG,
- Ersatzneubauten i. S. des § 3 Nr. 4 NABEG und
- Parallelneubauten i. S. des § 3 Nr. 5 NABEG

bestimmt worden, dass Ziele der Raumordnung, die den Abstand von Hochspannungsleitungen zu Gebäuden oder überbaubaren Grundstücksflächen regeln, keine zwingenden Gründe sind, um Trassenalternativen außerhalb des Raums in und unmittelbar neben der Bestandstrasse prüfen zu dürfen.

Wird für Netzausbauvorhaben ein Präferenzraum i. S. des § 3 Nr. 10 NABEG entwickelt, entfällt gem. § 5 Abs. 4a NABEG die Bundesfachplanung und damit auch die Anwendung der im NABEG enthaltenen Sonderregelungen, die bei Bundesfachplanungsverfahrens eine Nichtbeachtung von Zielen der Raumordnung erlauben. Jedoch ist die **Entwicklung von Präferenzräumen für die betroffenen Netzausbauvorhaben ebenfalls von einer Bindung an Ziele der Raumordnung befreit**. Die zugehörige Regelung befindet sich allerdings **213** nicht unmittelbar im NABEG, sondern in **§ 12c Abs. 2a Satz 11 EnWG**. Dort ist geregelt, dass es sich bei der Ermittlung von Präferenzräumen nicht um raumbedeutsame Planungen und Maßnahmen i. S. des § 3 Abs. 1 Nr. 6 ROG handelt. **Aufgrund der gesetzlich erklärten, fehlenden Raumbedeutsamkeit** fällt die Ermittlung von Präferenzräumen durch die BNetzA nicht unter den Tatbestand des § 4 Abs. 1 Satz 1 Nr. 1 ROG (vgl. Rn. 163 ff.) und daher **entfällt** – wenn auch über einen gänzlich anderen Regelungsweg als bei NABEG-Bundesfachplanungen – insbesondere die **Pflicht zur Beachtung von Zielen der Raumordnung**.

3.7.3 Sonderregelungen im Baugesetzbuch

214 **§ 249 Abs. 5 Satz 1 BauGB erlaubt** es den in Niedersachsen nach § 2 NWindG für die Erreichung der regionalen Teilflächenziele **für Windenergie an Land zuständigen Regionalplanungsträgern, sich über Ziele der Raumordnung hinwegzusetzen**, soweit dies **zum Erreichen der Teilflächenziele** erforderlich ist. Dafür muss im Rahmen der planerischen Abwägung nachvollziehbar begründet werden, warum es erforderlich und gerechtfertigt ist, sich über ein bestehendes Ziel hinwegzusetzen (vgl. Erl. zu § 3 Rn. 285 ff.). Nutzt ein Regionalplanungsträger die durch das BauGB eröffnete Option und legt ein Vorranggebiet Windenergienutzung dort fest, wo sonst ein anderes Ziel der Raumordnung aus dem LROP oder aus dem Bundes-Raumordnungsplan für den Hochwasserschutz entgegenstünde, **entfällt die Bindungswirkung des Ziels an diesem Standort auch in einem späteren Genehmigungsverfahren für Windenergieanlagen (§ 249 Abs. 5 Satz 2 BauGB)**.

215 Die Regelung des § 249 Abs. 5 BauGB ist **ausschließlich an die Planungsträger adressiert, die für das Erreichen der Teilflächenziele zuständig sind**, in Niedersachsen also die **Träger der Regionalplanung**. Daher haben auch nur diese die Möglichkeit, sich gem. § 249 Abs. 5 BauGB über Ziele der Raumordnung zugunsten der Ausweisung von Windenergiegebieten in den RROP hinwegzusetzen. Zwar dürfen Windenergiegebiete auch bauleitplanerisch ausgewiesen werden und ein Regionalplanungsträger darf sich diese auf das für seinen Planungsraum geltende Teilflächenziel anrechnen; da die Träger der Bauleitplanung aber im NWindG nicht originär als Verantwortliche für das Erreichen der Teilflächenziele bestimmt wurden, gilt § 249 Abs. 5 BauGB für sie nicht und sie bleiben bei der bauleitplanerischen Ausweisung von Windenergiegebieten grundsätzlich an die Ziele der Raumordnung gebunden.

216 Eine erheblich **weiterreichende Bestimmung zum Aussetzen der Bindungswirkungen von Zielen der Raumordnung enthält § 249 Abs. 7 Satz 1 BauGB**. Danach können **Ziele der Raumordnung** sowie sonstige Maßnahmen der Landesplanung und auch Darstellungen in Flächennutzungsplänen **einem Windenergievorhaben nicht entgegengehalten werden, sobald und solange nach Ablauf der jeweiligen Stichtage 31.12.2027 bzw. 31.12.2032 das** aus den Vorgaben des WindBG entwickelte, **landesgesetzlich festgelegte Teilflächenziel nicht erreicht** wird. Außerdem entfällt die in § 249 Abs. 2 BauGB genannte Rechtsfolge, dass sich außerhalb von Windenergiegebieten die Zulässigkeit von Windenergievorhaben nach § 35 Abs. 2 BauGB richtet. Nach den genannten Stichtagen tritt bis zum Erreichen der in der Anlage zu § 2 NWindG festgelegten regionalen Teilflächenziele im betroffenen Regionalplanungsraum eine sog. „Superprivilegierung" ein. D. h., dass die Zulassung von Windenergieanlagen überall im Planungsraum (als privilegierte Vorhaben) zulässig ist und Windenergieanlagen auch in Bereichen errichtet werden dürfen, die in den RROP oder in Flächennutzungsplänen für andere Raumnutzungen und -funktionen vorgesehen sind.

217 **§ 245e Abs. 5 BauGB** enthält seit dem 15.8.2025 eine **befristete Öffnungsklausel für Windenergieplanungen der Gemeinden.** Die Regelung gilt nur, bis im betroffenen Regionalplanungsraum das Erreichen des jeweiligen regionalen Teilflächenziels für den Windenergieausbau festgestellt wird, längstens jedoch bis zum Ablauf des 31.12.2027.

Bei der bauleitplanerischen Ausweisung von Windenergiegebieten werden **Gemeinden teilweise von der strikten Bindung an Ziele der Raumordnung befreit**. Sie können sich dadurch **in einer ordnungsgemäßen Abwägung über verschiedene Ziele der Raumord-**

nung hinwegsetzen, die einen Ausschluss von Windenergieanlagen bewirken. Hierzu können z. B. noch bestehende regionalplanerische Ausschlusswirkungen für die Windenergienutzung nach § 7 Abs. 3 Satz 3 ROG a. F., textliche Ziele zu Abständen zwischen Windparks oder zu Abständen von Wohngebäuden zu Windenergieanlagen gehören. Zeichnerisch festgelegte Ziele der Raumordnung können ebenfalls überwunden werden, sofern es sich nicht um Vorranggebiete handelt. Die **Bindungswirkung von Vorranggebieten, die eine mit der Windenergie unvereinbare Nutzung oder Funktion sichern** (z. B. Vorranggebiete für Verkehrsinfrastruktur oder Vorranggebiete Wald), **bleibt unangetastet.**

§ 2
Grundsätze der Raumordnung

Neben den Grundsätzen der Raumordnung nach § 2 ROG gelten folgende weitere Grundsätze der Raumordnung:

1. **[1] Die zentrale Lage des Landes im europäischen Wirtschafts- und Verkehrsraum soll für die wirtschaftliche Entwicklung des Landes und seiner Teilräume genutzt werden. [2] Es sollen die räumlichen Voraussetzungen für den wirtschaftlichen, sozialen und territorialen Zusammenhalt in der Europäischen Union geschaffen, die grenzüberschreitende Zusammenarbeit mit den Nachbarn ausgebaut und die Standortvorteile des Landes im norddeutschen Verbund gestärkt werden.**
2. **[1] Die verdichteten und die ländlichen Regionen sollen gleichrangig zur Entwicklung des ganzen Landes beitragen. [2] Die Verflechtung zwischen diesen Regionen soll verbessert und gefördert werden. [3] Dabei sind für alle Teile des Landes dauerhaft gleichwertige Lebensverhältnisse anzustreben.**
3. **Die Siedlungs- und Freiraumstruktur soll so entwickelt werden, dass die Eigenart des Landes, seiner Teilräume, Städte und Dörfer erhalten wird.**
4. **[1] Das Küstenmeer, die Inseln und der Küstenraum (Küstenzone) sollen durch ein integriertes Küstenzonenmanagement entwickelt werden, bei dem eine intensive Zusammenarbeit der Träger öffentlicher Belange, die Einbeziehung der Betroffenen und eine grenzüberschreitende integrierte Planung sowie die nachhaltige Entwicklung ökologischer, ökonomischer, sozialer und kultureller Belange sichergestellt wird. [2] Die Voraussetzungen für eine nachhaltige Fischerei sollen gesichert werden.**
5. **[1] Die Standortattraktivität soll in allen Landesteilen durch Anpassung und Modernisierung in den Grundstrukturen der Arbeitsplatz-, Bildungs- und Versorgungsangebote gesichert und ausgebaut werden. [2] Die Entwicklung, Sicherung und Verbesserung dieser Strukturen soll in der Regel auf die zentralen Siedlungsgebiete in den Gemeinden ausgerichtet werden. [3] Dadurch sollen leistungsfähige Zentrale Orte gesichert und entwickelt und die Voraussetzungen für ein ausgeglichenes, abgestuftes und tragfähiges Netz der städtischen und gemeindlichen Grundstrukturen geschaffen werden. [4] Dabei sind die regionalen Besonderheiten und die Vielfalt in den Entwicklungsmöglichkeiten zu berücksichtigen. [5] Die Einrichtungen zur Versorgung der Bevölkerung und der Wirtschaft, die Wohn- und Arbeitsstätten sowie die Freizeiteinrichtungen sollen auch im Hinblick auf eine nachhaltige Entwicklung einander räumlich zweckmäßig zugeordnet werden.**
6. **[1] Der Ausbau erneuerbarer Energien soll vorrangig unterstützt werden. [2] Die Nutzung solarer Strahlungsenergie zur Erzeugung von Strom durch Freiflächenanlagen soll den Ausbau der Nutzung von Windenergie an Land und den Ausbau der für das Erreichen der Klimaziele notwendigen Infrastruktur wie Hoch- und Höchstspannungsleitungen und Speichersysteme nicht behindern.**

Erläuterungen

Übersicht

1. Einführung

1 In § 2 NROG sind **landesspezifische gesetzliche Grundsätze der Raumordnung** festgelegt, die in den bundesgesetzlichen Grundsätzen der Raumordnung (§ 2 ROG) nicht oder nicht in der für Niedersachsen gewünschten Ausprägung zum Ausdruck kommen.

2 Die Grundsätze der Raumordnung aus dem NROG und dem ROG normieren **Vorgaben für nachfolgende Abwägungs- oder Ermessensentscheidungen, stehen aber zunächst unabgestimmt nebeneinander**. Sie sind daher im LROP und für die Räume der verschiedenen niedersächsischen Regionalplanungsträger in den RROP **näher zu konkretisieren**. Darüber hinaus beeinflussen sie raumbedeutsame Planungen und Maßnahmen, soweit diese den Bindungswirkungen der Erfordernisse der Raumordnung nach § 4 ROG unterliegen. Öffentliche Stellen entscheiden im Einzelfall über ihre Gewichtung und den Umfang einer etwaigen Berücksichtigung.

2. Entwicklung im europäischen Wirtschafts- und Verkehrsraum und im norddeutschen Verbund (Nummer 1)

3 Der Grundsatz ist darauf ausgerichtet, die **besonderen Lagevorteile Niedersachsens und seine günstigen Anbindungen an andere Staaten und benachbarte Bundesländer** für die weitere wirtschaftliche Entwicklung im Zuge der Globalisierung zu **nutzen**. Außerdem sollen räumliche Voraussetzungen geschaffen werden, um bestehende Vernetzungen sowohl im europäischen als auch im norddeutschen Raum zu unterstützen.

4 Obwohl Niedersachsen nur an einen EU-Staat – die Niederlande – direkt angrenzt, verfügt es aufgrund seiner Lage in Europa („*in den zentralen Schnittstellen der Hauptverkehrsachsen von den Niederlanden nach Osteuropa und von Skandinavien nach Südeuropa*", LT-Drs. 15/3270 vom 31.10.2006 S. 40) über **gute verkehrliche Anbindungen** an andere Staaten. Es grenzt darüber hinaus an neun Bundesländer. Schienenwege und Fernstraßen, die Teil der transeuropäischen Netze sind, sind für den europäischen Binnenmarkt unverzichtbar und tragen zur Verbesserung des wirtschaftlichen und sozialen Zusammenhaltes der Europäischen Union bei. Raumbedeutsame Planungen und Maßnahmen sollen zur Verbesserung dieser Vernetzungsqualität beigetragen, um die Attraktivität niedersächsischer Standorte zu erhöhen (z. B. durch Anbindung an andere Verkehrsträger, Umschlag- und Logistikzentren, grenzüberschreitende Angebote für den Personenverkehr).

Internationale Flughäfen und die Seehäfen, über die große Anteile des interkontinentalen, europäischen und deutschen Warenaustauschs abgewickelt werden, bieten als sog. „gateways" zu den Nachbarländern und -staaten ebenfalls zu unterstützende Möglichkeiten der wirtschaftlichen Entwicklung und Kooperation. 5

Der internationale Verkehrsflughafen Hannover-Langenhagen bindet Niedersachsen als Wirtschaftsstandort in das europäische Verkehrsnetz ein. Es soll dafür vorgesorgt werden, dass raumbedeutsame Vorhaben seine Standortqualitäten nicht verschlechtern, sondern Entwicklungsmöglichkeiten gewahrt bleiben und hierfür Flächen gesichert werden. Wichtig ist zudem die Stärkung der internationalen Verflechtungen über die in enger Nachbarschaft zu Niedersachsen bestehenden Flughäfen in Hamburg, Bremen und Münster/Osnabrück durch übergreifende Konzepte zugunsten des gesamten norddeutschen Raums. Als Küstenland mit mehreren Seehäfen unterschiedlicher Größe und Schwerpunkte bietet Niedersachsen die Voraussetzungen, um den Seeverkehr mit Verkehrsträgern im Binnenland zu vernetzen. Öffentliche Planungen sollen dazu beitragen, die binnenseitige Anbindung der niedersächsischen Hafenstandorte an Wasserstraßen, Schienenwege und Straßen weiter zu verbessern, günstige seeseitige Zufahrten zu erhalten, und Flächen zur Entwicklung hafenorientierter Wirtschaft zu sichern. Für die Seezufahrten der Häfen in Hamburg, Bremen und Bremerhaven, die über niedersächsisches Hoheitsgebiet führen, kommt Niedersachsen im norddeutschen Verbund große Bedeutung zu.

Der Grundsatz ist ferner darauf gerichtet, dass Niedersachsen gemeinsam mit anderen Ländern Kompetenzen aufbaut und sich **Norddeutschland als gemeinsamer Wirtschafts- und Lebensraum** profilieren kann. Hierbei spielt die Zusammenarbeit in den **Metropolregionen**, an denen Niedersachsen beteiligt ist oder die in Niedersachsen liegen, eine zentrale Rolle: 6

- Metropolregion Bremen-Oldenburg im Nordwesten (Metropolregion Nordwest)
- Metropolregion Hamburg
- Metropolregion Hannover – Braunschweig – Göttingen – Wolfsburg.

Zu fördern ist auch die **internationale Zusammenarbeit, wie in der Deutsch-Niederländischen Raumordnungskommission**. Sie wurde 1967 durch einen Beschluss der Bundesrepublik Deutschland und des Königreichs der Niederlande unter Beteiligung Niedersachsens und Nordrhein-Westfalens gegründet und später durch ein Abkommen zwischen der Regierung des Königreichs der Niederlande und der Regierung der Bundesrepublik Deutschland über die Zusammenarbeit auf dem Gebiet der Raumordnung vom 30.3.1976 (BGBl. II 1977 S. 35) gesichert. Aufgabe der Kommission ist es, die Zusammenarbeit auf dem Gebiet der Raumordnung zu fördern und darauf hinzuwirken, die raumbedeutsamen Planungen und Maßnahmen, vor allem in Grenznähe, aufeinander abzustimmen. Die Niedersachsen berührenden Entwicklungen werden in der Unterkommission Nord behandelt. 7

Des Weiteren sollen im Sinne der europäischen territorialen Kohäsion **auf regionaler Ebene strukturelle Ungleichheiten reduziert werden**, etwa durch Förderprogramme (siehe z. B. das Programm „Europäische Territoriale Zusammenarbeit" – ETZ – mit einer Ausrichtung auf kooperative transnationale Projekte in der Stadt- und Regionalentwicklung oder Interreg-Programme). 8

3. Entwicklung von verdichteten und ländlichen Regionen, gleichwertige Lebensbedingungen in allen Landesteilen (Nummer 2)

Grundsatz Nr. 2 ergänzt und **spezifiziert die Leitvorstellung nach § 1 Abs. 2 ROG** (dazu Erl. zu § 1 Rn. 32 ff.) und § 2 Abs. 2 ROG, der in dessen Nummern 1 und 4 (nur) allgemein ausgeglichene Verhältnisse sowie die Verbesserung von strukturschwachen Räumen sowie in Nummer 2 die Sicherstellung der vielfältigen Aufgaben von Städten und ländlichen Räumen fordert. Die **gleichgewichtete Entwicklung von urbanen und ländlichen Räumen** ist eines der Hauptcharakteristika der niedersächsischen Raumordnungspolitik, § 2 Nr. 2 Satz 1 NROG. Unabhängig von Grenzen der Gebietskörperschaften oder von 9

Zuständigkeiten sollen Rahmenbedingungen so gestaltet werden und öffentliche Mittel so eingesetzt werden, dass in allen Landesteilen dauerhaft gleichwertige Lebensbedingungen erreicht werden können und die Belange zukünftiger Generationen gewahrt werden. Satz 2 betont die Bedeutung einer **Unterstützung der zwischen den verdichteten und den ländlichen Regionen bestehenden Verflechtungen**. Sie beschränken sich nicht auf die verkehrliche Erreichbarkeit, sondern umschließen vielfältige sachliche Bereiche, wie z. B. öffentliche Verwaltungsaufgaben, soziale, medizinische und technische Versorgung, Einzelhandel oder Bildungsangebote.

10 Die Umsetzung kann nicht nur durch Vorgaben in Raumordnungsplänen erfolgen. Der Grundsatz soll auch die **informelle Zusammenarbeit** im Rahmen von freiwilligen Kooperationen, gemeinsamen Entwicklungsstrategien, integrierten Entwicklungskonzepten oder Abstimmungsverfahren prägen und beeinflussen.

Das Anliegen einer Entwicklung gleichwertiger Lebensverhältnisse in allen Räumen ist zwar inhaltlich bereits durch die in § 1 Abs. 2 ROG formulierte Leitvorstellung der Raumordnung und die o. a. bundesgesetzlichen Grundsätze berücksichtigt, wird aber in § 2 Nr. 2 Satz 3 NROG nochmals klar herausgestellt. Dies umschließt auch die gerade für ein großes Flächenland wie Niedersachsen wichtige Entwicklung außerhalb der großen Städte.

4. Erhaltung der Eigenart des Landes, seiner Teilräume, Städte und Dörfer (Nummer 3)

11 Der Grundsatz geht auf eine inhaltsgleiche Regelung in § 2 Nr. 5 Satz 1 NROG – 2007 zurück. Obwohl durch Art. 1 des Gesetzes zur Neufassung des Raumordnungsgesetzes und zur Änderung anderer Vorschriften (GeROG) vom 22.12.2008 (BGBl. I S. 2986) Grundsätze zur Sicherung der prägenden Vielfalt des bundesdeutschen Gesamtraums und seiner Teilräume sowie zur Entwicklung der Siedlungs- und Freiraumstrukturen in § 2 ROG aufgenommen wurden, wurde die niedersächsische Bestimmung ergänzend beibehalten. Sie ist spezifischer **auf niedersächsische Verhältnisse und ein Nebeneinanderstehen von Städten und Dörfern ausgerichtet** als die bundesgesetzlichen Regelungen.

12 Der Erhaltung **historisch gewachsener Siedlungsstrukturen und landestypischer Freiraumstrukturen** in den unterschiedlichen Teilräumen Niedersachsens kommt zur Wahrung der räumlichen Identität und des Regionalbewusstseins hohe Bedeutung zu. Bei einer räumlichen Entwicklung soll dies bedacht werden, damit **identitätsstiftende Standortfaktoren** nicht verloren gehen und prägende Eigenarten bewahrt bleiben, die letztlich zur Attraktivität der unterschiedlichen Regionen beitragen, in denen sich ein breites Spektrum an Siedlungsstrukturen entwickelt hat (von Inselgemeinden an der Nordsee bis zu früher vom Bergbau geprägten Gemeinden im Harz). Über eine Konservierung historischer Besonderheiten und einzigartiger Landschaftsräume hinausgehend ist deren behutsame, nachhaltige Weiterentwicklung erforderlich. Regionale und kommunale Planungsträger sowie das Land sollen zur Umsetzung beitragen (LT-Drs. 15/3270 vom 31.10.2006 S. 41).

5. Integriertes Küstenzonenmanagement, nachhaltige Fischerei (Nummer 4)

13 Der Grundsatz ist auf die **koordinierte Entwicklung der niedersächsischen Küstenzone** ausgerichtet. Seewärtig erstreckt sich die Küstenzone bis zur 12 Seemeilen-Grenze; dort endet das Küstenmeer und es beginnt die AWZ unter Bundeszuständigkeit (vgl. Erl. zu § 1 Rn. 39). Landseitig ist die Ausdehnungsgrenze der Küstenzone nicht definiert. Hier bestimmen in raumordnerischer Hinsicht eher die funktionalen Zusammenhänge und Wechselwirkungen zwischen Land und Meer, welche Bereiche noch der Küstenzone zuzurechnen sind. In der Praxis werden oft die administrativen Grenzen der Küstenkommunen zugrunde gelegt.

14 Satz 1 soll sicherstellen, dass die **unterschiedlichen Nutzungs- und Schutzansprüche im Küstenraum an Land, auf den Nordseeinseln und im Küstenmeer** angemessen gewürdigt werden und Konflikte zwischen diesen über besondere Abstimmungsprozesse aufgearbei-

tet werden. Die Küstenzone hat einerseits aufgrund ihrer landschaftlichen Vielfalt und ihres Artenreichtums unter ökologischen Gesichtspunkten einen besonderen Stellenwert. Herausragend ist das **Wattenmeer vor der niedersächsischen Nordseeküste, das als Nationalpark geschützt und als UNESCO-Biosphärenreservat anerkannt ist, und das zum UNESCO-Weltnaturerbe gehört**. Andererseits ist die **Küstenzone unter wirtschaftlichen, sozialen und kulturellen Gesichtspunkten von großer Bedeutung** für den Tourismus, hafenwirtschaftliche und verkehrliche Nutzungen an Land und auf See, Küstenfischerei, Marikulturen oder die Gewinnung von Rohstoffen und Energie. Weitere wichtige Belange sind der Küstenschutz und die Gewinnung von Deichbaumaterial, da rund 14 Prozent der niedersächsischen Landesfläche mit einer Bevölkerung von ca. 1,2 Mio. Einwohnern durch Sturmfluten gefährdet sind und durch Hauptdeiche und Sperrwerke gesichert werden (vgl. Jahresbericht 2014 des Niedersächsischen Landesbetriebs für Wasserwirtschaft, Küsten- und Naturschutz, S. 42, Daten zu „Küstenschutz in Niedersachsen").

Für eine sinnvolle **Koordinierung aller Interessen müssen Land und Meer im Sinne eines Integrierten Küstenzonenmanagements (IKZM) als Einheit** gesehen und den besonderen Planungsanforderungen in diesem Raum durch eine intensive Zusammenarbeit diverser Stellen Rechnung getragen werden. Das IKZM ist ein kontinuierlicher, schrittweiser Prozess, durch den die Würdigung der für die Küstenzone relevanten Belange querschnittsorientiert in verschiedenste Konzepte, Planungen und Maßnahmen eingebunden werden soll. So soll eine nachhaltige Entwicklung der gesamten Küstenzone ermöglicht werden, in der langfristig ein Gleichgewicht zwischen ihrer wirtschaftlichen Entwicklung und Nutzung, dem öffentlichen Zugang zur Küste, dem Schutz von Ressourcen sowie des Ökosystems geschaffen wird. Die Raumordnung soll erreichte Ergebnisse bei Bedarf planerisch sichern. 15

Mit Satz 2 wird ergänzend zu dem in § 2 Abs. 2 Nr. 4 Satz 7 ROG formulierten Grundsatz zur Erhaltung der räumlichen Voraussetzungen für die Land- und Forstwirtschaft auch eine Regelung zur **Berücksichtigung der Fischerei** geschaffen. Die Fischerei ist von jeher ein zwar kleiner, aber trotzdem bedeutsamer Wirtschaftszweig für die Bevölkerung des Küstenraums. Sie prägt das Erscheinungsbild der niedersächsischen Küsten mit und trägt zu ihrer Unverwechselbarkeit als Tourismusregion bei. Zudem leistet die Fischerei einen Beitrag zur Nahrungsmittelversorgung. 16

Der Grundsatz soll dafür sorgen, dass die verfügbaren **Fanggebiete der Küstenfischerei** für Garnelen („Krabben"), Muscheln und Fische nicht unzumutbar beschränkt werden (z. B.durch Offshore-Windenergienutzung, Schifffahrt), Fischereihäfen erhalten und Konzepte zur besseren Vermarktung der Fänge unterstützt werden. Wichtig ist ferner, die Fischerei ökologisch vertretbar auszugestalten und die natürlichen Ressourcen zu schonen, um auch nachfolgenden Generationen noch eine entsprechende Nutzung zu ermöglichen. 17

§ 2 Nr. 4 NROG greift mit den Intentionen der MRO-Richtlinie 2014/89/EU zur Schaffung eines Rahmens für die maritime Raumplanung ineinander. Danach sind **bei der Ausarbeitung und Umsetzung der maritimen Raumplanung wirtschaftliche, soziale und ökologische Aspekte in Erwägung zu ziehen**, um die nachhaltige Entwicklung und das nachhaltige Wachstum im Meeresbereich unter Anwendung eines Ökosystem-Ansatzes zu unterstützen und um die Koexistenz einschlägiger Tätigkeiten und Nutzungsarten zu fördern. Hierzu gehört, die Kohärenz zwischen den maritimen Raumordnungsplänen (der Länder und des Bundes) und anderen Verfahren wie z. B. dem IKZM zu fördern, andere Interessensträger einzubinden und grenzüberschreitend mit EU-Mitgliedsstaaten und Drittländern zusammenzuarbeiten. 18

Inzwischen ist die **NROG-Regelung zur Entwicklung der Küstenzone mit dem Bundesrecht enger als bisher verzahnt**. 2017 wurde in § 2 Abs. 2 Nr. 6 ROG verankert, dass die **nachhaltige Entwicklung im Meeresbereich** unter Anwendung eines Ökosystemansatzes gem. der MRO-Richtlinie zu unterstützen ist. Von Bedeutung ist ferner § 2 Abs. 2 Nr. 5 Satz 2 ROG, in dem nunmehr ausdrücklich die Erhaltung des UNESCO-Naturerbes der 19

Welt genannt ist, wozu das Wattenmeer der Nordsee gehört. Daneben sind für raumbedeutsame Vorhaben in der Küstenzone weitere Grundsätze aus § 2 Abs. 2 ROG zu berücksichtigen, etwa § 2 Abs. 2 Nr. 6 Satz 5 ROG zum vorbeugenden Küstenschutz.

6. Wahrung der Standortattraktivität Niedersachsens, nachhaltige Daseinsvorsorge, Ausgestaltung des Zentrale-Orte-Systems (Nummer 5)

20 Die Inhalte von Grundsatz Nr. 5 betreffen die **Wahrung der Standortattraktivität Niedersachsens durch Arbeits-, Bildungs- und Versorgungsangebote** sowie die als Vorgabe für das LROP und die RROP unverzichtbare Ausgestaltung des in § 2 Abs. 2 Nr. 3 ROG verankerten Zentrale-Orte-Konzepts.

21 Zielsetzung des Landes gem. Nr. 5 Satz 1 ist eine **nachhaltige Entwicklung des Gemeinwesens und der Daseinsvorsorge** durch eine gerechte Verteilung und Erreichbarkeit von Arbeitsangeboten sowie von Versorgungs- und Infrastruktureinrichtungen aller Art. Diese reichen bspw. von Sozial-, Gesundheits- oder Bildungseinrichtungen über verkehrliche Infrastruktur bis hin zu öffentlichen Versorgungseinrichtungen und Einkaufsmöglichkeiten. Durch ihre (dezentrale) Bereitstellung in jeweils gut erreichbaren zentralen Lagen sollen Chancengleichheit und gleichwertige Lebensbedingungen in allen Teilräumen des Landes gesichert und gewährleistet werden.

22 Satz 2 und 3 **dienen der normativen Umsetzung des Zentrale-Orte-Konzepts in Niedersachsen**. Das Modell der Zentralen Orte mit seinen Grundgedanken von Bündelung, Erreichbarkeit und Tragfähigkeit hat sich seit Jahrzehnten für die großräumige Siedlungspolitik in der deutschen Raumplanung durchgesetzt. Der Gedanke eines abgestuften Versorgungsnetzes mit unterschiedlichen Versorgungsfunktionen ist essenzielle Grundlage für das LROP und die RROP. Dabei ist zwischen einer empirischen (analytischen) Ebene und einer normativen Ebene zu unterscheiden. Das „Zentrale-Orte-Konzept" bezeichnet einen lediglich empirischen Analyserahmen für die Erfassung von Zentralitätsbeziehungen zwischen dem jeweiligen Zentralen Ort und seinen tatsächlichen Einzugsbereichen verschiedener Einrichtungen und Dienstleistungen mit zentralörtlicher Bedeutung. Erst das „Zentrale-Orte-System" stellt die planerische Auswahl und normative Festlegung Zentraler Orte und ihrer Verflechtungsbereiche dar (vgl. MKRO-Entschließung „Zentrale Orte" vom 16.3.2016). Hiermit ist in aller Regel auch die Festlegung von Versorgungsaufgaben und Entwicklungsaufträgen verbunden. Solche normativen Festlegungen können sich insofern deutlich vom rein tatsächlich Vorhandenen unterscheiden.

23 Das im ROG nur abstrakt normierte **Zentrale-Orte-System** erfordert im Hinblick auf Rechtsklarheit und Handhabbarkeit in der Praxis klare Definitionen und Funktionszuordnungen. In Niedersachsen erfolgt die Umsetzung in zwei Stufen. Das LROP regelt abstrakt die Kategorien zentraler Orte (Ober-, Mittel- und Grundzentren) und legt allgemein fest, in welchen Städten Ober- und Mittelzentren liegen. Die RROP bestimmen die Grundzentren und haben ferner die Aufgabe, alle festgelegten Zentralen Orte als „zentrale Siedlungsgebiete" räumlich zu bestimmen. Der **Begriff des „zentralen Siedlungsgebietes" nach § 2 Nr. 5 Satz 2 NROG** beschreibt den räumlich abgegrenzten Bereich der zu sichernden oder zu entwickelnden Standorte der zentralörtlichen Versorgungseinrichtungen. Nur dieses zentrale Siedlungsgebiet, nicht die gesamte Stadt oder Gemeinde, ist der Zentrale Ort (vgl. Abschnitt 2.2 Ziff. 03 und 04 LROP, Stand 2020).

Vor dem Hintergrund der demografischen Entwicklung lässt sich eine dauerhafte Grundversorgung in zumutbarer Erreichbarkeit auch bei sinkender Bevölkerungszahl nur durch räumliche Schwerpunkte erhalten, anstatt Einrichtungen über das gesamte Gemeinde- oder Stadtgebiet zu verteilen.

24 Während das Zentrale-Orte-System aufgrund seiner Abstraktheit nur in begrenztem Umfang konkrete standörtliche Steuerungen vornehmen kann, ist das zentrale Siedlungsgebiet aufgrund seiner Bestimmtheit und Schlussabgewogenheit ein Ziel der Raumordnung. Seine Abgrenzung erfolgt textlich und/oder zeichnerisch und muss hinreichend

bestimmt oder bestimmbar sein. Als Ziel der Raumordnung ist das zentrale Siedlungsgebiet rechtlich und fachlich in der Lage, die Grundlage für weitere raumordnerischen Festlegungen zu bilden (z. B. Konzentrationsgebot zur standörtlichen Steuerung des großflächigen Einzelhandels, Abschnitt 2.3 Ziff. 04 LROP, Stand 2020). Das zentrale Siedlungsgebiet stellt weiterhin den notwendigen Bezug zu dem in der Bauleitplanung definierten „zentralen Versorgungsbereich" her und ermöglicht eine Verknüpfung der beiden Planungsebenen.

Bei der Ausgestaltung des Zentrale-Orte-Systems sollen die regionalen Besonderheiten und die Unterschiede in den Entwicklungsbedingungen sowie die räumlich zweckmäßige Zuordnung von Einrichtungen nach § 2 Nr. 5 Satz 4 und 5 NROG berücksichtigt werden. 25

7. Unterstützung des Ausbaus erneuerbarer Energien und Koordinierung wichtiger Energieinfrastrukturvorhaben (Nummer 6)

Der erst 2024 in § 2 aufgenommene Grundsatz **trägt der besonderen Bedeutung der Energiewende Rechnung** und wurde als erforderlich angesehen, weil die verschiedenen dafür nötigen **Vorhaben und Energieinfrastrukturen zunehmend um die gleichen Flächen konkurrieren**. Um zu vermeiden, dass sich die Umsetzung der Energiewende dadurch verzögert, wird aufgezeigt, dass zunächst grundsätzlich der Ausbau von Windenergienutzung, Stromnetzen und Speichersystemen vorrangig sein soll. 26

Satz 1 greift die bereits energiewirtschaftlich und klimaschutzrechtlich verankerten Zielsetzungen auf, den Ausbau erneuerbarer Energien vorrangig voranzutreiben, und betont gegenüber anderen Raumnutzungsansprüchen die herausgehobene **Bedeutung des Ausbaus erneuerbarer Energien sowie die Dringlichkeit einer Unterstützung im Zuge der räumlichen Planung**. Der Ausbau erneuerbarer Energien soll zwar bei allen raumbedeutsamen Planungen und Maßnahmen im Abwägungsprozess berücksichtigt werden, von besonderer Bedeutung ist aber die Unterstützung durch Raumordnungspläne, die die verschiedenen Raumnutzungsansprüche koordinieren und Flächen für energiewirtschaftliche Vorhaben wirksam freihalten können. So werden im LROP-Abschnitt 4.2.2 insbesondere Vorranggebiete zugunsten von Höchstspannungsleitungen einschließlich Leitungen und Kabeltrassen für die Netzanbindung von Windenergieanlagen auf See sowie für großtechnische Energieanlagen festgelegt, um deren Raumbedarf gegenüber anderen raumbedeutsamen Vorhaben – auch solchen zum Ausbau erneuerbarer Energien – zu sichern. Die Festlegung von Vorranggebieten zugunsten der Windenergienutzung an Land behält dagegen LROP-Abschnitt 4.2.1 den RROP vor. 27

Satz 2 soll **dazu beitragen, dass sich Vorhaben zum Ausbau verschiedener Arten erneuerbarer Energien nicht gegenseitig behindern und keine Engpässe und Behinderungen für den Ausbau der Stromnetze und anderer Energieinfrastruktur entstehen**. Besonders problematisch ist, dass die für den Ausbau der Windenergienutzung an Land geeigneten Flächen häufig ebenso attraktiv für die Errichtung von Freiflächen-Photovoltaikanlagen sind, deren Planung und Umsetzung meist schneller möglich ist als die von Windparks. Es ist notwendig, dass solche Flächen vorrangig für den Ausbau der Windenergie genutzt werden, die im Vergleich zur Photovoltaik eine höhere Energieleistung bei gleichzeitig geringerer Flächeninanspruchnahme hat. Bei einer Verknappung geeigneter Flächen für Windenergie bestünde die Gefahr, die gesetzlich geforderte Ausweisung von Windenergiegebieten auf mindestens 1,7 % der Landesfläche bis Ende 2027 und mindestens 2,2 % der Landesfläche bis Ende 2032 zu verfehlen. **Photovoltaikanlagen sollen daher lediglich ergänzend ohne Beeinträchtigungen der vorrangigen Windenergienutzung ermöglicht werden**. Aus der Gesetzesbegründung (LT-Drs. 19/2630 S. 37) ergibt sich, dass bei Windenergiegebieten zwischen bereits errichteten Windenergieanlagen ein „Auffüllen der Lücken" durch Photovoltaikanlagen für denkbar gehalten wird. Im umgekehrten Fall einer vorrangigen Nutzung einer Fläche für Photovoltaik sei jedoch zu befürchten, dass Windenergieanlagen dann nicht mehr errichtet werden können und in betroffenen Regionalplanungsräumen die Erreichung der im NWindG vorgegebenen Teilflächenziele erheblich 28 erschwert werde. Mit der bundesgesetzlichen Einführung der Außenbereichsprivilegierung von Freiflächen-Photovoltaikanlagen in bestimmten Bereichen sei diese Gefahr noch weiter gestiegen. Berücksichtigt wurde zudem, dass die Standortsuche für Windenergiegebiete insgesamt schwieriger als die für Photovoltaikanlagen ist, die nicht allein auf den Freiraum angewiesen sind, sondern beispielsweise auch auf bereits versiegelten Siedlungs- und Gewerbeflächen umsetzbar sind. Bei der bauleitplanerischen Ausweisung von Gebieten für die Freiflächen-Photovoltaiknutzung wird aufgrund des § 2 Nr. 6 Satz 2 erwartet, den vorrangigen Ausbau der Windenergienutzung als Belang mit hohem Gewicht in die planerische Abwägung einzustellen. Bei erkennbaren Konflikten mit einer in Vorbereitung befindlichen Ausweisung von Windenergiegebieten sollte eine spätere Windenergienutzung möglichst über Befristungen, Bedingungen oder Rückbauverpflichtungen der Photovoltaikanlagen oder andere geeignete Maßnahmen abgesichert werden.

29 In der Praxis wurden durch Planungen für Photovoltaiknutzungen ferner wiederholt wichtige Leitungsbauvorhaben erschwert, indem geeignete Korridore verengt oder sogar gänzlich versperrt wurden. Da der zügige Ausbau der Stromnetze unerlässlich ist, um die dezentral erzeugten Strommengen zu übertragen und weiterzuleiten, räumt § 2 Nr. 6 Satz 2 dem **Ausbau der Hoch- und Höchstspannungsleitungen grundsätzlich ebenfalls Vorrang vor dem Ausbau der Photovoltaiknutzung** ein. Überlegenswert wäre ferner ein Grundsatz zugunsten des Vorrangs für den Ausbau der Stromnetze im Verhältnis gegenüber der Planung von Windenergiegebieten gewesen, die aufgrund ihrer Ausdehnung ebenfalls erhebliche Hindernisse für Leitungsbauvorhaben darstellen können. Der Gesetzgeber hat mit Blick auf die Pflichten gem. WindBG und NWindG allerdings hiervon abgesehen.

8. Grundsätze der Raumordnung aus § 3a NKlimaG zum Schutz landwirtschaftlich genutzter Böden

30 Mit Schaffung des **§ 3a NKlimaG** wurden in Niedersachsen erstmals gesetzliche **Grundsätze der Raumordnung in einem Fachgesetz** normiert. Ursprünglich waren einige Beschränkungen bei der Umsetzung der Ausbauziele für Freiflächen-Photovoltaik vorgesehen, um unverhältnismäßige Auswirkungen auf andere Belange zu vermeiden. Da im parlamentarischen Verfahren deren genaue rechtliche Einordnung hinterfragt wurde, sind die Regelungen letztlich als Grundsätze der Raumordnung beschlossen worden (LT-Drs. 19/3094 S. 12 ff.), wurden aber nicht systemgerecht in § 2 NROG überführt.

31 Die Regelungen sollen dazu beitragen, **Nutzungskonflikte zwischen Photovoltaik und Landwirtschaft zu reduzieren**. Obwohl der Ausbau der Solarenergie überwiegend im bebauten und versiegelten Bereich umgesetzt werden soll, ist auch ein paralleler Ausbau der Photovoltaik im Freiraum erforderlich, wo die Gefahr besteht, dass dies zulasten der Landwirtschaft und der Ernährungsvorsorge ginge. Dies gilt insbesondere, weil in Niedersachsen der Pachtflächenanteil in der Landwirtschaft etwa 60 % beträgt. Auf Pachtflächen angewiesene Landwirte sind gegenüber Solarenergieprojektierern nicht konkurrenzfähig und können i. d. R. auf dem Pachtflächenmarkt für die Nutzflächen keine Gebote in vergleichbarer Höhe abgeben.

32 § 3a NKlimaG umfasst zwei Grundsätze der Raumordnung, die bei Planungen für Freiflächenanlagen eine **unverhältnismäßige Inanspruchnahme hochwertiger landwirtschaftlicher Böden vermeiden** und zugleich sicherzustellen sollen, dass auch **ökologische Zusammenhänge angemessen berücksichtigt** werden:

„Die Planung von Freiflächenanlagen zur Erreichung der Ziele nach § 3 Abs. 1 Satz 1 Nr. 3 soll auf bisher landwirtschaftlich genutzten Flächen insbesondere erfolgen auf

1. *kohlenstoffreichen Böden, für die die Möglichkeit der Wiedervernässung besteht,*
2. *Böden mit einer bodenkundlichen Feuchtestufe kleiner als 3 oder größer als 8, die eine besondere Bedeutung für den Arten- und Biotopschutz nicht aufweisen,*
3. *altlastenverdächtigen Flächen sowie*

4. Ackerflächen mit einer mindestens hohen potenziellen Erosionsgefährdung durch Wasser (Grundsatz der Raumordnung). Auf Böden mit einer Grünland- und Ackerzahl von 50 oder mehr, die nicht zugleich Böden im Sinne des Satzes 1 Nr. 2 oder 3 sind, sollen Freiflächenanlagen mit Ausnahme von Agri-Photovoltaikanlagen wegen der besonderen Bedeutung dieser Böden für die Sicherung der landwirtschaftlichen Nahrungsproduktion nicht geplant werden (Grundsatz der Raumordnung)."

Die Grundsätze dienen dazu, **Freiflächen-Photovoltaik eher auf ertragsschwache Flächen zu lenken**, um **landwirtschaftlich genutzte Flächen mit hoher Qualität zur Ernährungssicherung möglichst für die landwirtschaftliche Produktion zu erhalten**. Im Fokus steht dabei zugleich, die Photovoltaiknutzung entweder mit der Erhaltung und Entwicklung ökologischer Funktionen zu vereinbaren oder sie im Interesse einer effizienten Mehrfachnutzung von Flächen als Agri-Photovoltaikanlagen zu planen, damit sie mit landwirtschaftlicher Nutzung vereinbar sind.

Besonderheiten gelten, wenn aus ökologischer Sicht für besondere Böden eine Photovoltaiknutzung verträglicher als eine landwirtschaftliche Nutzung erscheint. Sowohl für Böden mit hohen Kohlenstoffgehalten als auch für sehr trockene oder sehr feuchte Gebiete gilt, dass die Aufgabe oder Extensivierung einer dortigen landwirtschaftlichen Nutzung meist Vorteile für den Naturschutz mit sich bringt. So können diese oftmals besonderen Böden bei einer Nutzung für Photovoltaik besser erhalten und zu wertvolleren Biotopen entwickelt werden als bei einer intensiven landwirtschaftlichen Nutzung. Es kann sich zwischen den Modulen der Photovoltaikanlagen ein größerer Artenreichtum entwickeln oder zumindest das Vorkommen spezialisierter Arten gefördert werden, wie etwa Arten der Hochmoore oder Trockenrasen, die gehölzfreie Standorte benötigen. 33

Da die Grundsätze nur auf die Planung von Freiflächenanlagen abstellen, **wirken sie auch nur auf einer vorgelagerten Planungsebene und nicht auf der Zulassungsebene**. Als Adressaten kommen jedoch neben Trägern der Regionalplanung und der Bauleitplanung auch staatliche Stellen in Betracht, die etwa über Zuwendungsrichtlinien auf die Planung raumbedeutsamer Freiflächenanlagen Einfluss nehmen können. 34

ZWEITER ABSCHNITT
RAUMORDNUNGSPLÄNE

Vor §§ 3–8
Beteiligungsverfahren und Umweltprüfung, Rechtsschutz gegen Raumordnungspläne; Entschädigung wegen Festlegungen in Raumordnungsplänen

Erläuterungen

Übersicht

1 Der **Zweite Abschnitt des NROG enthält landesrechtliche Vorschriften über Raumordnungspläne**. Dabei geht es nicht nur um das reguläre Verfahren bei Planaufstellungen und -änderungen, sondern auch um Vereinfachungsmöglichkeiten bei geringfügigen Planänderungen, um Möglichkeiten zur Erhaltung fehlerhafter Pläne sowie um die Freistellung von planerischen Vorgaben im Einzelfall (Zielabweichung). Überwiegend handelt es sich um **Ergänzungsrecht** zum ROG, d. h., dass die Vorschriften des NROG gemeinsam mit den Vorschriften der §§ 6–11 ROG anzuwenden sind. Vereinzelt handelt es sich um **Abweichungsrecht**. Hier ersetzen die landesrechtlichen Vorschriften des NROG die Regelungen aus dem ROG.

1. Beteiligungsverfahren und Umweltprüfung bei der Aufstellung, Änderung oder Aufhebung von Raumordnungsplänen

1.1 Erforderlichkeit eines Beteiligungsverfahrens bei Raumordnungsplanungen

2 Entwürfe von Raumordnungsplänen haben unverzichtbar ein **Beteiligungsverfahren** zu durchlaufen. Das Erfordernis einer breit angelegten Öffentlichkeitsbeteiligung fußt maßgeblich auf dem Völkerrecht (Übereinkommen der UNECE über den Zugang zu Informationen, die Öffentlichkeitsbeteiligung an Entscheidungsverfahren und den Zugang zu Gerichten in Umweltangelegenheiten vom 25.6.1998, sog. **Aarhus-Konvention**) und europäischen Rechtsvorschriften. Die Beteiligung dient der **Wahrung der Rechte** der von der Planung Betroffenen, der **Information** von beteiligten öffentlichen Stellen und der breiten Öffentlichkeit, der Herstellung von **Transparenz** sowie der Verbreiterung der Entscheidungs- und Abwägungsgrundlagen des Planungsträgers (vgl. Bundesministerium für Verkehr und digitale Infrastruktur, Handbuch für eine gute Bürgerbeteiligung, März 2014).

3 Bei der Aufstellung, Änderung und Aufhebung von Raumordnungsplänen sind **Behörden, andere öffentliche Stellen, Verbände und Vereinigungen sowie die Öffentlichkeit zu beteiligen**, bei grenzüberschreitenden Auswirkungen auch in den betroffenen **Nachbarländern und -staaten**.

4 Die Anforderungen an die **Beteiligung** unterscheiden sich je nach Verfahrensgegenstand des jeweiligen Planungsverfahrens. Bei Verfahren zur **Neuaufstellung** eines Raumordnungsplans bezieht sich das Beteiligungserfordernis auf **sämtliche textlichen und zeichnerischen Festlegungen**, bei Verfahren zur **Änderung** eines Raumordnungsplans nur auf diejenigen **Festlegungen, die geändert, neu gefasst, aufgehoben oder zusätzlich** aufgenommen werden.

Im **vereinfachten Planänderungsverfahren** nach § 9 Abs. 5 ROG i. V. m. § 6 Abs. 2 NROG (insb. geringfügige Planänderungen ohne erhebliche Umweltauswirkungen) darf eine Beteiligung der inländischen Öffentlichkeit entfallen; eine Beteiligung von Nachbarstaaten ist nur bei erheblichen grenzüberschreitenden Auswirkungen durchzuführen (§ 9 Abs. 4 Satz 1 ROG). 5

1.2 Strategische Umweltprüfung

Bei der Aufstellung und Änderung eines Raumordnungsplans besteht grundsätzlich die Pflicht zur formalisierten Prüfung von Umweltauswirkungen der Planung (§ 8 ROG), auch **„Strategische Umweltprüfung"/„SUP"** oder „Plan-UP" genannt. Sie wird nach den Vorschriften des ROG durchgeführt (§ 48 UVPG). Vorschriften des UVPG finden nur dann Anwendung, wenn das ROG ausdrücklich auf diese verweist. Die Umweltprüfung hat rechtlich vorgegebene Verfahrensschritte zu durchlaufen, die allerdings **in die Verfahrensschritte zur Aufstellung eines Raumordnungsplans integriert** sind: 6

1.2.1 Festlegung von Umfang und Detaillierungsgrad des Umweltberichts (Scoping) und Erarbeitung eines Umweltberichts

Kernelement der Umweltprüfung ist der **Umweltbericht**. Der Träger der Raumordnungsplanung hat im sog. **„Scopingverfahren"** Umfang und Detaillierungsgrad des Umweltberichts einzelfallbezogen festzulegen (räumlicher, inhaltlicher und methodischer Untersuchungsrahmen, § 8 Abs. 1 Satz 2 ROG). Hieran sind die Behörden zu beteiligen, deren umwelt- und gesundheitsbezogener Aufgabenbereich von den Umweltauswirkungen berührt werden kann. Ferner können anerkannte Naturschutzvereinigungen oder Sachverständige eingebunden werden. Zeitlich erfolgt das Scoping nach Bekanntmachung der allgemeinen Planungsabsichten i. S. des § 9 Abs. 1 ROG. 7

Inhalt, Umfang und Prüftiefe des Umweltberichts dürfen und müssen sich auf ein der Ebene **der Raumordnung entsprechendes grobes Prüflevel** beschränken; das gilt auch bei der Ausweisung von Flächen für Erneuerbare Energien (näher s. § 3 Rn. 31 ff.). 8

Dass in **Windenergiegebieten** i. S. des § 6 WindBG im späteren Zulassungsverfahren eine Umwelt- oder Artenschutzprüfung entfällt, hat grundsätzlich nicht zur Folge, dass die vertiefte Umweltprüfung des Zulassungsverfahrens 1:1 auf die Planungsebene verlagert oder „hochgezogen" wird (näher § 3 Rn. 35). 9

Bei einer **geringfügigen Planänderung** kann – anstelle eines Scopings – der Umfang der Umweltauswirkungen anhand der Prüfkriterien nach Anlage 2 des ROG durch eine Vorprüfung ermittelt werden (sog. **„Screening"**, § 8 Abs. 2 ROG). Diejenigen öffentlichen Stellen, deren umwelt- und gesundheitsbezogener Aufgabenbereich von den Umweltauswirkungen berührt werden kann, sind dabei zu beteiligen. Sind keine erheblichen Umweltauswirkungen zu erwarten, besteht keine Verpflichtung zur Durchführung einer formellen **Umweltprüfung** und es kann auf den Umweltbericht nach § 8 Abs. 1 ROG, die zusammenfassende Erklärung nach § 10 Abs. 3 ROG sowie Überwachungsmaßnahmen i. S. d. § 8 Abs. 4 ROG und alle damit verbundenen Schritte **verzichtet** werden. 10

1.2.2 Beteiligungsverfahren zu den Planunterlagen einschließlich Umweltbericht

Die **Möglichkeit zur Stellungnahme** bezieht sich nicht nur auf den Planentwurf und seine Begründung, sondern auch auf den **Umweltbericht** (§ 9 ROG i. V. m. § 3 Abs. 2 bis 6 NROG). 11

1.2.3 Berücksichtigung des Umweltberichts bei der planerischen Abwägung

Sowohl die Inhalte des Umweltberichts als auch die dazu im Verfahren eingehenden Anregungen, Bedenken und Hinweise gehören zum abwägungsrelevanten Material (§ 7 Abs. 2 ROG). Die Pflicht zur formellen Umweltprüfung führt nicht dazu, dass bei der Gewichtung gegenläufiger Belange Umweltbelangen stets größeres Gewicht einzuräumen wäre. 12

1.2.4 Bekanntmachung der Dokumentation der Umweltprüfung

13 Nach Abschluss des Verfahrens ist mit dem Plan und seiner Begründung eine Dokumentation der Umweltprüfung in Form einer sog. **„zusammenfassenden Erklärung" zu veröffentlichen**. Daraus muss sich ergeben, wie Umweltbelange und die Ergebnisse des Beteiligungsverfahrens berücksichtigt wurden und welche Gründe bei Planalternativen zu der gewählten Festlegung geführt haben. Ferner sind Maßnahmen zur Überwachung von Umweltauswirkungen darzulegen (§ 10 Abs. 2 und 3 ROG).

14 Wurde **auf eine SUP** aufgrund einer **Vorprüfung** nach § 8 Abs. 2 ROG **verzichtet**, sind die zu diesem Ergebnis führenden Erwägungen in die Begründung des Raumordnungsplans aufzunehmen. Aus Gründen der Transparenz empfiehlt sich ein entsprechender Hinweis in der Bekanntmachung über die Bereithaltung des Plans und seiner Begründung.

1.2.5 Überwachung der Auswirkungen der Plandurchführung auf die Umwelt

15 Die **Überwachung (Monitoring)** soll dem Planungsträger eine Feststellung dazu ermöglichen, inwieweit die im Rahmen der SUP prognostizierten erheblichen Umweltauswirkungen bei Umsetzung der Raumordnungsplanung tatsächlich eintreten oder ob ggf. unerwartete (insbesondere nachteilige) Umweltauswirkungen entstehen (§ 8 Abs. 4 ROG, § 14 NROG).

2. Rechtsschutz gegen Raumordnungspläne

16 Rechtsschutz gegen Raumordnungspläne kann zum einen direkt über die **Normenkontrollklage nach § 47 Abs. 1 Nr. 2 VwGO** erreicht werden. Zum anderen können Raumordnungspläne **inzident** im Rahmen eines Verwaltungsrechtsstreits (z. B. Genehmigungsverfahren) oder eines anderen Normenkontrollverfahrens überprüft werden.

2.1 Normenkontrolle gegen Raumordnungspläne

17 Das NdsOVG mit Sitz in Lüneburg (§ 74 Abs. 1 Satz 1 NJG) entscheidet gem. § 75 NJG über die Gültigkeit von im Rang unter dem Landesgesetz stehenden Rechtsvorschriften (§ 47 Abs. 1 Nr. 2 VwGO). Hierzu zählen sowohl das LROP, das als Rechtsverordnung ergeht (§ 4 Abs. 2 Satz 1 NROG), als auch die RROP, die als Satzung beschlossen werden (§ 5 Abs. 5 NROG). Der **Antrag auf Normenkontrolle** kann sich gegen die Rechtswirksamkeit des Raumordnungsplans als Ganzes oder gegen einzelne Festlegungen richten. Die **Frist beträgt ein Jahr** nach Verkündung des LROP bzw. nach Bekanntmachung der Erteilung der Genehmigung eines RROP. Gem. § 10 Abs. 2 Satz 1 ROG ist auf die Möglichkeit der Normenkontrolle und ihre Frist durch eine **Rechtsbehelfsbelehrung** hinzuweisen.

2.1.1 Normenkontrolle nur gegen Ziele der Raumordnung

18 Die für die Zulässigkeit der Normenkontrollklage nach § 47 VwGO erforderliche **Antragsbefugnis** ist gegeben, wenn der Antragsteller hinreichend substantiiert Tatsachen vorträgt, die es zumindest als möglich erscheinen lassen, dass er **durch die Rechtsvorschrift in seinen subjektiven Rechten verletzt ist oder in absehbarer Zeit verletzt wird**.

19 Die Möglichkeit einer derartigen **Rechtsverletzung durch Ziele** der Raumordnung ist seit langem anerkannt (näher Rn. 22 ff.).

20 **Grundsätze** können erst im Rahmen einer Inzidentkontrolle einer verwaltungsgerichtlichen Prüfung unterzogen werden, eine **Normenkontrolle ist nicht möglich**. Grundsätze der Raumordnung wirken lediglich als Gewichtungsvorgaben auf nachfolgende Abwägungs- oder Ermessensentscheidungen. Ob Grundsätzen tatsächlich ein höheres Gewicht gegenüber anderen Belangen zukommt, ergibt sich erst aus der konkreten Planungs- bzw. Entscheidungssituation. Abstrakt lässt sich dies im Voraus nicht bestimmen, sodass die Festlegung eines Grundsatzes alleine noch nicht dazu führen kann, dass der Antragsteller in seinen Rechten verletzt wird (vgl. BVerwG, Urt. vom 16.4.2015 – 4 CN 6.14 –, BVerwGE

152, 49; www.bverwg.de; VGH BW, Urt. vom 12.12.2013 – 8 S 3024/11 –, DÖV 2014 S. 451; openJur 2014, 4216).

„Weiße Flächen" sind ebenfalls nicht in der Lage, in subjektive Rechte einzugreifen. Weiße Flächen sind Flächen, die der Planungsträger bewusst unbeplant gelassen hat und an die bewusst gerade keine Steuerungswirkungen oder Nutzungsvorgaben geknüpft werden. Eine **Klage gegen eine weiße Fläche** ist daher **nicht möglich**. Entsteht die weiße Fläche allerdings durch eine Planänderung, mittels derer ein bislang bestehendes Vorranggebiet ersatzlos aufgehoben wird, so hält das NdsOVG eine Klage gegen die Aufhebung des Vorranggebietes für möglich (NdsOVG, Urt. vom 29.5.2018 (Zwischenurt.) – 1 KN 141717 –, www.rechtsprechung.niedersachsen.de). 21

2.1.2 Antragsbefugnis öffentlicher Stellen

2.1.2.1 Verletzung der kommunalen Planungshoheit

Nach § 4 Abs. 1 ROG sind Ziele der Raumordnung für sämtliche kommunalen Planungsträger verbindlich. Nach § 1 Abs. 4 BauGB sind Bauleitpläne den Zielen der Raumordnung anzupassen; **Gemeinden** können in Bezug auf RROP und LROP daher eine **Verletzung ihrer – im Selbstverwaltungsrecht gemäß Art. 28 Abs. 2 GG und Art. 57 NV enthaltenen – kommunalen Planungshoheit** geltend machen. Gleiches gilt in Bezug auf das LROP für die Träger der Regionalplanung, die nach § 5 Abs. 3 NROG bestimmte Regelungsaufträge umzusetzen sowie ihre RROP dem LROP unverzüglich anzupassen haben. Unter Berufung auf die eigene Planungshoheit kann bspw. die Abwehr von Planungsbeschränkungen oder -vorgaben ebenso verfolgt werden wie der Wunsch auf Zuweisung bestimmter – z. B. zentralörtlicher – Standorte oder Funktionen. 22

2.1.2.2 Rechtsschutz von Behörden als Anwendungsbehörde

Für **Verwaltungsbehörden** kommt ein Normenkontrollantrag aus ihrer Stellung **als Anwendungsbehörde** in Betracht. Dieser erfordert nach dem klaren Wortlaut des § 47 Abs. 2 VwGO keine Antragsbefugnis im engeren Sinne, weil die Voraussetzung einer subjektiven Rechtsverletzung kaum erfüllbar wäre. Die Behörde muss aber ein objektives Kontrollinteresse darlegen können, indem sie zumindest geltend machen muss, dass sie bei Wahrnehmung ihrer Aufgaben die Festlegungen des Raumordnungsplans anzuwenden hat (BVerwG, Urt. vom 22.6.2011 – 4 CN 4/10 –, BVerwGE 140, 54; www.bverwg.de; BVerwG, Beschl. vom 21.3.2019 – 4 BN 6.19 –, www.bverwg.de). 23

2.1.3 Antragsbefugnis von Privatpersonen

Eine Rechtsverletzung durch einen Raumordnungsplan ist zum einen dadurch möglich, dass sich die angegriffene Festlegung unmittelbar belastend **auf Rechte des Antragstellers auswirken** kann oder dass sie gem. § 4 ROG eine Bindungswirkung entfaltet, die geeignet sein könnte, *„Eingriffe in subjektive Rechte des Antragstellers in einem anderen rechtlichen Zusammenhang bereits jetzt zu determinieren"* („Weichenstellung", vgl. VGH BW, Urt. 12.12.2013 – 8 S 3024/11 –, DÖV 2014 S. 451; openJur 2014, 4216), näher Rn. 26 ff. 24

Weil Raumordnungspläne aufgrund einer planerischen Abwägung erlassen werden, ist eine Rechtsverletzung zum anderen möglich, wenn einem Betroffenen ein **Recht auf Abwägung** seiner Interessen, Belange oder Rechte zusteht (näher Rn. 30 ff.). 25

2.1.3.1 Einschränkung des Eigentums nach Art. 14 GG

Die **Antragsbefugnis einer Privatperson** gegen ein Ziel der Raumordnung, weil der Plan subjektive öffentliche Rechte aufhebt oder einschränkt, folgt für **Grundstückseigentümer oder eigentumsähnlich Berechtigte** anerkanntermaßen aus Art. 14 GG, wenn ein Ziel über die Bindungswirkungen nach § 4 ROG direkten Eingang in die Zulässigkeitsprüfung eines Vorhabens findet und so für ein Grundstück die generell mit ihm verbundenen Nutzungsbefugnisse beschränkt. 26

27 Das BVerwG nimmt dabei an, dass bereits die bloße Festlegung eines Ziels dazu führen kann, dass die mit dem Eigentum verbundenen Nutzungsbefugnisse beschränkt werden (BVerwG, Urt. vom 16.4.2015 – 4 CN 6.14 –, BVerwGE 152, 49; www.bverwg.de). Im Rahmen der Antragsbefugnis müsse der Grundstückseigentümer nicht weiter darlegen, auf den betroffenen Grundflächen in absehbarer Zukunft raumbedeutsame Vorhaben verwirklichen zu wollen, die mit den Zielen der Raumordnung voraussichtlich nicht in Einklang zu bringen seien. Zur Begründung stützt sich das BVerwG (auch) darauf, dass die Raumentwicklung dauerhaft und nachhaltig erfolge und es daher sachwidrig wäre, vom Antragssteller zu verlangen, ein Vorhaben konkret umsetzen zu wollen. Möglich ist hiernach eine Verletzung des Eigentums z. B. für Grundstücke, für die ein Raumordnungsplan einen bestimmten Vorrang ausweist, weil damit unvereinbare andere Nutzungen ausgeschlossen werden.

28 Diese vom BVerwG ausdrücklich nur auf **§ 35 Abs. 3 Satz 2 BauGB** bezogene Rechtsprechung muss aus rechtssystematischen Gründen auf alle **fachgesetzlichen Raumordnungsklauseln i. S. v. § 4 Abs. 2 ROG** übertragen werden. Denn § 35 Abs. 3 Satz 2 BauGB steht nicht neben § 4 Abs. 2 ROG, sondern bildet dessen hauptsächlichen – aber eben nicht ausschließlichen – Anwendungsfall ab. Jedes Ziel, das über (irgendeine) fachgesetzliche Raumordnungsklausel i. S. d. § 4 Abs. 2 ROG eine Bindungswirkung zu Lasten privater Vorhabenträger entfaltet, ist geeignet, Eingriffe in subjektive Rechte des Antragstellers in einem anderen rechtlichen Zusammenhang *„bereits jetzt zu determinieren"* (VGH BW, Urt. 12.12.2013 – 8 S 3024/11 –, DÖV 2014 S. 451; openJur 2014, 4216). Im Rahmen des § 35 BauGB gilt dies neben Abs. 3 Satz 2 auch für Abs. 3 Satz 3, wenn eine Nutzungsbeschränkung über eine Ausschlusswirkung erzeugt wird (vgl. NdsOVG, Urt. vom 13.7.2017 – 12 KN 206/15 –, www.rechtsprechung.niedersachsen.de). Weitere Raumordnungsklauseln finden sich in anderen Fachgesetzen (vgl. § 1 Rn. 194).

29 Die Rechtsprechung muss konsequenterweise ferner für Vorhaben gelten, die der **Planfeststellung oder einem sonstigen Zulassungsverfahren** für private Vorhaben i. S. v. § 4 Abs. 1 Satz 1 Nr. 3 ROG unterliegen, weil Ziele auch hier als Zulässigkeitsvoraussetzung unmittelbare Auswirkungen für private Vorhabenträger haben (vgl. § 1 Rn. 190 ff.). Das BVerwG hat diese Fragestellung bislang offengelassen.

2.1.3.2 Verletzung des Rechts auf ordnungsgemäße Abwägung

30 Ist der Antragsteller nicht Eigentümer oder anders dinglich Berechtigter, kann die Verletzung eines subjektiven Rechts ferner daraus folgen, dass ein privater, bei der Planung zu beachtender schutzwürdiger **Belang** nicht oder nicht ausreichend in der Abwägung berücksichtigt worden ist (vgl. NdsOVG, Urt. vom 17.6.2013 – 12 KN 80/12 –, DVBl 2013 S. 1198; openJur 2013, 30883, BVerwG, Beschl. vom 17.12.2012 – 4 BN 19.12 –, BauR 2013 S. 753; www.bverwg.de).

31 Die Rechtsprechung lässt als Belang nicht jedwedes private Interesse genügen, sondern verlangt eine gewisse **Gewichtigkeit**. Zu den ausreichend gewichtigen und damit abwägungsrelevanten Belangen zählen vertraglich vereinbarte Nutzungsrechte. Das private Interesse eines **Mieters oder Pächters** am Fortbestand der bisherigen planungsrechtlichen Situation kann daher ein in der Abwägung zu berücksichtigender, eigener Belang sein (vgl. BVerwG, Urt. vom 5.11.1999 – 4 CN 3.99 –, NVwZ 2000 S. 806; BVerwG, Beschl. vom 7.1.2010 – 4 BN 36.09 –, openJur 2011, 90705; Nds. OVG, Urt. vom 29.5.2018 (Zwischenurteil) – 1 KN 141717 –, www.rechtsprechung.niedersachsen.de).

32 Das NdsOVG nimmt die Antragsbefugnis obligatorisch Berechtigter wegen einer Einschränkung der Grundstücksnutzung dabei nur an (vgl. NdsOVG, Urt. vom 13.7.2017 – 12 KN 206/15 –, www.rechtsprechung.niedersachsen.de), wenn diese zudem eine **konkrete Nutzungsabsicht** glaubhaft machen können, so bspw. die Absicht, Windenergieanlagen errichten zu wollen (so auch BVerwG, Beschl. vom 21.3.2019 – 4 BN 11.19 –, www.bverwg.de, das die *„Ernsthaftigkeit"* der Absicht und entsprechenden *„substanziierten Sachvortrag"* fordert) oder als sogenannter Standortentwickler auf der Grundlage der

bestehenden Nutzungsverträge örtlich konkretisierte Projekte der Windenergiegewinnung in die Wege zu leiten (vgl. NdsOVG, Urt. vom 5.3.2018 – 12 KN 144/17 –, www.rechtsprechung.niedersachsen.de; NdsOVG, Beschl. vom 18.5.2020 – 12 KN 243/17 –, www.rechtsprechung.niedersachsen.de).

Diese Einschränkung erscheint nicht zwingend. Das obligatorische Nutzungsrecht ist – **33**
über seinen Status als abwägungserheblicher Belang hinausgehend – auch über Art. 2 Abs. 1 GG geschützt. Obligatorisch Berechtigte sind bei entgegenstehenden Zielen durch die Wirkung von Raumordnungsklauseln oder im Planfeststellungsverfahren in gleicher Weise wie Eigentümer an der Realisierung eines Vorhabens gehindert. Vieles spricht daher dafür, auch obligatorisch Berechtigten bereits dann eine Antragsbefugnis zuzuerkennen, wenn sie noch **keine konkreten Nutzungsabsichten** haben.

Für die Antragsbefugnis von **Nachbarn** gilt: Die Befassung auch mit Nachbarbelangen auf **34**
Planebene ist grundsätzlich erforderlich. Allerdings begründet diese grundsätzliche Abwägungsrelevanz von Nachbarbelangen nur dann eine Antragsbefugnis, wenn der Nachbar substantiiert einen Sachverhalt darlegt, der es als möglich erscheinen lässt, dass zu seinen Lasten das planungsrechtliche Gebot der Rücksichtnahme verletzt ist bzw. eine nachteilige Betroffenheit oberhalb der Zumutbarkeitsschwelle vorliegt (vgl. näher BVerwG, Beschl. vom 13.11.2006 – BVerwG 4 BN 18.06 –, NVwZ 2007 S. 229; www.bverwg.de; BVerwG, Beschl. vom 24.3.2016 – BVerwG 4 BN 41.15 –, www.bverwg.de; NdsOVG, Urt. vom 6.4.2017 – 12 KN 6/16 –, www.rechtsprechung.niedersachsen.de).

2.1.4 Antragsbefugnis von Naturschutzvereinigungen und anderen Verbänden und Vereinigungen; Verbandsklage nach dem UmwRG

Jede juristische Person – also auch Naturschutzverbände, Vereinigungen und andere Ver- **35**
bände, die z. B. eingetragener Verein sind – ist gleichermaßen wie natürliche Personen gem. § 47 Abs. 2 VwGO antragsbefugt, wenn sie geltend machen kann, durch den Plan in ihren Rechten verletzt zu sein oder in absehbarer Zeit verletzt zu werden.

Nach § 3 UmwRG **anerkannte Umweltverbände** haben – unabhängig von ihrer Rechtsfä- **36**
higkeit – ferner eine Antragsbefugnis im Normenkontrollverfahren, wenn die Voraussetzungen einer Verbandsklage erfüllt sind. Darüber können sie nicht nur Rechte geltend machen, die die Vereinigung bzw. den Verband selbst betreffen, insbesondere gesetzlich eingeräumte Beteiligungs- und Mitwirkungsrechte. Auch die Geltendmachung inhaltlicher Belange des Umweltschutzes kann eine Antragsbefugnis begründen.

Für Raumordnungspläne ist nur die **Verbandsklage nach § 2 UmwRG** einschlägig. Mit der **37**
Verbandsklage nach § 64 BNatSchG können nur solche Entscheidungen zur Überprüfung gestellt werden, die die Voraussetzungen des § 63 Abs. 1 Nr. 2– 4, Abs. 2 Nr. 5–7 BNatSchG erfüllen; diese Voraussetzungen erfüllen Raumordnungspläne nicht.

Die Reichweite einer Verbandsklage nach § 2 UmwRG gegen Raumordnungspläne ist **38**
unklar. Seit 2017 erfasst § 1 Abs. 1 UmwRG über seine Nr. 4 auch Raumordnungspläne, allerdings enthält § 48 Satz 2 UVPG folgende **Einschränkung**:

> *„Auf einen Raumordnungsplan nach Anlage 5 Nummer 1.5 oder 1.6, der Flächen für die die Windenergienutzung oder für den Abbau von Rohstoffen ausweist, ist § 1 Abs. 1 Satz 1 Nummer 4 des Umwelt-Rechtsbehelfsgesetzes nicht anzuwenden."*

Die genannten Raumordnungspläne unterfallen ausweislich der Gesetzesbegründung **39**
deshalb nicht dem Anwendungsbereich des UmwRG, weil das System der Raumordnungs- und Bauleitplanung in Deutschland mehrstufig sei. Sowohl nachfolgende Bauleitpläne als auch Zulassungsverfahren seien gerichtlich überprüfbar. In diesen Verfahren sei auch eine Inzidentkontrolle des Raumordnungsplans möglich, sodass kein Bedarf für eine direkte Verbandsklage gegen raumordnerische Festlegungen bestehe.

Eindeutig durch den Gesetzeswortlaut und die Begründung abgedeckt ist der Fall eines **40**
sachlichen **Teilplans**. Ein Raumordnungsplan, der ausschließlich Regelungen über die

Windenergienutzung enthält (z. B. Regionale Teilprogramme über die Windenergienutzung i. S. des § 5 Abs. 1 Satz 3 NROG) oder – in Niedersachsen nicht zulässige – Raumordnungspläne über den Abbau bestimmter **Rohstoffe,** ist keiner Verbandsklage nach dem UmwRG zugänglich.

41 Unklar ist die Rechtslage allerdings hinsichtlich solcher Raumordnungspläne, die neben Festlegungen zur Windenergienutzung oder zum Rohstoffabbau eine Vielzahl von Festlegungen zur anderen Raumnutzungen enthalten. Solche **„Gesamtpläne"** sind der Regelfall.

42 Dass von § 48 Satz 2 UVPG nur der seltene Fall echter Teilpläne erfasst sein soll, erscheint zu einschränkend, zu willkürlich und vor dem Rechtsstaatsprinzip bedenklich, weil dann die Statthaftigkeit eines Rechtsbehelfs gegen eine Festlegung von der Entscheidung eines exekutiven Plangeber abhinge, ob er die Festlegung in einem Teilplan oder in einem Gesamtplan verankert.

43 Ebenso unsachgerecht erscheint es anzunehmen, dass § 48 Satz 2 UVPG den Raumordnungsplan als Ganzes dem Anwendungsbereich des UmwRG entzieht, sofern der Raumordnungsplan – zumindest auch – Festlegungen zu „Wind" oder „Rohstoffen" enthält. Wenngleich der Wortlaut von Gesetzestextes und Begründung eine solche Auslegung nahelegen, wirft diese doch zwangsläufig die Frage auf, welchen Anwendungsbereich § 1 Abs. 1 Satz 1 Nr. 4 UmwRG überhaupt noch hätte. Zudem trifft der Umstand, dass Vorgaben der Raumordnung durch nachfolgende Planungsebenen näher ausgestaltet werden und inzident überprüfbar sind, auf Festlegungen zu anderen Themen, z. B. großflächigen Einzelhandel oder Freiraumfunktionen, gleichermaßen zu.

44 Sinn und Zweck der Regelung erscheint bis zu einer höchstrichterlichen Entscheidung oder einer Klarstellung im UVP eine **vermittelnde Auslegung** dahingehend zu entsprechend, dass **nicht der Raumordnungsplan als Ganzes dem Anwendungsbereich des UmwRG entzogen ist, sondern nur diejenigen Festlegungen, die sich auf Rohstoffabbau oder Windenergie beziehen**, unabhängig von dem Umstand, ob der Raumordnungsplan als echter Teilplan ausgestaltet ist oder weitere Festlegungen zu anderen Themen enthält (in diese Richtung wohl auch NdsOVG, Urt. vom 29.4.2020 – 1 KN 141/17 –, www.rechtsprechung.niedersachsen.de).

45 Unbeantwortet bleibt dabei dennoch die Frage, warum gegen ein einheitliches planerisches Regelwerk themenabhängig unterschiedliche Rechtsbehelfsmöglichkeiten eröffnet sein sollen, zumal Ziele zur Windenergienutzung oder zum Rohstoffabbau die gleichen Rechts- und Bindungswirkungen entfalten wie raumordnerische Ziele zu anderen Thematiken und auch andere Themenbereiche eindeutig erhebliche Umweltrelevanz haben.

46 Unabhängig von der Frage der Verortung der Festlegungen in einem Gesamtplan oder in einem Teilplan weist OVG NRW mit Urt. vom 21.3.2024 (– 11 D 133/20.NE –, openJur 2024, 4356; www.justiz.nrw.de) darauf hin, dass die **Möglichkeit einer Verbandsklage nur bei der Ausweisung von „Flächen" entfällt**: *„Der Begriff der Ausweisung von Flächen nach § 48 Satz 2 UVPG meint die Zuordnung bestimmter Funktionen oder Nutzungen zu einem bestimmten Bereich des Planungsraums. Er umfasst insbesondere die Festlegung der in § 7 Abs. 3 ROG genannten Gebiete (Vorranggebiete, Vorbehaltsgebiete, Eignungsgebiete, Eignungsgebiete für den Meeresbereich, Vorranggebiete mit der Wirkung von Eignungsgebieten). Dagegen kann von einer ‚Ausweisung von Flächen' nicht gesprochen werden, wenn der Plan lediglich abstrakte und rein textliche Festlegungen von Zielen (oder gar Grundsätzen) der Raumordnung enthält, die die Windenergie oder die Rohstoffnutzung betreffen. Den konkrete Gebiets- und abstrakte Ziel- oder Grundsatzbestimmungen gleichermaßen erfassenden Begriff der ‚Festlegung' im Sinne des Raumordnungsrechts (vgl. etwa §§ 2 Abs. 1, 3 Abs. 1 Nr. 2 und 3, 7 Abs. 1, 3 und 4 sowie 13 Abs. 4 ROG) hat der Gesetzgeber gerade nicht gewählt. Auch von anderen umfassenderen Formulierungen wie etwa ‚Festsetzungen', ‚Regelungen', ‚Bestimmungen' oder ‚Ausweisungen' zu oder in Bezug auf Windenergienutzung oder Rohstoffabbau hat er abgesehen und ausdrücklich nur Pläne erfasst, die ‚Flächen' für die Windenergienutzung oder für den Abbau von Roh-*

stoffen ‚ausweisen'. Sollte er – mit Blick auf das in der Gesetzesbegründung angeführte mehrstufige System der Raumordnung – gleichwohl einen umfassenden Ausschlusstatbestand beabsichtigt haben, hätte dies im Wortlaut des § 48 Satz 2 UVPG jedenfalls keinen hinreichenden Niederschlag gefunden. Rechtsstaatliche Anforderungen an die Normbestimmtheit gebieten, für die Auslegung einer Gesetzesvorschrift auf den in ihr zum Ausdruck kommenden objektivierten Willen des Gesetzgebers abzustellen, so wie er sich aus dem Wortlaut der Gesetzesbestimmung und dem Sinnzusammenhang ergibt, nicht jedoch auf die subjektive Vorstellung der am Gesetzgebungsverfahren beteiligten Organe. Der Entstehungsgeschichte kommt für die Auslegung regelmäßig nur insofern Bedeutung zu, als sie die Richtigkeit einer nach den allgemeinen Grundsätzen ermittelten Auslegung bestätigt oder Zweifel behebt, die ansonsten nicht ausgeräumt werden können. In den Gesetzesmaterialien dokumentierte (etwaige) Vorstellungen der gesetzgebenden Instanzen können nicht mit dem objektiven Gesetzesinhalt gleichgesetzt werden."

2.1.5 Rechtsschutzbedürfnis

Ein Normenkontrollantrag ist ferner nur zulässig, wenn sich dadurch die **rechtliche Position des Antragstellers verbessern kann**, z. B. dadurch, dass ein Ziel, welches dem Vorhaben des Antragstellers entgegensteht, für unwirksam erklärt wird. **47**

Das Rechtsschutzbedürfnis für eine Normenkontrolle ist nicht gegeben, wenn im Falle der Unwirksamkeit die vorherige Fassung des Raumordnungsplans wieder Geltung erhält, die dem Vorhaben des Antragstellers gleichermaßen entgegensteht. **48**

Dieses „Wiederaufleben" setzt voraus, dass mit der erforderlichen Sicherheit von der Wirksamkeit der vorherigen Planung ausgegangen werden kann (vgl. BVerwG, Urt. vom 13.12.2018 – BVerwG 4 CN 3.18 –, www.bverwg.de). Ist die Wirksamkeit zweifelhaft, ist das Normenkontrollgericht nicht zu einer inzidenten Normenkontrolle des Vorgängerplans verpflichtet, sondern darf vom Rechtschutzbedürfnis des Antragstellers ausgehen (vgl. NdsOVG, Urt. vom 26.2.2020 – 12 KN 182/17 –, www.rechtsprechung.niedersachsen.de). **49**

2.1.6 Begründetheit; Wirkung der gerichtlichen Entscheidung

Der Normenkontrollantrag ist begründet, wenn und soweit der Raumordnungsplan ungültig ist. Er wird durch das OVG für unwirksam erklärt. **50**

Der Plan wird **insgesamt für unwirksam** erklärt, wenn **Mängel dem gesamten Plan anhaften**, bspw. beachtliche Verfahrens- oder Formfehler. **51**

Mängel, die nur einzelne Festlegungen betreffen, führen nicht zur Unwirksamkeit des ganzen Plans, wenn die übrigen Festlegungen für sich noch eine sinnvolle Steuerung bewirken können, nicht gegen das Teilplanverbot verstoßen und der „Restplan" dem mutmaßlichen Willen des Planungsträgers entspricht (vgl. NdsOVG, Urt. vom 13.7.2017 – 12 KN 206/15 –, www.rechtsprechung.niedersachsen.de). **52**

Die Wirkung einer solchen gerichtlichen Entscheidung besteht im **„Wegfall" der betroffenen Festlegung**. Handelte es sich um eine Festlegung, die im Zuge eines Planänderungsverfahrens erlassen wurde, so tritt an ihre Stelle die Vorgängerversion. Die Änderung eines Plans vollzieht sich bildlich wie ein partielles „Überkleben" einer alten Festlegung, im Übrigen besteht der alte Plan fort. Durch ein Unwirksamkeitsurteil wird die „Überklebung" wieder entfernt und die ältere Festlegung wird wieder „sichtbar". Ein Beispiel in Niedersachsen für diese Fallkonstellation ist das Landes-Raumordnungsprogramm, das regelmäßig durch Änderungen fortgeschrieben wird. **53**

Allerdings kommt einer älteren Festlegung Steuerungswirkung nur dann und solange zu, wie sie nicht – z. B. wegen Überalterung gem. § 5 Abs. 7 NROG – außer Kraft getreten oder funktionslos geworden ist. **54**

55 Handelte es sich um eine Festlegung, die im Rahmen einer Neuaufstellung erlassen wurde, so ist ein vorbeschriebenes **„Wiederaufleben" der Vorgängerversion** nicht möglich. Die Neuaufstellung eines Plans geht regelmäßig damit einher, dass der Vorgängerplan aufgehoben wird – er „stirbt" hierdurch und kann insofern auch nicht „wiederbelebt" werden.

56 Die Beschränkung der Urteilswirkung auf den Wegfall einer Festlegung bedeutet ferner, dass ein **unwirksames Ziel vom Gericht nicht durch ein anderes Ziel ersetzt** werden kann. Eine solche **Umplanung dürfte nur der Planungsträger vornehmen**. Wird z. B. im Rahmen eines Normenkontrollverfahrens ein gesamträumliches Konzept mit Vorranggebieten und Ausschlusswirkung überprüft und wird ein einzelnes Vorranggebiet für unwirksam erklärt – unter Fortbestand der Planung im Übrigen –, so entfällt nur die mit der Vorrangfestlegung verbundene „positive" Wirkung zugunsten eines Vorhabens. Hingegen bewirkt das Urt. nicht, dass die Fläche der Ausschlusswirkung unterfallen würde. Die Ausschlusswirkung ist ein eigenständiges Ziel der Raumordnung; ihre räumliche Reichweite kann nur vom Planungsträger bestimmt werden. Vom Planungsträger war im Bereich eines aufgehobenen Vorranggebietes eine Ausschlusswirkung ersichtlich gerade nicht gewollt. Die gerichtliche Entscheidung führt insofern „nur" zum Entstehen einer „weißen Fläche". „Weißflächen" sind Flächen ohne raumplanerische Steuerung, auf denen weder Vorrang noch Ausschlusswirkung gelten (NdsOVG, Urt. vom 17.10.2013 – 12 KN 277/11 –, DÖV 2014 S. 130; openJur 2013, 41334; NdsOVG, Beschl. vom 30.7.2013 – 12 MN 301/12 –, NVwZ-RR 2014 S. 25; openJur 2013, 32170).

2.2 Inzidentkontrolle

57 Raumordnungspläne können – unabhängig von der Normenkontrolle – **inzident** im Rahmen eines anhängigen Verwaltungsrechtsstreits durch die Verwaltungsgerichte überprüft werden. Aufhänger sind häufig Anfechtungs- oder Verpflichtungsklagen bei vorhabenbezogenen Zulassungsverfahren, in denen Festlegungen der Raumordnung entscheidungserheblich waren. Dies gilt nicht nur in Bezug auf Ziele, sondern auch auf Grundsätze (BVerwG, Urt. vom 16.4.2015 – 4 CN 6.14 –, BVerwGE 152, 49; www.bverwg.de).

58 Besondere Bedeutung für Inzidentkontrollen von Raumordnungsplänen im Rahmen eines Rechtsstreits über eine andere Planung haben Rechtsstreitigkeiten zwischen Gemeinden über eine Bauleitplanung. Nach § 2 Abs. 2 Satz 2 BauGB können sich Nachbargemeinden auf die ihnen durch Ziele der Raumordnung zugewiesenen Funktionen berufen, sodass diese Festlegungen eines Raumordnungsplans inzident geprüft werden.

59 Die **Antragsfrist des § 47 Abs. 2 Satz 1 VwGO ist kein Hindernis** für eine Inzidentprüfung (vgl. BVerwG, Urt. vom 16.12.1999 – 4 CN 7.98 –, BVerwGE 110, 193; BVerwG, Beschl. vom 8.4.2003 – 4 B 23/03 –, www.bverwg.de).

60 Allerdings ist die Inzidentkontrolle im Rahmen einer **Zielabweichungsentscheidung** nur möglich, solange die Zielabweichungsentscheidung noch nicht bestandskräftig ist (BVerwG, Beschl. vom 25.6.2007 – 4 BN 17.07 –, BauR 2007 S. 1712; www.bverwg.de; näher zum Rechtsschutz gegen Entscheidungen in Zielabweichungsverfahren § 8 NROG Rn. 92 ff.).

3. Entschädigung wegen Festlegungen in Raumordnungsplänen

61 Durch Ziele der Raumordnung, insbesondere durch Vorranggebiete oder Ausschlusswirkung, können Nutzungsmöglichkeiten von Flächen, Standorte für Vorhaben oder Zulässigkeitsvoraussetzungen bzw. Rahmenbedingungen eröffnet, verhindert, aufgehoben oder geändert werden.

62 Verfassungsrechtlich ist die **Aufhebung oder Änderung einer zulässigen Nutzung keine Enteignung** und unterliegt daher nicht dem Entschädigungsgebot des Art. 14 Abs. 3 Satz 2 GG. Die **Nutzungsänderung ist eine Inhalts- und Schrankenbestimmung** des Eigentums i. S. v. Art. 14 Abs. 1 Satz 2 GG (für das insofern vergleichbare Bauplanungsrecht vgl. BVerfG, Beschl. vom 22.2.1999 – 1 BvR 565/91 –, NVwZ 1999 S. 979; openJur 2011, 24709).

In der Rechtsprechung ist anerkannt, dass solche Inhalts- und Schrankenbestimmungen in Raumordnungsplänen **nicht entschädigungspflichtig** sind (vgl. OLG Hamm, Urt. vom 21.9.2006 – 16 U (Baul.) 5/06 –, openJur 2011, 43349; NdsOVG, Urt. vom 8.5.2012 – 12 LB 265/10 –, DVBl 2012 S. 125; openJur 2012, 69147).

Daher ist bspw. die erstmalige Festlegung einer Ausschlusswirkung oder die Aufhebung, Einschränkung, Verschiebung oder Erweiterung von Vorranggebieten für privilegierte Außenbereichsvorhaben nicht entschädigungspflichtig, weil hier kein gesetzliches Nutzungsrecht aufgehoben wird. Bloße Nutzungsmöglichkeiten, die § 35 BauGB eröffnet, beruhen nicht auf einer in § 42 BauGB vorausgesetzten eigentumsrechtlichen Rechtsposition (vgl. NdsOVG, Urt. vom 28.1.2010 – 2 KN 65/07 –, DVBl 2010 S. 525; openJur 2012, 50070; vgl. auch *Gatz/Tyczewski/Baars*, S. 97 ff.). Erst die Anpassung eines Bebauungsplans an die Ziele der Raumordnung löst insofern ggf. Entschädigungsansprüche nach den Vorschriften des BauGB aus. 63

Ebensowenig dürfte eine Entschädigungspflicht entstehen, wenn die Träger der Regionalplanung unter Inanspruchnahme der **„Sonderrechte" des § 249 Abs. 5 Satz 1 BauGB i. V. m. § 27 Abs. 4 ROG Vorranggebiete Windenergienutzung auf Flächen ausweisen, auf denen das LROP Vorranggebiete für andere Nutzungen** festgelegt hat (z. B. ein Vorranggebiet für die Rohstoffgewinnung). Gem. § 249 Abs. 5 Satz 1 BauGB i. V. m. § 27 Abs. 4 ROG ist ein Träger der Regionalplanung bei der Ausweisung von Windenergiegebieten an Ziele des Landes-Raumordnungsprogramms nicht gebunden, sofern dies erforderlich ist, um das jeweilige Teilflächenziel zu erfüllen. Die Überlagerung eines LROP-Vorrangs mit einem RROP-Windenergiegebiet hat eine ähnliche Wirkung wie die Aufhebung des Vorrangs: zwar besteht das LROP-Vorranggebiet formal fort, jedoch entfallen gem. § 245 Abs. 5 Satz 2 BauGB die Bindungswirkungen des „überlagerten" Vorrangs. Bspw. steht der überlagerte Vorrang Rohstoffgewinnung der Erteilung einer BImSch-Genehmigung für eine Windenergieanlage nicht entgegen. Auch diese vom Gesetzgeber über § 249 Abs. 5 BauGB angelegte Wirkung dürfte als entschädigungsfreie Inhalts- und Schrankenbestimmung anzusehen sein. 64

§ 3
Aufstellung von Raumordnungsplänen

(1) [1] Innerhalb von zwölf Monaten nach der Unterrichtung nach § 9 Abs. 1 ROG soll die Beteiligung gemäß § 9 Abs. 2 ROG zum Entwurf des Raumordnungsplans, zu seiner Begründung und zum Umweltbericht beginnen. [2] Die gemäß § 9 Abs. 2 ROG zu beteiligenden öffentlichen Stellen sollen über die Veröffentlichung der Unterlagen im Internet und die Inhalte der öffentlichen Bekanntmachung nach § 9 Abs. 2 Sätze 3 und 4 ROG elektronisch gesondert benachrichtigt werden.

(2) [1] Die nicht gemäß § 9 Abs. 2 Satz 4 Nr. 3 ROG ausgeschlossenen Anregungen und Bedenken können erörtert werden. [2] Eine Erörterung kann in Form eines Präsenztermins oder unter Zuschaltung aller oder einzelner Teilnehmer per Video- oder Telefonkonferenztechnik erfolgen.

Erläuterungen

Übersicht

1.6 Beschlussfassung über allgemeine Planungsabsichten (Organzuständigkeit)

2. Schriftliche erste Beteiligung öffentlicher Stellen und der Öffentlichkeit (§ 9 Abs. 2 ROG, § 3 Abs. 1 NROG)
   - 2.1 Einleitung des ersten Beteiligungsverfahrens nach 12 Monaten (§ 3 Abs. 1 Satz 1 NROG)
   - 2.2 Unterlagen für das Beteiligungsverfahren
     - 2.2.1 Planentwurf: Rechtsverordnung oder Satzung, beschreibende Darstellung, zeichnerische Darstellung
     - 2.2.2 Begründung
     - 2.2.3 Umweltbericht; Umweltprüfung bei der Ausweisung von Windenergiegebieten
   - 2.3 Landes- bzw. kommunalpolitische Freigabe des Planentwurfs zur Beteiligung (Organzuständigkeit)
   - 2.4 Beteiligung von öffentlichen Stellen und der Öffentlichkeit (§ 9 Abs. 2 bis 4 ROG; § 3 Abs. 1 NROG)
     - 2.4.1 Kreis der „Öffentlichkeit"
     - 2.4.2 Kreis der öffentlichen Stellen
     - 2.4.3 Bereitstellung der Unterlagen im Internet (§ 9 Abs. 2 ROG)
     - 2.4.4 Öffentliche Auslegung
     - 2.4.5 Weitere Zugangsmöglichkeiten
     - 2.4.6 Öffentliche Bekanntmachung
       - 2.4.6.1 Inhalte der Bekanntmachung
         - 2.4.6.1.1 Angaben zum sachlichen Umgriff des Planentwurfs
         - 2.4.6.1.2 Angaben zu umweltbezogenen Informationen
         - 2.4.6.1.3 Angaben über Bereitstellung im Internet, Internetseite, Internetadresse
         - 2.4.6.1.4 Angaben zur Auslegung bzw. zu weiteren Zugangsmöglichkeiten
         - 2.4.6.1.5 Möglichkeit zur Stellungnahme
         - 2.4.6.1.6 Dauer der Veröffentlichung/Auslegung/Zugänglichmachung und Stellungnahmefrist
         - 2.4.6.1.7 Formen der Stellungnahme
         - 2.4.6.1.8 Angaben zur Präklusion
       - 2.4.6.2 Einwöchige Bekanntmachungsfrist (§ 9 Abs. 2 Satz 3 ROG)
       - 2.4.6.3 Bekanntmachungsmedium
       - 2.4.6.4 Heilung von Bekanntmachungsfehlern
     - 2.4.7 Zusätzliche Anforderungen an die Beteiligung öffentlicher Stellen (§ 3 Abs. 1 NROG)
       - 2.4.7.1 Kreis der zu beteiligenden öffentlichen Stellen
         - 2.4.7.1.1 Landkreise und kreisfreie Städte, die nicht Träger der Regionalplanung sind
         - 2.4.7.1.2 Kreisangehörige Gemeinden und Samtgemeinden
         - 2.4.7.1.3 Sonstige öffentliche Stellen i. S. des § 3 Abs. 1 Nr. 5 ROG
         - 2.4.7.1.4 Benachbarte Länder
         - 2.4.7.1.5 Personen des Privatrechts i. S. des § 4 Abs. 1 Satz 2 ROG
         - 2.4.7.1.6 Träger der Regionalplanung, kommunale Spitzenverbände
         - 2.4.7.1.7 Benachbarte Träger der Regionalplanung
         - 2.4.7.1.8 Öffentlich-rechtlich Verpflichtete in gemeindefreien Gebieten

1 Die Verfahrensregeln des § 3 NROG ergänzen § 9 ROG. Sie gelten für die Aufstellung, Änderung und Aufhebung aller Raumordnungspläne in Niedersachsen – also LROP und RROP – und werden planungsebenenspezifisch durch § 4 und durch § 5 NROG ergänzt. § 6 Abs. 2 NROG und § 8 Abs. 2 ROG enthalten ergänzende Regelungen zur Verfahrensbeschleunigung (vereinfachtes Änderungsverfahren), sofern nur eine geringfügige Änderung des Plans ohne wesentliche Umweltauswirkungen beabsichtigt ist.

2 Seit der Änderung 2023 trifft das ROG die meisten Verfahrensregelungen selbst. Das NROG enthält nur noch wenige Ergänzungen zum schriftlichen Beteiligungsverfahren, zu Erörterungsterminen und zur Möglichkeit von Video- und Telefonkonferenzen. Dieser aufgrund der COVID-19-Pandemie zunächst nur befristet eingeführte Ersatz für Präsenzerfordernisse, der zeitweilig im Gesetz zur Sicherstellung ordnungsgemäßer Planungs- und Genehmigungsverfahren während der COVID-19-Pandemie (Planungssicherstellungsgesetz – PlanSiG) sowie in § 22 NROG geregelt war, ist nun als Dauerrecht in § 3 verankert.

1. Frühzeitige Beteiligung: Bekanntmachung allgemeiner Planungsabsichten (§ 9 Abs. 1 ROG)

Das Verfahren zur Neuaufstellung oder Änderung eines Raumordnungsplans wird **förmlich eingeleitet mit der öffentlichen Bekanntmachung der frühzeitigen Unterrichtung der berührten öffentlichen Stellen sowie der Öffentlichkeit über die beabsichtigte Aufstellung oder Änderung eines Raumordnungsplans**. In Niedersachsen wird für diese schriftliche Erstinformation seit langem der Begriff **„allgemeine Planungsabsichten"** verwendet. Ursprünglich handelte es sich hierbei um einen rein landesrechtlichen Verfahrensschritt, 2017 wurde er auch im Bundesrecht eingeführt. Seitdem ergibt sich die Notwendigkeit zur frühzeitigen Unterrichtung unmittelbar aus § 9 Abs. 1 ROG. Mit der Neufassung des NROG-2024 ist die ausdrückliche Erwähnung dieses Verfahrensschritts im NROG entfallen (vormals: § 3 Abs. 1 NROG). Die inhaltlichen Anforderungen ändern sich dadurch kaum. 3

1.1 Sinn und Zweck allgemeiner Planungsabsichten

Die allgemeinen Planungsabsichten geben **Auskunft über** den Anlass der Aufstellung bzw. Änderung des Raumordnungsplans, über die **Grundzüge der Plankonzeption** und die Betroffenheit einzelner sachlicher und räumlicher Bereiche. Dieser frühzeitige Beteiligungsprozess trägt zur besseren Abstimmung unterschiedlicher raumbedeutsamer Planungen und Maßnahmen bei und erhöht die Chancen, dass der Planentwurf das weitere Beteiligungsverfahren möglichst ohne Änderungen an den Grundzügen der Planung durchlaufen kann. Hierzu hat der Träger der Landes- oder Regionalplanung **andere öffentliche Stellen aufzufordern**, ihm Informationen über andere raumbedeutsame Planungen und Maßnahmen oder sonstige planungsrelevante **Hinweise** zu übermitteln, die er bereits **bei der Entwurfserarbeitung berücksichtigen** kann. Die **Öffentlichkeit** ist zwar ebenfalls über die allgemeinen Planungsabsichten zu unterrichten; eine Aufforderung der Öffentlichkeit zur Stellungnahme ist hingegen nicht vorgeschrieben. 4

Fehler im Zusammenhang mit den allgemeinen Planungsabsichten führen in aller Regel **nicht** dazu, dass die Bekanntmachung und **Beteiligung zu allgemeinen Planungsabsichten wiederholt** werden müsste. Fehler heilen sich „selbst" durch die Stellungnahmemöglichkeiten im Rahmen des Beteiligungsverfahrens zum Planentwurf und die darauf ggf. nötig werdenden Überarbeitungserfordernisse. 5

1.2 Zeitliche Vorgaben

Die Bekanntmachung allgemeiner Planungsabsichten für die Änderung des **LROP** unterliegt **keinen zeitlichen Vorgaben**. 6

Für eine kontinuierliche Aktualität und ein verbessertes Ineinandergreifen von LROP und RROP hat das NROG-2024 in Bezug auf Planungsabsichten für **RROP** eine Zeitvorgabe eingeführt. Planungsabsichten sind gemäß § 5 Abs. 3 Satz 5 NROG **spätestens 9 Monate nach Inkrafttreten einer LROP-Änderung bekannt zu machen**. Die Frist gilt allerdings nur, soweit infolge der LROP-Änderung Anpassungserfordernisse für die Regionalplanung entstanden sind (vgl. auch § 5 Rn. 35 ff.). 7

1.3 Anforderungen an die Bekanntmachung

Gesetzlich sind keine speziellen Anforderungen an die Inhalte der Bekanntmachung geregelt, aber nach Sinn und Zweck muss die Bekanntmachung diejenigen Informationen enthalten, die nötig sind, damit sich Behörden und Öffentlichkeit ein „Bild" darüber machen können, wozu sie Stellung nehmen können. 8

Neben der Angabe, dass es um die **Vorbereitung eines Planentwurfs für einen Raumordnungsplan** geht und einer zumindest **groben Angabe der Themen**, zu denen Festlegungen erwogen werden, sind die **Stellungnahmefrist**, die **Form der Stellungnahme** und Informa- 9 tionen anzugeben, **wo und wie lange die allgemeinen Planungsabsichten eingesehen** werden können.

10 Beim **LROP** erfolgt die **Bekanntmachung** gem. § 4 Abs. 3 NROG im Niedersächsischen Ministerialblatt (zu LROP-Bekanntmachungen s. auch § 4 Rn. 32 ff.).

11 Bei **RROP** hat die **Bekanntmachung** im jeweiligen kommunal (Hauptsatzung) geregelten Bekanntmachungsorgan in der dort vorgesehenen Weise zu erfolgen. Daraus ergibt sich auch, ob eine rein digitale Bekanntmachung in einem digitalen Veröffentlichungsblatt oder auf einer Internetseite der Behörde oder ihres Verwaltungsträgers zulässig ist.

12 Eine zusätzliche **Veröffentlichung der Bekanntmachung auf einer Internetseite des Planungsträgers nach § 27a VwVfG ist nicht erforderlich.** Die Vorschrift ist auf Raumplanungsverfahren nicht anwendbar. Unmittelbar gilt sie nicht, weil die Aufstellung oder Änderung eines Raumordnungsplans kein Verwaltungsverfahren im Sinne des Zweiten Teils des VwVfG ist. Mangels einer Regelungslücke ist sie auch nicht entsprechend anwendbar. § 27a VwVfG wurde im Dezember 2023 als dauerhafte Nachfolgeregelung der pandemiebedingten Sonderregelungen des PlanSiG erlassen (BR-Drs. 369/23). Zu diesem Zeitpunkt unterfielen die Verfahren nach dem ROG bereits nicht mehr dem PlanSiG, sondern mit dem ROG wurden eigene dauerhafte Nachfolgeregelungen erlassen. Anders als § 2 PlanSiG und § 3 Abs. 2 Satz 5 BauGB fordert das ROG keine zusätzliche Einstellung von Bekanntmachungen im Internet. Auch das NROG hat –in Kenntnis des § 27a VwVfG – kein solches Erfordernis eingeführt.

1.4 Entbehrlichkeit allgemeiner Planungsabsichten

13 In **vereinfachten Planänderungsverfahren** gem. § 9 Abs. 5 ROG sind allgemeine Planungsabsichten nicht erforderlich.

14 Das vereinfachte Verfahren nach § 9 Abs. 5 Satz 1 ROG ist beschränkt auf geringfügige Änderungen, durch die die **Grundzüge der Planung nicht berührt** werden. Im Rahmen eines Screenings nach § 8 Abs. 2 Satz 1 ROG muss festgestellt worden sein, dass die Änderungen voraussichtlich **keine erheblichen Umweltauswirkungen** haben werden und daher keine SUP erforderlich ist. Ferner darf der **Meeresbereich nicht berührt** sein (§ 9 Abs. 5 Satz 1 Nr. 3 ROG).

15 Vereinfachte Planänderungen sind gem. § 9 Abs. 5 Satz 2 ROG ferner zulässig für die Aufhebung von Raumordnungsplänen oder Festlegungen, die **funktionslos** geworden sind.

16 Ein **vereinfachtes Verfahren beginnt** nach § 9 Abs. 5 Satz 3 ROG **mit dem Beteiligungsverfahren** zu dem Planentwurf (vgl. näher § 6 Rn. 6 ff.).

1.5 Aufgabe oder Änderung der allgemeinen Planungsabsichten

17 Die Planungshoheit des Planungsträgers umschließt auch, allgemeine Planungsabsichten aufzugeben oder zu ändern. Die **ersatzlose Aufgabe** ist gleichbedeutend mit der **Einstellung des Verfahrens**. Auf die Einstellung des Verfahrens sollte aus Gründen der Transparenz durch Bekanntmachung hingewiesen werden.

18 Bei **Änderungen der Planungsabsichten** ist die erneute Bekanntmachung geänderter Planungsabsichten möglich, aber nicht nötig. Zügiger wird vielfach sein, die Änderungen direkt in einen Planentwurf umzusetzen und das **Beteiligungsverfahren nach § 9 Abs. 2 ROG einzuleiten**.

1.6 Beschlussfassung über allgemeine Planungsabsichten (Organzuständigkeit)

19 Die Freigabe der allgemeinen Planungsabsichten kann nicht allein durch die Verwaltung erfolgen, da es sich **nicht um ein Geschäft der laufenden Verwaltung** handelt (vgl. § 85 NKomVG), sondern setzt einen entsprechenden **Beschluss eines hierzu legitimierten Organs** voraus. In Bezug auf das LROP ist dies ausschließlich das Kabinett (Landesregie-

rung). In Bezug auf das RROP entscheidet in der Regel die Vertretung als kommunales Hauptorgan; zu Einzelheiten vgl. Rn. 36 ff. zu vergleichbaren Anforderungen an die Freigabe des Planentwurfs.

2. Schriftliche erste Beteiligung öffentlicher Stellen und der Öffentlichkeit (§ 9 Abs. 2 ROG, § 3 Abs. 1 NROG)

2.1 Einleitung des ersten Beteiligungsverfahrens nach 12 Monaten (Absatz 1 Satz 1)

Weder das ROG noch die frühere Fassung des NROG bestimmten, wieviel Zeit zwischen 20 allgemeinen Planungsabsichten und Einleitung des ersten Beteiligungsverfahrens liegen darf. Während das LROP in der Regel einmal pro Legislaturperiode fortgeschrieben wird, verläuft die Aktualisierung der RROP landesweit sehr unterschiedlich. In nicht wenigen Fällen war nach Bekanntmachung allgemeiner Planungsabsichten über längere Zeiträume – jedenfalls nach außen – kein Verfahrensfortgang erkennbar. In Einzelfällen lag die Vermutung nahe, dass mit der Bekanntmachung allgemeiner Planungsabsichten in erster Linie das Außerkrafttreten des RROP nach 10 Jahren und die Verlängerung seiner Geltungsdauer um weitere 10 Jahre verfolgt wurde.

Gem. § 3 Abs. 1 Satz 1 NROG soll das **erste Beteiligungsverfahren** nunmehr spätestens 21 **ein Jahr nach Bekanntmachung der allgemeinen Planungsabsichten eingeleitet** werden. Die Soll-Vorschrift ermöglicht ein Abweichen in besonders gelagerten Fällen.

Die Vorschrift trägt auch den Beschleunigungsanliegen Rechnung, auf die sich die Minis- 22 terpräsidentenkonferenz der Bundesländer im November 2023 mit dem Bundeskanzler im sog. „Pakt für Planungs-, Genehmigungs- und Umsetzungsbeschleunigung" verständigt haben (https://www.bundesregierung.de/breg-de/schwerpunkte/klimaschutz/planungs-und-genehmigungsbeschleunigung/pakt-fuer-beschleunigung-2246290).

2.2 Unterlagen für das Beteiligungsverfahren

Die **Unterlagen** für das Beteiligungsverfahren bestehen zumindest aus dem **Planentwurf,** 23 **seiner Begründung und dem Umweltbericht** (§ 9 Abs. 2 Satz 1 ROG), ggf. auch weiteren zweckdienlichen Unterlagen (§ 9 Abs. 2 Satz 2 ROG).

2.2.1 Planentwurf: Rechtsverordnung oder Satzung, beschreibende Darstellung, zeichnerische Darstellung

Üblicherweise besteht der Entwurf eines Raumordnungsplans aus dem Entwurf einer 24 **Rechtsverordnung** (beim LROP) bzw. **Satzung** (bei RROP) sowie den **zugehörigen Anlagen (beschreibende Darstellung, zeichnerische Darstellung**, ggf. weiteren Anhängen).

Die eigentliche Rechtsverordnung oder Satzung (auch **„Rahmenverordnung" bzw. „Rah-** 25 **mensatzung"** genannt) ist insbesondere bei der **Neuaufstellung eines Raumordnungsplans** sehr kurz. Sie enthält zumeist nur einen Paragrafen, der auf eine beschreibende sowie auf eine zeichnerische Darstellung als Anlagen verweist, sowie einen weiteren Paragrafen, der das Inkrafttreten regelt (und bei einer Neuaufstellung des gesamten Raumordnungsplans gleichzeitig das Außerkrafttreten des bisher geltenden Raumordnungsplans). Der **planerische Inhalt ergibt sich erst aus den Anlagen** (beschreibender und zeichnerischer Darstellung).

Aufwändiger ist die Verordnung oder Satzung bei Verfahren zur **Änderung eines Raum-** 26 **ordnungsplans**. Da Beteiligungsverfahren, Abwägung und Genehmigung bei einem Änderungsverfahren nur in Bezug auf die geänderten Teile erfolgen, müssen die Änderungen in der beschreibenden und zeichnerischen Darstellung klar ersichtlich sein. Ein Fließtext des gesamten Plans ohne Kenntlichmachung der Änderungen wäre keine ordnungsgemäße Darstellung. Beim LROP wird jede textliche Änderung durch einen sog. **Änderungsbefehl** eingeleitet. Umfangreiche Planänderungen bestehen dabei aus einer Vielzahl von Änderungsbefehlen. Denkbare Änderungsbefehle sind z. B. *„Abschnitt X wird wie* *folgt neu gefasst: ...", „In Abschnitt X wird folgende Ziffer Y angefügt: ..."* oder *„Abschnitt X Ziffer Y Satz Z wird gestrichen"* oder *„In Abschnitt X Ziffer Y werden in Satz Z die Wörter ‚...' durch die Wörter ‚...' ersetzt".* Änderungsbefehle zur zeichnerischen Darstellung bedürfen häufig zu ihrem Verständnis einer begleitenden Karte. Sind Änderungsverordnungen oder -satzungen mit vielen Änderungsbefehlen schwer verständlich, empfiehlt es sich, zusätzlich eine **(unverbindliche) Lesefassung** der vollständigen beschreibenden und zeichnerischen Darstellung – unter Kenntlichmachung der geänderten Passagen, beispielsweise durch farbige Markierung – beizufügen.

27 Die **beschreibende Darstellung enthält die textlichen Ziele und Grundsätze** der Raumordnung, beim LROP in aller Regel auch Planungsaufträge an die Regionalplanung. Sie kann weitere Inhalte – wie Hinweise oder allgemein gehaltene planerische Leitvorstellungen – enthalten, die aber keine Bindungswirkung entfalten.

28 Die **zeichnerische Darstellung besteht aus einer einheitlichen Karte für den gesamten Planungsraum**. Sie ermöglicht die einfache räumliche Darstellung von Gebieten und Grenzen, für die ansonsten lange textliche Straßen- oder Ortsangaben, topografische Beschreibungen oder Koordinaten verwendet werden müssten. Sinn und Zweck ist es, **alle Festlegungen** zu räumlichen Funktionen und Nutzungen in einer **Gesamtschau** zu visualisieren. Dem muss die zeichnerische Darstellung auch in elektronischer Form Rechnung tragen. Wird die zeichnerische Darstellung als PDF-Dokument oder über Web Map Services (WMS-Dienste) mit Bedienungsfunktionen/Tools bereitgestellt, die es ermöglichen, die Karte in thematische Layer aufzuteilen oder bestimmte Planzeichen ein- oder auszublenden, sollte die Startansicht zunächst den **vollständigen Karteninhalt** anzeigen. Normativ verbindlich ist nur die Gesamtkarte in ihrem amtlichen Maßstab (**Maßstabsvorgabe** 1:50 000 für Regionalpläne gem. Ziff. 02 Anlage 3 der LROP-VO). Bedeutung hat dies vor dem Hintergrund, dass technisch mögliche Maßstabsveränderungen eine Planungsgenauigkeit und Parzellenschärfe suggerieren, die nicht dem Wesen der Raumplanung entsprechen. Erlauben Bedienungsfunktionen, in eine elektronische Karte hineinzuzoomen, empfiehlt es sich, in den Nutzungsbedingungen Hinweise auf den verbindlichen Maßstab aufzunehmen oder die Zoomfunktion zu begrenzen.

29 **Weitere Karten** zur Konkretisierung textlicher Festlegungen sind, auch in anderem Maßstab, möglich. Sie sind nicht Bestandteil der zeichnerischen Darstellung, sondern **Anhänge der beschreibenden Darstellung**; die beschreibende Darstellung hat hierauf zu verweisen (Formulierungsbeispiel: *„Die in der als Anhang 1 beigefügten Karte bestimmten Flächen sind ..."*).

2.2.2 Begründung

30 Raumordnungspläne sind verpflichtend zu begründen, § 7 Abs. 5 ROG i. V. m. § 3 Abs. 1 Satz 2 NROG. Die **Begründung** ist nicht Teil der Verordnung oder Satzung, aber **dient dem Verständnis** und der Auslegung der Festlegungen sowie der **Nachvollziehbarkeit der Abwägung**. Im Falle gerichtlicher Überprüfungen von Raumordnungsplänen oder einzelnen Festlegungen kommt der Begründung entscheidende Bedeutung zu. Es empfiehlt sich daher, jede Festlegung für sich zu begründen. Eine Ausnahme i. S. v. § 6 Abs. 1 ROG erfordert als rechtlich selbstständiges Ziel der Raumordnung eine eigenständige, von der Grundregel unabhängige Begründung. Pauschale „Sammelbegründungen" für ganze Kapitel erfüllen Sinn und Zweck der Begründung nicht. Die Begründung erfolgt **in aller Regel textlich**. Ergänzende **Erläuterungskarten (Beikarten)** zu den textlichen Begründungen sind zulässig.

2.2.3 Umweltbericht; Umweltprüfung bei der Ausweisung von Windenergiegebieten

31 Ebenfalls zu den Entwurfsunterlagen zählt der **Umweltbericht** nach § 8 Abs. 1 ROG i. V. m. § 3 Abs. 1 Satz 2 NROG. Einer Umweltprüfung und damit der Bearbeitung im Umweltbericht unterliegen **sämtliche Ziele und Grundsätze** des Raumordnungsplans, auch solche, die gem. § 7 Abs. 4 ROG auf der Grundlage von Fachplanungen festgelegt

werden. Keine zwingenden Bestandteile des Umweltberichts sind Inhalte eines Raumordnungsplans, die rein nachrichtlicher Natur oder bloße Hinweise sind und denen keine Bindungswirkung zukommt.

Die **notwendigen Inhalte des Umweltberichts** ergeben sich im Einzelnen **aus Anlage 1 des ROG**. Im Umweltbericht sind die **voraussichtlichen positiven und negativen erheblichen Umweltauswirkungen auf die in § 8 Abs. 1 ROG genannten Schutzgüter und etwaige Wechselwirkungen zu ermitteln, zu beschreiben und zu bewerten**, die als Folge der Durchführung des Raumordnungsplans zu erwarten sind, auch in Bezug auf **Planungsalternativen**. Weiterhin sind **Maßnahmen zur Überwachung** der erheblichen Umweltauswirkungen, die sich aus der späteren Durchführung des Raumordnungsplans ergeben können, auszuweisen. 32

Üblicherweise wird der Umweltbericht nicht in die jeweiligen Kapitel der Begründung integriert, sondern als **gesonderter Teil der Begründung** beigefügt. 33

Untersuchungsumfang und Detaillierungsgrad des Umweltberichts begrenzen sich aus dem übergeordneten **grobmaschigen Charakter der Raumplanung** als Bestandteil eines mehrstufigen Planungsprozesses. Sind aufgrund des Abstraktionsgrades einer Festlegung oder der Maßstabsebene des Raumordnungsplans bestimmte Umweltauswirkungen noch nicht feststellbar, darf gem. § 8 Abs. 1 ROG darauf verwiesen werden, dass nähere Aussagen erst in nachfolgenden Planungs- und Zulassungsverfahren möglich sind.

Im Umweltbericht sind nur solche Angaben erforderlich, die **nach gegenwärtigem Wissensstand** und allgemein anerkannten Prüfmethoden **mit vertretbarem Aufwand ermittelt** werden können. Die Nutzung von Umweltdaten aus anderen Verfahren ist – unter Beachtung urheberschutzrechtlicher Vorschriften, von Betriebsgeheimnissen etc. – möglich, wenn sie hinreichend aktuell sind. Zur Vermeidung von **Doppelprüfungen** erlaubt § 8 Abs. 3 Satz 1 ROG eine Beschränkung des Prüfumfangs auf Ebene der Regionalplanung, wenn und soweit vergleichbare Festlegungen bereits auf höherrangiger Ebene des LROP eine Umweltprüfung durchlaufen haben und die Prüfergebnisse noch hinreichend aktuell sind. 34

Für die **SUP und den Umweltbericht zur Ausweisung von Vorranggebieten für die Windenergienutzung** oder anderen Gebieten zur Nutzung erneuerbarer Energien gelten grds. **keine anderen als die vorbeschriebenen Anforderungen**. Weder die sog. EU-Notfallverordnung i. V. m. § 6 WindBG noch die sog. RED III erfordern nach ihrem Wortlaut ein deutliches „Mehr". Diesen Regelwerken ist gemeinsam, dass sie insbesondere Verfahrenserleichterungen für Windenergieanlagen vorsehen. Im Genehmigungsverfahren für Windenergieanlagen, die in planerisch ausgewiesenen Windenergiegebieten i. S. des § 2 Nr. 1 WindBG errichtet werden, entfällt in vielen Fällen die projektbezogenene Umweltverträglichkeitsprüfung, wenn bei der Gebietsausweisung eine SUP durchgeführt wurde. Diese Verfahrenserleichterungen haben auf die inhaltlichen Anforderungen oder auf die Prüftiefe (und Grenzen) einer SUP jedoch keinen Einfluss. Träger der Regionalplanung sind nach wie vor **nicht gehalten, den Umweltbericht auch auf Umweltaspekte oder Prüfdetails zu erstrecken, die wesensgemäß erst im Zulassungsverfahren prüfbar sind**. Eine SUP auf Ebene der Raumordnungsplanung kann aufgrund der gröberen Maßstäblichkeit, der fehlenden Parzellenschärfe und der Unabhängigkeit/Unkenntnis der Planung von konkreten Vorhaben kein „vollwertiger Ersatz" für eine UVP sein. Dies haben die Normgeber auch bewusst hingenommen, denn weder im europäischen Recht noch im deutschen Recht wurden die Vorschriften über die Umweltprüfung oder über die planerische Abwägung geändert. Weder verschärft § 7 Abs. 2 ROG die Anforderungen an die planerische Abwägung bei der Ausweisung von Vorranggebieten für die Windenergienutzung noch entfällt die Möglichkeit nach § 8 Abs. 1 ROG, die Prüfung bestimmter Umweltauswirkungen auf spätere Prüfebenen zu verlagern. Auch der Entwurf eines § 28 ROG, dessen Anlage 3 sowie die zugehörige Gesetzesbegründung (BR-Drs. 396/24) bringen zum Ausdruck, dass auf Planungsebene grds. keine Pflicht für eine zusätzliche oder vertieftere Datenerhebung begründet werden soll. Daraus kann nur gefolgert werden, dass grds. nicht gewollt und 35 erst recht nicht zwingend ist, die entfallende Projekt-UVP auf Planungsebene zu kompensieren.

2.3 Landes- bzw. kommunalpolitische Freigabe des Planentwurfs zur Beteiligung (Organzuständigkeit)

36 Die **Freigabe des Planentwurfs zur Beteiligung** setzt einen entsprechenden **Beschluss eines hierzu legitimierten Organs bzw. Gremiums** voraus.

37 In Bezug auf das **LROP** ist dies ausschließlich das Kabinett (Landesregierung).

38 Die Freigabe eines **RROP**-Entwurfs für das Beteiligungsverfahren muss nicht zwangsläufig von der Vertretung als Hauptorgan beschlossen werden (bei Landkreisen ist die Vertretung der Kreistag, bei der Region Hannover die Regionsversammlung, beim Regionalverband Großraum Braunschweig die Verbandsversammlung). Der Vertretung ist gem. § 58 Abs. 1 Nr. 5 NKomVG lediglich die abschließende Beschlussfassung über Satzungen vorbehalten. In der Regel wird die **Vertretung** auf Grundlage von § 58 Abs. 1 Nr. 1 NKomVG zwar auch darüber entscheiden, ob die Einleitung eines Satzungsverfahrens zur Aufstellung oder Änderung eines RROP erfolgen soll und mit welchen inhaltlichen Schwerpunkten. Zulässig ist aber auch eine Freigabe durch den **Hauptausschuss** (Kreisausschuss), vgl. § 76 Abs. 2 NKomVG, sofern sich nicht die Vertretung gem. § 58 Abs. 3 Satz 1 NKomVG die Beschlussfassung für die Freigabe eines RROP-Entwurfs im Einzelfall oder gem. § 58 Abs. 3 Satz 2 NKomVG durch die Hauptsatzung generell vorbehalten hat.

39 Da die Freigabe des Planentwurfs **kein Geschäft der laufenden Verwaltung** ist, kann sie nicht allein durch den Hauptverwaltungsbeamten (bei Landkreisen: Landrat) erfolgen. Zwar handelt es sich um eine in größeren Intervallen wiederkehrende Aufgabe aus dem Aufgabenspektrum des Landkreises, aber nicht um einen typischen Arbeitsablauf nach feststehenden Grundsätzen, denn die Gestaltung des RROP-Entwurfs und die Beurteilung der „Planreife" hängt von vielen Variablen ab. Im Ergebnis bliebe die **Freigabe des Planentwurfs durch den Hauptverwaltungsbeamten dennoch folgenlos**. Planungsrechtlich wäre dem Beteiligungserfordernis Genüge getan. Kommunalverfassungsrechtlich wäre die Freigabe des Planentwurfs zwar rechtswidrig, aber nicht unwirksam. Sie bleibt ohne Auswirkungen, weil der Hauptausschuss oder die Vertretung bis zum Satzungsbeschluss noch Änderungen an dem Entwurf vornehmen könnten (ggf. unter Veranlassung weiterer Beteiligungsverfahren), sofern der veröffentlichte Entwurf nicht von der Mehrheit mitgetragen würde.

2.4 Beteiligung von öffentlichen Stellen und der Öffentlichkeit (§ 9 Abs. 2 bis 4 ROG, § 3 Abs. 1 NROG)

40 Der Träger der Raumordnungsplanung hat eine **Beteiligung öffentlicher Stellen und der Öffentlichkeit** durchzuführen. Sie soll gem. § 3 Abs. 1 Satz 1 NROG **spätestens zwölf Monate nach der Bekanntmachung der allgemeinen Planungsabsichten beginnen**.

41 Die Beteiligung umfasst die **Unterrichtung über das Verfahren, die Möglichkeit zur Einsichtnahme in den Planentwurf und die zugehörigen Unterlagen sowie die Einräumung einer angemessenen Stellungnahmemöglichkeit**. Die Verfahrensvorgaben des § 9 Abs. 2 bis 4 ROG werden durch § 3 Abs. 1 NROG ergänzt.

42 Die früheren Regelungen des § 3 NROG enthielten umfangreiche Konkretisierungen der Regelungen des § 9 ROG über die Beteiligung.

43 Mit der Neufassung des § 9 Abs. 2 ROG im Jahr 2023 wurden die bundesrechtlichen Vorgaben über die Beteiligung (erneut) präzisiert und machen ergänzende landesrechtliche Regelungen über die schriftliche Beteiligung weitgehend entbehrlich. Da der Bund die **Beteiligung von Öffentlichkeit und von öffentlichen Stellen gleich gestaltet**, differenziert auch das NROG – anders als noch in früheren Fassungen – kaum noch zwischen der Beteiligung öffentlicher Stellen und der Beteiligung der Öffentlichkeit.

2.4.1 Kreis der „Öffentlichkeit"

Zur Öffentlichkeit gehören **alle natürlichen und juristischen Personen des Privatrechts einschließlich Verbände, Vereinigungen, anerkannte Naturschutzverbände, Bürgerinitiativen** etc. 44

Die **Sonderregelung**, wonach bestimmte **Verbände und Vereinigungen**, die bundesrechtlich zur Öffentlichkeit zählen, nach Landesrecht als „organisierte Öffentlichkeit" wie öffentliche Stellen beteiligt wurden, ist mit dem NROG-2024 **entfallen**. Das betrifft zum einen Naturschutzvereinigungen, denen nach § 3 UmwRG vom Land die Anerkennung zur Einlegung von Rechtsbehelfen nach dem UmwRG erteilt wurde (sog. „anerkannte Naturschutzvereinigungen). Gleiches gilt für Verbände und Vereinigungen, deren *„Aufgabenbereich für die Entwicklung des jeweiligen Planungsraums von Bedeutung ist"*. Mit dieser Beschreibung hatte der Gesetzgeber solche Verbände und Vereinigungen im Blick, die sich „auf Augenhöhe" mit öffentlichen Stellen und organisierten Naturschutzvereinigungen bewegen. Nur diesen Verbänden und Vereinigungen wurden nach früherer Rechtslage die Unterlagen vom Planungsträger übermittelt. Verbände und Vereinigungen, die diese Voraussetzungen nicht erfüllen, hatten als Teil der „Öffentlichkeit" die Möglichkeit, ihre Beteiligungsrechte im Zuge der Öffentlichkeitsbeteiligung wahrzunehmen. 45

Benachrichtigungsversäumnisse, die nach alter Rechtslage aus der möglichen fehlerhaften „Zuordnung" von Vereinigungen oder aus schlichter Unkenntnis ihrer Existenz entstehen konnten, werden durch die neue Rechtslage abgewendet. 46

Eine Schmälerung der **Gewichtigkeit von Stellungnahmen** ist mit der Gesetzesänderung nicht verbunden. Noch nie hing das Gewicht, mit dem Stellungnahmen in die planerische Abwägung einflossen, rechtlich davon ab, ob ein Stellungnehmender den öffentlichen Stellen oder der Öffentlichkeit zuzuordnen war. Entscheidend war stets der inhaltliche Vortrag. Damit ändert die neue Rechtslage nichts an der Qualität und Gewichtigkeit der Stellungnahme eines Verbands oder einer Vereinigung, die auf eine dauerhafte oder jedenfalls längerfristige Tätigkeit ausgerichtet ist und organisatorisch sowie vom sachlichen und räumlichen Aufgabenkreis her in der Lage ist, die Entwicklung des Raums maßgeblich zu beeinflussen. 47

2.4.2 Kreis der öffentlichen Stellen

Zum Kreis der von einer Raumordnungsplanung betroffenen zu beteiligenden **öffentlichen Stellen** zählen 48

- die Landkreise und kreisfreien Städte, die nicht Träger der Regionalplanung sind,
- die kreisangehörigen Gemeinden und Samtgemeinden,
- die sonstigen öffentlichen Stellen i. S. des § 3 Abs. 1 Nr. 5 ROG,
- die benachbarten Länder und
- die Personen des Privatrechts i. S. des § 4 Abs. 1 Satz 2 ROG.

In Bezug auf das **Landes-Raumordnungsprogramm** zählen hierzu ferner die **kommunalen Spitzenverbände** und die **Träger der Regionalplanung**. 49

In Bezug auf ein **Regionales Raumordnungsprogramm** zählen zu betroffenen öffentlichen Stellen auch die **benachbarten Träger der Regionalplanung** und die **öffentlich-rechtlich Verpflichteten in gemeindefreien Gebieten**. 50

Die einzige „Besserstellung", die diese Stellen gegenüber der Öffentlichkeit genießen, ist der Umstand, dass sie nicht eigeninitiativ sicherstellen müssen, den Beginn eines Beteiligungsverfahrens im Blick zu haben, sondern über dessen Beginn eine **Benachrichtigung** erhalten, § 3 Abs. 1 Satz 2 NROG (näher zu öffentlichen Stellen und zu deren Benachrichtigung s. Rn 107). 51

2.4.3 Bereitstellung der Unterlagen im Internet (§ 9 Abs. 2 ROG)

52 Die **digitale Öffentlichkeits- und Behördenbeteiligung** ist mit dem ROG-2023 zum **Regelverfahren** geworden. Anders als frühere Fassungen erfordert die ab 28.9.2023 geltende Fassung des § 9 Abs. 2 ROG **zwingend eine elektronische Bereitstellung der Unterlagen im Internet**.

53 Weitere Vorgaben zur Internetveröffentlichung bestehen nicht. Die Vorteile der Online-Beteiligung liegen in ihrer Niedrigschwelligkeit. In der Literatur werden zu Recht Bürgerfreundlichkeit und Übersichtlichkeit des Internetauftritts eingefordert. So sollte möglichst vermieden werden, Einsichtnehmenden zuzumuten, *„sich erst durch […] zahlreiche andere kommunale Informationen zu »clicken«, bis man auf einer weit untergeordneten Ebene auf die »veröffentlichten« Unterlagen stößt"* (vgl. Kukk, DVBl 2024 S. 257).

54 Unerheblich ist, ob sich die Entwurfsunterlagen technisch auf einer **Webseite des Planungsträgers** befinden **oder auf einer internetbasierten Beteiligungsplattform** eines vom Planungsträger beauftragten IT-Dienstleisters (*Decker*, ZfBR 2018 S. 325).

55 Das ROG enthält keine Regelungen zu der Frage, wie mit **temporären Serverausfällen** umzugehen ist, währenddessen die Entwurfsunterlagen vorübergehend nicht zugänglich sind.

56 In der Literatur wird hierzu vertreten, dass es bei der digitalen Veröffentlichung *„keinen sachlichen Grund [gebe], Abstriche von der jederzeitigen Zugänglichkeit als dem stets betonten Vorteil der Digitalisierung hinzunehmen."* (*Kukk*, a. a. O.) *„Internet steht […] i. d. R. 24 Stunden täglich zur Verfügung. Dementsprechend dürfte eine Beschränkung des Zugriffs auf die üblichen Dienstzeiten der Gemeinde – ungeachtet ihrer technischen Realisierbarkeit – nicht zulässig sein, zumal hierdurch die Vorteile, die das Internet bietet (jederzeitiger Zugriff auf die Unterlagen), hierdurch wieder zunichte gemacht würden."* (*Decker*, a. a. O.).

57 Demzufolge erscheine es auch *„nicht als angemessen, etwa »wesentliche« von »unwesentlichen« Ausfallzeiten zu unterscheiden. Serverausfälle oder eine sonstige Nichtabrufbarkeit während der Bereithaltungsfrist führen daher zu einer fehlerhaften Veröffentlichung. Ein bloßes »Anfügen« von Ausfallzeiten an den Ablauf der Veröffentlichungsfrist wäre zudem nicht ausreichend, da sich die Betroffenen nicht darauf einstellen können. Eine kurzfristige vorherige ortsübliche Bekanntmachung der Verlängerung ist aus den gleichen Gründen abzulehnen."* (so *Kukk*, a. a. O.).

58 Nach dieser strengen Auffassung wäre in jedem Fall von Internetausfällen die **Veröffentlichung im Internet zu wiederholen**. Andernfalls würde der Plan an einem zumindest ein Jahr und bei rechtzeitiger Rüge auf Dauer beachtlichen Verfahrensfehler leiden.

59 Die hiermit auf den ersten Blick scheinbar korrespondierende Rechtsprechung des OVG NRW *„Nach der Konzeption des § 4a Abs. 4 Satz 1 BauGB kommt der Veröffentlichung im Internet die gleiche Funktion zu wie der förmlichen Beteiligung der Öffentlichkeit nach § 3 Abs. 2 BauGB. Sie läuft parallel dazu ab. Folglich muss während der gesamten Auslegungszeit über das Internet auf die maßgeblichen Informationen zugegriffen und das Online-Beteiligungsverfahren genutzt werden können"* (OVG NRW, Urt. vom25.6.2019 – 10 D 88/16.NE –, openJur 2019, 28932) relativiert sich bei näherer Lektüre des Urt. allerdings. Anlass dieser Entscheidung war nicht ein zeitweiser Serverausfall, sondern der Umstand, dass die im Internet veröffentlichte Frist für die Abgabe von Stellungnahmenvon der im Amtsblatt genannten Frist abwich.

60 Mit Blick auf das vom Gesetzgeber verfolgte Anliegen zügiger Planungsverfahren scheint es zutreffend und vertretbar zu sein, **zwischen erheblichen und unerheblichen Ausfällen zu unterscheiden**. Totalausfälle über einen längeren Zeitraum (bspw. infolge von Cyberangriffen) führen unausweichlich zu einer Wiederholungspflicht des Beteiligungsverfahrens (so auch *Decker*, a. a. O., zur vergleichbar geregelten Internetveröffentlichung von Bebauungsplänen: *„Maßgeblich wird wohl sein, ob die Internetveröffentlichung in der*

Zeit, in der auf die eingestellten Dokumente zugegriffen werden können sollte, noch ihre Funktion einer Öffentlichkeitsbeteiligung [...] erfüllen konnte. Das ist sicher nicht der Fall, wenn auf die Dokumente während der kompletten oder nahezu kompletten Auslegungsdauer nicht zugegriffen werden konnte [...] und sicher der Fall, wenn der Zugriff während der Auslegungsdauer insgesamt nur für wenige Stunden unterbrochen war. Ähnlich wird der Fall zu lösen sein, wenn die ursprünglich in das Internet eingestellten Informationen – warum auch immer – auf der Website des Plangebers nicht mehr auffindbar oder (möglicherweise auch von außen) verändert worden sind.".

Gleiches wird gelten für den Fall, dass nicht die Einsehbarkeit der Unterlagen gestört war, sondern nur die **Eingangsfunktion für elektronische Stellungnahmen**. 61

Wäre die Beteiligung in jedem Fall von Internetausfällen zu wiederholen, birgt dies die Gefahr einer unkalkulierbaren Verlängerung von Planungsverfahren durch „Wiederholungsschleifen". Zudem erscheint es unangemessen, Internetstörungen einseitig dem Planungsträger anzulasten, denn in aller Regel entzieht es sich seinem Einflussbereich, erneute Internetstörungen auszuschließen. 62

Im Falle von Verfahrensrügen liegt die **Beweislast** für die „Unerheblichkeit" der Srörung beim jeweiligen Planungsträger. Die Protokollierung des ordnungsgemäßen Internetbetriebs bzw. von Ausfallzeiten ist daher zu empfehlen. Solange es an einer gefestigten Rechtsprechung mit klaren Unterscheidungskriterien zwischen einer erheblichen oder einer unerheblichen Internetstörung fehlt, kann einem Planungsträger nur empfohlen werden, **im Zweifel die Beteiligung schnellstmöglich zu wiederholen**. 63

Im Falle der **Wiederholung der Beteiligung** genügt die **Mindestfrist** von einem Monat nach § 9 Abs. 2 ROG auch dann, wenn der Planungsträger zuvor im ersten fehlerhaften Beteiligungsverfahren eine längere Frist gewährt hatte. Denn die Situation ist rechtlich keine andere, als wenn das erste Beteiligungsverfahren noch nicht durchgeführt worden wäre. 64

Ist der Ausfallzeitraum klar umgrenzbar (bspw. während der letzten zwei Tage der Stellungnahmefrist), so kann eine weitere Verfahrensbeschleunigung dadurch versucht werden, dass in der Bekanntmachung über die Wiederholung der Beteiligung die **Bitte** geäußert wird, dass nur diejenigen Stellungnahmen erneut übersandt werden, die in dem betroffenen Ausfallzeitraum abgesandt wurden. 65

Werden während der Veröffentlichung **Änderungen an den Unterlagen** nötig – bspw., weil wegen inhaltlicher Fehler Seiten ausgetauscht werden müssen, versehentlich ältere Bearbeitungsstände oder falsche Dokumente veröffentlicht wurden oder Unterlagen vergessen wurden –, ist die **Beteiligung ebenfalls zu wiederholen** (zur erneuten Beteiligung vgl. Rn. 153). 66

2.4.4 Öffentliche Auslegung

Im Hinblick auf Personen ohne Kenntnisse im Umgang mit elektronischen Dokumenten sind **analoge Zugangsmöglichkeiten** zu den Planentwurfsunterlagen nach wie vor **nicht gänzlich verzichtbar**. Die schon seit längerem umstrittene Frage, ob angesichts fortschreitender Nutzung des Internets eine **rein digitale Beteiligung** möglich sei (bejahend *Schmitz/Lehrian*, ZfBR 2023 S. 221), ist durch den aktuellen Gesetzeswortlaut damit – nämlich: **Nein** – geklärt. 67

Weder das ROG noch das NROG schreiben die **Auslegung von Papierunterlagen** vor, jedoch wird dies nach wie vor die in der Praxis einfachste und kostengünstigste analoge Beteiligungsmöglichkeit sein. 68

Die Entwurfsunterlagen sind verpflichtend nur bei der für den Plan zuständigen Behörde auszulegen. Eine **zusätzliche Auslegung bei weiteren Behörden** hat reinen **Service-Charakter**, wie die Auslegung des LROP nicht nur bei der obersten Landesplanungsbehörde, sondern auch bei den vier Ämtern für regionale Landesentwicklung. 69

70 Die Dauer der Auslegung beträgt **mindestens einen Monat** (§ 9 Abs. 2 Satz 2 ROG, nicht „4 Wochen") und soll **nicht länger als drei Monate** betragen.

71 Sofern nicht in § 31 VwVfG i. V. m. § 1 NVwVfG etwas anderes bestimmt ist, richtet sich die Berechnung der Frist nach §§ 187 ff. BGB.

72 Entsprechend § 187 Abs. 2 BGB **beginnt die Frist** mit dem ersten Auslegungstag (vgl. BVerwG, Beschl. vom 23.7.2003 – 4 BN 36.03 –, www.bverwg.de).

Die Auslegungsfrist darf nicht an einem Sonnabend, Sonntag oder gesetzlichen Feiertag beginnen. Das schließen Sinn und Zweck der Auslegung aus, wonach eine Einsichtnahme für die volle Dauer der Auslegung möglich sein soll. Fällt der erste Tag der öffentlichen Auslegung auf einen solchen Tag, so ist dieser bei der Fristberechnung nicht mitzurechnen, sondern der Fristbeginn verschiebt sich bis zum nächsten Werktag (so zu der dem Raumordnungsrecht entsprechenden Vorschrift des § 3 Abs. 2 BauGB, NdsOVG, Urt. vom 4.11.2015 – 1 KN 199/13 –, www.rechtsprechung.niedersachsen.de).

73 Ist für das **Fristende** ein bestimmtes Datum festgelegt, endet die Frist mit Ablauf dieses Tages (entsprechend § 188 Abs. 1 BGB). Ist die Frist nach Wochen oder Monaten bestimmt, endet sie entsprechend § 188 Abs. 2 BGB mit Ablauf desjenigen Tages der letzten Woche oder des letzten Monats, der dem Tag vorausgeht, der mit seiner Benennung bzw. Zahl dem Anfangstag der Frist entspricht. Fehlt ein solcher (z. B. mangels eines 30. Februars oder eines 31. Aprils), endet sie mit dem letzten Tag des Monats, unabhängig davon, wie viele Tage dieser hat (entsprechend § 188 Abs. 3 BGB). Fällt das Ende der Auslegungsfrist auf einen Sonnabend, Sonntag oder gesetzlichen Feiertag, endet die Frist erst mit dem Ablauf des nächstfolgenden Werktags (§ 31 Abs. 3 VwVfG).

74 Beginnt eine einmonatige Auslegung bspw. am 10. Tag eines Monats, endet sie mit Ablauf des 9. Tages des Folgemonats; beginnt sie am 1. Tag eines Monats, endet sie am letzten Tag dieses Monats. § 191 BGB, wonach der Monat zu 30 Tagen gerechnet wird, ist nicht einschlägig, da die Auslegungsfrist ein zusammenhängender Zeitraum ist.

75 Von der Dauer der Auslegung ist die **Stellungnahmefrist zu unterscheiden** (dazu Rn. 130 ff.).

76 Gesetzlich nicht geregelt ist, wie viele Stunden während der Auslegungsdauer der Entwurf für die Öffentlichkeit zugänglich sein muss. Der Entwurf muss nicht während aller Dienststunden ausliegen. Die **Einsichtszeiten** dürfen auf die üblichen Dienststunden mit Publikumsverkehr beschränkt werden, solange die Interessierten während der Auslegungszeit in zumutbarer Weise Gelegenheit zur Einsichtnahme haben (BVerwG, Beschl. vom 21.3.2019 – 4 BN 4.19 –, www.bverwg.de). Das OVG Bln-Bbg hat – durch Zurückweisung der Nichtzulassungsbeschwerde durch das BVerwG bestätigt – entschieden, dass die Einsichtszeit in einen Regionalplanentwurf dienstags und donnerstags von 9 bis 12 Uhr sowie von 13 bis 16 Uhr zu knapp bemessen sei, *„zumal an keinem Tag die Möglichkeit bestanden habe, in der Mittagszeit oder am späten Nachmittag, also außerhalb der regulären Arbeitszeiten, Einsicht zu nehmen"* (Urt. vom 5.7.2018 – 2 A 2.16 –, openJur 2020, 36428; www.gerichtsentscheidungen.berlin-brandenburg.de).

77 Die ausgelegten Papierunterlagen müssen über die gesamte Veröffentlichungsdauer hinweg **mit den im Internet veröffentlichten Unterlagen identisch** sein.

78 Werden Unterlagen im Laufe des Beteiligungsverfahrens ergänzt oder korrigiert, muss die Beteiligung wiederholt werden (dazu Rn. 153 ff.).

2.4.5 Weitere Zugangsmöglichkeiten

79 Gem. § 9 Abs. 2 Satz 4 ROG können **weitere Zugangsmöglichkeiten** angeboten werden.

80 Erfolgt eine Auslegung von Papierunterlagen, sind darüberhinausgehende weitere analoge Zugangsmöglichkeiten möglich, aber **nicht nötig**.

81 Als elektronische Alternative zum Aufsuchen der Internetseite kann bspw. ein **Versand** der Verfahrensunterlagen per E-Mail angeboten werden. Für Personen, die über keinen eigenen PC, keinen ausreichend großen Bildschirm oder keine ausreichende Internetqualität verfügen, können bspw. öffentlich zugängliche PCs als **Lesegeräte** bereitgestellt werden. Der Raumordnungsbehörde wird allerdings zusätzlicher Aufwand entstehen, wenn Einsichtnehmende eine Anleitung zur Bedienung dieser Lesegeräte benötigen (vgl. *Durinke/Elgeti*, NVwZ 2024 S. 112).

82 Ebenso wie ausgelegte Papierunterlagen müssen auch die auf anderem Wege zugänglich gemachten Unterlagen über die gesamte Veröffentlichungsdauer hinweg mit den im Internet veröffentlichten Unterlagen identisch sein. Werden Unterlagen im Laufe des Beteiligungsverfahrens ergänzt oder korrigiert, muss die Beteiligung wiederholt werden (dazu Rn. 153 ff.).

2.4.6 Öffentliche Bekanntmachung

83 Die Behörden und die Öffentlichkeit sind durch **öffentliche Bekanntmachung** über das Beteiligungsverfahren zu informieren.

2.4.6.1 Inhalte der Bekanntmachung

84 Bestimmte **Mindest-Informationsinhalte** werden durch § 9 Abs. 2 ROG vorgegeben:

- die Bereitstellung der Entwurfsunterlagen im Internet, die Angabe der Internetseite oder Internetadresse,
- die Dauer der Veröffentlichung,
- Informationen über weitere Zugangsmöglichkeiten und zu deren Einsichtnahme,
- die Möglichkeit zur Stellungnahme,
- die Frist zur Stellungnahme,
- die zulässigen Formen der Stellungnahme (schriftlich, elektronisch, mündlich zur Niederschrift),
- die erbetene Form der Stellungnahme (elektronisch),
- der Ausschluss verspäteter Stellungnahmen (Präklusion).

85 Daneben bestehen Bekanntmachungspflichten zu **weiteren Inhalten**, die nicht gesetzlich normiert sind, aber von der Rechtsprechung entwickelt wurden. Die zu Bekanntmachungen in der Bauleitplanung entwickelten Grundsätze sind teilweise auf Bekanntmachungen öffentlicher Auslegungen eines Regionalplanentwurfs zu übertragen (vgl. OVG Bln-Bbg, Urt. vom 5.7.2018 – 2 A 2.16 –, openJur 2020, 36428; www.gerichtsentscheidungen.berlin-brandenburg.de m. w. N.).

2.4.6.1.1 Angaben zum sachlichen Umgriff des Planentwurfs

86 Erforderlich sind **Angaben zum sog. sachlichen Umgriff des Planentwurfs**. Neben der **Kennzeichnung des betroffenen Raums** fordert die Rechtsprechung eine grobe Charakterisierung dessen, was **Inhalt des Planentwurfs** ist, wenn den potenziell Betroffenen nur so ihre mögliche Betroffenheit ausreichend vor Augen geführt werden kann. Angesichts der Vielzahl der Themen, die Gegenstand eines Raumordnungsplans sein können, ist zumindest die Nennung entsprechender **Oberbegriffe** notwendig, bspw. dass der Planentwurf Festlegungen zur Siedlungsstruktur (wie allgemeine Siedlungsflächen, Daseinsvorsorge und Standorte für die gewerbliche Entwicklung), zur Freiraumstruktur (wie Freiraumsicherung oder Gewinnung oberflächennaher Rohstoffe) oder zur Infrastruktur (wie Verkehrswege, Windenergienutzung, Leitungstrassen) enthält, OVG Bln-Bbg, Urt. vom 5.7.2018 – 2 A 2.16 –, openJur 2020, 36428; www.gerichtsentscheidungen.berlin-brandenburg.de m. w. N.

2.4.6.1.2 Angaben zu umweltbezogenen Informationen

87 Anders als § 3 Abs. 2 Satz 2 Halbs. 1 BauGB fordern die raumordnungsrechtlichen Vorschriften hingegen nicht die Angabe, welche Arten umweltbezogener Informationen in den Planunterlagen verfügbar sind. Ohne entsprechende gesetzliche Vorgabe genügt damit bereits der **Hinweis auf einen Umweltbericht** und seinen Inhalt nach § 8 Abs. 1 ROG; erst recht genügt es, die behandelten **Umweltthemen** nach Themenblöcken zusammenzufassen und diese in der Bekanntmachung schlagwortartig zu charakterisieren (vgl. sehr ausführlich zu den strengeren Vorgaben der Bauleitplanung BVerwG, Urt. vom 6.6.2019 – 4 CN 7.18 –, www.bverwg.de m. w. N.; NdsOVG, Urt. vom 9.9.2020 – 1 KN 87/18 – zu § 3 Abs. 2 Satz 2 BauGB).

2.4.6.1.3 Angaben über Bereitstellung im Internet, Internetseite, Internetadresse

88 Anzugeben ist der Umstand, **dass die zum Planentwurf zugehörigen Unterlagen im Internet veröffentlicht wurden**. Dabei hat der Planungsträger die Wahl, die **Internetseite oder die Internetadresse** anzugeben, vgl. BVerwG, Urt. v. 31.3.2023 – 4 A 10.21–, www.bverwg.de, das zu vergleichbaren Anforderungen in Planfeststellungsverfahren zu Recht darauf hinweist, dass die Angabe der Internetseite, auf der die betreffenden Unterlagen unmittelbar zur Verfügung gestellt werden, mit ihrer vollständigen Adresse (URL) *„gerade bei mehreren Unterlagen wegen der je nach Aufbau einer Webseite oftmals beachtlichen Länge und Komplexität solcher Adressen (Zeichenfolgen) im Übrigen auch nicht hilfreich [wäre]. Vielmehr ist die Angabe der übergeordneten Internetseite ausreichend, wenn hierüber die Zugänglichkeit in leicht erkennbarer und einfacher Weise, d. h. über Seitennavigationselemente mit wenigen Mausclicks, gewährleistet ist (vgl. Tegethoff, in: Kopp/Ramsauer, VwVfG, 23. Aufl. 2022, § 27a Rn. 15; Stelkens, in: Stelkens/Bonk/Sachs, VwVfG, 10. Aufl. 2023, § 27a Rn. 52; Schneider, in: Schoch/Schneider, Verwaltungsrecht, VwVfG, Stand August 2022, § 27a Rn. 18).“*

2.4.6.1.4 Angaben zur Auslegung bzw. zu weiteren Zugangsmöglichkeiten

89 Anzugeben ist, wo, wann und ggf. unter welchen weiteren Rahmenbedingungen die **Einsichtnahme** in ausgelegte Unterlagen oder über **weitere Zugangswege** möglich ist. Anzugeben sind bei einer Auslegung insbesondere die **Adresse der Behörde(n) und die Öffnungszeiten**.

2.4.6.1.5 Möglichkeit zur Stellungnahme

90 Nach § 9 Abs. 2 Satz 4 Nr. 1 ROG i. V. m. § 9 Abs. 2 Satz 1 ROG ist in der Bekanntmachung ausdrücklich anzugeben, **dass Stellungnahmen zum Entwurf des Raumordnungsplans, zu seiner Begründung und im Falle einer durchgeführten SUP auch zum Umweltbericht einschließlich aller Anlagen zu den genannten Entwurfsunterlagen abgegeben werden können** (entsprechendes Erfordernis offengelassen durch OVG Bln-Bbg, Urt. vom 23.5.2019 – 2 A 4.19 –, www.gerichtsentscheidungen.berlin-brandenburg.de).

2.4.6.1.6 Dauer der Veröffentlichung/Auslegung/Zugänglichmachung und Stellungnahmefrist

91 Zu allen eröffneten Zugangsmöglichkeiten – also Internetveröffentlichung, Auslegung und/oder weitere Zugangsmöglichkeiten – ist anzugeben, **wie lange die Unterlagen einsehbar sind und bis wann Stellungnahmen abgegeben werden können**.

2.4.6.1.7 Formen der Stellungnahme

92 Nach § 9 Abs. 2 Satz 4 Nr. 2 ROG ist einerseits bekanntzumachen, dass Stellunganahmen **elektronisch, schriftlich oder zur Niederschrift** abgegeben werden können, andererseits aber auch bekanntzumachen, dass Stellungnahmen **elektronisch übermittelt werden „sollen“**. Letzteres muss eindeutig als unverbindliche Bitte erkennbar sein. In Rechtsprechung und Literatur ist geklärt, dass die öffentliche Bekanntmachung – auch bei Raumord-

nungsplanungen – keine Zusätze oder Einschränkungen enthalten darf, die geeignet sein könnten, auch nur einzelne an der Planung interessierte Bürger von der Erhebung von Stellungnahmen abzuhalten (vgl. *Schubert* in *Kment*, ROG, § 9 Rn. 60; *Runkel* in Spannowsky/Runkel/Goppel, ROG, 2. Aufl. 2018, § 9 Rn. 41). Eine Verengung der Stellungnahmemöglichkeiten in der Auslegungsbekanntmachung, bspw. dahingehend, dass Stellungnahmen elektronisch abzugeben „sind", wäre unzulässig, ebenso wie ein Hinweis, es könnten „schriftliche Hinweise, Anregungen und Bedenken" abgegeben werden (vgl. BVerwG, Urt. vom 10.6.2020 – 4 BN 55.19 –, www.bverwg.de). Derartige Formulierungen vermitteln den Eindruck, dass eine Beteiligung nur in dieser Form erfolgen kann und bergen die Gefahr, dass ein interessierter Bürger, der zur Abgabe einer schriftlichen Stellungnahme nicht in der Lage ist, andere Möglichkeiten der Beteiligung, etwa eine Stellungnahme zur Niederschrift bei der zuständigen Stelle, von vornherein nicht in Erwägung zieht.

Mangels eines entsprechenden gesetzlichen Erfordernisses wäre ein an § 17 VwVfG ausgerichteter Hinweis auf formelle Anforderungen an **gleichförmige Einwendungen von mehr als 50 Personen** fehlerhaft (BVerwG, Urt. vom 10.6.2020 – 4 BN 55.10 –, a. a. O.) Eine rechtlich lediglich unverbindliche Bitte um Benennung eines Ansprechpartners im Falle gleichförmiger Einwendungen wäre im Ergebnis hingegen wohl zulässig. 93

2.4.6.1.8 Angaben zur Präklusion

Auf den Umstand, dass **nach Ablauf der Stellungnahmefrist alle Stellungnahmen ausgeschlossen** sind, die nicht auf besonderen privatrechtlichen Titeln beruhen, ist in der Bekanntmachung ausdrücklich hinzuweisen. Ein Hinweis, dass dieser Ausschluss sich nicht auf spätere Planungs- oder Zulassungsverfahren bezieht, ist nicht nötig. 94

2.4.6.2 Einwöchige Bekanntmachungsfrist (§ 9 Abs. 2 Satz 3 ROG)

Die **Bekanntmachung hat mindestens eine Woche vor Veröffentlichung der Entwurfsunterlagen im Internet sowie vor Auslegungsbeginn** zu erfolgen (§ 9 Abs. 2 Satz 3 ROG). 95

Der einwöchige Zeitraum zwischen Bekanntmachung und Veröffentlichungs-bzw. Auslegungsbeginn zählt nicht zur Auslegungs- und Stellungnahmefrist. Er darf **nicht verkürzt** werden. 96

Die **Wochenfrist beginnt** entsprechend § 31 VwVfG i. V. m. § 187 Abs. 1 BGB am Tag nach der Bekanntmachung (vgl. BVerwG, Beschl. vom 23.7.2003 – 4 BN 36.03 –, www.bverwg.de). Sie **endet** entsprechend § 188 Abs. 2 BGB mit dem Ablauf desjenigen Tages dieser Woche, der durch seine Benennung dem Tag der Bekanntmachung entspricht (z. B. Bekanntmachung Montag, Fristbeginn Dienstag, Fristende mit Ablauf des darauffolgenden Montags; die Veröffentlichung bzw. Auslegung der Entwurfsunterlagen darf dann frühestens am nächsten Tag erfolgen). Die Bekanntmachung muss also spätestens am achten Tag vor Beginn der Veröffentlichung und Auslegung veröffentlicht werden. 97

Die Bekanntmachung an einem **Sonnabend, Sonntag oder Feiertag** ist mangels entgegenstehender Regelungen der §§ 187 bis 193 BGB zulässig, ebenso der Ablauf der Bekanntmachungsfrist an einem solchen Tag. 98

Die **Unterschreitung der einwöchigen Bekanntmachungsfrist** stellt grds. einen Verfahrensfehler dar. 99

Dennoch ist im Baurecht und Naturschutzrecht anerkannt, dass ein Unterschreiten der Bekanntmachungsfrist **unschädlich** ist, wenn die bekannt gemachte Dauer der Auslegung so bemessen ist, dass die **Mindestfristen für die Bekanntmachung und die Auslegung insgesamt eingehalten** worden sind. Die Verkürzung der Bekanntmachungsfrist ist unbedenklich, wenn der gesetzliche Anspruch interessierter Bürger auf Einsicht in die Planunterlagen im Ergebnis nicht eingeschränkt wird, weil der Zeitraum zwischen der Bekannt- 100 machung der Auslegung und deren bekannt gemachtem Ende insgesamt sowohl die Wochenfrist für die Bekanntmachung als auch die Mindestfrist von einem Monat für die Auslegung umfasst (vgl. BVerwG, Beschl. vom 23.7.2003 – 4 BN 36.03 –, NuR 2004 S. 109, www.bverwg.de in Bezug auf § 3 Abs. 2 BauGB sowie NdsOVG, Urt. vom 4.12.2018 – 4 KN 77/16 –, www.rechtsprechung.niedersachsen.de in Bezug auf entsprechende naturschutzrechtliche Anforderungen des § 14 Abs. 2 NAGBNatSchG). Für die Verkürzung der vergleichbaren Bekanntmachungsfrist für die Auslegung des Entwurfs eines Raumordnungsplans nach § 9 Abs. 2 ROG kann nichts anderes gelten.

2.4.6.3 Bekanntmachungsmedium

101 Beim LROP erfolgt die **Bekanntmachung** gem. § 4 Abs. 3 NROG im **Niedersächsischen Ministerialblatt** (vgl. auch § 4 Rn. 32).

102 Bei RROP hat die Bekanntmachung im jeweiligen **nach Kommunalverfassungsrecht (Hauptsatzung)** geregelten Bekanntmachungsorgan in der dort vorgesehenen Weise zu erfolgen. Daraus ergibt sich auch, ob eine rein digitale Bekanntmachung in einem digitalen Veröffentlichungsblatt oder einem Internetportal der Behörde oder ihres Verwaltungsträgers zulässig ist.

103 Regelt die Hauptsatzung neben der konstitutiven Bekanntmachung (in der Regel im Amtsblatt) eine **zusätzliche nachrichtliche Bekanntmachung** in bestimmten Tageszeitungen, ist auch diese einzuhalten. Fehlt eine der vorgegebenen Tageszeitungen oder sind die o. g. Informationen nicht vollständig, ist die nachrichtliche Bekanntmachung nicht fehlerfrei. Eine gewisse Flexibilität besteht bei rein nachrichtlichen Bekanntmachungen lediglich bei der Art und Weise der Informationsvermittlung. Im Gegensatz zu konstitutiven Bekanntmachungen (in aller Regel im Amtsblatt, das durch die Öffentlichkeit kaum gelesen wird), geht es bei zusätzlichen nachrichtlichen Bekanntmachungen um die tatsächliche Erreichung der Bevölkerung durch verbreitete Medien. Dieser Hinweiszweck ist faktisch nicht nur dann erreicht, wenn eine (vollständige) Veröffentlichung in der „Bekanntmachungsrubrik" einer Zeitung erfolgt, sondern auch dann, wenn alle relevanten Informationen zur Art des Verfahrens und zu den Unterlagen, zu Ort und Zeit der Auslegung und der Stellungnahmemöglichkeit einschließlich eines Hinweises auf den Ausschluss verspäteter Stellungnahmen in Form eines Artikels veröffentlicht werden, der auf einer Presseinformation des Planungsträgers beruht.

104 Eine zusätzliche **Veröffentlichung der Bekanntmachung auf einer Internetseite des Planungsträgers nach § 27a VwVfG ist nicht erforderlich.** Die Vorschrift ist auf Raumplanungsverfahren nicht anwendbar. Unmittelbar gilt sie nicht, weil die Aufstellung oder Änderung eines Raumordnungsplans kein Verwaltungsverfahren i. S. des Zweiten Teils des VwVfG ist. Mangels einer Regelungslücke ist sie auch nicht entsprechend anwendbar. § 27a VwVfG wurde im Dezember 2023 als dauerhafte Nachfolgeregelung der pandemiebedingten Sonderregelungen des PlanSiG erlassen (BR-Drs. 369/23). Zu diesem Zeitpunkt unterfielen die Verfahren nach dem ROG bereits nicht mehr dem PlanSiG, sondern mit dem ROG wurden eigene dauerhafte Nachfolgeregelungen erlassen. Anders als § 2 PlanSiG und § 3 Abs. 2 Satz 5 BauGB fordert das ROG keine zusätzliche Einstellung von Bekanntmachungen im Internet. Auch das NROG hat –in Kenntnis des § 27a VwVfG – kein solches Erfordernis eingeführt.

105 Als **zusätzlichen Service**, außerhalb der gesetzlichen oder satzungsrechtlichen Bekanntmachungsverpflichtungen in von der Bevölkerung wenig wahrgenommen Amtsblättern, bietet es sich zudem an, weitere Informationswege wie z. B. die regionale Presse, Flyer oder Info-Veranstaltungen in der Region zu nutzen.

2.4.6.4 Heilung von Bekanntmachungsfehlern

106 **Fehler bei der Bekanntmachung** sind für die Genehmigungsfähigkeit eines RROP relevant. Die Heilung erfordert nicht nur das alleinige **Nachholen einer ordnungsgemäßen**

Bekanntmachung, sondern eine **Wiederholung sämtlicher ab Fehlereintritt zu durchlaufenden nachfolgenden Verfahrensschritte**, selbst wenn diese fehlerfrei waren. Bei Bekanntmachungsfehlern im Rahmen des Beteiligungsverfahrens genügt eine nochmalige Auslegung des letzten Entwurfsstands. Die **Heilung muss zeitlich vor Abschluss des Genehmigungsverfahrens** erfolgen, d. h. auch in Fallkonstellationen, in denen erst im Genehmigungsverfahren der Bekanntmachungsfehler bemerkt wurde (zu Fristenregelungen und zur Verhinderung einer Genehmigungsfiktion vgl. § 5 Rn. 68 ff.).

2.4.7 Zusätzliche Anforderungen an die Beteiligung öffentlicher Stellen (§ 3 Abs. 1 NROG)

2.4.7.1 Kreis der zu beteiligenden öffentlichen Stellen

Die frühere Fassung des § 3 NROG enthielt einen Katalog öffentlicher Stellen, die als Träger öffentlicher Belange zu beteiligen waren. Wenngleich gesetzlich kein Katalog öffentlicher Stellen mehr genannt ist, ändert sich an ihrer Stellung und ihrem Beteiligungserfordernis nichts. 107

Zum Kreis der **zu beteiligenden öffentlichen Stellen** zählen, sofern sie von der konkreten Planung betroffen sein können: 108

1. in Bezug auf **alle Raumordnungspläne**
   - die Landkreise und kreisfreien Städten, die nicht Träger der Regionalplanung sind,
   - die kreisangehörigen Gemeinden und Samtgemeinden,
   - die sonstigen öffentlichen Stellen i. S. des § 3 Abs. 1 Nr. 5 ROG,
   - die benachbarten Länder und
   - die Personen des Privatrechts i. S. des § 4 Abs. 1 Satz 2 ROG,
2. in Bezug auf das **Landes-Raumordnungsprogramm**
   - die kommunalen Spitzenverbände,
   - die Träger der Regionalplanung,
3. in Bezug auf das **Regionale Raumordnungsprogramm**
   - die benachbarten Träger der Regionalplanung und
   - die öffentlich-rechtlich Verpflichteten in gemeindefreien Gebieten,

2.4.7.1.1 Landkreise und kreisfreie Städte, die nicht Träger der Regionalplanung sind

Landkreise und kreisfreie Städte, die nicht selbst Träger der Regionalplanung sind, sind die Landeshauptstadt Hannover (vgl. § 15 Abs. 2 NKomVG) und die Landkreise und kreisfreien Städte im Bereich des Regionalverbandes Großraum Braunschweig. Hier ist die Trägerschaft der Regionalplanung gem. § 160 Abs. 1 NKomVG bzw. § 20 Abs. 2 NROG auf die Region Hannover bzw. den Regionalverband Großraum Braunschweig übertragen worden. 109

2.4.7.1.2 Kreisangehörige Gemeinden und Samtgemeinden

Kreisangehörige Gemeinden sind nach § 14 NKomVG alle Gemeinden, die nicht die Stellung einer kreisfreien Stadt haben, auch Samtgemeinden. Im Beteiligungsverfahren sind sowohl die **Samtgemeinden** als auch über die Samtgemeinden deren **Mitgliedsgemeinden** zu beteiligen. Als kreisangehörige Gemeinden gelten gem. § 14 Abs. 2 NKomVG auch die regionsangehörigen Gemeinden im Bereich der Region Hannover. 110

Die unmittelbare Beteiligung der kreisangehörigen Gemeinden und Samtgemeinden erfolgt aufgrund der engen Verzahnung von Bauleitplanung und Raumordnung. Die Gemeinden setzen die Ziele und Grundsätze der Raumordnung in der Bauleitplanung um und haben ihre **Bauleitplanung den Zielen der Raumordnung anzupassen (§ 1 Abs. 4** 111

BauGB). Die Bauleitplanung wirkt ihrerseits dem **Gegenstromprinzip** entsprechend in die Raumordnung hinein. Durch die kommunale Beteiligung wird sichergestellt, dass der Träger der Raumordnungsplanung bei der Aufstellung von Zielen der Raumordnung umfassend über die örtlichen Belange unterrichtet wird, die er in die Abwägung einzustellen hat (vgl. BVerfG, Beschl. vom 7.10.1980 – 2 BvR 584/76 u. a. – BVerfGE 56, 298; BVerwG, Urt. vom 18.2.1994 – BVerwG 4 C 4.92 –, wolterskluwer-online.de). Das Beteiligungsrecht der Gemeinden ist *„im Gegensatz zur Mitwirkung anderer Stellen oder zu sonstigen verfahrensrechtlichen Anforderungen, die zur einfachgesetzlichen Disposition stehen, verfassungsrechtlich fundiert. Es ist unverzichtbare Voraussetzung dafür, dass eine Zielaussage für die von ihr betroffene Gemeinde eine Anpassungspflicht auslöst. Denn es stellt als Ausfluss der Selbstverwaltungsgarantie des Art. 28 Abs. 2 Satz 1 GG, die auch die kommunale Planungshoheit umfasst, eine Kompensation für den mit § 1 Abs. 4 BauGB verbundenen Eingriff in das System der gemeindlichen Bauleitplanung dar. Die Gemeinde wird durch diese Einbindung in den überörtlichen Planungsprozess davor bewahrt, zum bloßen Objekt einer höherstufigen Gesamtplanung degradiert zu werden"* (vgl. BVerwG, Beschl. vom 7.3.2002 – 4 BN 60/01–, NVwZ 2002 S. 869, wolterskluwer-online.de).

2.4.7.1.3 Sonstige öffentliche Stellen i. S. des § 3 Abs. 1 Nr. 5 ROG

112 Öffentliche Stellen i. S. der Begriffsdefinition des § 3 Abs. 1 Nr. 5 ROG sind **Behörden von Bund, Ländern und kommunalen Gebietskörperschaften, Körperschaften, Anstalten und Stiftungen öffentlichen Rechts**, also z. B. auch Industrie- und Handelskammern. Nicht hierzu zählen privatrechtliche Verbände oder Vereine (näher dazu § 1 Rn. 174 ff.).

113 Die Beteiligung von **öffentlichen Stellen des Bundes** oder in seinem Auftrag tätigen Stellen umfasst neben dem für Raumordnung zuständigen Bundesministerium **auch nachgeordnete Bundesstellen oder der Aufsicht des Bundes unterstehende öffentliche Stellen**. Fehlt deren Beteiligung oder ist diese unvollständig, kann das **Widerspruchsrecht nach § 5 ROG** dazu führen, dass die Ziele der Raumordnung für raumbedeutsame Planungen und Maßnahmen des Bundes später keine Bindungswirkung entfalten (näher dazu § 1 Rn. 198 ff.).

2.4.7.1.4 Benachbarte Länder

114 Mit benachbarten Ländern sind nur **benachbarte Bundesländer** gemeint, nicht Nachbarstaaten. Da Niedersachsen an neun andere Bundesländer grenzt, ist die Regelung nicht nur in Bezug auf das LROP, sondern auch für eine große Anzahl von RROP relevant. In Bezug auf das LROP dient die Beteiligung benachbarter Länder auch dazu, der Verpflichtung des § 7 Abs. 2 Satz 3 ROG nachzukommen, wonach Raumordnungspläne benachbarter Planungsräume aufeinander abzustimmen sind.

2.4.7.1.5 Personen des Privatrechts i. S. des § 4 Abs. 1 Satz 2 ROG

115 Die Beteiligung von Personen des Privatrechts steht derjenigen von öffentlichen Stellen (nur) gleich, **wenn Personen des Privatrechts öffentliche Aufgaben wahrnehmen und wenn öffentliche Stellen an diesen Personen mehrheitlich beteiligt sind oder wenn es um Planungen oder Maßnahmen geht, die überwiegend mit öffentlichen Mitteln finanziert werden** (näher dazu § 1 Rn. 187 ff.). In diesen Fällen sind Personen des Privatrechts öffentlichen Stellen „angenähert" und unterliegen den Bindungswirkungen von Zielen und Grundsätzen in gleichem Maße (vgl. § 4 Abs. 1 Satz 2 ROG), was ihre Beteiligung wie eine öffentliche Stelle rechtfertigt. In anderen als den vorgenannten Fällen sind Personen des Privatrechts als Öffentlichkeit nach den dafür geltenden Vorschriften zu beteiligen.

2.4.7.1.6 Träger der Regionalplanung, kommunale Spitzenverbände

116 Die bei der Aufstellung des LROP zu beteiligenden **Träger der Regionalplanung** sind die Landkreise, die kreisfreien Städte, die Region Hannover, der Regionalverband Großraum Braunschweig, die Stadt Göttingen (§ 16 Abs. 2 NKomVG) sowie andere Träger i. S. v. § 20 Abs. 2 NROG. Diese müssen bei der Aufstellung ihrer RROP verbindliche Vorgaben des

LROP übernehmen und konkretisieren sowie Regelungsaufträge umsetzen. Im Gegenzug ist das Land bei der Aufstellung des LROP auf eine Mitwirkung der Regionalplanungsebene angewiesen (Gegenstromprinzip).

Die Pflicht zur Beteiligung der **kommunalen Spitzenverbände** ergibt sich aus Art. 57 Abs. 6 der NV. Kommunale Spitzenverbände in Niedersachsen sind der Niedersächsische Landkreistag, der Niedersächsische Städtetag und der Niedersächsische Städte- und Gemeindebund. 117

2.4.7.1.7 Benachbarte Träger der Regionalplanung

Mit der Beteiligung der **benachbarten Träger der Regionalplanung** bei Aufstellung eines RROP wird für die Ebene der Regionalplanung zugleich dem Abstimmungserfordernis des § 7 Abs. 2 Satz 3 ROG Rechnung getragen. 118

2.4.7.1.8 Öffentlich-rechtlich Verpflichtete in gemeindefreien Gebieten

Öffentlich-rechtlich Verpflichtete in gemeindefreien Gebieten gab es am 31.3.2024 25 (2 bewohnt, 23 unbewohnt, vgl. Daten aus dem Gemeindeverzeichnis, Verwaltungsgliederung in Deutschland, Quartalsbericht, www.destatis.de\DE\ZahlenFakten\LaenderRegionen\Regionales\Gemeindeverzeichnis). Wird ein gemeindefreies Gebiet dauernd bewohnt, ist i. d. R. der Grundeigentümer öffentlich-rechtlich Verpflichteter (vgl. § 1 Abs. 2 und § 2 Verordnung über die Verwaltung gemeindefreier Gebiete vom 15.7.1958, Nds.GVBl. S. 162, zuletzt geändert durch Verordnung vom 9.9.2008, Nds.GVBl. S. 305). In den unbewohnten gemeindefreien Gebieten sind es die in § 17 dieser Verordnung genannten öffentlichen Stellen, z. B. die angrenzende Gemeinde, eine Landesbehörde oder der Landkreis. 119

2.4.7.2 Benachrichtigung von öffentlichen Stellen (§ 3 Abs. 1 Satz 2 NROG)

Behörden erhalten in aller Regel – wie die Öffentlichkeit – **über das Internet Zugang zu den Entwurfsunterlagen**. 120

Die Pflicht nach § 9 Abs. 2 Satz 5 ROG, neben der Bereitstellung im Internet auch **andere Zugangsmöglichkeiten** anzubieten, gilt auch in Bezug auf Behörden. Angesichts der inzwischen flächendeckenden EDV-Ausstattung öffentlicher Verwaltungen ist eine besondere „Rücksichtnahme" auf Behörden dabei nicht mehr nötig; die internetbasierte Beteiligung ist Standard. Es genügt, dass Behörden formal diejenigen alternativen Zugangsmöglichkeiten zur Verfügung haben, die der Planungsträger für die Öffentlichkeitsbeteiligung bereitstellt (näher zu solchen alternativen Informationsmöglichkeiten Rn. 79 ff.). 121

Die nach bisherigem Landesrecht nötige Praxis, (nur) allen Behörden die **Entwurfsunterlagen per E-Mail oder in Papierform zu übersenden, ist weggefallen**. Die Einstellung der Entwurfsunterlagen ins Internet ersetzt deren Übermittlung. 122

Landesrechtlich ist nur noch ein individuelles **Anschreiben** jeder betroffenen öffentlichen Stelle vorgesehen (§ 3 Abs. 1 Satz 2 NROG, zum Katalog der öffentlichen Stellen s. Rn. 107 ff.), das einen **Hinweis** auf die Veröffentlichung der Entwurfsunterlagen im Internet und die Inhalte der Bekanntmachung nach § 9 Abs. 2 Satz 3 ROG zu enthalten hat (näher dazu Rn. 83 ff.), also auf: 123

- die Angabe der Internetseite oder Internetadresse,
- die Dauer der Veröffentlichung,
- die anderen Zugangsmöglichkeiten und deren Modalitäten,
- die Möglichkeit zur Stellungnahme,
- die Frist zur Stellungnahme,
- die zulässigen Formen der Stellungnahme (schriftlich, elektronisch, mündlich zur Niederschrift),

- die erbetene Form der Stellungnahme (elektronisch),
- den Ausschluss verspäteter Stellungnahmen (Präklusion).

124 Wenngleich § 9 Abs. 2 ROG keine dementsprechende Regelung enthält, sollte zudem aus dem Anschreiben (z. B. Betreffzeile) hervorgehen, dass es sich um die **Unterlagen zur Aufstellung oder Änderung eines Raumordnungsplans** handelt sowie um **welchen Planungsraum** es geht.

125 Nach früherer Rechtslage begann die **Stellungnahmefrist** entsprechend § 31 VwVfG und § 187 Abs. 1 i. V. m. § 130 BGB am Tag nach Zugang des Benachrichtigungsschreibens. Als Tag des Zugangs war hiernach weder der Absendetag noch der darauffolgende Tag anzusehen, sondern analog § 41 Abs. 2 VwVfG galt der Zugang vielmehr erst am dritten Tag nach Absendung als erfolgt, selbst wenn er tatsächlich eher war.

126 Nach der seit 2024 geltenden Rechtslage stellt die Benachrichtigung der Behörden über die Bekanntmachung nur noch ein reines „Serviceangebot" zur Information über die öffentliche Bekanntmachung dar. Die Stellungnahmefrist beginnt mit der **Veröffentlichung der Unterlagen im Internet**, also auch in dem Fall, dass einer Behörde die Benachrichtigung erst verspätet nach Veröffentlichung der Entwurfsunterlagen im Internet zugehen sollte (so auch § 27a VwVfG, der zumindest seinem Grundgedanken nach herangezogen werden kann).

2.5 Form der Stellungnahme

127 § 9 Abs. 2 ROG gibt für Stellungnahmen keine bestimmte Form vor. Dass Stellungnahmen elektronisch übermittelt werden „sollen" (§ 9 Abs. 2 Satz 4 Nr. 2 ROG) ist lediglich ein rechtlich unverbindlicher Wunsch des Gesetzgebers. Stellungnehmende, die diesem Wunsch nicht nachkommen, müssen die abweichende Form nicht begründen oder rechtfertigen. Stellungnahmen können insofern **elektronisch, schriftlich oder zur Niederschrift** abgegeben werden; dies gilt – ohne dass dies praktische Bedeutung hätte – rein rechtlich auch für Stellungnahmen von öffentlichen Stellen. Die Anforderungen des § 3a VwVfG an eine elektronische Signatur gelten nicht.

128 Formelle Anforderungen an **gleichförmige Einwendungen von mehr als 50 Personen** entsprechend § 17 VwVfG bestehen nach ROG oder NROG nicht. Es sind auch solche gleichförmigen Einwendungen zulässig, die den Formerfordernissen des § 17 VwVfG nicht genügen.

129 Behördliche **Beschränkungen zur Erhaltung der Sicherheit informationstechnischer Systeme** oder zur Lesbarkeit von E-Mails sind zulässig; bspw. kann die Übermittlung auf PDF-Dateien begrenzt sein. Ferner kann der Planungsträger für elektronische Stellungnahmen einen speziellen Zugang (Online-Beteiligung) ermöglichen.

2.6 Stellungnahmefrist (§ 9 Abs. 2 Satz 4 ROG); Ausschluss verspäteter Stellungnahmen (Präklusion § 9 Abs. 2 Satz 4 Nr. 3 ROG)

130 Die **Abgabe von Stellungnahmen ist mindestens bis zum Ende der Veröffentlichung der Entwurfsunterlagen möglich**. Mit Blick auf Betroffene, die erst am Ende des Veröffentlichungszeitraums Einsicht in die Entwurfsunterlagen nehmen, kann der Planungsträger bestimmen, ob und wie lange die Abgabe von Stellungnahmen auch nach Ende der Veröffentlichung noch möglich ist. Insgesamt soll die Frist zur Abgabe von Stellungnahmen **nicht länger als drei Monate** betragen (§ 9 Abs. 2 Satz 4 ROG), d. h., nur in begründeten Einzelfällen ist eine längere Dauer zulässig.

131 Mangels spezieller raumordnungsgesetzlicher Regelungen richtet sich die **Berechnung der Frist entsprechend § 31 VwVfG nach den §§ 187 ff. BGB**.

132 Die **Stellungnahmefrist beginnt** entsprechend § 187 Abs. 2 BGB mit dem ersten Tag der Auslegung (vgl. BVerwG Urt. vom 23.7.2003 – 4 BN 36.03 –, www.bverwg.de; GmSOGB Beschl. vom 6.7.1972 – GmS-OGB 2/71 – openJur 2012, 132630).

Ist für das **Ende der Stellungnahmefrist** ein Datum bestimmt, endet die Frist mit Ablauf dieses Tages, § 188 Abs. 1 BGB. Ist das Ende der Stellungnahmefrist nach Monaten und/ oder Wochen bestimmt, richtet sich ihre Berechnung gem. § 1 NVwVfG und § 31 Abs. 1 VwVfG entsprechend § 187 Abs. 2 und § 188 Abs. 2 BGB. Die Wochenfrist endet gem. § 188 Abs. 2 BGB mit dem Ablauf desjenigen Tages der letzten Woche, die Monatsfrist mit Ablauf desjenigen Tages des letzten Monats, der dem Tag vorhergeht, der durch seine Benennung bzw. Zahl dem Anfangstag der Frist entspricht. Fehlt ein solcher (z. B. mangels eines 30. Februars oder eines 31. Aprils), endet sie mit dem letzten Tag des Monats, unabhängig davon, wie viele Tage dieser hat (§ 188 Abs. 3 BGB). 133

Beginnt eine einmonatige Frist z. B. am 10. Tag eines Monats, endet sie am 9. Tag des Folgemonats; beginnt sie am ersten Tag eines Monats, endet sie am letzten Tag dieses Monats. 134

Bestimmt der Planungsträger, dass bspw. auch noch zwei Wochen nach Ende der einmonatigen Veröffentlichung bzw. Auslegung Stellung genommen werden kann, und beginnt die Veröffentlichung/Auslegung beispielsweise am Mittwoch, den 10. Januar, endet die einmonatige Auslegung einen Monat später mit Ablauf des Freitag, des 9. Februar, und die zweiwöchige Stellungnahmefrist mit Ablauf des Freitag, des 23. Februar, zwei Wochen später. 135

Fällt das Ende der Stellungnahmefrist auf einen **Sonnabend, Sonntag oder einen gesetzlichen Feiertag**, so endet die Frist erst mit Ablauf des nächstfolgenden Werktags (§ 31 Abs. 3 VwVfG). 136

§ 9 Abs. 2 Satz 4 Nr. 3 ROG bestimmt die zwingende **Präklusion verspäteter Stellungnahmen**, die nicht auf besonderen privatrechtlichen Titeln beruhen. Es steht dem Planungsträger daher nicht frei zu entscheiden, Stellungnahmen, die nicht rechtzeitig abgegeben wurden, dennoch zu berücksichtigen. 137

Von dieser formellen Präklusion zu unterscheiden ist die Pflicht zu einer ordnungsgemäßen Abwägung (§ 7 Abs. 2 ROG). Der Planungsträger **darf nicht solche Stellungnahmen unberücksichtigt lassen**, die auf Belange verweisen, die ihm bereits **bekannt sind** oder hätten bekannt sein müssen oder die **für die Rechtmäßigkeit des Plans von Bedeutung** sind. Diese Anforderungen an eine ordnungsgemäße Abwägung werden durch die Präklusionsvorschriften des ROG nicht abbedungen. 138

Die **Präklusion kann nur eintreten, wenn alle gesetzlichen Bekanntmachungserfordernisse eingehalten** sind. Die Bekanntmachung der Präklusion hat mit der Bekanntmachung über die Einleitung des Beteiligungsverfahrens zu erfolgen; auf die Einzelheiten und die Folge der Präklusion ist unmissverständlich hinzuweisen § 9 Abs. 2 Satz 4 Nr. 3 ROG), dazu Rn. 94. 139

2.7 Grenzüberschreitende Beteiligung

Bei Staatsgrenzen überschreitenden Auswirkungen ist grundsätzlich eine **Beteiligung von Behörden und Öffentlichkeit in den betroffenen Nachbarstaaten** gem. § 9 Abs. 4 ROG notwendig. Von Festlegungen in Raumordnungsplänen in Niedersachsen sind in aller Regel ausschließlich die **Niederlande** betroffen. 140

Wird die Durchführung eines Plans gem. § 9 Abs. 4 Satz 1 ROG voraussichtlich erhebliche Auswirkungen auf das Gebiet eines anderen Staates haben, die **keine erheblichen Umweltauswirkungen** sind, ist dieser **gem. § 9 Abs. 4 Sätze 1 bis 3 ROG zu beteiligen** (Unterrichtung des anderen Staates, Übermittlung des Planentwurfs, Einräumen einer Gelegenheit zur Stellungnahme innerhalb einer festzusetzenden, angemessenen Frist). 141

Für die Zusammenarbeit mit den Niederlanden ist ferner das **„Abkommen zwischen der Regierung der Bundesrepublik Deutschland und der Regierung des Königreichs der Niederlande über die Zusammenarbeit auf dem Gebiet der Raumordnung“** vom 30.3.1976 zu beachten (Bek. vom 17.1.1977, BGBl. II S. 35). Dieses legitimiert u. a. die Deutsch-Nieder- 142 ländische Raumordnungskommission einschließlich ihrer Gremien (z. B. der „UK Nord"), auf die Abstimmung von Raumordnungsplänen hinzuwirken.

143 Für den Fall **grenzüberschreitender erheblicher Umweltauswirkungen** erfolgt gem. § 9 Abs. 4 Satz 4 ROG die grenzüberschreitende Beteiligung nach den Verfahrensschritten des **UVPG**.

144 Die **Behördenbeteiligung** richtet sich nach § 60 UVPG i. V. m. §§ 54, 55, 42 und 19 UVPG. Zunächst wird die zuständige Stelle des Nachbarstaates entsprechend § 54 UVPG um Mitteilung gebeten, ob der Nachbarstaat eine Beteiligung überhaupt für erforderlich hält; mit dieser **Benachrichtigung in dessen Amtssprache** (§ 60 Abs. 2 Satz 1 UVPG) ist ein Exemplar des **Planentwurfs und des Umweltberichts in deutscher Sprache** zu übermitteln. Wird eine Beteiligung gewünscht, übermittelt der zuständige Planungsträger die erforderlichen Unterlagen. Zumindest die **Informationen zum Verfahrensgegenstand und zum Ablauf des Verfahrens nach § 19 UVPG, die nichttechnische Zusammenfassung des Umweltberichts sowie die Teile des Planentwurfs und des Umweltberichts, die für die Bewertung erheblicher nachteiliger grenzüberschreitender Umweltauswirkungen maßgeblich sind, sind zu übersetzen** (§ 60 Abs. 2 UVPG). Der Planungsträger hat ferner gem. § 55 Abs. 6 UVPG übersetzte sonstige für das Verfahren wesentliche Unterlagen, bspw. Einladungen zu einem eventuellen Erörterungstermin, zu übermitteln.

145 In Bezug auf den **Umweltbericht** ist mindestens eine **Übersetzung derjenigen Teile über grenzüberschreitende Auswirkungen** gefordert. Die Auswirkungsradien sind planungsraum- und festlegungsabhängig unterschiedlich. Sind beispielsweise bei Festlegungen zum Hochwasserschutz die Belange der Ober- und Unterlieger zu berücksichtigen, können sich weiträumige Betroffenheiten ergeben. In grenznahen regionalen Planungsräumen mit engen Verflechtungsbeziehungen kann dies zum Übersetzungserfordernis des gesamten Planentwurfs führen.

146 Gem. § 60 Abs. 3 UVPG i. V. m. § 55 Abs. 3 UVPG setzt der Planungsträger eine angemessene **Frist**, innerhalb derer die nachbarstaatliche Behörde Gelegenheit zur **Stellungnahme** hat. Die beteiligten Behörden des Nachbarstaates können ihre Stellungnahmen in ihrer Amtssprache übermitteln.

147 Für die **grenzüberschreitende Öffentlichkeitsbeteiligung** sind gem. § 61 UVPG die in § 56 i. V. m. §§ 42 und 18–22 UVPG vorgesehenen Verfahrensschritte zu beachten. Für die Information seiner Bevölkerung sowie die fristgerechte Auslegung der Unterlagen (§ 42 Abs. 2 UVPG) einschließlich der Hinweise auf Stellungnahmefristen und den Ausschluss (Präklusion) verspäteter Stellungnahmen (§ 42 Abs. 3 UVPG) ist der **Nachbarstaat federführend**. Der verfahrensführende niedersächsische Planungsträger hat hierzu alle **Unterlagen zu übermitteln**, die nach § 19 Abs. 2 Nr. 2 UVPG im Nachbarstaat für die Öffentlichkeit auszulegen sind, § 60 Abs. 1 i. V. m. § 55 Abs. 1 UVPG. Dies sind im Mindesten der Planentwurf mit seiner Begründung sowie der Umweltbericht.

148 Ferner ist der Inhalt der **öffentlichen Bekanntmachung zu übermitteln**, mit der die Öffentlichkeit über den Beginn des Beteiligungsverfahrens informiert wird. Die Bekanntmachung muss alle Angaben nach § 19 Abs. 1 UVPG enthalten und enthält damit mehr Pflichtinhalte als die Bekanntmachung der inländischen Bevölkerung. Die Bekanntmachung muss dabei auch **in der Sprache des Nachbarstaats** übersandt werden.

149 Die ausländische Öffentlichkeit kann ihre **Stellungnahmen** in ihrer Amtssprache übermitteln. Nach Abschluss des Verfahrens sind die in § 61 UVPG genannten Unterlagen zu übersenden.

150 Für den genauen Ablauf der grenzüberschreitenden Beteiligung bei der SUP von deutschen und niederländischen Raumordnungsplänen existiert ferner die **„Gemeinsame Erklärung über die Zusammenarbeit bei der Durchführung grenzüberschreitender Umweltverträglichkeitsprüfungen sowie grenzüberschreitender Strategischer Umweltprüfungen im deutsch-niederländischen Grenzbereich"** zwischen dem Ministerium für

Infrastruktur und Umwelt der Niederlande und dem Bundesministerium für Umwelt, Naturschutz und Reaktorsicherheit der Bundesrepublik Deutschland vom 28.5.2013, eine Verwaltungsvereinbarung auch unter der Beteiligung von Niedersachsen und Nordrhein-Westfalen (MBl. NRW 2014 S. 186). Zwischenzeitliche Änderungen des UVPG haben dazu geführt, dass die Inhalte dieser Erklärung teilweise obsolet geworden sind.

Zur Unterstützung der grenzüberschreitenden Beteiligung in der Praxis wurden sowohl in den Niederlanden als auch in Niedersachsen (Amt für regionale Landesentwicklung Weser-Ems in Oldenburg) **behördliche Anlaufstellen** eingerichtet. 151

Im vereinfachten Verfahren zur Durchführung lediglich **geringfügiger Änderungen von Raumordnungsplänen** nach § 9 Abs. 5 ROG erfolgt **keine Beteiligung von Nachbarstaaten**. (vgl. näher § 6 Rn. 6 ff.). 152

3. Erneute Beteiligung bei Änderung des Planentwurfs

Wird der **Entwurf** zur Aufstellung oder Änderung eines Raumordnungsplans während des Verfahrens – z. B. aufgrund der Ergebnisse des Beteiligungsverfahrens oder aufgrund eines neu hinzugetretenen Regelungsbedarfs – **geändert oder ergänzt, ist grundsätzlich ein erneutes Beteiligungsverfahren unter Einbeziehung der zu beteiligenden Stellen und Organisationen sowie der Öffentlichkeit erforderlich** (§ 9 Abs. 3 ROG). 153

Das Erfordernis wiederholter Beteiligungen steht im Spannungsverhältnis zu dem Anliegen eines zügigen Verfahrensabschlusses. Zumindest ein zweites Beteiligungsverfahren ist mittlerweile Standard geworden, häufig werden auch drei oder mehr „Beteiligungsrunden" durchlaufen und führen zu erheblichen Verfahrenslaufzeiten und **Verzögerungen** bei der Umsetzung landesplanerischer Ziele in nachfolgende Regionalpläne. 154

Seit 2017 bestimmt § 9 Abs. 3 Satz 1 Halbs. 1 ROG, dass eine **erneute Beteiligung nur im Fall einer erstmaligen oder stärkeren Berührung von Belangen** erforderlich ist. 155

Trotz des Versuchs einer Präzisierung der Gesetzeslage im ROG bestehen nach wie vor **erhebliche „Grauzonen"**, in denen der Planungsträger zwischen Beschleunigung und dem grundlegenden Bemühen um Bürgernähe und Transparenz abzuwägen und die damit einhergehenden rechtlichen Unsicherheiten zu verantworten hat. Ein wesentliches „Mehr" an Rechtssicherheit für den Planungsträger, ob eine erneute Beteiligung rechtlich erforderlich ist, bringt die geänderte Rechtslage daher bislang kaum mit sich. Auch die Rechtsprechung hat sich trotz der Gesetzesänderung kaum verändert und hält an ihrer etablierten strengen Sichtweise fest, was Bemühungen um Verfahrensbeschleunigung zusätzlich erschwert. 156

Die Rechtsprechung hält eine **erneute Beteiligung dann nicht für erforderlich**, wenn die **Änderungen lediglich klarstellende Bedeutung** haben, die den Regelungsgehalt der Norm unberührt lassen oder **mit der Änderung einer Anregung bzw. Forderung eines Beteiligten nachgekommen wird, ohne dass eine neue mögliche Betroffenheit privater oder öffentlicher Belange Dritter geschaffen wird** und zu einer Normfassung zurückgekehrt wird, zu der die Öffentlichkeit, namentlich in einem der letzten Beteiligung vorangegangenen Beteiligungsverfahren, **bereits Gelegenheit zur Stellungnahme** hatte (vgl. zu alledem BVerwG, Beschl. vom 3.1.2020 – 4 BN 25.19 –, www.bverwg.de; NdsOVG, Urt. vom 29.4.2020 – 1 Kn 141/17 –, www.rechtsprechung.niedersachsen.de; NdsOVG, Urt. vom 15.5.2024 – 1 KN 53/21 –, www.rechtsprechung.niedersachsen.de). 157

Das Erfordernis erneuter Beteiligung begrenzt sich auf **Änderungen an den normativen Inhalten**, d. h. Änderungen an den textlichen oder zeichnerischen Festlegungen (so zum Erfordernis der erneuten Auslegung eines Bebauungsplan-Entwurfs BVerwG, Urt. vom 8.3.2017 – 4 CN 1.16 –, www.bverwg.de: *„Die Verpflichtung zur erneuten Auslegung und zur erneuten Einholung von Stellungnahmen bezieht sich ausschließlich auf Änderungen oder Ergänzungen des ‚Entwurfs des Bauleitplans'. Dem Entwurf des Bauleitplans ist gemäß § 2a Satz 1 BauGB im Aufstellungsverfahren eine Begründung ‚beizufügen' […].* 158

Diese begriffliche ***Unterscheidung zwischen Entwurf und Begründung*** *lässt erkennen, dass der Umweltbericht als Bestandteil der Begründung des Bauleitplans nach dem Verständnis des EAG Bau nicht bereits von dem in § 4a Abs. 3 Satz 1 BauGB verwendeten Begriff des Entwurfs des Bauleitplans erfasst ist").*

159 Diese ausdrücklich zur erneuten Auslegung eines geänderten Umweltberichts ergangene Rechtsprechung ist auf sämtliche Bestandteile einer Planbegründung zu übertragen.

160 Da auch § 9 Abs. 3 ROG zwischen Entwurf einerseits und Begründung bzw. Umweltbericht andererseits unterscheidet, ist die zum Baurecht ergangene Rechtsprechung ferner 1: 1 auf das Raumordnungsrecht übertragbar, zumal die Verfahrensanforderungen auf denselben unionsrechtlichen Vorschriften basieren.

161 Demgemäß dürfte keine erneute Beteiligung erforderlich sein, wenn z. B. Änderungen an den Kriterien eines Windenergiekonzepts vorgenommen werden, die Gebietskulisse aber unverändert bleibt. Die normativen Festlegungen beschränken sich regelmäßig auf die textliche und zeichnerische Darstellung einer Vorranggebietskulisse und – früher – auf die Festlegung einer Ausschlusswirkung. Nähere Ausführungen zu den dahinterstehenden planerischen Erwägungen finden sich ausschließlich in der Begründung des Raumordnungsplans. **Veränderungen am Planungskonzept, die keine Veränderung der Festlegungen** und damit keine veränderten Rechtswirkungen zur Folge haben, unterliegen nach der o. g. Rechtsprechung keinem erneuten Beteiligungserfordernis.

162 Ob eine neue Betroffenheit anzunehmen ist, bestimmt sich aus der Formulierung der Festlegung und den Umständen des jeweiligen Planungsverfahrens. Je strikter raumordnerische Festlegungen konkrete Nutzungsvorgaben oder Beschränkungen bewirken, desto eher entsteht eine erstmalige oder stärkere Berührung von Belangen.

163 Bei der **Streichung, Hinzunahme oder inhaltlichen Änderung von Zielen** der Raumordnung werden **regelmäßig neue Betroffenheiten** erzeugt. Hohe Praxisrelevanz hat z. B. die Festlegung, die Streichung oder die Änderung des Zuschnitts von Vorranggebieten, weil hierdurch Eigentums- und Nutzungsrechte berührt sind, die nach den allgemeinen Anforderungen an eine ordnungsgemäße Abwägung bei der Planerstellung zu berücksichtigen sind. Da Gebietsveränderungen sowohl neue Berechtigte erstmals betreffen können als auch die Betroffenheit schon bisher berührter Nutzungsberechtigter verändern können, ist in Bezug auf gestrichene, hinzugenommene oder veränderte Vorranggebiete stets erneut zu beteiligen („*...Mit dem Wegfall des Vorranggebiets VR 08 sind die Belange dieses Betriebes, dessen Inhaber bislang keine Veranlassung hatten, zu dem Plan Stellung zu nehmen, weil in den ausgelegten Entwürfen das Vorranggebiet enthalten war, erstmals negativ betroffen.*", OVG Bln-Bbg, Urt. vom 5.7.2018 – 2 A 2.16 –, openJur 2020, 36428; www.gerichtsentscheidungen.berlin-brandenburg.de).

164 In Anwendung der o. g. Rechtsprechung dürfte konsequenterweise keine zweite Beteiligung erforderlich sein, wenn in einem ersten Beteiligungsverfahren z. B. die erstmalige Ausweisung einer zuvor unbeplanten Fläche als Vorranggebiet zur Beteiligung gestellt wurde, dieses Vorranggebiet im überarbeiteten Planentwurf jedoch wieder gestrichen wird. Bereits im ersten Beteiligungsverfahren konnte sich jeder – „Befürworter" wie „Gegner" – äußern. Mit der Streichung geht keine Rechtsänderung einher, sondern sie führt lediglich zur **Fortdauer der geltenden Rechtslage**, sodass keine neue oder veränderte Betroffenheit entsteht. Dass sich in Beteiligungsverfahren in der Regel eher die „Gegner" einer Festlegung äußern, während „Befürworter" eine allenfalls geringe Betroffenheit empfinden, mag zwar unter soziologischen Aspekten zutreffen. Für die rechtliche Notwendigkeit eines erneuten Beteiligungsverfahrens muss hingegen die Sicht eines objektiven Betrachters maßgeblich sein. Für ein Abstellen auf subjektives Betroffenheitsempfinden geben weder der Gesetzeswortlaut noch die Rechtsprechung Anhaltspunkte.

165 Erst recht besteht kein weiteres Beteiligungserfordernis, wenn in Bezug auf die gleiche Fläche bereits zwei Beteiligungsverfahren durchgeführt wurden. Wurde in einem **ersten Beteiligungsverfahren ein Vorranggebiet zur Beteiligung gestellt und in einem zweiten**

Beteiligungsverfahren dieses Vorranggebiet wieder gestrichen, hatten sowohl die „Befürworter" als auch die „Gegner" bereits Anlass zur Stellungnahme. Wird in einer späteren Überarbeitung des Planentwurfs die Fläche doch wieder als Vorranggebiet ausgewiesen, ist mangels neuer Betroffenheiten eine erneute Beteiligung verzichtbar. Dies gilt jedoch nur, wenn der **Zuschnitt des Vorranggebiets mit der Fassung aus dem ersten Beteiligungsverfahren identisch** ist. Hingegen erfordern Veränderungen während des dritten Planentwurfs in der Regel ein weiteres Beteiligungsverfahren.

Die **Erforderlichkeit eines dritten Beteiligungsverfahrens** hat das NdsOVG auch in fol- 166
gender Konstellation angenommen (Urt. vom 29.4.2020 – 1 KN 141/17 –, www.rechtsprechung.niedersachsen.de): Der Ausgangsplan wies ein Vorranggebiet für Rohstoffgewinnung aus. Im **ersten Planentwurf** wurde das **Vorranggebiet gestrichen** und durch ein Vorranggebiet für Rohstofferhaltung ersetzt. Im **zweiten Planentwurf** wurde von beiden Änderungen wieder Abstand genommen (das Vorranggebiet für Rohstofferhaltung wurde wieder gestrichen, das **Vorranggebiet** für Rohstoffgewinnung **sollte weitergelten**). Im **dritten Planentwurf** wurde das Vorranggebiet für Rohstoffgewinnung abermals gestrichen, der Planentwurf enthielt nur noch eine **unbeplante („weiße") Fläche**. Der Plangeber verzichtete auf ein drittes Beteiligungsverfahren mit der Begründung, zur Aufhebung des Vorranggebietes Rohstoffgewinnung habe schon im ersten Beteiligungsverfahren Gelegenheit zur Stellungnahme bestanden. Das Entstehen einer Weißfläche bedeute für Abbauunternehmen keine stärkere Betroffenheit, weil ein Rohstoffabbau auch auf Weißflächen zulässig sei. Auch die besonders für Umweltverbände maßgeblichen Umweltauswirkungen sowohl in Bezug auf den Rohstoffabbau als auch in Bezug auf die Rohstofferhaltung seien bereits im ersten Planentwurf untersucht und zur Beteiligung gestellt worden. Nach der sehr abstrakt-formalen und sich wenig mit den konkreten Planungsgegebenheiten auseinandersetzenden Sicht des NdsOVG ändere dies nichts daran, *„dass diese Regelungen, soweit sie sich auf dieselben Flächen bezogen, kumulativ die voraussichtliche Nutzung dieser Flächen beeinflussen und damit etwaige Betroffenheiten erzeugen mussten". „Vor diesem Hintergrund bestand durchaus die Möglichkeit, dass Träger öffentlicher Belange des Umwelt- und Klimaschutzes gegen die Verordnung gewordene Planfassung Einwendungen vorzutragen hätten, die im bisherigen Öffentlichkeitsbeteiligungsverfahren vorzutragen sie keinen Anlass gehabt hätten".* (NdsOVG, Urt. vom 29.4.2020 – 1 KN 141/17 –, a. a. O). Wer bzw. was dies vor dem Hintergrund tausender – auch von Trägern öffentlicher Belange des Umwelt- und Klimaschutzes – bereits erhobener Einwendungen konkret noch hätte sein können, ließ das OVG gänzlich offen. Derartige einzelfallunabhängige Pauschalbewertungen werden zur zunehmenden (berechtigten) Vorsicht der Planungsträger beim Verzicht auf erneute Beteiligung, aber damit auch zur weiteren Verlangsamung von Planungsprozessen beitragen.

Besondere Schwierigkeiten bereitet diejenige Planungssituation, in der der **Plan aufgrund** 167
zwingender rechtlicher Vorgabe geändert wird und dem Planungsträger insofern **kein Abwägungsspielraum** verbleibt.

Zwar hat das BVerwG anerkannt, *„dass das Beteiligungsverfahren nicht um seiner selbst* 168
willen zu betreiben ist; deshalb besteht ***kein Anlass zu einer erneuten Beteiligung, wenn eine nochmalige Gelegenheit zur Stellungnahme eine bloße Förmelei*** *wäre, die für den mit dem Beteiligungsverfahren verfolgten Zweck nichts erbringen könnte."* (BVerwG, Beschl. vom 14.4.2010 – 4 B 78.09 –, NVwZ 2010 S. 1026; openJur 2011, 90365). Das wäre anzunehmen, wenn lediglich eine klarstellende Änderung oder Berichtigung des Planentwurfs erfolgt oder wenn die Änderung auf Vorschlag der hiervon Betroffenen vorgenommen wird, ohne neue Betroffenheiten oder erstmalige Stellungnahmeerfordernisse auszulösen (vgl. OVG Bln-Bbg, Urt. vom 5.7.2018 – 2 A 2.16 –, openJur 2020, 36428; www.gerichtsentscheidungen.berlin-brandenburg.de m. w. N.)

Allerdings sehen die maßgeblichen europäischen Rechtsvorschriften und das darauf basie- 169
rende Bundesrecht im Erkenntnisgewinn für die Planungsbehörde nur *einen* Aspekt von Beteiligung; zum anderen sollen Beteiligungsprozesse die **Transparenz und Akzeptanz**

eines Verfahrens unterstützen. Diesen Aspekt lässt die vorgenannte Rechtsprechung unerwähnt, er ist zugleich deutlich schwerer zu entkräften. Ein Planungsträger, der auf erneute Beteiligung verzichtet mit der Begründung, neue Erkenntnisse könnten mangels Abwägungsspielraums ohnehin zu keinen anderen Planungsergebnissen führen, begibt sich insofern in erhebliche rechtliche Angreifbarkeit.

3.1 Beschränkung der Beteiligung in sachlicher Hinsicht

170 In sachlicher Hinsicht beschränkt § 9 Abs. 3 Satz 1 ROG die **erneute Stellungnahmemöglichkeit auf die geänderten Teile des Planentwurfs**. Der klare Wortlaut des § 9 Abs. 3 Satz 1 ROG („*so ist der geänderte Teil*") verbietet eine Wiederholung der Öffentlichkeits- und Behördenbeteiligung insgesamt. Werden in der erneuten Beteiligung Stellungnahmen auch zu anderen Teilen des Planentwurfs abgegeben, hat sich der Planungsträger diesbezüglich auf **Präklusion** zu berufen, sofern bei der ersten Beteiligung ordnungsgemäß auf den Ausschluss verspäteter Stellungnahmen hingewiesen wurde.

3.2 Beschränkung der Beteiligung in zeitlicher Hinsicht

171 Nach § 9 Abs. 3 Satz 2 ROG können die **Veröffentlichungs- bzw. Einsichtnahmedauer und die Frist zur Stellungnahme verkürzt** werden. Beide Varianten sind **einzeln möglich oder kombinierbar**. Von welcher Möglichkeit der Fristverkürzung Gebrauch gemacht wird, ist in der Bekanntmachung eindeutig zu benennen. Auch im Fall der Verkürzung sind angemessene Fristen einzuräumen; was angemessen ist, ist abhängig von Art und Umfang der Änderung.

172 Das ROG enthält hingegen **keine Ermächtigung** dafür, die **einwöchige Frist zwischen öffentlicher Bekanntmachung und Veröffentlichung/Auslegung** im Falle eines erneuten Beteiligungsverfahrens **zu verkürzen** (s. auch Rn. 175, näher zur einwöchigen Bekanntmachungsfrist Rn. 95).

3.3 Beschränkung der Beteiligung in personeller Hinsicht

173 Sind die **Grundzüge der Planung nicht berührt**, soll die **erneute Beteiligung** gemäß § 9 Abs. 3 Satz 3 ROG **auf die von der Änderung berührte Öffentlichkeit und die in ihren Belangen berührten öffentlichen Stellen beschränkt** werden. Geht es bspw. um Veränderungen einzelner Vorranggebiete, sind dies nur diejenigen Stellen und Personen, die Rechte oder Betroffenheiten hinsichtlich dieser räumlich betroffenen Flächen geltend machen können.

3.4 Veröffentlichung im Internet, weitere Zugangsmöglichkeiten, Bekanntmachung

174 Die **Anforderungen an die Zugänglichmachung** der geänderten Planentwurfsteile über Internet, Auslegung und etwaige weitere Zugangsmöglichkeiten sowie an die Bekanntmachung der Informationen hierüber **entsprechen denen des ersten Beteiligungsverfahrens**.

175 Der **einwöchige Zeitraum zwischen Bekanntmachung und Veröffentlichungs- bzw. Auslegungsbeginn** zählt nicht zur Auslegungs- und Stellungnahmefrist. Er darf auch im Falle eines zweiten bzw. erneuten Beteiligungsverfahrens **nicht verkürzt** werden.

4. Erörterung (Absatz 2)

176 Im Anschluss an die schriftliche Beteiligungsphase kann eine **Erörterung** der vorgebrachten Anregungen und Bedenken erfolgen, § 3 Abs. 2 NROG. Das ROG sieht diesen Verfahrensschritt nicht vor, die Erörterungsoption ergibt sich allein aus niedersächsischem Landesrecht. Die vormals – jedenfalls mit bestimmten Beteiligten – zwingende Erörterung wurde mit der NROG-Änderung 2024 im Interesse einer Verfahrensbeschleunigung zu einer **Kann-Bestimmung** abgeschwächt.

Die Erörterung dient in der Sache vor allem dem Austausch über Stellungnahmen anderer Stellen, die als **Planungsträger** in nachfolgenden Verfahren die geplanten Festlegungen der Raumordnung konkretisieren oder umsetzen müssen. 177

Zu bestimmten Festlegungen kann auch die Erörterung der Stellungnahmen von **Kammern, Fachbehörden, Verbänden oder Naturschutzvereinigungen** sachgerecht erscheinen. 178

Das bis April 2024 geltende NROG sah die Erörterung von Anregungen und Bedenken bestimmter Beteiligter zwingend vor: 179

- bei allen Raumordnungsplänen die Erörterung von Anregungen und Bedenken der Landkreise und kreisfreien Städte, die nicht Träger der Regionalplanung sind, sowie der vom Land anerkannten Naturschutzvereinigungen,
- beim LROP ferner von Anregungen und Bedenken der kommunalen Spitzenverbände und der Träger der Regionalplanung,
- bei den RROP die der kreisangehörigen Städte und Gemeinden, der benachbarten Träger der Regionalplanung und der öffentlich-rechtlich Verpflichteten in den gemeindefreien Gebieten.

Nunmehr ist es dem Planungsträger **freigestellt**, eine Erörterung mit diesen oder weiteren Stellen, Vertretern von **Bürgerinitiativen** sowie der weiteren **Öffentlichkeit** durchzuführen. 180

Spezielle raumordnerische Regularien zur Durchführung des Erörterungstermins bestehen nicht. Insbesondere besteht kein Verbot, auch andere als die genannten Anregungen und Bedenken zu besprechen. Zur **Strukturierung des Erörterungstermins** bietet es sich an, die Beteiligten bereits im Vorfeld über die eingegangenen Anregungen und Bedenken zu informieren und Stellungnahmen thematisch zu bündeln. Ebenfalls bietet sich eine Übersicht über die beabsichtigten Änderungen des Entwurfs aufgrund des Beteiligungsverfahrens an. 181

Auch die Ergebnisse der Erörterung sind Bestandteil der nachfolgenden Abwägung und entsprechend zu dokumentieren. **Ergebnisprotokolle** reichen hierfür aus; ein Wortprotokoll eines Erörterungstermins ist rechtlich nicht erforderlich. 182

Um dem Erfordernis eines Erörterungstermins auch während der COVID-19-Pandemie genügen zu können, ermöglichten zunächst § 5 PlanSiG und später auch § 22 Abs. 1 NROG alternative Handlungsoptionen für den Fall, dass ein Präsenztermin nicht durchführbar oder nicht geboten war. Telefon- und Videokonferenzen sowie Hybridveranstaltungen haben sich seitdem bewährt und etabliert. Sie werden durch das NROG-2024 nunmehr als landesrechtliche Daueroption verankert. § 3 Abs. 2 NROG ermöglicht **Video-, Telefon- und/oder Hybridkonferenzen** auch ohne ausdrückliches Einverständnis aller zur Teilnahme Berechtigten. 183

5. Abwägung

5.1 Abwägung allgemein

5.1.1 Abwägungsanforderungen, Abwägungsfehler

Nach Abschluss der Beteiligungsphase (schriftliche Beteiligung, ggf. erneute schriftliche Beteiligung, Erörterung) hat als „Herzstück der Planung" die **Abwägung** zu erfolgen. Gem. § 7 Abs. 2 ROG sind die öffentlichen und privaten Belange, soweit sie auf der jeweiligen Planungsebene erkennbar und von Bedeutung sind, gegeneinander und untereinander abzuwägen. Auch wenn § 7 ROG dies nicht – anders als bspw. § 2 Abs. 3 BauGB – ausdrücklich erwähnt, schließt die Pflicht zur Berücksichtigung unterschiedlichster Belange deren **Ermittlung** ein. Als ebenfalls ungeschriebenes Erfordernis müssen die zur Bewer- 184 tung der Belange zu ermittelnden **Daten qualitativ ausreichend sowie hinreichend aktuell** sein.

185 Soweit es um Festlegungen zur **maritimen Raumordnung** geht, sind die besten verfügbaren Daten i. S. v. Art. 10 Satz 1 der MRO-Richtlinie zu nutzen. Die Gesetzesbegründung zu § 7 Abs. 2 Satz 1 ROG-2017 macht dazu deutlich: „*Daten in diesem Sinne müssen für die planaufstellende Behörde erkennbar und aus raumordnerischer Sicht für die Aufstellung des Raumordnungsplans von Bedeutung sein. Was genau die besten verfügbaren Daten sind, bestimmt sich nach dem Einzelfall, insoweit hat die planaufstellende Behörde einen Beurteilungsspielraum. § 7 Absatz 2 Satz 1 schafft hierfür den gesetzlichen Rahmen, indem er regelt, dass ‚(alle) Belange, soweit sie auf der jeweilige Planungsebene erkennbar und von Bedeutung sind', abzuwägen sind; das schließt denklogisch die Erhebung der dafür erforderlichen Daten ein.*" (BT-Drs. 18/10883 vom 18.1.2017 S. 42).

186 Auch das **Ergebnis der Umweltprüfung, die Stellungnahmen aus dem Beteiligungsverfahren sowie Erkenntnisse aus der Erörterung** sind in der Abwägung zu berücksichtigen.

187 Zu berücksichtigen sind ferner die **gesetzlichen Grundsätze der Raumordnung** gemäß § 2 ROG und § 2 NROG, in der regionalplanerischen Abwägung auch die **Grundsätze des LROP** und gem. § 13 Abs. 2 Satz 2 ROG die **Flächennutzungspläne** und die Ergebnisse der von Gemeinden beschlossenen sonstigen **städtebaulichen Planungen**.

188 Die über das **Abwägungsgebot** zu Bauleitplänen ergangene Rechtsprechung gilt für Raumordnungspläne gleichermaßen: „*Das Gebot gerechter Abwägung ist verletzt, wenn eine (sachgerechte) Abwägung überhaupt nicht stattfindet. Es ist verletzt, wenn in die Abwägung an Belangen nicht eingestellt wird, was nach Lage der Dinge in sie eingestellt werden muß. Es ist ferner verletzt, wenn die Bedeutung der betroffenen privaten Belange verkannt oder wenn der Ausgleich zwischen den von der Planung berührten öffentlichen Belangen in einer Weise vorgenommen wird, der zu der objektiven Gewichtigkeit einzelner Belange außer Verhältnis steht. Innerhalb des so gezogenen Rahmens wird das Abwägungsgebot jedoch nicht verletzt, wenn sich die zur Planung berufene Gemeinde in der Kollision zwischen verschiedenen Belangen für die Bevorzugung des einen und damit notwendig für die Zurückstellung eines anderen entscheidet [...] Daraus folgt [...] unabweisbar, daß darüber hinaus auch der sich ergebende Planinhalt dem Gebot der Abwägung – d. h. eines bestimmten Abgewogenseins – unterworfen werden soll.*" (BVerwG, Urt. vom 12.12.1969 – IV C 105.66 –, BVerwGE 34, 301; BVerwG, Urt. vom 5.7.1974 – IV C 50.72 –, BVerwGE 45, 309).

189 Für die Bezeichnung der einzelnen **Fehler, die bei einer Abwägung auftreten können**, werden auch folgende Bezeichnungen verwendet:

- **Abwägungsausfall**: Fehlen einer sachgerechten Abwägung
- **Abwägungsdefizit**: nicht alle erheblichen Belange wurden in die Abwägung eingestellt
- **Abwägungsfehleinschätzung**: die Bedeutung eines einzelnen Belangs wurde verkannt
- **Abwägungsdisproportionalität**: einzelne Belange wurden untereinander falsch gewichtet.

190 Für die ordnungsgemäße Abwägung ist praktisch nicht nur bedeutsam, dass sie verfahrens- und inhaltsmäßig ordnungsgemäß erfolgt ist, sondern auch ihre **Dokumentation**. Sie kann bspw. in Papierform oder in elektronischer Form einschließlich der Nutzung von Datenbanksystemen erfolgen, soweit diese die dauerhafte Speicherung und Abrufbarkeit der Informationen gewährleisten. Zur Dokumentation der Abwägung gehören neben der Begründung des Raumordnungsplans auch die sonstigen Aktenvorgänge mit Vermerken, Synopsen, Beratungsunterlagen sowie Zwischenstände der zeichnerischen Darstellung (ständige Rspr., vgl. bspw. NdsOVG, Urt. vom 26.2.2020 – 12 KN 182/17 –, www.rechtsprechung.niedersachsen.de).

Der **Grad der Ermittlungs- und Bewertungstiefe** im Rahmen der Abwägung ist vom Grad der Bindungswirkung der beabsichtigten Festlegung abhängig. Die Anforderungen an die Abwägung bei der Festlegung von Zielen der Raumordnung sind höher als bei der Festlegung von Grundsätzen. Bei der Festlegung von – einer Abwägung zugänglichen und daher nur begrenzt verbindlichen – Grundsätzen darf ein Planungsträger dem Umstand Rechnung tragen, dass ohnehin eine nähere Bewertung in nachfolgenden Planungs- oder Genehmigungsverfahren erfolgt, und darf für seine eigene Abwägung eine entsprechend grobe Ermittlung und Bewertung genügen lassen. Die Abwägung von Zielen der Raumordnung muss hingegen präziser ausfallen, weil Ziele schlussabgewogene und für nachfolgende Verfahren verbindlich einzuhaltende Vorgaben darstellen. 191

Anders als bei Planungen mit Ausschlusswirkung (s. Rn. 209 ff.) darf sich bei der **Festlegung von Vorranggebieten (ohne Ausschlusswirkung) die Ermittlung und Bewertung der abwägungserheblichen Belange auf den Bereich des jeweiligen Vorrangebietes beschränken**; eine **Bewertung des gesamten Planungsraums ist nicht erforderlich**. Es genügt daher, die planerischen Erwägungen jeweils **gebietsbezogen** zu formulieren. Unterscheiden sich die Gegebenheiten im Planungsraum und liegen sachliche **Unterscheidungsgründe** vor, können verschiedenen Vorranggebieten auch verschiedene Erwägungen und Kriterien zugrundeliegen. Eine willkürliche Ungleichbehandlung hingegen stellt einen Fehler im Abwägungsvorgang dar. 192

Möchte ein Planungsträger bspw. ein Vorranggebiet so platzieren, dass es einen gewissen Sichtabstand einhält, so kann er den dafür erforderlichen Abstand in hügeligen oder bewaldeten Regionen anders bewerten als in freiem ebenem Gelände (zu unterschiedlichen **Referenzanlagen** bei Vorranggebieten für die Windenergienutzung s. Rn. 306). 193

Bei sachlichen Unterscheidungsgründen dürfen **Bestandsstandorte** anders bewertet werden als **unbelastete Flächen** (vgl. NdsOVG, Beschl. vom 18.5.2020 – 12 KN 243/17 –, www.rechtsprechung.niedersachsen.de). Fehlerhaft ist hingegen eine Planung, die an Bestandsflächen festhält, ohne diese Flächen auf der Grundlage des neuen Planungskonzepts zu rechtfertigen (vgl. NdsOVG, Urt. vom 26.2.2020 – 12 KN 182/17 –, www.rechtsprechung.niedersachsen.de). 194

Für die Ausweisung von **Vorbehaltsgebieten** ist aufgrund ihrer wesentlich schwächeren Bindungswirkungen **keine vergleichbare Ermittlungs- und Bewertungstiefe** nötig. 195

Abwägungsfehlerhaft ist ferner die sachlich **ungeprüfte Übernahme von Planungsvorstellungen anderer Planungsträger**, bspw. die „unreflektierte" Übernahme aller Ausweisungen aus der Bauleitplanung oder der Verzicht auf Ausweisung bloß weil eine Gemeinde „dies so möchte" (OVG SH, Urt. vom 20.1.2015 – 1 KN 6/13 –, openJur 2015, 7334; www.gesetze-rechtsprechung.sh.juris.de; NdsOVG, Urt. vom 12.4.2021 – 12 KN 159/18 –, www.rechtsprechung.niedersachsen.de). 196

Keine Frage der Abwägung ist die Auseinandersetzung mit rechtlichen Verboten oder tatsächlichen Umständen, die einer zu sichernden Nutzung entgegenstehen und deren Vollzug verhindern. Insbesondere im Zusammenhang mit der Konzentrationsflächenplanung für die Windenergienutzung wurden hierfür auch die Begriffe „harte Tabukriterien" oder **„harte Tabuzonen"** verwendet. Wegen der Bindung jedes Planungsträgers an den geltenden Rechtsrahmen dürfen keine Ziele festgelegt oder Flächen ausgewiesen werden, denen rechtliche oder tatsächliche Hindernisse im Wege stehen, in erster Linie Vorgaben und Verbote aus Fachgesetzen, Fachverordnungen oder fachrechtlichen Satzungen. Der dem Rechtsstaatsprinzip entstammende Rechtsgrundsatz, dass nichts rechtlich Unmögliches bestimmt werden darf, bedeutet in Bezug auf Pläne: Es dürfen **keine Ziele oder Nutzungen festgelegt werden, die nicht realisierbar sind**. Ein RROP, das nicht vollzogen werden kann, ist insoweit unwirksam (vgl. BVerwG Beschl. vom 7.2.2005 – 4 BN 1.05 –, www.bverwg.de). **Mangels einer Dispositionsbefugnis** eines Plangebers über **rechtliche Vorgaben** sind sie einer Abwägung entzogen und **der Abwägung vorgelagert**. 197

5.1.2 Überragendes öffentliches Interesse bestimmter Belange; Umgang mit Klimaschutzzielen

198 Etlichen Belangen oder Vorhaben ist mittlerweile durch Gesetz ein **überragendes öffentliches Interesse** zugeschrieben, bswp. bundesgesetzlich dem Ausbau Erneuerbarer Energien § 2 EEG, bestimmten Bundesfernstraßen nach § 1 BFStrAbG, bestimmten Bundesschienenwege nach § 1 Abs. 3 BSWAG, Vorhaben zur Wärmeversorgung aus Erneuerbaren und Wärmenetze nach § 1 Abs. 3 WPG, Stromleitungen nach § 1 BBPlG und § 43 Abs. 3 Buchst. a EnWG, Stromspeichern anch § 11c EnWG sowie landesgesetzlich beispielsweise Vorhaben, die der Erreichung der in § 3 Abs. 1 Satz 1 NKlimaG genannten Klimaziele dienen.

199 Ferner wird landesrechtlich, z. B. im Niedersächsischen Denkmalschutzgesetz, im Zusammenhang mit Hochwasserschutz oder erneuerbaren Energien, die Begrifflichkeit „überwiegendes öffentliches Interesse" verwendet

200 Mit diesen Regelungen soll das Interesse an der Nutzung erneuerbarer Energien im Rahmen von Abwägungsentscheidungen bspw. gegenüber dem Landschaftsbild, Denkmalschutz, städtebaulichen oder forstlichen Belangen oder Belangen der Rohstoffsicherung **grundsätzlich überwiegen**.

201 Dem globalen **Klimaschutz** und den Klimaschutzzielen des Klimaschutzgesetzes (KSG) des Bundes ist hingegen kein überragendes öffentliches Interesse zugewiesen. § 13 Abs. 1 Satz 2 KSG stellt ausdrücklich klar, dass bei den Ländern und Kommunen die Befugnis zur Ausgestaltung verbleibt. Das NdsOVG hat dazu (in Bezug auf ein Planfeststellungsverfahren, aber im Grundgedanken auf die Planung übertragbar) klargestellt, dass diese Belange (lediglich) in die Gesamtabwägung einzustellen sind; fehlt es allerdings hieran, liegt ein Abwägungsfehler vor (NdsOVG, Beschl. vom 7.5.2024 – 7 MS 83/23 –, voris.wolterskluwer-online.de WKRS 2024, 14685; BVerwG Urt. vom 4.5.2022 – 9 A 7.21 –, www.bverwg.de). Gleiches gilt für den Umgang mit dem Belang Hochwasserschutz (Urt. vom 17.1.2024 – 1 KN 140/21 –, voris.wolterskluwer-online.de WKRS 2024, 10563).

202 Eine Abwägung wird durch solche gesetzlichen Regelungen nicht von vornherein ausgeschlossen oder überflüssig. Die Zuweisung eines überragenden öffentlichen Interesses kann der entsprechenden Nutzung auf Planungsebene zwar indirekt bzw. mittelbar eine größere Potenzialfläche eröffnen, **führt aber nicht dazu, dass eine nähere planerische Befassung mit den räumlichen Gegebenheiten gänzlich unterbleiben darf**. Nach ständiger Rechtsprechung sind alle öffentlichen Belange zunächst gleichrangig in die Abwägung aufzunehmen. Die für die Abwägungsentscheidung **maßgebliche Gewichtung erfolgt erst im Hinblick auf die konkrete Situation „nach Lage der Dinge"** (BVerwG, Urt. vom 12.12.1969 – 4 C 105/66 –, WolterKluwer-online.de). Selbst der Schutz der natürlichen Lebensgrundlagen, der über Art. 20a GG Verfassungsrang besitzt, sowie die von der Rechtsprechung entwickelten „Optimierungsgebote" und „Abwägungsdirektiven" (vgl. BVerwG, Urt. vom 16.3.2006 – 4 A 1075/04 –, www.bverwg.de) sind anerkanntermaßen einer Abwägung zugänglich. Insofern berechtigt auch ein überragendes öffentliches Interesse nicht dazu, im Rahmen einer Abwägungsentscheidung von vornherein sämtliche anderen Belange pauschal dahinter zurücktreten zu lassen bzw. Flächen „abwägungsfrei" für bestimmte Nutzungen auszuweisen. Zudem **wirkt das überragende öffentliche Interesse nur gegenüber abwägbaren Belangen**, strikt verbindliche rechtliche Vorgaben können dadurch nicht überwunden werden.

203 Bei der Gewichtung der widerstreitenden Belage muss aber berücksichtigt werden, dass Belange im überragenden öffentlichen Interesse nur dann überwunden werden sollen, wenn der ihnen **gegenüberstehende Belang ein vergleichbares Gewicht** hat (vgl. *Sailer/Militz*, S. 11 ff., und OVG MV, Urt. vom 23.2.2023 – 5 K 171/22 –, Landesrecht-mv.de JURE230042518–, wonach § 2 Satz 2 EEG als sog. Sollbestimmung dahingehend zu verstehen sei, *„dass sich in den einzelnen Schutzgüterabwägungen ein regelmäßiges Übergewicht der Erneuerbaren Energien in dem Sinne ergibt, dass das überragende öffentliche*

Interesse an der Errichtung von Windenergieanlagen sowie das öffentliche Sicherheitsinteresse nur in atypischen Ausnahmefällen überwunden werden kann, die fachlich anhand der besonderen Umstände der jeweiligen Situation zu begründen wären").

Der Nutzen einer bevorzugten Behandlung im Rahmen der Abwägung entwertet sich 204
allerdings immer mehr, je mehr Belangen ein überragendes öffentliches Interesse zugeschrieben wird.

Bei der Ausweisung von Flächen für die **Windenergie** ist zudem zu beachten, dass der 205
Bundesgesetzgeber mit der Vorgabe von Flächenbeitragswerten zum Ausdruck gebracht hat, dass dem überragenden öffentlichen Interesse am Ausbau der Windenergienutzung mit Erreichen des Flächenbeitragswerts bzw. des jeweiligen planungsraumbezogenen Teilflächenziels ausreichend Rechnung getragen ist. Ein Planungsträger ist ab Erreichen seines Teilflächenziels diesbezüglich in seiner Abwägung wieder „frei", das überragende öffentliche Interesse am Ausbau der Windenergie ist dann „abgearbeitet" und „verbraucht" (zur Windenergieflächenplanung näher Rn. 258 ff.).

5.1.3 Folgewirkung einer fehlerhaften Abwägung in einem Raumordnungsplan auf die Bauleitplanung

Eine **fehlerhafte Abwägung auf Ebene des Regionalplans** führt nach Auffassung des OVG 206
Bln-Bbg (Urt. vom 26.11.2020 – 2 A 28.18 –, www.gesetze.berlin.de) auch zur **Unwirksamkeit** eines auf dem Regionalplan aufbauenden **Flächennutzungsplans**. Die Bauleitplanung ist gem. § 1 Abs. 4 BauGB an Ziele der Raumordnung gebunden, darf also im Rahmen ihrer Abwägung solchen Flächen keine Nutzungen zuweisen, die durch einen Raumordnungsplan für eine (unvereinbare) andere Nutzung vorgesehen sind. *„Ist der Regionalplan im Zeitpunkt der Beschlussfassung über den Flächennutzungsplan unwirksam, besteht keine Zielbindung, mit der Folge, dass die Gemeinde, die dies nicht erkennt, den ihr zustehenden (weiteren) Bewertungsspielraum nicht erkennt und die gebotene Abwägung unterlässt"*.

In der Sache verbergen sich dahinter zwei grundverschiedene **Konstellationen**: 207

In einer ersten Fallkonstellation liegt der **Urteilsspruch über den Regionalplan bereits zum Zeitpunkt der Beschlussfassung über den Flächennutzungsplan** vor; hier ist der Gemeinde zweifellos abzuverlangen, diese Unwirksamkeit in ihre Planung einzustellen und Abwägungsfreiräume zu nutzen.

In einer zweiten, in der Praxis sehr viel häufigeren Fallkonstellation – wie sie auch der 208
benannten Rechtsprechung zugrunde liegt – ergeht die **Entscheidung über den Regionalplan hingegen erst, nachdem die Gemeinde ihren Bauleitplan erlassen hat**; zum Zeitpunkt ihrer Planung durfte – und musste! – sie insofern vom Bestehen eines wirksamen Regionalplans ausgehen. Aufgrund der ex tunc Wirkung des Urteils entfiel die Wirksamkeit des Regionalplans jedoch rückwirkend. Indem sie einer Gemeinde „hellseherische Fähigkeiten" über den künftigen Ausgang eines eventuellen Gerichtsverfahrens abverlangt, lässt diese Rechtsprechung unbeantwortet, wie eine Gemeinde diese Anforderungen lösen soll. Rechtsformal bliebe Gemeinden nur der Weg, eine Bauleitplanung bis zum Abschluss eines Gerichtsverfahrens über den Regionalplan zurückzustellen. Solche mehrjährigen Verfahrensverzögerungen sind jedoch mit dem Anliegen zügiger Planungsverfahren schlichtweg nicht zusammenzubringen.

5.2 Anforderungen an die Abwägung bei der Konzentrationsflächenplanung (Ausweisung von Vorranggebieten mit planerischer Ausschlusswirkung)

Konzentrationsflächenplanungen sind dadurch gekennzeichnet, dass sich der Planungs- 209
träger nicht darauf beschränkt, Flächen zugunsten bestimmter Funktionen oder Nutzungen festzulegen (sog. **Positivplanung**). Konzentrationsflächenplanungen enthalten neben Positivflächen zugunsten einer bestimmten Nutzung eine zusätzliche Planaussage, dass diese Nutzung außerhalb dieser Flächen im gesamten Planungsraum (genauer: dessen

Außenbereich) ausgeschlossen ist. Diese **Ausschlusswirkung** ist als Ziel der Raumordnung im Rahmen der gesetzlichen Bindungswirkungen bei allen nachfolgenden Planungen und Maßnahmen (einschl. Zulassungsverfahren für Anlagen) zu beachten.

210 Den **Hauptanwendungsfall** von Konzentrationsflächenplanungen bildete über viele Jahre die **Steuerung der Windenergienutzung** im Außenbereich. Indem der Windenergienutzung in „substanziellem" Maße bestimmte Positiv-Flächen zugewiesen wurden, war es im Gegenzug gerechtfertigt, die übrigen Bereiche des Planungsraums von Windenergieanlagen freizuhalten und hier eine Ausschlusswirkung festzulegen.

211 Durch die Neufassung des § 7 und der **Einführung einer neuen Steuerungssystematik für die Windenergienutzung mit dem WindBG, § 249 BauGB und § 245e BauGB** (die über § 28 Abs. 1 ROG auch auf Raumordnungspläne anzuwenden sind) ist dieses Planungsmodell für Windenergieanlagen obsolet geworden (näher dazu Rn. 256 ff.). In Bezug auf die Windenergienutzung haben die nachfolgenden Ausführungen übergangsweise nur noch Bedeutung für gerichtliche Überprüfungen älterer Pläne oder deren Heilung. **Relevant** bleiben sie zudem für **Konzentrationflächenplanungen zu anderen privilegierten Außenbereichsnutzungen, insbesondere Rohstoffgewinnung**.

5.2.1 Anforderungen der Rechtsprechung in Bezug auf die bis zum 28.9.2023 geltende Rechtslage

212 In Bezug auf **Konzentrationsflächenplanungen** i. S. des § 35 Abs. 3 Satz 3 BauGB und § 7 Abs. 3 Satz 3 ROG hat die Rechtsprechung seit 2012 **besonders ausdifferenzierte Anforderungen an die planerische Abwägung** entwickelt. Seit der „Auftaktrechtsprechung" des BVerwG– zunächst für die Flächennutzungsplanung (vgl. BVerwG, Urt. vom 13.12.2012 – 4 CN 1.11 –, www.bverwg.de) und kurz danach entsprechend für die Regionalplanung (BVerwG, Urt. vom 11.4.2013 – 4 CN 2.12 –, www.bverwg.de) – überbieten sich die Oberverwaltungsgerichte geradezu darin, fortwährend strengere Anforderungen an die Planung zu formulieren. Dies hat zur Folge, dass bundesweit kaum noch eine regionale Windplanung vor Gericht rechtlich Bestand hat.

213 Aus dem Gesetz ableitbar ist das Erfordernis einer derart strengen Rechtsprechung nicht – die Vorschrift des § 7 Abs. 2 ROG über die planerische Abwägung, auf der die gesamte Rechtsprechung aufbaut, besteht unverändert seit dem ROG-2008 und war fast identisch auch schon lange Zeit in den Vorgängerversionen der Norm enthalten.

214 Die nachfolgenden Ausführungen entstammen der Rechtsprechung zur Steuerung der Windenergienutzung, sind aber auf andere Vorhaben i. S. des § 35 Abs. 3 Nr. 2–6 BauGB übertragbar. Die Anforderungen gelten damit gleichermaßen bspw. für **Konzentrationsflächenplanungen mit Ausschlusswirkung zur Steuerung des Rohstoffabbaus oder gewerblicher Tierhaltungsbetriebe** i. S. v. § 35 Abs. 1 Nr. 4 BauGB.

5.2.1.1 Gesamträumliches Planungskonzept; Umgang mit harten und weichen Tabuzonen

215 Die Ausweisung von Vorranggebieten sowie die Festlegung einer außerhalb dieser Vorranggebiete geltenden planerischen Ausschlusswirkung müssen auf einer **Untersuchung und Bewertung des gesamten Planungsraums** erfolgen. Da einerseits die Vorranggebiete Ziele der Raumordnung sind, aber auch die regionalplanerische Ausschlusswirkung ein schlussabgewogenes, eigenständiges Ziel der Raumordnung der Raumordnung darstellt, müssen Plankonzept und Abwägung nicht nur erkennen lassen, **warum für eine bestimmte Nutzung Positivflächen ausgewählt** wurden, sondern auch Aufschluss darüber geben, **warum diese Nutzung in den Ausschlussbereichen nicht erfolgen soll**.

216 Die Ausarbeitung eines derartigen gesamträumlichen Planungskonzepts mit Ausschlusswirkung muss sich nach der Rechtsprechung in **mehreren Arbeitsschritten** vollziehen. In einem **ersten Arbeitsschritt sind diejenigen Bereiche als Tabuzonen zu ermitteln, die für die zu steuernde Nutzung nicht zu Verfügung stehen**. Die **Tabuzonen** lassen sich in harte

und weiche untergliedern. Diesen Unterschied muss sich der Planungsträger auf dieser ersten Stufe des Planungsprozesses bewusstmachen und ihn dokumentieren.

Bei den **harten Tabuzonen** handelt es sich um Flächen, denen auf unabsehbare Zeit **rechtliche oder tatsächliche Hindernisse** im Wege stehen, in erster Linie Vorgaben und Verbote aus Fachgesetzen, Fachverordnungen oder fachrechtlichen Satzungen. Mangels einer Dispositionsbefugnis eines Plangebers über rechtliche Vorgaben sind harte Tabuzonen **einer Abwägung** zwischen den Belangen der zu steuernden Nutzung (z. B. Windenergienutzung) und widerstreitenden Belangen **entzogen** (vgl. auch Rn. 197). 217

Weiche Tabuzonen sind Flächen, die anhand einheitlicher Kriterien ermittelt und vorab, d. h. ohne individuelle Einzelflächenbewertung, pauschaliert und generalisiert ausgeschieden werden. Gleichwohl sind sie der Ebene der **Abwägung** zuzuordnen, sodass der Plangeber seine Entscheidung für weiche Tabuzonen erläutern und dokumentieren muss. 218

Die **Potenzialflächen**, die **nach Abzug der harten und weichen Tabuzonen** übrigbleiben, sind in einem weiteren Arbeitsschritt einzeln **konkret** dahingehend **abzuwägen**, ob sie für die zu steuernde Nutzung bereitgestellt werden oder ob andere Belange gegen ihre Ausweisung sprechen. 219

Im Ergebnis muss durch die im Raumordnungsplan festgelegten Gebiete der zu steuernden Nutzung **substanziell Raum geschaffen** werden; ein Verstoß bedeutet einen Abwägungsfehler. 220

Die **fälschliche Einstufung harter Tabuzonen als „abwägbar" führt zu einem Fehler im Abwägungsvorgang.** Ein solcher Fehler erfasst auch weitere, daran angeknüpfte Tabuzonen. Abwägungsfehlerhaft ist bspw. nicht nur, ein (unbebautes) Siedlungsgebiet in einem Flächennutzungsplan als harte Tabuzone für den Regionalplan anzusehen, sondern auch die harte Tabuisierung eines Schutzabstands von 400 m (zweifache Höhe einer dem Plankonzept zugrunde gelegten Referenz-Windkraftanlage von 200 m) um solche Siedlungsgebiete (vgl. NdsOVG, Beschl., vom 18.5.2020 – 12 KN 243/17 –, www.rechtsprechung.niedersachsen.de). 221

Ist der Plangeber **unsicher, ob es sich um eine harte oder weiche Tabuzone handelt**, ist der Abwägungsvorgang nur dann fehlerfrei, wenn er die Gebiete **hilfsweise als weiche Tabuzonen festlegt** und dies eindeutig erkennbar im Plankonzept dokumentiert. Die **Rechtsprechung erkennt hierfür jedoch nur Fallkonstellationen an, in denen entweder Unsicherheiten in der tatsächlichen Würdigung eines Bereichs oder Unwägbarkeiten in der rechtlichen Einordnung bestehen**. Soweit bereits Rechtsprechung zu harten Tabuzonen vorliegt, darf ein Planungsträger nicht mehr von solchen „Unwägbarkeiten" ausgehen. Eine **pauschale Auffangklausel** im Plan dahingehend, dass im Zweifel alle harten Tabuzonen als weiche anzusehen sein sollen, wäre gleichfalls **abwägungsfehlerhaft** (NdsOVG, Urt. vom 26.2.2020 – 12 KN 182/17 –, www.rechtsprechung.niedersachsen.de). 222

Daher erachtet es die Rechtsprechung auch als **unzulässig**, einen **Siedlungsabstand lediglich pauschal als Summe aus harter und weicher Tabuzone anzugeben**, ohne erkennbar zwischen dem gesetzlich zwingenden (harten) Mindestabstand und dem darüberhinausgehenden (weichen) Vorsorgeabstand zu unterscheiden (NdsOVG, Urt. vom 7.2.2020 – 12 KN 75/18 –, www.rechtsprechung.niedersachsen.de). 223

Sowohl die **gänzlich fehlende als auch die fehlerhafte Unterscheidung zwischen den harten und weichen Tabukriterien** ist auf der Ebene des **Abwägungsvorgangs** angesiedelt. Diese Fehler werden von der niedersächsischen Rechtsprechung regelmäßig **als erheblich** i. S. des § 11 Abs. 3 Satz 2 ROG **eingestuft**, weil sie sich **offensichtlich** aus der Planbegründung und den Aufstellungsvorgängen ergeben und **regelmäßig auf das Abwägungsergebnis von Einfluss** gewesen sind. Regelmäßig nimmt die seit 2012 ergangene niedersächsische Rechtsprechung an, dass nach den Umständen des jeweiligen Falls die konkrete Möglichkeit bestanden hat, dass ohne die jeweiligen Fehler die Planung anders ausgefallen wäre und mehr und/oder größere/anders abgegrenzte Vorranggebiete Windenergie- 224 nutzung ausgewiesen worden wären (weniger streng bspw. OVG Bln-Bbg, Beschl. vom 14.9.2020 – 10 A 17.17 –, www.gerichtsentscheidungen.berlin-brandenburg.de; Urt. vom 23.5.2019 – 2 A 4.19 –, www.gesetze.berlin.de).

5.2.1.2 Unzulässigkeit planerischer Alternativmodelle oder von Negativzielen

225 Ein **gesamträumliches Planungskonzept auf der Basis von harten und weichen Tabuzonen** wurde als **allein zulässige Methodik zur Festlegung von Vorranggebieten mit Ausschlusswirkung** angesehen. Die Festlegung von **Negativzielen** ist unzulässig: *"Es ist nicht zulässig, eine regionalplanerische Standortsteuerung der Windenergienutzung vorzunehmen, in der neben Vorranggebieten für die Windenergienutzung und gezielt unbeplant bleibenden (‚weißen') Flächen diverse Ausschlusszonen vorgesehen sind, die den verbleibenden Planungsraum abdecken, als eigene negative Ziele oder Grundsätze der Raumordnung festgelegt werden und inhaltlich an die harten bzw. weichen Tabuzonen einer ‚klassischen' Konzentrationsflächenplanung erinnern". „Die Spezialität des § 35 Abs. 3 Satz 3 BauGB beruht auf dem gesetzgeberischen Willen, eine Konzentrationsflächenplanung gerade nicht als ausschließlich negativ wirkende Verhinderungsplanung zuzulassen [...] Denn der durch die Planung herbeigeführte Entzug der baurechtlichen Privilegierung des § 35 Abs. 1 Nr. 5 BauGB auf den Ausschlussflächen soll nicht allein durch einen diese als Standorte ablehnenden planerischen Willen des Plangeber gerechtfertigt sein, sondern dergestalt in einem inneren Zusammenhang mit der (logisch vorrangigen) Suche nach den Positivflächen stehen, dass die Gründe für die Festlegung der Positivflächen zugleich dieselben sind, die vice versa den Ausschluss der Windenergienutzung andernorts tragen."* (NdsOVG, Urt. vom 12.4.2021 – 12 KN 159.18 – www.rechtsprechung.niedersachsen.de).

226 Diese Rechtsauffassung ist mittlerweise anlässlich einer gesetzlichen Regelung im **Thüringer Waldgesetz** (*„Wald darf nur nach vorheriger Genehmigung der unteren Forstbehörde in eine andere Nutzungsart umgewandelt werden (Änderung der Nutzungsart). Eine Änderung der Nutzungsart zur Errichtung von Windenergieanlagen ist nicht zulässig"*) sogar durch das BVerfG bestätigt, vgl. BVerfG, Beschl. vom 27.9.2022 – 1 BvR 2661/21 –, www.bundesverfassungsgericht.de. Das BVerfG hat diese Regelung – ohne näher auf eine mögliche Zuordnung zur Raumordnung einzugehen – dem Bodenrecht nach Art. 74 Abs. 1 Nr. 18 GG zugeordnet und festgestellt: *„Nach § 35 Abs. 3 Satz 3 BauGB können im Wege der sogenannten Konzentrationszonenplanung durch Windenergie-Standortzuweisung auf bestimmten Flächen andere Flächen von Windenergieanlagen freigehalten werden; ein Ausschluss ist also durch positive Ausweisung an anderer Stelle zu erreichen. Eine bloß negative Planung, die allein das Ziel des Ausschlusses von Vorhaben hat, reicht nicht; die bundesgesetzliche Privilegierung der Windenergie darf nicht durch sogenannte Verhinderungsplanung unterlaufen werden [...]. Es ist nichts dafür ersichtlich, dass das Baugesetzbuch daneben bodenrechtliche Regelungen der Länder zulassen wollte, die wie § 10 Abs. 1 Satz 2 ThürWaldG ihrerseits die Flächennutzung zur Errichtung von Windenergieanlagen im Wald ausschließen".*

227 Demzufolge hat das NdsOVG, Urt. vom 12.4.2021, a. a. O., einen **Regionalplan für unwirksam erklärt**, der zum einen – positiv – Vorranggebiete für die Windenergienutzung ausgewiesen hatte und zum anderen **– negativ – eine Aufzählung von Vorranggebieten sowie weiteren Gebietstypen enthielt, die der Planungsträger für unvereinbar mit der Windenergie** hielt. Die sehr „holzschnittartige" Sichtweise des Gerichts überzeugt dabei nur teilweise. Nachvollziehbar ist die Auffassung des Gerichts in Bezug auf solche Gebiete, deren vorrangige Nutzung durchaus mit der Windenergienutzung vereinbar ist, wie bspw. Vorranggebiete für ruhige Erholung. Hier ist nicht erklärbar, warum Windenergienutzung ausgeschlossen sein soll. Ebenfalls nachvollziehbar ist die Auffassung des Gerichts in Bezug auf Flächen, die der Träger der Regionalplanung selbst nur als Grundsätze festgelegt hat. Diese können schon wegen ihrer fehlenden rechtlichen Verbindlichkeit keine zwingende Sperrwirkung gegenüber Windenergieanlagen entfalten (bspw. Pufferempfehlungen um bestimmte Vorranggebiete herum). Weniger überzeugend wirkt das Urt. in Bezug auf solche Flächen, in denen der Regionalplan Vorranggebiete ausweist, deren

vorrangige Funktion oder Nutzung unzweifelhaft nicht mit der Windenergienutzung vereinbar ist. Dies betrifft beispielsweise Vorranggebiete Hauptverkehrsstraße oder bestimmte Vorranggebiete für Rohstoffgewinnung. Das Gericht hat seine Entscheidungsgründe undifferenziert auch auf diese Vorranggebiete erstreckt. Die jedem Vorranggebiet immanent innewohnende Binnen- Ausschlusswirkung kann jedoch nicht durch Rechtsprechung abbedungen werden. Soweit raumbedeutsame Funktionen oder Nutzungen in einem Vorranggebiet nicht mit den vorrangigen Funktionen oder Nutzungen vereinbar sind, sind diese unmittelbar über § 7 Abs. 3 Satz 2 Nr. 1 ROG ausgeschlossen. Insoweit spielt § 35 Abs. 3 Satz 3 BauGB keine Rolle. Einem Raumordnungsplan, der ausschließlich derartig „eindeutig" der Windenergie nicht zugängliche Vorranggebiete – deklaratorisch – aufzählen würde, könnte der Vorwurf der Unwirksamkeit daher nicht gemacht werden.

5.2.2 Anforderungen an Konzentrationsflächenplanungen nach § 7 Abs. 3 ROG-2023

5.2.2.1 Anwendungsbereich

Mit der **ROG-Novelle 2023** hat der Bundesgesetzgeber einen klaren Schritt unternommen, 228
um der nahezu unerfüllbaren Rechtsprechung entgegenzutreten. Die **Neufassung des § 7 Abs. 3 ROG** stellt klar, dass auch künftig die planerische Festlegung einer Ausschlusswirkung auf Ebene der Raumordnungsplanung möglich sein soll. Anders als bisher eröffnet der Bundesgesetzgeber jedoch **nur noch die Festlegung von Vorranggebieten mit Ausschlusswirkung**. Er trägt damit dem – richtigen – Erfordernis der Rechtsprechung Rechnung, dass ein planerischer Ausschluss einer Nutzung nur dann gerechtfertigt ist, wenn als „Gegengewicht" Bereiche gesichert werden, auf denen sich diese Nutzung durchsetzen kann. Vorranggebiete mit Ausschlusswirkung bestehen aus zwei sachlich miteinander verknüpften Zielen der Raumordnung: das Vorranggebiet entfaltet als Ziel Bindungswirkung innerhalb der Gebietsgrenzen, während der Ausschlusswirkung ein außergebietlicher Zielcharakter zukommt.

Eignungsgebieten kommt aufgrund ihrer fehlenden innergebietlichen Zielbindung diese Sicherungsfunktion hingegen nicht zu.

Gesetzlich ausgeschlossen sind Konzentrationsflächenplanungen für raumbedeutsame 229
Photovoltaikanlagen. Zwar sind seit dem 1.1.2023 auch bestimmte Freiflächen-Photovoltaikanlagen privilegierte Außenbereichsvorhaben, sofern sie – vorbehaltlich der Anbauverbotszonen – in einem 200-Meter-Streifen entlang von Autobahnen oder Schienenwegen des übergeordneten Netzes mit mindestens zwei Hauptgleisen liegen (§ 35 Abs. 1 Nr. 8 BauGB), ferner sog. Agri-PV-Anlagen i. S. des § 5 Abs. 1 Nr. 9 BauGB. Zunächst mit § 7 Abs. 3 Satz 7 ROG und nunmehr mit Entwurf eines § 29 ROG (vgl. BR-Drs. 296/24) hat der Gesetzgeber jedoch ein ausdrückliches Festlegungsverbot für eine Ausschlusswirkung normiert.

Mit § 28 ROG in seiner am 15.8.2025 in Kraft getretenen Fassung wurde auch jedwede 230
Möglichkeit einer Regionalplanung mit Ausschlusswirkung für die Windenergienutzung abgeschafft, näher Rn. 244. Zur Rechtslage bis 14.8.2025 s. Rn. 235 ff.

Der verbleibende sachliche Anwendungsbereich für Vorranggebiete mit Ausschlusswir- 231
kung ist daher begrenzt, bspw. zur **Steuerung des Rohstoffabbaus oder gewerblicher Tierhaltungsbetriebe** i. S. v. § 35 Abs. 1 Nr. 4 BauGB. Die Träger der Regionalplanung in Niedersachsen machen hiervon bisher nur vereinzelt Gebrauch (Rohstoffabbau). Es ist insofern davon auszugehen, dass das Instrument der Konzentrationsflächenplanung künftig weitgehend an Bedeutung verlieren wird.

5.2.2.2 Planungsmethodik

Für die verbleibenden Anwendungsfälle ist nach § 7 Abs. 3 ROG weiterhin ein **gesamt-** 232
räumliches Planungskonzept erforderlich. Die Ausweisung von Vorranggebieten sowie die Festlegung einer außerhalb dieser Vorranggebiete geltenden planerischen Aus-

schlusswirkung müssen auf einer **Untersuchung und Bewertung des gesamten Planungsraums** erfolgen.

233 Eine **strikte Trennung, ob ein Ausschluss aus tatsächlichen oder rechtlichen Gründen (harten Tabuzonen) oder aus planerischen Gründen (weiche Tabuzonen, Einzelflächenbewertung) erfolgt, ist nicht mehr erforderlich**. Die Planbegründung muss lediglich erkennen lassen, nach welchen Kriterien die Flächen für die Windenergie ausgewählt und abgegrenzt und aus welchen Gründen Flächen für die Windenergie ausgeschlossen wurden.

5.2.2.3 Substanziell Raum verschaffen

234 Unverändert bleibt das Erfordernis, dass einer privilegierten Außenbereichsnutzung **substanziell Raum** verschafft werden muss. Eine Gewähr, dass sich eine Nutzung wirksam gegenüber konkurrierenden Nutzungen durchsetzen kann, bieten nur Vorranggebiete. **Vorbehaltsgebiete zählen für das „Substanziell-Raum-Schaffen" ebenso wenig wie weiße Flächen oder Flächen, die gar nicht im RROP, sondern allein bauleitplanerisch gesichert sind**. Wird der Nutzung nicht substanziell Raum geschaffen, hat der Plangeber seine Planungskriterien einer erneuten Betrachtung und Bewertung zu unterziehen und aus den Potenzialflächen weitere Einzelflächen auszuweisen (vgl. BVerwG, Urt. vom 13.12.2012 – 4 CN 1.11 –, www.bverwg.de; BVerwG, Urt. vom 11.4.2013 – 4 CN 2.12 –, www.bverwg.de; NdsOVG, Urt. vom 7.2.2020 – 12 KN 75/18 –, www.rechtsprechung.niedersachsen.de).

5.2.3 Festlegung von Vorranggebieten mit Ausschlusswirkung für die Windenergienutzung

5.2.3.1 Rechtslage nach der Wind-an-Land-Gesetzgebung 2022/2023 bis 14.8.2025

235 Mit der **Gesetzgebung zur Erhöhung und Beschleunigung des Ausbaus von Windenergieanlagen an Land** (eingeleitet durch Gesetz vom 20.7.2022, BGBl. I S. 1353) haben Bund und Land **für die Ausweisung von Flächen für die Windenergie ein neues Sonder-Planungsrecht** geschaffen, das eine **planerische Ausschlusswirkung in aller Regel entbehrlich** macht. Danach ist in jedem regionalen Planungsraum ein gesetzlich vorgegebener Flächenanteil für die Windenergie auszuweisen (**Teilflächenziele nach der Anlage zum NWindG**). Ist dieses Teilflächenziel erfüllt, sind grundsätzlich nur noch solche **Windenergieanlagen** im Außenbereich **privilegiert** und genehmigungsfähig, die **innerhalb der planerisch ausgewiesenen Windenergiegebiete liegen**. **Außerhalb dieser Windenergiegebiete sind Windenergieanlagen nicht-privilegierte Anlagen** i. S. des § 35 Abs. 2 BauGB (§ 249 Abs. 2 BauGB). Als solche sind sie in aller Regel **nicht zulassungsfähig und damit faktisch ausgeschlossen** (Ausnahmen gelten bis 31.12.2030 für bestimmte Repowering-Vorhaben i. S. des § 16b Abs. 1 und Abs. 2 BImSchG, vgl. § 249 Abs. 3 BauGB). Die durch Planung erzeugte Ausschlusswirkung wird insofern durch eine unmittelbar durch Gesetz angeordnete „faktische" Ausschlusswirkung ersetzt (näher dazu Rn. 258).

236 Die „faktische" gesetzliche Ausschlusswirkung würde Gemeinden jedoch nicht daran hindern, über die im RROP festgelegten Vorranggebiete hinaus weitere Flächen des Außenbereichs als Sondergebiete für die Windenergienutzung auszuweisen. § 249 Abs. 4 BauGB stellt die Zulässigkeit einer Ausweisung zusätzlicher Flächen – auch durch Bauleitplanung – ausdrücklich klar.

Insbesondere in Landesteilen mit besonders hohem Windflächenpotential kann ein Träger der Regionalplanung nach Erreichung seines Teilflächenziels das Erfordernis sehen, solche zusätzlichen **Flächenausweisungen durch die Gemeinden** zu verhindern, bspw. aus Gründen der Akzeptanz oder um sicherzustellen, dass auch andere wichtige Vorhaben ausreichend Platz finden (z. B. beabsichtigte Stromtrassen oder großtechnische Energieanlagen, die ebenfalls essentiell für die Energiewende sind, für die aber mangels ausreichender räumlicher Präzisierung noch kein Vorranggebiet ausgewiesen werden kann).

Möchte ein Träger der Regionalplanung eine Ausweisung weiterer Flächen durch die Gemeinden verhindern, könnte er dies weiterhin nur über eine regionalplanerische Ausschlusswirkung erreichen. Denn die regionalplanerische Ausschlusswirkung wäre als Ziel der Raumordnung gem. § 1 Abs. 4 BauGB von den Trägern der Bauleitplanung zu beachten und würde ein Planungshemmnis für Gemeinden bedeuten. **237**

Flächen im Bereich einer planerischen Ausschlusswirkung könnten zudem – im Gegensatz zu einer faktischen gesetzlichen Ausschlusswirkung – bereits während der Planaufstellung durch eine befristete raumordnerische Untersagung geschützt werden (zur Untersagung vgl. vor §§ 14–17 Rn. 5 ff.). **238**

Ob das neue gesetzliche Regime die Festlegung von Vorranggebieten mit Ausschlusswirkung für die Steuerung der Windenergie kategorisch ausschließt oder sie bei Bedarf rechtlich weiterhin zulässt, war nach der Gesetzgebung vom Juli 2022 sowie dem ROG-2023 unklar. **239**

Nach hier vertretener Auffassung blieb eine solche **planerische Ausschlusswirkung zur Steuerung der Windenergienutzung über § 7 Abs. 3 ROG (sowohl in seiner 2022 geltenden Fassung als auch in der Fassung des ROG-2023) zunächst nach wie vor zulässig**. Gem. § 7 Abs. 3 Satz 6 ROG war abweichend von den Sätzen 3 bis 5 auf die Ausweisung von Windenergiegebieten i. S. des § 2 Nr. 1 des WindBG § 27 Abs. 4 ROG anzuwenden. § 27 Abs. 4 ROG verwies lediglich auf die „vorrangige" entsprechende Anwendung der §§ 245e und § 249 BauGB, nicht aber auf deren „ausschließliche" Anwendung. Der Begründung zu § 7 Abs. 3 Satz 6 ROG-2023 (BT-Drs. 20/4823 S. 23) ließ sich zwar entnehmen, dass eine Vorrang-mit-Ausschluss-Planung in der Regel nicht mehr für nötig gehalten wurde, sie ließ aber keine klaren Rückschlüsse darauf zu, dass der Bundesgesetzgeber sie verbieten wollte. Im Gegenteil: Hätte der Gesetzgeber bereits mit ROG-2023 ein Verbot von Vorranggebieten mit Ausschlusswirkung für Windenergie gewollt, ist davon auszugehen, dass er ein solch klares Verbot erlassen hätte, so wie er es für Photovoltaik ausgesprochen hat. **240**

Auch aus den speziellen Vorschriften der §§ 245e und 249 BauGB in ihrer Fassung vom Juli 2022 und den zugehörigen Gesetzgebungsmaterialien ließ sich nicht ableiten, dass den Trägern der Raumordnungsplanung die Festlegung von Vorranggebieten für die Windenergienutzung mit Ausschlusswirkung gesetzlich verboten gewesen wäre. **241**

Nach hiesiger Auffassung beschränkt sich § 249 Abs. 4 BauGB darauf, klarzustellen, dass es kommunalen Planungsträgern möglich ist, auch mehr Flächen als durch WindBG gefordert für die Windenergie auszuweisen; die Vorschrift korrespondiert insofern mit dem energiepolitischen Wortlaut des § 3 Abs. 1 WindBG, wonach in den Ländern „mindestens" die genannten Flächenbeitragswerte auszuweisen sind und ihnen ein „Mehr" durch den Bund jedenfalls nicht verboten ist. Dass § 249 Abs. 4 BauGB zugleich ein Verbot einer regionalplanerischen Ausschlusswirkung normieren wollte, ist nach hiesiger Auffassung den Gesetzgebungsmaterialien nicht zu entnehmen. Der eindeutige Wortlaut der **Gesetzesbegründung schloss nur für Flächennutzungspläne, nicht aber für Raumordnungspläne die Festlegung einer Ausschlusswirkung aus** (vgl. BT Drs. 20/2355 zu Nummer 6 Absatz 2 „*Ferner ist künftig nicht mehr erforderlich – und für die Ebene der Flächennutzungsplanung auch nicht mehr möglich –, zur Steuerung der Zulässigkeit von Vorhaben nach § 35 Absatz 1 Nummer 5 BauGB [...] eine Ausschlusswirkung durch Planung zu bewirken*"). **242**

Die Unzulässigkeit von Vorranggebieten für die Windenergienutzung mit Ausschlusswirkung in Regionalplänen ergab sich auch nicht aus § 249 Abs. 1 BauGB. § 249 Abs. 1 BauGB erklärt § 35 Abs. 3 Satz 3 BauGB für unanwendbar, also diejenige Vorschrift, die die Wirkung einer planerischen Ausschlusswirkung von Windenergieanlagen regelt. **§ 35 Abs. 3 Satz 3 BauGB ist eine Vorschrift des dritten Teils des BauGB, der (nur) die städtebaurechtliche Zulässigkeit von Vorhaben regelt** und materiell-rechtliche Voraussetzungen bestimmt, die bei der Vorhabenszulassung durch eine Baugenehmigungs-, Immissi- **243** onsschutz- oder Planfeststellungsbehörde zu beachten sind. § 35 BauGB ist hingegen **keine Vorschrift, die die Inhalte von Plänen regelt**. Vorgaben über die Inhalte von Plänen finden sich im ersten Teil des BauGB bzw. in den §§ 7 und 13 ROG. § 249 Abs. 1 BauGB bewirkt (nur), dass eine planerische Ausschlusswirkung i. S. v. § 35 Abs. 3 Satz 3 BauGB im Zulassungsverfahren nicht beachtet werden darf. Von daher beschränkte § 249 Abs. 1 BauGB nicht die Planungsfreiheit eines Trägers der Regionalplanung zur Festlegung eine Aussschlusswirkung, aber reduziert die Bindungswirkung einer regionalplanerischen Ausschlusswirkung auf nachfolgende Pläne. Als Ziel der Raumordnung, das gem. § 1 Abs. 4 BauGB von den Trägern der Bauleitplanung zu beachten wäre, würde eine regionalplanerische Ausschlusswirkung Gemeinden daran hindern, über die im RROP festgelegten Vorranggebiete hinaus weitere Flächen des Außenbereichs als Sondergebiete für die Windenergienutzung auszuweisen.

5.2.3.2 Verbot der Neufestlegung von Vorranggebieten mit Ausschlusswirkung für die Windenergienutzung durch § 28 ROG

244 Ist nach § 7 Abs. 3 Satz 7 ROG-2023 zwar unklar, aber mit guten Gründen vertretbar, dass eine planerische Festlegung von **Vorranggebieten Windenergienutzung mit Ausschlusswirkung** zumindest mit Wirkung für die gemeindliche Bauleitplanung zulässig blieb, sieht § 28 Abs. 1 ROG (vgl. BR-Drs. 21/797) ausdrücklich vor, dass § 7 Abs. 3 ROG für die Steuerung der Windenergienutzung nicht mehr anwendbar ist. Zur Möglichkeit der Änderung einer bestehenden Ausschlusswirkung vgl. Rn. 247 ff.

5.2.3.3 Fortgeltung einer am 1.2.2024 bestehenden planerischen Ausschlusswirkung für die Windenergienutzung (§ 245e BauGB)

5.2.3.3.1 Grundprinzip

245 Eine regionalplanerische **Ausschlusswirkung, die bis zum 1.2.2024 wirksam geworden ist, gilt übergangsweise fort** (§ 245e Abs. 1 Satz 1 BauGB i. V. m. § 27 Abs. 4 ROG).

246 Bei einer Frist, die nach Tagen bestimmt ist, zählt nach allgemeiner Systematik der letzte Tag noch bis zu seinem Ablauf mit (vgl. auch BT Drs. 20/2355, wonach die Übergangsregelung mit der vergleichbaren Vorschrift zur Anrechnung von Eignungs- und Vorbehaltsgebieten in § 2 Nr. 1 Buchst. b WindBG korrespondieren soll, für die ebenfalls der Ablauf des 1.2.2024 maßgeblich ist). Da das RROP am Tag seiner Bekanntmachung, z. B. seines Erscheinens im Amtsblatt, wirksam wird, gilt die Regelung für alle **RROP-Bekanntmachungen, die spätestens am 1.2.2024 vorgenommen wurden**. Die Regelung erfasst auch Fälle, in denen ein für unwirksam erklärter Plan im Zuge des **ergänzenden Verfahrens** nach § 11 Abs. 6 ROG oder § 7 NROG **geheilt** und zwar erneut erst nach dem 1.2.2024 erneut bekanntgemacht, aber **rückwirkend** zu einem Zeitpunkt vor oder am 1.2.204 in Kraft gesetzt wurde. Auch in dieser Konstellation ist das gesetzliche Erfordernis erfüllt, dass der Plan bis zum Ablauf des 1.2.2024 wirksam geworden ist.

247 Die Befugnis des Trägers der Regionalplanung, ein **RROP mit Ausschlusswirkung auch nach dem 1.2.2024 zu ändern oder zu ergänzen, bleibt unangetastet**. Hinzutretende oder wegfallende Vorranggebiete Windenergienutzung vergrößern oder verkleinern den Bereich der Ausschlusswirkung und sie besteht in diesem geänderten Maße fort und entfällt nicht etwa mit der Planänderung (§ 245e Abs. 1 Satz 4 BauGB, näher § 6 Rn. 17 ff.).

248 **Solange die regionalplanerische Ausschlusswirkung noch wirksam ist, begrenzt sie als Ziel der Raumordnung sowohl Planungs- als auch Zulassungsbefugnisse**. Sie hindert die **Gemeinden** daran, im Bereich der Ausschlusswirkung Flächen für die Windenergienutzung auszuweisen (§ 4 Abs. 1 ROG, § 1 Abs. 4 BauGB). Sie hindert **Immissionsschutzbehörden** daran, im Bereich der Ausschlusswirkung Windenergieanlagen zu genehmigen (§ 35 Abs. 3 Satz 3 BauGB).

Die planerische **Ausschlusswirkung entfällt**, sobald das erstmalige Erreichen eines Teilflächenziels nach dem NWindG im Regionalen Planungsraum festgestellt wird (das Teilflächenziel 2027 genügt dafür) und spätestens mit Ablauf des 31.12.2027. Sobald das **Erreichen eines Teilflächenziels festgestellt** wurde, richtet sich die Außenbereichs-Zulässigkeit und immissionsschutzrechtliche Genehmigungsfähigkeit einer Windenergieanlage danach, ob es sich um ein privilegiertes Vorhaben innerhalb eines ausgewiesenen Windenergiegebietes handelt oder um ein nicht-privilegiertes Vorhaben außerhalb eines ausgewiesenen Windenergiegebietes. **Außerhalb ausgewiesener Windenergiegebiete** könnten Windenergieanlagen nicht mehr genehmigt werden (§ 249 Abs. 2 BauGB). Es tritt also **kraft Gesetzes ein mit der planerischen Ausschlusswirkung vergleichbares Zulassungs-Hindernis** ein. 249

Wird eine planerische **Ausschlusswirkung erst zu einem Zeitpunkt nach dem 1.2.2024 wirksam**, würde sie nach hier vertretener Auffassung als Ziel der Raumordnung Gemeinden zwar daran hindern, weitere Windenergiegebiete im Wege der Bauleitplanung auszuweisen (s. auch Rn. 237 ff.). Die nach dem 1.2.2024 wirksam gewordene planerische Ausschlusswirkung entfaltet jedoch **im immissionsschutzrechtlichen Zulassungsverfahren keine eigenständige Wirkung** mehr; gem. § 249 Abs. 1 BauGB ist § 35 Abs. 3 Satz 3 BauGB dann nicht mehr anwendbar. Windenergieanlagen könnten bis zum Erreichen des regionalen Teilflächenziels nach dem NWindG nicht nur innerhalb der ausgewiesenen Windenergiegebiete, sondern überall im (unbeplanten) Außenbereich – also auch im Bereich der planerischen Ausschlusswirkung – genehmigt werden. Der Nutzen ist daher begrenzt. 250

5.2.3.3.2 Ausnahme für Repowering, § 245e Abs. 3 BauGB

§ 245e Abs. 3 BauGB sieht eine Ausnahme für bestimmte **Repoweringvorhaben** i. S. des § 16b Abs. 1 und 2 BImSchG vor: seit dem 1.2.2023 dürfen diese **auch in Bereichen einer planerischen Ausschlusswirkung** errichtet werden. Die Ausnahme nach § 245e Abs. 3 BauBG greift allerdings **nicht, sofern die Windenergieanlage in einem Natura-2000-Gebiet oder in einem Naturschutzgebiet** liegen würde oder sofern im Einzelfall die **Grundzüge der Regionalplanung berührt** würden. 251

Wann die **Grundzüge der Planung** berührt sind, ist noch weitgehend ungeklärt und wird eine Frage des Einzelfalls sein. Naheliegend erscheint eine Anlehnng an Literatur und Rechtsprechung zu anderen raumordnerischen Vorschriften, die diesen Begriff verwenden. „Grundzüge der Planung" i. S. des § 6 Abs. 2 ROG werden als die planerische Konzeption i. S. v. Leitgedanken und entwicklungspolitischen Zielsetzungen verstanden, die dem Plan zugrunde liegen. 252

Eine **Auslegung anhand der Rechtsprechung zur Konzentrationsflächenplanung ist dabei allerdings wenig zielführend**. Die bisherige niedersächsische OVG-Rechtsprechung hat als Grundzüge einer Konzentrationsflächenplanung in der Regionalplanung stets das gesamträumliche Planungskonzept mit harten und weichen Tabukriterien verstanden, das zur Ausweisung von Positivflächen und von Ausschlussflächen geführt hat. Dementsprechend hat diese Rechtsprechung stets angenommen, dass eine Zulassung einzelner Windenergieanlagen im Bereich einer regionalplanerischen Ausschlusswirkung in aller Regel eine unzulässige Durchbrechung dieses Konzept bedeuten würde. 253

Wären die Grundzüge der Planung immer durchbrochen, wenn eine Windenergieanlage im Bereich der Ausschlusswirkung errichtet werden soll, würde jedoch § 245e Abs. 3 BauGB ins Leere laufen. **§ 245e Abs. 3 BauG wurde gerade dazu geschaffen, die planerische Ausschlusswirkung im Fall eines Repowerings in mehr als nur atypischen Einzelfällen überwinden zu können**. Wird allein von der regionalplanerischen Ausschlusswirkung abgewichen, genügt dies für die Annahme des Berührtseins der Grundzüge der Planung nach hier vertretener Auffassung daher nicht. *„Das planerische Konzept muss durch einen weiteren, anderen Grund berührt sein, indem von einer anderen tragenden oder für den Plangeber bedeutenden Festlegung so abgewichen wird, dass die Schwelle des Berührens* 254 *überschritten wird. Bei der Frage des Berührens ist zudem zu berücksichtigen, ob eine Abweichung von einer Planfestlegung aus einem Grund stattfindet, der auf eine Vielzahl gleichgelagerter Fälle zutrifft"* (*Schlacke/Wiemann*, S. 6 f.). *Schlacke/Wiemann* ist zuzustimmen, dass in derartigen Fällen ein Berührtsein der Grundzüge der Planung grundsätzlich zu bejahen und ein Repowering ausgeschlossen ist.

255 **Andere Festlegungen**, die zu einem Berührtsein führen können, können dabei nicht nur windenergieanlagenbezogene Festlegungen sein (z. B. Höhenbegrenzungen oder Abstandsregelungen, worauf *Schlacke/Wiemann* beispielhaft Bezug nehmen), sondern auch Festlegungen zugunsten konkurrierender anderer Nutzungen, deren Verwirklichung im Planungsraum ebenfalls **hohes Gewicht** zukommt. Würden bspw. im Wege eines Repowerings der Ausbau von Straßen-, Schienen-, oder Leitungsbauprojekten scheitern, deren Verwirklichung in einem (durch Gesetz bestimmten) überragenden öffentlichen Interesse liegt, oder der durch Vorrang gesicherte Rohstoffabbau weitgehend behindert, können auch aus solchen Gründen die Grundzüge der Planung berührt sein.

5.3 Anforderungen an die Abwägung bei der Ausweisung von Vorranggebieten für die Windenergienutzung (ohne planerische Ausschlusswirkung)

256 **Sonderregeln** für die Planung und die Abwägung gelten für den Fall, dass die Träger der Regionalplanung **reine Vorranggebiete – ohne planerische Ausschlusswirkung – für die Windenergienutzung** ausweisen. Die seit 1.2.2023 geltende **Gesetzgebung zur Erhöhung und Beschleunigung des Ausbaus von Windenergieanlagen an Land** (eingeleitet durch Gesetz vom 20.7.2022, BGBl. I S. 1353) hat die Systematik der Steuerung von Windenergieanlagen grundlegend verändert und die Anforderungen an die planerische Abwägung stark modifiziert.

5.3.1 Flächenbeitragswerte, regionale Teilflächenziele, „Super-Privilegierung"

257 Zur Erreichung des in § 1 Abs. 2 EEG festgelegten Ziels, den Anteil des aus erneuerbaren Energien erzeugten Stroms am Bruttostromverbrauch in Deutschland auf 65 % im Jahr 2030 zu steigern, sollen **2 % der Bundesfläche für die Windenergie an Land** ausgewiesen werden. Der Bundesgesetzgeber hat hierzu **jedem Bundesland einen Flächenbeitragswert zugewiesen**. In **Niedersachsen sind spätestens bis zum 31.12.2027 mindestens 1,7 % und spätestens bis zum 31.12.2032 mindestens 2,2 % der Landesfläche als „Windenergiegebiete"** i. S. des § 2 Nr. 1 WindBG planerisch auszuweisen (Anlage 1 zu § 3 Abs. 1 WindBG). Die i. S. des Bundesrechts für die Erreichung des Teilflächenziels „zuständigen Planungsträger" sind in Niedersachsen die Träger der Regionalplanung (§ 2 Satz 1 NWindG).

258 Die **Steuerung des Windenergieausbaus über § 35 Abs. 3 Satz 3 durch Ausweisung von Konzentrationsflächen**, wodurch ein Planungsträger sowohl „positiv" bestimmen konnte, auf welchen Flächen Windenergieanlagen privilegiert zulässig sein sollten, als auch „negativ" festlegen konnte, dass diese Vorhaben im übrigen Außenbereich in der Regel ausgeschlossen sein sollten, ist **durch ein neues gesetzliches Konstrukt ersetzt** worden. An die Stelle einer komplizierten planerischen Ausschlusswirkung tritt eine **unmittelbar durch den Gesetzgeber vorgegebene Rechtsfolge**: Sobald in einem Regionalplanungsraum mindestens **in Höhe des Teilflächenzieles Windenergiegebiete ausgewiesen** sind, gilt grundsätzlich **nur noch innergebietlich die Privilegierung** des § 35 Abs. 1 Nr. 5 BauGB. Außerhalb dieser Windenergiegebiete entfällt für Windenergieanlagen die Privilegierung, ihre Zulässigkeit richtet sich stattdessen nach § 35 Abs. 2 BauGB (§ 249 Abs. 2 BauGB). Als nicht-privilegierte Vorhaben sind sie nur zulässig, wenn sie keine öffentlichen Belange beeinträchtigen. Damit sind die Erteilung einer BImSch-Genehmigung und die Errichtung von nicht-privilegierten Windenergieanlagen **außerhalb von ausgewiesenen Windenergiegebieten in aller Regel nicht möglich**. Befristete Ausnahmen (bis zum 31.12.2030) gelten für Repowering-Vorhaben außerhalb von Naturschutz- oder Natura-2000-Gebieten (§ 249 Abs. 3 BauGB).

Wird die **Erreichung des Teilflächenziels zu den vorgegebenen Stichtagen verfehlt**, tritt die **„doppelte“ Rechtsfolge des § 249 Abs. 7 BauGB** ein, die bisweilen auch als **„Super-Privilegierung“** bezeichnet wird: zum einen sind **im gesamten Außenbereich des betroffenen regionalen Planungsraums Windenergieanlagen privilegierte Vorhaben** (§ 249 Abs. 7 Satz 1 Nr. 1 BauGB). Hierin unterscheidet sich die neue Rechtslage nicht von der früheren. Neu ist hingegen die zusätzliche Folge, dass **Ziele der Raumordnung und Darstellungen in Flächennutzungsplänen der Genehmigung einer Windenergieanlage nicht mehr entgegenstehen**. Der Gesetzgeber erklärt insoweit sämtliche planerischen Hindernisse für die Vorhabenzulassung für unbeachtlich (vgl. *Meurers*, UPR 2023 S. 41). § 35 Abs. 3 Satz 1 1. Halbs. BauGB, wonach raumbedeutsame Vorhaben den Zielen der Raumordnung nicht widersprechen dürfen, wird durch § 249 Abs. 7 Satz 1 Nr. 2 BauGB verdrängt. Der Eintritt der „Super-Privilegierung“ wird damit in vielen Fällen zur Folge haben, dass Windenergieanlagen **jedweden planerisch sorgfältig ausgearbeiteten Konfliktausgleich zunichte** machen. Die „Super-Privilegierung“ umfasst sämtliche Ziele aller Raumplanungsebenen, also aus Bundesraumordnungsplänen, dem LROP und dem RROP, des Weiteren sämtliche Darstellungen aller Flächennutzungspläne, unabhängig von ihrem jeweiligen Inhalt und unabhängig von der gesicherten Nutzung. Windenergieanlagen können über § 249 Abs. 7 BauGB damit sogar Flächen belegen und Projekte behindern, die gesetzlich im überragenden öffentlichen Interesse liegen (vgl. Rn. 198), auch solche, die gleichermaßen essentiell für die Energiewende sind. Bspw. gibt es im Fall einer „Super-Privilegierung“ keine rechtliche Möglichkeit, zu verhindern, dass Windparks in Gebiete für Stromleitungen oder für großtechnische Energieanlagen gebaut werden. **259**

Die **Städte und Gemeinden innerhalb eines regionalen Planungsraums bilden mit dem Regionalplanungsträger eine Schicksalsgemeinschaft**. Wird das Teilflächenziel innerhalb eines Regionalplanungsraums nicht erreicht, treffen die Folgen der „Super-Privilegierung“ den Regionalplanungsträger sowie alle Städte und Gemeinden dieses Regionalplanungsraums gemeinsam und gleichermaßen. Allerdings enden die Folgen der „Super-Privilegierung“ auch an der Grenze des regionalen Planungsraums und greifen **nicht** etwa auch auf **Nachbarkreise** oder gar das gesamte Land über. Im Ergebnis könnte es daher in Niedersachsen dazu kommen, dass in einigen Landkreise die „Super-Privilegierung“ gilt, in anderen hingegen nicht. **260**

Mangels entsprechender landesrechtlicher Ermächtigung hat der Träger der Regionalplanung **keine** Berechtigung, das Teilflächenziel – über das RROP oder über eine **vertragliche Vereinbarung** – an die Träger der Bauleitplanung weiterzugeben und insofern auf die Gemeindeebene „herunterzubrechen“. Ebensowenig räumt das Landesrecht vertragliche Vereinbarungen ein, mittels derer ein Träger der Regionalplanung ganz oder anteilig die Flächenausweisung für einen anderen Träger der Regionalplanung übernehmen dürfte. **261**

Davon zu unterscheiden und unberührt bleibt aber die Möglichkeit, dass der Träger der Regionalplanung **Windenergiegebiete aus Flächennutzungsplänen oder Bebauungsplänen „seiner“ Städte und Gemeinden auf sein Teilflächenziel anrechnet** (s. auch § 5 Rn. 141). Denn die **Ausweisung anrechenbarer Windenergiegebiete ist in Niedersachsen nicht ausschließlich der Regionalplanung vorbehalten**. Windflächenplanung darf in Niedersachsen erfolgen **262**

- durch Neuaufstellung eines RROP-Gesamtplans,
- durch Neuaufstellung eines RROP-Teilplans „Windenergie“ (s. § 5 Rn. 14 ff.),
- durch Ergänzung eines vorhandenen RROP-Gesamtplans (Ergänzung bestehender Gebietsausweisungen um weitere Gebiete gem. § 245e BauGB, s. Erl. zu § 6 Rn. 17 ff.),
- sofern und sobald ein RROP-Teilplan „Windenergie“ besteht: durch Änderung oder Ergänzung dieses Teilplans sowie
- durch Aufstellung, Änderung oder Ergänzung eines Flächennutzungsplans oder eines Teil-Flächennutzungsplans oder
- durch Bebauungspläne (s. auch Erl. zu § 5 Abs. 2).

263 Demzufolge wäre es möglich, dass ein Träger der Regionalplanung nur für einen gewissen Anteil seines Teilflächenziels selbst Vorranggebiete für die Windenergienutzung festlegt und der verbleibende **Anteil durch die Gemeinden durch Flächennutzungspläne und/ oder Bebauungspläne ausgewiesen** wird. Ein rechnerisches Verhältnis ist gesetzlich nicht vorgegeben, sodass es auch möglich wäre, dass der Träger der Regionalplanung nur ein einziges oder auch gar kein Windenergiegebiet ausweist und sich im Übrigen oder vollumfänglich die Flächen der Bauleitplanung anrechnet.

5.3.2 Windenergiegebiete; Anrechenbarkeit auf das Teilflächenziel

264 **Nicht jede** zugunsten der Windenergienutzung ausgewiesene **Fläche** oder für Windenergie genutzte Fläche ist auf den Flächenbeitragswert nach dem WindBG bzw. auf das Teilflächenziel nach dem NWindG **anrechenbar**.

265 Der Umstand, dass bestimmte Flächen nicht auf das Teilflächenziel angerechnet werden können, **beschränkt nicht die Befugnis, nicht-anrechenbare Flächen planen zu dürfen**. Planungsrecht und „Anrechnungsrecht" als Bestandteil des Energiewirtschaftsrechts sind rechtlich voneinander grundsätzlich unabhängig.

266 Mit Blick auf die Verpflichtung nach dem NWindG, die geforderten Teilflächenziele zu erreichen, und mit Blick auf das Anliegen, das Eintreten der „Super-Privilegierung" abzuwenden, haben sich die Träger der Regionalplanung gleichwohl im Rahmen der planerischen Abwägung über die Ausweisung von Gebieten für die Windenergienutzung mit der Frage auseinanderzusetzen, ob diese Gebiete auf ihre Teilflächenziele anrechenbar sind.

267 Anrechenbar sind nur solche Gebiete, die die Anforderung eines **„Windenergiegebietes"** i. S. des § 2 Nr. 1 WindBG erfüllen. Windenergiegebiete sind auf Ebene der Regionalplanung sowohl Vorranggebiete als auch Vorbehalts- und Eignungsgebiete. **Dauerhaft und uneingeschränkt als Windenergiegebiet auf das Teilflächenziel anrechenbar sind jedoch nur Vorranggebiete** i. S. des § 2 Nr. 1 Buchst. a WindBG. Unerheblich ist es, ob es sich um Vorranggebiete ohne Ausschlusswirkung oder um Vorranggebiete mit Auschlusswirkung handelt. Entscheidend für die Anrechenbarkeit ist der Umstand, dass es sich um Gebiete mit hoher innergebietlicher Verbindlichkeit handelt; diese Anforderung erfüllen auch Vorranggebiete mit Ausschlusswirkung.

268 **Eignungs- und Vorbehaltsgebiete** sind wegen ihres fehlenden innergebietlichen Verbindlichkeitscharakters **nur anrechenbar**, wenn das RROP spätestens **am 1.2.2024 wirksam** geworden ist (§ 2 Nr. 1 Buchst. b WindBG). Vorbehalts- und Eignungsgebiete werden zudem nur auf das Zwischenziel nach Spalte 1 der Anlage 1 des WindBG sowie auf die damit korrespondierenden **Teilflächenziele des NWindG für 2027** angerechnet, nicht aber auf das Schlussziel nach Spalte 2 für 2032.

269 Neben der Eigenschaft als Windenergiegebiet ist für die Anrechenbarkeit und für die Gesamtgröße der auszuweisenden Flächen die Auseinandersetzung mit Anlagenhöhen von Relevanz. Flächen mit **Höhenbeschränkungen** sind nur unter den Voraussetzungen des § 4 Abs. 1 Satz 3 WindBG anrechenbar (s. § 5 Rn. 144 ff.).

270 Für die Gesamtgröße der im RROP auszuweisenden Flächen ist ferner von Bedeutung, ob und welche Flächen aus der Bauleitplanung angerechnet werden sollen. Eine **Doppelanrechnung** gleicher Flächen ist nicht zulässig (näher zur Anrechenbarkeit von Gebieten und Flächen verschiedener Planungsebenen § 5 Rn. 141).

271 Fener ist in die Abwägung einzubeziehen, welche unbeplanten Flächen anrechenbar sind, auf denen tatsächlich Windenergieanlagen in Betrieb sind (§ 4 Abs. 1 Satz 3 WindBG, dazu § 5 Rn. 143).

272 Die Legaldefinition des **„Windenergiegebietes"** gem. § 2 WindBG ist nicht nur für die Anrechenbarkeit auf das Teilflächenziel maßgeblich, sondern **auch für diverse andere Rechtsvorschriften**, die an den Begriff des Windenergiegebietes Rechtsfolgen knüpfen.

Diese Vorschriften und ihre Wirkungen haben ebenfalls **Bedeutung für die regionalplanerischen Steuerungsvorstellungen** und die planerische Abwägung.

So gelten gem. § 249 Abs. 2 BauGB nach Erreichen des Teilflächenziels Windenergieanlagen außerhalb von Windenergiegebieten als nicht-privilegierte Anlagen und sind dort faktisch ausgeschlossen. **273**

Nach **§ 26 Abs. 3 BNatSchG** ist die Zulässigkeit von **Windenergieanlagen in Landschaftsschutzgebieten** von der Erreichung des Teilflächenziels abhängig. Bis zum Erreichen des Teilflächenziels sind Landschaftsschutzgebiete weitgehend ungeschützt; die Bauverbote einer LSG-Verordnunge gelten in aller Regel für Windenergieanlagen nicht. Ab Erreichung des Teilflächenziels sind Windenergieanlagen in Landschaftsschutzgebieten nur zulässig, wenn sie innerhalb von Windenergiegebieten liegen. **274**

Auch die Rechtsfolge des **§ 6 WindBG**, dass im immissionsschutzrechlichen Genehmigungsverfahren eine Umwelt- und Artenschutzprüfung entfällt, sofern die Windenergieanlage in einem „Windenergiegebiet" liegt, gilt in allen planerisch ausgewiesenen Windenergiegebieten i. S. v. § 2 Nr. 1 Buchst. a und 1 Buchst. b WindBG (vgl. auch Vollzugsleitfaden zu § 6 WindBG), also auch in Vorbehalts- und Eignungsgebieten. **275**

Für diese Vorschriften macht es keinen Unterschied, ob die Windenergiegebiete tatsächlich auf das Teilflächenziel **angerechnet wurden, zumindest anrechenbar wären oder nicht anrechenbar** wären. Windenergiegebiete i. S. dieser Vorschriften sind also bspw. auch Vorranggebiete, Sonderbauflächen oder Sondergebiete, die erst nach der Feststellung der Erreichung des Teilflächenziels ausgewiesen wurden und demzufolge zwar bei der Feststellung des Erreichens des Teilflächenziels nicht angerechnet wurden, aber rechtlich anrechenbar wären. Windenergiegebiete i. S. dieser Vorschriften sind des Weiteren bspw. auch Vorranggebiete für die Windenergienutzung, die wegen Höhenbeschränkungen auf das Teilflächenziel nicht angerechnet werden dürften. **276**

5.3.3 Anforderungen an die Planungskonzeption

In Bezug auf die Nutzung der Windenergie hat der Träger der Regionalplanung in aller Regel „nur noch" die Aufgabe, die **„positive" Ausweisung von Windenergiegebieten** sicherzustellen. Die unter Rn. 212 ff. beschriebenen, von der Rechtsprechung entwickelten Anforderungen an ein **gesamträumliches Planungskonzept mit harten und weichen Tabuzonen zur Rechtfertigung von Konzentrationszonenplanungen sind nicht mehr einzuhalten** (vgl. die Ausführungen in der Gesetzesbegründung zu § 249 Abs. 2 BauGB (BT-Drs. 20/2355), dass ein gesamträumliches Planungskonzept in seiner bisherigen Form, mit dem *„im Einzelnen auch die Ausschlusswirkung im übrigen Außenbereich gerechtfertigt sein musste und an das deswegen hohe Anforderungen gestellt wurden, künftig nicht mehr erforderlich"* ist). **277**

Für die Ausweisung von Windenergiegebieten enthalten die **§§ 245e und § 249 BauGB spezielle Sonderregelungen, die gem. § 27 Abs. 4 ROG entsprechend auch auf Raumordnungspläne anzuwenden** sind. Ergänzend gelten weiterhin die allgemeinen Regelungen des ROG und des NROG über die Aufstellung und Änderung von Raumordnungsplänen. **278**

Der Ausweisung von Vorranggebieten für die Windenergienutzung muss auch **weiterhin eine planerische Abwägung** zugrundeliegen, die auf der Basis nachvollziehbarer planerischer Erwägungen und Kriterien beruht. Da keine Ausschlussflächen mehr zu rechtfertigen sind, ist der Planungsträger nur noch insoweit zu einer Untersuchung seines Planungsraums verpflichtet, wie dies zu einer Auswahl von Positivflächen nötig ist. Ein Planungsträger ist **weder verpflichtet, mehr Flächen auszuweisen, als für die Erreichung des Teilflächenziels nötig ist, noch muss es sich um die aus windenergetischer Sicht „besten" Flächen handeln** (vgl. § 249 Abs. 6 Satz 2 BauGB, dazu auch *Meurers*, UPR 2023 S. 41). **279**

5.3.4 Flächenauswahl

280 Grundsätzlich umschließt eine planerische Abwägung zum einen die Freiheit des Planungsträgers zu entscheiden, ob bzw. in welchem Maße er eine bestimmte Nutzung in seinem Planungsraum ermöglichen möchte, und zum anderen die Freiheit zu entscheiden, wo er hierfür Flächen ausweisen möchte. Für das **„Ob" und „in welchem Maße" ist dieser Abwägungsspielraum durch die gesetzlichen Teilflächenziele des NWindG bereits vorbestimmt**. Die Abwägung konzentriert sich daher auf die **Auswahl der Flächen**.

5.3.4.1 Flächenpotenzialstudie Niedersachsen „WinNiePot"

281 Die Übernahme von Kriterien aus der vom Niedersächsischen Ministerium für Umwelt, Energie und Klimaschutz beauftragten landesweiten Flächenpotenzialstudie „WinNiePot" (https://www.umwelt.niedersachsen.de/startseite/aktuelles/ergebniskarten-der-windflachenpotenzialanalyse-downloadmoglichkeit-220485.html) ist nicht verpflichtend. Die **Flächenpotenzialstudie ist selbst keine Planung**. Weder war sie darauf angelegt, sämtliche für die konkrete Flächenauswahl maßgeblichen Kriterien zu berücksichtigen, noch sollten Flächen abschließend auf ihre tatsächliche Realisierbarkeit untersucht werden.

282 Die Studie ist vielmehr ein komplexes Rechenwerk. Die Potenziale zur Erzeugung von Windenergie sind in Niedersachsen – u. a. wegen militärischer Restriktionen – sehr unterschiedlich verteilt. Aufgrund der kleinteiligen Regionalplanungsstruktur bestehen innerhalb der regionalen Planungsräume auch kaum Möglichkeiten, im Falle von Planungshemmnissen/harten Tabuzonen ausreichend Ausweichflächen zu finden. Schon frühzeitig hat sich Niedersachsen daher dagegen entschieden, das 2,2-Prozent-Landesziel des WindBG gleichmäßig auf seine 39 Träger der Regionalplanung herunterzubrechen. Stattdessen wurde der Weg einer **potenzialorientierten Verteilung** gewählt.

283 Für die Flächenpotenzialstudie wurde Niedersachsen in 25x25-Meter-Kacheln unterteilt. Anhand von mehr als 120 Kriterien wurde ermittelt, mit welcher **Wahrscheinlichkeit** innerhalb der jeweiligen Kachel Windenergieanlagen realisiserbar erscheinen. Dabei wurden die mehr als 120 Kriterien nicht nur schlicht gleichwertig addiert, sondern zusätzlich wurden die Kriterien noch in verschiedene **„Konfliktrisikoklassen"** (KRK) unterteilt. So wurde für Kriterien der KRK 1 angenommen, dass die von ihnen betroffenen Flächen dennoch zu 100 % für die Windenergienutzung zur Verfügung stehen. Für Kriterien der KRK 2 wurde eine Realisierungswahrscheinlichkeit von 80 % angenommen, für KRK 3 60 %, für KRK 4 20 % und für KRK 5 5 %. Für Kriterien der KRK 6 wurde das gänzliche Fehlen einer Realisierungswahrscheinlichkeit angenommen – davon betroffene Flächen stehen für eine Windenergienutzung nicht zur Verfügung.

284 Die **Flächenpotenzialstudie gibt keine bestimmte Flächenauswahl oder -abgrenzung vor** und **ersetzt keine regionale Planungskonzeption**. Eine Auseinandersetzung mit planungsraumspezifischen Gegebenheiten erfolgte nicht. Im Rahmen seiner Flächenauswahl hat der Träger der Regionalplanung daher sowohl die Möglichkeit, Windenergiegebiete auf Flächen festzulegen, die in der Flächenpotenzialstudie aus der Potenzialkulisse herausgerechnet wurden, soweit nicht rechtliche oder faktische Hemmnisse hier entgegenstehen, als auch die Möglichkeit, Flächen nicht als Windenergiegebiete auszuweisen, obwohl die Flächenpotenzialstudie hier eine Realisierungswahrscheinlichkeit angenommen hat (vgl. Erl. 2.1.8 Niedersächsisches Ministerium für Ernährung, Landwirtschaft und Verbraucherschutz, Arbeitshilfe für die Ausweisung von Windenergiegebieten in Regionalen Raumordnungsprogrammen).

5.3.4.2 Ausweisung von Vorranggebieten Windenergienutzung in Vorranggebieten für andere Funktionen und Nutzungen (§ 249 Abs. 5 Satz 1 BauGB i. V. m. § 27 Abs. 4 ROG)

285 Gem. **§ 249 Abs. 5 Satz 1 BauGB** sind die Träger der Regionalplanung bei der Ausweisung von Windenergiegebieten nach § 2 Nr. 1 WindBG **an entgegenstehende Ziele der Raum-**

ordnung oder entgegenstehende Darstellungen in Flächennutzungsplänen nicht gebunden, soweit dies erforderlich ist, um das Teilflächenziel zu erreichen.

Die Ermächtigung gilt in Niedersachsen **nur für Träger der Regionalplanung**. Sie gilt **nicht für die Städte und Gemeinden** als Träger der Bauleitplanung, selbst dann nicht, wenn diese durch Ausweisung von Windenergiegebieten in Flächennutzungs- und Bebauungsplänen die Träger der Regionalplanung bei der Erreichung des Teilflächenziels arbeitsteilig unterstützen wollen. Einzig diejenigen kreisfreien Städte, die in Niedersachsen Träger der Regionalplanung sind, sowie die gleichgestellte Stadt Göttingen dürfen von § 249 Abs. 5 Satz 1 BauGB ebenfalls Gebrauch machen. 286

Grund ist der klare Wortlaut des § 249 Abs. 5 Satz 1 BauGB: die Ermächtigung beschränkt sich auf den *„nach § 3 Absatz 2 Satz 1 Nummer 1 oder Nummer 2 des Windenergieflächenbedarfsgesetzes jeweils zuständigen Planungsträger"*. Dies sind gem. **§ 2 Abs. 1 Satz 1 NWindG** nur die Träger der Regionalplanung. 287

§ 249 Abs. 5 Satz 1 BauGB ermächtigt zur **Überplanung** von Zielen aus sämtlichen vom jeweiligen Träger der Regionalplanung zu beachtenden **Raumordnungsplänen**, also auch zur Überlagerung des Bundes-Raumordnungsplans für den Hochwasserschutz des Bundes und des Landes-Raumordnungsprogramms sowie von Darstellungen aus **Flächennutzungsplänen**. 288

Hierbei handelt es sich um **keine „Pauschal-Berechtigung"**. Die Nichtbeachtung an sich gem. § 4 Abs. 1 ROG zu beachtender Ziele ist nur zulässig und entspricht nur dann einer ordnungsgemäßen Abwägung, **soweit dies „erforderlich ist"**, um das gesetzlich vorgegebene Teilflächenziel zu erreichen. Die Erforderlichkeit ergibt sich aus dem geforderten Teilflächenziel sowie den Gegebenheiten des konkreten Planungsraums. Der Träger der Regionalplanung hat die hinter dem betroffenen Ziel stehenden Belange sowie die Auswirkungen ihrer Nichtbeachtung nachvollziehbar zu bewerten. 289

Den Ausführungen der Arbeitshilfe für die Ausweisung von Windenergiegebieten in Regionalen Raumordnungsprogrammen des Niedersächsischen Ministeriums für Ernährung, Landwirtschaft und Verbraucherschutz (Erl. 3.3) ist zuzustimmen, dass dabei auch **zu berücksichtigen sei, *„welches juristische Gewicht dem jeweiligen Belang zugeschrieben wurde"***. Wird eine Fläche, eine Funktion oder eine Nutzung durch Gesetz (z. B. Nationalpark) durch Rechtsverordnung (z. B. Naturschutzgebiete, Vorranggebiete im LROP) oder Satzung (z. B. gemeindliche Satzungen zu geschützten Landschaftsbestandteilen) geschützt oder ist ihr ein überragendes öffentliches Interesse zugewiesen (vgl. Rn. 198 ff.), ist sie vielfach gewichtiger einzustufen als rechtlich nicht spezifisch geschützte Belange (vgl. auch *Meurers*, UPR 2023 S. 41). 290

Auch die Hinweise (Erl. 3.3) auf die Abwägungsrelevanz der **Flächenpotenzialstudie „WinNiePot"** (vgl. Rn. 281 ff.) sind zutreffend. So führt die Arbeitshilfe richtigerweise aus, dass im Rahmen der „Erforderlichkeit" zu berücksichtigen sei, *„dass etliche gewichtige Belange bereits bei der Ermittlung des Flächenpotentials sowie bei der gesetzlichen Bemessung der Teilflächenziele berücksichtigt wurden und dazu geführt haben, dass etliche Flächen ganz oder anteilig von vornherein überhaupt nicht als Potenzialfläche angenommen wurden. Der Landesgesetzgeber hat damit zum Ausdruck gebracht, dass nach seiner Vorstellung auf diesen herausgerechneten Flächen keine Windenergiegebiete liegen sollen. Die potenzialorientierten Teilflächenziele sollten die Träger der Regionalplanung in die Lage zu versetzen, ausreichend **Flächen für die Windenergienutzung auch ohne Inanspruchnahme der herausgerechneten Flächen ausweisen zu können**. Zu den Flächen, die **von vornherein aus der Potenzialfläche herausgerechnet** wurden, zählen auch die meisten **Vorranggebiete des LROP**. Möchte ein Träger der Regionalplanung Vorranggebiete des LROP mit Windenergiegebieten überlagern, hat er besonders plausibel zu begründen, weshalb die Ausweisung gerade an dieser Stelle erforderlich ist."* 291

§ 249 Abs. 5 Satz 1 BauGB befreit auch nicht von Beschränkungen, die originär nicht auf Zielen der Raumordnung beruhen, sondern sich **aus Fachrecht** ergeben. Bisweilen zeich- 292 nen Ziele der Raumordnung – bspw. zum Schutz von Freiraumnutzungen – nur nochmals nach, was ohnehin durch Fachrecht gilt. Nach der Rechtsprechung ist anerkannt, dass das **Fachrecht dabei einen Vorrang** genießt. **Was nach Fachrecht verboten ist, kann auch durch Ziele der Raumordnung nicht erlaubt werden. Was durch Fachrecht erlaubt ist, kann durch Ziele der Raumordnung nicht verhindert werden** (vgl. § 4 Rn. 14 und § 5 Rn. 4). Selbst wenn die mit Fachrecht korrespondierenden Ziele der Raumordnung über § 249 Abs. 1 Satz 2 BauGB überwindbar wären, könnten die betroffenen Flächen nicht für die Windenergienutzung „freigemacht" werden, weil die maßgeblichen fachrechtlichen Beschränkungen weiterhin einzuhalten wären.

293 Werden Vorranggebiete Windenergienutzung erforderlicherweise auf Flächen ausgewiesen, auf denen das LROP Vorranggebiete für andere Nutzungen festgelegt hat, ist dieser Vorrang auch im Zulassungsverfahren für die Windenergieanlage nicht zu beachten, § 249 Abs. 5 Satz 2 BauGB. Die **LROP-Festlegungen** werden hierdurch nicht aufgehoben, sondern bleiben bestehen und sind auch in anderen Fallkonstellationen **weiterhin anwendbar. Lediglich im Verhältnis zur Windenergienutzung sind sie in ihrer Wirkung suspendiert**.

294 Die **Überlagerung eines LROP-Vorrangs mit einem Vorranggebiet Windenergienutzung** hat für Flächeneigentümer oder Nutzungsberechtigte, die in ihren Nutzungsmöglichkeiten eingeschränkt werden, eine ähnliche Wirkung wie die Aufhebung des Vorrangs durch den Planungsträger selbst. Auch diese vom Gesetzgeber über § 249 Abs. 5 BauGB angelegte Wirkung dürfte als **entschädigungsfreie Inhalts- und Schrankenbestimmung** anzusehen sein (vgl. vor §§ 3–8 Rn. 61 ff.).

295 **Festsetzungen von Bebauungsplänen sind nach dem eindeutigen Wortlaut von der Überlagerungsbefugnis des § 249 Abs. 5 Satz 1 BauGB nicht erfasst** und können auch nicht entsprechend in die Vorschrift hineingelesen werden. Ein Bebauungsplan verleiht Baurechte. Wird die zulässige Nutzung eines Grundstücks aufgehoben oder geändert und tritt dadurch eine nicht nur unwesentliche Wertminderung des Grundstücks ein, kann der Eigentümer gem. § 42 BauGB eine angemessene Entschädigung in Geld verlangen. Würde die Ausweisung von Vorranggebieten Windenergienutzung im RROP auch unmittelbare Auswirkungen auf die Anwendbarkeit von Bebauungsplänen haben dürfen, hätte sich der Gesetzgeber mit den Folgen einer möglichen Entschädigung befassen müssen.

5.3.5 Beachtung rechtlicher Grenzen (vormals: „harte Tabuzonen"); Vollziehbarkeitsprognose

296 Unverändert bestehen bleibt das Erfordernis, **Flächen für die Windenergienutzung nur in solchen Bereichen des Planungsraums auszuweisen, in denen die Windenergienutzung auch vollziehbar** ist (vgl. NdsOVG, Urt. vom 28.12.2022 – 12 KN 101/20 –, WoltersKluwer-online.de WKRS 2022, 50424; NdsOVG, Urt. vom 8.2.2022 – 12 KN 51/20 –, openJur 2022, 5722), s. Rn. 197.

297 Unverzichtbar bleibt daher auch bei der Planung von Vorranggebieten ohne Ausschlusswirkung die planerische Auseinandersetzung mit Bereichen, in denen **tatsächliche oder rechtliche Gründe der Windenergienutzung entgegenstehen** (vormals als **harte Tabuzonen** bezeichnet). Soweit schon auf der Planungsebene erkennbar ist, dass auf bestimmten Flächen eine Genehmigung von Windenergieanlagen nicht möglich sein wird, können diese Flächen nicht als Windenergiegebiete ausgewiesen werden.

298 Nach der Rechtsprechung des NdsOVG besteht dieses **Planungsverbot** nicht nur in Bezug auf **Flächen, auf denen sicher feststeht, dass hier ein hartes Tabu** vorliegt. Auch bei erkennbaren Unsicherheiten über potenzielle Hindernisse darf ein Planungsträger nur solche Flächen ausweisen, auf denen sich die Windenergienutzung vermutlich wird durchsetzen können; ihn trifft insofern eine Befassungs- und Untersuchungspflicht. Bei verbleibenden **Zweifeln oder Unaufklärbarkeit ist von der Flächenausweisung abzusehen** (NdsOVG

Urt. vom 28.12.2022 – 12 KN 101/20 –, WoltersKluwer-online.de WKRS 2022, 50424; NdsOVG, Urt. vom 8.2.2022 – 12 KN 51/20 –, openJur 2022, 5722).

Rechtliche Verbote ergeben sich aus einer Vielzahl von Fachvorschriften, bspw. aus Abstandsvorschriften, Bauverboten (z. B. in Überschwemmungsgebieten) oder gebietsbezogenen Nutzungsregelungen (z. B. aus dem Naturschutzrecht oder aus Restriktionen einer Fachplanung). **299**

Besondere Bedeutung bei der Ausweisung von Windenergiegebieten haben in vielen niedersächsischen Teilräumen ferner **luftverkehrliche – und dabei insbesondere militärische – Belange** wie bspw. **Hubschraubertiefflugstrecken**, **Jetflugstrecken** oder sog. **Mindestführhöhen/Kursführungsmindesthöhen (Minimum Vectoring Altitudes – MVA)**. Für die Prognose, ob auf beabsichtigten Flächen eine Windenergienutzung realisierbar ist, kommt der **Stellungnahme des Bundesamts für Infrastruktur, Umweltschutz und Dienstleistungen der Bundeswehr (BAIUDBw)** maßgebliche Bedeutung zu. Die Rechtsprechung erkennt an, dass bei einer ablehnenden Stellungnahme des BAIUDBw von einer harten Tabuzone bzw. einem **Planungsverbot** auszugehen ist und das Nichteinholen bzw. Missachten einer solchen Stellungnahme einen schwerwiegenden Planungsfehler darstellt (vgl. NdsOVG Urt. vom 8.2.2022 – 12 KN 51/20 –, openJur 2022, 5722). Können Windenergieanlagen nur mit einer begrenzten Anlagenhöhe zugelassen werden (z. B. in Bereichen, in denen die Hindernisfreiheit von Kursführungsmindesthöhen (MVA) zu gewährleisten ist), ist dies bei der Ausweisung von Vorranggebieten für Windenergie entsprechend zu beachten (zur Planung mit einer Referenzanlage näher Rn. 301 ff.). **300**

5.3.6 Referenzanlage

In Bezug auf bestimmte Nutzungen und Belange lässt sich ihre Vereinbarkeit mit der Windenergienutzung **abstrakt** beantworten (z. B. Rohstoffgewinnung), ohne dass es auf einen konkreten Anlagetyp oder eine konkrete Windparkkonfiguration ankäme. **301**

In Bezug auf andere Belange (z. B. flugsicherheitsbedingte Höhenrestriktionen, Siedlungsabstände, Rotor-out-Bereiche) ist die voraussichtliche **Realisierbarkeit von Windenergieanlagen von dem Rotordurchmesser oder der Höhe der Windenergieanlage** abhängig. Diese Angaben sind zum Zeitpunkt der Regionalplanung in aller Regel noch nicht bekannt. Die Rechtsprechung stellt einen Träger der Regionalplanung dennoch nicht vom Erfordernis der Vollziehbarkeitsprüfung frei. „*Für den Zuschnitt und die Grenzziehung der Vorranggebiete ist [...] von Bedeutung, ob innerhalb des jeweiligen Vorranggebiets nur der Turm, nicht aber mehr der überwiegende Teil der Rotoren Platz finden soll oder sich auch die Rotoren innerhalb des Gebiets befinden müssen (Rotor ‚out' oder ‚in').*" [...] Rotoren dürfen „*zumindest nicht in die Bereiche hineinreichen, in denen dies aus Rechtsgründen gerade ausgeschlossen ist, d. h. etwa in Tieffluggebiete oder in harte Tabuzonen zum Schutz von Vögeln bzw. der Landschaft oder von (Flugsicherungs- bzw. Mobilfunk-)Anlagen*" (NdsOVG, Urt. vom 8.2.2022 – 12 KN 51/20 –, openJur 2022, 5722). **302**

Die Rechtsprechung erkennt in solchen Fallkonstellationen an, dass die **Prüfung von harten Tabukriterien bzw. die Vollziehbarkeitsprognose** des Plans allein auf der Grundlage und in Bezug auf eine sog. **Muster- oder Referenzanlage** vorzunehmen ist. Bei einem Raumordnungsplan handelt es sich „*um eine überörtliche rahmensetzende Planung, der die kommunale Bauleitplanung oder die immissionsschutzrechtliche Anlagenzulassung nicht vorwegnimmt. Angesichts dessen ist der Plangeber nicht gehalten, konkretere Vorgaben zu den WEA zu machen, sondern kann sich darauf beschränken, eine ‚Referenzanlage' in den Blick zu nehmen und die privaten Belange ausgehend von diesem Szenario in einer pauschalen, typisierenden Art und Weise in die Betrachtung einzubeziehen. Die Feinsteuerung, d. h. die Festsetzung der konkreten Standorte sowie der Höhe der Anlagen, Regelungen zu dem konkreten Betrieb, wie etwa Abschaltzeiten wegen Lärms zur Einhaltung der Nachtwerte und Schattenwurfs etc., darf dagegen – wie dargelegt – späteren Planungsebenen oder dem immissionsschutzrechtlichen Genehmigungsverfahren vorbehalten bleiben. Dort ist dann nach Kenntnis der Anzahl der Anlagen, des Anlagentyps sowie der* **303** *konkreten Standorte zu prüfen, ob von dem konkreten Vorhaben letztlich eine subjektive Betroffenheit des Antragstellers ausgeht"* (NdsOVG, Urt. vom 6.4.2017 – 12 KN 6/16 –, WolterKluwer.online.de WKRS 2017, 54240; openJur 2020, 10039). Scheint die **Referenzanlage** mit militärischen Belangen, mit Siedlungsabständen, mit Bauverbotszonen, mit harten Tabuzonen zum Schutz von Vögeln oder der Landschaft oder anderen zwingenden Erfordernissen in Einklang zu stehen bzw. – z. B. durch Nebenbestimmungen, artenschutzrechtliche Minderungsmaßnahmen oder Geldzahlungen im Zuge des BImSch-Verfahrens – **in Einklang** zu bringen zu sein, **dürfen die Windenergiegebiete planerisch ausgewiesen werden**. Darauf, dass im späteren **BImSchG-Verfahren auch andere Anlagentypen beantragt werden können, kommt es im Rahmen der Planung nicht an**.

304 Gesetzlich ist **keine konkrete Referenzanlage vorgegeben**, ihre Konfiguration unterfällt der **Planungshoheit** des jeweiligen Planungsträgers, der Rotordurchmesser und Nabenhöhe/Gesamthöhe selbst zu bestimmen hat. Die Rechtsprechung fordert lediglich eine **wirtschaftliche Anlage**, deren Errichtung während der Geltungsdauer des Regionalplans bei verständiger Würdigung der technischen Entwicklung und des Energiemarktes zu erwarten ist, unter Berücksichtigung der räumlichen Voraussetzungen des jeweiligen Planungsraums (vgl. NdsOVG, Urt. vom 6.4.2017 – 12 KN 6/16 –, WoltersKluwer-online.de WKRS 2017, 54240; openJur 2020, 10039). Bei der Bemessung der Referenzanlage ist zu berücksichtigen, dass Windenergieanlagen zunehmend größer werden. Bei der Wahl einer zu kleinen Referenzanlage besteht – insbesondere bei kleinen Vorranggebieten oder schmalen Gebietszuschnitten – die Gefahr, dass markübliche größere Anlage nicht genehmigungsfähig sind und der Vorwurf einer (abwägungsfehlerhaften) **Verhinderungsplanung** erhoben wird. Umgekehrt gilt: Je höher Anlagen sind, desto höher sind auch ihre **Flächenbedarfe**, Abstands- und Pufferzonen. Die Wahl einer großen Referenzanlage birgt die Gefahr, dass von vornherein Flächen aus der Potenzialkulisse ausgeschieden werden, die für marktübliche kleinere Anlagen gut genutzt werden könnten – mit der Folge, dass die Erreichung des Teilflächenziels erheblich erschwert wird. Die Arbeitshilfe für die Ausweisung von Windenergiegebieten in Regionalen Raumordnungsprogrammen des Niedersächsischen Ministeriums für Ernährung, Landwirtschaft und Verbraucherschutz Erl. 2.2.2 empfiehlt, bspw. auf die durchschnittliche Konfiguration zugebauter Anlagen (Leistung, Rotordurchmesser, Nabenhöhe) oder darauf abzustellen, welche Anlagentypen zum Zeitpunkt der planerischen Abwägung am häufigsten errichtet wurden. Über das Marktstammdatenregister lassen sich entsprechende Angaben abfragen. Im Jahr 2023 hätte die Gesamtanlagenhöhe der Windenergieanlagen durchschnittlich 224 m, die Nabenhöhe durchschnittlich 151 m und der Rotordurchmesser durchschnittlich 146 m betragen.

305 Die **Referenzanlage ist jedenfalls der Höhe nach konkret und nicht nur innerhalb eines Korridors** (*„Gesamthöhe: 145 bis 200 m"*) **zu bestimmen** (NdsOVG Urt. vom 5.3.2019 – 12 KN 202/17 –, openJur 2020, 10860). Bei der Bemessung des Rotordurchmessers empfiehlt sich – insbesondere i. S. einer bestmöglichen Anrechenbarkeit von Flächen auf das Teilflächenziel –, eine Orientierung an § 4 Abs. 3 des WindBG und dem dort angenommenen Rotordurchmesser von 75 m. Zwingend ist dies jedoch nicht.

306 Häufig wird der Planung für den gesamten Planungsraum **eine einheitliche Referenzanlage** zugrundegelegt. Wegen der rechtlichen Selbstständigkeit und Unabhängigkeit der Vorranggebiete voneinander kann bei sachgerechten **Unterscheidungsmerkmalen** bestimmten Vorranggebieten jedoch auch eine andere Referenzanlage als anderen Vorranggebieten zugrundegelegt werden. Entscheidend ist, dass pro Windenergiegebiet eine Referenzanlage mit konkreten Maßen angegeben wird. Die Planung mit **verschiedenen Referenzanlagen** kann geboten sein, wenn Flächen – insbesondere wegen Höhenbeschränkungen – ansonsten überhaupt nicht als Windenergiegebiete ausgewiesen oder auf das Teilflächenziel angerechnet werden könnten.

307 Der in der Arbeitshilfe für die Ausweisung von Windenergiegebieten in Regionalen Raumordnungsprogrammen des Niedersächsischen Ministeriums für Ernährung, Landwirtschaft und Verbraucherschutz Erl. 2.1.5 vertretenen Auffassung, dass die **Betroffenheit von Tei-**

len des Planungsraums durch Kursführungsmindesthöhen (MVA) ein sachgerechtes Unterscheidungskriterium darstellt, ist zuzustimmen, insbesondere vor dem energiepolitischen Hintergrund, dass diese für die Windenergie im übrigen gut geeigneten Flächen einer Windenergienutzung ansonsten entzogen würden und stattdessen Flächen in Anspruch genommen würden, die besser für andere Nutzungen zur Verfügung stehen sollten.

Genügt eine Referenzanlage bzw. eine auf Basis dieser Referenzanlage angenommene hypothetische Windparkkonstellation bspw. den erforderlichen **Siedlungabständen** oder ragen bei einer hypothetisch auf der Grenze des beabsichtigten Vorrangebietes stehenden Anlage die Referenz-Rotorblätter nicht in einen **Hubschrauber-Tiefflugkorridor** hinein, **kann die Fläche als vollziehbar angesehen werden und – ohne weitere planerische Restriktionen oder Vorgaben – als Vorranggebiet für die Windenergienutzung ausgewiesen werden.** 308

5.3.7 Planerische Bestimmungen zur Höhe von Windenergieanlagen

Flächen, die durch **Kursführungsmindesthöhen (MVA)** betroffen sind, sind durch einen strikten **„gläsernen Deckel"** geprägt; hier sind Windenergieanlagen nur genehmigungsfähig, wenn sie nicht in den darüberliegenden freizuhaltenden Luftraum hineinreichen. Diese Flächen sind nur vollziehbar (und können als Vorranggebiete für die Windenergienutzung ausgewiesen werden), wenn **sichergestellt ist, dass die Referenzanlage „unter die MVA" passt** und den durch die Kursführungsmindesthöhe gebildeten „gläsernen Deckel" nicht durchstößt. 309

Auch im Zusammenhang mit einzuhaltenden Abständen oder Regeln **„zur Seite"**, die an die Gesamthöhe einer Windenergieanlage anknüpfen (beispielsweise der **„2-H-Siedlungsabstand"** nach § 249 Abs. 10 BauGB), ist die Anlagenhöhe bereits auf der Planungsebene von Bedeutung. 310

Soweit die Referenzanlage mit Höhenrestriktionen vereinbar ist (weil sie klein genug und dennoch marktüblich und wirtschaftlich betreibbar ist), kann die **Fläche ohne Höhenbestimmung ausgewiesen und auf das Teilflächenziel angerechnet** werden. 311

Soweit nur Anlagen mit einer Höhe kleiner als die Gesamthöhe der Referenzanlage im immissionsschutzrechtlichen Zulassungsverfahren genehmigt werden könnten, hat der Planungsträger die **Optionen**, 312

- mangels Realisierbarkeit der Referenzanlage auf die Flächenausweisung zu **verzichten** oder
- die Ausweisung der betroffenen Flächen mit einer regionalplanerischen **Bestimmung zur maximalen Höhe** von Anlagen zu versehen; diese Höhenbeschränkungen würde jedoch dazu führen, dass die betroffenen Flächen nicht auf das zu erreichende Teilflächenziel angerechnet werden dürften (§ 4 Abs. 1 Satz 3 WindBG, vgl. auch Rn. 313 ff. nachfolgend und § 5 Rn. 144 zur Anrechenbarkeitsprüfung bei der RROP-Genehmigung) oder
- allen Flächen eine **niedrigere Referenzanlage** zugrunde zu legen, die ebenfalls noch den o. g. Anforderungen an Markúblichkeit und wirtschaftliche Betreibbarkeit genügt, oder
- den betroffenen Flächen eine **niedrigere Referenzanlage** als den nicht-betroffenen Flächen zugrunde zu legen, die ebenfalls noch den o. g. Anforderungen an Markúblichkeit und wirtschaftliche Betreibbarkeit genügt, und in der RROP-Begründung die Gründe für die „Ungleichbehandlung" darzulegen

(so zutreffend auch die Arbeitshilfe für die Ausweisung von Windenergiegebieten in Regionalen Raumordnungsprogrammen des Niedersächsischen Ministeriums für Ernährung, Landwirtschaft und Verbraucherschutz Erl. 2.1.5).

313 Die Festlegung von Vorranggebieten mit regionalplanerischen **Bestimmungen zur Höhe von Windenergieanlagen** ist planungsrechtlich auch weiterhin **zulässig**. Dass Flächen nach Maßgabe des § 4 Abs 1. Satz 3 WindBG nicht auf das Teilflächenziel angerechnet werden dürfen, wenn diesbezügliche Höhenbestimmungen nach dem 1.2.2023 ausgewiesen wurden, ist eine reine Frage des Energiewirtschaftsrechts; sie schränkt das Planungsrecht nicht ein.

314 Bestimmungen zur Höhe (und damit für die Frage der Anrechenbarkeit relevant) sind nach dem eindeutigen – weil nicht näher differenzierenden – Wortlaut des § 4 Abs. 1 Satz 3 WindBG nicht nur **Maximalhöhen**, sondern auch **Mindesthöhen**. Auch Maximalhöhen, die weit oberhalb der Höhen marktüblicher Windenergieanlagen liegen (z. B. 500 m), wären erfasst.

315 Verbindliche Bestimmungen zur Anlagenhöhe schließen im **Zulassungsverfahren** jede Anlage aus, die diesen Bestimmungen nicht entspricht – und sei es auch nur eine Abweichung um wenige Meter. Diesem Umstand ist im Rahmen der Abwägung über die Ausgestaltung einer Höhenbestimmung Rechnung zu tragen.

5.3.8 Hineinplanen in die Ausnahme oder Befreiungslage; überragendes öffentliches Interesse und § 2 EEG

316 Weiterhin möglich ist die sog. Praxis des „Hineinplanens in eine Ausnahme oder Befreiungslage". Es geht um Fallkonstellationen, in denen eine Rechtsvorschrift die BImSchG-Genehmigung von Windenergieanlagen regelhaft zwar verbietet, allerdings für bestimmte Fallkonstellationen die Möglichkeit einer Ausnahme, Befreiung oder einer anderweitigen Ermessens- oder Bewertungsentscheidung eröffnet. Betroffene Flächen dürfen als Windenergiegebiete ausgewiesen werden, wenn eine **BImSchG-Genehmigung zumindest im Wege einer solchen Ausnahme, Befreiung oder Einzelfallbewertung möglich erscheint**, denn auch dann wäre der Regionalplan vollziehbar.

317 Ein Träger der Regionalplanung darf auch berücksichtigen, ob **§ 2 EEG** mit seiner gesetzlichen Wertung, dass der Ausbau erneuerbarer Energien im **„überragenden öffentlichen Interesse"** liegt, voraussichtlich dazu führen wird, dass solche Ausnahmen, Befreiungen oder Einzelfallentscheidungen künftig häufiger zugunsten der Windenergienutzung ausfallen werden und bestimmte Hemmnisse im BImSchG-Verfahren so leichter überwunden werden können. § 2 EEG und andere Regelungen, die ein überragendes öffentliches Interesse bestimmen, **vergrößern** damit indirekt die zur Verfügung stehende **Potenzialfläche** und erleichtern die Flächenfindung für eine Windenergienutzung (vgl. auch Rn. 198 ff.).

5.3.9 Rotor-innerhalb oder Rotor-außerhalb

318 Der Planung muss zu entnehmen sein, ob es sich um eine **„Rotor-innerhalb"- Konzeption oder eine „Rotor-außerhalb"-Konzeption** handelt. Rotor-innerhalb-Flächen sind in § 2 Nr. 2 WindBG gesetzlich definiert als Flächen, die in einem Raumordnungsplan ausgewiesen wurden, der bestimmt, dass die Rotorblätter von Windenergieanlagen innerhalb der ausgewiesenen Fläche liegen müssen.

319 Für die Erfüllung des Teilflächenziels ist zu beachten, dass die Teilflächenziele auf einer Rotor-außerhalb-Annahme beruhen. Bei einer **Rotor-innerhalb-Planung** ist ein sich aus § 4 WindBG ergebender **Flächenaufschlag** vorzunehmen, um die volle Anrechenbarkeit auf das Teilflächenziel zu erreichen.

320 Da bei einer **Rotor-außerhalb-Planung** die von den Rotorblättern überstrichenen Flächen auch außerhalb der Windenergiegebietsgrenze liegen können, muss sichergestellt sein, dass dies mit eventuell **in diesen angrenzenden Bereichen geltenden rechtlichen Vorschriften vereinbar** ist. Nicht nötig und auch nicht „erforderlich" i. S. des § 249 Abs. 5 Satz 1 BauGB wäre es, einen Puffer in der Länge des Rotorblattes der Referenzanlage pauschal um sämtliche Windenergiegebiete zu legen. Ob und inwieweit ein Rotorblatt den

Luftraum einer benachbarten Fläche überstreichen darf, hängt von Funktion, Nutzung und Schutzzweck der benachbarten Fläche ab.

Ein Träger der Regionalplanung darf die Rotoren grds. auch über die Kreisgrenzen hinaus planen. Im Geltungsbereich eines benachbarten RROP kann sich die Planung allerdings nur dann durchsetzen, wenn sie mit dessen Zielen vereinbar ist (§ 4 Abs. 1 Satz 1 Nr. 1 ROG). Die Darstellungen eines Flächennutzungsplans sind zwar über § 35 Abs. 3 Satz 2 BauGB grundsätzlich abwägbar, allerdings hat der Umstand, dass es sich um keine kreisangehörige Stadt oder Gemeinde handelt, in der Abwägung ein hohes Gewicht und wird in der Regel dazu führen, dass nur dann eine Rotor-außerhalb-Planung abwägungsfehlerfrei ist, wenn sie mit der angrenzenden Nutzung vereinbar ist (insbesondere, wenn benachbart ebenfalls Windenergienutzung vorgesehen ist). 321

5.3.10 Übernahme von Flächen aus der Bauleitplanung

Möchte ein Träger der Regionalplanung **Flächen aus gemeindlichen Flächennutzungsplänen oder Bebauungsplänen als Vorranggebiete für die Windenergienutzung ausweisen**, ist dies **nicht ungeprüft** möglich, sondern nur im Rahmen einer eigenen, ordnungsgemäßen **Abwägung** (OVG SH, Urt. vom 20.1.2025 – 1 KN 6/13 –, openJur 2015,7334). Insbesondere sind regionalplanerische Überlegungen erforderlich, wenn der Bauleitplanung eine „Rotor-innerhalb“-Konzeption zugrunde liegt, der Träger der Regionalplanung aber eine „Rotor-außerhalb“-Planung vornimmt, oder wenn sich die Referenzanlagen der Bauleitplanung und der Regionalplanung unterscheiden. 322

5.3.11 Beschleunigungsgebiete für die Windenergie i. S. des § 28 ROG

5.3.11.1 Hintergrund

Die RED III-Richtlinie (EU) 2023/2413 verlangt von den Mitgliedstaaten die Einführung weiterer **Sonderregelungen für die Windenergienutzung an Land**. Gem. Art. 15c der **Richtlinie** sind in Raumordnungsplänen sog. **Beschleunigungsgebiete** auszuweisen und damit zusammenhängende Regelungen zu treffen. In Beschleunigungsgebieten werden Windenergie-Vorhaben in einem vereinfachten und beschleunigten Verfahren unter den besonderen Erleichterungen und Vorgaben des Art. 16a der Richtlinie bzw. den diesbezüglichen nationalen Umsetzungsvorschriften zugelassen, dies betrifft insbesondere Erleichterungen bei der Umwelt- und Artenschutzprüfung. 323

Quantitative oder zeitliche Vorgaben oder fachspezifische Sanktionen für den Fall der Nicht-Erfüllung dieser Pflichten sind, anders als in § 249 Abs. 7 BauGB, dabei nicht vorgesehen.

Europäische Richtlinien richten sich, anders als unmittelbar anzuwendende EU-Verordnungen, nur an die gesetzgeberische Ebene der Mitgliedstaaten. Sie haben für Behörden grds. **keine unmittelbare Geltung**, sondern sind in nationales Recht umzusetzen; in aller Regel ist nur dieses bei der späteren Rechtsanwendung zu beachten. 324

Bereits der **Entwurf eines Gesetzes zur Umsetzung der Richtlinie (EU) 2023/2413 in den Bereichen Windenergie an Land und Solarenergie sowie für Energiespeicheranlagen am selben Standort** (vgl. BR-Drs. 396/24) sollte mit § 28 ROG **Umsetzungsregelungen für die Ausweisung von Beschleunigungsgebieten – Wind –** in der Regionalplanung einführen. 325

Infolge des Bruchs der Berliner Ampelkoalition im November 2024 fiel der Gesetzentwurf der sog. Diskontinuität zum Opfer. Das Gesetzgebungsverfahren musste in der neuen Legislaturperiode neu gestartet werden.

Das **Gesetz zur Umsetzung von Vorgaben der Richtlinie (EU) 2023/2413 für Zulassungsverfahren nach dem Bundes-Immissionsschutzgesetz und dem Wasserhaushaltsgesetz sowie für Planverfahren nach dem Baugesetzbuch und dem Raumordnungsgesetz, zur Änderung des Bundeswasserstraßengesetzes und zur Änderung des Windenergieflächenbedarfsgesetzes vom 11.8.2025** entspricht in Bezug auf Regelungen zur Windenergie im BauGB und ROG weitgehend der Vorgängerversion. Zur Auslegung der Vorschriften können neben den Unterlagen aus dem diesbezüglichen Gesetzgebungsverfahren (BT-Drs. 21/568, BT-Drs. 21/797, BR-Drs. 329/25) daher auch Unterlagen aus der 20. Wahlperiode herangezogen werden.

326 Sowohl die Planungscharakteristik als auch der mit der Ausweisung von Beschleunigungsgebieten einhergehende Vorbereitungs- und Planungsaufwand unterscheidet sich in einigen Aspekten deutlich von demjenigen einer „normalen" Vorranggebietsplanung.

5.3.11.2 Flächenauswahl; Gebietskulisse; Planung sui generis

327 Welche **Gebietskulisse für die Ausweisung von Beschleunigungsgebieten** in Betracht kommt **und welche weiteren Anforderungen einzuhalten sind**, ergibt sich aus der nationalen Umsetzungsgesetzgebung in § 28 Abs. 2 ROG.

Eine nähere Befassung insbesondere mit den in Art. 15c Abs. 1 Unterabs. 1 Buchst. 1i) der in der RED III beschriebenen **Gebietscharakteristika** *„vorranggig künstliche und versiegelte Fläche wie Dächer und Fassaden von Gebäuden, Verkehrsinfrastrukturflächen und ihre unmittelbare Umgebung, Parkplätze, landwirtschaftliche Betriebe, Abfalldeponien, Industriestandorte, Bergwerke, künstliche Binnengewässer, Seen oder Reservoirs und unter Umständen kommunale Abwasserbehandlungsanlagen sowie vorbelastete Flächen, die nicht für die Landwirtschaft genutzt werden können"* ist bei der Ausweisung der Beschleunigungsgebiete grds. nicht erforderlich. Der Rückgriff auf Rechtsvorschriften einer europäischen Richtlinie ist nach allgemein anerkannten Maßstäben einer europarechtskonformen Rechtsanwendung nur dann angezeigt, wenn Zweifel an der Europarechtskonformität der nationalen Umsetzungsvorschriften bestehen.

328 § 28 Abs. 2 Satz 2 ROG bestimmt, dass **grds. alle Vorranggebiete** für die Windenergienutzung **als Beschleunigungsgebiete festzulegen** sind.

Der Bundesgesetzgeber ging dabei davon aus (vgl. Gesetzesbegründung BR-Drs. 396/24 S. 84 f.), dass diese Gebietscharakteristika bereits – über die **richtlinienkonforme Auslegung der gesetzlichen Grundsätze des § 2 ROG – bei der Ausweisung von Vorranggebieten** Berücksichtigung finden.

Allerdings kann daraus nicht geschlussfolgert werden, dass Vorranggebiete für die Windenergienutzung überwiegend oder ausschließlich auf vorbelasteten Flächen im europarechtlichen Sinne ausgewiesen werden. Im Gegenteil: Angesichts der **Knappheit solcher Flächen in Niedersachsen**, auf denen aufgrund von Versiegelung, Vorbelastung oder anderen Umständen davon auszugehen ist, dass durch die Windenergienutzung keine erheblichen Umweltauswirkungen entstehen werden, werden in den meisten regionalen Planungsräumen Vorranggebiete für die Windenergienutzung vielmehr **in erheblichem Umfang auf nicht-vorbelasteten Flächen ausgewiesen**, um überhaupt das Teilflächenziel nach dem NWindG erfüllen zu können.

329 **Ausgenommen** sind jedoch solche Vorranggebiete, die in Gebieten i. S. des § 28 Abs. 2 Satz 1 Nr. 1 oder Nr. 2 liegen, also

- **Natura-2000-Gebiete, Naturschutzgebiete, Nationalparks sowie Kern- oder Pflegezonen von Biosphärenreservaten im Sinne des Bundesnaturschutzgesetzes** sowie
- Gebiete mit bedeutenden Vorkommen mindestens einer durch den Ausbau der Windenergie betroffenenen europäischen Vogelart oder streng geschützten Art (sog. **„sensible Gebiete"**), näher dazu Rn. 332 ff.

Damit **unterscheidet das europäische Recht zwei Kategorien von Gebieten**:

- **„europäische Tabuzonen"** in Natura-2000-Gebieten, Naturschutzgebieten, Nationalparks, in Kern- oder Pflegezonen von Biosphärenreservaten sowie sensible Gebiete, in denen keine Beschleunigungsgebiete für Windenergie ausgewiesen werden dürfen, und

- **Bereiche, die als Beschleunigungsgebiete ausgewiesen werden dürfen und in denen unter Einhaltung von Minderungsmaßnahmen** (in weitem Sinne) **oder Zahlungen in Artenhilfsprogrammen Windenergieanlagen vereinfacht zugelassen werden können.**

Flächenauswahl, Lage und Zuschnitt der Beschleunigungsgebiete werden damit durch Gesetz vorgegeben. Eine **auf Planungskriterien beruhende „freie" Flächenauswahl und Abwägung findet nicht statt**. Die Gesetzesbegründung stellt daher zu Recht klar, dass es sich bei der Ausweisung von Beschleunigungsgebieten nicht um eine „Planung" im herkömmlichen Sinne, und nicht um Planinhalte in Gestalt von Zielen und Grundsätzen der Raumordnung, sondern um um einen **„planerischen Akt sui generis"** handelt. In Bezug auf die **Gebietskulisse** besteht die „Leistung" der Planungsbehörde darin, auf Grundlage naturschutzfachlicher Daten herauszuarbeiten, ob und welche Bereiche eines Vorranggebietes in ausgeschlossenen Bereichen nach § 28 Abs. 2 Satz 1 Nr. 1 oder Nr. 2 ROG-E liegen, und die Beschleunigungsgebiete dementsprechend kleiner abzugrenzen, eine textliche Festlegung zu formulieren und/oder in der zeichnerischen Darstellung ein zusätzliches Planzeichen bzw. eine Kennzeichnung hinzuzufügen sowie eine Begründung zu formulieren (in der auf die „Kriteriengleichheit" mit Vorranggebieten hinzuweisen sein wird). 330

Ein weiterer Arbeitsschritt liegt darin, **Regeln für Minderungsmaßnahmen** zu formulieren (dazu näher Rn. 351 ff.). Auch hierbei ist das Ausmaß der eigenen „planerischen Leistung" begrenzt. In der Sache geht es um die Verankerung naturschutzfachlicher Maßnahmentypen der Naturschutzbehörden in einem Regionalplan. 331

5.3.11.3 Ausgeschlossene Flächen (§ 28 Abs. 2 Satz 1 Nr. 1 und 2 ROG)

Mit den in den § 28 Abs. 2 Satz 1 Nrn. 1 und 2 ROG-E genannten Gebietskategorien 332

- Natura-2000-Gebiete, Naturschutzgebiete, Nationalparks sowie Kern- oder Pflegezonen von Biosphärenreservaten i. S. des Bundesnaturschutzgesetzes sowie
- Gebiete mit bedeutenden Vorkommen mindestens einer durch den Ausbau der Windenergie betroffenenen europäischen Vogelart oder streng geschützten Art (sog. „sensible Gebiete")

konkretisiert der Bundesgesetzgeber, was er unter Gebieten i. S. des Art. 15c Abs. 1 Buchst. a der RED III versteht *„in denen in Anbetracht der Besonderheiten des ausgewählten Gebiets die Nutzung einer bestimmten Art oder bestimmter Arten erneuerbarer Energien voraussichtlich* ***keine erheblichen Umweltauswirkungen*** *hat"*.

Dabei geht der Bundesgesetzgeber davon aus, dass **„erhebliche Umweltauswirkungen" i. S. des Art. 15c der RED III andere sind also solche i. S. der Strategischen Umweltprüfung** nach § 8 ROG. Der Begriff sei enger zu verstehen, es gehe nur um Auswirkungen auf die Erhaltungsziele nach § 7 Abs. 1 Nr. 9 BNatSchG, auf besonders geschützte Arten nach § 7 Abs. 2 Nr. 13 BNatSchG und auf die Bewirtschaftungsziele des WHG. Demzufolge ist der **Katalog der „europarechtlichen Tabu-Gebiete", auf denen keine Beschleunigungsgebiete ausgewiesen werden dürfen, in § 28 Abs. 2 Satz 1 Nrn. 1 und 2 abschließend**. 333

5.3.11.3.1 Natura-2000-Gebiete, Naturschutzgebiete, Nationalparks sowie Kern- oder Pflegezonen von Biosphärenreservaten

Die als Nummer 1 genannte Kategorie betrifft Natura-2000-Gebiete und Gebiete, die im Rahmen nationaler Programme zum Schutz der Natur und der biologischen Vielfalt ausgewiesen sind. Beschleunigungsgebiete dürfen **nicht in Natura-2000-Gebieten, Naturschutzgebieten, Nationalparks sowie Kern- oder Pflegezonen von Biosphärenreservaten** i. S. des BNatschGausgewiesen werden. Die Aussonderung von Flächen aus der Vorranggebietskulisse ergibt sich aus den naturschutzrechtlichen Gebietsabgrenzungen. Liegen Vorranggebiete nicht vollflächig in den benannten Gebieten, sondern überlagern diese nur teilweise, ist nur derjenige **Anteil** des Vorranggebietes als Beschleunigungsgebiet auszuweisen, der außerhalb liegt. 334

5.3.11.3.2 Sensible Gebiete

335 Nach Nummer 2 sind sog **„sensible Gebiete" mit für das Gebiet des betreffenden Bundeslandes bedeutenden Vorkommen mindestens einer durch den Ausbau der Windenergie betroffenen europäischen Vogelart** oder **streng geschützten Art nach § 7 Abs. 2 Nr. 12 oder 14 BNatschG**auszuschließen. Bei diesen Gebieten handelt es sich um hinreichend klar durch die Planungsträger zu identifizierende, ökologisch hochwertige oder empfindliche Gebiete in dem jeweiligen Bundesland, die – aufgrund der unionsrechtlichen Vorgabe des Art. 15c Absatz 1 Unterabs. 1 Satz 3 Buchst. a Punkt ii der geänderten Richtlinie (EU) 2018/2001 – **zwingend von der Kulisse potentieller Beschleunigungsgebiete auszunehmen** sind (vgl. zu dieser Deutlichkeit BR-Drs. 21/797 S. 60).

336 Ausweislich der Gesetzesbegründung handelt es sich **bspw. um Dichtezentren, Schwerpunktvorkommen, Brut- und Rastgebiete, Kolonien und sonstige Ansammlungen** betroffener Arten (vgl. BR-Drs. 21/797 S. 61).

337 Die landesweite **Bedeutung** *„kann sich insbesondere aus Vorkommen lebensraumtypischer Arten in großen Beständen, dem Gefährdungsgrad einer Art, der Verantwortlichkeit für die Art oder auch einer übergeordneten genetischen Bedeutung von lokalen Vorkommen"* ergeben (vgl. BR-Drs. 21/797 S. 61).

338 Eine **Betroffenheit** der genannten Arten liegt nach Satz 3 dann vor, *„wenn auf Grund des geplanten Ausbaus der Windenergie die Verwirklichung eines Zugriffsverbots gemäß 3 44 Absatz 1 Nummer 1 bis 3 des Bundesnaturschutzgesetzes zu erwarten ist. Dieses kann eine Kollisionsgefährdung oder ein erhebliches Störungspotenzial sein, beispielsweise auf Flächen in der Nähe von essentiellen Nahrungshabitaten oder Flugkorridoren einschließlich der Rastplätze. Das Konfliktpotential kann zudem in einer Beschädigung oder vollständigen Entwertung von Lebensstätten liegen"* (vgl. BR-Drs. 21/797 S. 61).

339 Sensible Gebiete nach Nummer 2 sind, anders als Gebiete nach Nummer 1, noch nicht förmlich zum Schutz der Natur und der biologischen Vielfalt ausgewiesen, sondern auf Grundlage von Daten zu bekannten Artvorkommen oder zu besonders geeigneten Lebensräumen **vom jeweiligen Planungsträger zu ermitteln**. Für die Ermittlung dieser Gebiete haben die Planungsträger einen naturschutzfachlichen Beurteilungsspielraum.

Vorhandene, für die planerische Ausweisung von Windenergiegebieten erstellte Konzepte, etwa zur Identifizierung von Schwerpunkträumen und Dichtezentren, können berücksichtigt werden.

340 Praktisch problematisch ist die Umsetzung dieser Ausnahmen, wenn **kein ausreichender oder kein ausreichend aktueller Datenbestand zur Ermittlung sensibler Gebiete** vorhanden ist.

341 Zur Formulierung in § 28 Abs. 2 Satz 1 Nr. 2 ROG, wonach bei der Ermittlung sensibler Gebiete auf „vorhandene Daten" Bezug genommen werden darf, stellt die Begründung klar, dass nur qualitativ ausreichende Daten als vorhanden gelten. Die Gesetzesbegründung nennt beispielhaft solche, die von ehrenamtlich tätigen Naturschutzorganisationen stammen und nur dann qualitativ ausreichend sind, wenn sie mit Daten aus Planungs- und Genehmigungsverfahren oder solchen in behördlichen Datenbanken oder Katastern vergleichbar sind. Daneben gilt unberührt die allgemeingültige naturschutzfachliche Annahme, dass nach fünf Jahren nicht mehr automatisch von einer ausreichenden Aktualität ausgegangen werden kann.

342 Hingegen weist die Gesetzesbegründung ausdrücklich darauf hin, dass Daten als **nicht vorhanden** gelten, wenn die Qualität nicht ausreichend ist. § 28 Abs. 2 Satz 1 Nr. 2 ROG verhält sich nicht ausdrücklich dazu, **ob in Fällen „nicht-vorhandener" Daten auf deren Erhebung verzichtet werden darf oder sogar muss**. Ebenso unklar ist die Vorgehensweise bei vorhandenen, aber **veralteten Daten**, was bei naturschutzfachlichen Daten in der Regel bei einem Alter von **5 Jahren** angenommen wird.

Die Gesetzgebung geht fehl in ihrer **Grundannahme**, dass der Regionalplanung aufgrund der Ausweisung von Vorranggebieten die sensiblen Gebiete i. S. des § 28 Abs. 2 Satz 1 Nr. 2 ROG-E ohnehin bekannt seien oder zumindest die für die Bestimmung der sensiblen Gebiete nötigen **Daten über Artenvorkommen ohnehin vorhanden seien** (BR-Drs. 21/797 S. 61). 343

Das mag in einigen regionalen Planungsräumen zutreffen, ist aber kein rechtlich zwingendes „Muss". Bei der **Ausweisung von Vorranggebieten** Windenergienutzung darf sich die Regionalplanung aufgrund der Größe der Plangebiete und der hohen Dynamik des naturräumlichen Geschehens anerkanntermaßen auf eine **überschlägige Vorabschätzung der Umwelt- und Artenschutzbelange** beschränken. Es genügt eine Prüftiefe, die eine Prognose der voraussichtlichen Vollzugsfähigkeit der Planung zulässt. Die **Umwelt- und Artenschutzprüfung im Detail darf dem immissionsschutzrechtlichen Zulassungsverfahren für Windenergieanlagen überlassen werden**. Zur Ausweisung von Vorranggebieten ist daher nicht zwingend eine genaue Kartierung erforderlich. Erst die Bestimmung von sensiblen Gebieten erfordert eine ungleich präzisere Datentiefe und Kartierungen.

Nach allgemeiner Planungs- und Abwägungssystematik trifft einen Planungsträger die Pflicht, Daten zu erheben bzw. sich zu beschaffen, wenn keine ausreichenden Daten vorhanden sind. **Unkenntnis geht zu Lasten der Planungsbefugnis**, d. h., **ohne ausreichende Daten und/oder Kenntnisse des Planungsraums wäre im Zweifel von der Ausweisung eines Vorranggebietes abzusehen**. 344

Nach hier vertretener Auffassung gelten diese Ermittlungsanforderungen aufgrund der europäischen Rechtsvorgaben auch für die Ausweisung von Beschleunigungsgebieten. Beschleunigungsgebiete dürfen **nicht in Gebieten ausgewiesen werden, wo Windenergievorhaben voraussichtlich erhebliche Umweltauswirkungen haben würden**. 345

„Satz 1 setzt in den Nummern 1 und 2 Artikel 15c der Richtlinie insoweit um, als danach Beschleunigungsgebiete dort ausgeschlossen sind, wo Vorhaben voraussichtlich erhebliche Umweltauswirkungen haben würden. Satz 1 definiert die Fälle erheblicher Umweltauswirkungen für die Zwecke der Umsetzung der Richtlinie (EU) 2018/2001 und abweichend von dem Inhalt dieses Begriffs im Rahmen des Gesetzes über die Umweltverträglichkeitsprüfung im Wege einer gebietsbezogenen Ausnahmeregelung: Die in den Nummern 1 und 2 genannten Kategorien von Gebieten gestalten abschließend die Fälle aus, in denen es voraussichtlich erhebliche Umweltauswirkungen im Sinne dieser Vorschrift geben würde." (BT-Drs. 21/797 S. 57).

Dieser bereits europarechtlich vorgegebene Rahmen und mit § 28 ROG bundesgesetzlich entsprechend umgesetzte **Rahmen ist von jeder Verwaltungsbehörde im Sinne einer europarechtskonformen Rechtsanwendung einzuhalten**.

Demzufolge obliegt **nicht** etwa Raumordnungs- oder Naturschutzbehörden eine **Beweislast für das Vorliegen sensibler Gebiete** – mit der Folge, dass ohne Antreten dieses Beweises sämtliche Vorranggebiete mehr oder weniger automatisch und **ungeprüft auch als Beschleunigungsgebiete ausgewiesen** werden dürften oder gar müssten. 346

Fehlt es an hinreichend aktuellen und/oder qualitativ ausreichenden Daten, obliegt es vielmehr der **Verantwortung des Planungsträgers, für die Ermittlung bzw. Beschaffung hinreichender Daten zu sorgen und bis dahin von der Ausweisung von Beschleunigungsgebieten abzusehen**. Nur dadurch wird das richtlinienkonforme Ergebnis sichergestellt, dass der Regionalplan keine Beschleunigungsgebiete auf sensiblen Gebieten ausweist. 347

Nur so kann zudem der gedankliche Ansatz der Richtlinie erfüllt werden, dass der **Entfall einer Umwelt- und Artenschutzprüfung und die ersatzweise Zahlung in ein Artenhilfsprogramm im immissionsschutzrechtlichen Zulassungsverfahren unter dem ausdrücklichen Vorbehalt stehen, dass auf Planungsebene eine Umwelt- und Artenschutzprüfung erfolgt ist.** Das Ergebnis, dass auf einer Fläche Windenergieanlagen errichtet werden, die weder im Planungsverfahren noch im Zulassungsverfahren – also überhaupt nicht – auf 348

Artenschutzverträglichkeit untersucht wurde, wäre von der Richtlinie nicht gedeckt (vgl. BR-Drs. 396/1/24).

349 Die Pflicht zur Ermittlung und Bewertung von Artenvorkommen resultiert nach hier vertretener Auffassung schließlich auch aus den zumindest entsprechend anzuwendenden **Anforderungen des Planungsrechts an eine ordnungsgemäße Abwägung**. Als Bestandteil der Abwägungsfehlerlehre ist seit langem anerkannt, dass es fehlerhaft ist, maßgebliche Belange überhaupt nicht zu ermitteln und zu bewerten. Wenngleich Beschleunigungsgebiete einen Planinhalt „sui generis" darstellen, sind sie dennoch Bestandteil eines Raumordnungsplans und nach Planungsvorschriften auszuweisen. Die Anforderungen an eine ordnungsgemäße planerische Abwägung beschränken sich nach dem Wortlaut des § 7 Abs. 2 ROG nicht explizit auf Ziele und Grundsätze der Raumordnung, sondern auf die Aufstellung des Raumordnungsplans als Ganzes, d. h. die Gesamtheit seiner Inhalte. Damit vertrüge es sich nicht, die Ausweisung von Beschleunigungsgebieten von jedweden Ermittlungs- und Bewertungsanforderungen auszunehmen.

350 Schließlich weist auch die **Gesetzesbegründung zu Anlage 3** in keine entgegengesetzte Richtung: *„Liegen der planaufstellenden Behörde keine ausreichenden Daten für die Beurteilung vor, ob eine bestimmte Umweltauswirkung eintreten wird, muss sie die Prognose im Sinne von II.3 Buchstabe b und in der Konsequenz auch die Aufstellung der Regeln für Minderungsmaßnahmen auf der Datengrundlage treffen, die ihr zur Verfügung steht. Eine darüberhinausgehende Datenermittlungspflicht wird ausdrücklich nicht begründet […]"* (BT-Drs. 21/797 S. 65f). Denn hier geht es nur um die Regeln für Minderungsmaßnahmen. Richtigerweise dürfen – nur – hier gewisse Datenlücken hingenommen werden, denn Regeln für Minderungsmaßnahmen betreffen nicht „europarechtliche Tabuzonen", sondern diejenigen Flächen, auf denen Windenergieanlagen – wenn auch unter Einschränkungen oder unter Zahlungen in Artenhilfsprogramme – beschleunigt genehmigt werden sollen und dürfen.

5.3.11.4 Regeln für wirksame Minderungsmaßnahmen (§ 28 Abs. 4 ROG)

351 Basierend auf Art. 15c Abs. 1 Satz 2 Buchst. b der RED III sind gem. § 28 Abs. 4 ROG **mit den Beschleunigungsgebieten Regeln für wirksame Minderungsmaßnahmen für die Errichtung und den Betrieb von Anlagen und deren Netzanschluss festzulegen**. Diese Regeln müssen als naturschutzfachliche Prüfvorgaben für das nachfolgende immissionsschutzrechtliche Genehmigungsverfahren Bestandteil des Raumordnungsplans werden. Eine Auflistung lediglich in der Begründung des RROP oder des Umweltberichts genügt nicht.

352 Minderungsmaßnahmen sind nicht in Bezug auf jedwede Umweltauswirkungen zu beziehen, sondern nur **in Bezug auf Auswirkungen auf die in Satz 2 aufgeführten Erhaltungsziele nach § 7 Abs. 1 Nr. 9 BNatSchG, auf besonders geschützte Arten nach § 7 Abs. 2 Nr. 13 BNatSchG und auf die Bewirtschaftungsziele des Wasserhaushaltsgesetzes**.

353 Auch bei Minderungsmaßnahmen handelt es sich nicht um „Festlegungen" zur Entwicklung, Ordnung und Sicherung des Raums i. S. des § 7 Abs. 1 ROG, sondern um **Bestimmungen eigener Art** zur Flankierung der Beschleunigungsgebiete.

354 Regelungen für Minderungsmaßnahmen auf Planungsebene sind **flächenbezogen**, da projektbezogene Informationen auf Planungsebene regelmäßig noch nicht vorliegen. Erst im Zulassungsverfahren werden aus den Regeln für Minderungsmaßnahmen vorhabenbezogene Minderungsmaßnahmen entwickelt.

355 Regeln für Minderungsmaßnahmen dürfen nicht pauschal für den gesamten Planungsraum formuliert werden, sondern sind **gebietsbezogen** zu treffen.

356 **Anlage 3 zu § 28 Abs. 4 Satz 3 ROG ist als Hilfestellung konzipiert**, aber nicht verbindlich.

Die Anlage konkretisiert, dass **Regeln für Minderungsmaßnahmen für das jeweilige Beschleunigungsgebiet aufzustellen** sind.

Nummer I enthält – als methodischen Teil der Anlage – **Grundlagen und Kriterien für die Aufstellung von Regeln für Minderungsmaßnahmen**. Sie sollten in den Umweltbericht oder in die Planbegründung aufgenommen werden.

Besondere Bedeutung hat auch in diesem Zusammenhang die Erforderlichkeit von **Datenerhebungen**. Nummer I.1 und die Gesetzesbegründung betonen, dass keine zusätzlichen Datenerhebungen nötig sind. Die Gesetzesbegründung verweist ausdrücklich darauf, dass keine der Zulassungsebene entsprechende Datentiefe und insbesondere keine artenschutzrechtliche Kartierung notwendig sind. *„Liegen der planaufstellenden Behörde keine ausreichenden Daten für die Beurteilung vor, ob eine bestimmte Umweltauswirkung eintreten wird, muss sie die Prognose im Sinne von II.3 Buchstabe b und in der Konsequenz auch die Aufstellung der Regeln für Minderungsmaßnahmen auf der Datengrundlage treffen, die ihr zur Verfügung steht. Eine darüberhinausgehende Datenermittlungspflicht wird ausdrücklich nicht begründet [...].“* 357

Nummer II verdeutlicht, dass Regelungen für Minderungsmaßnahmen **abhängig von der Art der jeweiligen Technologie** sind und benennt mögliche Kategorien von Minderungsmaßnahmen für Windenergieanlagen sowie für Anlagen zur Speicherung von Strom oder Wärme und Nebenanlagen. Diese können durch die jeweiligen Planungsträger ergänzt oder konkretisiert werden. Mangels näherer Anforderungen ist der Pflicht zur Ausweisung von Regeln für Minderungsmaßnahmen Genüge getan, wenn entsprechend der jeweiligen Gebietscharakteristik die einschlägigen Minderungsmaßnahmen aus Anlage 3 „abgeschrieben“ werden. 358

5.3.11.5 Verfahren; Zeitpunkt der Ausweisung von Beschleunigungsgebieten (§ 28 Abs. 5 Satz 1 ROG)

Im Regelfall werden Beschleunigungsgebiete **im Zuge der Ausweisung von Vorranggebieten für die Windenergienutzung** mit ausgewiesen, so dass ein separates Planungsverfahren hierfür nicht erforderlich ist. Gemeinsam mit den übrigen Planinhalten durchlaufen Beschleunigungsgebiete das Beteiligungsverfahren, die Abwägung und die Beschlussfassung nach den allgemeinen Vorgaben der §§ 8 ff. ROG und §§ 3 ff. NROG über die Aufstellung und Änderung von Raumordnungsplänen, ebenso das RROP-Genehmigungsverfahren. 359

Damit obliegt es der oberen Landesplanungsbehörde auch, die Rechtmäßigkeit der Beschleunigungsgebiete sowie die Rechtmäßigkeit von Regeln für Minderungsmaßnahmen zu überprüfen. 360

Erfüllen einzelne ausgewiesene Beschleunigungsgebiete nicht die Anforderungen an eine hinreichende Datenermittlung, sondern würden „ungeprüft“ ausgewiesen, stünde es der oberen Landesplanungsbehörde nach allgemeinen Genehmigungsvorschriften zu, diese – nach hier vertretener Auffassung rechtswidrigen – **Beschleunigungsgebiete von der Genehmigung auszunehmen und das RROP im Übrigen zu genehmigen** (dazu § 5 Rn. 104 ff.).

Werden keine Beschleunigungsgebiete ausgewiesen mit der Begründung, dass ausreichende Daten fehlen, wäre das RROP nach hier vertretener Auffassung rechtmäßig und genehmigungsfähig. Verträte man die Gegenauffassung, dass ein solches RROP unvollständig und daher rechtswidrig wäre, wäre es möglich und im Rahmen der Ermessensausübung mit Blick auf die Erreichung der Teilflächenziele nach dem NWindG wohl auch angezeigt, für den rechtmäßigen Teil des RROP (insbesondere die Vorranggebietskulisse) eine **Vorweggenehmigung** zu erteilen (dazu § 5 Rn. 117 ff.).

Stets würde das RROP – soweit genehmigt – in Kraft treten, also insbesondere die Vorranggebiete für die Windenergienutzung. Die fristgemäße Erreichung der Teilflächenziele nach dem NWindG wäre dadurch sichergestellt. Die Pflicht zur Ausweisung der Beschleunigungsgebiete bliebe bestehen und wäre zu einem späteren Zeitpunkt vorzunehmen, sobald die erforderlichen Daten zur Beurteilung sensibler Gebiete vorliegen.

5.3.11.6 Ausnahme nach § 28 Abs. 5 ROG: Ausweisung im Zuge eines nachgelagerten Planungsverfahrens

361 § 28 Abs. 5 Satz 2 ROG sieht eine Ausnahmeregelung für **Planungsverfahren vor**, die beim Inkrafttreten der Pflicht zur Ausweisung von Beschleunigungsgebieten **bereits eingeleitet sind**. Damit solche Verfahren nicht angehalten und mit zusätzlichen Pflichten belastet und verzögert werden, sollen sie auch ohne die Ausweisung von Beschleunigungsgebieten zu Ende geführt werden dürfen.

Damit ein Planaufstellungs- oder Änderungsverfahren als eingeleitet gilt, erfordert die Begründung des Gesetzentwurfs die Einleitung des Beteiligungsverfahrens nach § 9 Abs. 2 ROG. Überzeugend ist dies nicht; zur Einleitung eines Planungsverfahrens genügt nach allgemeiner Raumordnungssystematik die **Bekanntmachung allgemeiner Planungsabsichten** nach § 9 Abs. 1 ROG.

Finden die Ausnahmeregelungen Anwendung, sind die Beschleunigungsgebiete in einem **nachfolgenden Planungsverfahren** auszuweisen – nach der Intention des Gesetzgebers in einem schnellstmöglich eigens nur für sie eingeleiteten Verfahren und nicht erst im Zuge der nächsten „regulären" RROP-Änderung.

362 Anders als im Verfahren nach § 28 Abs. 5 Satz 1 ROG, in dem die Ausweisung der Beschleunigungsgebiete und die Aufstellung von Regeln für Minderungsmaßnahmen zwingend im RROP zu erfolgen hat, hat der Träger der Regionalplanung im nachfolgenden Verfahren nach § 28 Abs. 5 Satz 2 ROG ein **Wahlrecht**:

Er kann die Beschleunigungsgebiete und Regeln für Minderungsmaßnahmen **im RROP** ausweisen. In diesem Fall werden sie RROP-Inhalt, unterliegen sämtlichen Verfahrensanforderungen über die Änderung eines RROP einschließlich der Genehmigungspflicht nach § 5 Abs. 5 NROG und teilen dessen Laufzeit.

Alternativ kann der Träger der Regionalplanung Beschleunigungsgebiete und Regeln für Minderungsmaßnahmen **außerhalb des RROP** in einem eigenständigen **Plan „sui generis"** ausweisen. Da es sich bei einem solchen Plan nicht um ein RROP handelt, unterliegt ein solcher Plan lediglich den in § 28 Abs. 5 Satz 2 letzter Halbs. ROG für entsprechend anwendbar benannten Verfahrensvorschriften, nicht aber den Vorschriften des NROG über Regionale Raumordnungsprogramme. Ein solcher Plan wäre weder genehmigungsbedürftig, noch unterläge er der Geltungsdauer nach § 5 Abs. 7 NROG (näher dazu: Arbeitshilfe für die Ausweisung von Windenergiegebieten in Regionalen Raumordnungsprogrammen, www.ml.niedersachsen.de).

363 Im nachgelagerten Verfahren zur Ausweisung von Beschleunigungsgebieten und zur Aufstellung von Regeln für Minderungsmaßnahmen ist **innerhalb von 3 Monaten** – ab dem 15.8.2025 – das Verfahren zur Beteiligung von betroffenen Behörden und Öffentlichkeit nach § 9 Abs. 2 ROG einzuleiten. Für ein zeitnahes Inkrafttreten der Beschleunigungsgebiete darf und soll (ausweislich der Gesetzesbegründung) der Planungsträger weitestmöglich von den Möglichkeiten eines vereinfachten Planänderungsverfahrens nach § 9 Abs. 5 ROG und § 6 Abs. 2 NROG Gebrauch machen.

5.3.11.7 Planerhaltung (§ 28 Abs. 6 ROG)

364 § 28 Abs. 6 ROG bestimmt, dass eine **Verletzung der Vorschriften über die Ausweisung von Beschleunigungsgebieten** für die Rechtswirksamkeit des Vorranggebietes **unbeachtlich** ist. Erfasst sind Fehler, die ausschließlich die Beschleunigungsgebiete betreffen, nicht aber auch die „darunterliegenden" Vorranggebiete.

Die Vorschrift ist nicht nur energiepolitisch wesentlich, um den Fortbestand von Vorranggebieten und das Erreichen der Teilflächenziele nach dem NWindG von der möglichen Fehlerhaftigkeit von Beschleunigungsgebieten zu entkoppeln. Die Vorschrift ist auch planungsrechtlich sachgerecht. Bei der Ausweisung von Beschleunigungsgebieten und Regeln für Minderungsmaßnahmen geht es kaum um echte Planung, sondern vorwiegend um die schlicht nachvollziehende Übernahme naturschutzfachlicher Prüfergebnisse, die die Mitarbeiter in regionalen Planungsämtern weder sachgerecht beurteilen noch planerisch beeinflussen können – oder dürfen.

Unbeachtlich sind Fehler bei der Bestimmung der Gebietskulisse, bspw. das gänzliche Nicht-Ausweisen von Beschleunigungsgebieten oder die falsche Bewertung von Gebieten nach § 28 Abs. 2 Satz 1 Nr. 1 und Nr. 2, und daraus resultierende fehlerhafte Ausweisungen bzw. Nicht-Ausweisungen von Beschleunigungsgebieten auf diesen Flächen. **365**

Unbeachtlich sind Fehler bei der Aufstellung von **Regeln für Minderungsmaßnahmen**, z. B. fehlende oder unvollständige Regelungen.

Unbeachtlich sind auch Fehler, die auf nicht ausreichenden **Daten** beruhen, sofern sie ausschließlich die Beschleunigungsgebiete oder Regeln für Minderungsmaßnahmen betreffen.

Fehler, die auch die Auswahl oder Abgrenzung der Vorranggebiete betreffen (z. B. Verstoß gegen rechtliche Verbote, unzureichende Datenermittlung, fehlerhafte Abwägung) unterfallen nicht § 28 Abs. 6 ROG. Ihre **Beachtlichkeit** richtet sich nach den allgemeinen Planerhaltungsvorschriften (näher zu Planerhaltungsvorschriften § 7 NROG). **366**

5.3.12 Regeln für Vorranggebiete seit 20.5.2024 (§ 28 Abs. 7 ROG)

§ 28 Abs. 7 ROG enthält eine Regelung für Vorranggebiete, die nach dem 19.5.2024, aber vor Inkrafttreten des § 28 ROG ausgewiesen wurden und daher nicht bereits kraft Gesetzes Beschleunigungsgebiete i. S. des § 6a WindBG sind. **367**

Solche Vorranggebiete sind ebenfalls in einem nachgelagerten Verfahren als Beschleunigungsgebiete auszuweisen und mit Regeln für Minderungsmaßnahmen zu versehen. Die Regelungen nach § 28 Abs. 2 bis 6 ROG gelten entsprechend, insbesondere damit auch die Möglichkeiten der „Formfreiheit" nach § 28 Abs. 5 Satz 2 ROG (vgl. Rn. 362 und 363).

5.4 Bedeutung der Abwägung bei Divergenzen zwischen Raumordnungsplan und Flächennutzungsplan

Bereits Bedeutung auf der Ebene der planerischen Abwägung und nicht allein auf Ebene der Vorhabenzulassung hat die Problematik eines möglichen **Normwiderspruchs zwischen RROP und Flächennutzungsplan**. Stellt ein bestehender Flächennutzungsplan für bestimmte Bereiche eine Ausschlusswirkung dar, aber weist das zeitlich spätere RROP hingegen in diesen Bereichen Vorranggebiete mit Ausschlusswirkung aus, ist umstritten, wie hiermit umzugehen ist. **368**

Zum Teil wird die **Auffassung** vertreten, dass eine flächennutzungsplanerische Konzentrationsflächenplanung durch eine nachfolgende abweichende raumordnerische Konzentrationsflächenplanung weder ihre Gültigkeit noch ihre Anwendbarkeit verliert und damit der Zulassung eines Vorhabens so lange entgegenstehen kann, wie der Flächennutzungsplan noch nicht gemäß § 1 Abs. 4 BauGB den Zielen des RROP angepasst ist (so z. B. *Kümper*, NWVBl. 2019 S. 139). **369**

Nach der hier vertretenen, **der niedersächsischen Verwaltungspraxis entsprechenden Auffassung** ist bspw. die Errichtung von Windenergieanlagen auf einer Fläche, für die das RROP als Ziel der Raumordnung ein Vorranggebiet (mit Ausschlusswirkung) festlegt, bauplanungsrechtlich nach § 35 BauGB zulässig, auch wenn dieser Standort im Flächennutzungsplan eine Ausschlusswirkung enthält. Dies ergibt sich aus § 35 Abs. 3 Satz 2 BauGB. Nach dessen Halbs. 1 dürfen raumbedeutsame Vorhaben den Zielen der Raumordnung **370** nicht widersprechen; eine Windenergieanlage in einem ausgewiesenen Vorranggebiet Windenergienutzung erfüllt diese Voraussetzung. Nach § 35 Abs. 1 BauGB dürfen der Windenergieanlage ferner keine anderen öffentlichen Belange entgegenstehen; zu den öffentlichen Belangen zählen auch Darstellungen des Flächennutzungsplans, also auch eine dort geregelte Ausschlusswirkung (§ 35 Abs. 3 Satz 1 BauGB). Nach § 35 Abs. 3 Satz 2 Halbs. 2 BauGB spielen jedoch öffentliche Belange, die bei der Aufstellung des RROP-Ziels ordnungsgemäß abgewogen und zurückgestellt wurden, keine Rolle mehr. Hat sich ein Regionalplanungsträger bei der Festlegung der RROP-Vorranggebiete abwägungsfehlerfrei damit befasst, dass im Flächennutzungsplan andere Konzentrationsflächen für Windenergie dargestellt waren und im restlichen Gemeindegebiet Windenergie nach gemeindlichem Planungswillen ausgeschlossen sein sollte, und hat er dies dennoch im RROP anders regeln wollen, so können diese auf raumordnerischer Ebene zurückgestellten städtebaulichen Belange dem Vorhaben nicht mehr entgegenstehen. Eine **durch den Flächennutzungsplan erzeugte Ausschlusswirkung tritt dann gemäß § 35 Abs. 3 Satz 2 Halbs. 2 BauGB hinter der durch das RROP getroffenen Vorrang-Ausweisung zurück**. Maßgeblich ist insofern, dass die Gründe für die Festlegung eines Vorranggebietes mit Ausschlusswirkung als Ziel der Raumordnung das hinreichende Gewicht aufgewiesen haben, um im Rahmen der nach § 7 Abs. 2 Satz 1 ROG vorgenommenen abschließenden Abwägung die Darstellung von Ausschlussflächen in einem gemeindlichen F-Plan zurückzustellen. Diese Anforderungen zählen zu denjenigen Aspekten einer ordnungsgemäßen Abwägung, die im Genehmigungsverfahren der Überprüfung durch die oberen Landesplanungsbehörden unterliegen. Die Erteilung der Genehmigung des RROP umschließt die Bestätigung der oberen Landesplanungsbehörde, dass es sich um ein rechtmäßiges Ziel der Raumordnung handelt.

371 **Zu gleichem Endergebnis kommt auch die Rechtsprechung**, vgl. HessVGH, Beschl. vom 25.1.2018 – 4 B 1535/17 –, openJur 2020, 43680: *„Die Rechtswirkungen der im Flächennutzungsplan der Antragsgegnerin dargestellten Konzentrationszonen werden durch die im übergeordneten Regionalplan festgelegten Vorranggebiete mit Ausschlusswirkung dahingehend beseitigt, dass öffentliche Belange im Sinne des § 35 Abs. 3 Satz 3 BauGB der Errichtung und dem Betrieb einer Windkraftanlage regelmäßig nur entgegenstehen, wenn Vorhaben außerhalb der im Regionalplan festgelegten Vorranggebiete errichtet werden sollen. Das folgt aus dem Geltungsanspruch der Raumordnung. Die Zielfestlegung im Regionalplan setzt sich als Bestandteil der übergeordneten Planung gegenüber einem zielwidrig gewordenen Flächennutzungsplan durch; denn das Anpassungsgebot des 1 Abs. 4 BauGB richtet sich auch an die Flächennutzungsplanung"*.

6. Abschluss des Verfahrens

372 Regelungen zum Abschluss des Planaufstellungsverfahrens sind überwiegend in § 10 ROG enthalten und werden durch §§ 4 und 5 NROG ergänzt.

6.1 Veröffentlichung des Raumordnungsplans oder seiner Genehmigung

373 Durch die förmliche und amtliche Veröffentlichung soll den Normadressaten ermöglicht werden, vom Erlass und vom Inhalt des beschlossenen Raumordnungsplans Kenntnis zu nehmen. Die **Veröffentlichung bildet den Abschluss des Planaufstellungsverfahrens**, § 10 Abs. 1 ROG. Sämtliche anderen Verfahrensschritte, insbesondere die (ordnungsgemäße) Ausfertigung, haben der Veröffentlichung zwingend vorauszugehen.

374 Ist die **Ausfertigung** des Raumordnungsplans bis zu seiner Veröffentlichung fehlerhaft erfolgt oder unterblieben, muss sie nachgeholt werden, um nicht zur Unwirksamkeit des Plans zu führen (Näher zur Ausfertigung der RROP s. § 5 Rn. 166 ff.); der Raumordnungsplan ist in einem solchen Fall erneut zu veröffentlichen. Er kann auch mit Rückwirkung in Kraft gesetzt werden.

375 Beim **LROP** erfolgt die Veröffentlichung gemäß Art. 45 Abs. 1 NV durch **Verkündung der Verordnung (einschließlich zugehöriger Anlagen) im Niedersächsischen Gesetz- und**

Verordnungsblatt. Das LROP wird nicht mit dem Tag der Verkündung, sondern erst mit dem Tag seines Inkrafttretens wirksam (näher § 4 Rn. 28).

Beim **RROP** erfolgt die Veröffentlichung durch **öffentliche Bekanntmachung der Genehmigung des RROP**, § 10 Abs. 1 ROG i. V. m. § 5 Abs. 6 Satz 1 NROG, verbunden mit Hinweisen nach § 10 Abs. 2 ROG auf die **Möglichkeit zur Einsichtnahme in das RROP sowie die weiteren Planungsunterlagen (sog. „Ersatzbekanntmachung")**. Diese Bekanntmachung tritt an die Stelle der sonst für Satzungen vorgeschriebenen Verkündungen, § 5 Abs. 6 Satz 2 NROG. Nach der Rechtsprechung des BVerwG genügt *„die Bekanntmachung der Tatsache der Genehmigung eines bestimmt zu bezeichnenden"* Plans, einer Veröffentlichung von Einzelheiten (z. B. Auflagen oder Maßgaben oder gar des Volltextes) bedarf es nicht (vgl. BVerwG, Urt. vom 5.12.1986 – 4 C 29.86 –, BVerwGE 75, 217). Näheres hierzu s. § 5 Rn. 173 ff. 376

Von der Verkündung nach § 10 Abs. 1 ROG ist eine spätere **amtliche Neubekanntmachung** zu unterscheiden, mit der zur Erleichterung der Rechtsanwendung und Lesbarkeit eine aktuelle redaktionelle Gesamtfassung des Raumordnungsplans (d. h. Fließtext der gesamten beschreibenden Darstellung und aktuelle Gesamtkarte) veröffentlicht wird (näher dazu § 4 Rn. 31). 377

6.2 Bereithaltung des Plans und zugehöriger Unterlagen im Internet und zur Einsichtnahme

Da die Veröffentlichung nach § 10 Abs. 1 ROG nicht zwingend sämtliche **Planungsunterlagen** umschließt, sind diese **zu jedermanns Einsicht im Internet und vor Ort bereitzustellen**. Die Vorgabe umfasst den **Raumordnungsplan (beschreibende Darstellung und Karte einschließlich aller eventueller Anlagen und Anhänge), seine Begründung und die zusammenfassende Erklärung über die Bewertung und Berücksichtigung der Umweltbelange sowie eine Darstellung der Überwachungsmaßnahmen** (§ 10 Abs. 2 ROG). Der nach früherer Rechtslage lediglich ergänzende Charakter einer Bereitstellung im Internet ist mit der ROG-Änderung 2023 entfallen. Seither ist die Internet-Bereitstellung der Standard. Zusätzlich ist jedoch eine Einsichtnahme vor Ort anzubieten (in der Regel durch Auslegung). 378

Seit der ROG-Änderung 2017 ist ferner die **Bereithaltung einer Rechtsbehelfsbelehrung** erforderlich. Gegen das LROP als Rechtsverordnung sowie gegen die RROP als Satzungen ist gemäß § 47 Abs. 1 Nr. 2 VwGO i. V. m. § 75 NJG innerhalb eines Jahres die **Normenkontrolle** durch das Oberverwaltungsgericht statthaft (dazu näher s. vor §§ 3 ff. Rn. 17 ff). Die Belehrung hat als zwingende Bestandteile den Rechtsbehelf zu bezeichnen, der gegen die Entscheidung statthaft ist, das zuständige Gericht samt Sitz sowie die Frist, an die die Einlegung des Rechtsbehelfs gebunden ist. Ist dieser notwendige Inhalt fehlerhaft, ist die Belehrung unrichtig. Darüberhinausgehende Informationen, insbesondere über die Form der Einlegung des Rechtsbehelfs oder über Besonderheiten einer nach UmwRG zulässigen Verbandsklage, sind nicht gefordert. Erfolgen sie „als Service" gleichwohl, müssen sie sachlich richtig und vollständig sein; sind sie dies nicht, gelten die gleichen Folgen einer fehlerhaften Rechtsbehelfsbelehrung wie bei Fehlern in Bezug auf notwendige Inhalte (vgl. BVerwG, Urt. vom 13.12.1978 – 6 C 77.78 –, BVerwGE 57, 188; BVerwG, Urt. vom 21.3.2002 – 4 C 2.01 –, DVBl 2002 S. 1553). Wird bspw. – freiwillig – über die Form des Rechtsbehelfs belehrt, ist zu bedenken, inwieweit neben der schriftlichen Einlegung auch die Einlegung zur Niederschrift oder die elektronische Einlegung (unter welchen technischen Voraussetzungen) zulässig sind. 379

Die Pflicht zur **Bereitstellung der genannten Unterlagen besteht während der gesamten Geltungsdauer des Raumordnungsplans**. 380

6.3 Bekanntmachung über die Bereitstellung

381 Neben der Verkündung des LROP bzw. mit der öffentlichen Bekanntmachung der Genehmigung des RROP gem. § 10 Abs. 1 ROG sind die **Einstellung der Planunterlagen in das Internet, die Internetadresse und ein Hinweis auf die Einsichtnahme in die vor Ort ausliegenden Unterlagen einschließlich Rechtsbehelfsbelehrung öffentlich bekannt** zu machen.

382 Gleichzeitig ist auf die **Regelungen zur Unbeachtlichkeit** bzw. zum **Unbeachtlichwerden** von Fehlern nach § 11 ROG und § 7 NROG (Fristen, Anforderungen an Rügevorbringen, Rechtsfolgen) hinzuweisen.

383 Die Bekanntmachungen sind miteinander zu verbinden (§ 11 Abs. 5 Satz 2 ROG und § 7 Abs. 1 Satz 4 NROG).

384 Die Pflicht zur Bekanntmachung besteht nur bei einer inhaltlichen Änderung des Raumordnungsplans, **nicht** hingegen, wenn der Raumordnungsplan ohne inhaltliche Änderung lediglich deshalb **neu bekannt** gemacht wird, um – z. B. nach mehreren Änderungsverfahren – eine einheitliche „amtliche" Lesefassung zu erhalten (vgl. OVG Saarl, Urt. vom 19.3.2015 – 2 C 382/13 –, www.rechtsprechung.saarland.de), dazu näher Rn. 376.

385 Eine **erneute Bekanntmachung** ist dann vorzunehmen, wenn die **erste Bekanntmachung fehlerhaft bzw. unvollständig** war (vgl. *Stock* in Ernst/Zinkahn/Bielenberg, BauGB § 215 Rn. 39 ff.), z. B. bezüglich des Hinweises auf Rügemöglichkeiten von Fehlern (unterbleibt dieser Hinweis oder erfolgt er fehlerhaft, führt dies nicht zur Rechtswidrigkeit des Raumordnungsplans, aber Verletzungen von Form- und Verfahrensvorschriften können auch noch nach Ablauf eines Jahres gerügt werden).

386 Die Art und Weise der Bekanntmachung, insbesondere das „Medium", bestimmt der jeweilige Planungsträger anhand der für ihn geltenden Vorgaben über Bekanntmachungen.

§ 4

Ergänzende Vorschriften für die Aufstellung des Landes-Raumordnungsprogramms

(1) Im Landes-Raumordnungsprogramm können neben den Festlegungen nach § 7 Abs. 1 Sätze 1 und 2 ROG auch

1. **Bestimmungen zur Aufnahme von Zielen oder Grundsätzen in die Regionalen Raumordnungsprogramme, zu denen das Landes-Raumordnungsprogramm keine eigenen Festlegungen enthält, oder**
2. **Bestimmungen, dass Ziele oder Grundsätze des Landes-Raumordnungsprogramms in die Regionalen Raumordnungsprogramme zu übernehmen oder dort näher festzulegen sind,**

(Planungsaufträge) sowie zu deren zeitlicher Umsetzung getroffen werden.

(2) [1] Die Landesregierung beschließt das Landes-Raumordnungsprogramm als Verordnung. [2] Vorher ist dem Landtag Gelegenheit zur Stellungnahme zu geben.

(3) Die nach diesem Gesetz sowie nach § 9 Abs. 2 und 3, § 10 Abs. 2 und § 11 Abs. 5 Satz 2 ROG erforderlichen öffentlichen Bekanntmachungen des Landes werden im Niedersächsischen Ministerialblatt vorgenommen.

Erläuterungen

Übersicht

§ 4 NROG enthält ergänzende landesrechtliche Regelungen, die allein für das LROP gelten. Diese Ergänzungen beziehen sich sowohl auf Verfahrens- und Formvorschriften (und ergänzen insofern § 3 NROG sowie §§ 9 und 10 ROG), als auch auf die Regelungsinhalte eines Raumordnungsplans (insofern Ergänzung von §§ 7 und 13 ROG). 1

1. Inhalte des LROP, Anforderungen an beschreibende und zeichnerische Darstellung, Verhältnis zu Fachrecht, Grenzen der Regelungsmöglichkeiten (Absatz 1)

1.1 Ziele und Grundsätze mit landesweiter Bedeutung; beschreibende Darstellung; zeichnerische Darstellung

Das LROP enthält die **Aussagen der Landesregierung zur Entwicklung des Landes**, teils in Gestalt von **Grundsätzen**, teils in Gestalt von verbindlichen **Zielen** der Raumordnung. Der Charakter des LROP hat sich in den letzten Jahrzehnten stark verändert. Hatten frühere Fassungen eher einen abstrakten, programmatischen Charakter (einhergehend mit vergleichweise geringer verbindlicher Steuerungswirkung), ist das LROP inzwischen großteils durch Festlegungen mit klarem Regelungscharakter geprägt. Durch Ge- und Verbote kann es dadurch wesentlich stärker als früher rechtlich verbindliche Grenzen setzen und wirksame Steuerungseffekte erzielen. 2

Als **Rechtsverordnung** darf das LROP nur soweit Festlegungen enthalten, wie hierfür eine gesetzliche Ermächtigungsgrundlage besteht. Die Ermächtigung, im LROP für das gesamte Landesgebiet für einen regelmäßig mittelfristigen Zeitraum Ziele und Grundsätze der Raumordnung zur Entwicklung, Ordnung und Sicherung des Raums, insbesondere zu den Nutzungen und Funktionen des Raums, treffen zu können, befindet sich im Bundesrecht (§ 7 Abs. 1 Satz 1 i. V. m. § 13 Abs. 1 Satz 1 Nr. 1 ROG). 3

Die Festlegungen erfolgen zum einen **textlich in der beschreibenden Darstellung**, zum anderen durch **Planzeichen in der LROP-Karte (zeichnerische Darstellung)**. 4

Die **textlichen Regelungen** in der beschreibenden Darstellung beziehen sich überwiegend auf Festlegungen zu Zentralen Orten und zur Steuerung des großflächigen Einzelhandels, auf Festlegungen zu verschiedenen Freiraumfunktionen und -nutzungen sowie auf Festlegungen zu Verkehr und Energie. 5

Die **Regelungstiefe** variiert. Bei originären Themen der Raumordnung besteht ein teils hochdifferenziertes Regelungsregime, so beispielsweise zur Steuerung des großflächigen Einzelhandels. Je mehr Konstellationen im Raumordnungsplan selbst erfasst werden, insbesondere durch Ausnahmen, welche die Regel-Festlegungen ergänzen, umso weniger Spielraum besteht für nachfolgende Planungsebenen und umso weniger können die Voraussetzungen für eine Zielabweichung erfüllt sein (vgl. § 8 Rn. 34 ff.). 6

Die **zeichnerische Darstellung** des LROP besteht aus **einer einzigen, thematisch umfassenden Karte** im Maßstab 1:500 000. Diese Karte gibt nicht lediglich das zeichnerisch wieder, was ohnehin schon in der beschreibenden Darstellung geregelt ist. Sie ist insofern keineswegs nur ein rechtlich unverbindliches „buntes Bild". Die zeichnerische Darstellung ist vielmehr – als „gemaltes Recht" – mit dem „geschriebenen Recht" der beschreibenden Darstellung gleichberechtigt. In vielen Fällen – insbesondere bei Vorranggebieten – wird ausschließlich aus der kartografischen Darstellung die räumliche Lage und Abgrenzung ersichtlich. Die zeichnerische Darstellung hat daher insbesondere die **gleichen Bestimmtheitsanforderungen wie die beschreibende Darstellung** zu erfüllen. 7

8 Bei Zielen, die ihre **räumliche Bestimmtheit** nicht aus der beschreibenden Darstellung, sondern aus einem Planzeichen beziehen (insbesondere Vorranggebiete), hat bei diesem Maßstab entscheidende Bedeutung, **welcher Bezugspunkt des Planzeichens die Grenze markiert**.

9 Bei **vollflächigen Darstellungen ohne Linienumrandung** bildet die **Außenkante** der Fläche die Grenze eines Vorranggebietes, z. B. Vorranggebiet hafenorientierte wirtschaftliche Anlagen, Vorranggebiet Biotopverbund.

10 Bei **linienhaften Darstellungen oder Flächen mit Linienumrandung** bildet die **Achse** (Mitte) der Linie bzw. Achse der Linienumrandung die Grenze, z. B. Vorranggebiet Autobahn, Vorranggebiet Hauptverkehrsstraße vierstreifig, Vorranggebiet Hauptverkehrsstraße, Vorranggebiet Natura 2000.

11 Gleiches gilt bei Flächen mit Linienumrandung und linienbegleitendem Rasterband; auch hier bildet die Achse der Linienumrandung die Grenze, z. B. Vorranggebiet Trinkwassergewinnung.

12 Auf **Kartenanhängen**, die nicht Teil der zeichnerischen Darstellung, sondern als kartographischer Anhang Teil der beschreibenden Darstellung sind, ist die Darstellungsform aus Gründen der einfacheren Druck- und Lesbarkeit teilweise anders. So ist bspw. beim Siedlungsbeschränkungsbereich zum Verkehrsflughafen Langenhagen nach Kapitel 2.1 Ziff. 11 LROP die Innenkante der Abgrenzungslinie maßgeblich (vgl. NdsOVG, Urt. vom 1.7.2010 – 1 KN 11/09 –, openJur 2012, 50833; www.rechtsprechung.niedersachsen.de).

13 Gleiches gilt für die lediglich zur LROP-Begründung gehörenden **Beikarten**. Solche Kartenanhänge und Beikarten haben in der Regel auch andere Maßstäbe (meist 1:50.000).

1.2 Verhältnis von Zielen und Grundsätzen der Raumordnung zu Fachrecht

14 In Bereichen, die stark durch Fachrecht geregelt sind, sind die Steuerungsmöglichkeiten von Raumordnungsplänen begrenzt. Die höchstrichterliche Rechtsprechung konkretisiert **Anforderungen und Grenzen eines „Nebeneinanders" von Raumordnungsrecht und Fachrecht**. Die **fachrechtlichen Anforderungen** dürfen durch Vorgaben **der Raumordnung grds. nicht verändert oder ersetzt** werden. **Was durch Fachrecht erlaubt ist, kann raumordnerisch grds. nicht verboten werden. Was durch Fachrecht verboten ist, kann raumordnerisch grds. nicht erlaubt werden** (vgl. BVerwG, Urt. vom 30.1.2003 – 4 CN 14.01 – dejure.org, NdsOVG, Urt. vom 12.4.2021 – 12 KN 159/18 –, www.rechtsprechung.nieder sachsen.de): *„Zu den Aufgaben der Raumplanung als räumlich zusammenfassender, übergeordneter Planung gehört es zwar auch, die in Fachplanungen enthaltenen Aussagen zu Raumnutzungen oder Raumfunktionen aufeinander abzustimmen und abzusichern. […] So können die raumbedeutsamen Erfordernisse und Maßnahmen des Naturschutzes und der Landschaftspflege in Landschaftsprogrammen und Landschaftsrahmenplänen koordiniert und durch Ziele der Raumordnung gesichert werden (vgl. § 7 Abs. 3 Sätze 1 und 2 Nr. 1 ROG 1998). […] Der Raumordnung bleibt es unbenommen, aus den Vorgaben der informellen Landschaftsplanung und den rechtsverbindlich festgesetzten Schutzgebieten eine gesamträumlich integrierende Konzeption zu entwickeln. Der Regionalplanung ist es jedoch verwehrt, im Gewande überörtlicher Gesamtplanung auf der Grundlage des Naturschutzrechts zulässigerweise getroffene verbindliche fachliche Regelungen, wie sie Natur- und Landschaftsschutzverordnungen enthalten, durch eigene (gleich lautende oder abweichende) Zielfestlegungen zu überlagern oder zu ersetzen. […] Wie weit Schutzverordnungen Ausnahmen von den Verbotsregelungen zulassen, bestimmt sich ausschließlich nach den Erlaubnisvorbehalten der Verordnung. Die Landesplanungsbehörde darf die Wertungen, die dem verordnungsrechtlichen Schutzsystem zugrunde liegen, nicht beiseite schieben und ein eigenes Schutzregime aufrichten. Allenfalls dort, wo es ihr unabhängig vom naturschutzrechtlichen Regelungszusammenhang um die Erreichung spezifisch raumordnungsrechtlicher Schutzzwecke geht, ist sie befugt, die naturschutzrechtlichen Anordnungen und Verbote durch eigene Zielfestlegungen zu ergänzen.)"*.

15 Beispielsweise die Kulisse von Vorranggebieten **Natura 2000** oder von Vorranggebieten **Hochwasserschutz** im LROP korrespondiert weitgehend mit der des Fachrechts. Soweit im „Schnittbereich" das Naturschutzrecht oder das Wasserhaushaltsgesetz Vorhaben regelhaft oder ausnahmsweise zulassen, besteht auch keine Unvereinbarkeit mit einem raumordnungsrechtlichen Vorrang.

1.3 Flächen- oder Mengenvorgaben

16 Planerisch anspruchsvoll und von rechtlichen Unsicherheiten geprägt ist die **Festlegung von Flächen- oder Mengenvorgaben als Ziel der Raumordnung**, um Zielsetzungen aus politischen Nachhaltigkeitsstrategien der Bundes- und Landesregierungen oder anderen politischen Erklärungen (z. B. Restriktionen des Flächenverbrauchs, Erzeugungsmengen für erneuerbare Energien) rechtliches Gewicht zu verleihen.

17 Dabei stellt sich bereits die Frage, ob überhaupt eine Regelung auf Verordnungsebene genügt oder ob es hierzu nicht **gesetzlicher Regelungen** bedarf.

18 Zu einem Flächensparziel, das als Ziel der Raumordnung als eine rechtlich bindende Schranke im bayrischen Landesentwicklungsplan verankert werden sollte, hat der BayVerfGH (Urt. vom 17.7.2018 – Vf. 28-IX-18 –, www.gesetze-bayern.de) entschieden: *„Der dem Volksbegehren zugrunde liegende Gesetzentwurf verstößt gegen das verfassungsrechtliche Gebot, wonach der (Landes-)Gesetzgeber gehalten ist, die wesentlichen Bestimmungen einer Sachmaterie selbst zu regeln [...] und nicht der Exekutive zu überlassen. Als zentrale Bestimmung enthält dieser Gesetzentwurf die Einführung einer Höchstgrenze des Flächenverbrauchs von durchschnittlich 5 Hektar pro Tag ab dem Jahr 2020, wobei die Aufteilung auf die verschiedenen Planungsträger im Landesentwicklungsprogramm erfolgen soll. [...] Bei der in diesem Zusammenhang erforderlichen Auswahl der maßgeblichen Kriterien sowie der Festlegung von Vorgaben für eine mögliche Gewichtung oder Priorisierung stellen sich Fragen von wesentlicher Bedeutung für die kommunale Planungshoheit und andere verfassungsrechtlich geschützte Werte. Die damit verbundenen normativen Wertungen, die Auswirkungen auf den Flächenverbrauch in ganz Bayern haben und die gesamtstaatliche Verantwortung für die landesweite Raumordnung betreffen, muss der (Volks-)Gesetzgeber im Rahmen seines Gestaltungsspielraums selbst vornehmen. [...]"*.

19 Selbst wenn man diese Rechtsprechung in Bezug auf Raumordnungsplanungen als zu weitgehend ansehen (so *Kümper*, DÖV 2021 S. 155) und eine generelle Planungsbefugnis annehmen sollte, so wären die damit verbundenen **Anforderungen an eine ordnungsgemäße planerische Abwägung hoch**. Für die – für ein verbindliches Ziel der Raumordnung unverzichtbare – sachliche und räumliche Bestimmtheit genügt kaum die bloße Übernahme von Zielwerten („x % Energie aus erneuerbaren Energieträgern im Jahr y") aus politischen Papieren. Auch die Benennung von auf das gesamte Land bezogenen Pauschalwerten (z. B. „x % der Landesfläche", „x ha pro Jahr", „x Megawatt") erscheint angreifbar. Um i. S.einer schlussabgewogenen Zielvorgabe für die Träger der Regionalplanung wirksam und gerichtsfest zu sein, bedürfte es seitens der Landesplanung wohl einer Zuteilung konkreter **Flächen- oder Mengenvorgaben** für jeden regionalen Planungsraum. Ein pauschaler „Rechenschlüssel" (%), der sich ausschließlich an dem Anteil der Größe des regionalen Planungsraums am gesamten Landesgebiet ausrichtet und regionale Gegebenheiten gänzlich außer Betracht lässt, birgt ein hohes Potenzial für Abwägungsfehler. Eine ordnungsgemäße Abwägung erfordert, konkrete regionale und ggf. auch örtliche Verhältnisse mit einzubeziehen (vergleichbar mit dem Vorgehen von Bund und Land zur Flächenausweisung für die Windenergie).

1.4 Planungsaufträge an die Regionalplanung

20 § 7 Abs. 1 Satz 1 ROG enthält keine ausdrückliche Ermächtigung für die Landesregierung, anstelle eigener inhaltlicher Regelungen lediglich Vorgaben für die Regionalplanung (**„Planungsaufträge"**) festlegen zu können.

21 In vielen anderen Bundesländern wird es auch ohne **ausdrückliche Ermächtigung** als zulässig angesehen, dass ein Landes-Raumordnungsplan neben „vollständigen" Aussagen zur Entwicklung des Landes auch solche enthalten darf, die einer planerischen Umsetzung durch die Regionalplanung bedürfen.

22 § 4 Abs. 1 NROG bestimmt dies ausdrücklich. Der LROP-Verordnungsgeber darf sowohl inhaltlich eine **„Grobfestlegung" treffen, die durch Festlegungen in RROP zu konkretisieren ist** (Absatz 1 Nr. 2) als sich auch darauf beschränken, einen **reinen Prüf- oder Festlegungsauftrag** für die Träger der Regionalplanung zu formulieren (Absatz 1 Nr. 1).

23 Enthält das LROP keine näheren **zeitlichen Vorgaben** zur Umsetzung solcher Planungsträger, ergibt sich aus dem Rechtsstaatsprinzip und dem Prinzip der Gesetzmäßigkeit der Verwaltung gem. Art. 20 Abs. 3 GG, dass Planungsaufträge dann umzusetzen sind, sobald ein Verfahren zur Neuaufstellung oder Änderung eines RROP eingeleitet sind. Ein RROP ist nur rechtmäßig und genehmigungsfähig, wenn es allen zum Zeitpunkt seiner Beschlussfassung geltenden rechtlichen Anforderungen genügt; hierzu zählen auch Planungsaufträge des LROP. Eine Befugnis, die Umsetzung solcher Planungsaufträge **zeitlich zurückzustellen und auf ein späteres Planungsverfahren zu verschieben**, steht einem Träger der Regionalplanung nur zu, soweit es eine rechtliche Ermächtigung hierfür gibt. Diese kann sich entweder aus Gesetz ergeben, z. B. die 2024 eingeführte Ermächtigung aus § 5 Abs. 3 Sätze 6 und 7 NROG, oder aus einem LROP-Planungsauftrag selbst. So stellt § 4 Abs. 1 Satz 1 auch ausdrücklich klar, dass das Land als Verordnungsgeber einen Planungsauftrag mit einer zeitlichen Umsetzungsfrist versehen kann.

24 **Planungsaufträge direkt an die kommunale Bauleitplanung zu richten, wäre unzulässig.**

25 Mit Blick auf die Kennzeichnungspflicht von Zielen (Fettdruck) und Grundsätzen (Normaldruck) werden **Planungsaufträge im LROP kursiv** dargestellt.

2. Rechtscharakter des LROP, Zuständigkeit, Stellungnahme des Landtags (Absatz 2); Verkündung

26 Das LROP wird von der Landesregierung als **Rechtsverordnung** beschlossen.

27 Basierend auf Art. 25 NV ist nach § 4 Abs. 2 Satz 2 dem **Landtag Gelegenheit zur Stellungnahme** zu geben. Entscheidt die Landesregierung, aufgrund der Stellungnahme des Landtags noch Änderungen am Planentwurf vorzunehmen, gelten die gleichen Verfahrensanforderungen wie für alle anderen Änderungen eines Planentwurfs. Erzeugen die Änderungen neue Betroffenheiten, ist ein erneutes Beteiligungsverfahren – ggf. unter Nutzung der Verfahrenserleichterungen nach § 9 Abs. 3 ROG – durchzuführen.

28 Die Veröffentlichung gem. Art. 45 Abs. 1 NV erfolgt durch **Verkündung der Verordnung einschließlich ihrer zugehörigen Anlagen im Niedersächsischen Gesetz- und Verordnungsblatt**. Sie wird nicht mit dem Tag der Verkündung, sondern erst mit dem Tag ihres Inkrafttretens wirksam. Wird kein Inkrafttretenstermin in der Verordnung geregelt, tritt sie 14 Tage später in Kraft.

29 Die Veröffentlichung ist nicht stets gleichbedeutend mit der Verkündung eines **„gesamthaften Fließtextes"**. Nur im Falle einer Neuaufstellung des LROP würde die LROP-VO einschließlich der vollständigen beschreibenden und zeichnerischen Darstellung des LROP und etwaiger sonstiger Anhänge im Gesetz- und Verordnungsblatt abgedruckt. Bei Änderungen des LROP bezieht sich das Veröffentlichungserfordernis nur auf die Änderungsverordnung mit den einzelnen rechtsförmlichen Änderungsbefehlen zur beschreibenden und zeichnerischen Darstellung des LROP. Daher ist bei Änderungsverfahren keine Veröffentlichung bspw. der gesamten zeichnerischen Darstellung zulässig, sondern nur die Veröffentlichung einer Karte mit den geänderten zeichnerischen Festlegungen.

30 Zwischen dem vom Kabinett beschlossenen Plan bzw. der beschlossenen Planänderung und dem verkündeten Inhalt der Verordnung muss Identität bestehen. Unerheblich und unschädlich sind Abweichungen lediglich dann, wenn es um **Druckfehler oder andere**

offenbare Unrichtigkeiten geht. Werden Druckfehler oder offenbare Unrichtigkeiten bemerkt, dürfen sie nach Maßgabe der dafür im Land geltenden Rechtsförmlichkeitsregelungen (durch die Staatskanzlei auf Veranlassung des federführenden Ministeriums) berichtigt werden; einer erneuten Kabinettsbefassung bedarf es nicht. Die berichtigte Passage muss nochmals im Niedersächsischen Gesetz- und Verordnungsblatt veröffentlicht werden.

Von der Verkündung nach § 10 Abs. 1 ROG ist eine **spätere amtliche Neubekanntmachung** zu unterscheiden, die als eigenständiger Veröffentlichungsakt im Nachgang zu der bereits erfolgten Verkündung der LROP-Änderung vorgenommen werden kann. Bei der Neubekanntmachung wird lediglich zur Erleichterung der Rechtsanwendung und Lesbarkeit eine aktuelle redaktionelle Gesamtfassung der LROP-VO (d. h. Fließtext der gesamten beschreibenden Darstellung und aktuelle Gesamtkarte) veröffentlicht. Es entsteht keine „neue" Norm. Hierfür benötigt das zuständige Fachministerium eine **Neubekanntmachungserlaubnis** der Landesregierung, die in der letzten Änderungsverordnung enthalten sein muss. Enthält die Neubekanntmachungserlaubnis ausdrücklich die **Ermächtigung, offenkundige Unrichtigkeiten und Unstimmigkeiten im Wortlaut zu berichtigen**, dürfen auch diese Berichtigungen vorgenommen werden. 31

3. Bekanntmachungen zum LROP (Absatz 3)

Absatz 3 regelt die **sonstigen im Zusammenhang mit dem LROP vorgesehenen, öffentlichen Bekanntmachungen der obersten Landesplanungsbehörde** mit Hinweisen zum Verfahren für die Aufstellung oder Änderung des LROP. Die Vorschrift erfasst nicht die Veröffentlichung der LROP-VO als Rechtsnorm nach § 10 Abs. 1 ROG im dafür vorgesehenen Verkündungsblatt, sondern Bekanntmachungen 32

- zu den **allgemeinen Planungsabsichten** (§ 9 Abs. 1 ROG): das Bekanntmachungserfordernis verlangt einen Abdruck der allgemeinen Planungsabsichten als Volltext.
- zum **Beteiligungsverfahren** (§ 9 Abs. 2 Satz 3 ROG): das Bekanntmachungserfordernis bezieht sich auf Angaben dazu, dass der Planentwurf, seine Begründung, der Umweltbericht sowie ggf. weitere Unterlagen im Internet veröffentlicht und ausgelegt wurden, wo und wann sie eingesehen werden können, auf die Angabe der Veröffentlichungs- und Auslegungsfrist sowie der Stellungnahmefrist, auf die Form der Stellungnahme sowie auf den Ausschluss verspäteter Stellungnahmen (Präklusion).
- **zur erneuten Beteiligung bei Änderung des Planentwurfs** (§ 9 Abs. 3 ROG): das Bekanntmachungserfordernis bezieht sich auf Angaben dazu, dass der Planentwurf, seine Begründung, der Umweltbericht sowie ggf. weitere Unterlagen geändert und erneut veröffentlicht und ausgelegt wurden, wo und wann sie eingesehen werden können, auf die Angabe der Auslegungs- sowie der Stellungnahmefrist, auf die Form der Stellungnahme sowie auf die Präklusion. Bei Beschränkungen der Stellungnahmemöglichkeiten ist bekanntzumachen, dass nur zu den geänderten Teilen Stellung genommen werden kann und/oder dass nur ein eingeschränkter Kreis von Beteiligten stellungnahmeberechtigt ist.
- **im Zusammenhang mit dem beschlossenen LROP** (§ 10 Abs. 1 und 2 ROG): bekanntzumachen sind Ort der Einsichtnahmemöglichkeit (Ort der Bereithaltung eines gedruckten Exemplars und Internetadresse für elektronische Einsichtnahme), die bereit gestellten Unterlagen (der Raumordnungsplan, seine Begründung, die zusammenfassende Erklärung über die Umweltprüfung, die Aufstellung der Überwachungsmaßnahmen, ferner eine Rechtsbehelfsbelehrung) sowie die erforderlichen Angaben im Zusammenhang mit der Planerhaltung nach § 11 Abs. 5 Satz 2 ROG und § 7 NROG.

Diese Bekanntmachungen haben im **Niedersächsischen Ministerialblatt** zu erfolgen. 33

§ 5

Ergänzende Vorschriften für die Aufstellung der Regionalen Raumordnungsprogramme

(1) [1] Die Träger der Regionalplanung haben für ihren jeweiligen Planungsraum ein Regionales Raumordnungsprogramm aufzustellen. [2] Abweichend von § 7 Abs. 1 Satz 3 ROG können die Träger der Regionalplanung Festlegungen nicht in sachlichen und nicht in räumlichen Teilprogrammen treffen. [3] Die Festlegung von Flächen für die Windenergie an Land darf abweichend von Satz 2 in einem sachlichen Teilprogramm Windenergie erfolgen, sofern der Antrag auf Genehmigung des Teilprogramms nach Absatz 5 bis spätestens 31. Dezember 2032 bei der oberen Landesplanungsbehörde eingegangen ist. [4] Die erneute Vorlage des Teilprogramms zur Genehmigung nach Durchführung eines ergänzenden Verfahrens zur Behebung von Fehlern nach § 11 Abs. 6 ROG darf auch nach dem 31. Dezember 2032 erfolgen.

(2) Abweichend von Absatz 1 Satz 1 und von § 13 Abs. 1 Satz 1 Nr. 2 ROG können kreisfreie Städte von der Aufstellung eines Regionalen Raumordnungsprogramms absehen.

(3) [1] Im Regionalen Raumordnungsprogramm sind diejenigen Ziele und Grundsätze der Raumordnung festzulegen, die aufgrund von Planungsaufträgen nach § 4 Abs. 1 durch das Landes-Raumordnungsprogramm den Regionalen Raumordnungsprogrammen vorbehalten sind. [2] Es können weitere Ziele und Grundsätze der Raumordnung festgelegt werden, die den gesetzlichen Grundsätzen der Raumordnung und den Zielen und Grundsätzen des Landes-Raumordnungsprogramms nicht widersprechen. [3] Die Träger der Regionalplanung haben ihr jeweiliges Regionales Raumordnungsprogramm nach einer Neuaufstellung oder Änderung des Landes-Raumordnungsprogramms daraufhin zu überprüfen, ob und inwieweit

1. eine Anpassung an dessen Ziele und Grundsätze erforderlich ist und
2. Planungsaufträge nach § 4 Abs. 1 umzusetzen sind.

[4] Das Ergebnis der Überprüfung ist der oberen Landesplanungsbehörde innerhalb von drei Monaten nach Inkrafttreten der Neuaufstellung oder Änderung des Landes-Raumordnungsprogramms zu übermitteln. [5] Stellt der Träger der Regionalplanung einen Regelungsbedarf fest, so soll innerhalb von neun Monaten nach Inkrafttreten der Neuaufstellung oder Änderung des Landes-Raumordnungsprogramms die Unterrichtung nach § 9 Abs. 1 ROG über die Einleitung eines Verfahrens zur Neuaufstellung oder Änderung des Regionalen Raumordnungsprogramms vorgenommen werden. [6] Zum Zeitpunkt des Inkrafttretens der Neuaufstellung oder Änderung des Landes-Raumordnungsprogramms bereits förmlich eingeleitete Verfahren zur Neuaufstellung oder Änderung eines Regionalen Raumordnungsprogramms dürfen

1. ohne Umsetzung neuer oder geänderter Planungsaufträge nach § 4 Abs. 1 und
2. ohne Anpassung an neue oder geänderte Ziele und Grundsätze des Landes-Raumordnungsprogramms, soweit nicht im Regionalen Raumordnungsprogramm Ziele festgelegt werden, die mit den neu aufgestellten oder geänderten Zielen des Landes-Raumordnungsprogramms unvereinbar sind,

abgeschlossen werden, wenn die Genehmigung nach Absatz 5 innerhalb einer Frist von 18 Monaten nach Inkrafttreten der Neuaufstellung oder Änderung des Landes-Raumordnungsprogramms beantragt wird; Satz 5 bleibt unberührt. [7] Verfahren zur Aufstellung oder Änderung eines Regionalen Raumordnungsprogramms, die zumindest auch der Festlegung von Flächen für Windenergie an Land im Sinne des § 3 Abs. 1 des Windenergieflächenbedarfsgesetzes (WindBG) zur Erreichung der Teilflächenziele nach der Anlage zum Niedersächsischen Windenergieflächenbedarfsgesetz (NWindG) dienen, dürfen

1. ohne Umsetzung der Planungsaufträge nach § 4 Abs. 1 und
2. ohne Anpassung an Ziele oder Grundsätze des Landes-Raumordnungsprogramms, soweit nicht im Regionalen Raumordnungsprogramm Ziele festgelegt werden, die mit den Zielen des Landes-Raumordnungsprogramms unvereinbar sind,

abgeschlossen werden, wenn die Genehmigung nach Absatz 5 bis zum 31. Dezember 2027 beantragt wird. [8]In den Fällen des Satzes 7 gilt Satz 5 mit der Maßgabe, dass die Frist mit der Feststellung nach § 5 Abs. 1 oder 2 WindBG, dass das jeweilige Teilflächenziel nach Spalte 2 der Anlage zum Niedersächsischen Windenergieflächenbedarfsgesetz erreicht ist, beginnt, spätestens aber am 1. Januar 2028.

(4) In den Verflechtungsbereichen der Zentralen Orte mit oberzentralen Funktionen ist eine gemeinsame Regionalplanung anzustreben.

(5) [1]Das Regionale Raumordnungsprogramm wird vom Träger der Regionalplanung als Satzung erlassen; es bedarf der Genehmigung der oberen Landesplanungsbehörde, die die Rechtmäßigkeit überprüft. [2]Die obere Landesplanungsbehörde kann räumliche oder sachliche Teile des Regionalen Raumordnungsprogramms vorweg genehmigen oder von der Genehmigung ausnehmen. [3]Die Genehmigung gilt als erteilt, wenn über den Genehmigungsantrag nicht innerhalb von drei Monaten nach seinem Eingang entschieden worden ist. [4]Dies gilt nicht, wenn der Träger der Regionalplanung einer Fristverlängerung zugestimmt hat. [5]Dem Träger der Regionalplanung ist auf Antrag zu bescheinigen, dass die Genehmigung als erteilt gilt. [6]Enthält das Regionale Raumordnungsprogramm Festlegungen von Flächen für die Windenergie an Land im Sinne des § 3 Abs. 1 WindBG, die der Erreichung der Teilflächenziele nach der Anlage zum Niedersächsischen Windenergieflächenbedarfsgesetz dienen, so müssen den Genehmigungsunterlagen auch die Angaben nach § 5 Abs. 1 Satz 1 Halbsatz 2 WindBG zu entnehmen sein. [7]Die Genehmigung des Regionalen Raumordnungsprogramms ist unabhängig von der Erreichung der Teilflächenziele nach der Anlage zum Niedersächsischen Windenergieflächenbedarfsgesetz möglich, solange absehbar ist, dass sich die Planungsträger in dem betroffenen Planungsraum der Erfüllung der Sicherstellungsverpflichtung nach § 2 NWindG weiter annähern.

(6) [1]Die Erteilung der Genehmigung nach Absatz 5 wird vom Träger der Regionalplanung öffentlich bekannt gemacht (§ 10 Abs. 1 ROG). [2]Diese Bekanntmachung tritt an die Stelle der sonst für Satzungen vorgeschriebenen Verkündungen. [3]Werden im Planungsraum die Teilflächenziele nach der Anlage zum Niedersächsischen Windenergieflächenbedarfsgesetz erreicht, so hat die Bekanntmachung auch die Feststellung nach § 5 Abs. 1 Satz 1 Halbsatz 1 WindBG zu enthalten, dass der Plan mit den Teilflächenzielen im Einklang steht. [4]Die Angaben nach § 5 Abs. 1 Satz 1 Halbsatz 2 WindBG sind in oder zusammen mit den in § 10 Abs. 2 Satz 1 ROG genannten Unterlagen im Internet zu veröffentlichen sowie zu jedermanns Einsicht bereit zu halten. [5]Hierauf ist in der Bekanntmachung nach § 10 Abs. 1 ROG hinzuweisen.

(7) [1]Das Regionale Raumordnungsprogramm ist vor Ablauf von zehn Jahren seit seinem Inkrafttreten insgesamt daraufhin zu überprüfen, ob eine Änderung oder Neuaufstellung erforderlich ist. [2]Führt die Überprüfung zu dem Ergebnis, dass weder eine Änderung noch eine Neuaufstellung erforderlich ist, so ist die obere Landesplanungsbehörde hierüber vor der Bekanntmachung nach Satz 3 Nr. 1 zu unterrichten. [3]Das Regionale Raumordnungsprogramm tritt mit Ablauf der Frist nach Satz 1 außer Kraft, wenn nicht vorher

1. der Träger der Regionalplanung öffentlich bekannt macht, dass die Überprüfung nach Satz 1 zu dem Ergebnis geführt hat, dass weder eine Änderung noch eine Neuaufstellung erforderlich ist,
2. der Träger der Regionalplanung die Einleitung des Beteiligungsverfahrens zu einer Änderung oder Neuaufstellung des Plans nach § 9 Abs. 2 Sätze 3, 4 und 6 ROG öffentlich bekannt macht oder

3. die obere Landesplanungsbehörde die Geltungsdauer verlängert und der Träger der Regionalplanung diese Verlängerung öffentlich bekannt macht.

[4] Ein Antrag auf Verlängerung der Geltungsdauer nach Satz 3 Nr. 3 soll bei der oberen Landesplanungsbehörde mindestens drei Monate vor Ablauf der Geltungsdauer und unter Angabe von Gründen gestellt werden. [5] Am Tag der Bekanntmachung nach Satz 3 Nr. 1 oder 2 beginnt die Frist nach Satz 1 neu. [6] Wird die Geltungsdauer des Regionalen Raumordnungsprogramms nach Satz 3 Nr. 3 verlängert, so tritt es mit Ablauf der verlängerten Geltungsdauer außer Kraft, wenn nicht vorher eine neue Bekanntmachung nach Satz 3 vorgenommen wird.

(8) Die Landesregierung wird ermächtigt, durch Verordnung das Nähere zum Verfahren der Aufstellung und Abstimmung der Regionalen Raumordnungsprogramme zu bestimmen sowie Vorschriften über die Darstellung des Planinhalts, insbesondere über einheitlich zu verwendende Planzeichen und ihre Bedeutung, zu erlassen.

Erläuterungen

Übersicht

1. Pflicht zur Aufstellung eines RROP (Absatz 1 Satz 1)

Die **Verpflichtung**, in den Flächenländern neben einem landesweiten Raumordnungsplan auch **Regionalpläne aufzustellen**, ergibt sich bereits aus § 13 Abs. 1 ROG, § 5 Abs. 1 Satz 1 NROG hat insofern nur klarstellende Wirkung. Regionalpläne haben in Niedersachsen den Namen „Regionale Raumordnungsprogramme" (RROP). 1

Die Aufstellung der RROP durch die Träger der Regionalplanung (näher dazu § 20) erfolgt im **eigenen Wirkungskreis**. Regionalplanung ist ein Akt der kommunalen **Rechtsetzung**. Hiervon zu unterscheiden ist die **Rechtsanwendung** – bspw. in Form von Raumverträglichkeitsprüfungen, Zielabweichungsverfahren, Untersagungen oder raumordnerischen Stellungnahmen –, bei der die gleichen Behörden/Ämter/Bediensteten als **untere Landesplanungsbehörden weisungsgebunden im übertragenen Wirkungskreis** tätig sind (näher dazu § 19). 2

3 Ebenso wie das LROP darf auch ein RROP nur soweit Festlegungen enthalten, wie hierfür eine **gesetzliche Ermächtigungsgrundlage** besteht. Die Ermächtigung, im RROP für das gesamte Gebiet des regionalen Planungsraums für einen regelmäßig mittelfristigen Zeitraum Ziele und Grundsätze der Raumordnung zur Entwicklung, Ordnung und Sicherung des Raums, insbesondere zu den Nutzungen und Funktionen des Raums, treffen zu können, befindet sich im Bundesrecht (§ 7 Abs. 1 Satz 1 i. V. m. § 13 Abs. 1 Satz 1 Nr. 1 ROG).

4 In Themenbereichen, die stark durch Fachrecht geregelt sind, sind Anforderungen und Grenzen eines **„Nebeneinanders" von Raumordnungsrecht und Fachrecht** zu beachten. Die fachrechtlichen Anforderungen dürfen durch Vorgaben der Raumordnung in der Regel nicht verändert oder ersetzt werden. **Raumordnung darf in der Regel nichts verbieten, was durch Fachrecht erlaubt ist. Raumordnung darf in der Regel nichts erlauben, was durch Fachrecht verboten ist** (vgl. BVerwG, Urt. vom 30.1.2003 – 4 CN 14.01–, dejure.org, näher dazu § 4 Rn. 14 f.).

5 Ferner unterliegen die Träger der Regionalplanung dem Entwicklungsgebot aus dem LROP.

6 Aspekte der **Regionalentwicklung** können nur in Grenzen Bestandteil eines RROP sein. Regionalentwicklung ist zwar Teil der Raumordnung. Maßnahmen der Regionalentwicklung sind vielfach jedoch nicht selbst Vorgaben zur Entwicklung, Ordnung und Sicherung des Raums (und sind damit keine Festlegungen in einem Raumordnungsplan i. S. v. § 3 Abs. 1 Nr. 2 und 3 ROG), sondern dienen in aller Regel entweder deren Vorbereitung oder erst deren Umsetzung. Aussagen und Hinweise auf die Regionalentwicklung können in einer Präambel des Regionalplans oder in der Begründung erfolgen, um die Ziele und Grundsätze zu „kolorieren".

7 **Keine Aussagen** darf ein RROP zu solchen Maßnahmen formulieren, die noch nicht einmal zur Regionalentwicklung zählen und die überhaupt **nicht** i. S. des raumordnerischen **Auftrags nach § 1 ROG** dazu dienen, unterschiedliche Anforderungen an den Raum aufeinander abzustimmen, raumbedeutsame Nutzungskonflikte auszugleichen oder Vorsorge für einzelne Nutzungen und Funktionen des Raums zu treffen. Dies betrifft bspw. Aussagen, bei denen es schlicht um individuelle Handlungsweisen, **Betriebsabläufe**, **Arbeits- und Produktionsbedingungen** oder um Fragen von **Marketing** und Absatzförderung, der technischen **Bauweise** oder um die **Taktung des ÖPNV** geht. Das Verbot gilt sowohl für abstrakte Aussagen wie beispielsweise dem Anliegen, dem **Fachkräftemangel** zu begegnen und die Integration ins Berufsleben zu fördern, als auch für konkrete Aussagen, beispielsweise zur Verwertung von Klärschlamm, zu einem **Tarifverbund** oder zur **Schülerbeförderung**. Dass sich derartige Veränderungen im ganzen Kreisgebiet positiv auswirken und zu einer allgemein wahrnehmbaren Verbesserung der Lebens-, Arbeits- und Umweltbedingungen führen, genügt zur Einstufung als „raumordnerische" Maßnahme nicht. Derartige Aspekte könnten allenfalls in der Begründung Platz finden.

2. Teilplanverbot (Absatz 1 Sätze 2–4)

2.1 Grundsätzliches

8 Die regionalen Planungsräume unterscheiden sich bundesweit erheblich in ihrer Flächengröße. Das Spektrum reicht von Landkreisen über größere, abgegrenzte Regionen bis hin zu Regierungsbezirken. Angesichts der in Niedersachsen ganz überwiegend vergleichsweise kleinen regionalen Planungsräume sieht § 5 Abs. 1 Satz 2 NROG ein Teilplanverbot vor. Bei Aufstellung eines RROP ist stets der **gesamte Planungsraum in den Blick zu nehmen**. **Räumliche oder sachliche regionale Teilpläne (Begriff in Niedersachsen: Teilprogramme) sind unzulässig**. Dieses Teilplanverbot auf regionaler Ebene besteht in Niedersachsen schon lange, seit dem NROG-2012 in Gestalt von Abweichungsrecht zum Bundesrecht, das den Erlass von Teilplänen ausdrücklich zulässt.

Sachliche Teilpläne sind Raumordnungspläne, bei deren Aufstellung oder Änderung sich der Planungsträger bewusst nicht mit der Regelungserforderlichkeit zu allen in § 13 Abs. 5 ROG genannten Themenbereichen planerisch auseinandergesetzt hat, sondern die nur zu ausgewählten, einzelnen Thematiken Festlegungen treffen. Beispiele für sachliche Teilpläne sind **Braunkohlenpläne** (wie sie bspw. in Nordrhein-Westfalen, Brandenburg oder Sachsen existieren) oder der **Bundesraumordnungsplan für den Hochwasserschutz**. 9

Räumliche Teilpläne beschränken sich auf einen bestimmten Teil des Planungsraums unter „Nicht-Beplanung" bestimmter anderer Bereiche des Planungsraums, zu denen keinerlei raumplanerische Prüfung und Auseinandersetzung erfolgt ist. Beispiele für räumliche Teilpläne sind bspw. die Raumordnungspläne des Bundes gem. § 17 Abs. 1 ROG für die **deutsche ausschließliche Wirtschaftszone in der Nordsee bzw. in der Ostsee**. 10

Nicht unter das Teilplanverbot fällt die Möglichkeit, sachbezogen bestimmte räumliche Bereiche konkreteren Regularien zu unterwerfen als andere oder für bestimmte Teilbereiche bewusst eine „Nicht-Regelung" bzw. Weißflächenplanung vorzusehen. So ist z. B. gemäß Kap. 3.2.2 Ziff. 10 LROP zulässig, in regionalen Planungsräumen, die durch Rohstoffgewinnung erheblich belastet sind, zur geordneten räumlichen Steuerung des Bodenabbaus Vorranggebiete mit teilräumlich begrenzter Ausschlusswirkung festzulegen. Solche **differenzierten Planungen** müssen auf einem gesamträumlichen Planungskonzept beruhen. Wird zunächst der gesamte regionale Planungsraum untersucht und wird erst in den darauffolgenden Planungsschritten – z. B. aufgrund unterschiedlicher naturräumlicher Gegebenheiten oder Konzentration von Rohstoffvorkommen in bestimmten Bereichen – eine weitere Differenzierung vorgenommen und die Ausschlusswirkung bewusst nur auf bestimmte räumliche Bereiche des Planungsraums begrenzt, ist das Teilplanverbot gewahrt. 11

Das **Teilplanverbot** erfasst sowohl das **von vornherein** beabsichtigte Aufstellen eines Teilplans als auch dessen **späteres Entstehen**. Kann ein RROP von der Genehmigungsbehörde nicht vollumfänglich genehmigt werden (dazu Rn. 81 ff.), darf ein inhaltlich „reduziertes" RROP nur dann in Kraft gesetzt werden, wenn es trotz der entfallenen Festlegungen (noch) keinen Teilplan darstellt. Ferner ist das Teilplanverbot bei der Zulassung einer Anpassung in zwei Geschwindigkeiten von Bedeutung (dazu Rn. 56 ff.). 12

Die **Möglichkeit, ein RROP in sachlichen oder räumlichen Teilabschnitten fortzuschreiben, bleibt vom Teilplanverbot unberührt** (§ 6 Abs. 1 Satz 2 NROG). Bei derartigen Änderungsverfahren wird lediglich ein Teil der Festlegungen geändert, neu gefasst, ergänzt oder aufgehoben; der Rest der Festlegungen gilt unverändert fort, sodass bei diesen Verfahren stets ein umfänglicher Gesamtplan bestehen bleibt. Dadurch ist gewährleistet, dass kein Widerspruch zu dem gesetzlichen Teilplanverbot entsteht. 13

2.2 Teilplanmöglichkeit für die Festlegung von Windenergiegebieten

Mit der NROG-Änderung 2024 wurde eine **Ausnahme vom Teilplanverbot für die Ausweisung von Flächen für die Windenergienutzung** eingeführt. Die Regelung soll den Trägern der Regionalplanung erleichtern, die **Planungspflichten des WindBG und des NWindG** zu erfüllen. Ferner soll die Teilplanmöglichkeit dabei helfen, die bundesgesetzliche Rechtswirkung des § 249 Abs. 7 BauGB im Falle einer Nicht-Erfüllung der Teilflächenziele (die sog. **Super-Privilegierung**, wonach Windenergieanlagen im gesamten Außenbereich als privilegierte Vorhaben gelten und Regelungen sämtlicher Raumordnungs- und Flächennutzungspläne ihre Wirkung im immissionsschutzrechtlichen Zulassungsverfahren verlieren) abzuwenden, näher dazu § 3 Rn. 259. Ein **regionales Teilprogramm für die Windenergienutzung stellt eine alternative Option zur Ausweisung von Windenergiegebieten in einem Gesamtplan** dar; das **Wahlrecht** liegt bei dem Träger der Regionalplanung. 14

Sachlich ist ein solches Teilprogramm beschränkt auf die **Ausweisung von Gebieten für die Windenergienutzung sowie der damit zusammenhängenden Festlegungen,** bspw. 15

Regelungen zur Höhe oder „Nicht-Höhenbeschränkung" von Windenergieanlagen, zum Verbot von Höhenbeschränkungen auf nachgelagerten Planungsebenen oder zum Repowering. Festlegungen zu anderen Themen der Energieerzeugung oder Energieversorgung sind ausweislich der Gesetzesbegründung und des eindeutigen Gesetzeswortlauts nicht von der Teilplan-Ermächtigung umfasst.

16 Nicht ausdrücklich geregelt ist, ob in einem Teilprogramm **sämtliche regionalplanerischen Windenergiegebiete bzw. Regelungen zur Windenergienutzung enthalten** sein müssen oder es auch möglich wäre, einen Teil dieser Gebiete im Gesamt-RROP festzulegen und einen anderen Teil in einem Regionalen Teilprogramm Windenergie. Dafür, dass ein Regionales Teilprogramm sämtliche Windenergiegebiete bzw. Windenergiefestlegungen enthalten muss, spricht, dass § 5 NROG ausdrücklich nur „sachliche" Teilpläne gestattet, keine „räumlichen". Gegen eine Aufteilung spricht ferner die begrenzte Laufzeit von RROP. Eine Aufteilung von Windenergiegebieten auf verschiedene Pläne hätte unterschiedliche Laufzeiten der Gebiete zur Folge. Durch ein Auslaufen „älterer" Gebiete kann innerhalb weniger Jahre die erneute Gefahr der „Super-Privilegierung" und die Notwendigkeit einer Gesamt-Plananpassung entstehen – ohne dass dann die Zurückstellungsmöglichkeiten des § 5 Abs. 3 Satz 7 NROG greifen könnten. Dies spricht dafür, dass die Aufteilung vom Gesetzgeber nicht gewollt war. Hierin unterscheiden sich Regionale Raumordnungsprogrammme und Regionale Teilprogramme von Teil-Flächennutzungsplänen.

17 Die **Aufhebung von entgegenstehenden Vorranggebieten ist kein Inhalt eines solchen Teilplans**. Die Nr. 6.7 der Arbeitshilfe für die Ausweisung von Windenergiegebieten in Regionalen Raumordnungsprogrammen des Niedersächsischen Ministeriums für Ernährung, Landwirtschaft und Verbraucherschutz weist hierauf zutreffend hin. Werden Windenergiegebiete auf Flächen ausgewiesen, die im RROP zuvor für eine andere Nutzung vorgesehen waren (bspw. als Vorranggebiete für Rohstoffgewinnung oder für ruhige Erholung), darf deren Aufhebung zwar verfahrensmäßig „Hand in Hand" mit der Ausweisung der Vorranggebiete Windenergienutzung erfolgen. Formal handelt es sich bei dieser Aufhebung aber nicht um eine Regelung „im" Teilplan, sondern um eine zeitgleiche punktuelle Änderung des Gesamt-RROP. Die Gesetzesbegründung zum NROG 2024 bringt klar das Anliegen des Gesetzgebers zum Ausdruck, Planungen *„sachlich auf die Ausweisung von Windenergiegebieten zu beschränken"* (Drs. 19/2630). Zeitlich befristet ist es zulässig und gewollt, allein Verfahren mit *„begrenzten Planinhalten"* durchführen zu dürfen, ohne dass zugleich – anders als normalerweise – die Notwendigkeit „akut" wird, das gesamte RROP auf Anpassungserfordernisse überprüfen zu müssen.

18 Zulässig ist allenfalls eine **formelle Rechtsbereinigung**. Rechtsbereinigung hat ausschließlich das Ziel, den Bestand der geltenden Gesetze, Verordnungen etc. übersichtlich zu halten, damit klar erkennbar ist, welche Rechtsnormen heute anwendbar sind. Eine Änderung der materiellen Rechtslage darf im Wege der Rechtsbereinigung nicht vorgenommen werden. Im Rahmen einer Rechtsbereinigung können gegenstandslos gewordene Rechtsvorschriften aufgehoben werden, die für heutige Sachverhalte keine Wirkung mehr entfalten. Dies kann im Einzelfall eine Aufhebung eines Vorranggebietes zugunsten anderer Nutzungen/Funktionen aus Gründen der Rechtsklarheit sein, wenn und soweit dieses aufgrund einer Überlagerung durch neu festgelegte Vorrangebiete Windenergie dauerhaft nicht mehr vollziehbar ist (vgl. https://www.bmj.de/DE/themen/buerokratieabbau_rechtsetzung/bessere_rechtsetzung/rechtspruefung/rechtsbereinigung/rechtsbereinigung_node.htmlhttps://www.bmj.de/DE/themen/buerokratieab-bau_rechtsetzung/bessere_rechtsetzung/rechtspruefung/rechtsbereinigung/rechtsbereinigung_node.html; „Deutscher Bundestag – Wissenschaftliche Dienste, Ausarbeitung WD 3 – 3000 – 027/18").

Keinesfalls kann eine „Rechtsbereinigung" weitergefasst z. B. dahingehend verstanden werden, dass im Zusammenhang mit dem Teilprogramm anstelle eines überlagerten Vorranggebietes jedenfalls auch ein überlagerungsfähiges Vorbehaltsgebiet (für die gleiche Nutzung) festgelegt werden dürfe. Eine solche materiell-rechtliche Änderung müsste

Gegenstand eines Verfahrens zur Neuaufstellung oder Änderung des „regulären" RROP werden.

Wird ein **Regionales Teilprogramm Windenergienutzung** aufgestellt, ist es eine **rechtlich eigenständige Satzung**, die eine **eigenständige 10-jährige Laufzeit** nach Maßgabe des § 5 Abs. 7 NROG besitzt. Für die Aufstellung eines solchen Teilplans gelten die **gleichen Verfahrensanforderungen** wie für einen Gesamtplan: das Verfahren beginnt mit der Bekanntmachung allgemeiner Planungsabsichten, durchläuft ein oder mehrere Beteiligungsverfahren und endet mit der Abwägung und Beschlussfassung, bevor der beschlossene Planentwurf der oberen Landesplanungsbehörde zur Genehmigung vorgelegt wird. 19

Die Aufstellung eines Teilprogramms Windenergie kann **von vornherein als eigenständiges Verfahren eingeleitet** werden. 20

Ebenso ist es möglich, **von einem bereits laufenden Verfahren zur Gesamt-Neuaufstellung oder Gesamt-Änderung des RROP die Festlegungen zum Thema Windenergienutzung abzuteilen** und die Planung hierzu in Form eines Teilplans eigenständig und in eigener (schnellerer) Geschwindigkeit zu Ende zu führen, während die Änderung des Gesamt-RROP langsamer nachfolgt. Bereits vollständig durchgeführte Verfahrensschritte müssen nicht wiederholt werden. War das Verfahren bspw. zunächst als Gesamtfortschreibung geplant und hat der ursprüngliche Gesamt-Planentwurf bereits das erste Beteiligungsverfahren nach § 9 Abs. 2 ROG durchlaufen, aber wird der Planentwurf danach geteilt und wird nur der verbleibende Gesamtplan-Rest nochmals geändert, der Teilplanentwurf „Windenergie" jedoch nicht, muss nur der geänderte Gesamtplan-Rest ein erneutes Beteiligungsverfahren nach § 9 Abs. 3 ROG durchlaufen, nicht aber der unveränderte Teilplanentwurf „Windenergie". Auch im Falle einer solchen „Abtrennung" entstehen im Ergebnis zwei RROP: das Teilprogramm Windenergie und das „Rest-Gesamt-RROP". 21

Die **Teilplan-Möglichkeit gilt nur befristet**. Voraussetzung ist, dass der **Antrag auf Genehmigung** eines solchen RROP-Teilprogramms **spätestens am 31.12.2032** bei der zuständigen oberen Landesplanungsbehörde eingegangen ist. 22

Die Teilplanmöglichkeit ist **nicht auf einen „einmaligen Gebrauch" beschränkt**. Wird ein Teilplan bereits zu einem frühen Zeitpunkt aufgestellt, ist es denkbar, dass der Teilplan nochmals geändert oder ergänzt wird; bspw., weil in einem ersten Planungsschritt zunächst nur das Teilflächen-Zwischenziel erreicht werden sollte und erst in einem zweiten Planungsschritt das Teilflächen-Schlussziel umgesetzt wird. Auch für die Änderung oder Ergänzung eines Teilplans gilt die Fristgrenze des 31.12.2032; der Antrag auf Genehmigung der Änderung oder Ergänzung eines Teilplans müsste daher ebenfalls vor Ablauf des 31.12.2032 bei der oberen Landesplanungsbehörde eingegangen sein. 23

Für **Fehlerbehebungsverfahren** i. S. des § 11 Abs. 6 ROG sowie des § 7 NROG gilt die Fristgrenze nicht. Ein Fehlerbehebungsverfahren stellt kein neues Verfahren, sondern die Fortführung eines aufgrund des Fehlers noch nicht abgeschlossenen Verfahrens dar (vgl. Drs. 19/2630). Aufgrund des einschränkungslosen Gesetzeswortlauts ist es unerheblich, ob nach Durchführung des ergänzenden Verfahrens i. S. des § 11 Abs. 6 ROG der geheilte Raumordnungsplan rückwirkend oder mit Wirkung für die Zukunft in Kraft gesetzt wird. 24

3. Sonderregelungen für kreisfreie Städte (Absatz 2)

Bei § 5 Abs. 2 NROG handelt es sich um **niedersächsisches Abweichungsrecht** i. S. des Art. 72 Abs. 3 GG zu § 13 Abs. 1 Satz 1 ROG, der für Flächenländer eine durchgängig zweistufige Raumordnungsplanung vorsieht. § 5 Abs. 2 NROG lockert dieses System in Bezug auf Planungsräume, die in der **Regionalplanungsträgerschaft kreisfreier Städte** liegen. Träger der Regionalplanung sind in Niedersachsen die Landkreise und die ihnen kommunalverfassungsrechtlich oder spezialgesetzlich gleichgestellten Träger. Dementsprechend sind Träger der Regionalplanung auch kreisfreie Städte sowie die Stadt Göttingen. 25

26 § 5 Abs. 2 NROG stellt kreisfreie Städte, die die Aufgabe der Regionalplanung nicht auf einen anderen Aufgabenträger übertragen haben und insofern selbst Träger der Regionalplanung sind (§ 20 Abs. 1 Satz 1 NROG), von der Pflicht zur Aufstellung eines RROP frei. Wegen ihres örtlichen, auf das Stadtgebiet begrenzten Planungsraums kann eine kreisfreie Stadt nur in begrenztem Maß überörtliche Steuerungen bewirken. Die Rechtsetzungsbefugnis endet an der Stadtgrenze. Stattdessen **haben diese kreisfreien Städte ein Wahlrecht**. Sie können ein **RROP** oberhalb der Ebene des **Flächennutzungsplans** aufstellen, wenn sie die Nutzung des raumordnungsrechtlichen Instrumentariums einschließlich seiner rechtlichen Bindungswirkungen zur Bewältigung überörtlich bedeutsamer Themen für erforderlich halten. Alternativ können kreisfreie Städte – und das ist der praktische Regelfall – allein das Instrumentarium der kommunalen Bauleitplanung nutzen und auf die Aufstellung eines RROP verzichten.

27 Das Wahlrecht betrifft nur die formale Frage, welches planerische Instrument gewählt werden soll. § 5 Abs. 2 NROG bewirkt **keine materielle Freistellung von Regelungsverpflichtungen i. S. v. § 4 Abs. 1 und § 5 Abs. 3 Satz 1 NROG**. Dem Gebot zur **Umsetzung der Ziele der Raumordnung sowie der materiellen Erfüllung von Planungsaufträgen** ist auch bei Verzicht auf die Aufstellung eines RROP Rechnung zu tragen. Soweit das LROP z. B. die Zulässigkeit von raumbedeutsamen Vorhaben oder Planungen an bestimmte regionalplanerische Festlegungen anknüpft – z. B. lässt Kap. 2.3 Ziff. 06 Buchst. b LROP ein größeres Randsortiment von Einzelhandelsgroßprojekten nur zu, wenn sich dessen Raumverträglichkeit aus einem verbindlichen regionalen Einzelhandelskonzept ergibt –, so ermöglicht § 5 Abs. 2 NROG kein gänzliches Nichtbeachten solcher Vorgaben. § 5 Abs. 2 NROG gestattet lediglich, dass solche Vorgaben sinngemäß auf anderer Planungsebene umgesetzt werden, z. B. im Rahmen eines verbindlichen und regional abgestimmten städtebaulichen Einzelhandelskonzepts.

28 In Bezug auf die **Windenergienutzung** haben auch die kreisfreien Städte ihr durch Landesgesetz vorgegebenes **Teilflächenziel zu erfüllen**. Die Ausweisung von Windenergiegebieten durch kreisfreie Städte kann

- durch Neuaufstellung oder Änderung eines RROP-Gesamtplans,
- durch Neuaufstellung oder Änderung eines RROP-Teilplans „Windenergie" (s. Erl. zu § 5 Abs. 1),
- durch Aufstellung, Änderung oder Ergänzung eines Flächennutzungsplans oder eines Teil-Flächennutzungsplans sowie
- durch Bebauungspläne

erfolgen.

4. Entwicklungsgebot (Absatz 3 Satz 1)

29 § 5 Abs. 3 Satz 1 NROG konkretisiert (ebenso wie Absatz 3 Sätze 3 ff. NROG) das **Entwicklungsgebot** nach § 13 Abs. 2 Satz 1 ROG. Danach sind die RROP aus dem LROP zu entwickeln. Dieses Entwicklungsgebot beinhaltet das Erfordernis, die **im LROP enthaltenen Ziele der Raumordnung auf regionaler Ebene zu konkretisieren**. So sind die im LROP im Maßstab 1: 500 000 festgelegten Vorranggebiete von den Trägern der Regionalplanung gem. Ziff. 02 Anlage 3 der LROP-VO im Maßstab 1: 50 000 näher festzulegen.

30 Dem Entwicklungsgebot unterfällt ferner die **Festlegung von Zielen der Raumordnung, die durch das LROP den RROP vorbehalten** sind (§ 5 Abs. 3 Satz 1 NROG). Dies sind insbesondere Ziele, die deshalb nicht landesweit festgelegt werden, weil sie nur auf der regionalen Ebene auf die jeweiligen teilräumlichen Gegebenheiten abgestimmt werden können oder weil sie nicht in allen Teilräumen des Landes die gleiche Bedeutung haben. Dabei handelt es sich z. B. um Vorranggebiete für die Nutzung der Windenergie oder für Kleigewinnung.

31 Soweit das LROP verbindliche **Planungsaufträge** enthält, besteht der Handlungsspielraum lediglich im Rahmen dieser Umsetzungspflicht; dem Träger der Regionalplanung steht nicht frei, von einer Umsetzung des Auftrags abzusehen.

5. Weitere Festlegungen in RROP (Absatz 3 Satz 2)

32 Nach § 5 Abs. 3 Satz 2 NROG haben die Träger der Regionalplanung ausdrücklich die **Möglichkeit, eigene weitere Grundsätze und Ziele der Raumordnung festzulegen**. Eine diesbezügliche Verpflichtung besteht nicht. Voraussetzung ist, dass diese weiteren Planungsinhalte ordnungsgemäß mit den in § 2 Abs. 2 ROG und § 2 NROG enthaltenen gesetzlichen Grundsätzen der Raumordnung sowie Grundsätzen des LROP abgewogen wurden und den Zielen des LROP nicht widersprechen (vgl. auch § 1 Rn. 68 ff.).

33 Auch solche Grundsätze und Ziele dürfen Auswirkungen auf die kommunale Bauleitplanung haben. Die **Bauleitplanung** besteht gemäß § 1 Abs. 4 BauGB und Art. 28 GG nur **im Rahmen der Gesetze**. Raumordnung hat die Befugnis, durch Festlegungen in Raumordnungsplänen einen solchen Rahmen zu setzen; entsprechend sind die Bauleitpläne den Zielen der Raumordnung anzupassen (näher § 1 Rn. 158 ff.). Dieser **Rahmen darf sowohl durch Landes- als auch durch Regionalplanung** gesetzt werden und gestattet auch rahmensetzende Festlegungen allein durch die Regionalplanung.

34 § 5 Abs. 3 Satz 2 NROG enthält indes keine dem § 4 Abs. 1 NROG entsprechende Ermächtigung. Dies resultiert aus den unterschiedlichen grundgesetzlichen Kompetenztiteln für die Raumordnung einerseits (Art. 74 Abs. 1 Nr. 31 GG) und das Bodenrecht (als Kompetenztitel für die örtliche Bauleitplanung) andererseits (Art 74 Abs. 1 Nr. 18 GG). Insofern ist es der **Raumordnung, insbesondere der Regionalplanung, verwehrt, Planungsaufträge für die Bauleitplanung zu normieren**.

6. Anpassungsgebot (Absatz 3 Sätze 3 ff.)

35 Nach **Art. 20 Abs. 3 GG ist die vollziehende Gewalt an Gesetz und Recht gebunden**. Aufgrund dieser verfassungsrechtlichen Vorgabe entfalten Festlegungen des LROP Bindungswirkung gegenüber den Trägern der Regionalplanung. Ziele und Grundsätze eines Raumordnungsplans sind gem. § 4 ROG von allen öffentlichen Stellen einzuhalten. Planungsaufträge des LROP sind von den Trägern der Regionalplanung umzusetzen. Die **Bindungswirkung nach Art. 20 Abs. 3 GG und § 4 ROG** gilt ab Inkrafttreten des LROP. Regionalplanungsträger, die bei Aufstellung oder Änderung eines Regionalplans einzelne Ziele, Grundsätze oder Handlungsaufträge unbeachtet lassen würden, würden bundes und verfassungswidrig handeln.

36 Die **Beachtenspflicht von Vorgaben des LROP** durch die Regionalplanung steht daher **weder zu ihrer sachlichen oder zeitlichen Disposition**, noch entspringt die Anpassungspflicht (wie häufig fälschlich angenommen) originär dem NROG.

37 In seiner **früheren Fassung** enthielt § 5 Abs. 3 Satz 3 NROG die Vorgabe: *„Regionale Raumordnungsprogramme sind Änderungen und einer Neuaufstellung des Landes-Raumordnungsprogramms* ***unverzüglich anzupassen****"*. Es handelte sich um eine bloß deklaratorische Regelung, die die ohnehin geltende Bindungswirkung des LROP für Regionalpläne einschließlich der daraus folgenden Anpassungspflichten lediglich landesgesetzlich nochmals ausdrücklich „sichtbar machte". Unter „unverzüglich" ist ein Handeln „ohne schuldhaftes Zögern" zu verstehen. Dies bedeutet nicht „sofort". Entscheidend ist die (subjektive) Zumutbarkeit alsbaldigen Handelns. Der Betreffende hat eine angemessene Überlegungsfrist, deren Länge von der Schwierigkeit und Komplexität der von ihm zu treffenden Entscheidung abhängt und nach den Umständen verschieden lang ist (vgl. bspw. BGH, Urt. vom 24.1.2008 – 7 ZR 17/07 –, NJW 2008 S. 985; openJur 2011, 7312). Den Trägern der Regionalplanung ist dabei regelmäßig abzuverlangen, die Fortschreibung des LROP kontinuierlich im Blick zu haben. Insbesondere in Bezug auf Planungsaufträge ist ihnen abzuverlangen, sich frühzeitig darauf vorzubereiten, dass mit deren Inkrafttreten auch die

Anpassungspflicht entsteht. Dennoch war es in der regionalen Planungspraxis verbreitet, die Anpassung des RROP auf den letztmöglichen Zeitpunkt vor Ablauf seiner Geltungsdauer zu verschieben.

38 Mit der Änderung des **NROG 2024** wurde die Regelung präzisiert, um eine einheitlichere Aktualisierungspraxis auf regionaler Ebene zu erreichen. Neben konkreteren **zeitlichen Vorgaben** zur Vornahme bestimmter Handlungen eröffnet sie auch Voraussetzungen und Zeiträume, innerhalb deren die Anpassung zurückgestellt werden darf.

39 Die Regelungen zur Anpassung des RROP an Änderungen des LROP nach § 5 Abs. 3 Sätze 3 ff. NROG sind **Spezialregelungen gegenüber § 5 Abs. 7 NROG,** der **spätestens alle zehn Jahre** eine Gesamtüberprüfung des RROP vorsieht. Die Anpassung eines RROP an Änderungen des LROP ist grds. bereits vor Ablauf dieser zehn Jahre vorzunehmen.

6.1 Umfang und Zeitvorgaben zur Anpassung (Absatz 3 Sätze 3 bis 5)

40 Das Anpassungsgebot erstreckt sich auf das gesamte RROP und erfordert eine **vollständige Anpassung sämtlicher anpassungsbedürftiger Festlegungen**. Das Anpassungsgebot umfasst:

- die Änderung von RROP-Regelungen, die inhaltlich im **Widerspruch** zum LROP stehen,
- die Umsetzung von inhaltlichen **Planungsaufträgen** gem. § 4 Abs. 1 NROG sowie
- die Anpassung des RROP an **formale Anforderungen** nach Anlage 3 der LROP-Verordnung (z. B. Gliederung, Planzeichen).

41 Nach Satz 3 und Satz 4 hat jeder Träger der Regionalplanung **innerhalb von drei Monaten nach Inkrafttreten der Änderung des LROP** der oberen Landesplanungsbehörde eine **Zusammenstellung derjenigen Festlegungen bzw. Themenbereiche zu übermitteln, die überarbeitungsbedürftig** geworden sind.

42 **„Pflichtangaben"** sind diejenigen Festlegungen des RROP, die wegen der Änderung von Zielen oder Grundsätzen des LROP einer inhaltlichen Aufhebung, Änderung oder Ergänzung bedürfen, sowie Angaben darüber, ob bzw. inwieweit der regionale Planungsraum von Planungsaufträgen nach § 4 Abs. 1 betroffen ist, die umzusetzen wären.

43 Eine **formlose Übersicht** genügt den Anforderungen der Sätze 3 und 4. Weder ist es nötig, bereits eine Planungskonzeption vorzulegen, in welcher thematischen Ausrichtung die RROP-Anpassung erfolgen soll, und erst recht ist zu diesem Zeitpunkt noch kein ausformulierter Planentwurf nötig. Da es sich um ein reines **Geschäft der laufenden Verwaltung** ohne planungskonzeptionelle Komponenten handelt, ist für die Erstellung und Übersendung dieser Übersicht auch keine Befassung kommunalpolitischer Gremien erforderlich.

44 Hat ein Träger der Regionalplanung weder einen Anpassungsbedarf an neue oder geänderte Ziele und Grundsätze des LROP noch die Umsetzungserforderlichkeit eines Planungsauftrags festgestellt, ist zunächst nichts weiter zu veranlassen. Der Träger der Regionalplanung hat lediglich die Laufzeit des RROP im Blick zu behalten und rechtzeitig vor dem Außerkrafttreten des RROP die gem. § 5 Abs. 7 NROG nötigen Maßnahmen zu ergreifen.

45 Hat ein Träger der Regionalplanung einen **Anpassungsbedarf** an neue oder geänderte Ziele und Grundsätze des LROP und/oder die Umsetzungserforderlichkeit eines Planungsauftrags festgestellt, hat er in einem nächsten Schritt die Erstellung und **Bekanntmachung allgemeiner Planungsabsichten** i. S. des § 9 Abs. 1 ROG vorzunehmen. Anders als nach früherer Rechtslage soll der Zeitrahmen hierfür nicht mehr vollständig in der Entscheidungsfreiheit der regionalen Planungsträger liegen, weil in Niedersachsen die größten Zeitspannen und zugleich auch die größten Planungsbeschleunigungspotenziale einerseits im Zeitraum vor Erstellung der allgemeinen Planungsabsichten und andererseits im Zeitraum zwischen Bekanntmachung der allgemeinen Planungsabsichten und Bekanntmachung eines Planentwurfs liegen (vgl. Drs. 19/2630 zu § 3 Abs. 1 Satz 1). Hieran knüpft

§ 3 Abs. 3 Satz 5 NROG an, indem er für die Erstellung und Bekanntmachung der allgemeinen Planungsabsichten ein Regel-Zeitfenster von **9 Monaten** vorgibt, beginnend ab Inkrafttreten des LROP. Die Soll-Vorschrift gestattet, in atypisch gelagerten Konstallationen auch einen längeren Zeitraum in Anspruch nehmen zu dürfen (näher zu den allgemeinen Planungsabsichten vgl. § 3 Rn. 3 ff.).

Nachfolgend ist die Erstellung eines Planentwurfs und die Einleitung des Beteiligungsver- 46
fahrens gem. § 9 Abs. 2 ROG vorzunehmen. § 3 Abs. 1 Satz 1 NROG führt den Beschleunigungsansatz des § 5 Abs. 3 Satz 5 NROG fort, indem er vorgibt, dass **zwischen Bekanntmachung der allgemeinen Planungsabsichten und Bekanntmachung des Planentwurfs maximal 12 Monate** liegen sollen (dazu § 3 Rn. 20 ff.).

6.2 Befristete Zurückstellung der Anpassung bei laufender RROP-Planung (Absatz 3 Satz 6)

Die Sätze 6 und 7 enthalten einen „Ausgleich" zu den in den Sätzen 3 und 4 sowie in § 3 47
Abs. 1 Satz 1 NROG enthaltenen zeitlichen Verschärfungen.

Satz 6 betrifft die Konstellation, dass eine **LROP-Änderung während eines bereits laufen- 48**
den RROP-Verfahrens in Kraft tritt. Die Vorschrift ist auf alle Verfahren zur Neuaufstellung, Änderung oder Ergänzung eines Gesamt- oder Teilplans anwendbar, in denen zumindest die allgemeinen Planungsabsichten bekannt gemacht wurden bzw. in vereinfachten Verfahren i. S. des § 9 Abs. 5 ROG i. V. m. § 6 NROG das Beteiligungsverfahren eingeleitet wurde. Satz 6 präzisiert, dass dem Erfordernis einer unverzüglichen **RROP-Anpassung** auch dann Rechnung getragen ist, wenn diese Änderungsbedarfe nicht mehr in das laufende RROP-Verfahren einbezogen werden, sondern **auf das nachfolgende RROP-Verfahren verschoben** werden. Damit verfolgt der Gesetzgeber die Intention, dass bereits laufende Verfahren zügig zu Ende geführt werden können und zwischenzeitige Neuerungen keine Überarbeitung des Planentwurfs erfordern.

Die Ausnahme nach Satz 6 **berechtigt nur zur befristeten Zurückstellung von Anpassungsverpflichtungen aus der jüngsten LROP-Änderung**, nicht aber zur Zurückstellung von Anpassungsverpflichtungen aus früheren, weiter zurückliegenden LROP-Änderungen.

Das „Zurückstellungsrecht" besteht zeitlich nur, sofern der Träger der Regionalplanung 49
sein **RROP innerhalb von 18 Monaten** nach Inkrafttreten der Neuaufstellung oder Änderung des LROP **zur Genehmigung vorlegt**. Aufgrund dieser Fristenregelung ist es **unerheblich, welchen Verfahrensstand das RROP-Verfahren zum Zeitpunkt des Inkrafttretens des LROP bereits erreicht hatte**. Maßgeblich zur Fristwahrung ist lediglich der rechtzeitige Eingang des Genehmigungsantrags; auch Verfahren in einem frühen Verfahrensstadium erhalten dadurch die Gelegenheit, zu Ende geführt zu werden.

Da es bei der Genehmigung des RROP um einen Verwaltungsakt geht, erscheint es sach- 50
gerecht, auch zur **Berechnung der Frist** des § 5 Abs. 3 Satz 6 NROG die Fristenregelungen über Verwaltungsakte entsprechend heranzuziehen. Analog § 31 VwVfG i. V. m. § 187 Abs. 1 BGB **beginnt die 18-Monats-Frist** am Tag nach dem Inkrafttreten des LROP. Die **Frist endet** analog § 31 VwVfG i. V. m. § 188 Abs. 2 1. Halbs. BGB mit dem Ablauf desjenigen Tages des letzten Monats, welcher dem Monatstag entspricht, an dem das LROP in Kraft getreten ist. Fällt dieser letzte Tag auf einen Sonntag, einen staatlich anerkannten allgemeinen Feiertag oder einen Sonnabend, so tritt an dessen Stelle der nächste Werktag (§ 193 BGB). Fehlt in dem Monat der für den Fristablauf maßgebliche Tag (z. B. 30. Februar oder 31. April), so endet die Frist mit dem Ablauf des letzten Tages dieses Monats (§ 188 Abs. 3 BGB). Die **Frist darf durch die obere Landesplanungsbehörde nicht verlängert werden** (vgl. BVerwG Urt. vom 14.6.2012 – 4 CN 5.10 –, www.bverwg.de zu der insofern vergleichbaren Konstellation einer Verfahrensrüge nach § 215 BauGB bzw. 11 ROG; die Vergleichbarkeit ist gegeben, weil in beiden Fällen ein fristgebundenes individuelles Handeln an die Bekanntmachung eines Plans anknüpft).

51 Die Berechtigung, bestimmte LROP-Anpassungen zeitlich zurückstellen zu dürfen, bedeutet nicht, dass diese „aus den Augen verloren" werden dürfen. Die Verpflichtung, den Anpassungsbedarf an die jüngste LROP-Änderung zu prüfen und **innerhalb von 9 Monaten nach Inkrafttreten des LROP allgemeine Planungsabsichten** bekannt zu machen, bleibt unverändert bestehen (§ 5 Abs. 3 Satz 6 letzter Halbs.). Die Einhaltung dieser Verfahrensvorgabe hat Genehmigungsrelevanz.

6.3 Befristete Zurückstellung der Anpassung während der Ausweisung von Windenergiegebieten (Absatz 3 Satz 7)

52 Während Satz 6 für jedwede inhaltliche Festlegung gilt (einschließlich Windenergie), enthält **Satz 7 eine Spezialregelung zur Anpassungspflicht während Windenergieplanungen zur Erreichung der Teilflächenziele**. Satz 7 gestattet den Trägern der Regionalplanung, die Umsetzung von Planungsaufträgen des LROP i. S. des § 4 Abs. 1 und die Anpassung an Ziele und Grundsätze des LROP **auch länger als 18 Monate zurückstellen** zu dürfen.

Im Gegensatz zur Ausnahme nach Satz 6 berechtigt die Ausnahme nach Satz 7 nicht nur zur befristeten Zurückstellung von Anpassungsverpflichtungen aus der jüngsten LROP-Änderung, sondern **auch zur Zurückstellung von Anpassungsverpflichtungen aus früheren, weiter zurückliegenden LROP-Änderungen**.

53 Die Ermächtigung ist an mehrere **Voraussetzungen** gebunden:

- der Träger der Regionalplanung muss selbst ein **Verfahren zur Ausweisung von Vorranggebieten Windenergienutzung im RROP** betreiben. Unerheblich ist, ob es sich um die Neuaufstellung eines Teilplans Windenergie oder um die Neuaufstellung/Änderung/Ergänzung eines bereits bestehenden Gesamtplans handelt. Rechnet sich ein Träger der Regionalplanung lediglich Windenergiegebiete der kommunalen Bauleitplanung an, ohne selbst „akut" zu planen, kann er von Satz 7 keinen Gebrauch machen.
- die Vorranggebiete Windenergienutzung müssen **dazu dienen, ein nach dem NWindG gesetzlich vorgegebenes Teilflächenziel zu erreichen, zumindest also das Zwischenziel für 2027**. In Planungsräumen, in denen bereits die Erreichung des Teilflächenziels für 2032 festgestellt wurde, können Träger der Regionalplanung die Zurückstellungs-Regel des Satzes 7 nicht in Anspruch nehmen. Möchten sie freiwillig mehr Gebiete für die Windenergienutzung ausweisen, ist dies möglich, aber die Zurückstellung von anderen Plananpassungen ist nur in den engeren Voraussetzungen des Satzes 6 zulässig.
- Das „aktive Planen von **Widersprüchen" zum LROP** ist – vorbehaltlich ausdrücklicher Ermächtigungen – nicht möglich. Legt das LROP bspw. an einer bestimmten Stelle ein Vorranggebiet für Rohstoffgewinnung fest und plant der Träger der Regionalplanung hier ein Vorranggebiet Windenergienutzung, müssen dazu entweder im LROP selbst angelegte Ausnahmevoraussetzungen oder die Erforderlichkeit i. S. des § 249 Abs. 5 Satz 1 BauGB erfüllt sein.
- Die **Genehmigung des RROP muss bis zum 31.12.2027 beantragt** sein. Die Frist korrespondiert mit dem Eintritt der bundesgesetzlichen Rechtsfolge des § 249 Abs. 7 BauGB (**„Super-Privilegierung"**), deren Abwendung die Sonderregelung des Satzes 7 unterstützen soll, näher dazu § 3 Rn. 259 ff.

54 Für die Anwendbarkeit des Satzes 7 ist – anders als bei Satz 6 – **nicht erforderlich, dass das Verfahren zur Ausweisung von Windenergiegebieten bei Inkrafttreten des LROP bereits eingeleitet war**. Satz 7 ist auch auf Verfahren anwendbar, für die die Bekanntmachung allgemeiner Planungsabsichten erst nach Inkrafttreten des LROP erfolgt.

55 Die Verpflichtung, den Anpassungsbedarf an die jüngste LROP-Änderung zu prüfen und **zur Anpassung an das LROP allgemeine Planungsabsichten bekannt zu machen**, bleibt bestehen (§ 5 Abs. 3 Satz 8 NROG). Die 9-Monats-Frist beginnt jedoch erst mit der Feststellung, dass das Teilflächenziel für 2027 erreicht ist und spätestens am 1.1.2028. Das

Zurückstellungsrecht des Satzes 7 soll die Träger der Regionalplanung darin unterstützen, den Eintritt der „Super-Privilegierung" zu verhindern. Ist diese Rechtsfolge durch Erreichen der Teilflächenziele abgewendet oder mangels Zielerreichung nach Ablauf des 31.12.2027 eingetreten, besteht für die Sonderregel kein Bedarf mehr und das Anliegen des Landes, auch den übrigen LROP-Regelungen bestmögliche Geltung zu verschaffen, kommt wieder vollumfänglich zum Tragen.

6.4 Anpassung in „zwei Geschwindigkeiten"

In Einzelfällen erfordert der aus dem Rechtsstaatsprinzip des Art. 20 Abs. 3 GG abgeleitete verfassungsrechtliche **Grundsatz der Verhältnismäßigkeit** eine gewisse **Flexibilisierung in zeitlicher Hinsicht**. Ist dem Träger der Regionalplanung die Vornahme sämtlicher Anpassungen im Rahmen *eines* Verfahren nicht möglich, ohne den Verfahrensabschluss unverhältnismäßig lange aufzuschieben, kann in begründeten Einzelfällen eine – i. S. des § 5 Abs. 3 Satz 3 NROG a. F. „unverzügliche" – Gesamtanpassung ausnahmsweise auch verteilt auf zwei unmittelbar aufeinander folgende Verfahren erfolgen. Diese ungeschriebene Verfahrensweise ist nach der VV-NROG/ROG – RROP an die Zulassung durch die zuständige obere Landesplanungsbehörde geknüpft. 56

Durch die 2024 neu gefassten Regelungen des § 5 Abs. 3 Sätze 3 ff. und die dort bereits gesetzlich vorgesehenen Zurückstellungsermächtigungen dürften sich die ohnehin begrenzten Anwendungsfälle noch weiter reduzieren. In Einzelfällen relevant bleiben könnte die – auch in der VV-NROG/ROG – RROP benannte – **Fallkonstellation einer neuen Rechtsprechung, die sich auf die Wirksamkeit einer Vielzahl regionaler Raumordnungspläne auswirkt.** 57

Für verbleibende Einzelfälle erfordert die Möglichkeit der **„Anpassung in zwei Geschwindigkeiten"** dass sich **sämtliche anpassungsbedürftigen Teile des RROP formal in einem Planungsverfahren** befinden. Eine Zurückstellung von Teilen des RROP derart, dass erst zu einem unklaren späteren Zeitpunkt („irgendwann") ein Verfahren über den Rest eingeleitet wird, wäre auch unter Verhältnismäßigkeitsgesichtspunkte zu weitgehend. Damit sich das RROP „in einem Planungsverfahren befindet", müssen bei Inkrafttreten des RROP zumindest allgemeine Planungsabsichten für die noch nicht angepassten Teile des RROP bekanntgemacht sein. Fehlt es zum Zeitpunkt der RROP-Genehmigung hieran, ist eine Genehmigung nur unter der Maßgabe (eine Auflage wäre nicht ausreichend; zu Auflagen und Maßgaben vgl. § 5 Rn. 83 ff.) der Bekanntmachung solcher allgemeiner Planungsabsichten bis spätestens zum Zeitpunkt des Inkrafttretens des genehmigten Teils des RROP zulässig. Die juristisch hierfür erforderliche „logische Sekunde" dürfte auch erfüllt sein, wenn die Bekanntmachung der Genehmigung des geänderten RROP und die Bekanntmachung der allgemeinen Planungsabsichten für die noch ausstehenden Änderungen am gleichen Tag im gleichen Bekanntmachungsorgan erfolgen. 58

Da die „Anpassung in zwei Geschwindigkeiten" als Korrektiv einer unverzüglichen Anpassungspflicht dienen soll, kann sie ferner nur gerechtfertigt sein, wenn ein **sachlicher Grund für die zeitliche Verzögerung der Anpassung** von Teilen des RROP vorliegt. Sachliche Gründe können dabei nur solche sein, die sich aus der Planung selbst ergeben, bspw. zeitlich umfangreiche Kartierungsarbeiten, die sich über eine gesamte Vegetationsperiode erstrecken und zwingend erforderlich sind, um bestimmte regionalplanerische Festlegungen überhaupt treffen zu können. **Keine sachlichen Gründe sind bspw. längerfristiger oder dauerhafter Personalmangel oder fehlende technische Ausstattung** beim zuständigen Planungsträger. Denn jede öffentliche Stelle ist grundsätzlich dazu verpflichtet, die zur Wahrnehmung ihrer gesetzlichen Aufgaben erforderliche Leistungskapazität sicherzustellen. 59

Ist ein sachlicher Grund gegeben, ist im Rahmen einer Verhältnismäßigkeitsprüfung die durch Verfassungs- und Bundesrecht vorgegebene Pflicht zu einer vollständigen zeitnahen Umsetzung aller landesplanerischen Vorgaben abzuwägen mit der besonderen Dringlichkeit des Inkrafttretens bestimmter Festlegungen, die das Abwarten einer vollumfängli- 60 chen Anpassung unzumutbar und offenkundig unsachgerecht erscheinen lassen. Diese Beurteilung obliegt der Aufsichtsbehörde und unterfällt nicht der normalen planerischen Abwägungsbefugnis des Regionalplanungsträgers. Nur unter diesen besonders **engen Härtefallvoraussetzungen** kann auf Grundlage des Verhältnismäßigkeitsprinzips überhaupt nur von gesetzlichen Vorgaben abgewichen werden.

61 Über die Zulassung einer Anpassung in zwei Geschwindigkeiten kann in aller Regel nicht bereits zu Beginn des Verfahrens entschieden werden. Zu diesem Zeitpunkt ist eine Prognose über die Fertigstellbarkeit bestimmter Planinhalte zumeist ebensowenig möglich wie über die Erforderlichkeit eines „Notfallinstruments" zur Vermeidung einer unverhältnismäßigen Härte. Die **Entscheidung kann im Regelfall erst bei Einreichung des fertiggestellten Planentwurfteils bei der Genehmigungsbehörde** ergehen. Zu berücksichtigen ist dabei auch, seit wann Planungserfordernisse absehbar und bearbeitbar waren. Die inhaltliche Reichweite von LROP-Änderungen ist regelmäßig schon während der Beteiligung öffentlicher Stellung zu dem Entwurf und jedenfalls nach Abschluss des LROP-Beteiligungsverfahrens abschätzbar. Einem Träger der Regionalplanung ist zuzumuten, seine eigenen Entwurfsarbeiten darauf abzustimmen. Mit der Begründung, man habe als Regionalplanungsträger erst mit Inkrafttreten des LROP eindeutige Klarheit über Anpassungserfordernisse erhalten, riskieren Träger der Regionalplanung eine Nichtgenehmigung.

7. Verflechtungsbereiche (Absatz 4)

62 § 7 Abs. 3 ROG enthält ein allgemeines Gebot, **Raumordnungspläne benachbarter Planungsregionen aufeinander abzustimmen**. Diesem Anliegen hat der Landesgesetzgeber mit der Verpflichtung der Regionalplanungsträger nach § 5 Abs. 4 NROG, in den **Verflechtungsbereichen von zentralen Orten mit oberzentraler Funktion** eine gemeinsame Planung anzustreben, in besonderer Weise ausdrücklich Rechnung getragen. Zu zentralen Orten mit oberzentralen Funktionen gehören nicht nur Oberzentren, sondern auch Mittelzentren mit oberzentralen Teilfunktionen. Diese Zentralen Orte weisen in aller Regel enge Verflechtungen zu den in ihrem Verflechtungsbereich liegenden Mittel- und Grundzentren auf, bspw. über Einkaufs- und Pendlerbeziehungen, in Bezug auf die Bildungs- oder Gesundheitsversorgung oder im Hinblick auf kulturelle Angebote. Abstimmungserfordernisse, die aus diesen Stadt-Umland-Beziehungen resultieren, lassen sich zwar auch durch Kooperationen oder Vereinbarungen lösen. Über die Bindungswirkung gemeinsamer Raumordnungsplanungen würden solche Vereinbarungen hingegen nicht nur für die Beteiligten gelten, sondern auch gegenüber Dritten.

8. Genehmigung der RROP (Absatz 5)

8.1 Landesrechtliches Ergänzungsrecht

63 **Regionale Raumordnungsprogramme** bedürfen – unabhängig davon, ob sie als Gesamt-RROP oder als Regionales Teilprogramm Windenergie erlassen werden – **vor ihrem Inkrafttreten einer Genehmigung**. **Genehmigungsbehörden sind die vier Ämter für regionale Landesentwicklung** in Braunschweig, Hildesheim, Lüneburg und Oldenburg (näher dazu vgl. Erl. 3 zu § 18 NROG).

64 Bei den Vorgaben des § 5 Abs. 5 NROG über die Rechtsform und die Genehmigungspflicht von RROP handelt es sich um **landesrechtliches Ergänzungsrecht** zum ROG, nicht um Abweichungsrecht i. S. des Art. 72 Abs. 3 GG. Der Bund hat im ROG auf eine Regelung zur Genehmigungsfreiheit oder Genehmigungspflicht von Regionalplänen verzichtet. § 10 Abs. 1 ROG belässt den Landesgesetzgebern weite Ausgestaltungsspielräume zur Rechtsnatur eines Raumordnungsplans und zu den Voraussetzungen seines Inkrafttretens, einschließlich etwaiger Genehmigungserfordernisse.

8.2 Prüfungsumfang im Genehmigungsverfahren

Die Genehmigungsprüfung ist Ausdruck der Rechtsaufsicht über die im eigenen Wirkungskreis tätigen Regionalplanungsträger. Die Genehmigung der RROP ist auf eine **Prüfung ihrer Rechtmäßigkeit** beschränkt und darf **nicht auf fachaufsichtliche Aspekte** ausgeweitet werden. Diese Rechtmäßigkeitskontrolle umschließt in formeller Hinsicht insbesondere die **Einhaltung der Vorschriften über das Verfahren und die Form eines Raumordnungsplans sowie in materieller Hinsicht insbesondere die Einhaltung der Mindest- und Pflichtinhalte, der rechtlichen Regelungsgrenzen eines Raumordnungsplans, die Übereinstimmung mit höherrangigem Recht sowie die Überprüfung einer ordnungsgemäßen Abwägung**. Ist die Aufstellung oder Änderung eines RROP formell und materiell rechtmäßig erfolgt, besteht ein Anspruch auf Genehmigung (gebundene Entscheidung). 65

Zweckmäßigkeitserwägungen oder eine eigene Abwägung der Genehmigungsbehörde sind von der Rechtmäßigkeitsprüfung nicht umfasst, auch nicht zugunsten des Planungsträgers. Insofern darf die Genehmigungsbehörde nicht ein fehlerhaftes Abwägungsergebnis des Planungsträgers durch ein – seinem mutmaßlichen Willen entsprechenden – rechtmäßiges Abwägungsergebnis ersetzen, um so die Genehmigungsfähigkeit herzustellen (vgl. näher dazu Erl. 8.4). 66

Bei der Genehmigung ist **jeder Rechtsverstoß relevant**, also auch die Nichteinhaltung von solchen Verfahrens- und Formvorschriften, die im Rahmen der Planerhaltung nach § 11 Abs. 1 ROG i. V. m. § 7 Abs. 1 Satz 1 und Abs. 2 NROG als unbeachtlich gelten. Sinn und Zweck des Genehmigungsverfahrens ist, das Inkrafttreten eines fehlerhaften Plans zu verhindern. Die Planerhaltung (näher Erl. 1 ff. zu § 7 NROG) stellt nur eine „Auffanglösung" dar, sie soll keinesfalls ein fehlerfreies Planungsverfahren ersetzen oder relativieren. Daher darf die Genehmigungsbehörde nicht – anstelle der erforderlichen Wiederholung fehlerhafter Verfahrensschritte – Verfahrensfehler unbeachtet lassen, um das zeitnahe Inkrafttreten des Plans zu ermöglichen. 67

8.3 Genehmigungsfrist; Genehmigungsfiktion

8.3.1 Genehmigungsfrist

Das NROG bestimmt keine ausdrückliche Genehmigungsfrist, aber eine **Genehmigungsfiktion nach 3 Monaten** (dazu Rn. 72 ff.). 68

Das Genehmigungsverfahren wird durch den Eingang des Genehmigungsantrags bei der zuständigen Behörde in Lauf gesetzt. 69

Der Eingang des Genehmigungsantrags ist nicht gleichbedeutend mit dem **Fristbeginn für die maximal dreimonatige Genehmigungsfrist**. Die Genehmigungsfrist beginnt entsprechend § 31 VwVfG i. V. m. § 187 Abs. 1 BGB **am Tag nach (vollständigem) Antragseingang oder am Tag nach vollständiger Vorlage der Unterlagen**. Das Vorliegen des vollständigen Genehmigungsantrags mit allen zur Prüfung notwendigen Unterlagen ist notwendig, da nur in diesem Fall der Antrag bescheidungsfähig ist (vgl. *Smollich* in KVR-NKomVG, § 176 Rn. 6). Zu den vorzulegenden Unterlagen vgl. Nr. 6.2 der VV-NROG/ROG. 70

Die **Genehmigungsfrist endet** analog § 31 VwVfG i. V. m. §§ 188 Abs. 2 und 3 BGB an dem Tag, der dem Monatstag entspricht, an dem der Antrag eingegangen ist (Beispiel: Antragseingang 29. August, Fristbeginn 30. August 0.00 Uhr, Fristende mit Ablauf des 29. November). Fällt der letzte Tag der Frist auf einen Sonntag, einen staatlich anerkannten allgemeinen Feiertag oder einen Sonnabend, so tritt an dessen Stelle der nächste Werktag (§ 193 BGB). Fehlt in dem Monat der für den Fristablauf maßgebliche Tag (z. B. 30. Februar oder 31. April), so endet die Frist mit dem Ablauf des letzten Tages dieses Monats (§ 188 Abs. 3 BGB). 71

8.3.2 Genehmigungsfiktion (Absatz 5 Satz 3)

72 Wird das Genehmigungsverfahren nicht binnen drei Monaten abgeschlossen, gilt die Genehmigung als erteilt (**Genehmigungsfiktion**), d. h. in Bezug auf die mit Genehmigungsantrag vorgelegte Fassung des RROP. Das RROP dürfte (nur) in dieser Fassung bekannt gemacht werden, auch unter Einschluss aller eventuellen Fehler und Mängel, falls das RROP mit solchen behaftet sein sollte. Eine Genehmigungsfiktion birgt daher ein erhöhtes Risiko rechtlicher Angreifbarkeit.

73 Für den fristgerechten Abschluss des Genehmigungsverfahrens ist der **rechtzeitige Zugang des Genehmigungsbescheides** beim Träger der Regionalplanung maßgeblich (dazu Rn. 162 ff.). Die Genehmigungsfiktion kann daher nicht nur dann eintreten, wenn noch überhaupt kein Genehmigungsbescheid gefertigt wurde, sondern auch dann, wenn ein solcher zwar auf den Weg gebracht wurde, aber nicht rechtzeitig beim Träger der Regionalplanung eingegangen ist.

74 Enthält ein erst nach Fiktionseintritt zugegangener Genehmigungsbescheid Einschränkungen wegen Fehlern im RROP (dazu Rn. 81 ff.) und möchte der Träger der Regionalplanung diese **Fehler beheben**, hat er den Plan nach Fehlerbehebung noch einmal zu beschließen und in seiner geänderten Fassung erneut zur Genehmigung vorzulegen. Genehmigungsrechtlich ist der Träger der Regionalplanung zu dieser Nachbesserung nicht verpflichtet, das RROP hat aufgrund seiner Fehlerhaftigkeit jedoch eine höhere gerichtliche Angreifbarkeit.

75 Auf den Abschluss des Genehmigungsverfahrens im Wege der **Genehmigungsfiktion ist in der Bekanntmachung** nach § 10 Abs. 1 ROG i. V. m. § 5 Abs. 6 NROG **hinzuweisen**.

76 Wird das RROP nicht rechtzeitig genehmigt, kann der Eintritt der gesetzlichen Genehmigungsfiktion nur durch eine **ausdrückliche Fristverlängerung oder durch Zurückziehen des Genehmigungsantrags** verhindert werden.

77 Insbesondere in Fällen, in denen die Genehmigungsbehörde (z. B. wegen besonderer Komplexität der Planung oder Abstimmungserfordernissen mit anderen Behörden) nur wenig mehr Zeit benötigt, sollte die Genehmigungsfrist verlängert werden. Die **Verlängerung der Frist** ist nur vor ihrem Ablauf möglich. Eine einseitige Fristverlängerung allein seitens der oberen Landesplanungsbehörde ist nicht zulässig. Die Fristverlängerung wird entweder **durch den Träger der Regionalplanung** selbst veranlasst oder der Träger der Regionalplanung stimmt einem entsprechenden Verlängerungsantrag der Landesplanungsbehörde zu (vgl. *Smollich* in KVR-NKomVG, § 176 Rn. 6).

78 Ist die Genehmigung nicht bis zum Ablauf der verlängerten Genehmigungsfrist erfolgt, ist eine **erneute Verlängerung möglich**.

79 Die **Rücknahme des Genehmigungsantrags** ist insbesondere dann angezeigt, wenn sich abzeichnet, dass eine Genehmigung nicht in klar absehbarer Zeit möglich ist, bspw. wenn erst während des Genehmigungsverfahrens ein Verfahrens- oder Abwägungsfehler festgestellt wird und die Dauer seiner Behebung nicht eingeschätzt werden kann. Denn die **Fehlerbehebung bewirkt weder einen automatischen Neubeginn noch eine Hemmung der dreimonatigen Genehmigungsfrist**. Die Genehmigungsfrist würde weiterlaufen und ohne weitere Handlungen zum Eintritt der Genehmigungsfiktion führen. Nach Heilung der Fehler wäre der Genehmigungsantrag erneut zu stellen, die dreimonatige Genehmigungsfrist würde von neuem beginnen.

80 Ist der Träger der Regionalplanung nicht zur Rücknahme des Antrags bereit und kann ein Fehler während der Genehmigungsfrist nicht geheilt werden, so kann die Genehmigungsbehörde die Verlängerung der Genehmigungsfrist beantragen oder – wenn der Träger der Verlängerung nicht zustimmt – die **Genehmigung versagen**, um den Eintritt einer Genehmigungsfiktion zu verhindern (zur Genehmigung von Teilen des RROP vgl. Rn. 81 ff.).

8.4 Genehmigung des RROP unter Einschränkungen (Absatz 5 Satz 2)

8.4.1 Grundsätzliches

Im Genehmigungsverfahren sind alle Möglichkeiten auszuschöpfen, um das **RROP soweit wie möglich genehmigungsfähig zu gestalten**. Der Grundsatz der Verhältnismäßigkeit gebietet, stets das **mildeste Mittel** zu wählen. Die vollständige Versagung der Genehmigung kommt daher nur als letztes Mittel in Betracht. Zuvor ist zu prüfen, ob Versagungsgründe (durch **Nebenbestimmungen oder Maßgaben**) ausgeräumt werden können oder zumindest Teile des RROP genehmigt werden können. Wird ein RROP unter Einschränkungen genehmigt, sind diese gem. § 39 Abs. 1 VwVfG im Genehmigungsbescheid zu begründen. 81

8.4.2 Nebenbestimmungen und Maßgaben

Bei der Genehmigung eines RROP handelt sich um einen **Verwaltungsakt in Form einer gebundenen Entscheidung**. Die Genehmigung kann zur Herstellung der Rechtmäßigkeit des RROP mit Nebenbestimmungen oder Maßgaben versehen werden. Nebenbestimmungen oder Maßgaben zur Durchsetzung fachlicher **Zweckmäßigkeitserwägungen oder eigener Planungsvorstellungen der Genehmigungsbehörde sind unzulässig**. Im Gegensatz zu bloßen Hinweisen haben **Nebenbestimmungen und Maßgaben rechtliche Verbindlichkeit**. Sie unterscheiden sich in ihrer Wirkung und damit in ihrer Gewichtigkeit. 82

Von den in § 36 VwVfG ausdrücklich genannten Nebenbestimmungen hat allein die **Auflage** eine für die Genehmigung von Raumordnungsplänen praktische Relevanz. Sie stellt im Rahmen der Verhältnismäßigkeitshierarchie das mildeste Mittel dar, hat aber zugleich den geringsten Sicherungsgrad. Auflagen begründen als eigenständige Verwaltungsakte rechtlich selbständige Verpflichtungen mit der Folge, dass die Genehmigung des RROP mit ihrer Bekanntmachung wirksam wird. Ein **RROP, für das eine wirksame Genehmigung vorliegt, darf in Kraft gesetzt werden, auch wenn die Auflagen (noch) nicht erfüllt** sind. Solange die Auflagen noch nicht erfüllt sind, wäre ein bekannt gemachtes RROP zwar noch rechtwidrig, aber formal wirksam, und bliebe auch wirksam, selbst wenn die Auflage dauerhaft nicht erfüllt würde. Da Auflagen insofern das Inkrafttreten und die Wirksamkeit eines rechtswidrigen RROP nicht verhindern können, sind sie **nur bei kleineren Fehlern geeignet** (die VV-NROG/ROG – RROP nennt als Beispiele die Korrektur einer Planzeichendarstellung, die Berichtigung fehlerhaft angegebener Rechtsgrundlagen oder die fehlende Erkennbarkeit rein nachrichtlicher Aussagen), nicht aber bei Vorliegen schwererer formeller oder inhaltlicher Mängel. 83

Bei **schwereren Mängeln** sind **Nebenbestimmungen** erforderlich, die **sicherstellen, dass das RROP nur im Falle ihrer vorherigen Umsetzung in Kraft treten kann**. 84

Eine **aufschiebende Bedingung** i. S. v. § 36 VwVfG hätte zwar diese Wirkung. Im Gegensatz zur Auflage würde bei einer aufschiebenden Bedingung die Genehmigung des RROP erst mit Eintritt der geforderten Korrektur wirksam; die Bekanntmachung der Genehmigung des RROP könnte erst nach Bedingungseintritt erfolgen. Die aufschiebende Bedingung hat aber aus kommunalverfassungsrechtlichen Gründen im Planungsrecht **kaum praktische Relevanz**. Wesen aller ausdrücklich in § 36 VwVfG genannten Nebenbestimmungen ist, dass sie gerade nicht mit einem kommunalpolitischen Beschluss einhergehen, sondern ohne weitere kommunalpolitische Zustimmung umsetzbar sind (vgl. BVerwG, Beschl. vom 14.8.1989 – 4 NB 24/88 –, DVBl 1989 S. 1105). Damit kommen sie dann nicht in Betracht, wenn eine Korrektur des Planinhalts des RROP gefordert wird, die kommunalverfassungsrechtlich eine kommunalpolitische Beschlussfassung erfordert. Inhaltliche Anpassungen von RROP-Planungen sind in aller Regel kein Geschäft der laufenden Verwaltung, sondern berühren die kommunale Planungsverantwortung der Regionalplanungsträger und bedürfen daher eines **Beitrittsbeschlusses des nach NKomVG zuständigen Vertretungsorgans** (s. dazu auch Erl. 8.5). 85

86 Bei inhaltlich notwendigen Veränderungen von RROP-Festlegungen ist **statt einer aufschiebenden Bedingung eine Maßgabe** geboten. Die Genehmigung unter Maßgaben ist als besonderes ungeschriebenes Instrumentarium des Planungsrechts anerkannt (vgl. bspw. BVerwG, Urt. vom 5.12.1986 – 4 C 29.86 –, BVerwGE 75, 217; BVerwG, Urt. vom 5.12.1986 – 4 C 31.85 –, BVerwGE 75, 262). Eine Genehmigung unter Maßgaben ist eine **Ablehnung der Genehmigung des Plans in der vorgelegten Fassung verbunden mit einer im Voraus erklärten Genehmigung des Plans in einer Fassung, die die Maßgaben beachtet**. Im Gegensatz zur aufschiebend bedingten Genehmigung liegt bereits **mit Zugang eine wirksame Genehmigung** vor. Sie stellt aber – anders als die Auflage – sicher, dass der **Plan in keinem Fall ohne die inhaltlichen Änderungen wirksam werden kann**. Maßgaben sind geboten, wenn das RROP nicht genehmigungsfähig, aber korrigierbar ist. Maßgaben sind ein Mittel zur „Rettung" des gesamten RROP trotz schwererer Fehler durch Veränderungen durch die Genehmigungsbehörde.

87 Denkbar sind bspw. Maßgaben

- zur Anpassung der Gliederung an die Vorgaben von Ziff. 01 Satz 1 der Anlage 3 der LROP-VO,
- zur Kennzeichnung von Zielen durch Fettdruck bzw. zu ihrer sprachlichen Präzisierung (sofern die Genehmigungsunterlagen eindeutig erkennen lassen, dass ein Ziel und kein Grundsatz gewollt war),
- zur „1:1"-Verschiebung von Ausführungen aus der Begründung in die beschreibende Darstellung, wenn dies zur Herstellung der hinreichenden Bestimmtheit der Festlegungen erforderlich ist (vgl. NdsOVG, Urt. vom 15.3.2012- 1 KN 152/10 –, DVBl 2012 S. 851, wonach Ausführungen nur in der Begründung nicht ausreichen, sondern sie im maßgeblichen Normtext eine Entsprechung finden müssen).

88 Umformulierungen einschließlich Ergänzungen und Streichungen von Formulierungen sind dann als Maßgabe zulässig, wenn sie noch von der abgeschlossenen Abwägung gedeckt sind und keine erneute Abwägung erfordern.

89 Die **Grenze einer Maßgabe** liegt dort, wo ein kommunales Beschlussorgan ihr nicht lediglich mit einer schlichten Zustimmung oder Ablehnung beitreten oder nicht beitreten kann („ja" oder „nein"), sondern wo zuvor eine **erneute planerische Abwägung** zwischen verschiedenen Regelungsvarianten, d. h. eine echte **Umplanung**, vorzunehmen ist. Die Genehmigungsbehörde kann zwar die Reichweite eines Ziels reduzieren oder in engen Grenzen ändern, aber nicht selbst für eine bestimmte Fläche, Funktion oder Nutzung ein neues Ziel bestimmen. (vgl. OVG Bln-Bbg, Urt. vom 5.7.2018 – 2 A 2.16 –, openJur 2020, 36428; www.gerichtsenscheidungen.berlin-brandenburg.de: *„Die Regelung des § 2 Abs. 4 Satz 3 RegBkPlG, der zufolge von der Genehmigung einzelne in einem Regionalplan enthaltene Ziele der Raumordnung ausgenommen werden können, [...] ermächtigt die Gemeinsame Landesplanungsabteilung nicht dazu, einen als Satzung beschlossenen Regionalplan inhaltlich abzuändern, ohne dass die Regionale Planungsgemeinschaft sich vor der Ausfertigung und Bekanntmachung des durch die Genehmigung geänderten Regionalplans erneut damit befassen und einen Beitrittsbeschluss fassen muss. Sie regelt lediglich, bis zu welcher Grenze die Gemeinsame Landesplanungsabteilung die Satzung über den Regionalplan unter Ausnahme einzelner Festlegungen genehmigen kann und ab wann sie dem Gesamtplan die Genehmigung verweigern muss"*.)

90 Kommen **mehrere Regelungsvarianten** in Betracht, könnte nur eine solche Maßgabe zulässig sein, die sämtliche Varianten für zulässig erklärt. Dies ist jedoch allenfalls möglich, wenn die Anzahl der Varianten überschaubar ist und ihre jeweilige Regelungsreichweite klar feststeht (vgl. auch *Gierke/Lenz* in Brügelmann, BauGB § 6 Rn. 177 ff.). Hiervon ist bei unklarem Abwägungsausgang regelmäßig nicht auszugehen.

91 Daher sind Maßgaben unzulässig, die (nur) eine **Wiederholung bestimmter Schritte des Beteiligungsverfahrens** anordnen, weil diese zeitlich vor der planerischen Abwägung (und Beschlussfassung) liegen. Nach den allgemeinen Prinzipien über die Wiederholung von

Verfahrensschritten wäre nach erneuter Beteiligung auch eine erneute Abwägung vorzunehmen, d. h. ein anderes Abwägungsergebnis denkbar. Die Genehmigungsbehörde könnte gerade nicht das Abwägungsergebnis und damit den endgültigen Planinhalt vorhersehen, was aber unverzichtbare Voraussetzung einer Maßgabe ist.

Ebensowenig können Maßgaben zur inhaltlichen Veränderung einer Festlegung (Streichung eines Ziels, Änderung der Abgrenzung eines Vorranggebietes) ergehen, wenn diese Veränderung **neue oder veränderte Betroffenheiten** mit sich bringen würde. Bei derartigen Änderungen eines Planentwurfs wäre zunächst ein erneutes Beteiligungsverfahren durchzuführen, sodass auch in dieser Konstellation der Verfahrensausgang unklar wäre. 92

Maßgaben sind ferner dort unzulässig, wo ihre Umsetzung vom (ergebnisoffenen und nicht beeinflussbaren) **Handeln einer anderen öffentlichen Stelle oder einer Privatperson abhängt** und nicht allein durch den Träger der Regionalplanung vorgenommen werden kann (vgl. auch *Gierke/Lenz* in Brügelmann, BauGB § 6 Rn. 181; *Krautzberger* in Ernst/Zinkahn/Bielenberg BauGB § 6 Rn. 69). 93

Da durch eine Maßgabengenehmigung der Plan andere inhaltliche Aussagen erhält als die bereits vom Plangeber beschlossenen, ist ein **kommunaler Beitrittsbeschluss erforderlich**, mit dem sich der Plangeber die Maßgaben zu eigen macht (s. Rn. 122). Ohne Beitrittsbeschluss wird das RROP nicht wirksam (vgl. NdsOVG, Beschl. vom 28.10.2004 – 1 KN 155/03 –, NVwZ 2005 S. 162; openJur 2012, 42080; BVerwG, Beschl. vom 25.2.1997 – 4 NB 30/96 –, NVwZ 1997 S. 896 und BVerwG, Beschl. vom 26.7.2011 – 4 B 23.11 –, BauR 2012 S. 53; www.bverwg.de). Denn für die kommunalrechtlich beschlossene Fassung liegt keine Genehmigung vor; für die genehmigte Fassung hingegen kein kommunaler Beschluss. 94

Der **Beitritt zu Maßgaben ist nur vollständig möglich**. Dies stellt zugleich den praktischen Standardfall dar, denn in der Regel wird ein Planungsträger ein Interesse daran haben, das RROP so weit wie möglich in Kraft treten zu lassen. 95

Sollte im Einzelfall ein Planungsträger mit **einzelnen Maßgaben** nicht einverstanden sein, ist es ihm nicht möglich, ohne erneute Einbindung der Genehmigungsbehörde nur einzelnen Maßgaben beizutreten (und das RROP insoweit in Kraft zu setzen), den übrigen Maßgaben jedoch nicht (mit der Folge, dass nur diese Festlegungen aus dem RROP gestrichen werden und nicht in Kraft treten). Die allgemeinen Rechtsprinzipien der Teilbarkeit von Plänen treten hinter Sinn und Zweck des Genehmigungsverfahrens zurück. Trotz und unabhängig von der Verpflichtung jeder öffentlichen Stelle zu rechtmäßigem Handeln soll die Überprüfung der Planung auch durch eine staatliche Aufsichtsbehörde erfolgen. Das Genehmigungsverfahren soll sicherstellen und zum Ausdruck bringen, dass *nur* diejenige inhaltliche Fassung des RROP wirksam werden kann, die zuvor ausdrücklich von der Genehmigungsbehörde „gebilligt" wurde. Hätte der Planungsträger nach Abschluss des Genehmigungsverfahrens die Befugnis, die Regelungsreichweite des Plans nochmals ohne „Einbindung" der Genehmigungsbehörde zu verändern, läge für diese veränderte Fassung hingegen gerade keine Genehmigung vor. Die Funktion des Genehmigungsverfahrens kann insofern nur sichergestellt werden, wenn der Beitrittsbeschluss sich auf „ganz oder gar nicht" reduziert. 96

Dies bewirkt auch keine unzumutbare Beschränkung der Planungshoheit. Es ist ausdrücklich anerkannt, dass im Falle einer Teilgenehmigung mit Teilversagung der Planungsträger nicht verpflichtet ist, den reduzierten Plan in Kraft zu setzen, sondern ebenso die Befugnis hat, auf sein Inkraftsetzen zu verzichten (so NdsOVG, Urt. vom 14.9.2000 – 1 L 2153/99 –, DVBl 2001 S. 406; openJur 2012, 36268). Gleiches muss in Bezug auf den Beitritt zu Maßgaben gelten. Die **Genehmigung unter Maßgaben ist lediglich ein „Heilungsangebot"** der Genehmigungsbehörde. Planungsrechtlich ist nicht ausgeschlossen, dass der Planungsträger sich statt eines Beitritts dazu entscheidet, das RROP nochmals dergestalt umzuarbeiten (erforderlichenfalls unter Durchführung eines Beteiligungsverfahrens), dass die Festlegungen im Sinne der übernommenen Maßgaben angepasst werden und diejenigen Festlegungen, zu deren Maßgaben nicht beigetreten werden soll, aus dem RROP 97 ersatzlos gestrichen werden. Ein dergestalt überarbeitetes RROP wäre anschließend erneut der oberen Landesplanungsbehörde zur Genehmigung vorzulegen.

8.4.3 Beschränkung der Genehmigung auf Teile des RROP

98 Die **Genehmigung nur von Teilen des RROP** kommt – aus Gründen der Verhältnismäßigkeit nur **nachrangig** – in Betracht, wenn über Auflagen oder Maßgaben keine Rechtskonformität des RROP erreicht werden kann. Zielsetzung von Nebenbestimmungen und Maßgaben ist es, das RROP als Ganzes in Kraft treten zu lassen; sie sind im Vergleich zur Genehmigung von Teilen des RROP daher das mildere Mittel. Bei allen Formen der Beschränkung der Genehmigung auf Teile des RROP **dürfen nur die genehmigten Teile wirksam werden** (denkbar ist hinsichtlich dieser Teile auch eine Genehmigung unter Nebenbestimmungen oder Maßgaben, s. Rn. 82 ff.).

99 Die Genehmigung von Teilen eines RROP ist nur möglich, sofern die genehmigten Festlegungen rechtlich und inhaltlich selbständig sind und nicht mit anderen Festlegungen des Plans in einem untrennbaren Regelungszusammenhang stehen.

100 Alle Formen der Genehmigung nur von Teilen eines RROP setzen ferner voraus, dass mit dem Inkrafttreten des „reduzierten Plans" **keine Rechtsverstöße** verbunden sind. Bewirkt die Nichtgenehmigung eines Planteils, dass im „Rest-RROP" bspw. Planungsaufträge aus dem LROP nicht umgesetzt wären (§ 5 Abs. 3 Satz 1 NROG) oder dass es nicht an die aktuellen Festlegungen des LROP angepasst wäre (§ 5 Abs. 3 Sätze 3 ff. NROG), dürften grundsätzlich auch die verbleibenden Festlegungen nicht genehmigt werden. Besondere Bedeutung bei der Neuaufstellung von RROP hat zudem das **Teilplanverbot** nach § 5 Abs. 1 Satz 2 NROG. Denn im Falle einer nur teilweisen Genehmigung treten zwar nur die genehmigten Festlegungen in Kraft, zugleich tritt das alte RROP aber vollständig außer Kraft. Bei Änderung eines RROP hat das Teilplanverbot keine Relevanz; hier würden anstelle der nicht genehmigten Festlegungen die bisherigen (wirksamen) RROP-Festlegungen unverändert weitergelten.

101 Die Entscheidung über die Genehmigung nur von Teilen des RROP beinhaltet einen planerischen und einen verfahrens- bzw. genehmigungsrechtlichen Aspekt: Der **planerische Aspekt** bezieht sich auf den Planungsauftrag des Regionalplanungsträgers und auf die Inhalte des Planungsverfahrens. Es geht um die Frage, ob mit der Erteilung der (Teil-) Genehmigung die planerische Tätigkeit abgeschlossen ist oder weiterführende Arbeiten notwendig sind. Die planerische Tätigkeit umschließt im Mindesten die Abarbeitung von Planungsaufträgen und -pflichten, darüber hinaus aber auch die Festlegung weiterer, freiwilliger Regelungen. Bei dem **verfahrens- bzw. genehmigungsrechtlichen Aspekt** geht es um den Status des Genehmigungsverfahrens und die Frage, ob mit der Entscheidung der oberen Landesplanungsbehörde das laufende Genehmigungsverfahren abgeschlossen ist oder weitergeht.

102 Für die Beschränkung der Genehmigung auf Teile des RROP stehen **drei Instrumente mit unterschiedlichen Folgen für den Status des Planungs- und des Genehmigungsverfahrens** zur Verfügung:

- **Teilgenehmigung mit Ausnaehmen von Planteilen/Festlegungen von der Genehmigung**: Das Verfahren ist genehmigungsrechtlich abgeschlossen, planerisch jedoch nicht abgeschlossen (näher Rn. 104 ff.)
- **Teilgenehmigung mit endgültiger Teilversagung**: Das Verfahren ist genehmigungsrechtlich und planerisch abgeschlossen (näher Rn. 110 ff.)
- **Vorweggenehmigung**: Das Verfahren ist genehmigungsrechtlich nicht abgeschlossen, das Verfahren ist jedoch planerisch in Bezug auf vorabgenehmigten Teil abgeschlossen; die Feststellung über den Rest erfolgt erst mit der Schlussentscheidung der Genehmigungsbehörde (näher Rn. 117 ff.)

Aufgrund ihrer unterschiedlichen planerischen und verfahrens- bzw. genehmigungsrechtlichen Folgen kommen diese Instrumentarien jeweils nur für bestimmte Fallkonstellationen in Betracht. 103

8.4.3.1 Ausnehmen von Festlegungen von der Genehmigung (Absatz 5 Satz 2)

§ 5 Abs. 5 Satz 2 NROG ermächtigt die Genehmigungsbehörde dazu, Teile des RROP von der Genehmigung auszunehmen. Dies setzt inhaltlich voraus, dass eine Festlegung **in der vorgelegten Fassung rechtswidrig war, aber rechtmäßige Planungsalternativen denkbar** sind. Weil diese „Umplanung" einer erneuten planerischen Abwägung durch den Planungsträger bedarf, ist die Anordnung von Maßgaben nicht möglich (vgl. Erl. 8.4.2). Genehmigungsrechtlich bewirkt das Ausnehmen von der Genehmigung, dass die ausgenommenen Festlegungen endgültig aus dem anhängigen Genehmigungsverfahren ausgespart werden. Das Genehmigungsverfahren endet mit einem genehmigten Teil und einem nicht genehmigten Teil. **Nur der genehmigte Planteil darf in Kraft gesetzt werden**. 104

Planerisch bleibt der Planungsträger jedoch verpflichtet, seine planerische Tätigkeit fortzuführen (d. h. keine erneuten Planungsabsichten erforderlich), die ausgenommenen Teile durch überarbeitete, rechtmäßige Festlegungen zu schließen (erneute Beteiligung und Abwägung) und das **RROP erneut zur Genehmigung vorzulegen**.

Das Ausnehmen von der Genehmigung darf nicht zu neuen Rechtsverstößen führen. Von Bedeutung sind vor allem die **Planungsaufträge** nach § 5 Abs. 3 Satz 1 NROG und das **Anpassungsgebot** des § 5 Abs. 3 Sätze 3 ff. NROG. Das Ausnehmen diesbezüglicher Pflichtfestlegungen von der RROP-Genehmigung ist nur möglich, wenn eine Zurückstellungs-Ausnahme im Sinne des § 5 Abs. 3 Satz 6 oder Satz 7 NROG greift oder im Einzelfall eine Plananpassung in zwei Geschwindigkeiten zugelassen werden kann (zu deren engen Voraussetzungen vgl. Rn. 56 ff.). 105

Ferner kann ein Ausnehmen von der Genehmigung nur dann verfügt werden, wenn das **Teilplanverbot** eingehalten ist. In den Blick zu nehmen ist dabei nicht allein der Zeitpunkt der Genehmigung. Da der Träger der Regionalplanung zwar zur Vervollständigung seiner Planung planerisch verpflichtet bleibt, aber hierzu keinen konkreten zeitlichen Vorgaben unterliegt, kann – z. B. durch Ablauf der RROP-Geltungsdauer oder infolge eines laufenden Gerichtsverfahrens – ein Verstoß gegen das Teilplanverbot auch erst zu einem späteren Zeitpunkt eintreten. Das Ausnehmen von der Genehmigung darf daher nur verfügt werden, wenn auch ein solch später eintretender Verstoß gegen das Teilplanverbot mit hinreichender Sicherheit ausgeschlossen werden kann. 106

Zudem setzt das Ausnehmen von der Genehmigung voraus, dass der Planungsträger seine Planungstätigkeit fortsetzt. Eine solche Bereitschaft kann, wenn es nicht um Pflichtregelungen, sondern um rein freiwillige Festlegungen i. S. v. § 5 Abs. 3 Satz 2 NROG geht, nicht ohne Weiteres angenommen werden. Im Regelfall geht die kommunalpolitische Beschlussfassung über ein RROP mit der Annahme einher, dass das Verfahren nach Genehmigung beendet ist. Nicht zuletzt auch bedingt durch Kosten und die – gemessen am Aufwand von Planung – knappen personellen Ressourcen entscheiden sich Planungsträger vielfach dazu, auf die von der Genehmigung ausgenommenen (freiwilligen) Festlegungen zu verzichten und das Planungsverfahren abzuschließen. Das Ausnehmen von der Genehmigung ist daher nur dann ein überhaupt geeignetes Instrument, wenn die Genehmigungsbehörde vom Planungsträger – z. B. aufgrund einer Anhörung zum beabsichtigten Genehmigungsbescheid – eine auch **kreispolitisch beschlossene bzw. mitgetragene Absichtserklärung zur Weiterplanung** erhalten hat. 107

Kommunalverfassungsrechtlich bedarf das Ausnehmen von Festlegungen von der Genehmigung **keines Beitrittsbeschlusses**, weil der genehmigte Teil vom ursprünglichen Beschluss umfasst ist und für den nicht genehmigten Teil das Planungsverfahren (samt erneuter kommunalpolitischer Beschließung) fortzuführen ist. 108

109 Aus Gründen der Transparenz empfiehlt es sich, in der **Bekanntmachung** der Erteilung der Genehmigung darauf hinzuweisen, dass das Verfahren zu den ausgenommenen Teilen fortgeführt wird.

8.4.3.2 Teilgenehmigung mit endgültiger Teilversagung

110 Nachrangig zu einem Ausnehmen von der Genehmigung hat die obere Landesplanungsbehörde die Möglichkeit, nur **Teile des RROP zu genehmigen**, die dann wirksam werden, und für die übrigen Teile die Genehmigung **endgültig abzulehnen**. Damit ist auch in planerischer Hinsicht das Verfahren abgeschlossen.

111 Einer **besonderen Ermächtigung hierzu bedarf es nicht**; die Zulässigkeit von Teilgenehmigungen ergibt sich aus allgemeinen Rechtsgrundsätzen.

112 Zwar ermächtigt § 5 Abs. 3 Satz 2 NROG nach seinem Gesetzeswortlaut die Genehmigungsbehörde ausdrücklich nur dazu, Teile des RROP von der Genehmigung „auszunehmen". Damit verwendet der niedersächsische Landesgesetzgeber die gleiche Formulierung wie § 6 Abs. 3 BauGB im Zusammenhang mit der Genehmigung der Flächennutzungspläne. Hierzu wurde im Gesetzgebungsverfahren seinerzeit ausdrücklich festgestellt (vgl. BT-Drs. 10/6166 vom 15.10.1986 zum Entwurf eines Gesetzes über das Baugesetzbuch, zu Art. 1 Nr. 15 (§ 11): *„Absatz 2 und Absatz 3 Satz 1 verweisen für das Genehmigungs- und Anzeigeverfahren bei Bebauungsplänen nicht auf § 6 Abs. 3 (Ausnehmen von räumlichen oder sachlichen Teilen des Flächennutzungsplans). Diese Regelung ist auf die Besonderheiten des Flächennutzungsplans abgestellt, bei dem wegen der Aufstellung für das gesamte Gemeindegebiet eine Teilversorgung nicht in Betracht kommt. Sind in bezug auf räumliche oder sachliche Teile eines Bebauungsplans Rechtsverletzungen gegeben, so verbleibt es dabei, daß der Bebauungsplan insoweit nicht genehmigungsfähig ist. Im Anzeigeverfahren muß die Verletzung von Rechtsvorschriften geltend gemacht werden. Beim Bebauungsplan kommt auch eine Teilversagung oder teilweise Geltendmachung der Verletzung von Rechtsverstößen in Betracht."*). Deshalb wird zu § 6 Abs. 3 BauGB davon ausgegangen, dass neben der „Ausnahme von der Genehmigung" eine Teilgenehmigung des Flächennutzungsplans mit Teilversagung, wie sie in Bezug auf Bebauungspläne möglich ist, nicht zulässig wäre (vgl. dazu *Krautzberger* in Ernst/Zinkahn/Bielenberg, BauGB § 6 Rn. 74).

113 Der niedersächsische Landesgesetzgeber geht in Bezug auf Raumordnungspläne von diesem Ausschlussverhältnis hingegen zutreffend nicht aus. So werden in der VV-NROG/ROG – RROP sowohl das „Ausnehmen von der Genehmigung" als auch die „Teilgenehmigung mit Teilversagung" erläutert. Zwar ist der planerische Ansatz von Flächennutzungsplan und Raumordnungsplan ähnlich. Beide zielen auf die Beplanung eines vollständigen Planungsraums und intendieren die Steuerung unterschiedlichster Funktionen und Nutzungen unter Berücksichtigung unterschiedlichster Belange. Wie zum Flächennutzungsplan ist daher auch zum RROP davon auszugehen, dass der Auftrag zur Erarbeitung einer gesamträumlichen Planung prinzipiell fortbesteht, wenn nur Teile des RROP genehmigt werden. **RROP unterscheiden sich allerdings insofern von Flächennutzungsplänen**, dass RROP Teil eines zweistufigen Systems der Raumordnungsplanung sind, das gerade auf das enge Zusammenspiel von Landesplanung und Regionalplanung ausgelegt ist. So verzichtet das Land im LROP bewusst auf eigene Regelungen und „kompensiert" diese durch Planungsaufträge an die Regionalplanung. Anders als die Bauleitplanung unterliegt die Regionalplanung deshalb auch zeitlich vorgegebenen Anpassungs- und Planungspflichten. Dies rechtfertigt im Gegenzug die Legitimation des Landes, auf eine effektive Planungstätigkeit hinzuwirken. Hierzu zählt auch, dem Planungsträger nicht Planungsspielräume zu suggerieren, wo keine bestehen, sondern solche Festlegungen endgültig zu unterbinden, die in keiner Weise rechtlich umsetzbar sind (planungsrechtliche „no-gos").

114 Eine solche Entscheidung der Genehmigungsbehörde setzt nicht nur voraus, dass die gewählte Festlegung rechtswidrig war, sondern auch, dass es keine rechtmäßigen planerischen Alternativen gibt und die **Streichung aus dem RROP insofern die einzig mögliche**

Entscheidung war. Andernfalls wäre als milderes Mittel zunächst die Möglichkeit eines Ausnehmens von der Genehmigung mit einem planerischen Auftrag zur „Nacharbeitung" zu prüfen (vgl. Rn. 104 ff.).

In Betracht kommt eine endgültige Teilversagung bspw. bei 115

- **Regelungen außerhalb des** Kompetenzbereichs der Raumordnung, z. B. Regelungen zur Betriebsweise (nur über Fachrecht zulässig), z. B. direkte Regelungsaufträge an die kommunale Bauleitplanung
- **Regelungen außerhalb der Regelungsbefugnis der Regionalplanung**, z. B. weil thematische Festlegungen abschließend durch das LROP getroffen sind und keiner Modifizierung durch die Regionalplanung zugänglich sind (z. B. Verbot von regionalplanerischen Ausnahmen zu Zielen zur Steuerung des großflächigen Einzelhandels)
- Regelungen, für die es zwar LROP-konforme Festlegungsmöglichkeiten gäbe, jedoch der Träger der Regionalplanung (trotz vorheriger Beratung) eindeutig gegenüber der Genehmigungsbehörde zum Ausdruck gebracht hat, dass er die **Festlegung ausschließlich in der vorgelegten, dem LROP widersprechenden Weise** vornehmen möchte
- Regelungen, die unabhängig von ihrer Fassung niemals in der Lage wären, Anforderungen von allgemeinem **höherrangigen Recht**, wie das Bestimmtheitsgebot oder das Diskriminierungsverbot, einzuhalten (z. B. Regelungen, die Einzelhandelsvorhaben aufgrund ihrer Eigenschaft als alteingesessene inländische Familienbetriebe von der Beachtung der Ziele zur Steuerung des großflächigen Einzelhandels freistellen würden).

Da die **Teilgenehmigung das Verfahren sowohl genehmigungsrechtlich als auch planerisch abschließt**, ist die genehmigte Fassung des RROP auch in planerischer Hinsicht eine andere als die kommunal zunächst beschlossene. Damit kommunalverfassungsrechtlich sichergestellt ist, dass der Plan auch in seiner „reduzierten" Fassung dem mutmaßlichen Planungswillen des Regionalplanungsträgers entspricht, erfordert die Teilgenehmigung einen **kommunalen Beitrittsbeschluss** (vgl. OVG Bln-Bbg, Urt. vom 5.7.2018 – 2 A 2.16 –, openJur 2020, 36428; www.gerichtsenscheidungen.berlin-brandenburg.de). 116

8.4.3.3 Vorweggenehmigung von RROP-Teilen

Die **Vorweggenehmigung** ist eine **vorgezogene, endgültige Entscheidung über sachlich oder räumlich abgrenzbare Teile des RROP** zu einem Zeitpunkt, in dem die Genehmigungsprüfung noch nicht für den gesamten Verfahrensgegenstand abgeschlossen ist. Die vorweg genehmigten Teile des RROP dürfen in Kraft gesetzt werden, mit dem Risiko, dass die Genehmigung für die übrigen Festlegungen des RROP nicht möglich sein könnte. Für die **noch nicht genehmigten Teile läuft das Genehmigungsverfahren einschließlich der Genehmigungsfrist weiter**. Wird über die nicht genehmigten Teile nicht innerhalb der – ggf. verlängerten – Frist entschieden, tritt hierüber die Genehmigungsfiktion ein. 117

Auch bei der Vorweggenehmigung ist sicherzustellen, dass keine Rechtsverstöße entstehen. Würde eine Vorweggenehmigung in Kombination mit einer späteren Teil-Ablehnung oder einer Genehmigungsfiktion bewirken, dass bspw. Regelungsaufträge aus dem LROP nicht umgesetzt wären, dass es nicht an die aktuellen Festlegungen des LROP angepasst wäre oder dass das RROP einen unzulässigen Teilplan darstellen würde, wäre eine Vorweggenehmigung in aller Regel kein geeignetes Mittel. 118

Zu praktischen Erschwernissen führen bei einer Vorweggenehmigung zudem die Anforderungen an die öffentliche Bekanntmachung. Unter genauer Bezeichnung der jeweiligen Festlegungen müsste mit zwei **verschiedenen Inkrafttretensterminen** gearbeitet werden und – im Falle einer Neuaufstellung des RROP – das gestaffelte Außerkrafttreten des alten RROP geregelt werden; in Bezug auf zeichnerische Festlegungen müsste hierzu eine „Übergangskarte" o. ä. erstellt werden. Schließlich müsste auch die „Rahmensatzung" 119 verändert werden, da beschreibende und zeichnerische Festlegungen (Text und Karte) in aller Regel lediglich Anlagen der Rahmensatzung darstellen.

120 Zusätzliche rechtliche Unklarheiten können sich zudem im Zusammenhang mit der **Geltungsdauer** der RROP ergeben. Bei gestaffeltem Inkrafttreten können – insbesondere im Falle gerichtlicher Auseinandersetzungen – unterschiedliche Auffassungen zum Zeitpunkt des Fristbeginns (Inkrafttreten des ersten Planteils? Inkrafttreten des zweiten Planteils? Differenzieren zwischen Neuaufstellung und Änderung?) zu neuen Schwierigkeiten führen und die Vorteile eines beschleunigten Inkrafttretens von Planteilen erheblich relativieren.

121 Dies begrenzt die Vorweggenehmigung auf Einzelfälle, bei denen das Nichtinkrafttreten bestimmter Planteile deutlich nachteiliger wirken würde als die vorbeschriebenen „Folgeschwierigkeiten", bspw. bei Flächenausweisungen für die Windenergienutzung, um das Eintreten der „Super-Privilegierung" zu verhindern (näher dazu § 3 Rn. 259).

8.4.4 Beitrittsbeschluss

122 Kommunalverfassungsrechtlich ist unverzichtbar, dass eine **Satzung vom zuständigen Beschlussorgan beschlossen** wurde. Das Beschlusserfordernis bezieht sich auf dasjenige **Abwägungsergebnis, das der bekanntzumachenden Fassung der Satzung zugrunde liegt**. Die kommunale Beschlussfassung erfolgt zunächst vor der Einreichung des RROP zur Genehmigung. Kann die Genehmigungsfähigkeit des RROP nur durch Veränderungen von Planinhalten erreicht werden (**Maßgaben, Teilgenehmigung mit endgültiger Teilversagung**), bedarf es eines erneuten kommunalen Beschlusses, um sicherzustellen, dass auch diese Fassung des RROP vom Willen des kommunalen Satzungsgebers gedeckt ist (Beitrittsbeschluss, vgl. bspw. BVerwG, Beschl. vom 14.4.2010 – 4 B 78.09 –, NVwZ 2010 S. 1026; openJur 2011, 90365; BVerwG, Beschl. vom 21.3.2019 – 4 BN 4.10 –, www.bverwg.de). Soweit Maßgaben eine Abstimmung oder Einigung mit anderen Trägern öffentlicher Belange erfordern, darf der Beitrittsbeschluss erst danach erfolgen (vgl. NdsOVG, Beschl. vom 28.10.2004 – 1 KN 155/03 –, NVwZ 2005 S. 162; openJur 2012, 42080).

123 **Nach dem Beitrittsbeschluss ist die Ausfertigung** (näher dazu Rn. 166 ff.) bzw. – falls die Ausfertigung schon vorher erfolgt ist – eine Neuausfertigung der Satzung erforderlich (vgl. NdsOVG, Beschl. vom 28.10.2004 – 1 KN 155/03 –, NVwZ 2005 S. 162; openJur 2012, 42080).

8.5 Erreichung des Teilflächenziels i. S. des NWindG

8.5.1 Genehmigungsrelevanz des regionalen Teilflächenziels zur Ausweisung von Windenergiegebieten (Absatz 5 Satz 7)

124 Im Zusammenhang mit der **Ausweisung von Flächen für die Windenergienutzung sind in Niedersachsen gesetzlich drei Zeitziele** normiert:

- Bis zum **31.12.2027** sind in Niedersachsen **zumindest 1,7 % der Landesfläche** für die Windenergienutzung auszuweisen. Dazu ist in jedem regionalen Planungsraum diejenige Fläche auszuweisen, die sich aus **Spalte 2 der Anlage des NWindG** ergibt. Wird dieser Stichtag verfehlt, gelten bis zum Erreichen des Teilflächenziels die Rechtsfolgen des § 249 Abs. 7 BauGB (die sog. **„Super-Privilegierung"**, dazu § 3 Rn. 259).
- Bis zum **31.12.2032** sind in Niedersachsen **zumindest 2,2 % der Landesfläche** planerisch für die Windenergienutzung auszuweisen. Dazu ist in jedem regionalen Planungsraum diejenige Fläche auszuweisen, die sich aus **Spalte 4 der Anlage des NWindG** ergibt. Wird dieser Stichtag verfehlt, gelten bis zum Erreichen des Teilflächenziels die Rechtsfolgen des § 249 Abs. 7 BauGB (die sog. „Super-Privilegierung", dazu § 3 Rn. 259).
- Nach den landespolitischen Klimaschutzzielen des **§ 3 Abs. 1 Satz 2 NKlimaG** sollen bereits zum **31.12.2026 2,2 % der Landesfläche** für die Windenergienutzung ausgewie-

sen sein. Die Verfehlung dieses Zeitpunktes ist **sanktionslos**; insbesondere treten noch nicht die Rechtsfolgen des § 249 Abs. 7 BauGB (die sog. „Super-Privilegierung", dazu § 3 Rn. 259) ein.

Die Zielsetzungen des **NKlimaG** haben keinen nennenswerten Einfluss auf die Genehmigungsfähigkeit des RROP. Die nur landesweiten und nicht auf die regionalen Planungsräume heruntergebrochenen Vorgaben finden insbesondere als zeitlicher Aspekt Eingang in den Planungsprozess, werden aber bei einem „bemühten" Planungsträger schwerlich zu einem Genehmigungshindernis führen. 125

Das Unterschreiten der geforderten Flächenvorgaben des **NWindG** wird in aller Regel ebenfalls zu keinem Genehmigungshindernis führen. § 5 Abs. 5 Satz 7 NROG enthält die ausdrückliche Klarstellung, dass auch ein **Unterschreiten der Flächenvorgaben nicht der Genehmigungsfähigkeit eines RROP im Wege** steht, solange absehbar ist, dass sich die Planungsträger den **Teilflächenzielen weiter annähern**. Hintergrund ist, dass jedes hinzukommende Vorranggebiet die Windenergienutzung besser absichert als eine unbeplante Fläche. 126

Die Prüfschwelle, um eine **weitere Annäherung** annehmen zu können, ist gering. **§ 5 Abs. 5 Satz 7 NROG** verlangt keine künftige Flächenausweisung durch den Träger der Regionalplanung. Für die Genehmigungsfähigkeit des RROP ausreichend ist auch die **Prognose**, dass durch Planungen der Gemeinden weitere Flächen hinzukommen werden oder dass sich – insbesondere im Zuge des erleichterten Repowerings nach § 16b BImSchG – die unbeplante, aber mit Windenergieanlagen bebaute und daher im Umkreis von einer Rotorblattlänge anrechenbare Windfläche (§ 4 Abs. 1 Satz 3 WindBG) noch vergrößern wird. Mangels ausdrücklicher Regelungen im NROG sind **weder kommunalpolitische Beschlüsse oder Absichtserklärungen nötig**, noch wäre zwingend nur auf Planungen abzustellen, die bereits förmlich eingeleitet wurden. 127

Die **Genehmigung des RROP trotz Nichterreichung des Teilflächenziels verhindert nicht**, dass bei Verfehlung des Teilflächenziels **die „Super-Privilegierung"** nach § 249 Abs. 7 BauGB (vgl. dazu § 3 Rn. 259) und andere bundesgesetzliche Rechtsfolgen eintreten, die an das Erreichen bzw. Nicht-Erreichen des Teilflächenziels geknüpft sind. 128

8.5.2 Feststellung der Erreichung des Teilflächenziels im RROP-Genehmigungsverfahren (Absatz 5 Satz 6)

Gem. § 5 Abs. 1 und Abs. 2 WindBG genügt zur Abwendung der sog. „Super-Privilegierung" (dazu § 3 Rn. 259) nicht allein die Erreichung des Teilflächenziels, sondern es bedarf einer ausdrücklichen **Feststellung, dass das jeweilige Teilflächenziel erreicht ist**; diese Feststellung ist öffentlich bekannt zu machen (zur Bekanntmachung Rn. 187 ff.). 129

Es zählt zu den Aufgaben der **oberen Landesplanungsbehörde**, im Zuge eines RROP-Genehmigungsverfahrens die Erreichung des Teilflächenziels nach dem NWindG festzustellen – allerdings nur unter bestimmten Voraussetzungen (§ 5 Abs. 5 Satz 6 NROG). In diesem Fall ist die **Feststellung über die Erreichung des Teilflächenziels Bestandteil des Genehmigungsbescheids**. 130

Die Feststellung der Erreichung des Teilflächenziels durch die obere Landesplanungsbehörde setzt voraus, dass (1.) der oberen Landesplanungsbehörde überhaupt ein **RROP zur Genehmigung vorgelegt** wurde und dass (2.) das Verfahren auch **dazu dienen soll, das Teilflächenziel zu erreichen**. Dabei handelt es sich um RROP, in denen der **Träger der Regionalplanung selbst Festlegungen zugunsten der Windenergienutzung vorgenommen** hat – unbeschadet der Möglichkeit, sich darüber hinaus auch noch Flächen aus Flächennutzungs- oder Bebauungsplänen anrechnen zu lassen. Unerheblich ist, ob es sich um die Neuaufstellung eines Gesamt-RROP oder eines Teilprogramms Windenergienutzung handelt oder um die Ergänzung eines bestehenden Gesamt-RROP oder Teilprogramms um weitere Windenergiegebiete. Es muss sich ferner um **anrechenbare Flächenausweisungen** handeln. Dafür genügt, dass zumindest eine Fläche anrechenbar ist. Ob das RROP dane- 131 ben weitere Gebiete enthält, die nicht anrechenbar sind (z. B. Vorbehaltsgebiete, höhenbeschränkte Gebiete), ist dann unerheblich.

132 Wenn die oberen Landesplanungsbehörden die Feststellung des Teilflächenziels vorzunehmen haben, muss den **RROP-Genehmigungsunterlagen zu entnehmen sein, welche Flächen** in Windenergiegebieten nach § 2 Nr. 1 WindBG und welche unbeplanten Flächen im Rotorumkreis von Windenergieanlagen nach § 4 Abs. 1 Satz 3 WindBG oder im Abbaubereich eines Braunkohlen- oder Sanierungsplans nach Absatz 4 WindBG **angerechnet werden sollen**, jeweils unter **Angabe des Umfangs** der anzurechnenden Fläche (§ 5 Abs. 5 Satz 6 NROG).

133 § 5 WindBG reduziert die Feststellung auf eine **„Positivmeldung"**. Liegt die Zuständigkeit über die Feststellung eines Teilflächenziels bei der oberen Landesplanungsbehörde, weil das RROP-Verfahren der Erreichung eines Teilflächenziels dienen sollte, aber wird das Teilflächenziel (noch) nicht erreicht (z. B. wegen Nichtgenehmigungsfähigkeit von Vorranggebieten oder Nichtanrechenbarkeit von Gebieten/Flächen), ist eine **„Negativ-Feststellung", dass das Teilflächenziel (noch) nicht erreicht wird, nicht zu treffen**. Die Gründe sollten aber nach allgemeinen Verwaltungsprinzipien in der Begründung des Genehmigungsbescheids erläutert werden.

134 Werden **im RROP Flächen für die Windenergienutzung ausgewiesen, dienen diese aber sämtlich nicht der Erreichung eines Teilflächenziels** – bspw., weil das Teilflächenziel bereits erreicht ist oder weil es sich ausschließlich um nicht anrechenbare Gebiete handelt –, besteht **keine Zuständigkeit der oberen Landesplanungsbehörde zur Feststellung der Erreichung eines Teilflächenziels**.

135 **Ebensowenig trifft die Landesplanungsbehörde eine Feststellung** über die Erreichung eines Teilflächenziels, wenn das RROP ausschließlich Festlegungen zu anderen Themen und **keinerlei Festlegungen zur Windenergienutzung enthält**. Bspw. in Fällen, in denen der Träger der Regionalplanung sich für die noch fehlenden Flächen aus der **Bauleitplanung anrechnen** möchte oder das **Teilflächenziel im Planungsraum bereits erfüllt** ist.

136 In solchen Fällen **stellt der Träger der Regionalplanung** (als „zuständiger Planungsträger" i. S. der §§ 5 Abs. 2 und 3 Abs. 2 Satz 1 Nr. 2 i. V. m. § 2 Abs. 1 Satz 1 NWindG) **selbst die Erreichung des Teilflächenziels fest** und macht diese Feststellung öffentlich bekannt. Mit Ausnahme derjenigen kreisfreien Städte, die auch selbst Träger der Regionalplanung sind, **dürfen die Träger der Bauleitplanung keine Feststellung des Teilflächenzieles vornehmen**, da sie nicht „zuständige Planungsträger" sind.

137 Die Erreichung/Nichterreichung des Teilflächenziels und die Feststellung der Erreichung des Teilflächenziels sind juristisch nicht das Gleiche.

138 **Bestimmte Rechtsfolgen** werden allein **durch das Nichterreichen des Teilflächenziels ausgelöst**, insbesondere die Rechtsfolge der „Super-Privilegierung" nach Absatz 7 Satz 2 BauGB (dazu § 3 Rn. 259).

139 Im Rahmen vieler Rechtsvorschriften ist hingegen nicht allein das bloße Erreichen des Teilflächenziels maßgeblich, sondern **erst die Feststellung der Zielerreichung löst die benannten Rechtsfolgen aus**, insbesondere die Nichtprivilegierung von Windenergieanlagen außerhalb von Windenergiegebieten nach § 249 Abs. 2 BauGB oder die Unzulässigkeit von Windenergiegebieten in Landschaftsschutzgebieten nach § 26 Abs. 3 BNatSchG. Wegen der damit ausgelösten Rechtsfolgen dürfte eine **kommunalpolitische Beschlussfassung** über die Feststellung zumindest geboten sein, denn zwar nicht die Rechtsfolge als solche steht zur Disposition eines kommunalen Gremiums, aber die Entscheidung über den Zeitpunkt des Einsetzens dieser Rechtsfolgen.

8.5.3 Anrechenbarkeit von Flächen auf das regionale Teilflächenziel

140 Nach hier vertretener Auffassung steht es dem **Träger der Regionalplanung frei zu entscheiden, ob und welche im Prinzip anrechenbaren Flächen er tatsächlich in die Anrech-**

nung bringt. Hierfür spricht nicht nur der Wortlaut des § 4 WindBG („anrechenbar"). Zur Planungshoheit eines Trägers der Regionalplanung und seiner Stellung als „zuständiger Planungsträger" i. S. des § 2 NWindG gehört auch die Freiheit zu entscheiden, ob und in welchem Maße er die Ausweisung von Flächen selbst übernehmen möchte oder ob und in welchem Maße er sich dabei von Gemeinden unterstützen lassen möchte. Mit der Verantwortlichkeit des Trägers der Regionalplanung für den regionalen Planungsraum und dessen „Schicksalsgemeinschaft" wäre es schwerlich vereinbar, eine Pflicht anzunehmen, sämtliche anrechenbaren Flächen anrechnen zu müssen – insbesondere, wenn es dabei um Flächen aus „fremder" Bauleitplanung geht und beispielsweise Zweifel an der Wirksamkeit solcher Planungen bestehen (so auch *Raschke*, S. 16 f.).

8.5.3.1 Anrechenbarkeit von Flächen unterschiedlicher Planungsebenen

Der Träger der Regionalplanung hat die geforderte Flächenausweisung nicht zwingend 141 selbst allein durch Ausweisung von Vorranggebieten im RROP vorzunehmen. Nach § 5 Abs. 1 Satz 1 2. Halbs. WindBG und § 2 Satz 2 NWindG darf er sich neben eigenen Gebietsausweisungen auch Gebiete aus wirksamen Flächennutzungsplänen und Bebauungsplänen anrechnen, soweit diese der Begriffsbestimmung eines Windenergiegebietes i. S. des § 2 Nr. 1 Buchst. a WindBG unterfallen. Soweit sich Flächen auf unterschiedlichen Planungsebenen überschneiden, ist der **Überschneidungsbereich nur einmalig anrechenbar** (vgl. auch BT-Drs. 20/2355 S. 26). Gem. § 4 Abs. 1 Satz 6 WindBG dürfen planerisch ausgewiesene Flächen dabei nur dann angerechnet werden, wenn für sie **standardisierte Daten geografischer Informationssysteme (GIS-Daten)** vorliegen.

Dass unter engen Voraussetzungen Flächen innerhalb eines Abbaubereichs eines **Braunkohlen- oder Sanierungsplans** anrechenbar sind, für die durch eine eigenständige Rechtsverordnung nach § 249b Abs. 1 BauGB eine Windenergienutzung geregelt wurde, hat für Niedersachsen keine Bedeutung. In Niedersachsen gibt es lediglich das Landes-Raumordnungsprogramm, jedoch keine Braunkohlenpläne als Spezialform (sachlicher Teilplan) des Landes-Raumordnungsplans. Entsprechend kann es auch keine Rechtsverordnung nach § 249b BauGB geben. 142

8.5.3.2 Anrechenbarkeit unbeplanter Flächen im Rotor-Umkreis

Auf das Teilflächenziel 2032 – und nur auf dieses – sind ferner **Flächen anrechenbar, die nicht planerisch ausgewiesen sind, aber auf denen dennoch Windenergieanlagen in Betrieb sind** (z. B. weil hier Windenergieanlagen ohne Planung allein über die Außenbereichsprivilegierung errichtet wurden oder weil eine Planung gerichtlich für unwirksam erklärt wurde). Angerechnet werden darf eine Fläche im Umkreis von jeweils einer Rotorblattlänge um jede Windeneregieanlage (§ 4 Abs. 1 Satz 3 WindBG). 143

8.5.3.3 Anrechenbarkeit von Flächen mit Bestimmungen zur Höhe von Windenergieanlagen

Flächen, für die **planerische Bestimmungen zur Höhe baulicher Anlagen** bestehen, dürfen 144 nach § 4 Abs. 1 Satz 5 WindBG nur dann auf das Teilflächenziel **angerechnet werden, wenn die Bestimmungen bis zum Ablauf des 1.2.2023 wirksam geworden** sind. Neuere Höhenbestimmungen führen dazu, dass die betroffene Fläche nicht auf das Teilflächenziel angerechnet werden darf. Dies gilt **unabhängig davon, auf welcher Planungsebene die Höhenbestimmung geregelt** wurde. Der Wortlaut des § 4 WindBG gibt es nicht her, Pläne unabhängig voneinander zu betrachten. Ist die Fläche auch nur auf einer Planungsebene mit einer anrechnungs-relevanten Höhenbestimmung versehen, fällt sie insgesamt aus der Anrechenbarkeit heraus. Ist eine Fläche bspw. im Flächennutzungs- oder Bebauungsplan mit einer nach dem 1.2.2023 erlassenen Höhenbeschränkung versehen, kann sie auch dann nicht auf das Teilflächenziel angerechnet werden, wenn das RROP für dieselbe Fläche keine Höhenbestimmung enthält.

145 Zwar bestehen gewisse gesetzgeberische Ungereimtheiten. So schließt § 4 WindBG die Anrechenbarkeit im Falle planerischer Höhenbestimmungen pauschal immer aus – also auch solcher in Flächennutzungsplänen. § 249 Abs. 5 Satz 2 BauGB hingegen bestimmt, dass innerhalb von ausgewiesenen Windenergiegebieten Darstellungen des Flächennutzungsplans im Zulassungsverfahren für eine Windenergieanlage keine Bindungswirkungen entfalten. Ist es nun so, dass eine (identische) Fläche sowohl im RROP als Vorranggebiet als auch im Flächennutzungsplan ausgewiesen ist, und enthält zwar der Flächennutzungsplan eine Höhenbestimmung, das RROP aber nicht, führt dies zu dem – wenig nachvollziehbaren – Ergebnis, dass zwar im BImSchG-Verfahren für die Windenergieanlage die Höhenbestimmung im Flächennutzungsplan wegen § 249 Abs. 5 Satz 2 BauGB überhaupt keine hinderliche Wirkung hätte, die Fläche wegen § 4 WindBG aber dennoch nicht angerechnet werden darf. Solange diese bundesgesetzlichen **Widersprüchlichkeiten** jedoch nicht bereinigt werden, sind sie hinzunehmen und können nach hier vertretener Auffassung nicht durch Rechtsauslegung überwunden werden.

146 Der klare Wortlaut umfasst sowohl Bestimmungen zu **Maximalhöhen** als auch zu **Mindesthöhen** und unterscheidet auch nicht zwischen den **Gründen**, die zu der Höhenbestimmung geführt haben.

147 Die Regelung gilt nach ihrem eindeutigen Wortlaut **nur für planerische Höhenbestimmungen**. „Höhenbedingte" Einschränkungen für Windenergieanlagen, die sich erst im **BImSchG-Verfahren** ergeben, wirken sich auf die Anrechenbarkeit von Flächen nicht aus. Auch ein **städtebaulicher oder raumordnerischer Vertrag** zwischen Vorhabenträger und Standortgemeinde oder Träger der Regionalplanung mit Vereinbarungen zur Höhe von Windenergieanlagen würde die Anrechenbarkeit der Flächen nicht schmälern.

148 Ebenso ist die Fläche anrechenbar, wenn zwar „Höhenprobleme" auf der Fläche bestehen (z. B. wegen luftverkehrlichen Kursführungsmindesthöhen), aber dennoch auf Planungsebene **keine Höhenbestimmung nötig war, weil die Referenzanlage zulässigerweise so niedrig** konfiguriert wurde, dass sie „unter die Höhengrenze passt" (näher zur Referenzanlage und zum planerischen Umgang mit Höhenbeschränkungen § 3 Rn. 301 ff.).

149 Beabsichtigt eine Gemeinde eine Höhenbestimmung auf Flächen, die im RROP als „höhenunbeschränkte" Vorranggebiete ausgewiesen sind und für die der Träger der Regionalplanung erkennbar zum Ausdruck gebracht hat, dass auch auf nachfolgenden Planungsebenen keine Höhenbeschränkungen erfolgen sollen, wäre dies ein Verstoß gegen die Zielbeachtungspflicht nach § 1 Abs. 4 BauGB. Zum Schutz vor einer drohenden Nicht-Anrechenbarkeit der RROP-Flächen kann eine raumordnerische **Untersagung** der Bauleitplanung ausgesprochen werden (zur raumordnerischen Untersagung s. vor §§ 14–17 Rn. 5 ff.)

8.5.3.4 Anrechenbarkeit von Rotor-innerhalb-Flächen

150 Gehen Flächenausweisungen mit der Bestimmung einher, dass auch die **Rotorblätter einer Windenergieanlage innerhalb der ausgewiesenen Fläche** liegen müssen, so dürfen die Flächen **nicht in vollem Umfang auf das Teilflächenziel angerechnet** werden. Hintergrund ist, dass die im WindBG zur Deckung des Energiebedarfs errechneten Flächenbeitragswerte auf einer Rotor- außerhalb-Annahme basieren. Anhand von GIS-Daten ist bei **Rotor-innerhalb-Planungen ein Abzug von 75 m von den Flächengrenzen nach innen** vorzunehmen. Hergeleitet wird dieser Wert von einem angenommenen Rotorradius einer Standardwindergieanlage abzüglich des Turmfußradius (§ 4 Abs. 3 Sätze 2 bis 4 WindBG).

8.5.3.5 Beginn und Dauer der Anrechenbarkeit

151 Die **Anrechenbarkeit beginnt grds. erst mit dem Wirksamwerden** des jeweiligen Plans bzw. mit Wirksamwerden der jeweiligen Flächenausweisung.

152 § 4 Abs. 2 Satz 3 WindBG gewährt eine Übergangsfrist für den Fall, dass eine zur Erreichung des Teilflächenziels notwendige Planung mit Ablauf des 31.12.2027 bzw. 31.12.2032

zwar bereits durch den Planungsträger beschlossen, aber – bspw. mangels Genehmigung oder Verkündung – noch nicht in Kraft getreten ist. Diese Flächen dürfen **ab Beschluss während einer siebenmonatigen Übergangsfrist** angerechnet werden. Ausweislich der Gesetzesbegründung zu § 4 Abs. 2 WindBG (BT-Drs. 20/2355) dient die Regelung der Kontinuität der Rechtslage und soll verhindern, dass sich die rechtlichen Anforderungen für die Windenergieanlagen im Planungsraum in kurzer Zeit mehrfach ändern.

Die **Anrechenbarkeit** besteht grds. nur, solange der Plan bzw. die planerische Flächenausweisung wirksam ist; sie **endet also mit dem Unwirksamwerden oder der Aufhebung des gesamten Plans, des „Windkapitels" oder bestimmter Flächenausweisungen**. Für den praktisch wichtigsten Fall eines Unwirksamwerdens infolge einer gerichtlichen Entscheidung gewährt § 4 Abs. 2 Satz 2 WindBG allerdings eine Übergangsfrist von einem Jahr, während der die betroffenen Flächen weiterhin anrechenbar bleiben dürfen. 153

Im Falle der Übergangsfrist nach § 4 Abs. 2 Satz 3 WindBG entfällt die Anrechenbarkeit, wenn der Plan bzw. die Flächenausweisung nicht binnen der Übergangsfrist in Kraft tritt. 154

Wird durch ein Entfallen von anrechenbaren Flächen das Teilflächenziel unterschritten, tritt die Rechtsfolge des § 249 Abs. 7 BauGB (die sog. Super-Privilegierung, näher dazu § 3 Rn. 259) ein – jedoch nur so lange, wie durch Anrechung anderer Flächen, durch Planheilung oder durch Inkrafttreten weiterer Pläne bzw. Planänderungen das Erreichen des Teilflächenziels erneut festgestellt wird. 155

8.6 Entscheidung; Bekanntmachung der Genehmigung

8.6.1 Rechtscharakter der Genehmigung, Rücknahme und Widerruf

Die Genehmigung des RROP hat einen doppelten Charakter (so zur seinerzeit vergleichbaren Konstellation der Genehmigung eines Bebauungsplans BVerwG, Urt. vom 21.11.1986 – 4 C 22/83 –, BVerwGE 75,142). 156

Im Verhältnis zum Träger der Regionalplanung stellt sie einen (begünstigenden) Verwaltungsakt dar, selbst wenn sie Maßgaben oder eine Teilversagung enthält. 157

Zugleich ist sie Mitwirkungsakt in einem Normsetzungsverfahren. Mit der Erteilung der Genehmigung ist die Mitwirkung der oberen Landesplanungsbehörde hieran abgeschlossen. Daher ist auch die Rücknahme einer rechtswidrigen Plangenehmigung unter den Voraussetzungen des § 48 VwVfG nur möglich, solange die Bekanntmachung der Genehmigung nach § 10 Abs. 1 ROG noch nicht erfolgt ist (vgl. *Gierke/Lenz* in Brügelmann, BauGB § 6 Rn. 202 m. w. N.). Begründet sich die Rechtswidrigkeit aus einem Fehler des Plans und wird dieser Fehler noch *vor* Bekanntmachung der Genehmigung bemerkt, muss dieser Fehler des Plans behoben und der Plan erneut zur Genehmigung vorgelegt werden. Die hierzu erforderliche Rücknahme der alten Genehmigung kann entweder isoliert in Verbindung mit der späteren Neugenehmigung erfolgen oder kann in Form der Ersetzung der alten Genehmigung durch eine neue Genehmigung vorgenommen werden. 158

Mit der Bekanntmachung der Genehmigung gelten die allgemeinen Vorschriften über die Rücknahme oder den Widerruf eines Verwaltungsaktes nicht mehr. Erweist sich ein RROP als fehlerhaft, besteht der Rechtsschein eines wirksamen Plans. Das RROP kann dann ausschließlich durch den Planungsträger in einem ergänzenden Verfahren geheilt oder – sollte dies nicht möglich sein – aufgehoben werden. 159

8.6.2 Formen der Bekanntmachung, Zeitpunkt des Zugangs, Rechtzeitigkeit

Die Genehmigungsbehörde hat dem Träger der Regionalplanung gemäß § 41 Abs. 1 Satz 1 VwVfG i. V. m. § 1 NVwVfG die **Genehmigung des RROP bekannt zu machen**. Das NROG regelt keine besondere Form der Bekanntmachung. Sie kann z. B. durch einfachen **Brief per Post, durch Aushändigung oder gegen Empfangsbekenntnis** erfolgen. Da die Träger der Regionalplanung mit dem Bereitstellen einer E-**Mail**-Adresse einen Zugang i. S. d. § 3a Abs. 1 VwVfG eröffnet haben, kann die Genehmigung auch elektronisch über- 160 mittelt werden. Der Begriff der elektronischen Übermittlung ist weit und umfasst insbesondere E-Mail-Texte und/oder E-Mail-Anhänge, aber weiterhin auch mittlerweile unübliche Kommunikationsformen wie Telefaxe oder Computerfaxe.

161 Insbesondere bei einer Versagung der Genehmigung oder bei einer Genehmigung nur unter Einschränkungen ist auf die Rechtzeitigkeit der Bekanntmachung vor Ablauf der Genehmigungsfrist zu achten. Erfolgt die Bekanntmachung nicht rechtzeitig, tritt die Genehmigungsfiktion ein (dazu Rn. 72 ff.).

162 Für die Rechtzeitigkeit der Bekanntmachung ist nicht die Absendung der Genehmigung, sondern – entsprechend § 130 BGB – deren **Zugang beim Empfänger** maßgeblich. Ein Verwaltungsakt, der durch die Post oder elektronisch übermittelt wird, gilt nach § 41 Abs. 2 VwVfG erst am vierten Tag nach der Aufgabe zur Post oder nach seiner elektronischen Absendung als bekannt gegeben. Diese Zugangsfiktion vier Tage nach Absendung gilt auch dann, wenn der Zugang nachweislich früher erfolgt ist. Weder eine per Post noch eine per Telefax oder als Mail mit eingescanntem unterschriebenem Genehmigungsbescheid am letzten Tag der Genehmigungsfrist abgesandte Genehmigung könnte die Genehmigungsfiktion daher verhindern. Eine solche Genehmigung würde ins Leere gehen und wäre daher unwirksam, da ein als genehmigt geltender Plan nicht noch einmal genehmigt werden kann (vgl. zur vergleichbaren Situation im Baurecht *Gierke/Lenz* in Brügelmann, BauGB § 6 Rn. 136). Der Bescheid ist daher mindestens vier Kalendertage vor Ablauf der Genehmigungsfrist zu versenden.

163 Diese **Vier-Tages-Frist** kann durch persönliche **Aushändigung** vermieden werden (Empfangsbestätigung ist ratsam).

164 Bei der **Zustellung an Behörden gegen Empfangsbekenntnis** nach § 5 Abs. 4 VwZG (auch elektronisch) ist für den Zeitpunkt des Zugangs das vermerkte Eingangsdatum beim Träger der Regionalplanung maßgeblich, nicht die Absendung durch die Genehmigungsbehörde. Bei elektronischer Zustellung ist gemäß § 5 Abs. 6 VwZG die Übermittlung mit dem Hinweis „Zustellung gegen Empfangsbekenntnis" einzuleiten.

8.6.3 Rechtsbehelfsbelehrung

165 Der Genehmigung ist gem. § 37 Abs. 6 VwVfG eine **Rechtsbehelfsbelehrung** beizufügen, insbesondere wenn sie unter Einschränkungen, belastenden Nebenbestimmungen oder Maßgaben erteilt wird (näher vgl. Rn. 81 ff.).

8.7 Ausfertigung der Satzung

166 Die **Ausfertigung** eines RROP als Satzung ist aus rechtsstaatlichen Gründen notwendig (vgl. BVerwG, Beschl. vom 16.5.1991 – 4 NB 26/90 –, BVerwGE 88, 204; BVerwG, Beschl. vom 9.5.1996 – 4 B 60/96 –, BauR 1996 S. 670). Zweck der Ausfertigung ist es, zu bezeugen, dass der **Norminhalt mit dem Willen des Normgebers übereinstimmt (Bezeugung der Authentizität des Norminhalts**, dazu vgl. bspw. BVerwG, Urt. vom 1.7.2010 – 4 C 4.08 –, BVerwGE 137, 247; openJur 2011, 90902; BVerwG, Beschl. vom 4.9.2014 – 4 B 31.14 –, ZfBR 2014 S. 782; www.bverwg.de) und dass das **Rechtssetzungsverfahren dem höherrangigen Recht entsprechend durchgeführt wurde** (**Legalität des Verfahrens**, vgl. dazu NdsOVG, Urt. vom 10.3.2005 – 8 KN 41/02 –, openJur 2012, 42688, www.rechtsprechung.niedersachsen.de).

8.7.1 Form der Ausfertigung

167 Satzungen sind gem. § 11 Abs. 1 Satz 1 NKomVG von dem Hauptverwaltungsbeamten oder der Hauptverwaltungsbeamtin zu unterzeichnen. Notwendig sind die **eigenhändige und handschriftliche Unterschrift** mit zumindest ausgeschriebenem Familiennamen (Namenskürzel sind nicht ausreichend) und das Datum (vgl. *Wefelmeier* in KVR-NKomVG, § 11 Rn. 4). Das NdsOVG scheint auch die Beifügung eines Dienstsiegels für erforderlich zu halten (aber im Ergebnis offengelassen NdsOVG, Beschl. vom 28.10.2004 – 1 KN

155/03 –, NVwZ 2005 S. 162; openJur 2012, 42080). Das bloße Herstellen einer gedruckten Fassung des RROP genügt den Anforderungen an eine Ausfertigung nicht (vgl. BVerwG, Beschl. vom 4.9.2014 – 4 B 31.14 –, ZfBR 2014 S. 782; www.bverwg.de m. w. N.).

Die eigentliche Satzung zur Aufstellung und Änderung eines RROP besteht oft nur aus wenigen Paragrafen. Zumeist regelt der erste Paragraf, dass das RROP aus einer beschreibenden Darstellung (Textteil) sowie einer zeichnerischen Darstellung (Karte) besteht oder welche Änderungen an der bisherigen beschreibenden und zeichnerischen Darstellung vorgenommen werden. Ein weiterer Paragraf regelt das Inkrafttreten und – im Falle der Neuaufstellung – das gleichzeitige Außerkrafttreten der bisherigen RROP-Satzung. Die beschreibende und die zeichnerische Darstellung sind Anlagen einer solchen Satzung (dazu näher § 3 Rn. 24 ff.). Hier **genügt die Unterzeichnung allein der Satzung**, eine zusätzliche **Unterzeichnung der beschreibenden und der zeichnerischen Darstellung ist möglich, aber nicht erforderlich**. Durch die Bezugnahme der Satzung auf die beschreibende und die zeichnerische Darstellung als Anlage ist eine hinreichende *„gedankliche Schnur"* (NdsOVG, Urt. vom 10.3.2005 – 8 KN 41/02 –, openJur 2012, 42688; www.rechtsprechung.niedersachsen.de) hergestellt, zumal die Satzung ohne den anliegenden Textteil und die Karte überhaupt keinen Planinhalt hätte. 168

8.7.2 Zeitpunkt der Ausfertigung

Da die Ausfertigung die Authentizität des Norminhaltes bestätigt, muss die **Ausfertigung nach dem (letzten) Beschluss des zuständigen Beschlussorgans und vor der öffentlichen Bekanntmachung** der RROP-Genehmigung erfolgen. Die Unterzeichnung nach kommunalem Beschluss am gleichen Tag ist möglich. Dass aufgrund der gleichen Datumsangabe nach außen nicht eindeutig erkennbar ist, dass die Ausfertigung nach Beschluss erfolgte, ist unschädlich (vgl. NdsOVG, Urt. vom 10.3.2005 – 8 KN 41/02 –, openJur 2012, 42688; www.rechtsprechung.niedersachsen.de). Eine entsprechende zeitliche Dokumentation in den Aktenvorgängen ist ratsam. 169

Für die Genehmigung eines RROP muss der oberen Landesplanungsbehörde **keine „Ausfertigung"** im kommunalrechtlichen Sinne vorgelegt werden. Es genügt ein „Exemplar" der beschlossenen RROP-Satzung einschließlich Anlagen, das einer Unterschrift des Hauptverwaltungsbeamten i. S. v. § 11 Abs. 1 Satz 1 NKomVG nicht bedarf. In der Praxis wird bisweilen davon gesprochen, den oberen Landesplanungsbehörden „Ausfertigungen" zur Genehmigung vorzulegen, die allerdings i. S. v. „Exemplaren/Kopien", und nicht i. S. einer formalen Ausfertigung i. S. v. § 11 Abs. 1 Satz 1 NKomVG gemeint sind. 170

Ein genehmigungsbedürftiger Regionalplan sollte erst ausgefertigt werden, wenn seine Genehmigung durch die obere Landesplanungsbehörde vorliegt. Nach Auffassung des BVerwG (BVerwG, Beschl. vom 9.5.1996 – 4 B 60.96 –, BauR 1996 S. 670) steht das Bundesrecht einer Ausfertigung vor dem Vorliegen der Genehmigung nicht entgegen. Die **Ausfertigung muss aber im Falle einer Änderung des RROP im Zuge des Genehmigungsverfahrens (z. B. aufgrund von Maßgaben der Genehmigungsbehörde) zwingend erneut erfolgen**. Denn mit der Ausfertigung gem. § 11 Abs. 1 Satz 1 NKomVG erklärt der Hauptverwaltungsbeamte bzw. die Hauptverwaltungsbeamtin, dass der Inhalt des als Satzung (final) beschlossenen RROP mit dem Willen des gemeindlichen Beschlussorganes übereinstimmt. Dementsprechend genügt es nicht, wenn das als Satzung beschlossene RROP allein vor der Genehmigung ausgefertigt wird und danach durch einen Beitrittsbeschluss noch geändert wird, der die Maßgaben der Genehmigung umsetzt. Die durch den Beitrittsbeschluss veränderte Satzung ist vielmehr erneut auszufertigen (vgl. NdsOVG, Beschl. vom 28.10.2004 – 1 KN 155/03 –, NVwZ 2005 S. 162; openJur 2012, 42080; NdsOVG, Urt. vom 13.7.2017 – 12 KN 206/15 –, www.rechtsprechung.niedersachsen.de). 171

Zu weitgehend erscheint hingegen die Auffassung des **SächsOVG**, Urt. vom 1.7.2011 – 1 C 25/08 –, DÖV 2011 S. 952; www.justiz.sachsen.de, das eine Ausfertigung der Satzung *ausschließlich* für zulässig hält, *nachdem* zuvor eine für den Satzungserlass erforderliche aufsichtsbehördliche Genehmigung erteilt wurde. Verstöße hätten stets die Unwirksamkeit 172 der Satzung zur Folge. Die Prüfung, ob die genehmigte Fassung der Satzung mit der vom Normgeber beschlossenen Fassung inhaltlich übereinstimmt, könne erst nach erfolgter Genehmigung durchgeführt werden. Dieses Argument allein überzeugt nicht, weil sich der Senat in keiner Weise mit der (offensichtlichen) Frage auseinandersetzt, warum nicht auch eine erneute Ausfertigung nach Beitrittsbeschluss die Beurkundungs- und Gewährleistungsfunktion erfüllen kann. Da die Beurkundungs- und Gewährleistungsfunktion auch in einem solchen Fall voll erfüllt ist, vermag allein das Interesse an einer *„Vermeidung von Unklarheiten"* (vgl. Rn. 36) die schwerwiegende Rechtsfolge der Unwirksamkeit nicht zu rechtfertigen. Die Auffassung des SächsOVG würde im Übrigen dazu führen, dass jedes RROP, das unterschrieben zur Genehmigung vorgelegt würde (und damit formal als ausgefertigt angesehen werden könnte), allein wegen dieser Unterschrift rechtswidrig und nicht genehmigungsfähig wäre. In einem solchen Falle müsste zunächst das unterschriebene Exemplar zurückgegeben werden und in kommunalverfassungsrechtlich ordnungsgemäßer Weise die Ausfertigung aufgehoben werden, bevor erneut ein – diesmal nichtunterschriebenes – Exemplar des RROP zur Genehmigung vorgelegt werden könnte. Dem Interesse an einem zügigen Planungs- und Genehmigungsverfahren entspricht ein derartiger Formalismus nicht.

9. Öffentliche Bekanntmachung der Genehmigung; Bereitstellung der Planunterlagen; Bekanntmachung der Erreichung des Teilflächenziels für Windenergiegebiete (Absatz 6)

9.1 Bekanntmachung der RROP-Genehmigung

173 Durch die förmliche und amtliche Veröffentlichung soll den Normadressaten ermöglicht werden, vom Erlass und vom Inhalt des RROP Kenntnis zu nehmen. Die Veröffentlichung erfolgt durch **öffentliche Bekanntmachung der Erteilung der RROP-Genehmigung** (§ 5 Abs. 6 NROG, § 10 Abs. 1 ROG). Nach der Rechtsprechung des BVerwG ist die **Veröffentlichung von Einzelheiten (z. B. Auflagen oder Maßgaben) dabei nicht erforderlich** (vgl. BVerwG, Urt. vom 5.12.1986 – 4 C 29.86 –, BVerwGE 75, 217). Diese Form der Bekanntmachung (Ersatzbekanntmachung) tritt an die Stelle der sonst für Satzungen vorgeschriebenen Bekanntmachung laut § 11 NKomVG.

174 Abweichend von § 11 Abs. 5 Satz 2 NKomVG tritt das RROP gem. § 10 Abs. 1 ROG **„mit" der Bekanntmachung**, d. h. z. B. am Tag des Erscheinens des Amtsblattes, **in Kraft**.

175 Im Übrigen richten sich die Anforderungen der öffentlichen Bekanntmachung **nach der Hauptsatzung des Regionalplanungsträgers** und nach den Regelungen der Absätze 1, 2, 3, 4 und 5 Satz 1 des **§ 11 NKomVG**. Nach § 11 Abs. 1 Satz 2 NKomVG steht dem Träger der Regionalplanung die Verkündung in einem gedruckten amtlichen Verkündungsblatt, in einer oder mehreren örtlichen Tageszeitungen oder in einem im Internet bereitgestellten elektronischen amtlichen Verkündungsblatt zur Verfügung.

176 **Andere Veröffentlichungsformen oder Mischformen sind unzulässig**: *„Prägend für das Prinzip der formellen Rechtsverkündung ist die Formenstrenge der Verkündung. Diese Formenstrenge hat der niedersächsische Landesgesetzgeber in § 11 NKomVG so ausgeformt, dass die Kommunen sich zwischen den in Abs. 1 Satz 2 der Regelung genannten drei Wegen für die Verkündung kommunalen Rechts – in einem amtlichen Verkündungsblatt, in einer oder mehreren Tageszeitungen oder im Internet – zu entscheiden haben. Er hat den Kommunen aber nicht den Weg eröffnet, diese drei Verkündungswege zu neuen Mischformen weiter zu entwickeln"* (NdsOVG, Urt. vom 19.4.2018 – 4 KN 258/17 –, www.rechtsprechung.niedersachsen.de)

177 Bestimmt die Hauptsatzung die **Veröffentlichung in einem gedruckten amtlichen Verkündungsblatt** i. S. des Absatzes 2, so muss dieses als Papier-Druckschrift in ausreichender Auflage erscheinen. *„Es genügt nicht, ein einziges Exemplar zu drucken, das bei der Kommune zur Einsicht bereitgehalten wird"* (ebenso zum Druck von nur sechs bzw. sieben Exemplaren des amtlichen Verkündungsblatts: VG Magdeburg, Urt. v. 11.11.2013 – 9 A

213/13 –)"*[...]. Hätte es der Landesgesetzgeber den Kommunen ermöglichen wollen, sich auf den Druck eines einzigen Exemplars zu beschränken, hätte er kaum die Formulierung ‚in ausreichender Auflage' gewählt*" (NdsOVG, Urt. vom 19.4.2018 – 4 KN 258/17 –, a. a. O.). Welche Stückzahl als „ausreichend" anzusehen ist, präzisieren weder § 11 Abs. 2 NKomVG noch die Rechtsprechung: „*Eine Auflagenstärke ist daher ausreichend, wenn sie sich am mutmaßlichen Bedarf und Bezugsinteresse der Rechtsbetroffenen orientiert; insoweit ist es offensichtlich und bedarf keiner Klärung, dass Bekanntmachungsorgane nicht in einer Auflage erscheinen müssen, die der Zahl der potentiellen Rechtsbetroffenen auch nur annäherungsweise entspricht (vgl. zur Publikation von Ortsrecht in einer Tageszeitung: BVerwG, Beschl. v. 18.10.2006 – 9 B 6.06 –, NVwZ 2007, 216). [...] Die Druckauflage des Verkündungsblatts muss daher zumindest so hoch sein, dass sie den für den Bezug bestehenden (wenn auch voraussichtlich nicht allzu großen) Bedarf befriedigt. Die Auflage muss aber andererseits nicht so groß sein, dass sich interessierte Bürger von einer Ausgabe des Amtsblatts ggf. noch nach vielen Monaten oder gar Jahren nach dem Erscheinen ein Originalexemplar zum Behalt beschaffen können. [...] Daher genügt es für die langfristige Verfügbarkeit, wenn eine alte vergriffene Ausgabe des amtlichen Verkündungsblatts am Sitz der Kommune eingesehen werden kann. Zusätzlich wird die Kommune allerdings vorsorglich einige wenige Ersatzexemplare vorzuhalten haben, um einem möglichen Verlust des letzten Exemplars vorzubeugen und damit die Zugänglichkeit des Ortsrechts in seiner authentischen Originalfassung dauerhaft zu gewährleisten.*" (NdsOVG, Urt. vom 19.4.2018 – 4 KN 258/17 –, www.rechtsprechung,niedersachsen.de).

Der **Druck eines einzigen Exemplars oder nur sehr weniger Papierexemplare** erfüllt auch **178**
dann nicht die Anforderungen einer Verkündung im amtlichen Verkündungsblatt i. S. des Absatzes 2, wenn das Amtsblatt als PDF-Datei dauerhaft im Internet bereitgestellt und von einer Webseite des Antragsgegners heruntergeladen werden kann. Zwar eröffnet das NKomVG „*den Kommunen die Möglichkeit, anstelle von Printmedien das Internet für die Verkündung kommunaler Rechtsvorschriften zu nutzen (vgl. § 11 Abs. 1 Satz 2, Abs. 3 NKomVG). Die ausdrückliche Unterscheidung in § 11 Abs. 1 Satz 2 NKomVG zwischen den traditionellen Publikationsmedien amtliches Verkündungsblatt und örtliche Tageszeitung(en) einerseits sowie dem neuen Verkündungsmedium Internet andererseits verdeutlichen ebenso wie die einerseits für das amtliche Verkündungsblatt in § 11 Abs. 2 NKomVG und andererseits für das Internet in § 11 Abs. 3 NKomVG gesondert geregelten Bekanntmachungsmodalitäten, dass es nicht zulässig ist, das amtliche Verkündungsblatt durch eine Bereitstellung im Internet zu publizieren. Denn hätte der niedersächsische Landesgesetzgeber gewollt, dass das amtliche Verkündungsblatt abweichend von der jahrzehntelang geübten bisherigen Praxis und den dafür bisher geltenden rechtlichen Vorgaben nunmehr im Internet publiziert werden darf, hätte er die Publikationsmedien des amtlichen Verkündungsblattes und des Internets nicht derart strikt voneinander unterschieden und für diese beiden Verkündungsarten nicht jeweils separate und auf die technischen Gegebenheiten des jeweiligen Veröffentlichungsmediums zugeschnittene Regelungen über die Modalitäten der Verkündung getroffen.*" „*Auch bei einer zusammenschauenden Betrachtung des Drucks eines einzigen Papierexemplars des amtlichen Verkündungsblatts sowie der daneben erfolgten Bereitstellung des Amtsblatts als pdf-Datei im Internet kann nicht davon ausgegangen werden, dass die Ausgabe des Amtsblatts, in dem die angegriffene Verordnung verkündet worden ist, in ausreichender Auflage erschienen ist. Denn dies liefe auf die rechtliche Anerkennung einer Mischform zwischen zwei Wegen der Verkündung hinaus, die Elemente einer Verkündung in einem gedruckten amtlichen Verkündungsblatt sowie einer Verkündung im Internet in sich vereinigt. Eine derartige Mischform der Verkündung ist jedoch weder in § 11 NKomVG noch in § 14 Abs. 4 Satz 7 NAGBNatSchG vorgesehen und daher unzulässig*" (NdsOVG, Urt. vom 19.4.2018 – 4 KN 258/17 –, www.rechtsprechung.niedersachsen.de).

„*Unbenommen ist es niedersächsischen Kommunen allerdings, ihr amtliches Verkündungsblatt neben der landesgesetzlich vorgegebenen offiziellen Bekanntmachung als Druckpublikation, die in ausreichender Auflage erscheint, zusätzlich nachrichtlich auch in das Internet einzustellen, um es den Bürgern auf diese Weise zu erleichtern, sich über das geltende Ortsrecht zu informieren. Für den rechtlich vorgegebenen Vorgang der Verkündung des Amtsblatts ist diese informelle Bereitstellung im Internet jedoch bedeutungslos."* (NdsOVG, Urt. vom 19.4.2018 – 4 KN 258/17 –, www.rechtsprechung.niedersachsen.de).

179 Möchte ein Träger der Regionalplanung ausschließlich die **Internetveröffentlichung** eines elektronischen amtlichen Verkündungsblattes als maßgebliche Verkündungsart, ist dies kommunalverfassungsrechtlich möglich, muss aber in der Hauptsatzung geregelt sein.

180 Ein **Verkündungsmangel** führt unabhängig davon, ob er rechtzeitig gegenüber der planaufstellenden Behörde gerügt worden ist, zur **Unwirksamkeit** der RROP-Satzung (vgl. Erl. 5 zu § 7 NROG, zur Fehlerbehebung im ergänzenden Verfahren vgl. Erl. 6 zu § 7 NROG), vgl. auch NdsOVG, Urt. vom 19.4.2018 – 4 KN 258/17 –, www.rechtsprechung.niedersachsen.de.

9.2 Bereitstellung der RROP-Satzung und ihrer Anlagen im Internet und Anbieten einer Einsichtnahmemöglichkeit

181 Als Ersatz für eine Veröffentlichung der RROP-Satzung und ihrer Anlagen „im Volltext" erfolgt die **Bereitstellung dieser Unterlagen im Internet**.

182 Neben der **Satzung einschließlich der beschreibenden Darstellung (Textteil des RROP), der zeichnerischen Darstellung** (RROP-Karte) sowie ggf. weiterer **Satzungsanhänge** und -anlagen umschließt die Bereitstellungspflicht die Begründung, die **zusammenfassende Erklärung über den Umweltbericht und die Überwachungsmaßnahmen** sowie eine **Rechtsbehelfsbelehrung** (dazu § 3 Rn. 379).

183 Bei der **Neuaufstellung eines RROP** werden diese komplett neu erstellt, insofern sind bei einer Neuaufstellung die **gesamte beschreibende Darstellung sowie eine vollständige zeichnerische Darstellung** bereitzustellen.

184 Bei **Änderungen eines RROP**, bei denen nur einzelnen Textpassagen oder einzelne Kartendarstellungen durch „Änderungsbefehle" hinzugefügt, gestrichen oder ersetzt werden, **genügt die Bereitstellung der textlichen Änderungen bzw. der Kartenausschnitt der zeichnerischen Änderungen**, ohne dass noch eine zusätzliche „Lesefassung" der vollständigen beschreibenden Darstellung oder eine neue Komplett-Karte hinzugelegt werden müsste.

185 Zusätzlich zu der Bereitstellung der Unterlagen im Internet ist eine **Einsichtnahmemöglichkeit vor Ort** (in der Regel durch Auslegung) notwendig.

186 Gleichzeitig mit der öffentlichen Bekanntmachung der Genehmigung des RROP hat die **Bekanntmachung der Einstellung des RROP mit allen Unterlagen ins Internet, die Internetadresse, die Bekanntmachung des Ortes der Einsichtnahmemöglichkeit/Auslegung, ein Hinweis auf die Rechtsbehelfsbelehrung sowie ein Hinweis auf die Regelungen zum Unbeachtlichwerden von Fehlern** nach § 11 ROG und § 7 NROG zu erfolgen (§ 11 Abs. 5 Satz 2 ROG und § 7 Abs. 1 Satz 3 NROG, zur Planerhaltung s. § 7; zu Bekanntmachungserfordernissen insgesamt s. § 3 Rn. 381 ff.).

9.3 Bekanntmachung der Erreichung des Teilflächenziels nach dem NWindG; Bereitstellung von Informationen zu angerechneten Flächen im Internet und Anbieten einer Einsichtnahmemöglichkeit

187 Die **Feststellung, dass in dem jeweiligen Planungsraum das vorgegebene Teilflächenziel erreicht ist, ist ebenfalls bekannt zu machen**. Die Anforderungen an die Bekanntmachung sind unterschiedlich geregelt:

188 Erfolgt die **Feststellung über das Erreichen des Teilflächenziels im Rahmen einer RROP-Genehmigung** (vgl. dazu Rn. 129 ff.), so nimmt die Feststellung an der **öffentlichen Bekanntmachung der Erteilung der RROP-Genehmigung** teil (§ 5 Abs. 1 Satz 3 WindBG). Wo und wie die Bekanntmachung vorzunehmen ist, ergibt sich aus § 5 NROG und kommunalen Vorschriften, sie erscheint also bspw. als Teil der Bekanntmachung der RROP-Genehmigung im Amtsblatt. § 5 Abs. 6 Satz 3 NROG lässt genügen, dass die Bekanntmachung nur die Information erhält, dass (und welches) Teilflächenziel erreicht ist. **Anzugeben ist ferner, dass nähere Angaben zur Höhe des Teilflächenziels und zur Größe und Lage der angerechneten Flächen im Internet veröffentlicht sind und zur Einsichtnahme bereitgehalten werden, sowie die Internetadresse sowie Ort und Zeiten einer Einsichtnahmemöglichkeit** (§ 5 Abs. 6 Satz 5 NROG). **Detailangaben oder Karten zu den einzelnen angerechneten Windenergiegebieten und Flächen müssen nicht bekannt gemacht werden.** Diese Form der Bekanntmachung ist insofern vergleichsweise kurz.

Geht die **Feststellung der Erreichung eines Teilflächenziels nicht mit der Genehmigung eines RROP** einher (insbesondere in Fallkonstellationen, in denen das Teilflächenziel aufgrund bereits bestehender Planungen schon erreicht ist oder der Träger der Regionalplanung ohne eigene Planung lediglich Flächen aus der Bauleitplanung in die Anrechnung bringen möchte, vgl. Rn. 134 ff.), ist § 5 Abs. 6 Sätze 3 bis 5 NROG nicht einschlägig. Es handelt sich um eine **Bekanntmachung außerhalb des raumordnerischen Plan-Genehmigungsverfahrens** und außerhalb des Regelungsregimes des NROG. Die Anforderungen ergeben sich allein aus **§ 5 Abs. 2 WindBG und kommunalrechtlichen Vorschriften** über Bekanntmachungen. Ist darin eine dem § 5 Abs. 6 Sätze 3 ff. NROG entsprechende „Kurz-Bekanntmachung" nicht (eindeutig) eröffnet, wäre die **Bekanntmachung aller Angaben nach § 5 Abs. 1 Satz 1 Halbs. 2 WindBG** rechtssicherer. 189

10. Geltungsdauer des RROP und Überprüfungspflicht (Absatz 7)

10.1 Sinn und Zweck; Entstehungsgeschichte

Um ihren Steuerungsauftrag wirksam wahrnehmen zu können, müssen **Raumordnungspläne** regelmäßig dem Wandel in den Planungsräumen und veränderten Nutzungsansprüchen und -konflikten **angepasst werden**. Dies umso mehr, soweit das LROP auf eigene vollinhaltliche Festlegungen verzichtet und sich auf die Vorgabe von Planungsaufträgen beschränkt, deren regionalspezifische Ausgestaltung auf regionaler Planungsebene zu erfolgen hat (vgl. § 4 Rn. 20 ff.). 190

Nach Bundesrecht unterliegen Raumordnungspläne keiner zeitlich begrenzten Geltungsdauer, wenngleich Festlegungen in Raumordnungsplänen regelmäßig nur für einen mittelfristigen Zeitraum zu treffen sind (§ 7 Abs. 1 ROG). Nach § 7 Abs. 8 ROG sind Raumordnungspläne lediglich **spätestens alle zehn Jahre zu überprüfen**. 191

Anders als das Bundesrecht, wonach sowohl das Unterlassen einer Aktualitätsprüfung als auch das Unterlassen einer Aktualisierung folgenlos bleiben, enthält das **niedersächsische Landesrecht** schon lange **Regelungen zum Außerkrafttreten veralteter RROP**. Vor dem Hintergrund komplexerer Anforderungen an Planungsvorgänge wurde der 1974 noch auf fünf Jahre begrenzte Gültigkeitszeitraum eines RROP schrittweise zunächst auf sieben Jahre, dann auf zehn Jahre angehoben und zuletzt um Verlängerungsoptionen ergänzt. Die geltende Rechtslage verlangt ein fristgerechtes Handeln, um das Außerkrafttreten eines RROP zu verhindern. § 5 Abs. 7 Satz 1 NROG normiert – wie das Bundesrecht – eine **Überprüfungspflicht für RROP nach spätestens zehn Jahren**. Diese ist damit verbunden, dass der Bedarf für eine Änderung oder Neuaufstellung des RROP ermittelt wird. 192

Erforderlich ist, dass im Anschluss an diese Überprüfungen bis zum Ablauf des Zehn-Jahres-Zeitraums **weitere Handlungsschritte** des Planungsträgers hinzutreten. **Bei Untätigkeit tritt das jeweilige RROP automatisch außer Kraft.** § 5 Abs. 7 Satz 3 NROG bestimmt abschließend diejenigen Verfahrenshandlungen, die eine Verlängerung der Geltungsdauer eines RROP bewirken. 193

Ergibt die Überprüfung einen Bedarf für eine Überarbeitung des RROP, eröffnet 5 Abs. 7 NROG den Regionalplanungsträgern die Möglichkeit, auch **durch Änderungsverfahren die RROP-Geltungsdauer verlängern zu können**, ohne dass nach zehn Jahren immer ein 194

Neuaufstellungsverfahren erforderlich ist. Ferner enthält § 5 Abs. 7 NROG eine Regelung, dass sich im Falle der **Einleitung eines Planänderungsverfahrens die Geltungsdauer des RROP verlängert** und es nicht außer Kraft tritt.

195 § 5 Abs. 7 NROG in seiner bis April 2024 geltenden Fassung ließ für eine solche Geltungsdauerverlängerung die Bekanntmachung allgemeiner Planungsabsichten genügen. In der Praxis führte dies jedoch in nicht wenigen Fällen zu einer teilweise eher schleppenden weiteren Umsetzung und insbesondere zu einer langen Zeitspanne zwischen der Bekanntmachung allgemeiner Planungsabsichten und der Veröffentlichung des ersten Planentwurfs. Im Interesse zügigerer Planungsverfahren erfordert das NROG-2024 für die **Verlängerung der Geltungsdauer** daher stattdessen die **Einleitung des ersten Beteiligungsverfahrens**.

10.2 Geltungsdauer und Überprüfungsintervall: Fristbeginn, Fristende

196 § 5 Abs. 7 Satz 4 NROG knüpft den Fristbeginn für die Geltungsdauer des RROP stets an eine **öffentliche Bekanntmachung**.

- Wird ein RROP **neu aufgestellt, beginnen mit seinem Wirksamwerden (Inkrafttreten) dessen Geltungsdauer und das zehnjährige Überprüfungsintervall zu laufen**. Bewirkt wird das Inkrafttreten durch die Bekanntmachung der Erteilung der Genehmigung des RROP (§ 10 Abs. 1 ROG i. V. m. § 5 Abs. 6 NROG, näher § 3 Rn. 376 und § 5 Rn. 173 ff.), dazu Rn. 201 ff.
- Im Falle einer Aktualisierung in Form von **Änderungen** bestimmt § 5 Abs. 7 Satz 3 Nr. 2 und Satz 5 NROG als **Fristbeginn für die Zehn-Jahres-Frist die öffentliche Bekanntmachung der Einleitung des ersten Beteiligungsverfahrens**, dazu Rn. 201 ff.
- Für die Fälle, in denen **keine Aktualisierung des RROP erforderlich** ist, knüpft § 5 Abs. 7 Satz 3 Nr. 1 und Satz 5 NROG die **Weitergeltung um weitere zehn Jahre an die Bekanntmachung dieses Prüfergebnisses** an, dazu Rn. 198 ff..
- Wird die Geltungsdauer durch die obere Landesplanungsbehörde verlängert, so ist die **Bekanntmachung dieser Verlängerungsfrist** maßgeblich, dazu Rn. 207 ff.

197 Die **Frist beginnt mit dem Datum der öffentlichen Bekanntmachung**, dieser Tag wird bei der Berechnung der Frist mitgerechnet (entsprechend § 187 Abs. 2 BGB). Die **Zehn-Jahres-Frist endet** in den Fällen des § 5 Abs. 7 Satz 3 Nr. 1 und 2 entsprechend § 188 Abs. 2 BGB mit dem Ablauf desjenigen Tages des letzten Monats, welcher dem Tage vorhergeht, der durch seine Benennung oder Zahl dem Anfangstag der Frist entspricht. Ist das RROP bspw. am 30.5.2008 bekannt gemacht, endet die Frist mit Ablauf des 29.5.2018. Ebenso im Fall des § 5 Abs. 7 Nr. 3 NROG, sofern die Gültigkeit des RROP von der oberen Landesplanungsbehörde um eine bestimmte Anzahl von Monaten oder Jahren verlängert wurde. Wurde die Gültigkeit bis zu einem bestimmten Datum verlängert, endet die Frist gem. § 188 Abs. 1 BGB mit Ablauf dieses letzten Gültigkeitstages.

10.3 Feststellung eines fehlenden Überarbeitungsbedarfs (Absatz 7 Satz 3 Nr. 1)

198 Ergibt die Überprüfung eines RROP, dass sämtliche Festlegungen sowohl nach ihrem Inhalt als auch nach dem Grad ihrer Bindungswirkung (Ausgestaltung als Ziel oder Grundsatz) **noch aktuell**, mit dem LROP vereinbar und auch im Übrigen rechtskonform sind, ermöglicht § 5 Abs. 7 Satz 3 Nr. 1 NROG die **Weitergeltung** des RROP. § 5 Abs. 7 Satz 2 NROG erfordert die vorherige **Unterrichtung der oberen Landesplanungsbehörde über das Prüfergebnis**.

199 Aus Gründen der Transparenz über die geltende Rechtslage verlangt § 5 Abs. 7 Satz 3 Nr. 1 NROG eine öffentliche **Bekanntmachung**, dass *„die Überprüfung [des RROP] zu dem Ergebnis geführt hat, dass weder eine Änderung noch eine Neuaufstellung erforderlich ist“*. Für ein besseres Verständnis ist empfehlenswert, diese „verklausulierte“ Formulierung um einen klaren Hinweis über die Weitergeltung des RROP für weitere maximal zehn Jahre zu ergänzen.

Die Feststellung eines fehlenden Aktualisierungsbedarfs hat allerdings vor dem Hintergrund der Fortschreibung des LROP in jeder Legislaturperiode **keine nennenswerte praktische Relevanz**. 200

10.4 Bekanntmachung über die Einleitung des Beteiligungsverfahrens zur Neuaufstellung oder Änderung des RROP (Absatz 7 Satz 3 Nr. 2)

Ergibt die Überprüfung, dass das RROP zu überarbeiten ist, hat der Träger der Regionalplanung eine **Neuaufstellung oder Änderung** vorzunehmen. Die **Bekanntmachung der Einleitung des ersten Beteiligungsverfahrens** (§ 5 Abs. 7 Satz 3 Nr. 2 NROG) muss rechtzeitig **vor Ablauf der Zehn-Jahres-Frist** erfolgen. Erfolgt die Bekanntmachung zu spät, tritt das RROP außer Kraft. Anders als nach früherer Rechtslage ist zuvor, d. h. nicht erst nach der zehnjährigen Laufzeit des RROP, sondern innerhalb dieser Laufzeit 201

- die Bekanntmachung der allgemeinen Planungsabsichten,
- das Beteiligungsverfahren hierzu,
- die Auswertung der Stellungnahmen zu den allgemeinen Planungsabsichten und
- die Erstellung und Bekanntmachung des ersten Planentwurfs

vorzunehmen. Die **Bekanntmachung allgemeiner Planungsabsichten hat keine laufzeitverlängernde Wirkung** mehr.

Die Rechtsfolge, dass mit Bekanntmachung der Einleitung des Beteiligungsverfahrens der Zehn-Jahres-Zeitraum neu beginnt, tritt nur unter der Voraussetzung ein, dass zuvor eine Gesamtüberprüfung des RROP durchgeführt wurde. 202

Erfolgt nur eine **punktuelle Änderung des RROP, ohne dass zugleich eine Gesamtüberprüfung** i. S. v. Satz 1 durchgeführt wurde und **ohne dass sämtliche Änderungsbedarfs aufgearbeitet werden**, so **beginnt der Zehn-Jahres-Zeitraum nicht neu**, auch nicht in Bezug auf die Änderungen. Die Änderungen teilen dann in zeitlicher Hinsicht das Schicksal der noch nicht aktualisierten Festlegungen und sind demzufolge in aller Regel nur eine kurze Dauer bis zum Ablauf des hierfür geltenden Zehn-Jahres-Zeitraums gültig. Änderungen ohne Gesamtüberprüfung sind angesichts von Verfahrensaufwand und -kosten daher in aller Regel nur für eilbedürftige Änderungen ohne größeren Planungsaufwand empfehlenswert. Schließt sich an eine solche Änderung zeitnah eine Neuaufstellung des RROP an, ist die inhaltliche Weitergeltung dieser aktuellen Änderungen methodisch nur dadurch möglich, dass sie wortgleich Bestandteil des neuen RROP-Entwurfs werden, d. h. erneut ein Planungsverfahren zu durchlaufen haben. Die diesbezügliche Strategische Umweltprüfung kann unter Bezugnahme auf die Abschichtungsmöglichkeiten nach § 8 Abs. 3 Satz 1 ROG knappgehalten werden. Verfahrensrechtlich ist eine erneute Beteiligung mit der erneuten Möglichkeit zur Stellungnahme durchzuführen. Die Abwägung hat erneut zu erfolgen, kann aber inhaltlich auf die Bewertungen aus dem vorherigen Verfahren zurückgreifen, sofern durch Veränderungen der Sach- und Rechtslage keine neuen entscheidungserheblichen Umstände hinzugetreten sind. 203

Wird im besonders gelagerten Einzelfall eine **Anpassung in „zwei Geschwindigkeiten"** zugelassen (näher dazu Rn. 58 ff.), so gilt für die Bemessung des Zehn-Jahres-Zeitraums ausschließlich die Bekanntmachung des (ersten) Beteiligungsverfahrens für die erste Anpassungsphase. Mit Bekanntmachung der Einleitung des Beteiligungsverfahrens für die zweite Anpassungsphase wird der Zehn-Jahres-Zeitraum nicht erneut in Lauf gesetzt, weil diese Beteiligung nicht Ergebnis einer erneuten Gesamtüberprüfung ist, sondern nur zeitlich nachgelagerter, unselbständiger Bestandteil des Ergebnisses der Gesamtüberprüfung vor der ersten Anpassungsphase. 204

Der **Abschluss des Verfahrens hat bei einer Änderung des RROP keine erneute fristverlängernde Wirkung**, da die Bekanntmachung der Erteilung der Genehmigung gem. § 5 Abs. 6 NROG bei einer Änderung des RROP nur bewirkt, dass die geänderten Teile rechtswirksam „ausgetauscht" werden, die Satzung im Übrigen aber unverändert weitergilt. 205

206 Anders ist die Rechtslage bei einer Neuaufstellung. Auch bei einer **Neuaufstellung wird zunächst durch die Bekanntmachung der Einleitung des Beteiligungsverfahrens ein Weitergelten des alten RROP** (um maximal zehn Jahre) bewirkt. Zusätzlich hat jedoch auch die **öffentliche Bekanntmachung zum Inkrafttreten des RROP eine erneute laufzeitbegründende Wirkung** (§ 5 Abs. 7 Satz 1 NROG).

10.5 Verlängerung der Geltungsdauer (Absatz 7 Satz 3 Nr. 3)

207 Nach § 5 Abs. 7 Satz 3 Nr. 3 NROG kommt in begründeten Fällen eine **Verlängerung der Geltungsdauer des RROP durch die obere Landesplanungsbehörde** in Betracht. Die Verlängerung der Geltungsdauer eines RROP ist nur wirksam, wenn sie öffentlich bekannt gemacht wird und ist nur rechtzeitig, wenn die **Bekanntmachung vor Ablauf der Geltungsdauer** erfolgt. § 5 Abs. 7 Satz 5 NROG stellt klar, dass das RROP nach Ablauf dieser Frist außer Kraft tritt. Die Möglichkeiten nach Satz 3 bleiben unberührt. Veranlasst der Träger der Regionalplanung vor Ablauf dieser Frist eine öffentliche Bekanntmachung der Einleitung des Beteiligungsverfahrens nach Nummer 2 oder einer erneuten Verlängerung nach Nummer 3, bleibt das RROP zunächst weiter gültig.

11. Verordnungsermächtigung (Absatz 8)

208 § 5 Abs. 8 NROG enthält eine **Verordnungsermächtigung für die Landesregierung**. Die frühere Verordnung über das Verfahren zur Aufstellung der Regionalen Raumordnungsprogramme (VerfVO-RROP, umgangssprachlich auch Planzeichen-VO genannt) vom 26.7.1995 wurde 2008 mit der Verordnung zur Änderung des LROP aufgehoben. Entsprechende Vorgaben finden sich seitdem in **Anlage 3 der LROP-VO**. Nach früherer Rechtslage beschränkte sich die Ermächtigung darauf, das Aufstellungs- und Abstimmungsverfahren für die RROP sowie die Art der Darstellung raumordnerischer Festlegungen durch Verordnung näher zu bestimmen. Das Nähere zu „Aufstellungs- und Abstimmungsverfahren" erfasste **Verfahrensvorschriften bei der Planaufstellung**. Das Nähere zur „Art der Darstellung" raumordnerischer Festlegungen beschränkte sich auf die **Vorgabe der Darstellung textlicher Regelungen sowie die Vorgabe zur einheitlichen Darstellung von Planzeichen in der zeichnerischen Darstellung** (Farbe, Form, Schraffur etc.). Demgemäß enthält Anlage 3 der LROP-VO neben ergänzenden Verfahrensregelungen und Formvorgaben wie der Fettdruckvorgabe für textliche Zielfestlegungen einen Planzeichenkatalog mit den Planzeichen, auf die im LROP Bezug genommen wird.

209 Mit der Änderung des NROG 2017 ist die Ermächtigung dahingehend erweitert worden, neben der Art der Darstellung von Planzeichen auch deren Inhalt i. S. v. **Legaldefinitionen** vorgeben zu können. Eine derartige Planzeichenverordnung würde gewährleisten, dass vergleichbare Planungen verschiedener Planungsträger auch mittels gleichartiger Planzeichen vermittelt werden und würde erheblich zur planerischen Arbeitserleichterung beitragen. Welche raumordnerische Steuerungswirkung inhaltlich mit einer bestimmten zeichnerischen Festlegung verfolgt wird, muss grundsätzlich durch jeden Planungsträger im Einzelnen dargelegt werden. Dabei haben die wesentlichen Inhalte in der beschreibenden Darstellung selbst zu erfolgen, lediglich Ergänzungen können auf die Begründung verlagert werden. Ein Raumordnungsplan, dem dies fehlt, wäre wegen fehlender Bestimmtheit dieser Festlegungen insoweit unwirksam. Auf Legaldefinitionen in einer Planzeichenverordnung darf hingegen – ohne Erfordernis weiterer eigener Ausführungen – schlicht verwiesen werden. Die rechtsformale Zuordnung von Planzeichen zu bestimmten Planinhalten trägt im Übrigen zum standardisierten Austausch von Planungsdaten im Rahmen einer landes-, bundes- und europaweiten Geodateninfrastruktur i. S. d. Niedersächsischen Geodateninfrastrukturgesetzes und der INSPIRE-Richtlinie 2007/2/EG bei.

210 Mit einer Verordnung nach § 5 Abs. 8 NROG nicht zu verwechseln ist die **vom Niedersächsischen Landkreistag herausgegebene Arbeitshilfe „Planzeichen in der Regionalplanung"** (www.nlt.de/Arbeitshilfen/Regionalplanung), die zwar unter Mitarbeit des Landes entstanden ist, aber keinerlei rechtsformalen Status hat. Diese – bereits lange vor Inkraft-

treten der erweiterten Ermächtigungsgrundlage entstandene – Arbeitshilfe soll die Vergleichbarkeit von RROP sowie die gegenseitige Abstimmung zwischen benachbarten Planungsräumen erleichtern. Insofern verfolgt die Arbeitshilfe einen ähnlichen Zweck wie die nunmehr eingeführte erweiterte Verordnungsermächtigung. Soweit den Planzeichen textliche Erläuterungen beigefügt sind, stellen diese jedoch **keine Legaldefinitionen** dar.

§ 6
Planänderungsverfahren

(1) [1]Die Raumordnungspläne sind bei Bedarf zu ändern. [2]Dies kann auch in sachlichen oder räumlichen Teilabschnitten geschehen. [3]Für Änderungen der Raumordnungspläne gelten die Vorschriften über die Planaufstellung entsprechend.

(2) [1]Bei geringfügigen Änderungen eines Raumordnungsplans im Sinne des § 9 Abs. 5 Satz 1 ROG darf unter den dort genannten Voraussetzungen

1. **die Frist zur Stellungnahme abweichend von § 9 Abs. 2 Satz 4 ROG nicht weniger als zwei Wochen betragen und soll nicht mehr als zwei Monate betragen,**
2. **die Beteiligung der Öffentlichkeit nach § 9 Abs. 2 ROG abweichend von § 9 Abs. 5 Satz 1 ROG auch vollständig entfallen.**

[2]In den Fällen des Satzes 1 Nr. 2 kann den zu beteiligenden öffentlichen Stellen abweichend von § 9 Abs. 2 ROG und von § 3 Abs. 1 Satz 2 der Entwurf zur Änderung des Raumordnungsplans und dessen Begründung elektronisch unter Setzung einer Frist nach Satz 1 Nr. 1 und mit Hinweisen entsprechend § 9 Abs. 2 Satz 4 Nrn. 2 und 3 ROG zur Stellungnahme zugeleitet werden. [3]Die Sätze 1 und 2 gelten auch für die vollständige oder teilweise Aufhebung von Raumordnungsplänen, die im Sinne des § 9 Abs. 5 Satz 2 ROG funktionslos geworden sind.

Erläuterungen

Übersicht

1. Planänderungen (Absatz 1)

§ 6 Abs. 1 NROG enthält die allgemeine Verpflichtung, **Raumordnungspläne** bei Bedarf zu **ändern oder zu ergänzen**. In Bezug auf RROP gilt die Vorschrift neben den Regelungen zur Anpassung an LROP-Änderungen (§ 5 Abs. 3 Sätze 3 ff. NROG) und zur Gesamtüberprüfung nach (spätestens) zehn Jahren (§ 5 Abs. 7 NROG). 1

Während bei einer Neuaufstellung des Raumordnungsplans der bisherige Plan insgesamt von einem neuen Plan abgelöst wird (der auf Grundlage einer erneuten Beteiligung und auf einer neuen planerischen Abwägung beruhend teilweise durchaus gleiche Inhalte wie der alte Plan haben kann), **beschränkt sich ein Änderungsverfahren nur auf die aktualisierungsbedürftigen Teile des Plans**, also sachliche oder räumliche Teilabschnitte. Hierfür muss nachvollziehbar formuliert werden, welche Abschnitte, Ziffern oder Sätze der beschreibenden Darstellung im Einzelnen neu gefasst, geändert, ergänzt oder gestrichen werden sollen und welche Festlegungen der zeichnerischen Darstellung geändert, zusätzlich aufgenommen oder entfallen sollen (vgl. § 3 Rn. 26). Gegenstand des Planungsverfahrens ist nur die jeweils vorgesehene Änderung des Plans und nur hierauf beziehen sich die Pflicht zur **Strategischen Umweltprüfung** und das **Beteiligungsverfahren**. Werden im 2

Zuge der Beteiligung weitergehende Planänderungen angeregt, muss sich der Planungsträger jedoch auch mit diesen Anregungen auseinandersetzen und über ihre Berücksichtigung oder Verwerfung entscheiden.

3 Die Beschränkung eines Verfahrens auf Teilabschnitte ist nicht mit der Aufstellung von Teilplänen zu verwechseln. **Räumliche oder sachliche Teilpläne** sind Pläne, die ausschließlich zu bestimmten sachlichen Themen oder für bestimmte räumliche Bereiche Regelungen aufstellen. Solche Teilpläne sind in Niedersachsen für die Regionalplanungsebene – mit Ausnahme der Windenergienutzung – gesetzlich ausgeschlossen (§ 5 Abs. 1 Satz 2 NROG). Bei Teilabschnitten handelt es sich hingegen lediglich um einzelne Teile eines Gesamtplans, vgl. auch § 5 Rn. 8 ff.

4 Sachlich begrenzte Änderungen ohne Gesamtüberprüfung des RROP bewirken **keine Laufzeitverlängerung** (vgl. § 5 Abs. 7 Satz 3 NROG); ihre Gültigkeit ist daher zeitlich auf die verbleibende Geltungsdauer des RROP begrenzt.

5 § 6 Abs. 1 Satz 3 NROG ergänzt § 7 Abs. 7 ROG dahingehend, dass nicht nur die Verfahrensvorschriften des Bundes, sondern auch die in den §§ 3 bis 5 NROG enthaltenen **Vorschriften über die Planaufstellung grds. gleichermaßen für die Änderung des LROP und der RROP gelten**. Dem **Begriff „Änderungen" unterfallen auch Ergänzungen** des Plans um zusätzliche Planinhalte **sowie die Aufhebung** von Zielen oder Grundsätzen.

2. Vereinfachtes Verfahren (Absatz 2)

6 § 6 Abs. 2 NROG enthält die Möglichkeit für ein **vereinfachtes Verfahren** bei der Änderung von Raumordnungsplänen. Es handelt sich um niedersächsisches **Abweichungsrecht** i. S. des Art. 72 Abs. 3 GG, da das ROG Verfahrensvereinfachungen bei der Änderung von Raumordnungsplänen nur in deutlich geringerem Umfang gestattet (vgl. § 9 Abs. 2 und Abs. 5 ROG) und im Übrigen auch für Änderungen das reguläre Verfahren vorschreibt.

7 Das vereinfachte Verfahren nach § 6 Abs. 2 NROG ist nicht zu verwechseln mit dem vereinfachten Verfahren nach § 9 Abs. 3 ROG zur erneuten Beteiligung bei Änderung eines Planentwurfs während eines Aufstellungs- oder Änderungsverfahrens. Hierbei handelt es sich lediglich um einen einzelnen vereinfachten Verfahrensschritt in einem im Übrigen „umfänglichen" Verfahren.

8 Ein vereinfachtes Verfahren i. S. des § 6 Abs. 2 NROG kommt nach Satz 1 nur in Betracht, wenn folgende **Voraussetzungen kumulativ erfüllt** sind:

- Es handelt sich um eine **geringfügige Änderung**.
- Die **Grundzüge der Planung werden nicht berührt** (vgl. zu dieser Begrifflichkeit auch § 8 Rn. 43 ff.).
- Es wurde gem. § 8 Abs. 2 Satz 1 ROG festgestellt, dass die Änderung voraussichtlich **keine erheblichen Umweltauswirkungen** haben wird und daher keine Strategische Umweltprüfung erforderlich ist.
- Die Änderungen betreffen räumlich und/oder sachlich **nicht den Meeresbereich**.

9 Beim vereinfachten Verfahren **entfällt** nach § 9 Abs. 5 Satz 3 ROG die öffentliche **Bekanntmachung der allgemeinen Planungsabsichten**. Das **Verfahren beginnt mit der Zuleitung des Planentwurfs an die Beteiligten**. Weiterhin besteht nach Satz 3 die Möglichkeit, den Kreis der Beteiligten zu begrenzen und die **Öffentlichkeit und die Verbände nicht zu beteiligen**. Weil die Planänderung keine erheblichen Umweltauswirkungen haben wird, **entfällt die Beteiligung von Nachbarstaaten**.

10 Soweit Festlegungen räumlich und/oder sachlich den **Meeresbereich** betreffen, ist das vereinfachte Verfahren nicht anwendbar, weil die europarechtlichen Vorgaben keine Verkürzung der Beteiligung für maritime Raumordnungsplanungen vorsehen. So fordert Art. 9 Abs. 1 MRO-RL 2014/89/EU generell eine Öffentlichkeitsbeteiligung.

Als vereinfachtes Verfahren nach § 6 Abs. 2 NROG wurde bspw. 2017 das Verfahren zur Aufhebung eines einzelnen (bis dahin auch noch nicht realisierten) Vorranggebietes zur Sicherung eines Schienenwegs (sog. **„Y-Trasse"**) geführt, nachdem zuvor bereits der entsprechende Bundesverkehrswegeplan entsprechend geändert worden war. Für diese Änderung des LROP wurde in einer Vorprüfung („Screening") festgestellt, dass keine Pflicht zur Durchführung einer Strategischen Umweltprüfung bestand. Denn die reine Aufhebung des Vorrangs änderte nichts am Umweltzustand einer weder zuvor noch danach unbebauten Fläche; Folgeentwicklungen waren nicht hinreichend konkret absehbar. An der Vorprüfung wurden die öffentlichen Stellen mit umwelt- und gesundheitsbezogenem Aufgabenbereich beteiligt. Das Ergebnis der Vorprüfung wurde nach Abschluss des Verfahrens in der öffentlichen Bekanntmachung nach § 10 ROG (Nds. MBl. vom 19.7.2017 S. 887) mit angegeben. 11

Satz 3 eröffnet vereinfachte Verfahrensregeln auch für die **Aufhebung von Raumordnungsplänen insgesamt oder einzelnen Festlegungen, die funktionslos** geworden sind. Dass ganze Raumordnungspläne funktionslos werden, ist kaum anzunehmen. Praxisrelevanz kann aber die Aufhebung bestimmter Festlegungen haben. Die Anforderungen, unter denen die Rechtsprechung eine Funktionslosigkeit annimmt, sind allerdings streng. Die tatsächlichen oder rechtlichen Verhältnisse müssen vom Plan so massiv und so offenkundig abweichen, dass ein Planvollzug auf unüberschaubare Zeit ausgeschlossen erscheint (vgl. BVerwG, Urt. vom 30.6.2004 – BVerwG 4 C 3.03 – ZfBR 2004 S. 796, www.bverwg.de). Dass eine Umsetzung der Plankonzeption nicht mehr überall im Plangebiet möglich ist, ist nicht ausreichend. 12

Funktionslos ist eine planerische Festlegung nach der Rechtsprechung (zur Bauleitplanung, die aber insoweit auf Raumordnungsplanungen übertragbar ist) dann, *„wenn und soweit – erstens – die **Verhältnisse**, auf die sie sich bezieht, in der tatsächlichen Entwicklung einen Zustand erreicht haben, der eine Verwirklichung der Festsetzung auf unabsehbare Zeit ausschließt. [...] Hinzutreten muss aber außerdem als zweite Voraussetzung eine bestimmte Offenkundigkeit des Mangels. Die zur Funktionslosigkeit führende Abweichung zwischen der planerischen Festsetzung und der tatsächlichen Situation muss [...] in ihrer Erkennbarkeit einen Grad erreicht haben, der einem etwa dennoch in die Fortgeltung der Festsetzung gesetzten Vertrauen die Schutzwürdigkeit nimmt."* (BVerwG, Urt. vom 29.4.1977 – IV C 39/75 –, NJW 1977 S. 2325, 2326; juris). 13

Ebenso darf die Funktionslosigkeit angenommen werden, wenn **rechtliche Hindernisse** eingetreten sind, die die Verwirklichung des Plans offensichtlich ausschließen, bspw. weil sich die einer Festlegung zugrundeliegende Rechtslage geändert hat. Es muss **„offenkundig"** sein, dass der Bebauungsplan *„als Instrument für die Steuerung der städtebaulichen Entwicklung nicht mehr tauglich ist"* (BVerwG, Urt. vom 18.11.2004 – 4 CN 11/03 –, www.bverwg.de) 14

Im Falle einer Funktionslosigkeit wird die Regelung automatisch unwirksam, jedoch bleibt ihr **Rechtsschein** bestehen. Das BVerwG nimmt eine Pflicht des Planungsträger an, diesen Rechtsschein aus Gründen der Rechtssicherheit auch „optisch" auszuräumen und die Regelung aus dem Plan zu streichen; erforderlich hierfür ist die Durchführung eines Planänderungsverfahrens (Aufhebungsverfahrens), BVerwG, Urt. vom 21.11.1986 – 4 C 22/83 –, NJW 1987 S. 1344, 1345, wolterskluwer-online.de. 15

Ein Fall der Funktionslosigkeit der meisten **Vorranggebiete Rohstoffgewinnung für die Rohstoffart Torf** ist in Niedersachsen im Dezember 2023 eingetreten durch die Änderung des Niedersächsischen Naturschutzgesetzes (NNatschG). § 8 Abs. 2 NNatSchG verbietet seitdem den Abbau des Bodenschatzes Torf und – abgesehen von engen Ausnahmen – die Erteilung entsprechender Genehmigungen. Die Verwirklichung des Vorrangs Torfgewinnung ist dadurch offenkundig dauerhaft ausgeschlossen. 16

3. Änderung eines Regionalen Raumordnungsproramms mit Ausschlusswirkung für die Windenergienutzung (§ 245e Abs. 1 Sätze 4–7 BauGB)

17 Die Befugnis des Trägers der Regionalplanung, ein **RROP mit Ausschlusswirkung für die Windenergienutzung auch nach dem 1.2.2024 zu ändern oder zu ergänzen, bleibt unangetastet,** § 245e Abs. 1 S. 4 ff. BauGB i. V. m. § 27 Abs. 4 ROG. Hinzutretende oder wegfallende Vorranggebiete Windenergienutzung vergrößern oder verkleinern den Bereich der Ausschlusswirkung und sie besteht in diesem geänderten Maße fort und entfällt nicht etwa mit der Planänderung.

18 Gem. § 245e Abs. 1 Satz 5 und 6 BauGB gilt die Pflicht, den gesamten Planungsraum in den Blick zu nehmen, bei der Ausweisung zusätzlicher Flächen nicht. Der Träger der Regionalplanung darf die **Ermittlung und Bewertung von Belangen auf die neu hinzutretenden Flächen beschränken** und dabei auch **von seiner bisherigen Planungskonzeption, einschließlich der weichen Tabukriterien, abweichen.**

19 Diese Planungsfreiheit gilt nur, soweit die **Grundzüge der Planung** noch gewahrt werden. § 245e BauGB Satz 7 bestimmt eine **gesetzliche Regelvermutung, dass nicht mehr als 25 % der schon ausgewiesenen Flächen zusätzlich ausgewiesen** werden. Dem Wesen einer Regelvermutung entsprechend können im Einzelfall die Grundzüge jedoch auch bei einem Wert von weniger als 25 % schon verletzt sein oder bei einem Wert von mehr als 25 % noch gewahrt sein.

20 Werden die **Grundzüge der Planung nicht mehr eingehalten**, ist entsprechend den regulären Planungsanforderungen der gesamte Planungsraum in den Blick zu nehmen und nach einheitlichen Kriterien eine Flächenauswahl vorzunehmen. Entweder sind dazu die zusätzlichen Flächen nach den gleichen Planungskriterien wie die bisherigen Flächen auszuweisen oder die gesamte Windflächenkulisse ist anhand neuer Kriterien neu festzulegen.

21 **Wann die Grundzüge der Planung noch gewahrt sind, lässt der Gesetzgeber ebenso unklar** wie im Rahmen der Repoweringvorschriften des § 245e Abs. 3 BauGB (dazu § 3 Rn. 252 ff.). Wie dort ist jedoch davon auszugehen, dass es sich um die planerischen Leitgedanken handelt und das Abweichen von der Ausschlusswirkung oder weichen Tabuzonen allein nicht für einen Verstoß gegen die Grundzüge der Planung genügt, weil die Vorschrift genau zum Zweck von deren Überwindung geschaffen wurde. Die Arbeitshilfe für die Ausweisung von Windenergiegebieten in Regionalen Raumordnungsprogrammen des Niedersächsischen Ministeriums für Ernährung, Landwirtschaft und Verbraucherschutz Erl. 2.4.2 benennt als Beispiel, dass sich die Umplanung überproportional oder ausschließlich zu Lasten einer einzelnen anderen Raumnutzung auswirkt (z. B. Ausweisung von neuen Windenergiegebieten auf sämtlichen Flächen für den Abbau eines bestimmten Rohstoffs).

§ 7
Planerhaltung

(1) [1] Für die Rechtswirksamkeit eines Raumordnungsplans ist eine Verletzung von Verfahrens- und Formvorschriften nach § 3 Abs. 1 Satz 2 und Abs. 2 unbeachtlich, wenn die Belange der davon berührten öffentlichen Stellen oder Personen unerheblich waren oder in der Entscheidung berücksichtigt worden sind. [2] Für die Rechtswirksamkeit eines Raumordnungsplans ist eine Verletzung von Verfahrens- und Formvorschriften nach § 6 Abs. 2 Satz 1 Nr. 1 und Satz 2, auch in Verbindung mit § 6 Abs. 2 Satz 3, unbeachtlich, wenn einzelne öffentliche Stellen nicht beteiligt worden sind, die entsprechenden Belange jedoch unerheblich waren oder in der Entscheidung berücksichtigt worden sind. [3] Ist eine Verletzung von Verfahrens- und Formvorschriften nach Satz 1 beachtlich, so wird diese unbeachtlich, wenn sie nicht innerhalb eines Jahres seit Bekanntmachung des Raumordnungsplans unter Darlegung des die Verletzung begründenden Sachverhalts

geltend gemacht worden ist. [4] Bei der Bekanntmachung nach § 10 Abs. 1 ROG ist auf die Voraussetzungen der Sätze 1 und 2 für die Geltendmachung der Verletzung von Vorschriften sowie auf die Rechtsfolgen der Sätze 1 und 2 hinzuweisen. [5] § 11 Abs. 6 ROG gilt entsprechend.

(2) Die Verletzung von Verfahrens- und Formvorschriften ist in Bezug auf das Landes-Raumordnungsprogramm gegenüber der obersten Landesplanungsbehörde und in Bezug auf ein Regionales Raumordnungsprogramm gegenüber dem jeweiligen Regionalplanungsträger geltend zu machen.

Erläuterungen

Übersicht

1. Sinn und Zweck von Planerhaltungsvorschriften

Zur Erhöhung der Bestandskraft von Raumordnungsplänen enthalten **§ 11 ROG sowie § 7 NROG Regelungen über die Planerhaltung**. Ohne solche Regelungen würde jeder Fehler in einem Raumordnungsplan beachtlich sein und insoweit zu dessen Unwirksamkeit führen. Der Umstand, dass ein Raumordnungsplan verkündet bzw. bekannt gemacht wurde, ändert an der Unwirksamkeitsfolge nichts; die Rechtsfolge des „Wirksamwerdens" von Raumordnungsplänen mit ihrer Verkündung/Bekanntmachung gilt nur für fehlerfreie Raumordnungspläne. Ist ein Plan fehlerhaft, besteht lediglich der Anschein eines wirksamen Plans. Die Planerhaltungsvorschriften sind Ausprägung des allgemeinen Rechtsgedankens der Erhaltung von Rechtsakten trotz gewisser Fehlerhaftigkeit, deren Folge ansonsten die Nichtigkeit wäre. Im Sinne einer Verhältnismäßigkeits- und Interessenabwägung wird die **Steuerung durch einen (mäßig) fehlerbehafteten Plan im Ergebnis als sachgerechter erachtet als ein Zustand ohne Planung**. 1

Die Vorschriften zur Planerhaltung **unterscheiden** zwischen Regelungen 2

- zu einer von **Anfang an bestehenden Unbeachtlichkeit** bestimmter Fehler,
- zum **Unbeachtlichwerden bestimmter beachtlicher Fehler nach Ablauf einer Rügefrist** sowie
- zur Möglichkeit eines ergänzenden Verfahrens zur Behebung von **dauerhaft beachtlichen Fehlern**, sowohl für die Zukunft als auch rückwirkend.

2. Struktur der Planerhaltungsvorschriften des § 7 NROG

Die **Planerhaltungsvorschriften in § 7 NROG** lassen sich in zwei Gruppen untergliedern: 3

4 Planerhaltungsvorschriften nach **§ 7 Abs. 1 Satz 1 NROG** erfassen Fehler bei der Anwendung von **Vorschriften, die über den bundesrechtlichen Mindeststandard hinausgehen** und gewissermaßen als **landesseitiger zusätzlicher „Service"** einzustufen sind. Hierbei geht es um die Benachrichtigung öffentlicher Stellen über die Bekanntmachung allgemeiner Planungsabsichten und die Möglichkeit der Stellungnahme hierzu. Ferner geht es um Fehler bei der freiwilligen Durchführung eines Erörterungstermins. Die **Planerhaltungsmöglichkeiten sind hier großzüger** geregelt als die bundesrechtlichen Planerhaltungsmöglichkeiten gegenüber Fehlern des (zwingenden) Bundesrechts. Hintergrund der Regelung ist, dass es sich um aus Bundessicht verzichtbare Verfahrensschritte handelt, die allein auf ergänzendem Landesrecht beruhen, um den Planungsprozess zu erleichtern sowie die Akzeptanz des Plans zu verbessern. Fehler hierbei sollen dem Plan und dem Planungsträger möglichst nicht zum Nachteil gereichen.

5 Planerhaltungsvorschriften nach **§ 7 Abs. 1 Satz 2 NROG** erfassen Fehler bei der Anwendung von Verfahrens- und Formvorschriften, die als **landesrechtliches Abweichungsrecht Bundesrecht ersetzen**. Der Maßstab für die Planerhaltung entspricht hier dem Bundesrecht.

3. Abgrenzung der Planerhaltung zur Prüfung im Genehmigungsverfahren

6 Die Vorschriften über die **Planerhaltung** greifen **erst nach Inkrafttreten eines Raumordnungsplans**. Von der Planerhaltung nach Planverkündung ist die Prüfung eines RROP im Genehmigungsverfahren zu unterscheiden. Die **Genehmigungsprüfung ist eine uneingeschränkte Rechtmäßigkeitskontrolle**; die obere Landesplanungsbehörde ist verpflichtet, auch die Behebung von solchen Fehlern zu verlangen, die im Zuge einer späteren gerichtlichen Überprüfung für den Bestand des RROP unbeachtlich bleiben würden (vgl. auch *Reitzig* in Bielenberg/Runkel/Spannowsky, ROG M § 11 Rn. 265). Die Unterscheidung begründet sich darin, dass es bei der Genehmigung um das (noch zu erreichende) Inkrafttreten eines rechtmäßigen Plans geht, bei der Planerhaltung hingegen um den Vollzug der gesetzgeberischen Bewertung, dass die Bestandskraft eines in bestimmter Hinsicht fehlerhaften Plans „besser ist als gar kein Plan". Trotz der zeitlichen Verzögerungen, die mit der – vor Genehmigung erforderlichen – Heilung bspw. von Verfahrens- oder Formfehlern verbunden sind, ist die obere Landesplanungsbehörde weder aus Gründen der Zweckmäßigkeit noch unter Berufung auf Verhältnismäßigkeitsaspekte ermächtigt, auf die Prüfung oder Beanstandung von Fehlern im Genehmigungsverfahren zu verzichten.

4. Von vornherein unbeachtliche Fehler (§ 7 Abs. 1 Satz 1 und Satz 2 NROG, § 11 ROG)

7 Bestimmte Fehler von geringfügiger Bedeutung werden gesetzlich als **unbeachtlich** eingestuft. Sie **unterliegen weder einer Rügemöglichkeit, noch bedürfen sie einer Heilung**. Ein diesbezüglicher **Rechtsverstoß führt nie zur Unwirksamkeit** des Plans. Hierzu zählen:

- Fehler bei der **Beteiligung der öffentlichen Stellen oder der Öffentlichkeit** entgegen bundesgesetzlicher Vorgaben oder entgegen (das Bundesrecht ersetzender) abweichender landesgesetzlicher Vorgaben, wenn lediglich **einzelne Personen oder öffentliche Stellen** nicht beteiligt worden sind und wenn die entsprechenden **Belange unerheblich waren oder in der Entscheidung berücksichtigt** worden sind (§ 11 Abs. 1 Nr. 1 ROG, § 7 Abs. 1 Satz 2 NROG); zur Beteiligung zählen sowohl die frühzeitige Beteiligung nach § 9 Abs. 1 ROG (allgemeine Planungsabsichten) als auch die Beteiligung zum Planentwurf.
- Fehler bei der **grenzüberschreitenden Beteiligung, wenn die entsprechenden Belange unerheblich waren oder gleichwohl berücksichtigt** wurden (§ 11 Abs. 1 Nr. 2 ROG).
- andere als die in § 11 Abs. 4 ROG genannten Verfahrensfehler in der **Strategischen Umweltprüfung** (z. B. eine unterbliebene Beteiligung von Behörden mit umweltbezogenem Aufgabenbereich beim Screening oder Scoping oder das gänzliche Versäumen eines Scopings).

- Eine **unvollständige Begründung** des Raumordnungsplans (§ 11 Abs. 1 Nr. 2 ROG); Unvollständigkeit liegt vor, wenn sich aus der Begründung nicht für alle Festlegungen die maßgeblichen Erwägungen entnehmen lassen. Von der Unbeachtlichkeit ausgenommen ist der Teil der Begründung, der sich auf die Umweltprüfung bezieht.
- Fehler bei der **Unterrichtung über die allgemeinen Planungsabsichten**, die ausschließlich Vorgaben des **NROG**, nicht aber solche des § 9 Abs. 1 ROG berühren, sofern (und das ist in aller Regel der Fall) die Belange der berührten öffentlichen Stellen infolge von Stellungnahmemöglichkeiten im späteren Beteiligungsverfahren berücksichtigt worden sind (§ 7 Abs. 1 Satz 1 NROG).
- Fehler bei der Unterrichtung über die **allgemeinen Planungsabsichten**, wenn die Belange der berührten öffentlichen Stellen unerheblich waren (§ 7 Abs. 1 Satz 1 NROG).
- Fehler bei einer **Erörterung**, wenn die Belange der berührten öffentlichen Stellen oder Personen unerheblich waren oder in der Abwägung berücksichtigt wurden (§ 7 Abs. 1 Satz 1 NROG).
- die Unwirksamkeit des LROP wegen Verletzung von Verfahrens- oder Formvorschriften im Hinblick auf die Wirksamkeit eines daraus entwickelten RROP (dessen Wirksamkeit bleibt unberührt, **kein Dominoeffekt**, § 11 Abs. 2 ROG).
- Mängel im **Abwägungsvorgang, die weder offensichtlich noch auf das Abwägungsergebnis von Einfluss** gewesen sind (vgl. auch Rn. 12).

Der Verstoß gegen die ausreichende Erstellung gedruckter **Papier-Exemplare des Amtsblatts** (§ 11 Abs. 2 Satz 1 NKOmVG) ist unbeachtlich, wenn die öffentliche Bekanntmachung der Genehmigung des RROP spätestens am Tag ihrer Bekanntmachung im Amtsblatt auch auf einer Internetseite des Trägers der Regionalplanung bereitgestellt worden ist und dort dauerhaft bereitgestellt wird. Die Unbeachtlichkeitsregel ist begrenzt auf RROP, die vor dem 19.4.2018 verkündet wurden (§ 180 Abs. 7 NKomVG). Verstöße nach diesem Stichtag bleiben unbefristet beachtlich und können nur durch Heilung behoben werden. 8

5. Befristet beachtliche Fehler (§ 7 Abs. 1 Satz 2 NROG, § 11 ROG)

Ist ein Fehler nicht unbeachtlich, ist er **beachtlich**. Beachtliche Fehler haben die Unwirksamkeit des Raumordnungsplans zur Folge. Für bestimmte beachtliche Fehler mit minder schwerer Bedeutung hat der Gesetzgeber normiert, dass sie nach Ablauf einer **Rügefrist** unbeachtlich werden. Während dieser Rügefrist befindet sich der Plan „in der Schwebe". Wird ein beachtlicher Fehler während der Rügefrist berechtigterweise gerügt, wird der Plan endgültig unwirksam; dem Planungsträger bleibt „zur Rettung" dieser Planung dann nur das ergänzende Verfahren zur Fehlerbehebung (vgl. dazu Erl. 6). Nach rügelosem Ablauf der Rügefrist wird der Plan hingegen endgültig wirksam. Während der Rügefrist werden derart fehlerbehaftete Pläne daher auch als **„schwebend unwirksam"** bezeichnet. 9

5.1 Anwendungsfälle

Befristet beachtliche Fehler sind: 10

- Die Verletzung von **Vorschriften über die Beteiligung** (§ 11 Abs. 1 Nr. 1 ROG, § 7 Abs. 1 NROG), z. B.
  - Fehler bei der Auswahl der zu beteiligenden Behörden (sofern nicht ein nach Nr. 3 unerheblicher Fall vorliegt, d. h. wenn dadurch entscheidungserhebliche Belange nicht eingebracht werden konnten),
  - bei der Auslegung von Planunterlagen,
  - unzulässige Fristverkürzungen,
  - unterbliebene erneute Beteiligung bei Änderungen des Planentwurfs,

- Fehler bei der öffentlichen Bekanntmachung über Gegenstand, Beginn und Dauer der Auslegung und Stellungnahmemöglichkeit (neben Vorgaben des Raumordnungsrechts sind hierbei auch kommunalgesetzliche Regelungen sowie Regelungen der Hauptsatzung maßgeblich),
- Fehler im Zusammenhang mit den allgemeinen Planungsabsichten, soweit sie die in § 9 Abs. 1 ROG genannten bundesrechtlichen Erfordernisse nicht einhalten, also überhaupt keine Unterrichtung der Öffentlichkeit und der berührten öffentlichen Stellen stattfindet oder keine Aufforderung zur Stellungnahme an die öffentlichen Stellen zu den in § 9 Abs. 1 Satz 2 und 3 ROG genannten Aspekten ergeht.

11 – Die Verletzung von **Vorschriften über die Begründung** des Raumordnungsplans (§ 11 Abs. 1 Nr. 2 ROG), z. B.

- vollständiges Fehlen,
- rein floskelhafte Aussagen ohne Bezug zu den konkreten Festlegungen,
- Unvollständigkeiten in dem Teil der Begründung, der sich auf die Umweltprüfung bezieht. Der Begründung des Raumordnungsplans ist gemäß § 10 Abs. 3 ROG zumindest eine zusammenfassende Erklärung beizufügen mit Angaben darüber, wie Umwelterwägungen und die im Beteiligungsverfahren abgegebenen Stellungnahmen berücksichtigt wurden, welche Gründe nach Abwägung mit den zu prüfenden anderweitigen Planungsmöglichkeiten entscheidungserheblich waren sowie zu Überwachungsmaßnahmen.

12 – **Fehler im Abwägungsvorgang**:
Bei Fehlern in Bezug auf die Abwägung ist zwischen Fehlern im Abwägungsvorgang und Fehlern im Abwägungsergebnis zu unterscheiden. Fehler im Abwägungsvorgang sind beachtlich, **wenn sie offensichtlich und auf das Abwägungsergebnis von Einfluss** gewesen sind. Offensichtlichkeit ist gegeben, wenn konkrete Umstände eindeutig und aus Akten oder Unterlagen heraus offen erkennbar auf unzutreffende Erwägungen hindeuten. Ursächlichen Einfluss hat ein Mangel auf das Abwägungsergebnis, wenn aus den Planungsunterlagen oder anderen Umständen hergeleitet werden kann, dass sich ohne den Mangel im Abwägungsvorgang auch ein anderes Abwägungsergebnis konkret angeboten hätte. Der Beweis einer definitiv anderen Abwägung ist nicht zu führen. Andererseits reicht die bloße abstrakte Möglichkeit einer irgendwie anderen Planung nicht aus. Das gänzliche Fehlen einer Abwägung (Abwägungsausfall) ist ein beachtlicher Fehler im Abwägungsvorgang. Einen beachtlichen Fehler im Abwägungsvorgang nimmt die Rechtsprechung ferner bei der Steuerung der Windenergienutzung mit Ausschlusswirkung an, wenn es an einem gesamträumlichen Planungskonzept mit einer klar erkennbaren Trennung von harten und weichen Tabuzonen fehlt.

13 – Die Verletzung bestimmter **Vorschriften über die Strategische Umweltprüfung** (§ 11 Abs. 4 und Abs. 5 Nr. 3 ROG):

- wesentliche Unvollständigkeit des Umweltberichts gem. § 8 Abs. 1 ROG,
- Unvollständigkeit der zusammenfassenden Erklärung gem. § 10 Abs. 3 ROG,
- fehlerhaftes Screening gem. § 8 Abs. 2 ROG.

Nicht ausdrücklich genannte Fehler im Zusammenhang mit der Umweltprüfung sind hingegen unbeachtlich.

5.2 Rügeberechtigung, Begründungserfordernis

14 Zur **Rüge** ist **jedermann** berechtigt, d. h. sowohl öffentliche Stellen als auch Personen des Privatrechts.

15 Die **Darlegung des die Verletzung begründenden Sachverhalts** i. S. v. § 7 Abs. 1 Satz 3 NROG und § 11 Abs. 5 Satz 2 ROG erfordert, dass Fehler konkretisiert und substantiiert geltend gemacht werden. Pauschale Rügen ohne die Benennung konkreter Anknüpfungs-

punkte reichen nicht aus (vgl. BVerwG, Beschl. vom 19.1.2012 – 4 BN 35/11 –, BauR 2012 S. 836; www.bverwg.de).

Die Rüge kann **formlos**, aber nur bei der in § 7 NROG benannten **zuständigen Stelle** erhoben werden (zur Frist vgl. Rn. 18 ff.). 16

Die **Geltendmachung von Fehlern im Rahmen eines gerichtlichen Verfahrens** kann in der Regel als Rüge i. S. des § 11 ROG und des § 7 NROG angesehen werden, sofern der Träger der Raumordnungsplanung Beteiligter dieses Verfahrens ist (vgl. auch *Sennekamp* in Brügelmann, BauGB § 215, Rn. 51 ff.). 17

5.3 Öffentliche Bekanntmachung der Rügemöglichkeit, Rügefrist

Werden befristet beachtliche Fehler nicht form- und fristgerecht gerügt, werden sie unbeachtlich; der **Raumordnungsplan wird mit Fristablauf endgültig wirksam**. Die Fehler müssen **innerhalb eines Jahres** geltend gemacht werden. 18

Analog § 31 VwVfG i. V. m. § 187 Abs. 1 BGB **beginnt die Jahresfrist** am Tag nach Verkündung des LROP im Niedersächsischen Gesetz- und Verordnungsblatt bzw. bei den RROP amTag nach der öffentlichen Bekanntmachung der Genehmigung i. S. v. § 10 Abs. 1 ROG. 19

Die **Frist endet** analog § 31 VwVfG i. V. m. § 188 Abs. 2 1. Halbs. BGB mit dem Ablauf desjenigen Tages des letzten Monats, welcher dem Monatstag entspricht, an dem das LROP in Kraft getreten ist. Fällt dieser letzte Tag auf einen Sonntag, einen staatlich anerkannten allgemeinen Feiertag oder einen Sonnabend, so tritt an dessen Stelle der nächste Werktag (§ 193 BGB). Fehlt in dem Monat der für den Fristablauf maßgebliche Tag (z. B. 30. Februar oder 31. April), so endet die Frist mit dem Ablauf des letzten Tages dieses Monats (§ 188 Abs. 3 BGB; so zur vergleichbaren Konstellation des § 215 BauGB BVerwG Urt. vom 14.6.2012 – 4 CN 5.10 –, www.bverwg.de). 20

Die Frist darf behördlich **nicht verlängert** werden. 21

Bei der **Bekanntmachung** muss ein ordnungsgemäßer **Hinweis auf diese fristgebundene Rügemöglichkeit und die Folgen unterbliebener Rügen** erfolgt sein. 22

Ein **unterlassener oder fehlerhafter Hinweis** verhindert den Beginn der Rügefrist, sodass Verfahrens- und Formfehler **unbefristet** geltend gemacht werden können. Ein Hinweis ist nicht nur dann fehlerhaft, wenn er die zwingend geforderten **Angaben nicht enthält**, *„sondern auch, wenn ihm ein unrichtiger oder irreführender Zusatz beigefügt ist, der geeignet ist, beim Betroffenen einen Irrtum über die formellen oder materiellen Voraussetzungen der Geltendmachung der Verletzung von Vorschriften hervorzurufen, und ihn dadurch abhalten kann, die Verletzung überhaupt bzw. rechtzeitig geltend zu machen"* (VGH Mannheim, Urt. vom 10.2.2016 – 8 S 1477/15 –, openJur 2016, 9682; lrbw.juris.de). Fehlerhaft ist auch ein Hinweis, der – entgegen des Wortlautes des ROG und des NROG – eine **bestimmte Form der Mängelrüge** verlangt (z. B. nur „schriftlich", vgl. VGH Mannheim, Urt. vom 10.2.2016 – 8 S 1477/15 –, a. a. O.). 23

Ein unterbliebener oder fehlerhafter Hinweis kann durch (erneute, fehlerfreie) Bekanntmachung **nachgeholt** werden; dabei ist darauf hinzuweisen, dass die Rügefrist erst ab dieser Bekanntmachung zu laufen beginnt. 24

Zulässig ist das **Zusammenfassen von Hinweisen** auf Planerhaltungsvorschriften nach § 11 ROG und § 7 NROG in einem Satz. Defizite in einem derart zusammenfassenden Bekanntmachungshinweis wirken sich nur auf die Vorschriften aus, auf die sich das Defizit im Hinweistext bezieht. Soweit der Hinweis zutreffend ist, erfüllt er seine Anstoßfunktion und löst die Rechtsfolgen der jeweiligen Planerhaltungsvorschrift aus. Er ist insofern teilbar (vgl. VGH BW, Urt. vom 10.2.2016 – 8 S 1477/15 –, a. a. O.) 25

Der Hinweis auf die Rügemöglichkeit ist nur bei inhaltlichen Änderungen erforderlich. Wird ein **Raumordnungsplan lediglich neu bekannt** gemacht, um nach einem Änderungs- 26 verfahren eine „amtliche" Lesefassung zu erhalten (näher § 4 Rn. 31), ist **kein erneuter Hinweis auf Rügemöglichkeiten** vorzunehmen (falls bei der vorherigen Bekanntmachung des Plans die Planerhaltungshinweise vergessen wurden, bietet dies aber eine günstige Gelegenheit, sie nachträglich bekannt zu machen). Die **Neubekanntmachung setzt die Rügefrist nicht erneut in Lauf** (vgl. OVG Saarl, Urt. vom 19.3.2015 – 2 C 382/13 –, www.rechtsprechung.saarland.de; vgl. auch *Stock* in Ernst/Zinkahn/Bielenberg, BauGB § 215 Rn. 39 ff.).

5.4 Folgen einer Rüge

27 Ist eine Rüge ordnungs- und fristgemäß erhoben, wirkt sie nicht nur im Verhältnis zu dem Rügenden, sondern der **Fehler bleibt in jedem Gerichts- und Verwaltungsverfahren beachtlich** (Wirkung „inter omnes", BVerwG, Beschl. vom 18.6.1982 – 4 N 6.79 –, DVBl 1982 S. 1095). Deshalb kann eine einmal erhobene Rüge nicht durch Rücknahme „gegenstandslos" gemacht werden (vgl. dazu *Dallhammer* in Cholewa/Dyong/von der Heide/Arenz, ROG 2008 § 12 Rn. 94). Hält der Planungsträger die Rüge für unberechtigt und seinen Plan für wirksam, wird er den Plan zunächst weiter anwenden, die endgültige Entscheidung über die behauptete Unwirksamkeit ist gerichtlich zu treffen. Hält der Planungsträger die Rüge für berechtigt, hat er unverzüglich die erforderlichen Schritte zur Änderung des Plans einzuleiten (vgl. *Stock* in Ernst/Zinkahn/Bielenberg, BauGB § 215 Rn. 45; *Sennekamp* in Brügelmann, BauGB § 215 Rn. 73; zum ergänzenden Verfahren s. Rn. 34 ff.).

6. Unbefristet beachtliche Fehler

28 **Beachtliche Fehler von schwerer Bedeutung werden nie unbeachtlich.** Die Unwirksamkeit des Plans kann nur durch ein ergänzendes Verfahren abgewendet werden (dazu Rn. 34 ff.). Unbefristet beachtliche Fehler sind:

29 – Fehler im Zusammenhang mit der **Verkündung** bzw. Bekanntmachung des beschlossenen Raumordnungsplans, durch die der mit der Bekanntmachung verfolgte Hinweiszweck nicht erreicht wird, z. B.
  - Gänzliches Fehlen einer Verkündung des LROP oder der Bekanntmachung der Genehmigung des RROP,
  - Falsches Veröffentlichungsorgan (nicht das/jedes durch Gesetz oder durch Satzung bestimmte),
  - Nichteinhaltung der in § 11 NKomVG normierten Anforderungen für die Veröffentlichung eines RROP, z. B. keine ausreichende Anzahl von Druckexemplaren (zur Unbeachtlichkeitsregelung für Satzungen, die vor dem 19.4.2018 verkündet wurden, vgl. Rn. 8),
  - Raumordnungsplan unvollständig veröffentlicht (z. B. Fehlen von beschreibender oder zeichnerischer Darstellung),
  - Zeichnerische Darstellung nicht im Originalmaßstab veröffentlicht (LROP).

30 – Fehlerhafte oder fehlende **Ausfertigung** (vgl. NdsOVG, Beschl. vom 18.5.2020 – 12 KN 243/17 –, www.rechtsprechung.niedersachsen.de).

31 – Fehler bei der **Bekanntmachung über die Auslegung eines in Kraft getretenen RROP**: RROP werden nicht selbst im Verkündungsorgan veröffentlicht, stattdessen hat lediglich die Bekanntmachung der Genehmigung im vorgeschriebenen Verkündungsorgan zu erfolgen sowie ein Hinweis zu der Einstellung der vollständigen Planunterlagen im Internet sowie zu weiteren Möglichkeiten der Einsichtnahme (dazu § 5 Rn. 173 ff.). Da sich aus der Bekanntmachung selbst noch nicht Inhalt und Reichweite des neuen Rechts ergeben, hat die Bereithaltung im Internet und zur Einsichtnahme wesentliche Bedeutung (vgl. § 5 Rn. 181 ff.). Fehler bei Bekanntmachung über die Bereithaltung im Internet und über die Einsichtnahme bleiben daher unbefristet beachtlich, z. B:

- Fehlende, falsche oder unvollständige Angaben zur Internetadresse oder zum Ort der Einsichtnahmemöglichkeit,
- Fehlende oder falsche Angaben zur Möglichkeit der Einsichtnahme,
- Fehlende oder falsche Angaben zu den einsehbaren Unterlagen.

Ob die Auslegung tatsächlich fehlerfrei erfolgt, zählt nicht zu dieser Fehlerkategorie. Selbst wenn die Bereithaltung nicht zeitgleich mit der Bekanntmachung erfolgt, sondern erst später, an anderem Ort oder auch gar nicht, führt dies nicht zu einem unbefristet beachtlichen Fehler, der sich auf die Wirksamkeit eines RROP auswirkt (vgl. BVerwG, Beschl. vom 3.6.2010 – 4 BN 55.09 –, BauR 2010 S. 1733; openJur 2011, 90566). Ebenfalls nicht zu den Fehlern der Verkündung bzw. Bekanntmachung der Rechtsnorm (LROP-VO, RROP-Satzung) gehören Fehler bei der Bekanntmachung der Rügemöglichkeiten und -fristen (vgl. Erl. 4.3). Solche Fehler können durch Nachholung geheilt werden, sie bewirken jedoch nicht die Unwirksamkeit des Raumordnungsplans.
Die Verletzung der Vorgabe, dass Regionalpläne aus dem Raumordnungsplan des Landes zu entwickeln sind, ist beachtlich. Nach alter Rechtslage wurde ein solcher Verstoß ohne Rüge nach Ablauf der Rügefrist unbeachtlich (§ 12 Abs. 5 Nr. 2 ROG-2008). Diese Regelung ist inzwischen aufgehoben.

– **Fehlender Beschluss des politischen Beschlussorgan**s über den Raumordnungsplan. 32

– **Fehler im Abwägungsergebnis**: 33

Als sog. Ewigkeitsfehler werden sie – anders als Fehler im Abwägungsvorgang – nie unbeachtlich.

7. Ergänzendes Verfahren (§ 7 Abs. 1 Satz 5 NROG, § 11 Abs. 6 ROG)

Mit Satz 5 wird auf das **ergänzende Verfahren in § 11 Abs. 6 ROG** verwiesen, womit 34
beachtliche Fehler behoben werden können. Das ergänzende Verfahren ist zum einen **zur Behebung befristet beachtlicher Fehler** dienlich, auf die der Plangeber innerhalb der Jahresfrist aufmerksam wird (insbesondere in Fällen, in denen er nicht darauf „hoffen" möchte, dass diese Fehler unbemerkt bleiben). Relevanz hat die Regelung zum anderen für **Fehler, die unbefristet beachtlich** bleiben würden. Bis zum Abschluss des ergänzenden Verfahrens ist der Raumordnungsplan (schwebend) unwirksam.

Die Möglichkeiten zur Fehlerbehebung sind weitreichend und umfassen auch eine **Nach-** 35
besserung der Abwägung, solange dadurch nicht die „Identität der Planung" im Sinne ihrer Grundkonzeption angetastet wird (vgl. näher *Dallhammer* in Cholewa/Dyong/von der Heide/Arenz, ROG 2008, § 12 Rn. 100 ff). Maßgeblich für die Nachbesserung der Abwägung bleibt grundsätzlich die Sach- und Rechtslage zum Zeitpunkt der ursprünglichen Planung, nicht diejenige zum Zeitpunkt der Heilung. Anders ist dies nur, wenn sich die Verhältnisse so grundlegend geändert haben, dass das ursprünglich unbedenkliche Abwägungsergebnis unhaltbar geworden ist (BVerwG, Beschl. vom 12.3.2008 – BVerwG 4 BN 5.08 –, www.bverwg.de) und die erneute Abwägung die Einbeziehung einer veränderten Sach- oder Rechtslage erfordert.

Im ergänzenden Verfahren sind sämtliche **Verfahrensschritte ab dem Zeitpunkt zu wie-** 36
derholen, zu dem der Fehler aufgetreten ist.

Wurde bspw. nach Erteilung der Genehmigung ein Beitrittsbeschluss gefasst, ist aber die 37
(erneute) **Ausfertigung** der Satzung unterblieben, ist diese nachzuholen und die Bekanntmachung erneut vorzunehmen.

Sind bspw. im Rahmen der Abwägung abwägungsrelevante Belange übersehen oder feh- 38
lerhaft gewichtet worden, ist die **Abwägung** unter Berücksichtigung dieser Belange erneut vorzunehmen, das RROP erneut zu beschließen, das Genehmigungsverfahren erneut durchzuführen und alle erforderlichen Schritte zum Inkraftsetzen des RROP zu veranlassen.

39 Einen Fehler bei der **Verkündung** eines Raumordnungsplans kann der Plangeber dadurch beheben, dass er den Plan in der maßgeblichen Form erneut verkündet. War die Bekanntmachung der Genehmigung eines Regionalen Raumordnungsprogramms gem. § 10 Abs. 1 ROG bspw. deshalb unwirksam, weil entgegen § 11 Abs. 2 Satz 1 NKomVG das amtliche Verkündungsblatt nicht in ausreichender Auflage als Papier-Exemplar gedruckt wurde (vgl. hierzu § 5 Rn. 177 f.), würde es für eine wirksame erneute Bekanntmachung nicht genügen, das Amtsblatts nachträglich in ausreichender Auflage zu drucken. *„Denn ein rechtmäßiges Erscheinen des amtlichen Verkündungsblatts in ausreichender Auflage im Sinne von § 11 Abs. 2 Satz 1 NKomVG ist nur dann gegeben, wenn die jeweilige Ausgabe des Amtsblatts bereits am Tag des auf ihrem Titelblatt angegebenen Veröffentlichungsdatums (vgl. § 11 Abs. 2 Satz 3 NKomVG) in ausreichender Auflage gedruckt ist. [...] Will der Antragsgegner den Weg der Fehlerheilung über eine erneute Verkündung in seinem Amtsblatt gehen, wird er daher die vollständige Verordnung samt Karten in einer künftigen Ausgabe seines Amtsblatts nochmals publizieren müssen"* (NdsOVG, Urt. vom 19.4.2018 – 4 KN 258/17 –, www.rechtsprechung.niedersachsen.de).

40 Keine Wiederholung erfordern fehlerhafte Verfahrensschritte, die sich bereits **selbst geheilt** haben (z. B. Fehler bei der Beteiligung zu den allgemeinen Planungsabsichten; Fehler im ersten Beteiligungsverfahren, wenn zu den betroffenen Festlegungen im Rahmen eines zweiten Beteiligungsverfahrens Gelegenheit zur Stellungnahme bestand).

41 Der geheilte Raumordnungsplan kann **wahlweise nur für die Zukunft (ex nunc) oder rückwirkend in Kraft gesetzt werden**. Mit der rückwirkenden Inkraftsetzung tritt der Bebauungsplan zu dem Zeitpunkt in Kraft, zu dem er ursprünglich hätte in Kraft treten sollen. Die rückwirkende Heilung einer fehlerhaften Konzentrationsflächenplanung bei der Ausweisung von Vorranggebieten für die Windenergienutzung mit Ausschlusswirkung kann damit auch noch nach dem 1.2.2024 erfolgen, um die Fortgeltung einer Ausschlusswirkung nach § 245e Abs. 1 Satz 1 BauGB zu erzeugen.

8. Zuständige Behörde (§ 7 Abs. 2 NROG)

42 Die zuständige **Behörde für die Entgegennahme von Verfahrensrügen** ist in Bezug auf das LROP das für Raumordnung zuständige Ministerium als oberste Landesplanungsbehörde. In Bezug auf RROP ist die Rüge an den jeweiligen Träger der Regionalplanung zu richten.

§ 8
Zielabweichungsverfahren

Eine Abweichung von einem Ziel der Raumordnung nach § 6 Abs. 2 ROG kann nur im Einvernehmen mit den in ihren Belangen berührten öffentlichen Stellen und im Benehmen mit den betroffenen Gemeinden zugelassen werden.

Erläuterungen

Übersicht

1. Zweck und Rechtswirkung des Zielabweichungsverfahrens

Im Rahmen der Reichweite der gesetzlichen Bindungswirkungen von Zielen der Raumordnung (§ 4 ROG) sind raumbedeutsame Planungen und Maßnahmen unzulässig, die gegen Ziele der Raumordnung verstoßen. Das Zielabweichungsverfahren ermöglicht, eine der Zielbindung unterworfene **öffentliche Stelle oder Person des Privatrechts in einem besonders gelagerten Einzelfall ausnahmsweise von der Pflicht zur Beachtung eines Ziels der Raumordnung freizustellen**. So kann ein raumbedeutsames Vorhaben ermöglicht werden, ohne das Ziel generell in Frage zu stellen. 1

Anlass für ein Zielabweichungsverfahren kann sowohl eine öffentliche Planung sein als auch eine raumbedeutsame Maßnahme (konkretes Projekt). 2

Öffentliche Planungen sind bspw. Bebauungspläne oder Flächennutzungspläne. Für die Aufstellung eines Bebauungsplans muss eine Gemeinde beispielsweise dann einen Antrag auf Zielabweichung stellen, wenn sie aus besonderen Gründen ein Sondergebiet für großflächigen Einzelhandel an einem Standort ausweisen möchte, der sich nicht im Zentralen Siedlungsgebiet oder nicht in einer integrierten Lage i. S. v. Kap. 2.3 Ziff. 05 LROP befindet. Für die Änderung eines Flächennutzungsplans, der Zielen der Raumordnung anzupassen ist, kann bspw. ein Widerspruch zwischen einem RROP-Vorranggebiet und fachgesetzlichen Verboten Grund für ein Zielabweichungsverfahren sein. Denn rechtliche Vorgaben sind auch dann zu beachten, wenn sie im Einzelfall den verbindlichen Zielen des RROP widersprechen sollten (NdsOVG, Urt. vom 26.2.2020 – 12 KN 182/17 –, www.rechtsprechung.niedersachsen.de). Ein positives Zielabweichungsverfahren ermöglicht dem Planungsträger, in seinem Plan Regelungen zu treffen, die „an sich" mit einem 3

Ziel der Raumordnung und der Anpassungspflicht nach § 1 Abs. 4 BauGB nicht im Einklang stünden.

4 Anlass für ein Zielabweichungsverfahren kann ferner ein Zulassungsverfahren (z. B. ein Planfeststellungs- oder anderes Genehmigungsverfahren) für ein **konkretes Projekt** sein, das ohne Zielabweichung nicht genehmigungsfähig wäre. Insbesondere in Planfeststellungsverfahren zählen Ziele der Raumordnung – vorbehaltlich ausdrücklicher fachgesetzlicher Ausnahmen – zu den zwingend einzuhaltenden Zulassungsvoraussetzungen, die nicht einer Abwägungs- und Wegwägungsbefugnis der Planfeststellungsbehörde unterliegen.

5 Praktische Relevanz hat das Zielabweichungsverfahren schließlich auch für die ordnungsgemäße **planerische Abwägung** des Trägers der Raumordnungsplanung selbst. Indem das Zielabweichungsverfahren **unangemessene Härten im Einzelfall auszugleichen vermag**, trägt es wesentlich dazu bei, dass auch bei strikten Zielfestlegungen der Grundsatz der Verhältnismäßigkeit gewahrt ist. Ein Träger der Landes- oder Regionalplanung darf eine planerische Strenge im Rahmen seiner Abwägung damit rechtfertigen, dass für Einzelfälle, die zu unangemessenen Ergebnissen bei Vollzug der Regelungen führen würden, über das Instrument der Zielabweichung ein Korrektiv möglich sein kann (vgl. NdsOVG, Urt. vom 1.9.2005 – 1 LC 107/05 –, ZfBR 2005 S. 809; openJur 2012, 43493; BVerwG, Urt. vom 16.12.2010 – 4 C 8.10 –, BVerwGE 138, 301; openJur 2011, 89773).

2. Erfordernis eines Zielabweichungsverfahrens

6 Das **Erfordernis eines Zielabweichungsverfahrens** ergibt sich nur dann, wenn eine beabsichtigte raumbedeutsame Planung oder Maßnahme gegen ein Ziel der Raumordnung verstoßen würde, das nach Maßgabe der Bindungswirkungen des § 4 ROG oder § 1 Abs. 4 BauGB zu beachten ist (näher Rn. 12).

7 Da Ziele der Raumordnung nur für raumbedeutsame Planungen und Maßnahmen gelten, ist **für nicht raumbedeutsame Vorhaben kein Zielabweichungsverfahren** nötig (zur Raumbedeutsamkeit vgl. § 1 Rn. 163 ff.).

8 **Nicht erforderlich ist ein Zielabweichungsverfahren**, wenn durch **Änderung des Vorhabens oder Nebenbestimmungen zur Zulassungsentscheidung** i. S. v. § 36 VwVfG erreicht werden kann, dass das Vorhaben die Ziele der Raumordnung einhält.

2.1 Abgrenzung eines Ziels zu Grundsätzen der Raumordnung

9 Die Regelung, von der abgewichen werden soll, muss ein **Ziel der Raumordnung** i. S. des § 3 Abs. 1 Nr. 2 ROG sein. Ziele der Raumordnung können sowohl textlich (beschreibende Darstellung eines Raumordnungsplans) als auch zeichnerisch (zeichnerische Darstellung eines Raumordnungsplans/Karte) verfasst werden. Ob es sich bei einer planerischen Festlegung um ein Ziel oder um einen Grundsatz bzw. einen sonstigen Planinhalt handelt, richtet sich nach ihrem materiellen Gehalt. Bei textlichen Zielen gibt die formale Kennzeichnung (Fettdruck gem. Ziff. 01 Satz 3 der Anlage 3 der LROP-VO) regelmäßig den ersten Anhaltspunkt, ist aber nicht allein entscheidend. In Zweifelsfällen ist die Auslegung insbesondere anhand der sprachlichen Fassung der Festlegung, anhand der Begründung des Raumordnungsplans und der weiteren planbegleitenden Unterlagen sowie nach Sinn und Zweck der Festlegung vorzunehmen. Um Ziele der Raumordnung handelt es sich bspw. bei Vorranggebieten i. S. des § 7 Abs. 3 Satz 2 Nr. 1 ROG. Ist für Vorranggebiete zugleich eine Ausschlusswirkung i. S. des § 7 Abs. 3 Satz 3 ROG normiert, stellt auch diese Ausschlusswirkung ein – gegenüber dem innergebietlichen Vorrang eigenständiges – Ziel der Raumordnung dar. Eignungsgebiete i. S. der bis zum 28.9.2023 geltenden Fassung des § 7 Abs. 3 Satz 2 Nr. 3 und Nr. 4 ROG sind insoweit Ziele der Raumordnung, wie sie außergebietlich Ausschlusswirkung normieren (vgl. näher § 1 Rn. 142 ff.).

10 Bei **Grundsätzen der Raumordnung ist ein Zielabweichungsverfahren nicht erforderlich**. Grundsätze sind in Abwägungs- oder Ermessensentscheidungen lediglich zu berücksichti-

gen (§ 4 Abs. 1 ROG) und daher ohne besonderes weiteres Instrumentarium überwindbar (näher zu Zielen und Grundsätzen § 1 Rn. 87 ff. und Rn. 112 ff.).

Gleiches gilt für **in Aufstellung befindliche Ziele, Hinweise oder sonstige – nicht bindende – Inhalte** eines Raumordnungsplans. 11

2.2 Bestehen einer Bindungswirkung an das Ziel

Da Ziele der Raumordnung nicht in jedweder Fallkonstellation von jedweder Stelle oder 12 Person zu beachten sind, besteht Anlass für ein Zielabweichungsverfahren nur, wenn die konkret in Rede stehende **Planung oder Maßnahme den Bindungswirkungen von Zielen der Raumordnung nach § 4 ROG unterliegt**.

Eine Zielbeachtungspflicht besteht stets bei **öffentlichen Planungen und Maßnahmen** 13 sowie bei den Entscheidungen über deren Zulassung (§ 4 Abs. 1 Satz 1 Nr. 1 und 2 ROG). Sie gilt daher sowohl für die öffentliche Stelle, die Planungs- oder Vorhabenträger ist, als auch für diejenige öffentliche Stelle, die eine solche öffentliche Planung oder öffentliche Maßnahme zu prüfen oder zu genehmigen hat, näher § 1 Rn. 174 ff.

Ebensolche Bindungswirkungen bestehen in den in § 4 Abs. 1 Satz 2 ROG genannten 14 Fällen **bei raumbedeutsamen Vorhaben von Privatpersonen oder privatwirtschaftlichen Unternehmen, wenn diese raumbedeutsame Planungen und Maßnahmen in Wahrnehmung öffentlicher Aufgaben** durchführen (z. B. Energieversorgung) und wenn an diesen Unternehmen öffentliche Stellen mehrheitlich beteiligt sind oder wenn die Finanzierung der Planungen oder Maßnahmen überwiegend mit öffentlichen Mitteln erfolgt, näher § 1 Rn. 187 ff.

Ziele der Raumordnung sind ferner durch Vorhabenträger und Zulassungsbehörden stets 15 zu beachten, wenn es um ein raumbedeutsames **Vorhaben Privater** geht, das einer **Planfeststellung** oder der Genehmigung mit der Rechtswirkung einer Planfeststellung bedarf, § 4 Abs. 1 Satz 1 Nr. 3 ROG, näher § 1 Rn. 190 ff.

Bei anderen Zulassungsverfahren für **Privatvorhaben** ist eine Bindung an raumordnerische Ziele nur gegeben, wenn und soweit das jeweilige Fachrecht dies ausdrücklich regelt (§ 4 Abs. 2 ROG). Eine Zielbindung besteht nur, wenn die **Einhaltung des Ziels der Raumordnung zu den Genehmigungsvoraussetzungen zählt.** Eine solche **„Raumordnungsklausel“**, die sich auch auf private Vorhaben auswirken kann, enthält bspw. § 35 Abs. 3 BauGB für bestimmte raumbedeutsame Bauvorhaben im Außenbereich. Fehlt eine solche Raumordnungsklausel im Fachrecht (z. B. § 30 BauGB, § 34 BauGB), ist die Genehmigung eines Vorhabens nicht an die Ziele der Raumordnung gebunden, näher § 1 Rn. 194 ff. 16

Eine **Zielbindung besteht nicht** für eine öffentliche Stelle des Bundes, eine öffentliche 17 Stelle, die im Auftrag des Bundes tätig ist oder eine Person des Privatrechts nach § 4 Abs. 1 Satz 2 ROG, die für den Bund öffentliche Aufgaben durchführt, die der Bindungswirkung bereits bei Aufstellung des Plans oder – bei späteren Veränderungen der Sachlage – nachträglich zulässigerweise **nach § 5 ROG widersprochen** hat (vgl. näher dazu § 1 Rn. 198 ff.

2.3 Tatsächlicher Zielverstoß

Ein Zielverstoß muss in Bezug auf das konkret beabsichtigte Vorhaben tatsächlich vorlie- 18 gen. In **Vorranggebieten** setzt ein Zielverstoß voraus, dass die Planung oder eine Maßnahme in ihrer konkreten Ausgestaltung mit der vorrangig gesicherten raumbedeutsamen Funktion oder Nutzung tatsächlich nicht vereinbar ist.

Widerspricht ein (raumbedeutsames) Vorhaben zwar dem Vorrang, führt es jedoch zu **kei- 19 ner spürbaren Beeinträchtigung** der gesicherten Raumfunktionen (was insbesondere bei kleinräumigen Vorhaben in sehr großräumigen Vorranggebieten in Betracht kommen kann), fehlt es an einer Zielverletzung.

Gleiches gilt, wenn die gesicherte Funktion oder Nutzung nur für einen bestimmten Zeit- 20 raum oder bis zu einem bestimmten Ereignis oder Zustand gesichert werden sollte und dieser mittlerweile eingetreten ist (gesicherter Rohstoff ist abgebaut, gesichertes Vorhaben wurde anderswo realisiert) und die Sicherung insofern **funktionslos** geworden ist (näher zu den engen Voraussetzungen einer Funktionslosigkeit planerischer Festlegungen vgl. § 6 Rn. 12 f.).

3. Abgrenzung des Zielabweichungsverfahrens zu anderen Instrumenten

3.1 Abgrenzung zur Ausnahme nach § 6 Abs. 1 ROG

21 Das **Zielabweichungsverfahren dient als Einzelfallkorrektiv** für Fallkonstellationen, die bei der Planung nicht bekannt waren oder übersehen wurden. Im Gegensatz hierzu sind Ausnahmen i. S. des § 6 Abs. 1 ROG ausdrücklich vom Planungsträger vorgesehene Regelungen im Raumordnungsplan selbst. Eine Ausnahme ergänzt eine Grundregelung, indem sie bspw. bestimmte Planungen oder andere Vorhaben unter anderen (in der Regel erleichterten) Voraussetzungen für raumordnerisch zulässig erklärt oder sie gänzlich von den ansonsten für den „Standardfall" geltenden Vorgaben freistellt. Rechtssystematisch liegt eine **Ausnahme** als (eigenständiges) Ziel der Raumordnung nur vor, wenn im Raumordnungsplan selbst generalisierend die tatbestandlichen **Voraussetzungen der Ausnahmekonstellation hinreichend bestimmt oder bestimmbar benannt** sind. Anders als bei Zielabweichungsverfahren, die bei Vorliegen aller tatbestandlichen Voraussetzungen eine Entscheidung der Landesplanungsbehörde verlangen, ob eine Planung oder Maßnahme zugelassen werden soll, ist die Ausnahme bei Vorliegen aller im Raumordnungsplan geregelten Voraussetzungen erfüllt, ohne dass es einer weiteren behördlichen „Ausnahmeentscheidung" bedarf. Aufgrund ihres normativen Wesens kann die Ausnahmeregelung – im Gegensatz zum Zielabweichungsverfahren – daher auch in einer **größeren Zahl von gleichgelagerten Fällen** zur Anwendung kommen.

3.2 Abgrenzung zur Planänderung

22 Ein Zielabweichungsverfahren stellt die Planung als solche nicht in Frage, das Ziel bleibt generell bestehen und braucht lediglich im konkreten Einzelfall nicht beachtet zu werden. Das Zielabweichungsverfahren ist weder ein Planungsinstrument noch ein funktioneller Ersatz hierfür und darf nicht dazu verwendet werden, für **wiederkehrende Fallkonstellationen in einer Mehr- oder Vielzahl von Fällen** Abweichungen zu ermöglichen. Wird sich das Erfordernis einer Zielabweichung nicht auf einen Einzelfall beschränken, weil sich die rechtlichen oder tatsächlichen Verhältnisse so verändert haben, dass das Ziel generell nicht mehr sachgerecht oder zeitgemäß ist, ist der Raumordnungsplan zu ändern. Zu Zielabweichungsverfahren im Zusammenhang mit einer Planänderung s. Rn. 62 ff.

23 Ebenso ist das Zielabweichungsverfahren nicht zulässig, wenn das gewollte **Ergebnis aus rechtlichen Gründen nur durch Planung** erreicht werden darf. So hat das BVerwG mit Urt. vom 28.9.2023 – 4 C 6.21 –, www.bverwg.de angenommen, dass im Falle **erheblicher Umweltauswirkungen** ein Vorhaben ausschließlich durch Planung ermöglicht werden dürfen, nicht aber im Wege der Zielabweichung. Die rechtlichen Erfordernisse hierfür leitet das BVerwG einerseits aus dem UmwRG ab, andererseits aus den europarechtlichen Vorschriften über die Strategische Umweltprüfung (näher Rn. 53 ff.).

24 Eine Zielabweichung ist nicht bereits deshalb „überflüssig", weil eine **Planung älter** ist. Solange ein Plan wirksam und nicht funktionlos ist, ist er als geltendes Recht anzuwenden. Keinem Planungsträger und keiner Behörde steht es zu, sich „einfach so" ohne Zielabweichungserlaubnis über ein geltendes Ziel hinwegzusetzen. Ebensowenig besteht im Falle älterer Planungen ein Anspruch auf Planänderung oder – im Fall der Nicht-Planung – auf Zielabweichung. Ein Anspruch auf Raumordnungsplanung besteht generell nicht. Deshalb kann weder eine Zielabweichung eingeklagt noch die Ablehnung einer Zielabweichung beklagt werden mit der **Begründung, dass eine Planänderung vorzunehmen sei**, um das gewollte Vorhaben zu ermöglichen.

4. Voraussetzungen einer Zielabweichung

Die tatbestandlichen Voraussetzungen einer Zielabweichung setzen sich aus formellen Voraussetzungen sowie materiellen Voraussetzungen zusammen. 25

Formelle Voraussetzungen – auch als „formelle tatbestandliche Voraussetzungen" oder „formelle Tatbestandsmerkmale" bezeichnet – sind **Zuständigkeit, Verfahren und Form**. Die Zuständigkeit für die Zielabweichung ergibt sich aus § 19 Abs. 2 NROG. In Bezug auf das Verfahren und die Form einer Zielabweichungsentscheidung gelten neben § 6 Abs. 2 ROG (Antragsberechtigung) die Vorgaben des allgemeinen Verwaltungsrechts (Anhörung nach § 28 VwVfG, Begründungserfordernis nach§ 39 VwVfG). 26

Die **materiellen Voraussetzungen** (auch als „materielle Tatbestandsmerkmale" oder „materielle tatbestandliche Voraussetzungen" bezeichnet) der Zielabweichung ergeben sich aus **§ 6 Abs. 2 ROG i. V. m. § 8 NROG**. 27

Ist auch nur eine materielle Voraussetzung nicht erfüllt, ist die Zielabweichung zwingend abzulehnen; eine Dispositionsbefugnis über gesetzliche Zielabweichungsvoraussetzungen steht keiner Behörde zu. 28

Sind alle (formellen und materiellen) tatbestandlichen Voraussetzungen erfüllt, lag es nach der bis 28.9.2023 geltenden Fassung des § 6 Abs. 2 ROG im Ermessen der Landesplanungsbehörde, ob und ggf. unter welchen Nebenbestimmungen die Zielabweichung zugelassen wird. Nach der ab 28.9.2023 geltenden Fassung **soll die Zielabweichung erteilt** werden (näher Rn. 80 ff.). 29

Bei **Verstößen gegen mehrere Ziele** kann eine Zielabweichung für eine Planung oder eine Maßnahme nur zugelassen werden, wenn die **tatbestandlichen Voraussetzungen in Bezug auf jedes dieser Ziele erfüllt** sind. 30

4.1 Materielle Voraussetzungen einer Zielabweichung nach § 6 Abs. 2 ROG und § 8 NROG

Die **materiellen tatbestandlichen Voraussetzungen** nach Bundesrecht sind durch zwei landesrechtliche Vorgaben ergänzt, die **kumulativ einzuhalten** sind: 31

- die **Zielabweichung muss unter raumordnerischen Gesichtspunkten** vertretbar sein, § 6 Abs. 2 ROG,
- durch die Zielabweichung dürfen die **Grundzüge der Planung nicht berührt** werden, § 6 Abs. 2 ROG,
- das **Einvernehmen aller in ihren Belangen berührten öffentlichen Stellen** muss vorliegen, § 8 NROG, und
- mit den betroffenen **Gemeinden** muss das **Benehmen** hergestellt sein, § 8 NROG.

Die **Atypik** des Einzelfalls stellt weder ein eigenständiges noch ein zwingend erforderliches Tatbestandsmerkmal dar, ist aber sowohl im Rahmen der raumordnerischen Vertretbarkeit als auch in Bezug auf die Grundzüge der Planung als ein Prüfkriterium heranzuziehen (vgl. BVerwG, Urt. vom 16.12.2010 – 4 C 8.10 –, BVerwGE 138, 301; openJur 2011, 89773).

Bei der Prüfung der materiellen Voraussetzungen darf auch die Möglichkeit von **Befristungen, Bedingungen oder anderen Nebenbestimmungen** i. S. des § 36 VwVfG einbezogen werden. Nebenbestimmungen können dazu dienen, die Vorbehalte anderer Behörden bei der Erteilung ihres Einvernehmens auszuräumen oder die raumordnerische Vertretbarkeit oder die Wahrung der Grundzüge der Planung herzustellen. 32

4.1.1 Raumordnerische Vertretbarkeit einer Abweichung

Bei der **raumordnerischen Vertretbarkeit** handelt es sich um einen **unbestimmten Rechtsbegriff**. Eine Zielabweichung ist insbesondere raumordnerisch vertretbar, wenn 33

- der Raumordnungsplan eine unbeabsichtigte „Planungslücke" enthält bzw. eine unbeabsichtigte Planungsfolge bewirkt,
- das Vorhaben durch eine Regelung im Raumordnungsplan hätte ermöglicht werden können (Planbarkeit) und
- das Vorhaben dem mutmaßlichen Willen des Planungsträgers entspricht

4.1.1.1 Unbeabsichtigte Planungslücke bzw. Planungskonsequenz

34 Die Annahme einer **unbeabsichtigten Planungslücke bzw. Planungsfolge** setzt voraus, dass für den Einzelfall neue, veränderte oder andersartige Aspekte maßgeblich sind, die bei der Planaufstellung nicht berücksichtigt wurden. Diese Aspekte können bereits von Beginn der Planung an bestehen oder sich erst später durch Veränderung der Rechtslage oder der Umstände im Planungsraum ergeben. Die **Atypik** eines Vorhabens – bspw. in Bezug auf seine Bauweise, seinen Betrieb, seinen Standort oder seine Rahmenbedingungen – kann ein Indiz für eine unbeabsichtigte Planungsfolge darstellen, weil bei Planaufstellung nur typische Fallkonstellationen mit bedacht werden.

35 Waren die zur Begründung der Zielabweichung vorgetragenen **Aspekte schon bei der Aufstellung des Raumordnungsplans bekannt** und hat sich der Planungsträger im Rahmen seiner Abwägung bewusst zugunsten anderer Belange entschieden, ist das mit der Zielabweichung verfolgte Ergebnis hingegen nicht unbeabsichtigte Folge, sondern bewusste Konsequenz der planerischen Abwägung. Es ist dann gerade nicht raumordnerisch vertretbar, dieses gewollte Ergebnis „auszuhebeln". Je mehr Konstellationen im Raumordnungsplan selbst erfasst werden, insbesondere durch Ausnahmen, welche die Regel-Festlegungen ergänzen, umso weniger können die Voraussetzungen für eine Zielabweichung erfüllt sein.

36 Dies gilt grds. unabhängig vom Alter einer Festlegung. Das bloße „Älterwerden" von Festlegungen berechtigt für sich genommen noch nicht zu der Annahme, dass die Festlegungen oder ihre Konsequenzen nicht (mehr) gewollt sein können oder dürfen. Im Gegenteil: Bringt ein Planungsträger im Zuge der regelmäßigen Prüfung von **Aktualisierungserfordernissen** zum Ausdruck, dass er eine Festlegung weiterhin „will", muss auch ihre Auswirkung auf Einzelfälle grds. als gewollt angesehen werden. Dies gilt insbesondere dann, wenn dem Planungsträger diese Einzelfälle bekannt sind und er sich dennoch für eine **unveränderte Beibehaltung einer Festlegung** entscheidet.

4.1.1.2 Rechtliche Planbarkeit des mit der Zielabweichung verfolgten Ergebnisses

37 Zur raumordnerischen Vertretbarkeit zählt weiterhin die **Annahme**, dass der Planungsträger die o. g. **„Lücke"** im Plan i. S. des mit der Zielabweichung verfolgten Vorhabens **geschlossen hätte** (BVerwG, Urt. vom 17.12.1998 – 4 C 16.97 –, BVerwGE 108,190; judicialis; BVerwG, Beschl. vom 12.7.2018 –7 B 15.17 –, www.bverwg.de: *„Hiernach ist die Abweichung raumordnerisch vertretbar, soweit das Vorhaben im Hinblick auf den Zweck der Zielfestlegung anhand der konkreten Situation planbar gewesen wäre"*).

38 Dies setzt die **Rechtmäßigkeit eines solch hypothetischen Planungsergebnisses** voraus (Planbarkeit). Rechtswidrige Zustände, die nicht planbar gewesen wären, dürfen auch nicht über eine Zielabweichung ermöglicht werden. Da es lediglich um eine hypothetische Planbarkeit geht, dürfen alle Regelungsmöglichkeiten einbezogen werden; hierzu zählen insbesondere ein Regelungsverzicht, die Möglichkeit, das Ziel generell anders zu fassen wie auch die Möglichkeit einer Ausnahmeregelung nach § 6 Abs. 1 ROG. Rechtliche Grenzen für die Planbarkeit ergeben sich aus höherrangigen rechtlichen Vorgaben einschließlich anderer Fachgesetze, für die Regionalplanung auch aus dem LROP.

4.1.1.3 Vorhaben entspricht dem mutmaßlichen Willen des Planungsträgers

39 Neben der rein rechtlichen Zulässigkeit einer andersartigen Planung ist entscheidend, dass das mit der Zielabweichung verfolgte **Ergebnis dem mutmaßlichen fachlichen Willen**

des Planungsträgers (seinen Entwicklungsvorstellungen für den Planungsraum) entsprechen würde. *„Es muss demnach angenommen werden können, die Abweichung liege noch im Bereich dessen, was der Plangeber gewollt hat oder gewollt hätte, wenn er den Grund für die Abweichung gekannt hätte"* (BVerwG, Urt. vom 16.12.2010 – 4 C 8.10 –, a. a. O.; BVerwG, Beschl. vom 12.7.2018 – 7 B 15.17 –, a. a. O). Nr. 2.1.2 VV- ROG/NROG- ZAV erläutert: *„Je* ***bedeutsamer, veränderungssensibler oder seltener die gesicherte Raumfunktion oder Nutzung*** *sei, umso unwahrscheinlicher erscheint die theoretische Planbarkeit einer abweichenden Regelung und umso weniger kann die Zulasung des entgegenstehenden Vorhabens raumordnerisch vertretbar sein"*.

Auch die Summe der durch das Vorhaben ausgelösten **Konflikte** könne einen Anhaltspunkt für den mutmaßlichen Planungswillen darstellen. Je mehr Nutzungen und Funktionen betroffen seien, umso stärker werde in ein Interessengeflecht eingegriffen und umso unwahrscheinlicher erscheine ein anderes Planergebnis. **40**

Vom mutmaßlichen Willen des Planungsträgers kann nicht ausgegangen werden, wenn er sich im Zuge der **Aktualisierung seines Plans** in Kenntnis des beabsichtigten Vorhabens gegen dessen planerische Ermöglichung entscheidet (s. auch Rn. 36). **41**

Dem mutmaßlichen fachlichen Willen des Planungsträgers würde schließlich nur ein Vorhaben entsprechen, das insgesamt **raumverträglich** ist. In Einzelfällen kann es notwendig sein, vor Durchführung eines Zielabweichungsverfahrens eine formalisierte Raumverträglichkeitsprüfung (ehemals: Raumordnungsverfahren) nach § 15 ROG durchzuführen, um die Raumverträglichkeit – ggf. auch unter Hinzuziehung externer Gutachter – überhaupt beurteilen zu können. **42**

4.1.2 Nichtberührtsein der Grundzüge der Planung

Die **Grundzüge der Planung** werden häufig als das **Grundgerüst der Planung** beschrieben (vgl. BVerwG, Urt. vom 16.12.2010 – 4 C 8.10 –, BVerwGE 138, 301; openJur 2011, 89773). Der Begriff ist gesetzlich nicht definiert. Nach Auffassung des BVerwG (a. a. O.) kann die Rechtsprechung zur Befreiung nach § 31 Abs. 2 BauGB Orientierung bieten, die für eine ähnliche Interessenlage konzipiert ist: *„Wann die Grundzüge der Planung berührt sind lässt sich hiernach nicht abstrakt bestimmen, sondern hängt von der jeweiligen Planungssituation bzw. von dem im Plan zum Ausdruck gebrachten planerischen Wollen ab. Bezogen auf dieses Wollen darf der Abweichung vom Planinhalt keine derartige Bedeutung zukommen, dass die* ***im Plan zugrunde gelegte Planungskonzeption*** *in beachtlicher Weise beeinträchtigt wird"*. **43**

Grundzüge der Planung sind immer dann berührt, wenn die Zielabweichung den durch die planerische Abwägung geschaffenen **Interessenausgleich stört oder dessen Fortbestand gefährdet**. Das bei Aufstellung des Raumordnungsplans erzielte Abwägungsergebnis darf durch eine Zielabweichung nicht derart verändert werden, dass neue **Konflikte** entstehen oder bereits durch Planung gelöste Konflikte wieder aufbrechen. **44**

Je mehr Ziele eines Raumordnungsplans betroffen sind oder je ausdifferenzierter das planerische Zielsystem ist, umso wahrscheinlicher ist es, dass die Grundzüge der Planung berührt werden. **45**

Grundzüge der Planung sind insbesondere auch dann berührt, wenn die Zielabweichung einen **Präzedenzfall** darstellen würde, der künftige Folgefälle nach sich ziehen könnte. *„Je detaillierter die textlichen und zeichnerischen Festlegungen im betreffenden Raumordnungsplan, desto größeres Gewicht können die spezifischen, auf das konkrete Vorhaben bezogenen Umstände erlangen. Je mehr sich der Raumordnungsplan auf eine Grobplanung beschränkt, desto eher kann ein abweichendes Vorhaben bei der rechtlichen Bewertung der Zulässigkeit der Zielabweichung stellvertretend für eine ganze Reihe ähnlicher Vorhaben stehen"* (BVerwG, Beschl. vom 12.7.2018 – 7 B 15.17 –, www.bverwg.de). Das Willkürverbot verbietet den zuständigen Behörden eine Ungleichbehandlung gleichartig gelagerter Fälle, sodass der erste Zielabweichungsfall eine Selbstbindung der Verwaltung **46** für künftige Entscheidungen begründet. Sind wiederholte Zielabweichungen zu befürchten, wären bereits durch den ersten Zulassungsfall die Grundzüge der Planung berührt. Nr. 2.2.3 VV- ROG/NROG – ZAV erläutert zutreffend, dass die klare **Atypik** der zu entscheidenden Fallkonstellation als Indiz dafür dienen *„kann"*, dass die Grundzüge der Planung nicht berührt sind, da (atypische) Einzelfälle gerade keine Präzedenzwirkung zu begründen vermögen. Dabei könne sich der Einzelfallcharakter sowohl aus der Atypik des Vorhabens, als auch aus der Atypik der Umstände bzw. der räumlichen Gegebenheiten des Standortes ergeben. Jedoch darf nach Auffassung des BVerwG aus dem Umstand, dass keine atypischen Umstände vorliegen, nicht automatisch gefolgert werden, dass mit einer Zielabweichung stets die Grundzüge der Planung berührt wären (vgl. BVerwG, Urt. vom 16.12.2010 – 4 C 8.10 –, BVerwGE 138, 301; openJur 2011, 89773). Die Atypik sei nicht allein entscheidend.

47 Die Grundzüge der Planung sind in aller Regel auch dann berührt, wenn es um eine **Abweichung von einem gesamträumlichen Planungskonzept** geht, das die Zulässigkeit von Vorhaben oder Nutzungen (auch) anhand von generalisierenden Kriterien für den gesamten Planungsraum regelt.

48 Besondere praktische Bedeutung haben dabei gesamträumliche Planungskonzepte, mit denen einerseits **Vorranggebiete** ausgewiesen werden, aber andererseits ein **Ausschluss bestimmter Vorhaben** für den übrigen Planungsraum normiert wird. Bei gesamträumlichen Planungskonzepten mit Ausschlusswirkung hat sich die planerische Abwägung unter Berücksichtigung sog. harter und weicher Tabukriterien/-zonen zu vollziehen, die einheitlich für den gesamten Planungsraum gelten. Dabei muss das Verhältnis zwischen positiven Vorrangfestlegungen und Ausschlusswirkung gewährleisten, dass der betroffenen Nutzung substanziell Raum geschaffen wird (BVerwG, Urt. vom 11.4.2013 – 4 CN 2.12 –, NVwZ 2013 S. 1017; www.bverwg.de). Soll in Bezug auf eine Ausschlussfläche eine Zielabweichung erwogen werden und hierzu von den **generalisierenden Kriterien** des Konzepts abgewichen werden, sind wegen der Präzedenzwirkung in aller Regel die Grundzüge der Planung berührt. Eine Zielabweichung kann allenfalls in Betracht kommen, soweit es ausschließlich um einzelflächenbezogene Umstände geht. Soll in Bezug auf eine Vorrangfläche eine Zielabweichung zugunsten einer mit dem Vorrang unvereinbaren Nutzung erwogen werden, sind die Grundzüge der Planung jedenfalls dann berührt, wenn durch diesen Flächenverbrauch der vorrangigen Nutzung **nicht mehr „substanziell" Raum geschaffen** würde. Die Abweichung von einem Konzept mit Vorrang und Ausschlusswirkung ist daher in der Regel nur im Wege einer Planänderung möglich.

49 Hauptanwendungsfälle sind mittlerweile gesamträumliche Planungskonzeptionen zur Steuerung des **Rohstoffabbaus**. Die Praxisrelevanz für Zielabweichungen von gesamträumlichen Planungskonzepten mit Ausschlusswirkung für die **Windenergienutzung** ist durch die „Gemeindeöffnungsklausel" des § 245e Abs. 5 BauGB weitgehend entfallen; durch diese Sonderregel hat der Gesetzgeber Zielabweichungen von der regionalplanerischen Ausschlusswirkung ausdrücklich zugelassen, ohne dass es auf die Präzendenzwirkung ankäme (näher Rn. 104 ff.).

50 Die Durchbrechung eines gesamträumlichen Planungskonzepts mit Präzedenzwirkung für Folgefälle – und damit die Unzulässigkeit einer Zielabweichung – ist in der Regel auch anzunehmen in Bezug auf Festlegungen, die auf einem **Konzept mit Vorrang- oder Standortausweisungen ohne eine Ausschlusswirkung** im engen Sinne des § 7 Abs. 3 Satz 3 ROG beruhen, soweit auch hier Standorte oder Funktionen für den gesamten Planungsraum nach einheitlich geltenden Kriterien festgelegt werden. So ergeben sich aus dem **Zentrale-Orte-Konzept** mit seinen Kriterien für eine Gewährleistung ausgeglichener Versorgungsstrukturen und Erreichbarkeiten bspw. die Grundzüge der Planung für die Ziele zur Steuerung des **großflächigen Einzelhandels**. Wird in das zentralörtliche Gefüge aus generalisierten Funktions-, Erreichbarkeits- und Tragfähigkeitserwägungen eingegriffen, indem bestimmten, ausschließlich ausgewählten Flächen, Standorten oder Zentralen Orten zugewiesene Nutzungen (z. B. Einzelhandelsgroßprojekte) auch anderswo zugelas-

sen werden, sind – wenn nicht besondere Umstände hinzutreten, die den Fall als Sonder- oder Härtefall erscheinen lassen – die Grundzüge der Planung berührt. Aus diesem Grund sind Zielabweichungsverfahren zugunsten von Einzelhandelsgroßprojekten kaum möglich.

Insbesondere die Zielabweichung für **Vorhaben mit sehr großer Verkaufsfläche oder hohem Anteil innenstadtrelevanter Sortimente** würde eine hohe Präzedenzwirkung entfallen, weil unter Versorgungsaspekten kaum sachliche Gründe auszumachen wären, anhand derer die Zielabweichung für „Großvorhaben" erklärt werden könnte, für deutlich kleinere Vorhaben mit weitaus geringeren Auswirkungen aber weiterhin verneint werden könnte. 51

Bei den in der Praxis beantragten Vorhaben handelt es sich in aller Regel gerade nicht um **atypische Vorhaben**. Zumeist werden Argumente wie „moderneres Marktkonzept", „breitere Gänge", „bessere Nahversorgung im ländlichen Raum" oder „ländliche Siedlungsstrukturen" angeführt, die landesweit oder regional auf eine Vielzahl von Vorhaben zutreffen und gerade keine Einzelfallbesonderheit darstellen. 52

Nach Urt. des BVerwG vom 28.9.2023 (– 4 C 6.21 –, www.bverwg.de) sind Zielabweichungen ferner nur dann möglich, wenn voraussichtlich **erhebliche Umweltauswirkungen ausgeschlossen sind**. Das BVerwG beruft sich dabei auf eine Entscheidung des EuGHs vom 9.3.2023 (– C-9/22 –, dejure.org). Durch eine Zielabweichung dürfen nicht die Vorgaben der SUP-Richtlinie unterlaufen werden. Werden durch ein Vorhaben erhebliche Umweltauswirkungen hervorgerufen, könne es ausschließlich durch eine Planänderung ermöglicht werden, weil nur bei Planänderungen, nicht aber bei Zielabweichungsentscheidungen, eine Strategische Umweltprüfung durchgeführt werde. Wird eine Zielabweichung beantragt, hat die für die Zielabweichung zuständige Behörde demzufolge anhand der Kriterien der Anlage 2 zu § 8 Abs. 2 ROG überschlägig zu prüfen, ob das Vorhaben erhebliche Umweltauswirkungen haben könnte. *„Die Grundzüge der Planung sind berührt, wenn voraussichtlich erhebliche Umweltauswirkungen durch die Zielabweichung nicht ausgeschlossen werden können, die auf dieser Planungsebene erkennbar sind und bei der planerischen Entscheidung über den Raumordnungsplan nicht berücksichtigt wurden"*. In einem solchen Fall wäre die Zielabweichung abzulehnen und – wenn die raumbedeutsame Planung oder Maßnahme ermöglicht werden soll – eine Lösung auf Planebene zu finden (z. B. Änderung oder Aufhebung des verhindernden Ziels, Ergänzung einer Ausnahme). 53

Zum **Prüfmaßstab** für die konkrete Beurteilung einer Verletzung der Grundzüge der Planung im Falle einer Zielabweichung führt das BVerwG aus: *„Der Umfang und die räumliche Ausdehnung der Auswirkungen und damit die Größe der von der Abweichung erfassten Fläche spielen ebenso eine Rolle wie ihre Bedeutung und Sensibilität. Maßgeblich ist ferner, um welche Art von Zielfestlegung – flächendeckend oder spezifisch – es geht. Dient die* ***Zielabweichung der Änderung eines spezifisch festgelegten Standorts für ein raumbedeutsames Vorhaben, werden die Grundzüge der Planung in der Regel berührt sein****"*. 54

In dem zu entscheidenden Fall, in dem es um eine Verbandsklage nach dem UmwRG gegen die Abweichung von einem Vorranggebiet Landwirtschaft sowie von einem Vorranggebiet Industrie und Gewerbe ging, stufte das BVerwG das **Vorranggebiet Landwirtschaft als flächendeckend/unspezifisch** ein, das **Vorranggebiet Industrie und Gewerbe hingegen als spezifisch**. Eine erhöhte Sensibilität könne sich beispielsweise aus der Nähe der betroffenen Fläche zu einem Europäischen Vogelschutzgebiet ergeben. 55

Das **Urteil wirft in mehrerlei Hinsicht weitere Fragen auf**: 56

Zum einen steht das Urteil in gewissem Widerspruch zum bundesdeutschen Verfassungsrecht und der bisher ständigen Rechtsprechung des BVerwG, wonach sich *„aus dem* ***Grundsatz der Verhältnismäßigkeit*** *ergibt, dass die Möglichkeit bestehen muss, ein Vorhaben ausnahmsweise zuzulassen, das aus atypischen Gründen im konkreten Fall raumverträglich erscheint"* (BVerwG, Urt. vom 16.12.2020 – 4 C 8.10 –; Beschl. vom 13.11.2023 – 4 B 21.12 –; www.bverwg.de). Damit meint der Senat konkret die Möglichkeit von Zielabweichungsverfahren, denn er führt weiter aus „*Der Senat hat nicht verlangt, dass für Vorhaben, die in atypischen Fällen raumverträglich sind, nach § 6 Abs. 1 ROG Ausnahmen im Raumordnungsplan festgelegt werden müssen*". Strikte und verbindliche Zielfestlegungen in einem Raumordnungsplan sind im Hinblick auf den Grundsatz der Verhältnismäßigkeit nach dieser Rechtsprechung daher verfassungsrechtlich (nur) deshalb gerechtfertigt, weil es das Zielabweichungsverfahren gibt. Wird dieses Instrument nunmehr **für eine große Gruppe von Vorhaben** – nämlich solche mit erheblichen Umweltauswirkungen – pauschal gesperrt, steht für diese Vorhaben die verfassungsrechtlich gebotene **Notfalllösung nicht mehr zur Verfügung**. Die Vorhabenträger wären zwingend darauf angewiesen, dass ein Planungsträger seinen Plan ändert.

57 Selbst wenn eine Planänderung vorgenommen werden soll, wäre grds. deren **Fertigstellung abzuwarten**. Die bewährte Praxis, **Zielabweichungen im Vorgriff auf eine laufende Planänderung** zuzulassen, weil das Vorhaben mit den künftigen Planfestlegungen im Einklang steht (dazu Rn. 62 ff.), scheint durch das Urt. zumindest rechtsunsicher. Aufgrund der nicht selten mehrjährigen Dauer von Planänderungen wären die betroffenen Vorhaben auf längere Zeit nicht realisierbar, auch nicht in dringlichen Fällen. Auch dieser Umstand lässt Zweifel aufkommen, ob das BVerwG mit seiner Rechtsprechung vom 28.9.2023 mit verfassungsrechtlichen Verhältnismäßigkeitsanforderungen im Einklang steht.

58 Zum anderen muss hinterfragt werden, ob das BVerwG die Erwägungen des EuGHs und die Vorgaben der SUP-Richtlinie nicht überinterpretiert hat. Die **Erwägungen des EuGHs** (a. a. O.) bezogen sich nicht auf eine der Zielabweichung vergleichbare Einzelfallentscheidung, sondern auf einen „schematischen Masterplan". Dieser Masterplan sehe „*die Möglichkeit der Genehmigung von mit dem Bebauungsplan nicht vereinbaren Projekten vor*". Er bedeute „*faktisch eine Abweichung vom Bebauungsplan in dem Sinne [...], dass er ausdrücklich eine Reihe anderer Projekte vorsehe, und zwar insbesondere was die Gebäudehöhe betreffe*" (Rn. 46 der Entscheidung). Dieser Masterplan ist für die für die Erteilung von Baugenehmigungen zuständigen Behörden verbindlich. Hierin zeigt sich ein Unterschied zu Zielabweichungsverfahren, die stets nur einen „ungeahnten" Einzelfall, nicht aber eine Vielzahl von ausdrücklich erkannten und in gewisser Weise typisierten Abweichungsfällen zum Gegenstand haben.

59 Die o. g. Rechtsprechung warf die Frage nach der Europarechtskonformität der **Gemeindeöffnungsklausel** des § 245e Abs. 5 BauGB a. F. auf. § 245e Abs. 5 BauGB enthielt bis zum 14.8.2025 Sonderregeln für Zielabweichungsverfahren, die Gemeinden eine Bauleitplanung für Windenergiegebiete in solchen Bereichen ermöglichten, in denen ein Raumordnungsplan eine Ausschlusswirkung für die Windenergienutzung festlegt. Für derartige Zielabweichungsverfahren galten die Voraussetzungen des § 6 Abs. 2 ROG nicht. Stattdessen sollte einem solchen Zielabweichungsantrag stattgegeben werden, wenn der Raumordnungsplan an den von der Gemeinde für Windenergie geplanten Stellen kein Gebiet für mit der Windenergie unvereinbare Nutzungen oder Funktionen festlegt, wenn also nur die Ausschlusswirkung zu überwinden wäre, nicht aber eine Positivplanung zugunsten einer anderen Nutzung (näher dazu Rn. 104 ff.). Ob hierdurch die **Grundzüge der Planung** berührt werden, war für die Zielabweichung nach § 245e Abs. 5 BauGB a. F. **kein Prüfkriterium**. Die Erwägung des Senats „*§ 6 Abs. 2 Satz 1 ROG a. F. trägt dem mit dem Tatbestandsmerkmal der ‚Grundzüge der Planung' Rechnung, das materiell-rechtlich eine Einzelfallprüfung im Sinne von Art. 3 Abs. 5 SUP-RL umfasst. Auf diese Weise ist sichergestellt, dass eine Zielabweichung nur dann zugelassen wird, wenn voraussichtlich erhebliche Umweltauswirkungen ausgeschlossen sind*" fand in § 245e Abs 5. BauGB a. F. jedenfalls tatbestandlich keinen entsprechenden „Anfasser".

60 Durch einen Windpark treten regelmäßig erhebliche Umweltauswirkungen auf. Dies führte zu der Frage, ob die „Soll-Rechtsfolge" des § 245e Abs. 5 BauGB europarechtskonform dahingehend zu interpretieren wäre, dass im Falle erheblicher Umweltauswirkungen die **Zielabweichung von der Ausschlusswirkung trotz Vorliegen der tatbestandlichen**

Voraussetzungen nicht zugelassen werden darf. Dies hätte zur Folge gehabt, dass § 245e Abs. 5 BauGB in aller Regel nicht zur Anwendung kommen dürfte.

Mit Gesetz vom 14.8.2025 wurde die Gemeindeöffnungsklausel des § 245e Abs. 5 BauGB dahingehend geändert, dass die Zielbindung der Gemeinden an eine regionalplanerische Ausschlusswirkung kraft Gesetzes entfällt. Ziele der Raumordnung stehen einer gemeindlichen Windflächenplanung nur noch entgegen, wenn es sich um ein Vorranggebiet für eine mit der Windenergie unvereinbare Nutzung handelt. Eine Zielabweichung ist seitdem folglich nicht mehr erforderlich. **61**

4.1.3 Unterfall: Zielabweichungsverfahren während eines Planänderungsverfahrens

4.1.3.1 Verhältnis von laufender Planänderung und Erfordernis eines Zielabweichungsverfahrens

Der Bedarf für Zielabweichungen wird in der Praxis häufig gesehen, wenn der **Raumordnungsplan veraltet** ist und eine Veränderung der Planungsgrundlagen und Rahmenbedingungen eingetreten ist. Keinesfalls kann sich ein Adressat über veraltete Ziele „ohne weiteres" hinwegsetzen. Raumordnungspläne werden durch Veralten weder funktionslos, noch verlieren sie ihre Bindungswirkung (s. auch Rn. 24). Bei veralteten Planinhalten ist in aller Regel keine Vielzahl von Zielabweichungen „von Einzelfall zu Einzelfall" sachgerecht. Stattdessen hat eine **Aktualisierung des Raumordnungsplans** zu erfolgen. **62**

Die mehrjährige Dauer von Planungsverfahren kann die Realisierung eines Vorhabens allerdings verzögern. Im Einzelfall kann es geboten sein, nicht das Inkrafttreten des geänderten Raumordnungsplans abzuwarten. Dann kann ein Zielabweichungsverfahren eine zulässige **Übergangslösung** darstellen. Die Zielabweichungsentscheidung würde ermöglichen, „schon jetzt" für ein solches Vorhaben von den noch geltenden Zielen abzuweichen, das ab Inkrafttreten des Raumordnungsplans „dann ohnehin" mit dessen künftigen Festlegungen vereinbar und zulässig wäre. Ein solches Zielabweichungsverfahren **entspricht in seiner Grundidee der Zulässigkeit eines Vorhabens bei Planreife i. S. des § 33 BauGB**. **63**

In den vorherigen Auflagen dieser Kommentierung wurde die von *Schmidt-Eichstaedt* (NordÖR 2016 S. 233 und LKV 2016 S. 399) vertretene **Auffassung**, dass es einer Zulassungsbehörde möglich sein müsse – jedenfalls im Rahmen des § 35 Abs. 3 BauGB –, **ab einem gewissen Grad planerischer Reife eines in Aufstellung befindlichen Ziels der Raumordnung *ohne* Einbindung der Landesplanungsbehörde bzw. *ohne* Zielabweichungsverfahren von einem rechtsverbindlichen „*dahinsiechenden*" Plan abzuweichen**, klar abgelehnt. *Schmidt-Eichstaedt* begründet sein Modell damit, dass das Raumordnungsgesetz keine dem **§ 33 BauGB entsprechende** Regelung enthalte. Dessen analoge Anwendung in Verbindung mit sinngemäßer Anwendung des Grundsatzes *„lex posterior derogat leges priori"* – *„Die spätere Rechtsregelung verdrängt frühere Regelungen"* müsse daher auch für in Aufstellung befindliche Ziele gelten, damit Investoren möglichst frühzeitig Anträge genehmigt bekommen. **64**

Die von *Schmidt-Eichstaedt* zugrunde gelegten Prinzipien von Analogiebildung und Kollisionsregelungen (lex-posterior-Grundsatz) sind nur anwendbar und erforderlich, wenn eine **unbeabsichtigte Regelungslücke** im Gesetz vorliegt bzw. ein Fall von Normenkollision gegeben ist. Nach der hier bisher vertretenen Auffassung fehlte es an beidem. Eine analoge Übertragung von Vorschriften über Bauleitpläne auf raumordnerische Planungen hat die Verfasserin insbesondere deshalb nicht für möglich gehalten, weil der Bundesgesetzgeber das Zielabweichungsverfahren geschaffen und auf eine dem § 33 BauGB vergleichbaren Regelung bewusst verzichtet hat. Auch der niedersächsische Gesetzgeber hat mit seiner Ergänzung von zusätzlichen Beteiligungs-, Verfahrens- und Zuständigkeitsvorgaben eindeutig klargestellt, dass die Entscheidung über den abweichenden Umgang mit Zielen ausschließlich durch die Landesplanungsbehörde bzw. in einem dafür vorgesehenen Verfahren erfolgen soll. Auch die Heranziehung des *„lex-posterior-Grundsatzes"* erscheint zu weitgehend. Dieser Grundsatz wurde zur Entflechtung von **Normenkollisio-** **65**

nen entwickelt. Die Normenkollision setzt einen Widerspruch zwischen zwei *geltenden* Vorschriften voraus. Das Verhältnis von einem In-Aufstellung-befindlichen Ziel und einem geltenden Ziel entspricht dem nicht, da die eine Norm gerade darauf angelegt ist, die andere abzulösen, eine Normenkollision also gerade nicht entstehen soll. Zu Recht spricht *Schmidt-Eichstaedt* insofern nicht von direkter, sondern sinngemäßer Anwendung. Die analoge Anwendung eines Prinzips für Normenkollisionen auf „Nicht-Kollisionen" erscheint nach hier vertretener Auffassung daher eigentlich zu wagemutig und war bislang auch nicht erforderlich, da über das Instrument einer Zielabweichung genau die Lösung erreicht werden konnte, zu deren Erreichung das beschriebene „Konstrukt" entwickelt wurde – nämlich die Anwendbarkeit eines in Aufstellung befindlichen Ziels bereits vor seinem Inkrafttreten.

Sollte sich die Rechtsprechung des BVerwG vom 28.9.2023 (a. a. O.) allerdings verfestigen und gesichert dazu führen, dass Zielabweichungsverfahren im Vorgriff auf Planänderungen nicht mehr möglich wären, wäre der von *Schmidt-Eichstätt* entwickelte Ansatz als „Notfalloption" zur Wahrung des Verhältnismäßigkeitsprinzips ggf. anders zu bewerten.

4.1.3.2 Raumordnerische Vertretbarkeit und Berührtsein der Grundzüge der Planung

66 Eine Zielabweichung im Vorgriff auf eine zu erwartende Planänderung ist auch im Falle erheblicher Umweltauswirkungen im Einklang mit den o.g. Erwägungen des BVerwG weiterhin möglich. Denn sie geht „Hand in Hand" mit einer nötigen Planänderung, in deren Zuge eine strategische Umweltprüfung erfolgt und eine Gelegenheit eröffnet ist, sich zu Umweltauswirkungen der Planung zu äußern. Eine Verletzung der Grundzüge der Planung wegen einer unterlassenen Umweltprüfung ist nicht zu befürchten.

67 Eine solche Zielabweichung kann nur dann raumordnerisch vertretbar und mit den Grundzügen der Planung vereinbar sein, wenn das **bisherige Ziel künftig entfallen wird**.

68 Ist zugleich eine inhaltliche Neufestlegung beabsichtigt, muss zudem das Inkrafttreten des **neuen Ziels** hinreichend wahrscheinlich sein. In verfahrensmäßiger Hinsicht setzt dies voraus, dass das Planungsverfahren einen **hinreichend fortgeschrittenen Planungs- und Verfahrensstand** erreicht hat. Die allgemeinen Planungsabsichten sowie die Bekanntmachung eines für das Beteiligungsverfahren freigegebenen Planentwurfs reichen nicht aus, weil zumeist aufgrund des Beteiligungsverfahrens Änderungen des Planentwurfs vorgenommen werden und zunehmend ein zweites Beteiligungsverfahren erforderlich wird. Zudem ist der mit der ROG-2023 eingeführten Begriffsbestimmung eines „in Aufstellung befindlichen Ziels" nach § 3 Abs. 1 Nr. 4 Buchst. a ROG Rechnung zu tragen. Ein solches ist **frühestens mit Abschluss des ersten Beteiligungsverfahrens nach § 9 Abs. 2 ROG** gegeben, der Zeitpunkt für eine Zielabweichung kann nicht vorher liegen. Eine hinreichend verlässliche Prüfungsgrundlage liegt allerdings häufig erst bei einem fortgeschrittenen Abwägungsstand nach Beendigung der letzten Beteiligung vor, im Einzelfall sogar erst dann, wenn eine positive politische Beschlussfassung hinreichend wahrscheinlich ist.

69 Inhaltlich kann nur ein Vorhaben raumordnerisch vertretbar und mit den Grundzügen der Planung vereinbar sein, das **mit dem in Aufstellung befindlichen Ziel in Einklang** steht. Vorhaben, die nach Inkrafttreten des Ziels (bewusst) nicht zulässig wären, können auch nicht vorab über eine Zielabweichung zugelassen werden.

4.1.4 Einvernehmen mit den in ihren Belangen berührten öffentlichen Stellen

70 Welche **öffentlichen Stellen in ihren Belangen berührt** sein können, richtet sich nach dem Ziel der Raumordnung, von dem abgewichen werden soll.

71 Fachlich berührt sind diejenigen öffentlichen Stellen, die **überörtlich öffentliche Aufgaben wahrnehmen** und deren Aufgabenkreis fachlich von der konkreten Zielabweichung beeinflusst wird. Überörtliche öffentliche Aufgaben ergeben sich aus fachgesetzlichen Vorschriften; häufig handelt es sich um Aufgaben im übertragenen Wirkungskreis. Fachlich berührt sind in der Regel zumindest Landkreise – z. B. als untere Naturschutzbehörde

oder untere Wasserbehörde –, Fachbehörden und Kammern. Das **Einvernehmen darf daher auch nur aus Gründen erteilt oder verweigert werden, die sich aus dieser Aufgabenübertragung ergeben**. Die Verweigerung des Einvernehmens allein aus politischen Gründen, obgleich fachliche Gründen objektiv nicht begründet werden können, wäre von Sinn und Zweck der Vorschrift nicht gedeckt.

Das Einvernehmenserfordernis besteht nur insoweit, wie eine in der Sache betroffene Stel- 72
le auch räumlich betroffen ist. Die **räumliche Berührtheit** ist abhängig von der Reichweite der Auswirkungen des jeweiligen Vorhabens. Nr. 2.3.1 VV- ROG/NROG – ZAV erläutert: Habe bspw. ein beabsichtigtes Einzelhandelsgroßprojekt relevante nachgewiesene Auswirkungen in den Versorgungsbereich eines Zentralen Ortes in einem Nachbarkreis, so sei ein Träger der Regionalplanung dieses Nachbarkreises räumlich nur im Auswirkungsbereich des Einzelhandelsgroßprojektes berührt. Er dürfe sein Einvernehmen nicht bspw. deshalb verweigern, weil auch kreisangehörige Zentrale Orte außerhalb des Auswirkungsbereichs eine potentielle Konkurrenz fürchten. Da ein Träger der Regionalplanung zudem nicht für die Festlegung von Mittel- und Oberzentren zuständig sei, könne er auch keine diesbezüglichen Erwägungen für die Erteilung oder Verweigerung seines Einvernehmens anführen.

Keine fachliche Berührtheit ergibt sich aus dem Status als **Zentraler Ort**. Zwar haben 73
Städte und Gemeinden mit einem Grundzentrum, einem Mittelzentrum oder einem Oberzentrum einen zentralörtlichen Versorgungsauftrag für ihren Verflechtungsbereich. Die Umsetzung dieses Versorgungsauftrags durch die Kommunen erfolgt jedoch weitgehend nicht durch ein fachrechtliches Handlungsinstrumentarium, sondern im Rahmen der kommunalen Bauleitplanung z. B. durch Ausweisung von Einzelhandelsstandorten zur Wahrnehmung der zentralörtlichen Versorgungsfunktion Einzelhandel. Soweit eine **Kommune als Trägerin der Bauleitplanung** agiert, erfolgt ihre Einbeziehung nach den Regeln über die Beteiligung von Gemeinden, nämlich über die Einholung ihres Benehmens (dazu Rn. 79). Wollte man dies anders sehen, würde die vom Gesetzgeber bewusst getroffene Unterscheidung zwischen „Einvernehmen" und „Benehmen" gegenstandslos, da sich in Niedersachsen in nahezu jeder Gemeinde zumindest ein Grundzentrum befindet und demzufolge fast jede Gemeinde fachlich berührte Stelle wäre. Dadurch würde nicht nur die Intention des Gesetzgebers unterlaufen, mit nur wenigen öffentlichen Stellen ein Einvernehmen erzielen zu müssen und die Abstimmung im (großen) Übrigen über die Benehmensherstellung vorzunehmen. Auch praktisch wäre ein Einvernehmen sämtlicher Gemeinden in aller Regel überhaupt nicht erzielbar; Zielabweichungsentscheidungen wären damit faktisch unrealisierbar. Ein solches Ergebnis wollte der Landesgesetzgeber jedoch gerade nicht.

**Verbände, andere privatrechtlich organisierte Interessenvertretungen oder Bürgerini- 74
tiativen** sind weder öffentliche Stellen noch diesen rechtlich gleichgestellt. Die Landesplanungsbehörde kann sie formlos am Verfahren beteiligen. Ihre Stellungnahme hat jedoch weder das Gewicht eines Einvernehmens, noch darf die Landesplanungsbehörde anstelle einer eigenen raumordnerischen Prüfung auf solche Bewertungen verweisen.

Wird in einem Verfahren nicht nur über die Abweichung von einem oder mehreren Zielen 75
eines RROP, sondern auch des LROP entschieden, ist seitens der zuständigen unteren Landesplanungsbehörde auch das **Einvernehmen der obersten Landesplanungsbehörde** einzuholen. Dieses Einvernehmen ist weder gleichbedeutend mit der nach § 19 Abs. 2 Satz 3 Halbsatz 2 NROG erforderlichen Zustimmung der obersten Landesplanungsbehörde zum Verfahrensergebnis, noch kann es hierdurch ersetzt werden (näher zur Zustimmung zum Verfahrensergebnis vgl. § 19 Rn. 9). Das Einvernehmenserfordernis ist lediglich ein materielles Tatbestandsmerkmal. Das Einvernehmen beschränkt sich auf die landesplanerische Bewertung des mit der Zielabweichung verfolgten Vorhabens in Bezug auf die kollidierenden Ziele des LROP.

Ein Einvernehmen erfordert die eindeutige, **uneingeschränkte Zustimmung** aller fachlich 76
berührten Stellen. Sind Vorbehalte unklar oder nur allgemein formuliert, liegt mangels

eindeutiger Rückäußerung kein Einvernehmen vor. Macht eine fachlich berührte Stelle ihr Einvernehmen von bestimmten Voraussetzungen abhängig, so ist das Einvernehmen nur gegeben, sofern diese – insbesondere durch Nebenbestimmungen i. S. v. § 36 VwVfG – umsetzbar sind. In **Zielabweichungsentscheidungen für einen Plan** können nur Nebenbestimmungen verfügt werden, die im Plan selbst umgesetzt werden können, nicht aber in Bezug auf Vorbehalte, auf die der Plan keinen Einfluss nehmen kann (z. B. Art und Weise der Bauausführung oder des Betriebs eines auf Grundlage des Plans genehmigten Vorhabens). **Nebenbestimmungen in Bezug auf eine Maßnahme** können nur solche sein, die der Vorhabenträger selbst veranlassen kann. Der Zielabweichungsbescheid darf nichts einfordern, was nur eine andere Person bzw. eine öffentliche Stelle umsetzen könnte.

77 Fehlt das Einvernehmen auch nur von einer Stelle, kann eine Zielabweichung nicht zugelassen werden, der Landesplanungsbehörde steht mangels gesetzlicher Ermächtigungsgrundlage **keine Ersetzungsbefugnis** zu. Bei willkürlicher oder sachfremder Verweigerung bzw. Nichtrückäußerung wäre die zuständige **Aufsichtsbehörde** (Kommunalaufsicht, Kammeraufsicht etc.) einzuschalten. Bei der Entscheidung über die Ersetzung eines zu Unrecht verweigerten Einvernehmens hat die Aufsichtsbehörde die Änderung des § 6 ROG Abs. 2 ROG zum 28.9.2023 zu berücksichtigen: Bei Vorliegen aller Tatbestandsvoraussetzungen „soll" einem Zielabweichungsantrag stattgegeben werden (s. Rn. 80 ff.). Die Gesetzesänderung diente vornehmlich der **Wahrung europäischer Marktfreiheiten**; deren Beschränkung ist nur unter engen Grenzen gerechtfertigt. Sofern solche berührt sind (insb. bei Zielabweichungsverfahren zum großflächigen Einzelhandel) ist jede öffentliche Stelle, insofern auch fachlich berührte Stellen und ihre Aufsichtsbehörden, im Rahmen ihrer Rechtsanwendung verpflichtet, alles zu tun, um die vollumfängliche und größtmögliche Wirksamkeit des Unionsrechts zu gewährleisten.

78 Die **Einholung des Einvernehmens kann entfallen**, wenn die Landesplanungsbehörde bereits anhand des Antrags eindeutig erkennen kann, dass die Zielabweichung raumordnerisch nicht vertretbar ist und/oder die Grundzüge der Planung berührt sind. Da die Tatbestandsvoraussetzungen des § 6 ROG und des § 8 NROG kumulativ erfüllt sein müssen, könnte auch ein erteiltes Einvernehmen keine Zielabweichung ermöglichen.

4.1.5 Benehmen mit den betroffenen Gemeinden

79 Welche **Gemeinden** betroffen sind, richtet sich nach der **Reichweite der Auswirkungen** des mit der Zielabweichung verfolgten Vorhabens. Die Herstellung des Benehmens beschränkt sich auf die Einräumung einer **Stellungnahmemöglichkeit** und eine sachgerechte Auseinandersetzung mit dem Vorgebrachten. Einer Rückäußerung der Gemeinden bedarf es ebenso wenig wie einer Einigung oder Zustimmung.

4.2 „Soll"-Entscheidung

80 Nach der bis zum 28.9.2023 geltenden Rechtslage konnte bei Vorliegen aller Tatbestandsvoraussetzungen eine Zielabweichung zugelassen werden, musste aber nicht zwingend erteilt werden. Die Landesplanungsbehörde hatte im Rahmen ihres **Ermessens** abzuwägen, ob das Interesse an einer abweichenden Einzelfalllösung für das betroffene Vorhaben in einer Gesamtschau mit anderen berührten Interessen (etwa der beteiligten Gemeinden) überwiegt. Eine ordnungsgemäße Ermessensausübung umfasste nicht nur die Entscheidung, ob überhaupt eine Zielabweichung zugelassen werden soll (**Entschließungsermessen**), sondern auch, wie die Zielabweichungsentscheidung konkret ausgestaltet wird (**Auswahlermessen**). Der Grundsatz der Verhältnismäßigkeit erforderte die Wahl des mildesten Mittels und die Beachtung seiner Angemessenheit. Eine Zielabweichung im Vorgriff auf den Abschluss eines laufenden Verfahrens zur Änderung eines Raumordnungsplans verlangte eine Befassung mit der Frage, warum das Inkrafttreten des Plans nicht abgewartet werden kann.

81 § 6 ROG Abs. 2 ROG in seiner ab dem 28.9.2023 geltenden Fassung **ersetzt die „Kann"-Regelung durch eine „Soll"-Vorgabe:** bei Vorliegen aller Tatbestandsvoraussetzungen –

aber auch nur dann – ist in aller Regel dem Zielabweichungsantrag stattzugeben. Lediglich in atypischen Fällen legitimiert das Gesetz dazu, die Zielabweichung abzulehnen. Die vormalige „Kann"-Vorschrift barg die Gefahr, dass Zielabweichungsanträge aus europarechtlich nicht-gerechtfertigten Gründen hätten abgelehnt werden können.

Wird entgegen der Sollvorgabe die Zielabweichung trotz Vorliegen aller Voraussetzungen nicht zugelassen, erfordert die ordnungsgemäße Ausübung des Ermessens auch, die Erwägungen nachvollziehbar in der Zielabweichungsentscheidung darzulegen. Die Nichtbeachtung dieser Pflicht führt im Falle eines Gerichtsverfahrens zur Aufhebung der Zielabweichungsablehnung, da das gänzliche Fehlen von Ermessenserwägungen im Gerichtsverfahren nicht durch Nachholung geheilt werden kann (vgl. § 45 VwVfG, § 114 VwGO). 82

4.3 Formelle Voraussetzungen einer Zielabweichung

4.3.1 Zuständige verfahrensführende Behörde

Die Führung von Zielabweichungsverfahren obliegt grundsätzlich einer **Landesplanungsbehörde** (zur Zuständigkeitsverteilung vgl. § 19 Rn. 7 ff.). 83

4.3.1.1 Zuständigkeitsverteilung beim Zusammentreffen von Zielabweichungsverfahren und Raumverträglichkeitsprüfung

Werden Zielverstöße **während einer Raumverträglichkeitsprüfung** i. S. des § 15 ROG (frühere Bezeichnung: Raumordnungsverfahren) erkannt und gibt es keine raumverträglichen Alternativen, ist zeitlich parallel oder nachfolgend zu der landesplanerischen Feststellung ein Zielabweichungsverfahren durch die für die Zielabweichungsentscheidung zuständige Behörde durchzuführen. Wegen der unterschiedlichen Anforderungen und Rechtsformen von Raumverträglichkeitsprüfung einerseits und Zielabweichungsentscheidung andererseits vermag die Raumverträglichkeitsprüfung ein Zielabweichungsverfahren nicht zu ersetzen oder einzukonzentrieren. 84

4.3.1.2 Zuständigkeitsverteilung zwischen Landesplanungsbehörde und Planfeststellungsbehörde bzw. Immissionsschutzbehörde

Die Zuständigkeit für Zielabweichungsentscheidungen im Zusammenhang mit planfeststellungsbedürftigen Vorhaben oder genehmigungspflichtigen Vorhaben nach dem BImSchG richtet sich nach dem Zeitpunkt ihrer Durchführung. 85

Ein dem **Planfeststellungsverfahren oder immissionsschutzrechtlichen Zulassungsverfahren zeitlich vorgeschaltetes und rechtlich selbstständiges Zielabweichungsverfahren** obliegt der nach § 19 Abs. 2 NROG zuständigen Landesplanungsbehörde. Es wird **nicht von der Konzentrationswirkung eines Planfeststellungsverfahrens oder einer immissionsschutzrechtlichen Genehmigung erfasst**, da deren Konzentrationswirkung auf der gleichen, nicht aber auf einer zeitlich vorgelagerten Verfahrensstufe gilt. Insbesondere wenn es um Vorhaben mit Standort- oder Trassenalternativen oder technischen Varianten (z. B. Freileitung oder Erdkabel) geht, werden Zielabweichungsverfahren häufig bereits vor Einleitung des Planfeststellungsverfahrens durchgeführt, um unverträgliche Varianten auszuschließen und bereits in einer frühen Planungsphase die Vereinbarkeit eines Vorhabens mit den Zielen der Raumordnung abzusichern. 86

Wird die Zielabweichung erst **im Planfeststellungsverfahren** geprüft, tritt nach außen allein die **Planfeststellungsbehörde** als verfahrensführende Behörde auf. Die Zielabweichungsentscheidung unterfällt in formeller Hinsicht der **Konzentrationswirkung** des § 75 VwVfG. Da das Planfeststellungsrecht keine materielle Konzentration im Hinblick auf die inhaltlichen Voraussetzungen des Vorhabens normiert, sondern die Planfeststellungsbehörde im selben Maß an materielles Fach- und Raumordnungsrecht gebunden ist wie die ansonsten zuständigen Behörden, ändert sich hierdurch weder etwas an der Bindungswirkung der Ziele der Raumordnung nach § 4 Abs. 1 Satz 3 ROG, noch an den Voraussetzungen einer Zielabweichung. Anders als Grundsätze der Raumordnung, in Aufstellung 87 befindliche Ziele und sonstige Erfordernisse der Raumordnung unterfallen Ziele der Raumordnung nicht der Abwägungsbefugnis der Planfeststellungsbehörde. Soll die Zielbindung im Einzelfall überwunden werden, ist dies auch im Planfeststellungsverfahren nur im Wege einer Zielabweichungsentscheidung möglich, bei der die tatbestandlichen Voraussetzungen gemäß § 6 Abs. 2 ROG und § 8 NROG genauso erfüllt sein müssen wie in Zielabweichungsverfahren der zuständigen Landesplanungsbehörden.

88 Eine Verfahrenszuständigkeit der **Landesplanungsbehörden** besteht bei derartigen einkonzentrierten Zielabweichungsverfahren nicht. Unberührt bleibt ihre fachliche Einbeziehung über das **Einvernehmenserfordernis** nach § 8 NROG. Zu den in ihren Belangen berührten öffentlichen Stellen zählen bei Betroffenheit eines RROP unabdingbar die zuständigen Regionalplanungsträger sowie bei Betroffenheit des LROP die oberste Landesplanungsbehörde. Da ein nicht erteiltes Einvernehmen nicht ersetzt werden kann (s. Erl. 4.1.4), kann die Planfeststellungsbehörde bei fehlendem Einvernehmen der Landesplanungsbehörde die Zielabweichung nicht zulassen.

89 Für **immissionsschutzrechtliche Zulassungsverfahren** nach dem BImSchG gilt Vorstehendes entsprechend.

4.3.2 Antrag

90 Die Einleitung eines Zielabweichungsverfahrens kann **auf Antrag oder von Amts wegen** erfolgen. **Antragsberechtigt** sind nach der seit 28.9.2023 geltenden Fassung des § 6 Abs. 2 Satz 2 ROG sowohl öffentliche Stellen als auch Personen des Privatrechts, deren beantragtes Vorhaben der Planfeststellung oder der Genehmigung mit der Rechtswirkung der Planfeststellung bedarf oder deren beantragtes Vorhaben nach § 4 Abs. 2 ROG zu beurteilen ist. Die Vorschrift entspricht nunmehr eindeutig und vollumfänglich § 4 ROG; antragsberechtigt sind alle Stellen und Personen, deren Planung, Maßnahme oder Entscheidung im konkreten Fall nach einer der Fallgruppen des § 4 ROG an das Ziel der Raumordnung gebunden ist (vgl. Rn. 12 ff.).

91 Andere als die in § 6 Abs. 2 ROG genannten Stellen und Personen (z. B. Verbände) sind nicht antragsbefugt. Der **Träger eines Vorhabens**, das auf der Grundlage eines noch aufzustellenden oder zu ändernden Bebauungsplans verwirklicht werden soll (z. B. Einzelhandelsgroßprojekt), ist im Zielabweichungsverfahren für den Bebauungsplan nicht antragsberechtigt (vgl. VG Lüneburg, Urt. vom 6.6.2019 – 2 A 92/18 –, www.rechtsprechung.niedersachsen.de). Der Vorhabenträger ist weder Träger der Bauleitplanung, noch besteht im Baugenehmigungsverfahren für Vorhaben im beplanten Bereich eine Pflicht zur Beachtung von Zielen der Raumordnung (keine Raumordnungsklausel in § 30 BauGB, vgl. § 1 Rn. 194). Anträge nicht-antragsbefugter Personen sind bereits unzulässig; einer inhaltlichen Prüfung eines unzulässigen Antrags bedarf es nicht.

5. Rechtsschutz gegen Entscheidungen in Zielabweichungsverfahren

92 Ist gegen die Zielabweichungsentscheidung ein (direkter) Rechtsbehelf gegeben, ist ihr eine **Rechtsbehelfsbelehrung** beizufügen (näher vgl. Erl. 8.2 zu § 3 NROG). Der Rechtsbehelf richtet sich nach der Rechtsform der Zielabweichungsentscheidung. Die Anfechtungsklage zur Aufhebung bzw. die Verpflichtungsklage auf Erlass einer positiven Zielabweichungsentscheidung nach § 42 Abs. 1 VwGO sind möglich, sofern die Zielabweichungsentscheidung einen Verwaltungsakt i. S. des § 35 VwVfG darstellt. Ob dies der Fall ist, richtet sich nach dem Verhältnis zwischen Adressaten und entscheidender Stelle.

93 Ergeht die **Zielabweichungsentscheidung gegenüber einer Privatperson oder gegenüber einer anderen öffentlichen Stelle im eigenen Wirkungskreis** (z. B. durch die untere Landesplanungsbehörde gegenüber einer Gemeinde als Trägerin der Bauleitplanung oder durch die oberste Landesplanungsbehörde gegenüber einem Träger der Regionalplanung), ist aufgrund der **Außenwirkung** ein **Verwaltungsakt** gegeben. Als Verwaltungsakt kann die Zielabweichung direkt beklagt werden. Die einmonatige Klagefrist der Anfech-

tungsklage gilt nur gegenüber demjenigen, dem der Zielabweichungsbescheid mit einer ordnungsgemäßen Rechtsbehelfsbelehrung zugestellt wurde. Fehlt es an einer Zustellung, besteht die Klagemöglichkeit zeitlich grundsätzlich unbegrenzt.

Erfolgt die Zielabweichungsentscheidung allein **zwischen staatlichen oder im übertragenen Wirkungskreis tätigen Behörden**, liegt mangels Außenwirkung **kein Verwaltungsakt** vor. Gleiches gilt, wenn die Zielabweichungsentscheidung innerhalb des gleichen Rechtsträgers ergeht (z. B. von der unteren Landesplanungsbehörde bei einem Landkreis an dasjenige Fachamt des Landkreises, das für die Zulassung des Vorhabens zuständig ist, zu dessen Gunsten die Zielabweichung beantragt wurde). Die Umsetzung der Zielabweichungsentscheidung „nach außen" – einschließlich ihrer Begründung und eventueller Nebenbestimmungen – erfolgt im Rahmen der Hauptentscheidung, bspw. der Entscheidung über eine Plan- oder Vorhabengenehmigung. Eine Zielabweichungsentscheidung ohne Außenwirkung kann nur **inzident** mit der Entscheidung über die Zulassung oder Ablehnung des Vorhabens gerichtlich überprüft werden. 94

Klagebefugt ist jeder, der eine eigene rechtliche Betroffenheit bzw. Verletzung in eigenen Rechten geltend machen kann. Neben dem Adressaten der Zielabweichungsentscheidung können dies auch Dritte sein. Bei erkennbarer Drittbetroffenheit empfiehlt sich zur Begrenzung der Klagefrist eine Zustellung der Zielabweichungsentscheidung mit Rechtsbehelfsbelehrung auch an diese Personen. 95

Allerdings können Dritte keine **Klagebefugnis aus dem UmwRG** herleiten. § 1 Abs. 1 Nr. 1 und Nr. 5 UmwRG eröffnen Rechtsbehelfe nur in Bezug auf „Zulassungsentscheidungen". Mit einer Zielabweichungsentscheidung geht aber noch keine Vorhabenzulassung einher. Die Wirkung der Zielabweichungsentscheidung beschränkt sich darauf, von der Bindung an die betroffenen Ziele nach § 4 ROG zu befreien (vgl. OVG RhPf, Urt. vom 15.2.2017 – 8 A 10717/16 –, NuR 2017 S. 709; http://www.landesrecht.rlp.de/jportal). 96

Jedoch hat das BVerwG mit seinem Urt. vom 28.9.2023 – 4 C 6.21 –, www.bverwg.de anerkannt, dass ein **Umweltverband** im Zusammenhang mit einer Zielabweichung eine Klagebefugnis dann hat, wenn aufgrund erheblicher Umweltauswirkungen überhaupt keine Zielabweichung hätte zugelassen werden dürfen, sondern eine Planänderung nötig gewesen wäre. Das Klagerecht resultiere nach Auffassung des BVerwG in diesem Fall aus dem rechtswidrigen **Unterlassen einer Planung**. 97

Sind die Voraussetzungen einer Zielabweichung oder einer Ermessensausübung entgegen der Soll-Vorgabe nicht gegeben oder nicht ausreichend in der Entscheidung **dokumentiert**, führt dies nicht nur zu einem Klagegrund gegen die Zielabweichungsentscheidung. Solche Fehler können auch zum Anlass genommen werden, die auf der Zielabweichung beruhenden Planungen (z. B. eine durch die Zielabweichung ermöglichte Bauleitplanung) oder Genehmigungen (z. B. eine durch die Zielabweichung ermöglichte Anlagenzulassung) anzugreifen. 98

Wird eine Zielabweichungsentscheidung gerichtlich überprüft, so umschließt die richterliche Prüfungskompetenz auch die Befassung mit dem normierten Ziel der Raumordnung (**Inzidentprüfung**). Ergeht die Zielabweichungsentscheidung als Verwaltungsakt, ist eine Inzidentprüfung zeitlich nur solange möglich, wie **keine Bestandskraft** des Zielabweichungsbescheides eingetreten ist (vgl. BVerwG, Beschl. vom 25.6.2007 – 4 BN 17.07 –, BauR 2007 S. 1712; www.bverwg.de). 99

6. Feststellender Bescheid über das Nichtvorliegen eines Zielverstoßes

Besteht zwischen Vorhabenträger und (klagebefugten) betroffenen Dritten Uneinigkeit darüber, ob eine Planung oder ein Vorhaben mit den Zielen der Raumordnung im Einklang steht und geht die zuständige Landesplanungsbehörde von der Vereinbarkeit mit den Zielen der Raumordnung aus, würde erst inzident im Rahmen einer Klage Dritter gegen die Planung oder gegen die Zulassung des Vorhabens eine verbindliche Klärung der Raumordnungskonformität erfolgen können. Denn ein **phasenspezifischer Rechtsschutz** (d. h. 100

gesetzlich vorgesehene Rechtsschutzmöglichkeiten bereits nach Abschluss bestimmter Verfahrens"etappen" und nicht erst am Ende des Verfahrens), wie er bspw. im Bergrecht oder im Standortauswahlgesetz verankert ist, ist dem System des Raumordnungsrechts fremd. Die abschließende raumordnerische Vorklärung kann aber bei Vorhaben mit hohen Planungs- und Investitionskosten und erheblichen Umweltauswirkungen für den Vorhabenträger bedeutsam sein. Vor allem die grundsätzliche standörtliche Möglichkeit eines Vorhabens ist schon in einem frühen Verfahrensstand entscheidend für die Frage, ob überhaupt in eine weitere Planung/Projektkonzeption eingestiegen werden soll. Durch Erlass eines **feststellenden Verwaltungsakts** mit dem Inhalt, dass das Vorhaben mit den Zielen der Raumordnung in Einklang steht bzw. zu bringen sein kann und demgemäß **keiner Zielabweichung bedarf**, kann in einem frühen Verfahrenszeitpunkt ein Verfahrensgegenstand für die gerichtliche **Klärung der Vereinbarkeit eines Vorhabens mit den Zielen der Raumordnung** erzeugt werden, die insoweit auch abschließend wäre. Die Feststellungskompetenz ergibt sich „ad minus" aus der Kompetenz zur Zulassung oder Ablehnung einer Zielabweichung.

101 Für einen feststellenden Verwaltungsakt ist kennzeichnend, dass er sich mit seinem verfügenden Teil darauf beschränkt, das Ergebnis eines behördlichen Subsumtionsvorgangs verbindlich festzuschreiben. Auch ein feststellender Verwaltungsakt hat **Regelungscharakter**, weil er darauf gerichtet ist, eine Rechtsfolge zu setzen. Das ist nicht nur dann der Fall, wenn Rechte des Betroffenen begründet, geändert oder aufgehoben werden, sondern – als Besonderheit des feststellenden Verwaltungsakts – auch dann, wenn sie mit bindender Wirkung festgestellt oder verneint werden. Ist eine Erklärung der Verwaltung darauf gerichtet, die im Verhältnis von Staat und Bürger (oder dem Staat gegenüberstehenden sonstigen Rechtssubjekten) bestehenden Unsicherheiten zu beseitigen, indem sie die generelle und abstrakte Regelung des Gesetzes verbindlich konkretisiert und/oder individualisiert, so legt die Verwaltung fest, was im Einzelfall rechtens sein soll, und trifft damit eine Regelung mit Außenwirkung i. S. des § 35 Satz 1 VwVfG.

102 Ein feststellender Verwaltungsakt kann und darf nicht vorrangige raumordnerische Instrumente ersetzen, insbesondere ist er **kein „schlanker" Ersatz für eine Raumverträglichkeitsprüfung** i. S. des § 15 ROG (frühere Bezeichnung: Raumordnungsverfahren). Müssten zunächst umfangreiche Datenermittlungen, Gutachten, Auswirkungsuntersuchungen oder Verträglichkeitsbewertungen durchgeführt werden, um die Vereinbarkeit oder Nicht-Vereinbarkeit mit Zielen der Raumordnung feststellen zu können, ist für einen feststellenden Verwaltungsakt kein Raum.

103 Ein feststellender Verwaltungsakt kann hingegen sachgerecht sein, wenn es um reine **Fragen der Rechtsauslegung einer Festlegung** geht, beispielsweise die abstrakt-generelle sachliche Reichweite eines Vorrangs. Anlass und Inhalt einer Feststellung kann beispielsweise die Frage sein, ob ein Kraftwerk, das (auch) auf Anlieferung fossiler Brennstoffe angewiesen ist, dem Vorrang entspricht und daher auch in einem Vorranggebiet für hafenorientierte Anlagen möglich sein kann (und somit bei Zielkonformität kein Zielabweichungsverfahren erfordert). Anlass und Inhalt einer Feststellung kann beispielsweise die abstrakte Frage sein, ob die zentralörtlichen Vorgaben des LROP zum Inhalt haben, dass die standörtliche Ansiedlung eines Krankenhauses generell nur in Zentralen Orten möglich ist oder ob die Ansiedlung auch außerhalb der Zentralen Orte zielkonform sein kann.

7. Gemeindeöffnungsklausel nach § 245e Abs. 5 BauBG (Überwindung einer regionalen Ausschlusswirkung zugunsten einer gemeindlichen Windflächenplanung)

104 Vom 14.1.2024 bis 14.8.2025 eröffnete **§ 245e Abs. 5 BauGB** eine befristete Möglichkeit für Zielabweichungsentscheidungen zugunsten der bauleitplanerischen Ausweisung von **Windenergiegebieten im Bereich einer regionalplanerischen Ausschlusswirkung**. Da in Niedersachsen nur noch wenige RROP überhaupt noch eine Ausschlusswirkung enthalten, war die praktische Relevanz überschaubar.

Zudem ist die Regelung seit 15.8.2025 durch eine gesetzliche Regelung ersetzt, nach der die Bindungswirkung einer regionalplanerischen Wirkung kraft Gesetzes entfällt und keine Zielabweichung mehr erfordert. Die nachstehenden Ausführungen haben noch Bedeutung für Plan-Heilungsverfahren mit Rückwirkung und gerichtliche Überprüfungen.

Anlass für die bundesgesetzliche Regelung war, dass **Träger der Bauleitplanung bei der Ausweisung von Gebieten für die Windenergienutzung an die Ziele der Raumordnung gebunden** sind, § 1 Abs. 4 BauGB und § 4 Abs. 1 ROG. Ziele der Raumordnung sind nicht nur textliche Ziele oder Vorranggebiete, mit denen bestimmten Flächen bestimmte Funktionen oder Nutzungen zugewiesen werden oder sie hierfür freigehalten werden, sondern **auch die regionalplanerische Ausschlusswirkung**. Wollten Gemeinden und Samtgemeinden auf Flächen, die die Regionalplanung der Windenergienutzung entzogen hat, Gebiete für die Windenergienutzung ausweisen, war dies nur im Wege einer Zielabweichung möglich. Grundsätzlich gelten auch für Zielabweichungsverfahren zugunsten gemeindlicher Windflächenplanungen die regulären Voraussetzungen des § 6 Abs. 2 ROG für atypische Einzelfälle, die bei „Standard-Windplanungen" jedoch kaum erfüllbar waren (s. dazu auch Rn. 59 ff.). 105

§ 245e Abs. 5 BauGB a. F. ersetzte diese regulären Zielabweichungsvoraussetzungen durch erleichterte Voraussetzungen, die gem. § 27 Abs. 4 ROG Vorrang vor den Bestimmungen des § 6 Abs. 2 ROG haben. Der Anwendungsbereich war eng begrenzt: 106

Es ließen sich ausschließlich solche Ziele überwinden, die einen reinen **Ausschluss von Windenergieanlagen bzw. eine reine Freihaltung** auf bestimmten Flächen bewirken (sog. **Negativziele**). Der Hauptanwendungsfall ist die planerische Ausschlusswirkung für die Windenergienutzung; überwindbar wären aber auch Vorgaben zu Abständen zwischen Windparks, Vorgaben zu Abständen von Wohngebäuden zu Windenergieanlagen oder Vorgaben zum Ausschluss der Windenergienutzung bspw. auf sämtlichen Waldflächen. 107

§ 245e Abs. 5 BauGB a. F. ermöglichte hingegen **keine Überwindung von Zielen, die einer Fläche eine mit der Windenergienutzung unvereinbare Nutzung oder Funktion zuweisen (sog. Positivziele)**. Gebiete, für die ein Raumordnungsplan eine mit der Windenergienutzung unvereinbare Nutzung oder Funktion festlegt, konnten ausweislich Nr. 2.6 VV- ROG/NROG – ZAV insbesondere sein: 108

- Vorranggebiete,
- Zentrale Siedlungsgebiete i. S. v. Kapitel 2.2 Ziffer 04 LROP
- Gebietsfestlegungen von städtebaulich integrierten Lagen (Versorgungskerne),
- Standorte mit herausgehobener Bedeutung für die Nahversorgung im Sinne von Kapitel 2.3 Ziffer 10 LROP,
- Standorte für die Sicherung und Entwicklung von Wohnstätten,
- Standorte für die Sicherung und Entwicklung von Arbeitsstätten,
- Standorte mit der besonderen Entwicklungsaufgabe Erholung, wenn deren räumlicher Geltungsbereich und ihre Grenze hinreichend konkretisierbar ist,
- Standorte mit der besonderen Entwicklungsaufgabe Tourismus, wenn deren räumlicher Geltungsbereich und ihre Grenze hinreichend konkretisierbar ist.

Lag im Geltungsbereich einer regionalplanerischen Ausschlusswirkung lediglich ein **Punktsymbol** für eine Nutzung, verhindert dieses eine Zielabweichung nach § 245e Abs. 5 BauGB zugunsten der Windenergienutzung nicht. Punktsymbolen fehlt es an einer eindeutigen Gebietsabgrenzung. 109

Auch **Vorbehalts- und Eignungsebiete** verhinderten die Überwindung der Ausschlusswirkung nicht. Diesen Gebietstypen fehlt die innergebietliche Verbindlichkeit, das RROP legt hier gerade keine eindeutig unvereinbare Nutzung oder Funktion fest. Vorbehalts- oder Eignungsgebiete können im Wege einer gemeindlichen Planung durch schlichte Abwägung überwunden werden, hierfür benötigt eine Gemeinde keine Zielabweichung. 110

111 War das beabsichtigte Windenergiegebiet mit Positiv-Festlegungen zugunsten anderer Funktionen oder Nutzungen vereinbar und stand lediglich ein Negativziel der Windenergienutzung entgegen, waren die weiteren Voraussetzungen für eine Zielabweichung nach § 245e Abs. 5 BauGB a. F. niederschwellig: Erforderlich war nur, dass die Gemeinde ein **Gebiet zugunsten der Windenergienutzung** planen wollte, das die **Anforderungen des § 2 Nr. 1 WindBG** erfüllt.

112 Nach Nr. 2.6 VV- ROG/NROG – ZAV blieben die **ergänzenden landesrechtlichen Tatbestandsmerkmale des § 8 NROG**, dass

- das Einvernehmen mit den in ihren Belangen berührten öffentlichen Stellen vorliegt (s. Nummer 2.3) und
- das Benehmen mit den betroffenen Gemeinden hergestellt ist (s. Nummer 2.4)

unberührt (§ 27 Abs. 3 ROG).

113 Waren auch diese Voraussetzungen erfüllt, hatte die zuständige Landesplanungsbehörde dem Zielabweichungsantrag – ggf. unter Nebenbestimmungen – in der Regel zu entsprechen. Insbesondere auf eine **Atypik** oder eine eventuelle **Präzedenzwirkung** für vergleichbar gelagerte Folgefälle kam es – anders als nach § 6 Abs. 2 ROG – nicht an, da der Gesetzgeber die **Regelhaftigkeit der Zielabweichung in den Fällen nach § 245e Abs. 5 BauGB a. F.** vorgesehen hatte.

114 Nummer 2.6 VV-ROG/NROG – ZAV wies zu Recht darauf hin, dass die Zielabweichung aber **abzulehnen** war, wenn sich das beabsichtigte Windenergiegebiet auf der vorgesehenen Fläche **nicht realisieren lassen** wird (insbesondere wegen Unvereinbarkeit mit rechtlichen Anforderungen / „harten Tabuzonen"). In einem solchen Fall besteht an einer Zielabweichung kein rechtliches Interesse.

115 Eine Zielabweichung auf Basis des § 245e Abs. 5 BauGB a. F. war ferner abzulehnen, wenn das beabsichtigte Windenergiegebiet mit **Positiv-Festlegungen** zugunsten anderer Funktionen oder Nutzungen nicht vereinbar ist.

116 Lagen die Voraussetzungen des § 245e Abs. 5 BauGB a. F. nicht vor, schloss die Vorschrift rechtlich nicht aus, die **Zielabweichung nachrangig auch unter den Voraussetzungen des § 6 Abs. 2 ROG i. V. m. § 8 NROG** zu prüfen. Zu prüfen war dann, ob aufgrund besonders gelagerter Umstände des Einzelfalls die Abweichung von den entgegenstehenden Positiv-Festlegungen raumordnerisch vertretbar wäre und die Grundzüge der Planung nicht berührt wären.

117 **Antragsberechtigt waren ausschließlich die Träger der Bauleitplanung**. Private Vorhabenträger waren nicht antragsberechtigt.

118 Die seit 15.8.2025 geltende Nachfolgevorschrift stellt Gemeinden zugunsten gemeindlicher Windplanungen kraft Gesetzes grundsätzlich von allen Bindungen an Ziele des RROP frei. Die Bindungswirkung einer Gemeinde nach § 1 Abs. 4 BauGB und § 4 Abs. 1 ROG besteht lediglich fort, wenn das RROP ein Vorranggebiete für eine anderweitige Nutzung festlegt, die mit einer Windenergienutzung nicht im Einklang steht.

DRITTER ABSCHNITT

VERFAHREN ZUR RAUMVERTRÄGLICHKEITSPRÜFUNG

Vor §§ 9–13
Einführung zur Raumverträglichkeitsprüfung

Übersicht

1. Verfahrensumbenennung

Eine **förmliche Raumverträglichkeitsprüfung** von raumbedeutsamen Planungen und Maßnahmen erfolgte **bislang in Raumordnungsverfahren**. Die langjährige Bezeichnung als Raumordnungsverfahren wurde mit Inkrafttreten des ROGÄndG vom 22.3.2023 (BGBl. 2023 I Nr. 88) am 28.9.2023 geändert. Seitdem wird das Verfahren nach § 15 ROG i. V. m. den §§ 9 ff. NROG als Raumverträglichkeitsprüfung bezeichnet. Die **Umbenennung des Verfahrens geht mit einer Straffung und einer strikteren Begrenzung der Gesamtdauer des Verfahrens einher**, das **Wesen des Verfahrens bleibt aber unverändert**. Die Gesetzesbegründung enthält zum Hintergrund der Umbenennung Verweise darauf, dass das bisherige Raumordnungsverfahren verschlankt, beschleunigt und optimiert nun als eine Raumverträglichkeitsprüfung ohne förmliche Umweltverträglichkeitsprüfung durchgeführt werde (BT-Drs. 20/4823 S. 17, 18 und 25). Damit sollte ein neuer Fokus auf den materiellen Zweck des Verfahrens (Prüfung der Raumverträglichkeit von raumbedeutsamen Planungen und Maßnahmen) gesetzt werden, das in der Vergangenheit immer wieder als zu langwieriges und wenig effektives Verfahren kritisiert wurde. Obwohl die Kritik in einzelnen Fällen möglicherweise nicht ganz unberechtigt war, sollte nicht außer Acht gelassen werden, dass in den vergangenen Jahren Raumordnungsverfahren im Zuge der stetigen Digitalisierung zunehmend schneller durchführbar waren und die Beurteilung der Raumverträglichkeit von Vorhaben vielfach dazu beitragen konnte, entgegenstehende Raumwiderstände zu beurteilen, die Eignung in Betracht gezogener Standorte frühzeitig zu klären und Optimierungsmöglichkeiten aufzuzeigen. Gerade für Vorhaben zum Ausbau der Übertragungsnetze, bei denen in Niedersachsen häufig zahlreiche Trassenalternativen erwogen wurden, hat sich die dem Planfeststellungsverfahren vorgelagerte Raumverträglichkeitsprüfung als nützlich erwiesen. 1

Mit der Umbenennung sollte ferner die **begriffliche und inhaltliche Unterscheidung zwischen der aktiven Raumordnungsplanung nach § 9 ff ROG und** den Raumordnungsverfahren zur **Beurteilung raumbedeutsamer Vorhaben nach § 15 ROG** erleichtert werden (*Eckhardt*, NVwZ 2023 S. 1777). Während in Raumordnungsplänen gesamträumlich für das Bundesgebiet, ein Land oder einen Regionalplanungsraum normative Ziele und Grundsätze der Raumordnung zur koordinierten Entwicklung, Ordnung und Sicherung von Raumnutzungen und -funktionen festgelegt werden, dient das Verfahren zu Raumverträglichkeitsprüfung lediglich der Rechtsanwendung und Sicherung von Erfordernissen der Raumordnung. Es beinhaltet eine gutachtliche Prüfung einzelner raumbedeutsamer Projekte öffentlicher oder privater Vorhabenträger aus raumordnerischer Sicht. 2

3 Allerdings birgt die gewählte Umbenennung das **Risiko anderer Missverständnisse, denn der Begriff „Raumverträglichkeitsprüfung" wurde und wird in der Praxis auch für andere Prüfungen verwendet**, bei denen unter überörtlichen Gesichtspunken beurteilt wird, ob eine raumbedeutsame Planung oder Maßnahme raumverträglich umgesetzt werden kann oder insbesondere mit Zielen der Raumordnung kollidiert. Der Begriff war daher bislang nicht nur für förmliche raumordnerische Verfahren nach § 15 ROG i. V. m. §§ 10 und 11 NROG „reserviert", sondern umfasste auch die in andere Verfahren integrierten, ggf. auf einzelne Aspekte beschränkten Raumverträglichkeitsprüfungen, etwa bei Zielabweichungsverfahren nach § 6 Abs. 2 ROG i. V. m. § 8 NROG und Untersagungsverfahren nach § 12 ROG, oder bei der Beteiligung der Landesplanungsbehörden in anderen behördlichen Verfahren, insbesondere zur Aufstellung oder Änderung von Bauleitplänen und Fachplänen oder in Planfeststellungs- und sonstigen Zulassungsverfahren. Künftig muss sprachlich deutlicher differenziert werden zwischen

- einer eigenständigen förmlichen Raumverträglichkeitsprüfung i. S. des § 15 ROG,
- einer in ein anderes raumordnerisches Verfahren eingebetteten Raumverträglichkeitsprüfung unter Beachtung der dafür geltenden Tatbestandsmerkmale und
- einer außerhalb raumordnerischer Verfahren notwendigen Raumverträglichkeitsprüfung, deren Ergebnis aufgrund der für das jeweilige Verfahren maßgeblichen Beteiligungsvorschriften formlos als landesplanerische Stellungnahme zur Wahrung der Belange der Raumordnung und Landesplanung der verfahrensführenden öffentlichen Stelle mitgeteilt wird.

4 Im Dritten Abschnitt des NROG, der durch Art. 3 des Gesetzes vom 17.4.2024 zur Steigerung des Ausbaus von Windenergieanlagen an Land und von Freiflächenanlagen sowie zur Änderung raumordnungsrechtlicher Vorschriften an die bundesgesetzlichen Änderungen angepasst wurde, wird die Formulierung **„Verfahren zur Raumverträglichkeitsprüfung"** verwendet, **weil das Landesrecht nur auf verfahrensrechtliche Aspekte abstellt** und keine materiell-rechtlichen Inhalte der Raumverträglichkeitsprüfung regelt. In der niedersächsischen Praxis etabliert sich inzwischen **zunehmend die Kurzbezeichnung „RVP-Verfahren"**.

2. Prüfauftrag und Rechtsqualität des Verfahrens

2.1 Raumverträglichkeitsprüfung, Abstimmung

5 Das Verfahren zur Raumverträglichkeitsprüfung ist ein **gutachterliches, fachübergreifendes Prüf- und Abstimmungsverfahren eigener Art**, das **dem Zulassungsverfahren zeitlich vorgelagert** ist. Gem. § 15 Abs. 1 Satz 2 Nr. 1 ROG erstreckt sich die Raumverträglichkeitsprüfung darauf, die raumbedeutsamen Auswirkungen einer Planung oder Maßnahme **unter überörtlichen Gesichtspunkten zu prüfen**, insbesondere

- **ob ein Vorhaben mit den Erfordernissen der Raumordnung übereinstimmt** und
- **wie es mit anderen raumbedeutsamen Planungen und Maßnahmen abgestimmt werden kann**.

Es wird also untersucht und bewertet, ob bzw. unter welchen Voraussetzungen ein raumbedeutsames Vorhaben am geplanten Standort oder auf geplanter Trasse mit raumordnerischen Vorgaben und mit anderen raumbedeutsamen Vorhaben im gleichen Planungsraum vereinbart und raumverträglich umgesetzt werden kann.

6 Das Verfahren **trägt zur Sicherung der Erfordernisse der Raumordnung bei**. Zu den Erfordernissen der Raumordnung (§ 3 Abs. 1 Nr. 1 ROG) gehören u. a. die in Raumordnungsplänen festgelegten Ziele und Grundsätze der Raumordnung, sodass im Verfahren vor allem geprüft wird, inwieweit ein Vorhaben mit Festlegungen des LROP, der für den betroffenen Planungsraum bestehenden RROP und des Bundesraumordnungsplans für den länderübergreifenden Hochwasserschutz vereinbart werden kann. Die Raumverträglichkeitsprüfung dient damit auch der Feststellung, ob ein Vorhaben im Einklang mit der

gesamträumlichen Planung steht. Ist ein Regionalplanungsraum betroffen, der vorübergehend über kein gültiges RROP verfügt (z. B. weil die Geltungsdauer des bisherigen RROP abgelaufen ist und ein neues RROP noch nicht vorliegt), kommt es auf die Festlegungen des LROP an. Als sonstiges Erfordernis der Raumordnung sind ferner etwaige in Aufstellung befindliche Ziele der Raumordnung in die Prüfung einzubeziehen, also solche, die schon im einem Planungsverfahren entsprechend § 3 Abs. 1 Nr. 4 Buchst. a ROG hinreichend verfestigt sind. Eine Auseinandersetzung mit den sehr weit gefassten gesetzlichen Grundsätzen der Raumordnung, in denen sich eine Vielzahl öffentlicher Belange (einschließlich solche des Umwelt- und Klimaschutzes) und unterschiedliche Raumnutzungsansprüche widerspiegeln, wäre geboten, soweit diesbezüglich noch keine Konkretisierung im Zuge von Raumordnungsplänen erfolgt ist.

Die **Prüfung auf die Vereinbarkeit des beabsichtigten Vorhabens mit anderen raumbedeutsamen Vorhaben** erfordert z. B. eine Auseinandersetzung mit Fachplanungen anderer Träger und weiteren raumbedeutsamen Maßnahmen, die im betroffenen Planungsraum in Vorbereitung, bereits im Gange oder schon umgesetzt sind. So werden nicht nur frühzeitig Konflikte des Vorhabens mit anderen Nutzungsansprüchen im Untersuchungsraum aufgezeigt, sondern auch Maßgaben dazu festgestellt, **wie es mit anderen raumbedeutsamen Vorhaben im gleichen Planungsraum im Sinne einer raumordnerisch günstigen Lösung koordiniert werden und möglichst ohne Konflikte umgesetzt werden kann**. Hierdurch zeigt sich in besonderem Maße der gestaltende und lösungsorientierte Beitrag der Raumverträglichkeitsprüfung zur Umsetzung von Großprojekten. 7

Nicht zum Prüfumfang der Raumverträglichkeitsprüfung **gehören Detailfragen der Ausführung oder rein örtliche Auswirkungen**. Sie sind erst auf Basis flurstücksgenauer Planunterlagen im späteren Zulassungsverfahren von der dafür zuständigen Behörde zu prüfen, z. B. auch die konkrete Betroffenheit einzelner Grundstückseigentümer. Im Verfahren zur Raumverträglichkeitsprüfung werden jedoch Flächenverbrauch und raumbedeutsame Auswirkungen auf für die Bevölkerung wichtige Raumnutzungen und -funktionen sowie raumbedeutsame Umweltauswirkungen geprüft. Insoweit fließt eine typisierende Betrachtung von Interessen der Öffentlichkeit ein. 8

Ebensowenig gehört zum Prüfauftrag die Beurteilung des Bedarfs für eine Planung oder Maßnahme. Es obliegt nicht der Landesplanungsbehörde, über die Notwendigkeit und Rechtfertigung des Vorhabens zu befinden, für das eine Raumverträglichkeitsprüfung beantragt wird. Dies bleibt vielmehr dem Vorhabenträger oder fachgesetzlichen Bestimmungen vorbehalten. 9

Würde beispielsweise eine Raumverträglichkeitsprüfung für eine Abfalldeponie (§ 1 Satz 1 Nr. 4 RoV) an einem bestimmten Standort innerhalb eines Landkreises beantragt, wären Fragen dazu, ob nicht auch andernorts ausreichend freie Kapazitäten in vorhandenen Abfallentsorgungsanlagen bestehen und darum kein Bedarf für einen neuen Deponiestandort bestehen, aus dem raumordnerischen Prüfverfahren auszuklammern (anders als im Planfeststellungsverfahren, wo jedenfalls bei gemeinnützigen Vorhaben auch die Planrechtfertigung regelmäßig geprüft wird).

Soweit für bestimmte Infrastrukturvorhaben bundesgesetzliche Bedarfsfeststellungen getroffen wurden, wie z. B. im Bundesbedarfsplangesetz oder im Fernstraßenausbaugesetz, können Einwände hiergegen ebenfalls nicht im Rahmen der Raumverträglichkeitsprüfung behandelt werden. Dies korrespondiert damit, dass sich ein raumordnerischer Alternativenvergleich nicht auf die sog. „Nullvariante" ersteckt (vgl. Rn. 14–16). Im Verfahren zur Raumverträglichkeitsprüfung soll lediglich festgestellt werden, ob ein Vorhaben an einem bestimmten Standort oder auf einer bestimmten Trasse raumverträglich umgesetzt werden könnte oder ob es dort unverträglich wäre; es ist aber in § 15 Abs. 1 ROG keine Prüfung dazu vorgesehen, ob man das Vorhaben am fraglichen Ort „braucht".

2.2 Prüfung von Standort- oder Trassenalternativen

10 Im Zuge der Raumverträglichkeitsprüfung sollen im Regelfall gem. § 15 Abs. 1 Satz 2 Nr. 2 ROG auch **Standort- oder Trassenalternativen** geprüft werden, **soweit diese ernsthaft in Betracht kommen**. Dadurch kann ein Vorhabenträger zugleich mehrere räumliche Alternativen im Vergleich zu dem Standort bzw. der Trasse untersuchen lassen, den bzw. die er vorzugsweise verfolgen möchte.

11 Der mitunter vertretenen **Auffassung, dass die behördliche Prüfung und Bestätigung einer vom Vorhabenträger getroffenen Variantenauswahl** ohne Weiteres **ebenso im Rahmen des Planfeststellungsverfahrens erfolgen könnte** (so z. B. *Balla/Sangenstedt*, ZUR 2023 S. 476), **kann nicht gefolgt werden**. Hierbei wird zum einen verkannt, dass sich der raumordnerische Prüfauftrag nicht auf eine bloße Bestätigung der Vorstellungen des Vorhabenträgers erstreckt, sondern eine ergebnisoffene Alternativenprüfung gewährleistet. Zum anderen werden die Grenzen eines Planfeststellungs- oder anderen Zulassungsverfahrens außer Acht gelassen. Auf der Zulassungsebene besteht gerade nicht mehr die Option, räumlich von der Realisierung des Vorhabens an einem beantragten Standort oder einer beantragten Trasse abzuweichen, sodass also das „Wo" nicht mehr disponibel ist, sondern nur das „Wie".

12 Die spätere **Planfeststellungs- oder Zulassungsbehörde kann** in einem Verfahren aufgrund der Antragsbindung **nur über die Zulässigkeit des Vorhabens am konkret beantragten Standort bzw. auf der beantragten Trasse entscheiden**. Würden sich erst dann andere Standort- oder Trassenvarianten als ernsthaft in Betracht kommend bzw. besser geeignet aufdrängen, stellt dies ein Zulassungshindernis für das beantragte Vorhaben dar. Dies hätte regelmäßig zur Folge, dass zeitintensiv gänzlich neue, detaillierte Antragsunterlagen zu erarbeiten wären und ein neuer Planfeststellungs- oder Zulassungsantrag zu stellen wäre. Um dies auszuschließen, muss eine **vorgelagerte Alternativenprüfung** erfolgen, **die allein im Verfahren zur Raumverträglichkeitsprüfung leistbar ist**.

13 Es ist es eine wichtige, vorklärende Funktion dieser Verfahren, eine **umfängliche Alternativenprüfung bereits auf Grundlage einer weniger detaillierten Planungsstufe** vorzunehmen, bei der **ungeeignete Alternativen ausgeschieden** und möglichst **frühzeitig der raumverträglichste Standort oder die raumverträglichste Trasse ermittelt** wird. Dies stellt eine herausragende Besonderheit der Raumverträglichkeitsprüfung dar und **begründet ihren Nutzen für die Planungsbeschleunigung**. Gerade bezüglich geplanter Großprojekte wie Neubauten, linienhaften Verkehrswegen oder Höchstspannungsleitungen, bei denen in aller Regel verschiedene Trassenführungen denkbar sind, stellt die vorgelagerte Alternativenprüfung einen besonderen Schwerpunkt der Raumverträglichkeitsprüfung dar. Die Landesplanungsbehörde soll insoweit eine verlässliche Aussage dazu treffen, welche Alternative jedenfalls nicht an raumordnerischen Erfordernissen scheitert. Dies hat große Relevanz für die spätere Entscheidung des Vorhabenträgers, welche Alternative nach Abschluss des Verfahrens zur Raumverträglichkeitsprüfung die Grundlage zur Ausarbeitung eines konkreten (flurstücksgenauen) Antrags auf Zulassung des Vorhabens bilden soll.

14 Mit einer 2017 erfolgten ROG-Änderung wurde in § 15 Abs. 1 ROG als Prüfgegenstand nicht mehr nur auf *„die vom Träger der Planung oder Maßnahme eingeführten"* Standort- oder Trassenalternativen abgestellt wie im ROG-2008, sondern sprachlich weiter gefasst auf ***„ernsthaft in Betracht kommende"* Alternativen, die auch von anderer Seite als dem Vorhabenträger in das Verfahren eingebracht werden können**. Damit wurde eröffnet, dass seitens der Landesplanungsbehörde oder anderer Verfahrensbeteiligter Vorschläge für räumliche Alternativen in das Verfahren eingebracht werden können. Laut Gesetzesbegründung (BT-Drs. 18/10883 S. 54) sollte durch eine erweiterte Diskussion und Prüfung ernsthaft in Betracht kommender Alternativen (zu denen *„weder Scheinalternativen noch die Nullvariante"* gehören) die Akzeptanz von Großvorhaben verbessert werden. Dies setze *„in der Regel, aber nicht notwendigerweise die Vorlage von Unterlagen über Alternativen durch den Vorhabenträger voraus"*, wobei die Raumordnungsbehörde keine weiterge-

hende Amtsermittlungspflicht treffe, wenn niemand *„bewertbare Unterlagen für eine Standort- oder Trassenalternative vorlegt"*.

Die Alternativenprüfung unterliegt daher auch Grenzen und nicht jedwede vorgeschlagene oder denkbare Alternative ist in die Raumverträglichkeitsprüfung einzubeziehen.

Zunächst muss es sich gem. dem Gesetzeswortlaut um *„Standort- oder Trassenalternativen"*, also **räumliche Alternativen** handeln. Alternativvorschläge, die auf eine gänzliche neue inhaltliche Konzeption des Vorhabens abzielen und in der Sache grundlegend von dem Verfahrensgegenstand abweichen, für den die Raumverträglichkeitsprüfung erfolgen soll, fallen nicht hierunter. Eine vergleichende Beurteilung der Raumverträglichkeit möglicher Standorte oder Trassen von „technischen" Vorhabensalternativen könnte nur dann Gegenstand des Verfahrens werden, wenn insoweit die Ausgestaltung eines raumbedeutsamen Vorhabens (etwa die Führung von Abschnitten einer Höchstspannungsleitung als Freileitung oder Erdkabel oder der konkrete räumliche Bedarf für eine ggf. noch zu berücksichtigende Nebeneinrichtung) zum Zeitpunkt der Antragstellung oder Anzeige des Vorhabenträgers noch unklar ist und sich durch die verschiedenenen Ausgestaltungsmöglichkeiten zusätzliche räumliche Alternativen eröffnen. 15

Ferner können nur *„**ernsthaft in Betracht kommende**"* Alternativen einbezogen werden, also solche, die **am vorgeschlagenen Ort rechtlich zulässig, technisch umsetzbar und wirtschaftlich vertretbar** sind. Hinsichtlich vorgeschlagener Alternativstandorte oder -trassen ist daher zu klären, ob dort bspw. Rechtsvorschriften einer Realisierung entgegenstehen, eine Umsetzung aufgrund der topografischen Umstände oder anderer Hindernisse problematisch wäre oder unangemessen hoher Mehraufwand entstünde. **Alternativen, denen von vornherein erkennbare, unausräumbare Hindernisse entgegenstehen, brauchen nicht näher geprüft werden**. Ob vom Vorhabenträger oder anderen Stellen vorgetragene Gründe für ein Ausscheiden von Alternativen plausibel sind, muss die Landesplanungsbehörde abschätzen. Nicht ernsthaft in Betracht kommende Alternativen etwa auf politischen Druck oder zur Beruhigung von Verfahrensbeteiligten, die diese Alternativen vorgeschlagen haben, gleichwohl als ***„Scheinalternativen"* vollumfänglich in die Raumverträglichkeitsprüfung einzubeziehen, ist nicht vom gesetzlichen Prüfauftrag gedeckt**. Auch räumliche Alternativen außerhalb Niedersachsens können nicht zum Gegenstand einer Raumverträglichkeitsprüfung durch niedersächsische Landesplanungsbehörden werden, deren Zuständigkeit an der Landesgrenze endet. Eine Auseinandersetzung mit der sog. **„Nullvariante" ist ebenfalls kein Gegenstand der Raumverträglichkeitsprüfung**; es ist keine raumordnerische Aufgabe, über den Bedarf für ein Vorhaben oder den Verzicht auf dessen Verwirklichung zu entscheiden (vgl. Rn. 9). Die „Raumverträglichkeit eines nicht verwirklichten Vorhabens" zu prüfen, also allein die Betrachung und Bestätigung des Status quo ohne jegliche Veränderung, ist weder sachlich geboten, noch sinnhaft (so auch *Kment* in Kment, ROG § 15 Rn. 47). 16

Im Übrigen können ernsthaft in Betracht kommende **Alternativen nur dann Gegenstand der Prüfung** sein, **wenn dazu geeignete aussagekräftige Unterlagen vorliegen**. Grundsätzlich gehört es zu den Obliegenheiten des Vorhabenträgers, die für die Raumverträglichkeitsprüfung nötigen Verfahrensunterlagen beizubringen (§ 15 Abs. 2 Satz 1 ROG). Allerdings hat die Raumverträglichkeitsprüfung gutachtlichen Charakter und im Zuge des Investionsbeschleunigungsgesetzes wurde § 15 ROG so ausgestaltet, dass ein **Verfahren im Regelfall nur auf Antrag des Vorhabenträgers** oder auf Grundlage der raumordnerischen Prüfung einer Anzeige des Vorhabenträgers eingeleitet werden kann (vgl. Erl. zu § 9 NROG Rn. 14 ff.); damit liegt es **letztlich in der Hand des Vorhabenträgers**, über seinen Antrag oder seine Anzeige **den Verfahrensgegenstand zu umreißen**. Eine Verpflichtung des Vorhabenträgers, an ihn herangetragene Alternativen weiter zu verfolgen, besteht nicht; dies gilt auch dann, wenn ein anderer Verfahrensbeteiligter freiwillig bereit wäre, Unterlagen dafür auf eigene Kosten bereitzustellen. 17

Die **Landesplanungsbehörde wirkt** zwar regelmäßig **auf die Vorlage prüffähiger Unterlagen über ernsthaft in Betracht kommende Alternativen durch den Vorhabenträger hin**, kann aber mangels gesetzlich geregelter Sanktionsmittel die Vorlage ausgearbeiteter Unterlagen über entsprechende zusätzliche Alternativen vom Vorhabenträger **nicht erzwingen**. Vorhabenträger legen aber in den Verfahrensunterlagen zumindest meist die Gründe dar, warum sie eine diskutierte räumliche Alternative ausschließen.

18 **Werden keine bewertbaren Verfahrensunterlagen für** eine nach Ansicht der Landesplanungsbehörde **ernsthaft in Betracht kommende Standort- oder Trassenalternative beigebracht**, aber gleichwohl die Einleitung einer (inhaltlich eingeschränkten) Raumverträglichkeitsprüfung in Bezug auf den beantragten Standort für sinnvoll erachtet, kann sich die Prüfung nur auf die vorhandenen Unterlagen und Kenntnisse sowie die Ergebnisse des Beteiligungsverfahrens stützen. Auf das damit verbundene **Prüfdefizit** sollte dann jedoch seitens der Landesplanungsbehörde hingewiesen werden, auch in einer etwaigen Landesplanerischen Feststellung. Letztlich **trägt der Vorhabensträger das Risiko, wenn etwa ein vom ihm (alternativlos) bevorzugter Standort oder eine Trasse gar nicht als raumverträglich bewertet werden** kann und/oder wenn sich später herausstellt, dass **sich besser geeignete Alternativen hätten aufdrängen müssen**, die aber wegen seiner ungenügenden Mitwirkungsbereitschaft in der vorgelagerten Raumverträglichkeitsprüfung nicht einbezogen werden konnten.

19 Dass bei Nichtvorlage fehlender Unterlagen zu einer ernsthaft in Betracht kommenden Alternative **ggf. auch eine Einstellung des Verfahrens** in Betracht kommen kann (so *Kment* in Kment, ROG § 15 Rn. 54), erscheint praxisfern, wenn bereits ein Beteiligungsverfahren zu Antragsunterlagen eröffnet wurde. Ob die Nichtvorlage von Unterlagen über räumliche Alternativen es rechtfertigen kann, die **Einleitung einer beantragten Raumverträglichkeitsprüfung wegen unvollständiger Verfahrensunterlagen gänzlich zu verweigern und das Verfahren abzubrechen, ist fragwürdig**. § 15 Abs. 1 Satz Nr. 2 ROG greift inhaltlich die Vorgängerregelung in § 15 Abs. 1 Satz 3 ROG a. F. auf, wonach Prüfgegenstand auch ernsthaft in Betracht kommende Standort- oder Trassenalternatven sein „*sollen*"; in dieser früheren Formulierung wurde deutlicher, dass es vom Regelfall abweichende Fallkonstellationen geben kann. Eine solche Konstellation kann vorliegen, wenn ein Vorhabenträger ausdrücklich eine bestimmte Alternative nicht als Gegenstand seines Antrags untersucht haben will und dafür bewusst keine Unterlagen vorlegt. Zu der **früheren Fassung der Regelung** wird in der Gesetzesbegründung aus 2017 (BT-Drs. 18/10883 S. 54) ausgeführt: *„Die Formulierung **als Soll-Vorschrift** soll dem Umstand Rechnung tragen, dass in den Fällen, in denen – auch auf Nachfrage der Raumordnungsbehörde – weder der Vorhabenträger noch ein Teilnehmer im Beteiligungsverfahren bewertbare Unterlagen für eine Standort- oder Trassenalternative vorlegt, die Raumordnungsbehörde keine weitergehende Amtsermittlungspflicht treffen soll."*. Damit wurde bestätigt, dass bei fehlenden Unterlagen eine Alternativenprüfung nicht durchgeführt werden kann und muss. Die spätere Neufassung des § 15 ROG hat dies nicht verändert, obwohl sie keine „Soll"-Formulierung mehr beinhaltet. Die Gesetzesbegründung aus 2022 zur Änderung des § 15 Abs. 1 ROG (BT-Drs. 20/4823 S. 25) konzentriert sich allein auf die Reduzierung der Ansprüche zur Prüfung von Umweltauswirkungen und lässt nichts dazu erkennen, dass etwa hinsichtlich des Umfangs der Prüfung räumlicher Alternativen eine Erhöhung der zuvor geltenden Standards beabsichtigt gewesen ist. Daher ist davon auszugehen, dass in § 15 Abs. 1 Satz 2 Nr. 2 ROG **nur eine redaktionelle Straffung des Wortlauts** vorgenommen wurde und damit gesetzgeberisch **keine Erweiterung des raumordnerischen Pflichtenkreises** verbunden werden sollte.

20 Die o. a. Gesetzesbegründung aus 2017 (BT-Drs. 18/10883 S. 54) bejaht im Übrigen, dass die Vorlage von **Unterlagen über räumliche Alternativen nicht nur vom Vorhabenträger** erfolgen darf, da sie auch auf eine mögliche **Vorlage durch andere Verfahrensbeteiligte** verweist. Allerdings wird **keinesfalls immer ein Prüfanspruch** ausgelöst, wenn Dritte vor Einleitung einer Raumverträglichkeitsprüfung Unterlagen über räumliche Alternativen gänzlich ohne Austausch mit dem allein antragsberechtigten Vorhabenträger vorlegen. Wie bei jeder sonst diskutierten Alternative entfällt der Bedarf für eine vertiefte Prüfung,

wenn sie sich aufgrund erheblicher plausibler Einwände als nicht ernsthaft in Betracht kommend darstellt.

Zeitlich erfolgt eine **Abstimmung bezüglich ernsthaft in Betracht kommender Standort- oder Trassenalternativen in aller Regel bereits in der Vorbereitungsphase** der Raumverträglichkeitsprüfung (häufig über eine Antragskonferenz nach § 10 Abs. 1 NROG). Ebenfalls möglich ist, dass erst nach Einleitung der Raumverträglichkeitsprüfung im Beteiligungsverfahren noch eine räumliche Alternative aufgezeigt wird, die ernsthaft in Betracht gezogen werden kann. Wenn hierdurch die Verfahrensunterlagen im Nachhinein noch um nähere Unterlagen ergänzt werden müssen und sich in erheblichem Maße neue Betroffenheiten ergeben, erfordert dies ein ergänzendes Beteiligungsverfahren (§ 10 Abs. 7 NROG), um die Überprüfung dieser nachträglich eingebrachten Alternative auf ihre Raumverträglichkeit abschließen zu können. Angesichts der strikten Fristenregelung zum Verfahrensabschluss innnerhalb von sechs Monaten dürfte eine Berücksichtigung in der Raumverträglichkeitsprüfung faktisch oft nur möglich sein, wenn der Vorhabenträger dies unterstützt und bei Bedarf eine Weiterführung des Verfahrens auch über die gesetzliche Frist hinaus nach § 15 Abs. 1 Satz 7 ROG beantragt. 21

Im Falle paralleler Anträge für mehrere gleichartige raumbedeutsame Vorhaben unterschiedlicher Vorhabenträger, die im Wettbewerb zueinander stehen, **wird jedes Vorhaben für sich geprüft**. Die jeweils anderen Vorhaben stellen innerhalb des Verfahrens keine zu prüfende Alternative dar. 22

Keinesfalls kann ein Verfahren zur Raumverträglichkeitsprüfung dazu dienen, im Sinne einer **„Entweder-Oder-Entscheidung" zwischen mehreren eigenständigen Vorhaben unterschiedlicher Träger** das vorzugswürdige Vorhaben **in einer Konkurrenz- oder Wettbewerbssituation zu bestimmen** und weniger vorzugswürdige Vorhaben „auszuscheiden". Ein solcher Vergleich oder gar eine Entscheidung im Sinne eines „Zuschlags" gehört in keiner Weise zum Wesen des raumordnerischen Verfahrens. Zwar hat 2009 die oberste Landesplanungsbehörde Niedersachsens im Rahmen ihrer früher bestehenden Zuständigkeiten zeitlich parallel über die Raumverträglichkeit mehrerer – faktisch konkurrierender – Hersteller-Direktverkaufszentren entschieden. Dabei ging es jedoch nicht um eine „Bestenauswahl", sondern es handelte sich um eine den konkreten Umständen geschuldete zeitliche Parallelität voneinander unabhängiger, selbstständiger Raumordnungsverfahren. Prüfgegenstand war jeweils nur ein Standort in Verbindung mit einer konkreten, dahinterstehenden Projektkonzeption. Zwischen den Prüfergebnissen bestand weder eine Verknüpfung noch wurden innerhalb der Raumverträglichkeitsprüfungen Vergleiche vorgenommen oder die „Konkurrenzvorhaben" als Alternative gewertet.

2.3 Überschlägige Umweltprüfung

Als wesentliche Änderung, die 2023 mit dem ROGÄndG eintrat, wird vor allem die **Ersetzung einer förmlichen Umweltverträglichkeitsprüfung (UVP) nach den Standards des UVPG durch eine überschlägige Prüfung von Umweltauswirkungen** nach den in § 15 ROG vorgegebenen Standards angesehen. Der dadurch erreichbare Entlastungs- und Beschleunigungseffekt ist jedoch überschaubar. Zwar soll gem. § 15 Abs. 5 Satz 3 ROG die Prüfung im Zulassungsverfahren auf die Belange beschränkt werden, die nicht Gegenstand der Raumverträglichkeitsprüfung waren, aber **die UVP im Zulassungsverfahren nach dem UVPG bzw. Fachrecht soll gänzlich unberührt bleiben**. Auf der nachfolgenden Zulassungsebene müssen daher trotz der raumordnerischen „Vorprüfung" die Umweltauswirkungen eingehender geprüft werden als bisher, weil die früheren Abschichtungsmöglichkeiten unter Verweis auf eine vorgelagerte UVP mit Aufhebung des § 49 Abs. 2 UVPG a. F. entfallen sind. 23

Seit dem 28.9.2023 ist die **Raumverträglichkeitsprüfung nicht mehr in § 2 Abs. 6 Nr. 2 UVPG einer Zulassungsentscheidung gleichgestellt**. Daher muss sie – anders als früher – nicht mehr die gleichen UVP-rechtlichen Anforderungen einhalten wie ein Zulassungsverfahren. Geht es um ein Vorhaben, bei dessen späterer Zulassung eine UVP-Pflicht besteht 24 und im Zulassungsverfahren alle Anforderungen des UVPG einzuhalten sind, erfolgt jedenfalls gem. § 49 UVPG **in der vorgelagerten Raumverträglichkeitsprüfung eine Prüfung von Umweltauswirkungen nur nach Maßgabe des ROG**.

25 § 15 ROG fordert lediglich eine **überschlägige Prüfung der Auswirkungen des Vorhabens auf die in § 2 UVPG genannten Schutzgüter** und gibt den verfahrensrechtlichen Rahmen dafür vor. Dadurch wurde ermöglicht,

- Beteiligungsfristen gegenüber denen des UVPG zu verkürzen,
- die Vorlage eines formell gegliederten UVP-Berichts i. S. des § 16 UVPG durch formlosere Verfahrensunterlagen als Grundlage für eine Prüfung raumbedeutsamer Umweltauswirkungen zu ersetzen und
- anstelle einer zusammenfassenden Darstellung zur Umweltprüfung i. S. des § 24 UVPG die Ergebnisse der überschlägigen Prüfung von Umweltauswirkungen in anderer Form in die abschließende Landesplanerische Feststellung zu integrieren.

Infolge dessen wurden im NROG frühere Anpassungen an die Beteiligungsvorschriften des UVPG (insbesondere zur Einhaltung längerer Beteiligungsfristen) durch Art. 3 des Gesetzes vom 17.4.2024 wieder rückgängig gemacht.

Gleichwohl müssen nach § 15 ROG weiterhin raumbedeutsame Auswirkungen auf die Schutzgüter nach § 2 Abs. 1 UVPG **auf Grundlage von Verfahrensunterlagen mit Inhalten gem. Anlage 2 des UVPG** überschlägig geprüft werden und **ein durch Anlage 3 des UVPG vorgegebenes Prüfraster** eingehalten werden. Ziel des Gesetzgebers war, dass eine doppelte UVP vermieden wird und eine vollständige UVP dem Zulassungsverfahren für das Vorhaben vorbehalten bleibt. Allerdings wurde durch die o. g. Bezugnahmen auf das UVPG dafür gesorgt, dass der **materielle Prüfumfang nahezu unverändert** bleibt. Mit der Prüfung wird ein erster Schritt geleistet, durch den der Vorhabenträger optimalerweise in die Lage versetzt wird, auf Umweltgüter stärker Rücksicht zu nehmen und durch Anpassung seiner Planung raumbedeutsame Umweltbelastungen zu vermeiden oder zu reduzieren.

26 Es ist sachgerecht, sich bei der Raumverträglichkeitsprüfung auf eine **überschlägige Beurteilung** potenzieller Umweltauswirkungen geplanter Vorhaben zu beschränken, denn **viele Vorhabendetails stehen zu diesem Zeitpunkt noch gar nicht fest oder können auf der Maßstabsebene der Raumordnung noch nicht berücksichtigt werden**. Bezüglich Untersuchungsgegenstand und Untersuchungstiefe bleibt die Regelung in § 15 ROG nicht hinter den früher maßgeblichen materiellen Anforderungen zurück; sie steuert lediglich der gelegentlich in der Praxis beobachteten Tendenz entgegen, die Prüfung inhaltlich detaillierter auszugestalten als nötig. Dies schließt aber nicht aus, dass etwa bei der Prüfung von Trassenalternativen in sehr konfliktreichen Untersuchungsräumen an Engstellen ausnahmsweise punktuell eine „Lupenbetrachtung" geboten bleibt.

27 Die **Reduzierung verfahrensrechtlicher Anforderungen abweichend von denen einer strategischen oder projektbezogenen Umweltprüfung ist vertretbar**, da es sich bei der Raumverträglichkeitsprüfung um ein Verfahren eigener Art handelt, dessen Charakter immer stärker auf den rein gutachterlichen Aspekt gelenkt wurde. Die nach § 15 Abs. 1 Satz 4 ROG als Verfahrensergebnis zu fertigende gutachtliche Stellungnahme bietet für den Vorhabenträger und die spätere Zulassungsbehörde **nur eine fundierte Entscheidungshilfe**. Ihre **Rechtswirkung entspricht weder der einer Raumordnungsplanung** mit zu beachtenden Zielen der Raumordnung **noch der einer Zulassungsentscheidung, die das Recht zum Bau und Betrieb eines Vorhabens auf konkreten Grundstücken begründet**. Wenngleich das Verfahrensergebnis als „sonstiges Erfordernis der Raumordnung" von öffentlichen Stellen mit zu berücksichtigen ist, bewegt sich die Raumverträglichkeitsprüfung mit ihrer nur sehr begrenzten rahmensetzenden Wirkung auf einer vorgelagerten Zwischenstufe, die das EU-Recht in dieser Form nicht kennt. Daher erscheint es mit den Grundprizipien des EU-Rechts vereinbar, die raumbedeutsamen Umweltauswirkungen in einem frühen Stadium der noch nicht entscheidungsreif ausgearbeiteten Vorhabenspla-

nung – ähnlich wie bei einem UVP-Screening nach § 7 UVPG für Neubauvorhaben i. V. m. Anlage 3 des UVPG – nur als **überschlägige Vorprüfung der Umweltrelevanz** auszugestalten. Dabei wird die Öffentlichkeit weiterhin einbezogen, um ihre frühzeitige Information sicherzustellen. So sehen auch *Schmitz/Lehrian* (ZfBR 2023 S. 221) in der Prüfung der von dem Vorhaben ausgehenden Umweltauswirkungen nach § 15 Abs. 1 Satz 2 Nr. 3 ROG *„eine UVP-Vorprüfung sui generis"*. Da die überschlägige Prüfung auf Ebene der Raumverträglichkeitsprüfung nur gutachterlicher Art bleibt und keine Einschränkung der Umweltprüfung auf nachfolgenden Ebenen bewirkt, werden die EU-rechtlichen Anforderungen vollumfänglich eingehalten, sobald eine Konkretisierung des Vorhabens erfolgt und sich rechtsverbindliche Verfahren anschließen.

Anderer Auffassung sind *Balla/Sangenstedt* (ZUR 2023 S. 476). Sie halten die Neuregelung für inkonsequent, unnötig kompliziert und **mit erheblichen europarechtlichen Risiken verbunden**. Widersprüchlich sei etwa der Ausschluss einer förmlichen Umweltprüfung unter gleichzeitiger Beibehaltung einer Öffentlichkeitsbeteiligung, ohne dass dieser aber ein UVP- oder Umweltbericht vorgelegt werden müsse. Schwierig sei ferner, dass die Regelung viele Fragen aufwerfe, etwa, was „überschlägig" auf der Ebene der Raumverträglichkeitsprüfung bedeute oder wie die in der eigentlich für einen anderen Zweck (Feststellung einer UVP-Pflicht) konzipierten Anlage 3 zum UVPG enthaltenen unbestimmten Begriffe (z. B. Schwere und Komplexität der Umweltauswirkungen) für die Fragestellung einer raumordnerischen Alternativenprüfung zu interpretieren seien. Ausgehend davon, dass die Raumverträglichkeitsprüfung ein vorhabenbezogenes behördliches Verfahren bleibe, das für nachfolgende Zulassungsverfahren einen Rahmen setzt, sei es nicht europarechtskonform, dieses Verfahren weder einer UVP noch einer strategischen Umweltprüfung zu unterziehen. Eine **„Umweltprüfung light" auf UVP-Vorprüfniveau werde den europarechtlichen Anforderungen nicht gerecht**. 28

Nach hier vertretener Ansicht sind diese **Bedenken** aus den nachfolgenden Erwägungen **nicht tragfähig**:

- Eine Öffentlichkeitsbeteiligung ist zwar grundlegender Bestandteil jeder UVP, erfolgt aber unabhängig davon ebenso bei nicht UVP-pflichtigen Vorhaben. Daher ist die Beibehaltung einer Öffentlichkeitsbeteiligung auch aus anderen Gründen – unabhängig von einem Verzicht auf eine förmliche UVP – zulässig. Ein für die Öffentlichkeit transparentes Verfahren der Raumverträglichkeitsprüfung steht nicht im Widerspruch zu dem Anliegen, darin von einer allen formellen Anforderungen genügenden Umweltverträglichkeitsprüfung abzusehen.
- Es entsteht kein Informationsdefizit gegenüber der Öffentlichkeit durch das Fehlen umweltrelevanter Informationen, denn eine vollständige UVP erfolgt auf Ebene des Zulassungsverfahrens. Darüber hinaus werden sämtliche Verfahrensunterlagen für die Raumverträglichkeitsprüfung ebenfalls veröffentlicht und sind Gegenstand der Beteiligung. Gem. § 15 Abs. 2 Satz 1 ROG gehören dazu geeignete Angaben entsprechend Anlage 2 des UVPG zu Merkmalen, Standort und möglichen erheblichen Umweltauswirkungen des Vorhabens. Inhaltlich werden wie bisher die raumbedeutsamen Auswirkungen auf Menschen (insbesondere die menschliche Gesundheit), Tiere, Pflanzen und die biologische Vielfalt, Fläche, Boden, Wasser, Luft, Klima und Landschaft, kulturelles Erbe und sonstige Sachgüter sowie die Wechselwirkung zwischen den vorgenannten Schutzgütern betrachtet. Dies schließt eine überschlägige Ermittlung möglicher Beeinträchtigungen für die Erhaltungsziele und die für den Schutzzweck relevanten Bestandteile von Natura-2000-Gebieten nach § 7 Abs. 1 Nr. 8 BNatSchG ein. Auch das Ergebnis der Raumverträglichkeitsprüfung wird der Öffentlichkeit zugänglich gemacht.
- Die Raumverträglichkeitsprüfung findet – unverändert – nur auf der groben Maßstabsebene der Raumordnung statt und es wird – ebenfalls so wie vor der Rechtsänderung – ein Vorhaben nur entsprechend seines frühen Planungsstandes geprüft, sodass der Charakter einer überschlägigen Prüfung in der Natur der Sache liegt. Der Prüfmaßstab des Verfahrens wurde in der Sache nicht reduziert. Dies gilt auch für die Beurteilung der

Schwere und Komplexität etwaiger Beeinträchtigungen der in § 2 Abs. 1 UVPG genannten Schutzgüter und zwar unabhängig davon, ob der vom Vorhabenträger favorisierte Standort/die favorisierte Trasse oder eine ernsthaft in Betracht kommende Alternative beurteilt wird.

- Bei der Raumverträglichkeitsprüfung handelt es sich nicht um die Aufstellung oder Änderung eines eigenständigen raumordnerischen Plans oder Programms. Daher gehen Forderungen nach einer diesbezüglichen strategischen Umweltprüfung ins Leere.
- Zutreffend ist, dass das Ergebnis der Raumverträglichkeitsprüfung von der Zulassungsbehörde bei ihrer Entscheidung zu berücksichtigen ist, es überwiegt aber dessen gutachtlicher Charakter. Daher liefert eine Raumverträglichkeitsprüfung für eine spätere Zulassungsentscheidung zwar wichtiges Abwägungsmaterial, setzt aber keinen verbindlich zu beachtenden Rahmen. Soweit die Raumverträglichkeitsprüfung auf Ziele der Raumordnung aus Raumordnungsplänen Bezug nimmt (die bei Aufstellung einer strategischen Umweltprüfung unterlagen), besteht die Pflicht zu deren Beachtung unmittelbar aufgrund § 4 ROG und resultiert nicht aus dem Verfahren nach § 15 ROG.

Insofern erscheint es gerechtfertigt und auch ausreichend, dass eine vollumfängliche formelle UVP auf die nachfolgende Zulassungsebene beschränkt bleibt. Letztlich bleibt aber abzuwarten, wie sich die UVPG- und ROG-Änderungen in der Praxis auswirken und ob sich im Falle gerichtlicher Überprüfungen ggf. andere rechtliche Auffassungen durchsetzen.

2.4 Rechtsqualität des Verfahrensergebnisses

29 Das Verfahrensergebnis ist **als „sonstiges Erfordernis der Raumordnung" (§ 3 Abs. 1 Nr. 4 ROG)** von öffentlichen Stellen bei weiteren Planungsverfahren und Entscheidungen über die Zulässigkeit der untersuchten Planung oder Maßnahme (z. B. bei einer Planfeststellung) im Rahmen der Abwägung **nach Maßgabe des § 4 ROG und nach Maßgabe des Fachrechts zu berücksichtigen** (§ 15 Abs. 5 Satz 4 ROG). Da die Landesplanerische Feststellung rein **gutachtlichen Charakter** hat und keinen Verwaltungsakt darstellt, **berechtigt (oder verpflichtet) sie weder den Vorhabenträger zur Umsetzung des Vorhabens noch wirkt sie unmittelbar für oder gegen Personen, die von dem Vorhaben betroffen sein könnten**. Sie ist daher nicht isoliert anfechtbar, sondern nur im Rahmen einer gerichtlichen Überprüfung der Entscheidung im späteren Zulassungsverfahren (Inzidentprüfung, § 15 Abs. 6 ROG).

3. Grundzüge des Verfahrens

30 Die **Grundzüge des förmlichen Verfahrens** zur Raumverträglichkeitsprüfung sind **in § 15 ROG** geregelt. **Ergänzt werden diese durch Bestimmungen in den §§ 9 ff. NROG.** Vom ROG abweichende landesgesetzliche Vorschriften sollen dazu dienen, das Verfahren effizienter auszugestalten.

31 Dem förmlichen Verfahren zur Raumverträglichkeitsprüfung ist häufig eine **Beratung von Vorhabenträgern** vorgelagert. Dabei kann ein Vorhabenträger sondieren, ob sein Vorhaben überhaupt als raumbedeutsam gilt und wie die erste behördliche Einschätzung des Abstimmungsbedarfs ist. Die Beratung dient ferner der Information über die verfahrensrechtlichen Abläufe, darüber, welche Unterlagen üblicherweise benötigt werden und welche Verfahrenskosten ggf. entstehen können.

32 Soll das Konfliktpotenzial eines Vorhabens gemeinsam mit anderen öffentlichen Stellen abgeschätzt werden, um **über die Erforderlichkeit einer Raumverträglichkeitsprüfung entscheiden** zu können, oder zeichnet sich bereits in der Beratungsphase die Erforderlichkeit einer Raumverträglichkeitsprüfung ab und soll dafür ein Untersuchungsrahmen abgestimmt werden, wird im Regelfall eine **vorbereitende Antragskonferenz** durchgeführt.

Diese ist inzwischen zwar optional, hat sich aber in der Praxis bewährt (vgl. Erl. zu § 10 Rn. 4 ff.).

Die Durchführung einer Raumverträglichkeitsprüfung erfolgt **in der Regel nur auf Antrag des Vorhabenträgers**; allerdings sind raumbedeutsame Planungen und Maßnahmen der Landesplanungsbehörde **anzuzeigen, wenn Vorhabenträger keine Raumverträglichkeitsprüfung beantragen möchten** (§ 15 Abs. 4 ROG). Die Landesplanungsbehörde prüft aufgrund der mit der Anzeige verbundenen Unterlagen das Konfliktpotenzial des Vorhabens und **entscheidet, ob eine Raumverträglichkeitsprüfung tatsächlich entfallen kann oder – abweichend von der Einschätzung des Vorhabenträgers – doch erforderlich ist** (vgl. Erl. zu § 9 Rn. 16 ff.). 33

Ist eine Raumverträglichkeitsprüfung erforderlich, muss der Vorhabenträger – im Regelfall **auf Grundlage des im Vorfeld abgestimmten Untersuchungsrahmens – die notwendigen Verfahrensunterlagen beibringen**. Die Vorlage vollständiger Unterlagen ist Voraussetzung für die Einleitung eines Beteiligungsverfahrens. Die **Vollständigkeitsprüfung** muss **innerhalb eines Monats nach Eingang der Verfahrensunterlagen** abgeschlossen werden (§ 15 Abs. 2 Satz 3 ROG) und zur Beschleunigung des Verfahrens wurden Rechtsfolgen bei Nichteinhaltung dieser Frist geregelt. Fordert die Landesplanungsbehörde innerhalb dieser einmonatigen Frist Verfahrensunterlagen nach, beginnt erst mit Vervollständigung der Unterlagen durch den Vorhabenträger die **Sechsmonatsfrist für die Durchführung der Raumverträglichkeitsprüfung nach § 15 Abs. 1 Satz 3 ROG**. Das Verfahren endet nach Fristablauf grundsätzlich auch, wenn bis dahin kein verwertbares Prüfergebnis vorliegt. 34

Erfolgt innerhalb der einmonatigen Frist für die Vollständigkeitsprüfung keine Nachforderung von Unterlagen, ist der Bundesgesetzgeber davon ausgegangen, dass die Verfahrensunterlagen von vornherein vollständig waren, und in diesen Fällen **gilt als Beginn der sechsmonatigen Verfahrensdauer der Tag des Antragseingangs (§ 15 Abs. 2 Satz 5 ROG)**. Dies gilt unabhängig davon, ob die Unterlagen tatsächlich vollständig sind und dies dem Vorhabenträger von der Landesplanungsbehörde bestätigt wird oder ob ggf. doch noch verspätet festgestellt wird, dass Unterlagen fehlen. Der Landesplanungsbehörde wird bei Überschreitung der einmonatigen Frist der Zeitraum, den sie für die Vollständigkeitsprüfung einschließlich verspäteter Nachforderung von Unterlagen braucht, auf die Sechsmonatsfrist für die Gesamtdauer der Raumverträglichkeitsprüfung angerechnet. Ihr bleiben also in diesem Fall insgesamt nur sechs Monate Zeit, um die Vollständigkeit der Unterlagen sicherzustellen und die Raumverträglichkeitsprüfung durchzuführen. Um zu vermeiden, dass sich der effektiv für das Verfahren zur Raumverträglichkeitsprüfung zur Verfügung stehende Zeitraum verkürzt, sollte die Vollständigkeitsprüfung daher immer schnellstmöglich erfolgen.

Im Falle der bloßen **Anzeige eines Vorhabens (§ 15 Abs. 4 Satz 2 ff. ROG)** hat der Gesetzgeber geregelt, dass die zugehörigen Unterlagen denen entsprechen sollen, die auch im Falle eines Antrags vorgelegt werden. Da die einer Anzeige beigefügten Unterlagen im Ausnahmefall ausreichen sollen, um bei Bedarf sofort eine Raumverträglichkeitsprüfung einzuleiten, verlangt § 15 Abs. 4 Satz 5 ROG eine Entscheidung über die Einleitung einer Raumverträglichkeitsprüfung innerhalb einer vierwöchigen Frist nach Eingang der (vermutet vollständigen) Anzeige. Anders als bei Verfahren auf Antrag ist **im Anzeigeverfahren keine ROG-Regelung zur Vollständigkeitsprüfung und etwaigen Nachforderung von Unterlagen** mehr für den Fall getroffen worden, dass die Landesplanungsbehörde die Erforderlichkeit einer Raumverträglichkeitsprüfung für ein angezeigtes Vorhaben mangels ausreichender Unterlagen gar nicht innerhalb von vier Wochen beurteilen kann. Hierbei handelt es sich um eine **bundesgesetzliche Regelungslücke**, die **Raum für ergänzendes Landesrecht** lässt. In § 10 Abs. 2 Satz 1 NROG wurde bestimmt, dass im Anzeigeverfahren die Frist nach § 15 Abs. 4 Satz 5 ROG für eine Entscheidung zur Einleitung einer Raumverträglichkeitsprüfung erst nach Feststellung der Vollständigkeit der Unterlagen zu laufen beginnt. Lediglich in den seltenen Fällen, in denen die erforderlichen Verfahrensunterlagen einer Anzeige von Anfang an vollständig beigefügt waren und dann nach Bundesrecht 35 die Mitteilungsfrist schon mit Eingang der vollständigen Anzeige begonnen hätte, stellt sich die NROG-Regelung zu einem späteren Fristbeginn (mit Feststellung der Vollständigkeit der Unterlagen und nicht schon mit deren Eingang) nicht als Ergänzungsrecht, sondern als **Abweichungsrecht** gem. Art. 72 Abs. 3 und Art. 84 GG dar (vgl. Erl. zu § 10 Rn. 54).

36 Neben einer **Beteiligung öffentlicher Stellen** ist in der Raumverträglichkeitsprüfung grundsätzlich auch eine **Öffentlichkeitsbeteiligung** nach § 15 ROG i. V. m. § 10 NROG vorgesehen. Das Beteiligungsverfahren soll weitgehend digitalisiert durchgeführt werden. Dafür erfolgt **nach vorheriger öffentlicher Bekanntmachung eine Offenlegung der Verfahrensunterlagen im Internet**. Ein von einer Internetnutzung unabhängiger **zusätzlicher Zugang zu den Unterlagen** soll jedoch im Regelfall ebenfalls noch eröffnet werden, **z. B. in Form einer öffentlichen Auslegung** gedruckter Verfahrensunterlagen oder durch Versand auf Anforderung.

Innerhalb der dafür gesetzten Frist **kann zu dem Vorhaben und ggf. dargelegten Standort- oder Trassenvarianten Stellung genommen werden** und es können Hinweise, Anregungen oder Bedenken zu den Verfahrensunterlagen vorgebracht werden. Eine sog. „frühe Öffentlichkeitsbeteiligung" für bedeutsame Großprojekte i. S. des VwVfG ist dann gem. § 25 Abs. 3 Satz 5 VwVfG nicht mehr erforderlich (vgl. *Ramsauer* in Kopp/Ramsauer, VwVfG § 25 Rn. 40); ob sie dennoch vor der Stellung eines Antrags auf Zulassung erfolgt, liegt beim Träger des Vorhabens.

Die Landesplanungsbehörde entscheidet, ob und inwieweit sie eine Erörterung von Stellungnahmen für zweckdienlich hält.

37 Unter Würdigung aller ihr bekannten Umstände und Stellungnahmen prüft die Landesplanungsbehörde, ob und unter welchen Voraussetzungen das Vorhaben raumverträglich umgesetzt werden kann, und wägt dabei die berührten raumbedeutsamen Belange gegen- und untereinander ab, soweit diese einer Abwägung zugänglich sind (Ziele der Raumordnung sind bspw. als schlussabgewogene Vorgaben zu beachten). Das **Ergebnis der Raumverträglichkeitsprüfung** – in Niedersachsen als **„Landesplanerische Feststellung"** bezeichnet (§ 11 NROG) – enthält eine raumordnerische Bewertung des Vorhabens und etwaiger untersuchter Standort- oder Trassenalternativen sowie eine überschlägige Einschätzung zu raumbedeutsamen Umweltauswirkungen.

38 Im Interesse der Planungsbeschleunigung wurde mit der ROG-Änderung von 2023 in § 15 Abs. 1 Sätze 3 und 5 ROG vorgesehen, dass das **Verfahren innerhalb von sechs Monaten nach Feststellung der Vollständigkeit der Verfahrensunterlagen sogar dann endet, wenn** bis dahin die **Raumverträglichkeitsprüfung noch nicht mit Übermittlung einer gutachterlichen Stellungnahme an den Vorhabenträger abgeschlossen werden konnte**. Der Vorhabenträger kann in diesem Fall sofort nach Ablauf der sechs Monate einen Antrag auf Zulassung seines Projekts stellen oder – soweit erforderlich – die Einleitung eines Planungs- oder Linienbestimmungsverfahres veranlassen.

39 Eine **Weiterführung des Verfahrens über die sechsmonatige Frist hinaus ist nur auf Antrag des Vorhabenträgers möglich** (§ 15 Abs. 1 Satz 7 ROG). Diese Regelung war im ursprünglichen Gesetzentwurf der Bundesregierung noch nicht enthalten, sondern wurde im Verlauf des parlamentarischen Verfahrens eingefügt. Sie soll eine Weiterführung des Verfahrens eröffnen, wenn sich der Vorhabenträger auch von einer verspäteten gutachterlichen Stellungnahme zur Raumverträglichkeit Vorteile verspricht wie etwa eine bessere Datengrundlage für die Unterlagen zur Beantragung des Zulassungsverfahrens oder eine Risikominimierung für sein Projekt auch im Hinblick auf dessen Gerichtsfestigkeit (vgl. BT-Drs. 20/5830 S. 44).

40 Falls die Landesplanungsbehörde ihre Landesplanerische Stellungnahme nicht fristgerecht fertigstellen kann, liegt es **im Ermessen des Vorhabenträgers, welche Option er nutzt – Beantragung einer Weiterführung der Raumverträglichkeitsprüfung oder umgehende Weiterverfolgung der nächsten Schritte zur Projektverwirklichung**. Ein Beschleu-

nigungspotenzial bietet ein Rückgriff auf § 15 Abs. 1 Satz 7 ROG jedenfalls dann, wenn der Vorhabenträger sich hinsichtlich des Inhalts beziehungsweise der Qualität seiner Antragsunterlagen für ein Zulassungsverfahren noch unsicher ist und er für eine Klärung die Erkenntnisse aus der Raumverträglichkeitsprüfung braucht. Wenn er das Ergebnis der Raumverträglichkeitsprüfung auch nach Ablauf von sechs Monaten einfordern kann, ermöglicht ihm dies, nach Abschluss der Prüfung zügig einen gut vorbereiteten Antrag auf Zulassung zu stellen. Die Regelung des § 15 Abs. 1 Satz 8 ROG erlaubt ihm dabei einen jederzeitigen Abbruch des Verfahrens zur Raumverträglichkeitsprüfung, damit er nicht durch eine unvorhergesehene (zu) lange Verfahrensdauer an der weiteren Umsetzung seines Vorhabens gehindert wird.

Die Bestimmungen des § 15 Abs. 5 ROG sehen eine enge **Verzahnung der Raumverträglichkeitsprüfung mit einem anschließenden Zulassungsverfahren** oder mit einem ggf. bei Verkehrsinfrastrukturprojekten noch erforderlichen Linienbestimmungsverfahren vor, um zügiger zu einer abschließenden Entscheidung über große Infrastrukturprojekte zu kommen. Danach soll ein Vorhabenträger die von ihm gewünschten weiterführenden Entscheidungen zeitnah beantragen. 41

Neben dem umfassenden Verfahren zur Raumverträglichkeitsprüfung gem. § 15 ROG i. V. m. den §§ 10 und 11 NROG gibt es eine sog. „**beschleunigte Raumverträglichkeitsprüfung**" gem. § 16 Abs. 1 ROG i. V. m. § 12 NROG (früher: „vereinfachtes Raumordnungsverfahren"), die nur für Vorhaben mit geringem Konfliktpotenzial in Betracht kommt. In der Praxis spielt dieses Verfahren eine eher untergeordnete Rolle. § 12 NROG sieht dabei vor, dass abweichend vom Bundesrecht die Beteiligungsfristen verkürzt werden können und/oder eine Öffentlichkeitsbeteiligung entfallen kann. 42

4. Zuständigkeit

Für die Vorbereitung und Durchführung einer Raumverträglichkeitsprüfung ist gem. § 19 Abs. 1 NROG **grundsätzlich die untere Landesplanungsbehörde zuständig**, in deren Bezirk das Vorhaben realisiert werden soll. Sind mehrere untere Landesplanungsbehörden berührt, vereinbaren diese untereinander, welche Stelle das Verfahren übernimmt (nur bei Nichteinigung bestimmt die Aufsichtsbehörde, wer zuständig sein soll). Entscheidungen über die Erforderlichkeit einer Raumverträglichkeitsprüfung und deren Durchführung sind zwar auf Einzelvorhaben beschränkt, stellen aber dennoch „Geschäfte der laufenden Verwaltung" dar. Sie gehören zum typischen Aufgabenspektrum der Landesplanungsbehörden und ihre Erledigung richtet sich nach feststehenden Grundsätzen und Regelungen. Die Beurteilung der Raumverträglichkeit von Planungen und Maßnahmen ist (ebenso wie bei formlosen landesplanerischen Stellungnahmen) an geltende Rechtsvorschriften und festgelegte Ziele und Grundsätze der Raumordnung gebunden. Die unteren Landesplanungsbehörden nehmen diese Aufgaben im übertragenen Wirkungskreis wahr und sind dabei an etwaige Weisungen der Fachaufsichtsbehörde gebunden. 43

In bestimmten Fällen führt eine obere Landesplanungsbehörde (Amt für regionale Landesentwicklung) die Raumverträglichkeitsprüfung durch. Sie kann die Zuständigkeit für ein Verfahren an sich ziehen, z. B. bei Ländergrenzen überschreitenden Vorhaben von besonderer Bedeutung (vgl. Erl. zu § 19Rn. 4). Angesichts der Vielzahl von landesbedeutsamen Netzausbauvorhaben hat sich diese Ausnahmezuständigkeit vorübergehend zum Regelfall entwickelt. 44

Raumverträglichkeitsprüfungen im niedersächsischen Küstenmeer fallen bislang generell in die **Zuständigkeit des Amtes für regionale Landesentwicklung Weser-Ems** (Anlage 1 des Beschlusses der Landesregierung vom 10.12.2013 – StK-401–06025/7 – zur „Reorganisation der Landesverwaltung im Bereich der Regierungsvertretungen und des Landesamtes für Geoinformation und Landentwicklung Niedersachsen; Stärkung und Konzentration der regionalen Landesentwicklung", Nds. MBl. S. 929, zuletzt geändert durch Beschluss vom 22.11.2017, Nds. MBl. S. 1568).

§ 9
Erfordernis von Verfahren zur Raumverträglichkeitsprüfung

(1) [1] Auch für andere als die gemäß § 15 Abs. 1 Satz 1 ROG bestimmten raumbedeutsamen Planungen und Maßnahmen von überörtlicher Bedeutung kann ein Verfahren zur Raumverträglichkeitsprüfung durchgeführt werden. [2] Bis zum Ablauf des 31. Dezember 2039 wird für raumbedeutsame Planungen und Maßnahmen

a) zur Erzeugung von Strom aus solarer Strahlungsenergie und

b) abweichend von § 15 Abs. 1 Satz 1 und Abs. 4 ROG zur Erzeugung von Strom aus Windenergie

kein Verfahren zur Raumverträglichkeitsprüfung durchgeführt.

(2) [1] Von der Durchführung einer Raumverträglichkeitsprüfung soll sowohl im Fall eines Antrags nach § 15 Abs. 4 Satz 1 ROG als auch im Fall einer Anzeige nach § 15 Abs. 4 Satz 2 ROG insbesondere abgesehen werden (§ 16 Abs. 2 Satz 1 ROG), wenn die Planung oder Maßnahme

1. räumlich und sachlich hinreichend konkreten Zielen der Raumordnung entspricht oder widerspricht,

2. den Darstellungen oder Festsetzungen eines den Zielen der Raumordnung angepassten Flächennutzungs- oder Bebauungsplans nach den Vorschriften des Baugesetzbuchs entspricht oder widerspricht und sich die Zulässigkeit des Vorhabens nicht nach einem Planfeststellungsverfahren oder einem sonstigen Verfahren mit der Rechtswirkung der Planfeststellung für raumbedeutsame Vorhaben bestimmt oder

3. in einem anderen gesetzlichen Abstimmungsverfahren unter Beteiligung der Landesplanungsbehörde festgelegt worden ist.

[2] § 16 Abs. 2 Satz 2 ROG bleibt unberührt.

Erläuterungen

Übersicht

1. Gegenstand einer Raumverträglichkeitsprüfung (Absatz 1 Satz 1)

§ 9 Abs. 1 NROG knüpft an die grundsätzliche Regelung zur Erforderlichkeit von Raumverträglichkeitsprüfungen in § 15 Abs. 1 ROG für **raumbedeutsame Planungen und Maßnahmen von überörtlicher Bedeutung** i. S. des § 1 der RoV an. Sie ergänzt diese um eine landesgesetzliche Option, auch die Raumverträglichkeit weiterer, nicht in der RoV aufgelisteter Vorhaben in einem förmlichen Verfahren prüfen zu können. Die Durchführung solcher Verfahren richtet sich nach den üblichen Regelungen für Verfahren zur Raumverträglichkeitsprüfung. 1

Ob die Tatbestandsvoraussetzung der **Raumbedeutsamkeit** erfüllt ist, beurteilt sich nach der Definition in § 3 Abs. 1 Nr. 6 ROG. Danach ist ein Vorhaben dann raumbedeutsam, wenn es (nicht nur unwesentlich) Raum in Anspruch nimmt oder die räumliche Entwicklung oder Funktion eines Gebietes beeinflusst (vgl. Erl. § 1 Rn. 163 ff.). 2

Überörtlich bedeutsam ist ein Vorhaben insbesondere dann, wenn die dafür benötigten Flächen nicht auf den Raum einer Gemeinde begrenzt sind bzw. wenn Alternativstandorte oder -trassen eine oder mehrere andere Gemeinden betreffen. Überörtlich bedeutsam ist ein Vorhaben ferner, wenn von ihm Auswirkungen zu erwarten sind, die über das Gebiet der Standortgemeinde hinausgehen (Verkehrsbelastungen, Umweltauswirkungen, Auswirkungen auf Versorgungsfunktionen benachbarter Orte usw.). 3

1.1 Raumverträglichkeitsprüfungen für Vorhaben nach § 15 Abs. 1 ROG i. V. m. RoV

§ 15 ROG verwendet vielfach zur Beschreibung des Verfahrensgegenstandes das **Begriffspaar „raumbedeutsame Planungen und Maßnahmen“**, andererseits aber auch in § 15 Abs. 2 und 5 ROG den **Oberbegriff des „Vorhabens“**. 4

Bundesgesetzlich sind **Verfahren zur Raumverträglichkeitsprüfung für die in § 1 RoV genannten Vorhabengruppen**, bei denen typischerweise raumbedeutsame überörtliche Auswirkungen erwartet werden, vorgesehen. Gleichwohl muss immer einzelfallbezogen geprüft werden, ob das konkrete Vorhaben raumbedeutsam ist und überörtliche Bedeutung hat. Wird das verneint (z. B. weil es sich um ein untypisch kleines Vorhaben seiner Art handelt), unterliegt es nicht den Bestimmungen zur Raumverträglichkeitsprüfung.

Gegenstand der meisten Verfahren für Raumverträglichkeitsprüfungen in Niedersachsen sind die in § 1 RoV genannten Vorhaben; für diese ist § 15 Abs. 1 Satz 1 ROG einschlägig.

Der Katalog des § 1 RoV beinhaltet in den Nrn. 1 bis 19 ein breites Spektrum von Vorhaben (etwa bestimmte nach dem BImSchG zu beurteilende Anlagen wie Windparks, verschiedene Leitungen, Bundesverkehrswege, Flugplätze, große Freizeitanlagen, Einkaufszentren oder Rohstoffabbauten). Aktuelle Bedeutung der Vorhaben und ihre Häufigkeit variieren. So ist für die Errichtung von Hochspannungsfreileitungen in Niedersachsen aufgrund des mit der Energiewende verbundenen Ausbaus der Stromnetze die Anzahl der Raumverträglichkeitsprüfungen deutlich gestiegen.

Einen **besonderen Stellenwert** haben Verfahren zur Raumverträglichkeitsprüfung generell **für die in der RoV genannten, liniengebundenen Infrastrukturvorhaben wie Höchstspannungsleitungen und Verkehrswege**, an deren rascher Umsetzung ein besonderes öffentliches Interesse besteht und für die bundes- und landespolitisch eine Beschleunigung der dafür nötigen Verfahren angestrebt wird. Bei solchen Vorhaben kommt einem Vergleich möglicher Trassenalternativen in einem frühen Planungsstadium besondere Bedeutung zu, um eine geeignete Trasse zu identifizieren, der keine unüberwindbaren Erfordernisse der Raumordnung oder andere raumbedeutsame Belange entgegenstehen, die eine Zulassung erheblich verzögern könnten. Einen solchen Alternativenvergleich im Vorfeld des Zulassungsverfahrens kann nur die vorgelagerte Raumverträglichkeitsprüfung bieten (vgl. Erl.vor §§ 9–13 Rn. 10 ff.) und kann durch die auf dieser Ebene geleisteten und insofern „abgeschichteten“ Prüfungen das Zulassungsverfahren entlasten und beschleunigen (vgl. Erl. zu § 11 Rn. 51 ff.). 5

1.2 Raumverträglichkeitsprüfungen für weitere Vorhaben

6 § 9 Abs. 1 NROG bestätigt, dass die Landesplanungsbehörden auch über das Erfordernis einer **Raumverträglichkeitsprüfung für andere als die im Bundesrecht erfassten Vorhaben** entscheiden können. Letztlich regelt jedoch schon § 1 Satz 2 RoV, dass diese Befugnis unberührt bleibt, und die Bezugnahme hierauf in § 15 Abs. 1 Satz 1 ROG verdeutlicht, dass das Bundesrecht keine abschließende Regelung treffen wollte, sondern bewusst Spielraum für Ergänzungen belassen hat (vgl. BT-Drs. 16/10292 S. 26/27, zu § 15 ROG-2008 bzgl. Raumordnungsverfahren).

Der Landesgesetzgeber hat sich für eine Ermächtigungsgrundlage entschieden, die

- die **Durchführung weiterer landesgesetzlich zulässiger Raumverträglichkeitsprüfungen** nur an die (hinreichend bestimmbaren) Tatbestandsmerkmale der Raumbedeutsamkeit und überörtlichen Bedeutsamkeit eines Vorhabens knüpft (weil bei diesen Vorhaben in aller Regel ein besonderes Abstimmungsbedürfnis vorausgesetzt werden kann) und
- die Einzelfallentscheidung über das Erfordernis einer förmlichen Raumverträglichkeitsprüfung in das Ermessen der Landesplanungsbehörden stellt.

7 **Auf einen Katalog typischer Anwendungsfälle wurde im NROG bewusst verzichtet**, sondern dies sollte ermessenslenkenden Verwaltungsvorschriften vorbehalten bleiben (vgl. LT-Drs. 16/4476 S. 50, zur vergleichbaren Regelung über Raumordnungsverfahren im NROG-2012). Allerdings wurde in der Gesetzesbegründung zu einer vergleichbaren Regelung von 1993 (LT-Drs. 12/4761 S. 20, zu § 14 NROG a. F.) ausgeführt, dass die seinerzeit noch als Raumordnungsverfahren bezeichneten Raumverträglichkeitsprüfungen vor allem für Landes- und Kreisstraßen, Produktenleitungen für Wasser und Gas, unterirdische Speicher für Gas und Öl, Zwischenlager für Sonderabfälle, Windenergieparks mit mehr als fünf Anlagen oder mehr als 2000 kW Gesamtleistung, Güterverkehrs-/Güterverteil-Zentren und Talsperren angedacht waren. Einige der Vorhabentypen, die der Landesgesetzgeber ursprünglich bei der Regelung im Blick hatte, wurden inzwischen im bundesrechtlichen Katalog des § 1 RoV aufgenommen (Windparks wären durch § 1 Nr. 1 RoV erfasst, sind aber in Niedersachsen gem. § 9 Abs. 1 Satz 2 NROG vorläufig von Raumverträglichkeitsprüfungen ausgenommen – vgl. hierzu Rn. 9, Gasleitungen mit Durchmesser von mehr als 300 mm sind durch § 1 Nr. 14 RoV erfasst). Die Regelung des § 9 Abs. 1 NROG eröffnet über die in der früheren Gesetzesbegründung beispielhaft genannten Fälle hinaus die **Möglichkeit, auch etwaige neuartige Vorhaben einer Raumverträglichkeitsprüfung zu unterziehen**, wenn eine solche Prüfung sachdienlich sein sollte.

2. Gesetzlicher Ausschluss eines Verfahrens zur Raumverträglichkeitsprüfung

8 Wird **für bestimmte Vorhabengruppen gesetzlich ausdrücklich ausgeschlossen**, dass dafür eine Raumverträglichkeitsprüfung in einem förmlichen Verfahren nach § 15 ROG durchgeführt wird, liegt es **nicht mehr im Ermessen der Landesplanungsbehörde**, eine Einzelfallprüfung über deren Erforderlichkeit nach § 16 Abs. 2 ROG i. V. m. § 9 Abs. 2 NROG vorzunehmen. Sie darf aufgrund der vorrangigen spezielleren Regelung ein solches nicht mehr im Vorfeld der Zulassungsverfahren durchführen. Etwaige Beteiligungsrechte im Zulassungsverfahren mit der Möglichkeit zur formlosen Einbringung von Belangen der Raumordnung bleiben unberührt.

2.1 Gesetzlicher Ausschluss (Absatz 1 Satz 2)

9 Im Zusammenhang mit einer Festlegung geänderter Ausbauziele für die Stromerzeugung aus erneuerbaren Energien im NKlimaG wurde durch Art. 6 des Gesetzes vom 28.6.2022 (Nds. GVBl. S. 388) erstmals mit § 9 Abs. 1 Satz 2 NROG geregelt, dass **bis Ende 2039 generell kein Verfahren zur Raumverträglichkeitsprüfung** – seinerzeit noch: Raumordnungsverfahren – **für raumbedeutsame Planungen und Maßnahmen zur Erzeugung von Strom aus Windenergie oder solarer Strahlungsenergie** durchgeführt wird. Die Änderung

ging auf einen Antrag der Fraktionen von SPD und CDU zurück, der mit der Befürchtung begründet wurde, dass zuweilen bei fehlenden regionalplanerischen Festlegungen zur Flächensicherung für Windenergie vor der Genehmigung eines Windenergievorhabens die Durchführung eines Verfahrens zur Raumverträglichkeitsprüfung verlangt werde und angeordnet werden könne. Mit Blick auf das vordringliche Erfordernis, zugunsten des Klimas und der Energieversorgung so schnell wie möglich die Ausbauziele für die erneuerbaren Energien zu erreichen, sei eine Verzögerung der Genehmigung jedoch unangemessen (LT-Drs. Drs. 18/11430 S. 37 f.). Obwohl sich die Befürchtungen allenfalls auf seltene Einzelfälle bezogen, die auch im Wege fachaufsichtlicher Weisungen beherrschbar gewesen wären, wurden gem. Art. 84 Abs. 1 GG durch die NROG-Regelung abweichend von § 15 ROG i. V. m. § 1 Nr. 1 RoV Raumverträglichkeitsprüfungen für Windparks generell ausgeschlossen.

Mit der ROG-Änderung von 2023 wurde die teilweise **vom Bundesrecht abweichende Regelung** in § 9 Abs. 1 Satz 2 NROG a. F. kurz darauf wieder durch den neu gefassten § 15 ROG verdrängt, denn gem. Art. 84 Abs. 1 Satz 4 i. V. m. Art. 72 Abs. 3 Satz 3 GG geht hierbei neueres Recht stets dem älteren, früher verkündeten Recht vor. Im Zuge der anschließenden NROG-Änderung durch das Gesetz vom 17.4.2024 wurde beschlossen, die bundesrechtlich dem Grunde nach wieder erlaubten Verfahren zur Raumverträglichkeitsprüfung für Windenergieanlagen oder für Freiflächen-Photovoltaikanlagen erneut befristet durch Landesrecht auszuschließen, um die in § 3 NKlimaG genannte Zielsetzung zu unterstützen, bis zum Ablauf des Jahres 2039 den Energiebedarf in Niedersachsen aus erneuerbaren Energien zu decken und in diesem Sinne eine rasche Zulassung der genannten Vorhaben zu ermöglichen (LT-Drs. 19/2630 S. 51). Bis zum 31.12.2039 sind insoweit Raumverträglichkeitsprüfungen unzulässig. Zur Rechtsklarheit wurde die NROG-Regelung dabei – anders als die Vorgängernorm – hinsichtlich des Verfahrensausschlusses für Windparks sprachlich eindeutig als Abweichungsrecht vom ROG gekennzeichnet. 10

2.2 Gesetzlicher Ausschluss nach anderen Bestimmungen

Einzelne fachgesetzliche Regelungen schließen eine Durchführung von Raumverträglichkeitsprüfungen für bestimmte Vorhaben unmittelbar aus. Daneben kann ein Ausschluss von Raumverträglichkeitsprüfungen **indirekt** dadurch erfolgen, dass bestimmte Planungen oder Maßnahmen **gesetzlich pauschal als nicht raumbedeutsam eingestuft** werden und es damit an einem maßgeblichen Tatbestandsmerkmal fehlt, das sie zum Gegenstand förmlicher Raumverträglichkeitsprüfungen machen könnte. 11

In **§ 20 Abs. 4 Standortauswahlgesetz** wird gesetzlich ausdrücklich bestimmt, dass abweichend von § 15 Abs. 1 ROG i. V. m. mit § 1 Satz 3 Nr. 16 RoV und anderen raumordnungsrechtlichen Vorschriften **keine Raumverträglichkeitsprüfung für die Errichtung eines Endlagers für hochradioaktive Abfälle** stattfindet. Gem. **§ 28 NABEG** findet abweichend von § 15 Abs. 1 ROG i. V. m. § 1 Satz 2 Nr. 14 RoV **keine Raumverträglichkeitsprüfung für die Errichtung oder die Änderung von Höchstspannungsleitungen** statt, **sofern für diese im Bundesnetzplan Trassenkorridore oder Trassen ausgewiesen sind** und die Geltungsdauer der zugrunde liegenden Bundesfachplanung noch nicht abgelaufen ist. 12

§ 12c Abs. 2 Buchst. a Satz 11 EnWG enthält eine Regelung, durch die lediglich **mittelbar** eine **Raumverträglichkeitsprüfung in Bezug auf die Ermittlung von Präferenzräumen für bestimmte Höchstspannungsleitungen ausgeschlossen** wird. In dieser Norm wird gesetzlich bestimmt, dass es sich bei der **Präferenzraumermittlung nicht um raumbedeutsame Planungen und Maßnahmen i. S. des § 3 Abs. 1 Nr. 6 ROG handelt** (vgl. auch Erl. zu § 1 Rn. 169). Somit fehlt es an dem Tatbestandsmerkmal der Raumbedeutsamkeit und dies schließt aus, dass die entsprechenden Planungen überhaupt zum Gegenstand einer Raumverträglichkeitsprüfung nach § 15 ROG werden können. Ausweislich der Gesetzesbegründung ist das explizit beabsichtigt (BT-Drs. 20/3497 S. 36). 13

3. Antrags- und Anzeigeverfahren(§ 15 Abs. 4 ROG)

14 Häufig braucht ein Vorhabenträger zunächst **Beratung** und einen näheren Informationsaustausch über sein Vorhaben und zum Verfahren, eher er die **Entscheidung für oder gegen einen Antrag** auf eine Raumverträglichkeitsprüfung trifft. Eine Raumverträglichkeitsprüfung wird im Regelfall nur auf Grundlage eines Antrags nach § 15 Abs. 4 Satz 1 ROG durchgeführt. Sie kann aber auch durchgeführt werden, wenn nach Prüfung einer Anzeige des Vorhabens gem. § 15 Abs. 4 Satz 4 ROG durch die Landesplanungsbehörde festgestellt wird, dass eine Raumverträglichkeitsprüfung erforderlich ist. Die vom Bundesgesetzgeber in § 15 Abs. 4 Satz 5 ROG verwendete Formulierung **„Entscheidung über die Einleitung der Prüfung"** ist irreführend, denn § 15 ROG sieht für den Beginn einer Raumverträglichkeitsprüfung keine „einleitende" behördliche Handlung vor, sondern die Raumverträglichkeitsprüfung beginnt gem. § 15 Abs. 1 ROG automatisch mit Vorlage vollständiger Verfahrensunterlagen. Einzuleiten wäre lediglich das erst danach folgende Beteiligungsverfahren gem. § 15 Abs. 3 ROG. Die in § 15 Abs. 4 ROG erwähnte Entscheidung wird jedoch zeitlich früher getroffen. Gemeint ist dort also offenbar mit „Entscheidung über die Einleitung der Prüfung" die behördliche Entscheidung über die Erforderlichkeit (der späteren Einleitung) eines Verfahrens zur Raumverträglichkeitsprüfung.

15 Die **Rechtsstellung des Vorhabenträgers** wurde **durch die klare Regelung zu seiner Antragsbefugnis präzisiert**. Es liegt in seiner Hand, Gestaltung und Umfang des Vorhabens zu bestimmen, für das er eine gutachtliche Raumverträglichkeitsprüfung beantragt. Allerdings hat er keinen Rechtsanspruch auf Einleitung des Verfahrens, sondern die Landesplanungsbehörde prüft zunächst dessen Erforderlichkeit.

16 Hält der Träger einer raumbedeutsamen Planung oder Maßnahme eine vorgelagerte Raumverträglichkeitsprüfung nicht für erforderlich und **möchte er diese nicht beantragen, muss er seine Planung oder Maßnahme der zuständigen Landesplanungsbehörde anzeigen** (§ 15 Abs. 4 Satz 2 ROG). Die früher nicht eindeutig geregelte Frage, ob auch die Landesplanungsbehörde ein Verfahren zur Raumverträglichkeitsprüfung initiieren kann, ist nun durch § 15 Abs. 4 Sätze 4 und 5 ROG eindeutig beantwortet. Dadurch wird die Landesplanungsbehörde ermächtigt, die **Anzeige zu prüfen und ggf. auch abweichend vom Willen des Vorhabenträgers die Einleitung eines (mitunter kostenpflichtigen) Verfahrens zur Raumverträglichkeitsprüfung** zu verlangen, wenn sie dies für erforderlich hält. Der Vorhabenträger hat im Rahmen seiner Mitwirkungspflicht die dafür notwendigen Verfahrensunterlagen beizubringen, wenn sie der Anzeige noch nicht beigefügt waren. Falls ein Vorhabenträger seiner Beibringungspflicht nicht nachkommt, lässt sich die Vorlage solcher Unterlagen jedoch nicht erzwingen. Allenfalls könnte bei öffentlich-rechtlichen Vorhabenträgern eine Einschaltung von Aufsichtsbehörden infrage kommen.

17 Die **Anzeige** eines raumbedeutsamen Vorhabens muss gem. § 15 Abs. 4 Satz 2 ROG erfolgen, **bevor ein Zulassungsverfahren** für das Vorhaben eingeleitet wird oder – falls es sich um ein Verkehrswegeprojekt handelt – bevor ein dafür ggf. noch erforderliches **Linienbestimmungsverfahren** (nach § 16 FStrG, § 13 WaStrG oder § 37 NStrG) eingeleitet wird. Die Formulierung im ROG hat **insbesondere raumbedeutsame Verkehrsvorhaben** im Blick, die während eines gestuften Planungs- und Zulassungsprozesses vom Vorhabenträger schrittweise vorangetrieben werden, **gilt aber gleichermaßen für andere raumbedeutsame Vorhaben**. Durch die Anzeige soll sichergestellt werden, dass nicht ohne landesplanerische Einschätzung ein Vorhabenträger vorschnell auf ein Verfahren zur Raumverträglichkeitsprüfung verzichtet und „zum nächsten Schritt" übergeht, obwohl erhebliches raumordnerisches Konfliktpotenzial besteht und dadurch nachfolgende Verfahren möglicherweise an raumordnerischen Erfordernissen scheitern oder mit erheblichen Problemen belastet werden könnten.

18 Die Forderung nach einer Anzeige „***vor Einleitung eines Zulassungsverfahrens***" ist auch bei Fallkonstellationen zu beachten, bei denen es um die Beurteilung einer raumbedeutsamen Planung geht, die Phase der Planung aber in anderer Hand und deutlich früher liegt als die konkrete Umsetzung einer raumbedeutsamen Maßnahme einschließlich Beantra-

gung einer Zulassung. In einem solchen Fall wäre schon die raumbedeutsame Planung von dem dafür zuständigen Träger anzuzeigen. Dies könnte relevant sein, wenn eine Gemeinde als Trägerin der Bauleitplanung für eine in § 1 der RoV genannte Maßnahme oder Nutzung bauleitplanerisch Flächen ausweisen will (z. B. für großflächige Freizeiteinrichtungen oder großflächige Einzelhandelsbetriebe). Die Gemeinde selbst wird jedenfalls nicht die Einleitung eines Zulassungsverfahrens initiieren. Insbesondere soweit im späteren Zulassungsverfahren keine rechtliche Möglichkeit zur Prüfung der Vereinbarkeit eines Vorhabens mit Zielen, Grundsätzen und sonstigen Erfordernissen der Raumordnung mehr besteht (z. B. wegen fehlender Raumordnungsklauseln), ändert die ROG-Vorschrift nichts daran, dass die Raumverträglichkeit in derartigen Fällen bereits während des Planungsverfahrens zu prüfen wäre. Demzufolge ist in einem solchen Fall die Gemeinde – wenn sie eine Raumverträglichkeitsprüfung nach § 15 ROG für entbehrlich hält – zu einer Anzeige bei der Landesplanungsbehörde verpflichtet, bevor sie mit ihrer Planung den Weg für ein (späteres) Zulassungsverfahren eröffnet und dieses eingeleitet werden kann.

Einer Anzeige müssen die *„für die Raumverträglichkeitsprüfung erforderlichen Unterlagen"* beigefügt werden. Nach dem Wortlaut des § 15 Abs. 4 Satz 3 ROG sind **idealerweise vollständige Prüfunterlagen gemeint, wie sie für die detaillierte Raumverträglichkeitsprüfung i. S. des § 15 Abs. 2 Satz 1 ROG** zur Bewertung sämtlicher raumbedeutsamer Auswirkungen des Vorhabens **benötigt werden.** Es würde allerdings dem Zweck eines meist dem Verzicht auf eine Raumverträglichkeitsprüfung dienenden Anzeigeverfahrens widersprechen, wenn man gleichwohl vom Vorhabenträger die gleichen Unterlagen verlangen würde wie für eine von ihm nicht gewünschte, förmliche Raumverträglichkeitsprüfung, und **erscheint eher praxisfern**. So kritisieren auch *Balla/Sangenstedt* (ZUR 2023 S. 476) die Regelungen in § 15 Abs. 4 ROG als *„eine originelle, aber äußerst umständliche Vorgehensweise"*. Dass *„etwaige Beschleunigungspotentiale dadurch zunichte gemacht [werden], dass auch für die bloße Anzeige [...] vollumfängliche Unterlagen vorgelegt werden müssen"*, bemängeln *Schmitz/Lehrian* (ZfBR 2023 S. 221). Berücksichtigt man das gesetzgeberische Anliegen der Verfahrensvereinfachung und -beschleunigung, könnte die Regelung jedoch auch in dem Sinne interpretiert werden, dass **zumindest aussagekräftige Unterlagen über das Vorhaben, dessen Lage und Auswirkungen vorzulegen sind, die eine Abschätzung des Konfliktpotenzials erlauben**. Dafür spräche ein Teil der Gesetzesbegründung zur Vorgängerregelung in § 15 Abs. 5 ROG a. F. (BT-Drs. 19/22139 S. 28), die sich auf Unterlagen bezieht, die *„der für Raumordnung zuständigen Landesbehörde die Prüfung [...] ermöglichen, ob die ... materiellen Voraussetzungen für die Einleitung eines Raumordnungsverfahrens insbesondere nach § 15 Absatz 1 Satz 1 Raumordnungsgesetz vorliegen"* und die eine Einschätzung erlauben, ob zu befürchten ist, *„dass die Planung oder Maßnahme im Hinblick auf die in* [§ 15] *Absatz 1 Satz 2 Halbsatz 2 genannten Kriterien zu raumbedeutsamen Konflikten führen wird"*. 19

Zu den **mindestens erforderlichen Unterlagen im Anzeigeverfahren** dürfte neben einer Kurzbeschreibung zu Art und Umfang des beabsichtigten Vorhabens seiner voraussichtlichen Lage und Auswirkungen auch eine Begründung des Vorhabenträgers gehören, warum kein separates Verfahren zur Raumverträglichkeitsprüfung nötig sein soll (z. B. weil es sich im Einzelfall aufgrund geringer Auswirkungen gar nicht als raumbedeutsam oder konfliktträchtig darstellt oder die Vereinbarkeit mit Erfordernissen der Raumordnung und anderen raumbedeutsamen Planungen und Maßnahmen bereits hinreichend klar ist). Von öffentlichen Stellen als Trägern verkehrlicher Infrastrukturmaßnahmen, die der Bundesgesetzgeber bei Schaffung der ROG-Regelungen zum Anzeigeverfahren vorrangig im Blick hatte, dürfte insoweit eine intensivere Befassung mit dem Konfliktpotenzial einer geplanten Trasse erwartet werden als bei Vorhaben privater Antragsteller. Da im Falle eines Antrags auf Raumverträglichkeitsprüfung mit der Regelung in § 15 Abs. 2 Satz 3 ROG die Option anerkannt wurde, dass Verfahrensunterlagen nicht von Anfang an vollständig sind, sondern sich Nachforderungen ergeben können, muss dies auch und erst recht für Unterlagen im bloßen Anzeigeverfahren gelten. Im Einzelfall ist also von der Landesplanungsbehörde zu entscheiden, ob die Unterlagen zur Prüfung der Erforderlich- 20 keit einer Raumverträglichkeitsprüfung ausreichen oder noch Angaben nachgefordert werden.

21 Letztlich überprüft auf Basis der vom Vorhabenträger vorgelegten Unterlagen – wie auch schon nach der Rechtslage bis einschließlich 8.6.2021 – die Landesplanungsbehörde die Einschätzung des Vorhabenträgers, ob eine Raumverträglichkeitsprüfung erforderlich oder verzichtbar ist. **Erwartet die Landesplanungsbehörde, dass die Planung oder Maßnahme zu raumbedeutsamen Konflikten führen wird, soll sie** gem. § 15 Abs. 4 Satz 4 ROG **in der Regel eine Raumverträglichkeitsprüfung einleiten.** Insofern bleibt trotz der bundesgesetzlichen Änderungen zur Stärkung der Position der Vorhabenträger die in Niedersachsen **seit Jahren bewährte Verwaltungspraxis unverändert**, dass die zuständige Landesplanungsbehörde im Ergebnis über die Erforderlichkeit eines Verfahrens zur Raumverträglichkeitsprüfung entscheidet, ggf. auch erst im Zusammenhang mit einer Konferenz unter Hinzuziehung anderer Stellen (vgl. Erläuterung zu § 10 Abs. 1 NROG).

22 Da in der Gesetzesbegründung ausdrücklich deutlich gemacht wird, dass **raumbedeutsame Konflikte in der Regel** zumindest dann vorliegen, **wenn bei linienförmigen Infrastrukturvorhaben neben der Vorzugstrasse des Vorhabenträgers großräumige Trassenalternativen in Betracht kommen** (BT-Drs. 19/22139 S. 28), sind diese Fallkonstellationen weiterhin prädestiniert für die Durchführung eines Verfahrens zur Raumverträglichkeitsprüfung. Diese in der Gesetzesbegründung explizit erwähnte Konstellation lässt erkennen, dass **Raumverträglichkeitsprüfungen nach § 15 ROG in erster Linie auf komplexe Vorhaben ausgerichtet** sind, bei denen wesentliche Konflikte mit Erfordernissen der Raumordnung und erhebliche Nutzungskonflikte im Raum zu erwarten sind, und das Anzeigeverfahren zum Verzicht auf eine förmliche Raumverträglichkeitsprüfung tendenziell eher für standortgebundene Vorhaben mit geringerem Konfliktpotenzial konzipiert wurde. Allerdings enthält § 16 Abs. 1 ROG auch für raumbedeutsame Planungen und Maßnahmen mit nur geringen raumbedeutsamen Auswirkungen Bestimmungen für eine (beschleunigte) Raumverträglichkeitsprüfung (vgl. Erl. zu § 12 NROG).

23 Zwar muss nicht zwangsläufig jedwede Nutzungskonkurrenz und nicht jede Berührtheit eines Erfordernisses der Raumordnung als „raumbedeutsamer Konflikt" i. S. des § 15 Abs. 4 Satz 4 ROG anzusehen sein, zumal auch Erfordernisse der Raumordnung unterschiedliche Konkretisierungsgrade und Bindungswirkungen haben. Da es allerdings im Anzeigeverfahren regelmäßig um raumbedeutsame Vorhaben geht, wird in der Literatur – nicht zu Unrecht – davon ausgegangen, dass **ein Erwarten raumbedeutsamer Konflikte häufig zu bejahen** sein wird (so *Balla/Sangenstedt*, ZUR 2023, S. 476; *Schmitz/Lehrian*, ZfBR 2023 S. 221). Die Befürchtung, dass die mit Einführung des Anzeigeverfahrens angestrebte Reduzierung förmlicher Raumverträglichkeitsprüfungen nicht eintritt, ist gleichwohl nicht gerechtfertigt, denn die Entscheidung über die Einleitung einer Raumverträglichkeitsprüfung hängt nicht allein von diesem Tatbestandsmerkmal ab. **Zwar begrenzt die Soll-Vorschrift des § 15 Abs. 4 Satz 4 ROG zur Einleitung eines Verfahrens bei Vorliegen raumbedeutsamer Konflikte das Ermessen, aber** andererseits werden ausdücklich **gesetzlich Ausnahmen eröffnet (§ 16 Abs. 2 ROG, § 9 Abs. 2 NROG).** Zudem dürfte – insbesondere bei standortgebundenen Vorhaben – zu prüfen sein, ob ein atypischer Einzelfall vorliegt, bei dem eine dem Zulassungs- oder Planungsverfahren vorgelagerte förmliche Raumverträglichkeitsprüfung trotz ggf. erkannter Konflikte keinen erheblichen Mehrwert erkennen lässt und daher ausnahmsweise als verzichtbar angesehen wird.

4. Erforderlichkeitsprüfung, Ermessensentscheidung

24 **Wird bei einem Vorhaben** nach § 15 Abs. 1 Satz 1 ROG i. V. m. § 1 RoV oder nach § 9 Abs. 1 Satz 1 NROG **ein raumbedeutsames Konfliktpotenzial erwartet**, welches aufgrund der Soll-Vorschrift des § 15 Abs. 4 Satz 4 ROG **grundsätzlich die Einleitung einer Raumverträglichkeitsprüfung** rechtfertigt, ist zu **prüfen, ob besondere Gründe die Durchführung einer solchen Prüfung entbehrlich machen.** Dabei ist es unerheblich, ob es sich um eine nach § 15 Abs. 4 ROG beantragte Raumverträglichkeitsprüfung handelt oder ob das

Konfliktpotenzial eines Vorhabens aufgrund einer Anzeige des Vorhabenträgers abgeschätzt wird.

Für welche Vorhaben eine Raumverträglichkeitsprüfung durchgeführt wird, muss die zuständige Landesplanungsbehörde nach pflichtgemäßem Ermessen unter Berücksichtigung der Raumbedeutsamkeit und Konfliktträchtigkeit des Vorhabens und dessen Konkretisierungsgrad sowie etwaiger anderer Abstimmungsmöglichkeiten entscheiden.

4.1 Gründe für die Entbehrlichkeit einer Raumverträglichkeitsprüfung (Absatz 2)

§ 16 Abs. 2 ROG erlaubt, von der Durchführung eines Verfahrens zur Raumverträglichkeitsprüfung **bei solchen Planungen und Maßnahmen abzusehen, für die eine anderweitige Prüfung ihrer Raumverträglichkeit sichergestellt ist**, und überlässt nähere Regelungen einer Rechtsverordnung der Landesregierung. Mit § 9 Abs. 2 Satz 1 NROG wird von der Verordnungsermächtigung durch Gesetz Gebrauch gemacht (gem. Art. 80 Abs. 4 GG). 25

§ 9 Abs. 2 NROG soll i. S. größtmöglicher Verfahrenseffizienz gewährleisten, dass förmliche **Raumverträglichkeitsprüfungen auf Fälle beschränkt bleiben, in denen sie unverzichtbar sind**. Damit besteht hier bereits seit langem eine Regelung, die sich mit den bundes- und landespolitischen Bestrebungen zur beschleunigten Umsetzung von Großprojekten und zur Verringerung des Verfahrensaufwandes deckt. Die ursprünglich als „Kann"-Regelung ausgestaltete Norm ist 2024 in eine **„Soll"-Vorschrift** umgewandelt worden, um **im Interesse der Planungsbeschleunigung** noch stärker darauf hinzuwirken, dass von förmlichen Raumverträglichkeitsprüfungen abgesehen wird, wenn dies vertretbar ist. § 9 Abs. 2 Satz 1 NROG stellt zudem klar, dass sich die Prüfung, wann eine förmliche Raumverträglichkeitsprüfung entbehrlich ist, gleichermaßen auf Fälle der ausdrücklichen Beantragung einer solchen Prüfung wie auch auf Fälle erstreckt, in denen ein Vorhabenträger anzeigt, hierauf verzichten zu wollen, und diese Einschätzung kontrolliert werden soll. 26

Auf eine Raumverträglichkeitsprüfung kann insbesondere dann verzichtet werden, **wenn bereits absehbar ist, dass gegen die Verwirklichung des Vorhabens aus raumordnerischer Sicht keine Bedenken bestehen** und/oder das Verfahren voraussichtlich **keine weiteren Aufschlüsse** bringen wird, oder wenn eine ausreichende Berücksichtigung der Erfordernisse der Raumordnung und die **Abstimmung mit weiteren Vorhaben auch auf andere Weise angemessen gewährleistet** ist. In solchen Fällen stünde der Aufwand für eine Raumverträglichkeitsprüfung oft nicht mehr in angemessenem Verhältnis zu ihrem Nutzen. 27

Der Wortlaut des § 9 Abs. 2 NROG bezieht sich nur auf das Absehen von einer bundesrechtlich vorgesehenen Raumverträglichkeitsprüfung. **Bei Fällen des § 9 Abs. 1 NROG mit allein landesrechtlich vorgesehenen Verfahren** liegt die Einleitung oder das Absehen von einem Verfahren zur Raumverträglichkeitsprüfung von vornherein im Ermessen der Landesplanungsbehörde. Bezüglich Verfahren für Vorhaben nach Landesrecht kann sich die Landesplanungsbehörde trotzdem **an den in Absatz 2 genannten Konstellationen orientieren**, da diese gesetzgeberische Vorentscheidung dafür gleichermaßen als Maßstab geeignet ist. 28

4.1.1 Beurteilbarkeit aufgrund bestehender Ziele der Raumordnung (Absatz 2 Satz 1 Nr. 1)

Diese Regelung erfasst Vorhaben, bei denen die Raumverträglichkeit allein aufgrund der in einem Raumordnungsplan festgelegten Ziele der Raumordnung eindeutig bejaht oder verneint werden kann. Ein Verfahren zur Raumverträglichkeitsprüfung ist in aller Regel **entbehrlich, wenn ein Vorhaben Zielen der Raumordnung eindeutig widerspricht** und nicht erkennbar ist, dass es – z. B. durch Modifizierungen oder Nutzung einer anderen Standort- oder Trassenalternative – zielkonform realisiert werden könnte. Soweit bindende Ziele der Raumordnung der Zulässigkeit eines Vorhabens entgegenstehen (z. B. wenn ein planfeststellungsbedürftiges Abbauvorhaben für Rohstoffe in einem Vorranggebiet Natur 29 und Landschaft geplant wäre), könnte auch ein Verfahren mit vollständiger Prüfung der Raumverträglichkeit nicht zu einem positiven Ergebnis kommen.

30 Umgekehrt stellt allein die Vereinbarkeit eines Vorhabens mit Zielen der Raumordnung noch nicht in jedem Fall die vollständige Raumverträglichkeit des Vorhabens fest. Die Raumverträglichkeitsprüfung erstreckt sich nämlich auch auf die Vereinbarkeit mit anderen Erfordernissen der Raumordnung und die Abstimmung mit anderen raumbedeutsamen Planungen und Maßnahmen. **Bei Vereinbarkeit mit Zielen der Raumordnung sollte daher auf ein Verfahren zur Raumverträglichkeitsprüfung** auf Basis des § 9 Abs. 2 Satz 1 Nr. 1 NROG vor allem **dann verzichtet werden, wenn entweder die Raumverträglichkeit des Vorhabens zweifelsfrei feststeht oder** im Einzelfall auch ein Verfahren nach § 15 ROG keine weiterführenden Erkenntnisse zur Raumverträglichkeit hervorbringen würde. Diese Gründe muss die zuständige Landesplanungsbehörde darlegen können. In aller Regel dürfte ein zusätzliches Verfahren zur Raumverträglichkeitsprüfung ferner dann **entbehrlich sein, wenn das raumbedeutsame Vorhaben eine Nutzung betrifft, für die ausdrücklich Vorranggebiete als Ziele der Raumordnung ausgewiesen** wurden, und wenn das Vorhaben auch **in einem solchen schlussabgewogenen Vorranggebiet verwirklicht** werden soll.

4.1.2 Beurteilbarkeit aufgrund bestehender, raumordnungskonformer Bauleitplanung (Absatz 2 Satz 1 Nr. 2)

31 Von einem Verfahren zur Raumverträglichkeitsprüfung kann meist auch abgesehen werden, **wenn das Vorhaben den bereits bestehenden Darstellungen eines Flächennutzungsplans oder Festsetzungen eines Bebauungsplans entspricht oder widerspricht** (zur Beurteilbarkeit aufgrund einer erst in Aufstellung befindlichen Bauleitplanung vgl. Rn. 37). Voraussetzung ist, dass diese Bauleitpläne auf einer noch aktuellen raumordnerischen Abstimmung beruhen und **den Zielen der Raumordnung angepasst sind.**

32 In Bezug auf „raumbedeutsame Planungen" **findet die Vorschrift insbesondere für Bebauungspläne Anwendung, die ein in der RoV genanntes Vorhaben beinhalten**. Da Bebauungspläne aus dem Flächennutzungsplan zu entwickeln sind, kann – wenn dieser zielangepasst ist – in der Regel auch für den Bebauungsplan keine Gefahr eines Zielverstoßes auftreten. Der Verzicht auf ein Verfahren nach § 15 ROG ist dann möglich, weil die Erwägungen zur Raumverträglichkeit etwa durch das Beteiligungsverfahren im Zuge der Aufstellung des Bebauungsplans bereits eingebracht werden konnten.

33 Bezüglich „raumbedeutsamer Maßnahmen" kann § 9 Abs. 2 Satz 1 Nr. 2 NROG im Einzelfall den Verzicht auf ein Verfahren zur Raumverträglichkeitsprüfung ermöglichen. **Soll** jedoch ein **privates Vorhaben nach der RoV im beplanten Innenbereich umgesetzt werden, kann eine Raumverträglichkeitsprüfung im Vorfeld der Entscheidung über eine Baugenehmigung ohnehin keinen nennenswerten Nutzen haben**. Im Geltungsbereich eines Bebauungsplans nach § 30 BauGB stellen die Ziele und sonstige Erfordernisse der Raumordnung kein Genehmigungserfordernis für die Erteilung einer Baugenehmigung dar, sodass hierbei das Ergebnis eines Verfahrens zur Raumverträglichkeitsprüfung keinen Eingang in die Genehmigung finden könnte.

4.1.3 Beurteilbarkeit aufgrund Festlegung nach anderweitigem gesetzlichen Abstimmungsverfahren (Absatz 2 Satz 1 Nr. 3)

34 Ein Fall nach § 9 Abs. 2 Satz 1 Nr. 3 NROG liegt vor, **wenn eine umfassende landesplanerische Prüfung und Abstimmung** zugunsten eines Vorhabens oder Vorhabentyps **schon in einem anderen zeitlich vorgelagerten Verfahren stattgefunden hat**. Wurde z. B. der Standort für ein Vorhaben bereits durch einen aktuellen Fachplan verbindlich ausgewiesen und hierbei die Landesplanungsbehörde förmlich beteiligt (z. B. bei Ausweisung des Standorts einer Abfalldeponie durch einen Abfallwirtschaftsplan nach § 30 Kreislaufwirtschaftsgesetz), kann ein Verfahren zur Raumverträglichkeitsprüfung verzichtbar sein. § 9 Abs. 2 Satz 1 Nr. 3 NROG greift allerdings nur bei vorheriger Abstimmung in einem

gesetzlich geregelten Verfahren (nicht bei freiwilligen „informellen" Abstimmungsprozessen).

Linienbestimmungsverfahren für Bundesfernstraßen nach § 16 Abs. 1 FStrG **fallen nicht unter die NROG-Norm**, denn die Linienbestimmung erfolgt in aller Regel gerade erst auf Basis einer Raumverträglichkeitsprüfung nach § 15 ROG (§ 16 Abs. 2 Satz 1 FStrG). Die Funktion eines vorgelagerten Verfahrens zur näheren Untersuchung der Raumverträglichkeit möglicher Straßentrassen wird dadurch nicht entbehrlich. 35

Auch Zulassungsverfahren sind nicht durch § 9 Abs. 2 Satz 1 Nr. 3 NROG erfasst, denn sonst könnte entgegen der gesetzgeberischen Intention in jedwedem Genehmigungs- oder Planfeststellungsverfahren mit Beteiligung einer Landesplanungsbehörde auf eine Raumverträglichkeitsprüfung verzichtet werden. Nach dem Wortlaut der Norm muss ein verträglicher Standort bereits in einer vorgelagerten Abstimmung *„festgelegt worden"* sein. 36

4.1.4 Sonstige Gründe zum Absehen von einer Raumverträglichkeitsprüfung

Die Aufzählung in § 9 Abs. 2 Satz 1 NROG ist **nicht abschließend, sodass auch weitere Fälle zur „anderweitigen Prüfung" i. S. des § 16 Abs. 2 ROG denkbar sind**. So kann ggf. auch ein noch laufendes Bebauungsplanverfahren ein Verfahren zur Raumverträglichkeitsprüfung entbehrlich machen, etwa wenn der Planungsstand bereits erkennen lässt, dass die Erfordernisse der Raumordnung angemessen gewahrt werden und die Landesplanungsbehörde notwendige raumordnerische Anregungen, Bedenken und Hinweise in das Verfahren einbringt. 37

Im Einzelfall können ferner **Konzepte, die nicht auf gesetzlich festgelegten, sondern auf freiwilligen Abstimmungen nach § 14 ROG mit der Landesplanungsbehörde beruhen**, eine gesonderte Raumverträglichkeitsprüfung entbehrlich machen (z. B. regionale Einzelhandelskonzepte, integrierte Gebietsentwicklungskonzepte oder Abbauleitpläne für die Rohstoffgewinnung zur Umsetzung eines Raumordnungsplans). 38

Verzichtbar kann eine Raumverträglichkeitsprüfung **bei liniengebundenen Infrastrukturen im Einzelfall** auch sein, **wenn ein bereits auf seine Raumverträglichkeit geprüfter Korridor für ein bestimmtes Vorhaben noch für ein weiteres ähnliches Vorhaben mit genutzt werden soll** (bspw. bei Verlegung einer Leitung neben eine andere Leitung). Dies setzt allerdings zum einen voraus, dass sich die Gegebenheiten im Planungsraum und die rechtlichen Rahmenbedingungen, insbesondere die Ziele der Raumordnung, zwischenzeitlich nicht wesentlich geändert haben. Zum anderen ist Voraussetzung, dass keine erheblichen kumulativen Wirkungen durch die Bündelung der Vorhaben zu erwarten sind und auch im Bereich etwaiger Engstellen bei Annäherung an andere schutzwürdige Nutzungen oder ökologisch wertvolle Bereiche keine nennenswerten neuen Konflikte ausgelöst werden. 39

Ob für Vorhaben mit nur geringen raumbedeutsamen Auswirkungen **anstelle einer beschleunigten Raumverträglichkeitsprüfung von einem Verfahren nach § 16 Abs. 1 ROG i. V. m. § 12 NROG auch gänzlich abgesehen** werden kann, wenn nur ein Standort in Betracht kommt, ist im Einzelfall zu prüfen. Auch bei standortgebundenen Vorhaben kann das Verfahren ermitteln, wie nachteilige Auswirkungen auf andere raumbedeutsame Nutzungen und Funktionen zu minimieren sind und eine Abstimmung mit anderen raumbedeutsamen Vorhaben zu erreichen ist. Bei der Entscheidung kommt es darauf an, welches raumbezogene Konfliktpotenzial das betreffende Vorhaben noch hat und welchen Erkenntnisgewinn eine Raumverträglichkeitsprüfung hätte. **Wenn ernsthaft in Betracht kommende Standortalternativen fehlen, ein Vorhaben kaum variabel und nach erster Abschätzung vergleichsweise konfliktarm ist**, spricht dies jedenfalls für einen Verzicht auf ein separates Verfahren zur Raumverträglichkeitsprüfung. 40

4.2 Ermächtigung für eine Rechtsverordnung zur Regelung weiterer Fallkonstellationen (Absatz 2 Satz 2)

41 Die Norm stellt klar, dass ergänzend zu oder statt der Regelungen in § 9 Abs. 2 Satz 1 NROG nach wie vor durch Verordnung der Landesregierung Fälle bestimmt werden können, in denen sich eine separate Raumverträglichkeitsprüfung erübrigt. Bisher blieb diese Option ungenutzt.

4.3 Frist für die Erforderlichkeitsentscheidung

42 Bis einschließlich 8.6.2021 – also **vor Einführung des Anzeigeverfahrens** in § 15 ROG – ergab sich aus § 15 Abs. 4 Satz 1 ROG a. F., dass über *„das Erfordernis, ein Raumordnungsverfahren durchzuführen"* innerhalb einer Frist von vier Wochen nach Einreichung der hierfür erforderlichen Unterlagen zu entscheiden ist. Die Vierwochenfrist konnte **in unterschiedlichen Verfahrensphasen** einsetzen, denn die Einreichung von Unterlagen, die eine Entscheidung über die Erforderlichkeit einer Raumverträglichkeitsprüfung erlaubten, war sowohl in einer vorgelagerten Beratungsphase als auch im Zuge der Vorbereitung einer Antragskonferenz üblich und erfolgte in der Regel nicht erst nach Vorlage eines ausgearbeiteten Antrags. Mit Inkrafttreten der ROG-Änderung im Rahmen des Investitionsbeschleunigungsgesetzes am 9.6.2021 **unter Einführung des Anzeigeverfahrens wurde die Vierwochenfrist zur Entscheidung über die Notwendigkeit einer Raumverträglichkeitsprüfung** zunächst in § 15 Abs. 5 Satz 4 ROG a. F. **nur an die Vorlage der Anzeige geknüpft**.

43 **Inzwischen** ist diese Frist in § 15 Abs. 4 Satz 5 ROG n. F. geregelt. Danach hätte die zuständige Landesbehörde ihre Entscheidung dem Träger der raumbedeutsamen Planung oder Maßnahme innerhalb von vier Wochen nach dessen (mit vollständigen Unterlagen versehener) Anzeige des Vorhabens und seiner Absicht, keine Raumverträglichkeitsprüfung zu beantragen, mitzuteilen. Allerdings wurde **landesgesetzlich der Fristbeginn nicht mehr an den Tag nach Eingang der Anzeige geknüpft, sondern an die Feststellung der Vollständigkeit der benötigten Unterlagen** (vgl. Erl. zu § 10 Rn. 52 ff.), die Dauer des Vierwochenzeitraums für die Erforderlichkeitsprüfung im Zusammenhang mit einer Anzeige bleibt dabei unangetastet.

44 **Auch im Falle der Vorlage eines Antrags statt einer Anzeige** findet eine **Erforderlichkeitsprüfung** durch die Landesplanungsbehörde statt (vgl. Rn. 24 ff.); **ein Einleitungsanspruch besteht nicht** (vgl. Erl. zu § 10 Rn. 57 f.) und für bestimmte Vorhaben sind Raumverträglichkeitsprüfungen sogar gesetzlich ausgeschlossen (vgl. Rn. 8 ff.). Eine ausdrückliche gesetzliche Fristenregelung für die Erforderlichkeitsprüfung in Zusammenhang mit einem beabsichtigten oder gestellten Antrag auf Raumverträglichkeitsprüfung gibt es allerdings nicht. Der Wortlaut des **§ 15 Abs. 4 Satz 5 ROG bezieht sich nur auf eine Prüffrist nach Anzeigen** und das Landesrecht hat die bestehende Regelungslücke nicht gefüllt. Angesichts der Tatsache, dass ansonsten die Vorschriften zur Raumverträglichkeitsprüfung durchgängig mittels klarer Fristenregelungen auf eine Beschleunigung ausgerichtet wurden, ist jedoch **davon auszugehen, dass die bei Anzeigen geregelte vierwöchige Frist analog auch gelten sollte, wenn** im Zusammenhang mit Vorbereitungen **für eine Antragstellung über die Erforderlichkeit einer Raumverträglichkeitsprüfung zu entscheiden ist**. Sobald die Landesplanungsbehörde bestätigt, dass ihr alle für die Erforderlichkeitsentscheidung benötigten Unterlagen vorliegen, die im Vorfeld eines Antrags oder mit einem noch nicht vollständigen Antrag vorzulegen wären, beginnt die Frist zu laufen. Geht der Landesplanungsbehörde tatsächlich bereits ohne vorherige Abstimmung zur Erforderlichkeit einer Raumverträglichkeitsprüfung ein ausgearbeiteter Antrag mit Verfahrensunterlagen zu, sollte dem Vorhabenträger spätestens in der hiervon geringfügig abweichenden Frist von einem Monat, die der Bundesgesetzgeber in § 15 Abs. 2 Satz 3 ROG für die Vollständigkeitsprüfung der Unterlagen vorgesehen hat, eine Mitteilung zugehen, falls von der Einleitung einer Raumverträglichkeitsprüfung abgesehen werden soll.

Eine **Fristüberschreitung ist weder im ROG noch im NROG mit Folgen belegt**. Allerdings dürfte ein Vorhabenträger im Falle einer Anzeige ohne eine anderslautende Mitteilung nach Ablauf der Vierwochenfrist wohl davon ausgehen, dass eine Raumverträglichkeitsprüfung entbehrlich ist und nicht eingeleitet wird. Es bestünde dann die Möglichkeit, dass er unverzüglich eine Zulassung seines Vorhabens beantragt. 45

Hat eine Landesplanungsbehörde zwar schon bei ihrer Prüfung einer Anzeige entschieden, dass eine Raumverträglichkeitsprüfung erforderlich ist, aber reichen die mit der Anzeige vorgelegten Unterlagen noch nicht zur sofortigen Einleitung eines entsprechenden Verfahrens aus, sollte dem Vorhabenträger dieses Ergebnis jedenfalls innerhalb von vier Wochen nach der Anzeige mitgeteilt werden (zu Folgen einer Nichteinhaltung der Frist zur Nachforderung fehlender Verfahrensunterlagen vgl. Erl. Vor §§ 9–13 Rn. 34).

5. Besonderheiten bei raumbedeutsamen Planungen und Maßnahmen des Bundes

Bei **Bundesvorhaben** darf die Landesplanungsbehörde nach § 15 Abs. 4 Satz 6 ROG über die Einleitung bzw. das Erfordernis einer Raumverträglichkeitsprüfung **nur im Benehmen mit der zuständigen öffentlichen Stelle des Bundes**, mit der im Auftrag des Bundes tätigen öffentlichen Stelle oder mit der Person des Privatrechts nach § 5 Abs. 1 ROG, die öffentliche Aufgaben für den Bund durchführt, entscheiden. Öffentliche Stellen sind solche im Sinne der Legaldefinition des § 3 Abs. 1 Nr. 5 ROG. Personen des Privatrechts sind insbesondere privatisierte Unternehmen der Daseinsvorsorge, z. B. Deutsche Bahn AG, Deutsche Telekom AG oder Autobahn GmbH des Bundes. 46

Um **Benehmen** herzustellen, ist die entsprechende Bundesbehörde oder für den Bund tätige Stelle oder Person zur Frage der Einleitung des Verfahrens zu beteiligen und es muss eine **sachgerechte Auseinandersetzung mit von dort vorgebrachten Aspekten** erfolgen, bevor die Landesplanungsbehörde über das Erfordernis eines Verfahrens zur Raumverträglichkeitsprüfung entscheidet. Sie ist dabei – anders als in Fällen einer Einvernehmensherstellung – nicht an die bundesseitig vertretene Auffassung gebunden. In der Vergangenheit war die Praxisrelevanz dieser Regelung in Niedersachsen eher gering, da gerade bei den in den Anwendungsbereich der Norm fallenden großen Verkehrsinfrastrukturmaßnahmen mit mehreren Planungsalternativen in der Regel von allen Beteiligten die Prüfung der Raumverträglichkeit und Ermittlung einer möglichst raum- und umweltverträglichen Vorzugstrasse begrüßt wurde, wenn kein Fall nach § 9 Abs. 2 NROG vorlag. 47

§ 10
Durchführung des Verfahrens zur Raumverträglichkeitsprüfung

(1) [1]Der Einleitung eines Verfahrens zur Raumverträglichkeitsprüfung kann eine Antragskonferenz mit dem Vorhabenträger auf Grundlage von ihm vorzulegender geeigneter Unterlagen vorausgehen, um das Erfordernis eines Verfahrens, den Untersuchungsrahmen oder die für eine Raumverträglichkeitsprüfung notwendigen Verfahrensunterlagen zu erörtern. [2]Die Landesplanungsbehörde kann hierzu die wichtigsten am Verfahren zu beteiligenden öffentlichen Stellen, Verbände und Vereinigungen sowie sonstigen Dritten hinzuziehen. [3]Die Antragskonferenz kann in Form eines Präsenztermins oder unter Zuschaltung aller oder einzelner Teilnehmer per Video- oder Telefonkonferenztechnik erfolgen. [4]Soweit das Erfordernis eines Verfahrens, der Untersuchungsrahmen oder die für eine Raumverträglichkeitsprüfung notwendigen Verfahrensunterlagen nicht in einer Antragskonferenz abgestimmt werden, können sie auf Grundlage eines schriftlichen oder elektronischen Austauschs, auch unter Hinzuziehung der in Satz 2 Genannten, festgelegt werden. [5]Werden für das Verfahren Unterlagen in besonderen Formaten benötigt, so hat der Vorhabenträger diese auf Anforderung vorzulegen. [6]Die Landesplanungsbehörde kann ferner die Vorlage von Gutachten verlangen und auf Kosten des Vorhabenträgers Gutachten einholen.

(2) [1]Die Frist nach § 15 Abs. 4 Satz 5 ROG, innerhalb derer dem Vorhabenträger aufgrund einer Anzeige gemäß § 15 Abs. 4 Satz 2 ROG die Entscheidung über die Einleitung eines Verfahrens zur Raumverträglichkeitsprüfung mitzuteilen ist, beginnt mit Feststellung der Vollständigkeit der erforderlichen Verfahrensunterlagen. [2]Die Landesplanungsbehörde kann zur Feststellung der Vollständigkeit der Verfahrensunterlagen und zur Abschätzung des Konfliktpotenzials des angezeigten Vorhabens eine Konferenz anberaumen, wobei Absatz 1 entsprechend gilt.

(3) Auf die Einleitung eines Verfahrens zur Raumverträglichkeitsprüfung besteht kein Rechtsanspruch.

(4) [1]Bei der Beteiligung der Öffentlichkeit und der in ihren Belangen berührten öffentlichen Stellen nach § 15 Abs. 3 ROG beträgt die Dauer der Veröffentlichung der Verfahrensunterlagen abweichend von § 15 Abs. 3 Satz 2 ROG einen Monat. [2]Die gemäß § 15 Abs. 3 Satz 6 in Verbindung mit Satz 5 ROG öffentlich bekannt zu machende Frist zur Stellungnahme darf die Dauer der Veröffentlichung der Verfahrensunterlagen um nicht mehr als eine Woche überschreiten. [3]Mit Ablauf der Frist sind für dieses Verfahren alle Stellungnahmen ausgeschlossen, die nicht auf besonderen privatrechtlichen Titeln beruhen. [4]Hierauf ist mit der öffentlichen Bekanntmachung der Frist zur Stellungnahme nach § 15 Abs. 3 Satz 6 ROG hinzuweisen. [5]Geht der Untersuchungsraum, auf den sich die Raumverträglichkeitsprüfung für das Vorhaben erstreckt, über das Gebiet der zuständigen Landesplanungsbehörde hinaus, so ist die Bekanntmachung auch im Niedersächsischen Ministerialblatt zu veröffentlichen. [6]Öffentliche Bekanntmachungen der oberen Landesplanungsbehörden werden im Niedersächsischen Ministerialblatt vorgenommen. [7]Die zu beteiligenden öffentlichen Stellen sind über die Veröffentlichung der Verfahrensunterlagen im Internet und die Inhalte der öffentlichen Bekanntmachung nach § 15 Abs. 3 Sätze 5 und 6 ROG und nach Satz 4 elektronisch gesondert zu benachrichtigen.

(5) Die Landesplanungsbehörde kann dem Vorhabenträger und den von ihm Beauftragten die im Beteiligungsverfahren eingegangenen Stellungnahmen und Äußerungen zur Verfügung stellen, um eine Erwiderung zu ermöglichen; die Anforderungen an die Übermittlung personenbezogener Daten nach der Datenschutz-Grundverordnung und § 5 des Niedersächsischen Datenschutzgesetzes bleiben unberührt.

(6) [1]Anregungen und Bedenken, die sich auf wesentliche Inhalte des Vorhabens beziehen, können erörtert werden. [2]Eine Erörterung kann in Form eines Präsenztermins oder unter Zuschaltung aller oder einzelner Teilnehmer per Video- oder Telefonkonferenztechnik erfolgen.

(7) [1]Werden die Verfahrensunterlagen während oder nach der Durchführung der Beteiligung nach § 15 Abs. 3 ROG und den Absätzen 4 bis 6 geändert, so ist ein ergänzendes Beteiligungsverfahren zu den geänderten Teilen der Unterlagen nur nach § 15 Abs. 3 ROG und den Absätzen 4 und 5 und nur durchzuführen, wenn sich durch die Änderungen die Betroffenheit der raumbedeutsamen Belange wesentlich ändert. [2]Die Dauer der Veröffentlichung der Verfahrensunterlagen im Internet und einer etwaigen Bereitstellung derselben über andere Zugangsmöglichkeiten sowie die Frist zur Stellungnahme sollen angemessen verkürzt werden.

(8) [1]Erklärt der Vorhabenträger während eines Verfahrens zur Raumverträglichkeitsprüfung, dass das Vorhaben nicht mehr weiterverfolgt wird, so ist das Verfahren unverzüglich ohne eine Landesplanerische Feststellung nach § 11 einzustellen. [2]Wird das Verfahren zur Raumverträglichkeitsprüfung auf Antrag des Vorhabenträgers gemäß § 15 Abs. 1 Satz 7 ROG über die sechsmonatige Frist nach § 15 Abs. 1 Satz 3 ROG hinaus weitergeführt, so ist es ohne eine Landesplanerische Feststellung nach § 11 einzustellen, wenn

1. eindeutig erkennbar ist, dass das Vorhaben nicht mehr weiterverfolgt wird, oder

2. **der Vorhabenträger die für eine Weiterführung des Verfahrens nötigen Unterlagen nicht innerhalb einer angemessenen, von der Landesplanungsbehörde zu setzenden Frist beibringt.**

[3]Soll die Einstellung des Verfahrens nach Satz 2 erfolgen, so ist der Vorhabenträger vorher anzuhören.

Erläuterungen

Übersicht

1. Vorbereitung einer Raumverträglichkeitsprüfung, Antragskonferenz (Absatz 1)

1.1 Antragsberatung

1 Absatz 1 enthält vor allem Regelungen zu einer **Antragskonferenz, um im Vorfeld des Verfahrens zentrale Fragen zu klären**, insbesondere zum nötigen Untersuchungsrahmen und den erforderlichen Verfahrensunterlagen. **Vor einer Antragskonferenz oder einem anderen formalisierten Abstimmungsprozess** nach § 10 Abs. 1 Satz 1 oder Satz 4 NROG erfolgt entsprechend des Bedarfs des Vorhabenträgers auf Grundlage seiner bisherigen Planungsvorstellungen eine **allgemeine Information und Beratung** durch die Landesplanungsbehörde (analog zu § 25 Abs. 1 VwVfG). Die Beratung dient dazu, potenzielle Antragsteller über die rechtlichen Rahmenbedingungen eines Verfahrens zur Raumverträglichkeitsprüfung, die im Falle einer Antragstellung nötigen Verfahrensschritte und etwa entstehende Kosten zu informieren oder auf Aspekte hinzuweisen, die einem Verfahren ggf. entgegenstehen. Favorisiert der Vorhabenträger bereits einen bestimmten Standort, kann beratend schon auf relevante Erfordernisse der Raumordnung im betroffenen Planungsraum hingewiesen werden.

2 Die Beratung dient ferner der **Abklärung, welche Unterlagen als Grundlage für eine Antragskonferenz oder eine vergleichbare Abstimmung benötigt werden**, sofern nicht von vornherein eindeutig festgestellt werden kann, dass ein Verfahren zur Raumverträglichkeitsprüfung entbehrlich ist. Letzteres kann z. B. der Fall sein, wenn ein Vorhaben erkennbar als nicht raumbedeutsam i. S. des § 3 Abs. 1 Nr. 6 ROG einzustufen ist oder schon zu diesem Zeitpunkt ein Verzichtsgrund nach § 9 Abs. 2 Satz 1 NROG zweifelsfrei ersichtlich ist.

3 Im Zuge einer Beratung kann ferner erörtert werden, **ob ein Vorhabenträger anstelle eines Antrags eher eine Anzeige nach § 15 Abs. 4 Satz 2 ROG in Betracht zieht**, weil er

eine Raumverträglichkeitsprüfung für nicht erforderlich hält und ob die Landesplanungsbehörde diese Einschätzung ggf. gem. § 10 Abs. 2 Satz 2 NROG im Rahmen einer Konferenz mit anderen von dem Vorhaben berührten Stellen erörtern will.

1.2 Antragskonferenz

1.2.1 Zweck der Antragskonferenz

Die **Antragskonferenz** bietet **eine Plattform für die frühzeitige, zielgerichtete Kommunikation zwischen dem Vorhabenträger, der Landesplanungsbehörde und ggf. weiteren Stellen**, um möglichst rasch das Verfahren zur Raumverträglichkeitsprüfung einleiten zu können. Ihre Ermöglichung entspricht dem im November 2023 abgeschlossenen „Pakt für Planungs-, Genehmigungs- und Umsetzungsbeschleunigung zwischen Bund und Ländern", kurz „**Deutschlandpakt**". Dieser sieht vor, dass die Durchführung einer Antragskonferenz – möglichst früh vor Antragsstellung – bei komplexen Verfahren und geringer Erfahrung der Beteiligten in Genehmigungsverfahren zum Regelfall werden soll. 4

In der Praxis hat sich die Durchführung einer Antragskonferenz im Vorfeld einer Raumverträglichkeitsprüfung bewährt, gleichwohl darf im Einzelfall hierauf auch verzichtet werden. Mit der NROG-Änderung durch Gesetz vom 17.4.2024 wurde es – anders als bisher – **in das Ermessen der zuständigen Landesplanungsbehörde gestellt, ob eine vorbereitende Antragskonferenz durchgeführt wird**. Wenn etwa im Einzelfall der Untersuchungsrahmen zweifelsfrei feststeht und eine Konferenz keinen nennenswerten Mehrwert erbringt, kann sie entfallen. Besteht hingegen noch Abstimmungsbedarf zur Vorbereitung der Raumverträglichkeitsprüfung, kann die Landesplanungsbehörde eine Antragskonferenz durchführen oder entscheiden, sich auf anderem Weg mit dem Vorhabenträger, berührten öffentlichen Stellen oder Dritten auszutauschen (vgl. Rn. 21). 5

Wenn die Entbehrlichkeit eines Verfahrens zur Raumverträglichkeitsprüfung nicht bereits vorher zweifelsfrei festgestellt worden ist (s. Erl. zu § 9 NROG), **kann** die Antragskonferenz **der Feststellung dienen, ob eine Raumverträglichkeitsprüfung erforderlich ist, und zugleich deren Vorbereitung unterstützen**. Dabei soll sie sich auf die Klärung weniger elementarer Fragen beschränken, nämlich was Gegenstand des Verfahrens sein soll, welchen Planungsstand und welches raumbedeutsame Konfliktpotenzial das jeweilige Vorhaben hat sowie **welchen Umfang eine Raumverträglichkeitsprüfung und die dafür nötigen Unterlagen haben sollen**. Dazu gehört die **Klärung, ob und ggf. welche Standort- oder Trassenalternativen ernsthaft in Betracht kommen** und auf ihre Raumverträglichkeit geprüft werden sollten. 6

Es ist dabei **nicht Zweck der Antragskonferenz**, dem Beteiligungsverfahren nach § 15 Abs. 3 ROG i. V. m. § 10 Abs. 4 NROG vorzugreifen und **inhaltliche Stellungnahmen zu dem Vorhaben entgegenzunehmen oder zu erörtern**. Ebenso wenig gehört eine Erörterung des Bedarfs für das betreffende Vorhaben zu den Aufgaben der Antragskonferenz, sondern lediglich die – davon abzugrenzende – Diskussion zur Erforderlichkeit einer Raumverträglichkeitsprüfung für das verfolgte Vorhaben. Die Antragskonferenz kann im Einzelfall zwar auch aufzeigen, dass eine förmliche Raumverträglichkeitsprüfung entfallen kann, grundsätzlich **dient sie aber insbesondere dazu, den Inhalt und Umfang der für die raumordnerische Prüfung notwendigen Verfahrensunterlagen zu erörtern**. Sie ist insofern eine Weiterführung der Antragsberatung mit einer Abstimmung in einem größeren Kreis. Ihre Ergebnisse sollen den Vorhabenträger in die Lage versetzen, die benötigten Verfahrensunterlagen zu erarbeiten und zusammenzustellen, um zügig die Einleitung der Beteiligung im Verfahren zur Raumverträglichkeitsprüfung zu ermöglichen. 7

Bei UVP-pflichtigen Vorhaben diente die Antragskonferenz früher zugleich als Abstimmungstermin nach § 15 Abs. 3 UVPG zu Inhalt, Umfang und Detailtiefe eines UVP-Berichts sowie zu Gegenstand, Umfang und Methoden der in das Verfahren einzubeziehenden Umweltverträglichkeitsprüfung (**sog. „Scopingtermin"). Diese Funktion der Antragskonferenz ist jedoch infolge der 2023 erfolgten Änderungen der §§ 2 und 49** 8

UVPG i. V. m. dem neuen § 15 Abs. 1 Satz 2 Nr. 3 ROG entfallen. Zwar ist im Zuge der Raumverträglichkeitsprüfung nach wie vor eine überschlägige Prüfung raumbedeutsamer Auswirkungen des Vorhabens auf Schutzgüter nach § 2 Abs. 1 UVPG zu leisten, aber es besteht keine Bindung mehr an förmliche Anforderungen des UVPG wie etwa die Vorlage eines UVP-Berichts. Für die in § 15 Abs. 1 ROG geforderte überschlägige Prüfung der Auswirkungen auf Umweltgüter bedarf es voraussichtlich nur einer pauschaleren Klärung, welche umweltbezogenen Angaben benötigt werden.

9 Kommt es nach der Antragskonferenz durch geänderte Überlegungen des Vorhabenträgers zu einer **Änderung oder Erweiterung des Verfahrensgegenstandes** (z. B. Änderung des geplanten Standortes oder der Dimension eines Vorhabens, Einbringung neuer Alternativen), kann bei Bedarf auch eine **nachträgliche Abstimmung** notwendig sein, um zu klären, welche Unterlagen im Einzelnen noch ergänzend beizubringen sind.

10 Denkbar ist ferner, dass sich **erst im Verlauf eines Verfahrens zur Raumverträglichkeitsprüfung neue Erkenntnisse** ergeben, die zu einer Untersuchung weiterer Standort- oder Trassenalternativen führen. In diesem Fall muss die Landesplanungsbehörde prüfen, ob und inwieweit zusätzliche Unterlagen benötigt werden und erforderlichenfalls deren Umfang mit dem Vorhabenträger sowie ggf. unter Einbeziehung einzelner öffentlicher Stellen abstimmen. Solche **Abstimmungsprozesse während des Beteiligungsverfahrens** sind Teil desselben und stellen üblicherweise keine erneute Antragskonferenz i. S. des § 10 Abs. 1 NROG dar, da sich diese nur auf die Vorbereitung eines Verfahrens zur Raumverträglichkeitsprüfung bezieht und ihm zeitlich vorgelagert ist. Durch die strikte Begrenzung der Dauer einer Raumverträglichkeitsprüfung auf sechs Monate (§ 15 Abs. 1 Satz 3 ROG) müssen innerhalb des Verfahrens nötig werdende Abstimmungen sehr zügig erfolgen.

1.2.2 Unterlagen für die Antragskonferenz

11 § 10 Abs. 1 Satz 1 NROG setzt die **Vorlage geeigneter Unterlagen durch den Träger des Vorhabens** voraus, die der Landesplanungsbehörde und den ggf. an der Antragskonferenz beteiligten Stellen erlaubt, sich einen Eindruck vom Gegenstand des Verfahrens und des betroffenen Raums zu verschaffen sowie den Untersuchungsrahmen und Verfahrensfragen zu erörtern. Ist ein Vorhabenträger noch unentschlossen, ob ein Antrag sinnvoll ist oder zieht er die Beantragung einer Raumverträglichkeitsprüfung bereits in Erwägung, erfolgt die Vorlage nach Beratung mit der Landesplanungsbehörde oder im Zusammenhang mit der konkreten Ankündigung eines Antrags. Sie können auch einem (frühen) Antrag beigefügt sein, der erklärtermaßen noch ohne vollständige Verfahrensunterlagen vorgelegt wird.

12 Die Unterlagen müssen **Angaben** enthalten, **aufgrund derer die Beteiligten die räumliche Bedeutung und typischen Auswirkungen des Vorhabens sowie etwaiger Alternativen abschätzen können**. Dies erfordert

- eine Kurzbeschreibung des geplanten Vorhabens und des betroffenen Raums sowie der voraussichtlichen raumbedeutsamen Auswirkungen des Vorhabens, einschließlich Umweltauswirkungen auf die in § 2 Abs. 1 UVPG genannten Schutzgüter
- eine Übersichtskarte, in der die geplante Lage und etwaige vom Vorhabenträger erwogene Alternativstandorte oder -trassen dargestellt sind
- einen Vorschlag zur räumlichen Abgrenzung sowie zur inhaltlichen Ausgestaltung des Untersuchungsrahmens, auf den sich die Raumverträglichkeitsprüfung erstrecken soll. Bei großen Infrastrukturvorhaben ist es gängige Praxis, erste Analysen zu möglichen Raumwiderständen vorzulegen.

Die Unterlagen werden den Teilnehmerinnen und Teilnehmern in der Praxis meist zeitgleich mit der Einladung zur Antragskonferenz übermittelt, damit diese sich vorbereiten und sachdienliche Hinweise und Vorschläge zur Festlegung des Untersuchungsrahmens für die Raumverträglichkeitsprüfung geben können.

1.2.3 Teilnehmerkreis

Wer neben der Landesplanungsbehörde und dem Vorhabenträger zum **Teilnehmerkreis** der Antragskonferenz gehört, **entscheidet die Landesplanungsbehörde** nach pflichtgemäßem Ermessen. Sie kann gem. § 10 Abs. 1 Satz 2 NROG aus dem Kreis der im späteren Verfahren zu Beteiligenden die wichtigsten Behörden, aber auch Verbände und Vereinigungen sowie sonstige Dritte hinzuziehen. 13

Eine Teilnahme kommt vor allem für diejenigen **Träger öffentlicher Belange** in Betracht, von denen wesentliche Hinweise zum Untersuchungsrahmen erwartet werden können (z. B. die räumlich betroffenen Kommunen und Behörden mit besonderen Fachkenntnissen) oder deren umweltbezogener Aufgabenbereich durch das Vorhaben berührt wird. Aber auch andere Organisationen, die über wichtige Kenntnisse verfügen und aufgrund ihrer Tätigkeit mit förmlichen Verfahren vertraut sind, können an der Antragskonferenz beteiligt werden. So hat sich die Hinzuziehung der nach dem UmwRG anerkannten, landesweit tätigen **Naturschutzvereinigungen** bewährt und als üblicher Standard etabliert. Ferner können bei Bedarf Sachverständige, betroffene Behörden anderer Staaten und sonstige Dritte einbezogen werden (z. B. Vertreter von Planungsbüros oder Gutachter, die der Vorhabenträger beauftragen will). 14

Eine Beteiligung der **Behörde, die später über die Zulassung des Vorhabens zu entscheiden hätte**, ist zweckmäßig, um die entlastende Wirkung des Ergebnisses der Raumverträglichkeitsprüfung für das spätere Zulassungsverfahren effektiv nutzen zu können. Vergleichbares gilt in Bezug auf die Behörde, die etwa bei Verkehrsinfrastrukturprojekten noch für ein etwaiges der Zulassung vorgelagertes Linienbestimmungsverfahren zuständig ist. 15

Eine **Beteiligung der Öffentlichkeit erfolgt im Regelfall nicht**, denn die Antragskonferenz dient keiner breiten öffentlichen Diskussion über ein Vorhaben. Sie ist nicht für die vorgezogene Behandlung von Anregungen und Bedenken möglicher Betroffener vorgesehen, zumal Grundlage der Antragskonferenz nur eine skizzenartige Kurzbeschreibung des Vorhabens ist. Es **liegt allerdings im Ermessen der Landesplanungsbehörde**, inwieweit sie die Hinzuziehung von Vertretern sonstiger Vereinigungen wie etwa Bürgerinitiativen oder anderer Dritter für zweckdienlich hält, um mögliche Verfahrenserschwernisse im späteren Ablauf zu vermeiden (etwa weil dadurch mögliche planungsrelevante Hinweise auf Problemfelder schon so frühzeitig bekannt werden, dass sie erforderlichenfalls in den beizubringenden Unterlagen reflektiert und „abgearbeitet" werden können). Die Vorteile eines möglichen Erkenntnisgewinns sind dabei abzuwägen gegenüber möglichen Nachteilen wie etwa dem Risiko, dass sich die Diskussion auf nicht in der Antragskonferenz zu behandelnde Aspekte ausweitet, und ein zügiger, geordneter Diskussionsablauf erschwert wird. 16

Häufig ist es ein wichtiges Anliegen, die **Transparenz für die Öffentlichkeit** schon in der Phase der Vorbereitung eines Verfahrens zur Raumverträglichkeitsprüfung zu gewährleisten. Dies kann statt durch eine Öffnung der Antragskonferenz für Teilnehmer aus der Öffentlichkeit aber auch über andere Informations- und Kommunikationswege gewährleistet werden, wie z. B. Veröffentlichung der Unterlagen für die Antragskonferenz und deren Ergebnis im Internet, soweit dem keine anderen Belange entgegenstehen. 17

Denkbar sind ferner **gesonderte Informationsveranstaltungen des Vorhabenträgers** für die Öffentlichkeit. Im Verfahren zur Raumverträglichkeitsprüfung ist eine Öffentlichkeitsbeteiligung nach § 15 Abs. 3 ROG i. V. m. § 10 Abs. 4 NROG erst dann vorgesehen, wenn das Planungskonzept in Form der Verfahrensunterlagen vorliegt. Durch diese dem Zulassungsverfahren vorgelagerte Öffentlichkeitsbeteiligung bedarf es keiner gesonderten „frühen Öffentlichkeitsbeteiligung" nach § 25 Abs. 3 VwVfG. Es bleibt dem Vorhabenträger jedoch unbenommen, eine solche trotzdem auf freiwilliger Basis in engem zeitlichen Zusammenhang mit der Antragskonferenz durchzuführen und sein Vorhaben dort der Öffentlichkeit vorzustellen und mit ihr zu erörtern. Bei Verkehrsinfrastrukturmaßnahmen des Bundes in öffentlicher Trägerschaft wird die „frühe Öffentlichkeitsbeteiligung" nach 18

§ 25 Abs. 3 VwVfG zusätzlich empfohlen (vgl. Bundesministerium für Verkehr und digitale Infrastruktur, „Handbuch für eine gute Bürgerbeteiligung“, März 2014).

1.2.4 Form der Antragskonferenz

19 § 10 Abs. 1 Satz 1 NROG sieht hierfür ein **„Erörtern“** vor, worunter bislang stets ein direkter **mündlicher Austausch** zwischen den Anwesenden auf einer **Präsenzveranstaltung** verstanden wurde. Mit § 22 Abs. 2 NROG a. F. (eingefügt durch Art. 16 Gesetz zur Änderung niedersächsischer Rechtsvorschriften aus Anlass der COVID-19-Pandemie vom 15.7.2020) wurden jedoch befristet bis 31.12.2022 **Verfahrenserleichterungen ermöglicht**. Zunächst war dies nur vorgesehen, solange eine epidemische Lage von nationaler oder landesweiter Tragweite oder ein Katastrophenfall festgestellt worden war. Diese Tatbestandsvoraussetzungen sind jedoch später bei Änderung des NROG durch Art. 4 des Gesetzes vom 7.12.2021 entfallen. Inzwischen ist die befristete Sonderregelung in § 22 NROG außer Kraft getreten und ihr Inhalt wurde dauerhaft in die Bestimmungen zur Antragskonferenz in § 10 Abs. 1 NROG integriert.

20 Neben einer mündlichen Erörterung, bei der die Teilnehmenden persönlich am gleichen Ort anwesend sind, ist nach § 10 Abs. 1 Satz 3 ebenfalls die **Erörterung mittels Video- oder Telefonkonferenztechnik** zulässig, wobei auch eine **Kombination der Formate** wie die technische Zuschaltung nur einzelner Teilnehmenden zu einer Präsenzveranstaltung erfolgen kann oder sich einzelne Personen lediglich per Telefon an einer Videokonferenz beteiligen. Angesichts der fortgeschrittenen Digitalisierung ist davon auszugehen, dass die für eine Nutzung dieser Option notwendigen technischen Ressourcen und Kenntnisse heutzutage im Regelfall vorausgesetzt werden können. Die zunächst anlässlich der COVID-19-Pandemie befristet als Alternativen zu Präsenzterminen eingeführten Optionen haben sich in der Praxis bewährt und werden deshalb nun dauerhaft ermöglicht.

1.3 Anderweitige Abstimmungsmöglichkeiten

21 § 10 Abs. 1 Satz 4 eröffnet zusätzlich die Option, für die notwendigen Abstimmungen **anstelle oder ergänzend zu einem mündlichen Austausch** auf einer Antragskonferenz einen **anderen schriftlichen oder elektronischen Weg** für einen **textlichen Austausch** zu wählen. Dabei können die zur Vorklärung dienenden Unterlagen über das Vorhaben, die sonst Gegenstand einer Antragskonferenz gewesen wären, von der Landesplanungsbehörde zu einer Einschätzung elektronisch an die Stellen versandt werden, deren Rückäußerung sie bei der Festlegung des Untersuchungsrahmens und der benötigten Verfahrensunterlagen unterstützen können. Eine Kombination der in § 10 Abs. 1 Satz 3 und 4 genannten Optionen ist nicht ausgeschlossen, z. B. wenn im Anschluss an eine Videokonferenz den Teilnehmenden noch Gelegenheit gegeben wird, ergänzende Aspekte per E-Mail zu übermitteln, um eine bestmögliche Abstimmung des Untersuchungsrahmens zu erreichen.

1.4 Abstimmungsinhalte

1.4.1 Untersuchungsumfang, Inhalt und Detaillierungsgrad der Verfahrensunterlagen

22 Abzustimmen ist gem. § 10 Abs. 1 Satz 1 insbesondere, **wie der Untersuchungsrahmen** für die Raumverträglichkeitsprüfung **räumlich abgegrenzt werden soll**. Hierfür ist von Bedeutung, wie weitreichend die Auswirkungen des jeweiligen Vorhabens von den Beteiligten eingeschätzt werden und inwieweit realistische Alternativen in die Raumverträglichkeitsprüfung einzubeziehen sind. Dies kann dazu führen, dass abweichend vom Vorschlag des Vorhabenträgers eine Ausweitung oder Verkleinerung des Untersuchungsgebietes angeregt wird.

23 Einen besonderen Stellenwert hat dabei die Frage, ob das **Vorhaben standortgebunden ist oder alternative Standorte bzw. Trassen** i. S. des § 15 Abs. 1 Satz 2 Nr. 2 ROG **in Betracht kommen**, oder ob es beim erreichten Planungsstand des Vorhabens noch **zulässige Aus-**

führungsvarianten gibt, die den Raum in grundlegend anderer Weise beeinflussen würden. Es muss abgeklärt werden, auf welchen Raum sich die verschiedenen in Betracht kommenden Alternativen voraussichtlich auswirken. Gegenstand der Raumverträglichkeitsprüfung sind nur räumliche Alternativen, die den Standort oder die Trasse des geplanten Vorhabens betreffen (vgl. Erl. vor §§ 9–13 Rn. 15), nicht aber „Alternativkonzepte", die inhaltlich gänzlich vom verfolgten Verfahrensgegenstand abweichen.

Nicht jede denkbare oder vorgeschlagene räumliche Alternative ist zu verfolgen, sondern **es sollen diejenigen herausgefiltert werden, die ernsthaft in Betracht zu ziehen sind**, weil ihnen nicht von vornherein grundlegende rechtliche oder sachliche Ausschlussgründe entgegenstehen. Im Interesse einer zügigen und kostengünstigen Durchführung des Verfahrens zur Raumverträglichkeitsprüfung soll in der Antragskonferenz geklärt werden, welche Vorhabenalternativen ernsthaft in Betracht kommen **und welche im Rahmen einer Grobprüfung bereits im Vorfeld ausgeschieden werden können**, weil sie aus raumordnerischer Sicht oder aufgrund schwerwiegender Umweltauswirkungen keine Aussicht auf Verwirklichung haben (vgl. Erl. vor §§ 9–13 Rn. 16). Ergänzend ist abzustimmen, inwieweit der Vorhabenträger in den auszuarbeitenden Unterlagen Aussagen über die wesentlichen Auswahlgründe von Vorhabenalternativen unter Berücksichtigung der raumbedeutsamen Auswirkungen, einschließlich solcher auf die Umwelt, treffen muss. Dass einzelne Alternativen für den Vorhabenträger ggf. mit höherem Aufwand oder einer Modifizierung des Vorhabens verbunden wären, führt nicht zwangsläufig dazu, diese aus der Untersuchung auszuschließen. Die wirtschaftliche Zumutbarkeit bestimmter Alternativen ist jedoch in die Gesamtabwägung einzubeziehen. Eine Grenze ist dort erreicht, wo unangemessen hoher Mehraufwand entstünde oder das Vorhaben inhaltlich so stark verändert würde, dass es nicht mehr der Intention des Vorhabenträgers entspricht. 24

Des Weiteren bedarf es einer **Abstimmung des sachlichen Untersuchungsumfangs**. Dazu sind Hinweise auf **mögliche Konflikte mit anderen raumbedeutsamen Planungen und Maßnahmen** sowie **mit anderen raumbedeutsamen Belangen und Umweltgütern** aufzugreifen. Es ist abzustimmen, welche inhaltlichen Aspekte näher zu untersuchen sind, und welche Verfahrensunterlagen dafür als erforderlich angesehen werden. Dabei können die Beteiligten vortragen, zu welchen Aspekten sie ggf. weitere Untersuchungen oder Sachverständigengutachten für notwendig halten, die bisher vom Vorhabenträger nicht vorgesehen waren. Insgesamt ist darauf hinzuwirken, dass die Unterlagen für das Verfahren zur Raumverträglichkeitsprüfung (textliche Darstellungen und Erläuterungen über das geplante Vorhaben und seine raumbedeutsamen Auswirkungen, begleitende Tabellen und Fachbeiträge, zeichnerische Darstellungen zur Lage des Vorhabens und etwaiger Standort- oder Trassenvarianten etc.) aussagekräftig genug sind, um die Vereinbarkeit des Vorhabens mit den Erfordernissen der Raumordnung bzw. mit den sonstigen Planungen und Raumnutzungsansprüchen prüfen zu können. 25

Beim Austausch darüber, **welche Detailtiefe von den Antragsunterlagen erwartet werden kann**, ist zu berücksichtigen, dass es sich beim Verfahren zur Raumverträglichkeitsprüfung um ein dem eigentlichen Zulassungsverfahren vorgelagertes Verfahren handelt, dessen Gegenstand keine genaue Genehmigungsplanung ist. Die Planung des Vorhabens hat zwar schon Gestalt angenommen, befindet sich aber in einem frühen Stadium und ist noch variabel; teils sind noch verschiedene Standort- bzw. Trassenalternativen möglich. Daher kann für die raumordnerische Betrachtung, die sich gem. § 15 Abs. 1 Satz 2 ROG **auf eine Prüfung unter überörtlichen Gesichtspunkten beschränkt, kein überhöhter Anspruch an den Detaillierungsgrad der Unterlagen** gestellt werden. Vielmehr muss der landesplanerische Betrachtungsmaßstab des Verfahrens zur Raumverträglichkeitsprüfung berücksichtigt werden (**in aller Regel Maßstabsebene 1:25 000**). 26

Auch die im Verfahren notwendige **überschlägige Prüfung von Umweltauswirkungen muss nur dem überörtlichen Prüfauftrag des raumordnerischen Verfahrens** entsprechen und keinen Detaillierungsgrad wie bei Unterlagen für ein Zulassungsverfahren aufweisen. Die Unterlagen müssen lediglich detailliert genug sein, um raumbedeutsame Umweltaus- 27 wirkungen beurteilen zu können. So müssen z. B. zwar regelmäßig Aussagen über das grundsätzliche Vorkommen und Lebensräume geschützter Arten, bekannte Flugrouten und bedeutende Brut- und Rastplätze gefährdeter Vogelarten etc. im Untersuchungsraum getroffen werden, aber soweit auf der Maßstabsebene der Raumordnung keine Flächen erkennbar sind, auf denen mit hinreichender Wahrscheinlichkeit mit Konflikten zu rechnen ist, kann eine detaillierte artenschutzrechtliche Prüfung dem Zulassungsverfahren vorbehalten bleiben.

28 **In Bereichen räumlicher Engstellen**, in denen z. B. durch Wohnsiedlungen, Natura-2000-Gebiete oder besonders gewichtige Raumwiderstände anderer Art nur ein sehr **konfliktbehafteter, schmaler Korridor** für ein Straßen- oder Leitungsbauvorhaben zur Verfügung steht, **kann jedoch im Einzelfall ein höherer Detaillierungsgrad für die raumordnerische Prüfung sinnvoll sein**. Derartige „Lupenbetrachtungen" können ausnahmsweise nötig sein, um die Konfliktsituation landesplanerisch zu beurteilen und die Raumverträglichkeit von Trassenalternativen sachgerecht vergleichen zu können. Es bedarf einer frühzeitigen Abstimmung, ob und ggf. für welche Bereiche dies in den einzureichenden Verfahrensunterlagen zu berücksichtigen ist.

1.4.2 Weitere Anforderungen an die Verfahrensunterlagen (Form, Geheimhaltungsansprüche)

29 Abstimmungsbedürftig sind Fragen zur **Form** der benötigten Verfahrensunterlagen (§ 10 Abs. 1 Satz 5), etwa inwieweit **neben Unterlagen in bestimmten elektronischen Datenformaten** auch **papiergebundene Unterlagen** benötigt werden. Zudem sollte bei Bedarf geklärt werden, ob für in der Antragskonferenz nachgefragte Angaben ein Geheimhaltungsbedürfnis besteht und diese nicht offengelegt werden sollen.

30 Zwar sieht § 15 Abs. 3 ROG ein weitgehend digitalisiertes Verfahren vor, aber auch die Schaffung von mindestens einer oder mehreren leicht erreichbaren Zugangsmöglichkeiten zu den Unterlagen, insbesondere für Personen, die über keinen Internetzugang verfügen. Mit dem ausdrücklichen Verweis in § 15 Abs. 3 Satz 7 ROG auf **„analoge Zugangsmöglichkeiten"** hat der Bundesgesetzgeber eine klare Entscheidung dazu getroffen, dass im Regelfall auch gedruckte Unterlagen erforderlich sind, soweit dies angemessen und zumutbar ist. Es ist daher abzustimmen, in welcher Anzahl schriftliche Verfahrensunterlagen nötig sind, etwa um im Beteiligungsverfahren ergänzend eine öffentliche Auslegung oder den Versand gedruckter Ausfertigungen zu ermöglichen.

31 Liegen Erkenntnisse darüber vor, dass im Untersuchungsraum größere Bereiche mit schlechter Internetversorgung betroffen sind, wäre ggf. auch zu erörtern, ob zusätzlich **Datenträger** für einen Versand digitaler Unterlagen benötigt werden.

32 Ferner sollte geklärt werden, in welchem für die weitere Bearbeitung geeigneten, verkehrsüblichen elektronischen Format die Verfahrensunterlagen seitens des Trägers des Vorhabens bereitzustellen sind (§ 15 Abs. 2 Satz 2 ROG). Üblich ist vor allem die Bereitstellung von **Dateien im PDF-Format**, da dies auch in der Öffentlichkeit verbreitet ist. Mit Blick auf eine möglichst effiziente Beteiligung öffentlicher Stellen, die vielfach mit Geoinformationssystemen (GIS) arbeiten, kann es jedoch – insbesondere bei linearen Infrastrukturvorhaben mit vielen Trassenalternativen – sinnvoll sein, sich über eine mögliche Bereitstellung von **Karten auch in einem GIS-Datenformat** zu verständigen. Da allerdings eine Verwendung an bestimmte enge Nutzungsbedingungen gebunden sein kann, unterliegt dies Grenzen.

33 Ebenfalls ist abzustimmen, ob bei der Beschreibung des Vorhabens in den Verfahrensunterlagen auf eine **Wahrung von Geschäfts- oder Betriebsgeheimnissen** eines Vorhabenträgers oder auf die zur Wahrung von Bundes- oder Landesinteressen oder aus anderen Gründen erforderliche **Geheimhaltung von Angaben – etwa zu kritischer Infrastruktur** – zu achten ist (§ 15 Abs. 3 Satz 3 und 4 ROG). Ist dies der Fall, muss ggf. eine besondere Form der Darstellung gewählt werden und geklärt werden, welche Teile der für die Raumver-

träglichkeitsprüfung benötigten Unterlagen nicht zur Veröffentlichung im Beteiligungsverfahren geeignet sind.

In aller Regel bedarf es in einem Verfahren zur Raumverträglichkeitsprüfung auf Grundlage eines sehr frühen Planungsstandes keiner so detaillierten Vorhabensbeschreibung, dass damit etwa Geschäfts- oder Betriebsgeheimnisse dargelegt werden müssten, die nach Art. 12 und 14 GG geschützt sind. Sofern die Raumverträglichkeitsprüfung jedoch in seltenen Fällen Unterlagen erfordern sollte, die **Geschäfts- oder Betriebsgeheimnisse** enthalten, hat der Vorhabenträger einen Anspruch auf deren Schutz (§ 15 Abs. 3 Satz 3 ROG). Die betroffenen **Unterlagen sind getrennt von den übrigen Verfahrensunterlagen vorzulegen** und von der Landesplanungsbehörde vertraulich zu verwahren. Der Vorhabenträger muss dann ersatzweise eine **zusätzliche Inhaltsdarstellung** für die Verwendung im Beteiligungsverfahren beibringen. Diese muss so beschaffen sein, dass die Verfahrensbeteiligten im Kontext mit den sonstigen Unterlagen die raumbedeutsamen Auswirkungen des Vorhabens noch beurteilen können. **34**

Unter dem Begriff „Geschäfts- und Betriebsgeheimnis" werden unternehmensbezogene Angaben zu Tatsachen, Umständen und Vorgängen verstanden, die nicht offenkundig, sondern nur einem begrenzten Personenkreis zugänglich sind und an deren Geheimhaltung gegenüber Wettbewerbern und der Öffentlichkeit ein berechtigtes und ausdrücklich bekundetes Interesse des Inhabers besteht. Ein **berechtigtes Interesse an der Geheimhaltung** besteht, wenn die Offenlegung der Informationen geeignet ist, **exklusives technisches oder kaufmännisches Wissen** den Marktkonkurrenten zugänglich zu machen und so die Wettbewerbsposition des Unternehmens nachteilig zu beeinflussen (BVerfG, Beschl. vom 14.3.2006 – 1 BvR 2087/03 –, BVerfGE 115, 205; NVwZ 2006 S. 1041; BVerwG, Beschl. vom 28.11.2013 – 20 F 11.12 –, www.bverwg.de; BVerwG, Beschl. vom 13.2.2014 – 20 F 11.13 –, www.bverwg.de; BVerwG, Beschl. vom 27.4.2016 – 20 F 13.15 –, www.bverwg.de). Geschäftsgeheimnisse beziehen sich auf den kaufmännischen Bereich eines Unternehmens und Angaben, durch die die wirtschaftlichen Verhältnisse eines Betriebs maßgeblich bestimmt werden (wie z. B. Angaben zu Umsätzen und Ertragslagen, Geschäftsbücher, Kundenlisten, Bezugsquellen, Marktstrategien, Kalkulationsunterlagen, Vertragswerke). Betriebsgeheimnisse betreffen dagegen technisches Wissen im weitesten Sinne (z. B. spezielle technische Verfahren und Herstellungsprozesse, Konstruktionszeichnungen, Rezepturen, Patentanmeldungen, besondere Entwicklungs- und Forschungsprojekte). Geschäfts- und Betriebsgeheimnisse müssen in den Verfahrensunterlagen vom Vorhabenträger ausdrücklich als solche gekennzeichnet werden. Allgemein bekannte Umstände und Vorgänge sind aber auch dann keine Betriebs- oder Geschäftsgeheimnisse, wenn der Inhaber sie als solche bezeichnet (vgl. BVerwG, Urt. vom 4.1.2005 – 6 B 59.04 –, ZUM-RD 2005 S. 244; BAG, Urt. vom 15.12.1987 – 3 AZR 474/86 –, BAGE 57, 159, 167 f.; NJW 1988 S. 1686). **35**

Unterliegen Angaben aufgrund wichtiger Bundes- oder Landesinteressen der Geheimhaltung, verlangt die Regelung des § 15 Abs. 3 Satz 4 ROG vom Vorhabenträger ebenfalls die Vorlage einer aus sich heraus **verständlichen und zusammenhängenden Darstellung, die den Inhalt der Unterlagen ohne Preisgabe des jeweiligen Geheimnisses beschreibt**. Dadurch kann dem Informationsinteresse der Öffentlichkeit ebenso Rechnung getragen werden wie den nationalen Sicherheitsinteressen, um keine sensiblen Angaben für etwaige kriminelle Vereinigungen, extremistische Organisationen oder ausländische Nachrichtendienste zugänglich zu machen. Die ROG-Regelung wurde 2023 vor dem Hintergrund geschaffen, dass die bei internetgestützten Beteiligungsverfahren einem unbegrenzten Personenkreis zugänglich gemachten Verfahrensunterlagen auch für sachfremde Zwecke automatisiert auffindbar und auswertbar sind (BT-Drs. 20/5830 S. 44 f.). Hierdurch wurde ein **höheres Risiko der Beeinträchtigung von Sicherheitsinteressen befürchtet**. Von Bedeutung ist dies insbesondere in Bezug auf Details zur Ausführung **kritischer Infrastrukturen, deren Funktionieren für das Gemeinwesen unverzichtbar ist** und deren Aus- **36**

fall oder Beeinträchtigung daher nachhaltig wirkende Versorgungsengpässe, erhebliche Störungen der öffentlichen Sicherheit oder andere dramatische Folgen hätte.

Zur kritischen Infrastruktur gehören beispielsweise Einrichtungen, die der Energie- und Wasserversorgung, dem Verkehr oder der medizinischen Versorgung der Bevölkerung dienen. Eine Einordnung, welche Informationen in diesem Zusammenhang sicherheitsrelevant sind, dürfte angesichts der stetigen Weiterentwicklung von Technologien nicht immer einfach sein, weil Potenziale und Risiken nicht sicher prognostiziert werden können (vgl. *Grünberger/Zschiesche*, NuR 2024 S. 735). Angesichts der enormen Fortschritte im Bereich der Computertechnik und der Künstlichen Intelligenz, durch die Informationen ausgewertet werden können, ist es daher im Vorfeld einer Raumverträglichkeitsprüfung wichtig, sich dazu auszutauschen, welche Angaben geeignet wären, dem Wohl des Bundes oder eines Landes Nachteile zuzufügen und deshalb nicht explizit in den Unterlagen erwähnt werden dürfen.

37 Geheimhaltungserfordernisse können ferner bei raumbedeutsamen **Planungen und Maßnahmen der Verteidigung und des Zivilschutzes** bestehen (§ 15 Abs. 2 Satz 6 ROG). Die Entscheidungskompetenz hierüber liegt allein bei den bundesgesetzlich bestimmten zuständigen Stellen (vgl. Rn. 47 ff.).

1.4.3 Vorlage von Gutachten

38 Sind zur Prüfung und Bewertung der raumbedeutsamen Auswirkungen des Vorhabens besondere **Gutachten** erforderlich, kann die Landesplanungsbehörde gem. § 10 Abs. 1 Satz 6 NROG vom Vorhabenträger deren Vorlage verlangen oder diese auf seine Kosten einholen. Die Regelung geht auf eine erstmals in § 14 Abs. 2 Satz 2 Niedersächsisches Gesetz über Raumordnung und Landesplanung vom 6.12.1973 (Nds. GVBl. S. 495) enthaltene Bestimmung zurück, wonach die Landesplanungsbehörde „**nach Bedarf Sachverständige hinzuziehen**" konnte. Die frühere Formulierung machte deutlicher, dass es um den **Umgang mit besonderen Einzelfragen geht, für deren Beantwortung Spezialwissen benötigt wird**. Da die ursprüngliche Regelung jedoch recht unbestimmt war und etwa Kostenaspekte unberücksichtigt ließ, erfolgte im Laufe der Zeit eine Umformulierung.

39 In aller Regel müssen die erforderlichen Gutachten **vom Vorhabenträger selbst in Auftrag gegeben** und wie alle übrigen Verfahrensunterlagen von ihm als Grundlage für die Einleitung des Verfahrens zur Raumverträglichkeitsprüfung vorgelegt werden. Der **Landesplanungsbehörde steht eine Einschätzungsprärogative hinsichtlich der inhaltlichen Nachvollziehbarkeit und Verwertbarkeit zu**.

40 Ob ausnahmsweise Gründe für eine **Einholung durch die Landesplanungsbehörde** sprechen könnten – etwa weil eine sog. „Inhousevergabe" i. S. des § 108 GWB (ohne Bindung an das Vergaberecht) zweckmäßig ist oder um bei Gutachten zu sehr umstrittenen Fragestellungen jeden Anschein einer parteiischen Beinflussung des Gutachtens zu vermeiden –, muss im Zuge der Antragskonferenz oder eines vergleichbaren Abstimmungsprozesses vorgeklärt werden. Dabei müssten auch die Nachteile wie z. B. der meist erhebliche behördliche Arbeits- und Zeitaufwand für die Vergabe eines öffentlichen Auftrags berücksichtigt werden und es wären Finanzierungs- und Abrechnungsmodalitäten zu klären.

41 **Planungsaufträge** zur Erarbeitung von zusätzlichen Verfahrensunterlagen über ernsthaft in Betracht kommende Standort- oder Trassenalternativen **fallen nicht unter gutachterliche Sachverständigenleistungen** i. S. des § 10 Abs. 1 Satz 6 NROG. Unterlässt es ein Vorhabenträger, benötigte Verfahrensunterlagen zu ernsthaft in Betracht kommenden Alternativen beizubringen, kann die Landesplanungsbehörde daher solche Unterlagen nicht auf Kosten des Vorhabenträgers selbst in Auftrag geben.

42 Grundsätzlich kann auch noch **während des Verfahrens zur Raumverträglichkeitsprüfung Bedarf für die Einholung von Gutachten** entstehen, wenn unvorhergesehene Konflikte oder spezifische Einzelprobleme sichtbar werden und damit entscheidungserhebliche Fragestellungen verbunden sind, zu denen die Landesplanungsbehörde nicht über die erforderliche Sachkunde verfügt. Ergibt sich die Notwendigkeit, ergänzende Gutachten erarbeiten zu lassen, konnte die Landesplanungsbehörde früher das Verfahren währenddessen vorübergehend aussetzen. Diese Möglichkeit wurde inzwischen **durch die strikten Bestimmungen zur Verfahrensdauer in § 15 Abs. 1 ROG limitiert.** Bundesgesetzlich ist eine über die in § 15 Abs. 1 Satz 3 ROG vorgesehene sechsmonatige Verfahrensdauer hinausreichende Weiterführung des Verfahrens nur auf Antrag des Vorhabenträgers möglich (§ 15 Abs. 1 Satz 7 ROG).

1.5 Dokumentation der Ergebnisse, Unterrichtung des Vorhabenträgers

Die **Landesplanungsbehörde dokumentiert die Ergebnisse** der Antragskonferenz oder vergleichbarer Abstimmungsprozesse. Daraus sollte auch ersichtlich sein, mit welchem Ergebnis die Frage der Erforderlichkeit eines Verfahrens zur Raumverträglichkeitsprüfung abgeschlossen wurde, wenn hierüber nicht bereits eine gesonderte Entscheidung getroffen wurde (vgl. Erl. zu § 9 Rn. 24 ff.). Ist ein solches Verfahren erforderlich, sollte die Landesplanungsbehörde ferner dokumentieren, ob ein beschleunigtes oder nur ein umfassendes Verfahren in Betracht kommt. Sie legt danach den Untersuchungsinhalt und -umfang für die Raumverträglichkeitsprüfung einschließlich der ggf. vertieft zu untersuchenden Vorhabenalternativen fest und listet auf, welche Unterlagen der Vorhabenträger dafür beizubringen hat und in welcher Form dies geschehen soll. 43

Hat eine beteiligte Stelle faktisch keine Fachinformationen zugeliefert und **keinen Beitrag zum Untersuchungsrahmen geleistet**, ist dies unschädlich und entfaltet keine Sperrwirkung, die es verbietet, den Untersuchungsrahmen zu bestimmen. Die Landesplanungsbehörde kann den Untersuchungsrahmen insoweit nach eigenem Fachwissen und Erfahrungswerten selbst festlegen. 44

Die **Landesplanungsbehörde unterrichtet den Vorhabenträger und** nachrichtlich die weiteren an der Antragskonferenz oder Abstimmungsprozess **Beteiligten über den gem. § 10 Abs. 1 NROG festgelegten Untersuchungsrahmen**. Die sachgerechte, klare und umfassende Unterrichtung über die vom Vorhabenträger vorzulegenden Unterlagen ist erforderlich, um das Verfahren zur Raumverträglichkeitsprüfung effektiv und strukturiert durchführen zu können und Verzögerungen und Schwierigkeiten während des Verfahrens weitgehend auszuschließen. 45

Die Festlegung des sachlichen und räumlichen Untersuchungsrahmens steht allerdings unter dem Vorbehalt, dass sich infolge einer Weiterentwicklung des Planungsstandes keine grundlegende Modifizierung der Vorhabensplanung ergibt. Sie steht ferner unter dem Vorbehalt möglicher Änderungen der Sach- und Rechtslage. In begründeten Fällen, z. B. auf Grund zwischenzeitlicher Veränderungen im Planungsraum, neuer fachlicher Erkenntnisse, neuer rechtlicher Vorgaben oder zur Anpassung von Unterlagen an den aktuellen Planungsstand des Vorhabens, bleibt es der Behörde möglich, ergänzende Unterlagen nachzufordern.

Reicht ein Vorhabenträger Antragsunterlagen ein, bevor ein Untersuchungsrahmen festgelegt ist, ist dies unschädlich, macht dessen förmliche Festlegung durch die Landesplanungsbehörde aber als **Maßstab für die gebotene Prüfung der Vollständigkeit der Antragsunterlagen** nicht entbehrlich. Die Festlegung des Untersuchungsrahmens sollte dann schnellstmöglich erfolgen, damit die bereits vorliegenden Antragsunterlagen innerhalb der dafür in § 15 Abs. 2 Satz 3 ROG vorgesehenen Monatsfrist auf Vollständigkeit überprüft und erforderlichenfalls Nachforderungen erfolgen können. Wird die Monatsfrist für die Vollständigkeitsprüfung überschritten, ohne dass etwaige fehlende Unterlagen nachgefordert werden, verkürzt dies die faktisch verfügbare Zeit für das Verfahren zur Raumverträglichkeitsprüfung, weil als Verfahrensbeginn dann gem. § 15 Abs. 2 Satz 5 ROG rückwirkend der Zeitpunkt des mit Verfahrensunterlagen versehenen Antragseingangs gilt (vgl. Erl. vor §§ 9–13 Rn. 34). 46

1.6 Ausnahmeregelungen für Unterlagen über raumbedeutsame Vorhaben der Verteidigung und des Zivilschutzes

47 Bei raumbedeutsamen **Planungen und Maßnahmen der Verteidigung oder des Zivilschutzes** liegt gem. § 15 Abs. 2 Satz 6 ROG die Entscheidung über Art und Umfang der für ein Verfahren zur Raumverträglichkeitsprüfung **vorzulegenden Unterlagen und Angaben** nicht in der Hand der Landesplanungsbehörde. Bei Vorhaben der Verteidigung **entscheidet hierüber das Bundesministerium der Verteidigung oder eine vom ihm bestimmte Stelle, bei Vorhaben des Zivilschutzes die dafür jeweils zuständige Stelle**. Diese Stellen können gem. § 15 Abs. 3 Satz 9 ROG auch auf die Gestaltung des Verfahrens zur Beteiligung der Öffentlichkeit Einfluss nehmen und dadurch die Inhalte und Ergebnisse der Antragskonferenz oder anderweitiger vorbereitender Abstimmungen zu notwendigen Verfahrensunterlagen maßgeblich beeinflussen.

48 **Raumbedeutsame Planungen und Maßnahmen der Verteidigung** können Bundeswehreinrichtungen wie Kasernen, Truppenübungsplätze, Flug- und Landeplätze, Marinestützpunkte, Versorgungsdepots, militärische Logistikzentren, sanitätsdienstliche Einrichtungen betreffen. Sie können aber auch andere raumbeanspruchende oder -beeinflussende militärische Anlagen betreffen, die der Verteidigung des deutschen Staatsgebietes und seiner Bürgerinnen und Bürger oder zum Schutz militärischer Bündnispartner dienen.

49 **Raumbedeutsame Planungen und Maßnahmen des Zivilschutzes** können sich beispielsweise auf größere bauliche Einrichtungen von Rettungsdiensten und des Technischen Hilfswerks, auf Lager- und Logistikeinrichtungen für die Katastrophenhilfe zur Versorgung und zum Schutz der Zivilbevölkerung oder zum Schutz von Kulturgütern beziehen. Auch Bauprojekte für öffentliche Schutzräume mit großem Einzugsbereich könnten hierunter fallen.

50 Die ROG-Regelungen sollen sicherstellen, dass **keine Informationen öffentlich bekannt gegeben werden, an deren Geheimhaltung ein besonderes öffentliches Interesse besteht**, weil durch ein Bekanntwerden nachteilige Auswirkungen auf Belange der Verteidigung oder auf bedeutsame Schutzgüter der öffentlichen Sicherheit im Bereich des Zivilschutzes zu befürchten wären. Nachteilige Auswirkungen könnten etwa darin liegen, dass sich das Risiko von Manipulationen oder Anschlägen auf wichtige Einrichtungen und Anlagen der Bundeswehr, von NATO-Bündnispartnern oder des Katastrophenschutzes erhöht, oder dass sich Behinderungen bei der Umsetzung dringlicher Maßnahmen des Katastrophenschutzes oder bei Maßnahmen zum Schutz der Zivilbevölkerung im Falle von Kriegsgeschehen ergeben.

2. Besonderheiten bei Anzeigen nach § 15 Abs. 4 Satz 2 ROG (§ 10 Absatz 2 NROG)

2.1 Frist zur Entscheidung über Einleitung einer Raumverträglichkeitsprüfung nach einer Anzeige

51 Ist nach Einschätzung der Landesplanungsbehörde bei einer **Anzeige zum Verzicht auf eine Raumverträglichkeitsprüfung** nach § 15 Abs. 4 Satz 2 ROG **abweichend von der Auffassung des Vorhabenträgers** aufgrund erwarteter raumbedeutsamer Konflikte eine **Raumverträglichkeitsprüfung erforderlich** (vgl. Erl. zu § 9 Rn. 24 ff.), richtet sich die **Frist zur Mitteilung ihrer Entscheidung** grundsätzlich nach § 15 Abs. 4 Satz 5 ROG. Danach hätte sie ihre Entscheidung zur Einleitung der Prüfung dem Vorhabenträger innerhalb von **vier Wochen nach dessen Anzeige** mitzuteilen, welcher gem. § 15 Abs. 4 Satz 3 ROG immer vollständige Verfahrensunterlagen nach § 15 Abs. 2 Satz 1 ROG wie bei Beantragung einer Raumverträglichkeitsprüfung beizufügen wären. Insbesondere wenn Vorhabenträger keine vorgelagerte Beratung in Anspruch nehmen, ist jedoch nicht auszuschließen, dass in der Praxis diejenigen, die gar keinen Antrag auf eine Raumverträglichkeitsprüfung stellen möchten, **zunächst eher „schlankere", unvollständige Unterlagen vorlegen** und es dadurch für die Landesplanungsbehörde **nicht möglich ist, die Anzeige inner-**

halb von vier Wochen zu prüfen und eine Entscheidung über die Einleitung einer Raumverträglichkeitsprüfung zu treffen.

Die **Fallkonstellation, dass die einer Anzeige beigefügten Verfahrensunterlagen** zunächst vor der Entscheidung über eine etwaige Einleitung einer Raumverträglichkeitsprüfung **vervollständigt werden müssen, hat der Bundesgesetzgeber in § 15 Abs. 4 ROG** – anders als in § 15 Abs. 2 Sätze 3 und 5 ROG – **nicht geregelt**. Es bestehen keine Anhaltspunkte dafür, dass es sich um eine bewusste Nichtregelung mit abschließendem Charakter handeln sollte, denn wenn die Anzeigeunterlagen in Ausnahmefällen als Grundlage für eine Raumverträglichkeitprüfung dienen sollen, wäre ihre Unvollständigkeit genauso aufzugreifen und zu beheben wie bei Antragsunterlagen. Vielmehr ist eher anzunehmen, dass die Nichtregelung in § 15 Abs. 4 ROG bloß darauf zurückzuführen ist, dass die Bestimmungen zum Anzeigeverfahren einfach ohne inhaltliche Anpassungen aus dem früheren § 15 Abs. 5 ROG in der bis zum 27.9.2023 geltenden Fassung übernommen wurden (vgl. BT-Drs. 20/4823 S. 28). Insofern bestand mangels bundesgesetzlicher Regelung **Spielraum für ergänzendes Landesrecht**, der in § 10 Abs. 2 Satz 1 NROG genutzt wurde, um den Zeitbedarf für eine Vervollständigung benötigter Unterlagen zu berücksichtigen. 52

§ 10 Abs. 2 Satz 1 NROG **legt ergänzend zum Bundesrecht fest, dass die vierwöchige Frist** nach § 15 Abs. 4 Satz 5 ROG, innerhalb derer ein Vorhabenträger über die etwa notwendige Einleitung eines förmlichen Verfahrens zur Raumverträglichkeitsprüfung zu informieren ist, **erst mit der Feststellung der Landesplanungsbehörde beginnt, dass die zur Beurteilung einer Anzeige nötigen Angaben tatsächlich vollständig vorliegen**, weil sie erst dann sachgerecht ermitteln kann, ob solche Konflikte mit Erfordernissen der Raumordnung und anderen raumbedeutsamen Planungen und Maßnahmen zu erwarten sind, die unbedingt die Einleitung einer förmlichen Raumverträglichkeitsprüfung erfordern. Mit dem landesgesetzlichen Anknüpfungspunkt an eine Feststellung der Vollständigkeit der Anzeigeunterlagen ist zugleich klargestellt, dass die Landesplanungsbehörde umgehend eine Vollständigkeitsprüfung eingehender Anzeigen vornehmen und sich bei Bedarf unverzüglich um die Beschaffung der notwendigen fehlenden Unterlagen und Informationen kümmern muss. 53

Es gibt allerdings eine **Sonderkonstellation, in der die als Ergänzungsrecht konzipierte landesgesetzliche Vorschrift zu einer Abweichung vom Bundesrecht führen kann**. Stellt die Landesplanungsbehörde aufgrund einer Anzeige des Vorhabenträgers fest, dass eine Raumverträglichkeitsprüfung einzuleiten ist und alle dafür nötigen Verfahrensunterlagen tatsächlich schon bei Eingang der Anzeige vorlagen, wäre nach Bundesrecht schon der Eingang der vollständigen Unterlagen für die Raumverträglichkeitsprüfung maßgeblich für die Mitteilungsfrist nach § 15 Abs. 4 Satz 5 ROG (innerhalb von vier Wochen nach Eingang der Anzeige). Durch die NROG-Regelung wird davon abgewichen, denn danach wird die Entscheidung über die Verfahrenseinleitung nicht rückwirkend an den Zeitpunkt geknüpft, in dem die Unterlagen faktisch schon vollständig waren, sondern an den (späteren) Zeitpunkt, in dem die Landesplanungsbehörde die Vollständigkeit der Unterlagen im Zuge ihrer Prüfung der Anzeige feststellt. Da das Land gem. Art. 72 Abs. 3 bzw. Art. 84 Abs. 1 GG die Befugnis zur Abweichungsgesetzgebung hat, ist die NROG-Regelung **kompetenzrechtlich nicht zu beanstanden**. Es fehlt lediglich die sonst übliche Kennzeichnung als Abweichungsrecht. Da in der Praxis – trotz des Wortlauts von § 15 Abs. 4 Satz 3 ROG – kaum zu erwarten ist, dass einer Anzeige zum Verzicht auf die Beantragung einer Raumverträglichkeitsprüfung regelmäßig die gleichen Unterlagen beigefügt werden, wie es bei einem Antrag der Fall wäre, dürfte § 10 Abs. 2 Satz 1 NROG voraussichtlich nur in seltenen Fällen als Abweichungsrecht wirken. Eine Kennzeichnung als Abweichungsrecht nur für diese wenigen Fälle hätte die Verständlichkeit und Lesbarkeit der Norm erheblich erschwert. Daher ist der Verzicht auf eine derartige, ohnehin nur deklaratorische Kennzeichnung nachvollziehbar. 54

2.2 Konferenz zur Abschätzung des Konfliktpotenzials eines angezeigten Vorhabens

55 § 10 Abs. 2 Satz 2 sieht ergänzend zum Bundesrecht vor, dass die Landesplanungsbehörde bei Vorlage einer Anzeige des Vorhabenträgers zum Verzicht auf eine Raumverträglichkeitsprüfung eine **gemeinsame Konferenz mit dem Vorhabenträger und berührten öffentlichen Stellen oder** – soweit zweckdienlich – **mit weiteren Beteiligten** nutzen kann, wenn sie dies für zweckmäßig hält, um eine sachgerechte Prüfung der Anzeige leisten zu können. Sie kann in diesem Rahmen erörtern, **inwieweit sich gegebenenfalls raumbedeutsame Konflikte abzeichnen**, welche Unterlagen zur genauen Beurteilung noch notwendig sind bzw. durch welche Informationen seitens der Beteiligten bestätigt werden kann, dass sich Konflikte vermeiden lassen oder aufgrund welcher anderen Abstimmungsverfahren eine förmliche Raumverträglichkeitsprüfung verzichtbar ist. So kann die Nachforderung von Unterlagen im Einzelfall vermieden oder auf ein Mindestmaß begrenzt und der Aufwand der Vorhabenträger zur Zusammenstellung von Unterlagen reduziert werden.

56 Für den Austausch sollen dieselben Formate möglich sein wie sie in § 10 Abs. 1 bezüglich vorbereitender Abstimmungen im Zusammenhang mit einer Antragstellung vorgesehen sind. Dies umfasst **Präsenzbesprechungen, Video- und Telefonkonferenzen** oder einen **schriftlichen Austausch** sowie eine Kombination dieser Optionen.

3. Kein Einleitungsanspruch (Absatz 3)

57 Absatz 3 stellt klar, dass auf die Einleitung – und damit auf die Durchführung – eines Verfahrens zur Raumverträglichkeitsprüfung **kein Rechtsanspruch** besteht, weder von Seiten des Vorhabenträgers noch seitens einzelner Kommunen oder möglicher Betroffener des Vorhabens.

58 Wenn ein Vorhabenträger eine Raumverträglichkeitsprüfung ausdrücklich beantragt, hat er zwar **Anspruch auf eine ermessensfehlerfreie Entscheidung über das Erfordernis zur Einleitung eines solchen Verfahrens**, aber keinen Rechtsanspruch auf die Durchführung. Es handelt sich um eine Entscheidung, die die Landesplanungsbehörde nach pflichtgemäßem Ermessen mit Blick auf die gesetzliche Funktion des Verfahrens zur Raumverträglichkeitsprüfung verwaltungsintern zu treffen hat. Sie hängt vom Ergebnis ihrer Prüfung ab, ob für das Vorhaben nach § 15 ROG i. V. m. § 9 NROG im konkreten Einzelfall eine Raumverträglichkeitsprüfung wegen potenzieller raumbedeutsamer Konflikte mit Erfordernissen der Raumordnung oder anderen Planungen und Maßnahmen geboten ist oder davon aus guten Gründen abgesehen werden kann (vgl. Erl. zu § 9 NROG). Dies korrespondiert mit der Gesetzesbegründung (BT-Drs. 19/22139 S. 28, seinerzeit zu § 15 Abs. 5 Satz 1 ROG a. F. – jetzt § 15 Abs. 4 Satz 1 ROG), wonach künftig auf Antrag des Vorhabenträgers das Verfahren auch nur *„bei Vorliegen insbesondere der übrigen Voraussetzungen nach § 15 Absatz 1 Satz 1 Raumordnungsgesetz durchgeführt wird"*. Aufwendige Verfahren zur Raumverträglichkeitsprüfung sollen nach wie vor auf die Fälle begrenzt bleiben, in denen sie sinnvoll und erforderlich sind.

59 Die **tatsächliche Durchführung einer Raumverträglichkeitsprüfung** und der Beginn des Beteiligungsverfahrens **hängen letztlich auch von der vollständigen Vorlage prüffähiger Unterlagen ab**. Selbst wenn dem Grunde nach bereits festgestellt wurde, dass eine Raumverträglichkeitsprüfung erforderlich ist, scheidet eine Einleitung aus, wenn keine aussagekräftigen Unterlagen zur Bewertung der Raumverträglichkeit des Vorhabens vorgelegt werden. Zur abweichenden Fallkonstellation, dass in den Verfahrensunterlagen lediglich Angaben über eine vorgeschlagene und ernsthaft in Betracht kommende, aber vom Träger des Vorhabens verworfene Standort- oder Trassenalternative fehlen, vgl. Erl. vor §§ 9–13 Rn. 17 ff.

60 Die Einleitung bzw. Durchführung eines Verfahrens zur Raumverträglichkeitsprüfung **kann nicht über eine Verpflichtungsklage nach § 42 Abs. 1 VwGO erstritten werden**, da diese bloß auf den Erlass eines Verwaltungsaktes gerichtet sein kann. Die Landesplanerische Feststellung als Ergebnis eines Verfahrens zur Raumverträglichkeitsprüfung hat den

Charakter einer gutachterlichen Stellungnahme (§ 15 Abs. 1 Satz 4 ROG), nicht den eines Verwaltungsaktes. Die Entscheidung, von einer beantragten Raumverträglichkeitsprüfung abzusehen, stellt nur den Verzicht auf einen Realakt bzw. schlichtes Verwaltungshandeln und mangels Regelungswillen keinen Verwaltungsakt dar.

Eine Verfahrenseinleitung kann auch **nicht im Wege der allgemeinen Leistungsklage erwirkt werden**. Grundsätzlich sind Leistungsklagen zwar denkbar, wenn die Vornahme eines schlichten Verwaltungshandelns begehrt wird. Ein Kläger muss jedoch auch bei einer allgemeinen Leistungsklage analog zu § 42 Abs. 2 VwGO geltend machen, durch die Verweigerung oder Unterlassung der Handlung möglicherweise in einem subjektiven Recht verletzt zu sein. Er müsste sich auf eine Rechtsgrundlage zu seinen Gunsten berufen können, die ihm einen Anspruch auf Einleitung bzw. Durchführung eines Verfahrens zur Raumverträglichkeitsprüfung einräumt und durch deren formell und/oder materiell rechtswidrige Anwendung er tatsächlich in seinen Rechten verletzt ist. Dass es an einer solchen Anspruchsgrundlage fehlt, stellt der Gesetzgeber durch § 10 Abs. 3 NROG ausdrücklich klar. 61

Die gerichtliche Überprüfung, ob der Zulassung oder Ablehnung eines Vorhabens eine Raumverträglichkeitsprüfung hätte vorausgehen müssen, kann gem. § 15 Abs. 6 ROG **allenfalls später inzident im Rahmen der Überprüfung der Zulassungs- oder Ablehnungsentscheidung** erfolgen. 62

Eine Überprüfung, ob die Landesplanungsbehörde beim Verzicht auf Verfahren zur Raumverträglichkeitsprüfung rechtmäßig gehandelt und insbesondere keine Ermessensfehler begangen hat, ist außerhalb einer gerichtlichen Inzidentkontrolle allenfalls im Wege der **Fachaufsicht** möglich. Dies dürfte sich jedoch auf Einzelfälle beschränken, denn die Aufsicht dient in erster Linie dem öffentlichen Wohl und nicht Interessen Einzelner. Ferner soll Aufsicht zurückhaltend ausgeübt werden (vgl. § 170 Abs. 1 Satz 3 NKomVG). D. h. die Fachaufsichtsbehörde ist keine „Kontrollinstanz" in dem Sinne, dass ihr die ständige Überwachung des Handelns einer nachgeordneten Landesplanungsbehörde obliegt, sondern eine Überprüfung wäre nur aus besonderem Anlass begründbar. 63

4. Beteiligung der Öffentlichkeit und öffentlicher Stellen (Absatz 4)

Die grundsätzliche **Pflicht zur Beteiligung der Öffentlichkeit und öffentlicher Stellen** im Verfahren zur Raumverträglichkeitsprüfung **ergibt sich aus § 15 Abs. 3 Satz 1 ROG**. Bundesgesetzlich sind auch die Beteiligungsabläufe im Wesentlichen geregelt. Diese gelten gleichermaßen für die Beteiligung der Öffentlichkeit – und zwar sowohl für die breite Öffentlichkeit als auch für die in Verbänden und Vereinigungen organisierte Öffentlichkeit – und für die Beteiligung öffentlicher Stellen. Das Verfahren umfasst eine Unterrichtung über das Vorhaben, die öffentliche Bereitstellung der Verfahrensunterlagen sowie das Einräumen einer Gelegenheit zur Stellungnahme. In § 10 Abs. 4 NROG werden **zur Beteiligung nur noch wenige landesspezifische Details geregelt**. Außerhalb des Absatzes 4 folgen in separaten Absätzen nur noch Regelungen zu einer optionalen mündlichen Erörterung von Stellungnahmen und zu einer begrenzten ergänzenden Beteiligung bei wesentlichen Änderungen des Vorhabens. Das Beteiligungsverfahren endet mit der abschließenden Information der Beteiligten über das Ergebnis der Raumverträglichkeitsprüfung, die als separater Verfahrensschritt in § 11 Abs. 3 NROG geregelt ist. 64

Durch die Neufassung des § 15 ROG wurden 2023 die früheren landesgesetzlichen Vorschriften zum Beteiligungsverfahren mit vergleichbaren Inhalten verdrängt und inzwischen im Zuge der Rechtsbereinigung aufgehoben. Da der Bundesgesetzgeber bei seinen **Beteiligungsvorschriften nicht zwischen öffentlichen Stellen und der Öffentlichkeit differenziert**, besteht inzwischen auch keine Notwendigkeit mehr, dafür landesgesetzlich – wie früher – getrennte Absätze im § 10 NROG vorzusehen, sondern sie wurden 2024 im neuen § 10 Abs. 4 NROG zusammengefasst. Viele Regelungen sind entfallen, um den Verfahrensaufwand zu minimieren. So wird bspw. hinsichtlich der Öffentlichkeitsbeteiligung **nicht mehr zwischen der in Vereinigungen und Verbänden „organisierten" Öffentlich-** 65

keit und der sonstigen Öffentlichkeit unterschieden, sodass keine speziellen Vorschriften mehr zur Beteiligung von Verbänden und Vereinigungen bestehen. Dies schließt jedoch laut Gesetzesbegründung zu § 10 Abs. 4 nicht aus, dass diese auf freiwilliger Basis unter Servicegesichtspunkten weiterhin gesondert über Raumverträglichkeitsprüfungen informiert werden, sofern dies keinen unverhältnismäßigen Aufwand verursacht und nicht zu Verfahrensverzögerungen führt (LT-Drs. 19/2630 S. 56).

4.1 Begriff der Öffentlichkeit, Hintergrund und Zweck der Öffentlichkeitsbeteiligung

66 Zur Öffentlichkeit gehören **alle natürlichen Personen und alle juristischen Personen des Privatrechts** (in Abgrenzung zum Kreis der juristischen Personen des öffentlichen Rechts) sowie deren Verbände und Vereinigungen, auch nicht-rechtsfähige Vereinigungen. Im Verfahren zur Raumverträglichkeitsprüfung ist die Öffentlichkeitsbeteiligung daher als „Jedermann"-Beteiligung ausgestaltet.

67 Unter dem Begriff **„organisierte Öffentlichkeit"** versteht man **Verbände und Vereinigungen**, in denen sich natürliche oder juristische Personen des Privatrechts aufgrund gemeinsamer Interessen organisiert haben. Diese können wirtschaftlicher, sozialer, ökologischer oder anderer Art sein, z. B. Unternehmerverbände verschiedener Branchen, Berufsverbände, Naturschutzverbände und -vereinigungen, Bürgerinitiativen und vieles mehr.

68 Die Öffentlichkeitsbeteiligung ging ursprünglich auf europarechtliche Entwicklungen zurück, die **Mitwirkungsrechte der Öffentlichkeit** an Entscheidungsverfahren **in Umweltangelegenheiten** verankerte. Mit dem Aarhus-Übereinkommen, das 2007 von Deutschland ratifiziert wurde, wurden völkerrechtlich weitreichende Beteiligungsstandards vereinbart, die im nationalen Recht umgesetzt wurden. Sie sollten das allgemeine Umweltbewusstsein fördern und dazu beitragen, die menschliche Gesundheit zu schützen, durch eine Verbesserung der Umweltbedingungen die Lebensqualität zu erhöhen und die Artenvielfalt und Ökosysteme zu erhalten. Zwar ist das Verfahren zur **Raumverträglichkeitsprüfung kein Entscheidungsverfahren, es trägt jedoch als Entscheidungshilfe dazu bei, dass Vorhaben raumverträglich – auch unter Berücksichtigung raumbedeutsamer Umweltbelange – gestaltet werden können**. Bereits 1994 wurde daher in Niedersachsen die Öffentlichkeitsbeteiligung für die damals noch als Raumordnungsverfahren bezeichnete Raumverträglichkeitsprüfung verpflichtend eingeführt, während sie in § 15 ROG zunächst 2008 nur optional und erst 2017 verpflichtend geregelt wurde. Unabhängig von der Bedeutung einer **frühzeitigen Information der Öffentlichkeit** über beabsichtigte umweltrelevante Großprojekte dient die Öffentlichkeitsbeteiligung heutzutage generell zur Teilhabe an Planungsprozessen.

69 Der Öffentlichkeit wird durch die Beteiligung **ermöglicht, frühzeitig Meinungen zu raumbedeutsamen öffentlichen und privaten Projekten zu äußern**, die im Rahmen der Beurteilung der Raumverträglichkeit durch die Landesplanungsbehörde ausgewertet werden. Die Äußerungen können ferner für den Vorhabenträger bei seiner Entscheidung über die Weiterverfolgung und Ausgestaltung seines Vorhabens von Belang sein.

70 Darüber hinaus dient die Öffentlichkeitsbeteiligung dazu, über ein im Werden befindliches, raumbedeutsames Vorhaben zu informieren und die damit verbundenen behördlichen **Prozesse für die Allgemeinheit schon in einer frühen Phase nachvollziehbar zu gestalten**, insbesondere wenn es sich um gemeinnützige Vorhaben handelt. Dadurch soll mehr Akzeptanz für das betroffene Vorhaben auf der Ebene des nachgelagerten Zulassungsverfahrens erreicht werden (vgl. Gesetzesbegründung zur 2017 erfolgten Änderung des § 15 Abs. 3 ROG, BT-Drs. 18/10883 S. 55).

4.2 Kreis der zu beteiligenden öffentlichen Stellen

71 § 15 Abs. 3 Satz 1 ROG sieht eine **Beteiligung der in ihren Belangen berührten öffentlichen Stellen** vor, denn die von ihnen zu vertretenden Belange und etwaige im Untersuchungsraum verfolgte Planungen und Maßnahmen können für die Raumverträglichkeits-

prüfung relevant sein. Anderseits kann das Ergebnis der Prüfung später für den jeweiligen Aufgabenbereich der öffentlichen Stellen von Bedeutung sein.

Die Beteiligungspflicht betrifft **öffentliche Stellen i. S. des § 3 Abs. 1 Nr. 5 ROG**, also „Behörden des Bundes und der Länder, kommunale Gebietskörperschaften, bundesunmittelbare und die der Aufsicht eines Landes unterstehenden Körperschaften, Anstalten und Stiftungen des öffentlichen Rechts" (vgl. Erl. zu § 1 Rn. 175 ff.). Neben staatlichen Behörden zählen hierzu z. B. Städte, Gemeinden, Samtgemeinden, Landkreise oder die Region Hannover, aber auch Körperschaften wie der Regionalverband „Großraum Braunschweig" oder Kammern (z. B. Landwirtschafts-, Industrie- und Handelskammer). Die Beteiligungspflicht besteht in Bezug auf alle öffentlichen Stellen, **deren Belange von dem Vorhaben berührt sein können**. Hierfür ist entscheidend, ob ihr **Aufgabenbereich räumlich und sachlich betroffen** sein kann. 72

Räumlich betroffen sind neben öffentlichen Stellen, die unmittelbar im Bereich des geplanten Standortes oder im Trassenverlauf des Vorhabens oder möglicher Alternativstandorte und -trassen zuständig sind, ferner solche Stellen, die durch weiterreichende Auswirkungen des Vorhabens berührt sein können. Dies gilt auch in Bezug auf betroffene Gemeinden. Da Verfahren für Raumverträglichkeitsprüfungen nur für überörtlich bedeutsame Vorhaben in Betracht kommen, gehören selbst bei standortgebundenen Vorhaben i. d. R. nicht nur die Standortgemeinde, sondern weitere vom Wirkungsbereich berührte Gemeinden zum Beteiligtenkreis. 73

Wird in der Nähe der deutsch-niederländischen Grenze eine raumbedeutsame Planung oder Maßnahme verfolgt, die **Auswirkungen auf den Nachbarstaat** haben kann, regelt § 15 Abs. 3 Satz 10 ROG dessen Beteiligung nach den Grundsätzen der Gegenseitigkeit und Gleichwertigkeit. Voraussetzung für eine Einbeziehung niederländischer Behörden in den Beteiligtenkreis ist, dass die voraussichtlichen Auswirkungen des Vorhabens die Erheblichkeitsschwelle überschreiten und sich mehr als nur unwesentlich auf den niederländischen Raum auswirken. Bei raumbedeutsamen Vorhaben im Bereich des Küstenmeeres (z. B. Offshore-Windpark, Verlegung von Seekabeln) ist zu prüfen, ob sich auch Auswirkungen auf andere Nordseeanrainerstaaten ergeben könnten und deren Beteiligung geboten ist. 74

Eine **sachliche Betroffenheit** kann gegeben sein, wenn sich das Vorhaben auf andere raumbedeutsame Planungen und Maßnahmen oder öffentliche Belange, die die jeweilige Stelle zu vertreten hat, auswirken könnte. Dies können sowohl Belange aus dem eigenen Wirkungskreis sein (z. B. bauleitplanerische Belange einer Gemeinde), als auch Belange aus dem von staatlicher Seite übertragenen Wirkungskreis (z. B. Belange des Naturschutzes). Selbst wenn ein Vorhaben thematisch der Beurteilung durch besondere Aufgabenträger enger zugeordnet wird (etwa Einzelhandelsgroßprojekte eher mit einer Beteiligung der Industrie- und Handelskammern verbunden werden oder großflächige Rohstoffabbauvorhaben mit einer Beteiligung des Niedersächsischen Landesamtes für Bergbau, Energie und Geologie), werden in aller Regel sachlich eine Vielzahl von Belangen berührt und der Beteiligtenkreis ist weit zu fassen. Oft zeigt sich erst durch die Beteiligung, welche Belange konkret in welcher Weise betroffen sind und wo sachliche Anknüpfungspunkte bestehen. 75

Ob einzelne Stellen – insbesondere kommunale Planungsträger – einen **Anspruch auf Beteiligung** geltend machen können, ist nicht abschließend beantwortet, aber nach hier vertretener Auffassung **in einem rein gutachterlichen Verfahren nicht gerechtfertigt**. Verneinend äußern sich auch *Goppel* (in Spannowsky/Runkel/Goppel, § 15 ROG Rn. 62) und *Schmitz* (in Bielenberg/Runkel/Spannowsky, ROG 2023, M § 15 Rn. 303 f.). Es wird damit argumentiert, dass die formelle Beteiligungspflicht nicht zwingend auf eine damit vom Gesetzgeber gewollte Schutzposition zu Gunsten der Beteiligten schließen lasse. Die Beteiligung diene nicht der Interessenswahrnehmung der Beteiligten, sondern einer möglichst umfassenden Information der Raumordnungsbehörde zur Erfüllung ihres im ROG formulierten Auftrags. Außerdem wird darauf verwiesen, dass allein der Anspruch auf Beteiligung nicht zu einer verstärkten Berücksichtigung der vorgebrachten Belange oder 76 einer Beachtenspflicht führen würde. Diese Argumentation überzeugt mit Blick auf den bloß gutachterlichen Charakter des Verfahrens zur Raumverträglichkeitsprüfung und die Möglichkeit für öffentliche Stellen, fachliche Belange im späteren, rechtsgestaltenden Zulassungsverfahren vorzubringen. Die Behördenbeteiligung im vorgelagerten Verfahren soll für die Raumverträglichkeitsprüfung nur den Informationshorizont der Landesplanungsbehörde erweitern, der letztlich die Bewertung des Vorhabens obliegt.

77 Die nach dem UmwRG **anerkannten Naturschutzvereinigungen** gehören trotz ihres Einsatzes für Belange von Natur und Umwelt **nicht zu den „öffentliche Stellen"** i. S. des § 3 Abs. 1 Nr. 5 ROG. Als juristische Personen des Privatrechts zählen sie zur sog. organisierten Öffentlichkeit und unterliegen daher ausschließlich den für die Öffentlichkeitsbeteiligung maßgeblichen Vorschriften.

4.3 Zugänglichmachung der Verfahrensunterlagen

4.3.1 Veröffentlichung der Unterlagen im Internet

78 Da heutzutage nicht nur öffentliche Stellen, sondern auch große Teile der Öffentlichkeit das Internet als jederzeit verfügbare Informationsquelle auch über umfangreiche Planungen nutzen, ist die **Veröffentlichung der Verfahrensunterlagen im Internet verpflichtend** (§ 15 Abs. 3 Satz 2 ROG). Durch die Zugänglichmachung der Unterlagen im Internet nahezu „rund um die Uhr" werden mittlerweile mehr Menschen erreicht als durch eine konventionelle Auslegung. Insbesondere für Menschen, die aufgrund ihrer Lebenssituation behördliche Auslegungsstellen nicht oder nur aufwendig erreichen können, wird dadurch eine leichtere Teilhabe am Verfahren ermöglicht. Die Regelung berücksichtigt insofern die zunehmende Digitalisierung nicht nur in der Verwaltung, sondern auch in privaten Lebensbereichen.

79 Dennoch **kann die digitale Einsichtnahme im Internet manchmal problematisch sein**, zum einen infolge etwaiger Lücken beim Netzzugang, zum anderen infolge begrenzter technischer Ausstattung in Privathaushalten und individueller Handhabungsschwierigkeiten. Zu Recht weist *Kukk* (BauR 2024 S. 709) darauf hin, dass insbesondere für private Betroffene z. B. die digitale Einsichtnahme in großformatige Karten nicht immer einfach ist und ein mühevolles Zoomen und Scrollen nur selten zu dem erforderlichen Gesamteindruck von der Planung und dem betroffenen Raum führt. Daher kann die Internetveröffentlichung der Verfahrensunterlagen andere Zugangsmöglichkeiten nicht vollständig ersetzen. Daneben ist – wenn auch in reduziertem Umfang – noch eine **Eröffnung weiterer Zugangswege zu den Unterlagen** gefordert. Insoweit dürfte nach wie vor **häufig eine begleitende öffentliche Auslegung papiergebundener Unterlagen** vorgesehen werden, um den Anforderungen des § 15 Abs. 3 Satz 7 ROG Rechnung zu tragen (vgl. Rn. 85 ff.).

80 Im Internet müssen die **Unterlagen für alle öffentlich einsehbar bzw. herunterladbar** sein. Es bleibt der Landesplanungsbehörde überlassen, ob sie die nötigen Informationen und Unterlagen in ihre eigenen Internetseiten einbindet oder eine gesonderte Internet-Beteiligungsplattform für das Verfahren zur Raumverträglichkeitsprüfung einrichtet.

81 Wie bei allen behördlichen digitalen Diensten ist mit der Nutzung des elektronischen Beteiligungsangebots die Verpflichtung verbunden, ausreichende **technische und organisatorische Vorkehrungen zur Daten- und Informationssicherheit** zu treffen. Hierzu gehören z. B. Sicherungsmaßnahmen gegen eine Systemüberlastung, erhebliche Störungen und Fehlfunktionen des Systems, gegen Manipulationen durch Unbefugte, zur Abwehr von Schadprogrammen sowie zur Sicherung gegen Datenverluste oder missbräuchliche Verwendung.

82 Eine **Bereitstellung von Verfahrensunterlagen im Internet** wird durch entsprechende technische Standards **in der Regel „rund um die Uhr"** an allen Wochentagen gesichert. Gleichwohl umfasst dies **faktisch nicht immer einen 24-Stunden-Betrieb**. So enthalten die für eine öffentliche Beschaffung von Leistungen im Bereich der Informationstechnik maß-

gebenden „Ergänzenden Vertragsbedingungen für die Beschaffung von IT-Leistungen (EVB-IT)", die von einem gemeinsamen Kooperationsausschuss von Bund, Ländern und Kommunen in Abstimmung mit dem Bundesverband Informationswirtschaft, Telekommunikation und neue Medien e. V. formuliert wurden, verschiedene Sonderbestimmungen. So muss etwa berücksichtigt werden, dass bei **IT-Leistungen unterschiedliche Verfügbarkeitsklassen zum Einsatz kommen, sodass mitunter geringe Ausfallzeiten tolerierbar sein können** (bei Verfügbarkeitsklasse VK 0 bis zu einem Tag pro Monat, siehe Anhang der „Ergänzenden Vertragsbedingungen für Cloudleistungen – EVB-IT Cloud-AGB" Version 1.01, Stand: 1.3.2022) und **nicht als Beeinträchtigung des normalen Betriebs zu bewerten** sind. Es ist zudem durchaus üblich, dass innerhalb bestimmter Zeitfenster regelmäßige Arbeiten an technischen Systemen und Software-Updates stattfinden, die zu kurzzeitigen Unterbrechungen führen können. Basiert beispielsweise der Einsatz einer internetgestützten Beteiligungsplattform auf einem standardisierten Vertrag für IT-Cloudleistungen, ist gem. Ziff. 8.3 der EVB-IT Cloud-AGB die Zeit von 04:00 bis 08:00 Uhr an Sonntagen als Zeit **geplanter Nichtverfügbarkeit (z. B. für Wartungsarbeiten)** bei der Berechnung der vertraglich garantierten Verfügbarkeit der IT-Leistungen nicht berücksichtigt.

Reguläre oder durch technische Störungen bedingte Unterbrechungen der Erreichbarkeit 83
einer Internetseite oder -plattform dürften **verfahrensrechtlich ohne Relevanz sein, solange dadurch die Informations- und Beteiligungsrechte nicht erheblich beeinträchtigt werden** und die grundsätzliche Zugriffsmöglichkeit bei der gebotenen Gesamtbetrachtung des Bereitstellungszeitraums gewährleistet bleibt. Angesichts der außerordentlich komfortablen Zugriffsmöglichkeit im Internet fast „rund um die Uhr" ist nicht davon auszugehen, dass geringfügige Unterbrechungen stets zu einer unzumutbaren Erschwernis des Zugangs zu den Unterlagen und einer unvertretbaren Beeinträchtigung von Beteiligungsrechten führen. Unterbrechungen einer Bereitstellung von Planunterlagen im Internet durch technische Störungen im zeitlichen Umfang von zwei bis drei Tagen hat das NdsOVG als *„nur eine Unbequemlichkeit, nicht aber eine ernsthafte Einschränkung der Einsichtnahme- und Beteiligungsmöglichkeit der Öffentlichkeit"* bewertet (Urt. vom 16.11.2023 – 1 KN 91/21 –, NVwZ-RR 2024 S. 679; BauR 2024 S. 465).

Es gehört zu den **Obliegenheiten der Landesplanungsbehörde, Meldungen über Störun-** 84
gen bei der Einsichtnahme von Unterlagen im Internet nachzugehen und im Falle einer Verifizierung über den beauftragten IT-Dienstleister beheben zu lassen. Ob etwaige Unterbrechungen der Zugriffsmöglichkeiten im Internet so nachhaltig sind, dass damit erhebliche Einschränkungen der Beteiligungsrechte einhergehen und ggf. eine Wiederholung der Beteiligung oder eine Verlängerung des noch laufenden Beteiligungszeitraums um den Zeitraum einer festgestellten Unterbrechung erfordern, muss die Landesplanungsbehörde im Einzelfall prüfen.

4.3.2 Öffentliche Auslegung der Unterlagen als analoger Zugangsweg

Die bis einschließlich 18.4.2024 noch in § 10 Abs. 5 NROG a. F. geregelte **öffentliche Aus-** 85
legung der Verfahrensunterlagen ist ein in Niedersachsen etablierter Standard, um die Öffentlichkeit zu beteiligen. Sie kann daher als ergänzende Zugangsmöglichkeit zu den Unterlagen i. S. des § 15 Abs. 3 Satz 7 ROG n. F. herangezogen werden; die Landesplanungsbehörde kann sich aber auch für einen anderen analogen Zugangsweg entscheiden (vgl. Rn. 97). Da die früher geläufige Einsichtnahme in papiergebundene Auslegungsunterlagen in Gemeinden stark rückläufig war (vgl. Begründung zu § 10 Abs. 5 NROG a. F., LT-Drs. 18/4777 S. 5) und zudem über die Bereitstellung der Unterlagen im Internet die Öffentlichkeit inzwischen effektiver erreicht werden kann, ist die bis 2020 noch übliche Auslegung der Unterlagen bei sämtlichen Gemeinden im Untersuchungsraum nicht mehr geboten. Vielmehr war seitdem eine **Auslegung am Standort der zuständigen Landesplanungsbehörde ausreichend**. Die ergänzende Auslegung der Unterlagen bei der zuständigen Landesplanungsbehörde bietet eine regelmäßig ausreichende, leicht zu erreichende Zugangsmöglichkeit, die allen Interessierten offensteht. Die Beibehaltung dieser Praxis wäre **im Regelfall angemessen und zumutbar**.

86 Es liegt im **Ermessen** der Landesplanungsbehörde, **ob bei Verfahren für Vorhaben, die sich sehr weiträumig über mehrere Landkreise hinaus auswirken** (z. B. große Leitungsbauvorhaben oder Verkehrsinfrastrukturprojekte), ergänzend eine **Auslegung etwa bei gut erreichbaren anderen Stellen** wie anderen berührten Landesplanungsbehörden oder Städten im Untersuchungsraum erfolgen soll, damit etwaige Wegezeiten für Interessierte zumutbar bleiben (hinsichtlich weiterer Anforderungen an die dortige Entgegennahme von Stellungnahmen zur Niederschrift s. Rn. 103). Bei der Entscheidung über etwaige weitere Auslegungsorte sollte jedoch nicht aus dem Blick verloren werden, dass der zentrale Beteiligungsweg über das Internet lediglich ergänzt werden soll und daher der Verfahrensaufwand für analoge Beteiligungsmöglichkeiten angemessen bleiben muss.

87 In der Regel ist es ausreichend, wenn im Auslegungszeitraum eine **Möglichkeit zur Einsichtnahme während der üblichen Dienststunden der Auslegungsstelle** besteht. Es muss jedoch sichergestellt sein, dass die bestehenden Beteiligungsrechte der Öffentlichkeit ausreichend gewahrt werden können und z. B. eine Einsicht in die Verfahrensunterlagen **nicht durch extrem kurze Öffnungszeiten einer Verwaltung erheblich erschwert und verengt** werden. Die Möglichkeit, einen ausgelegten Planentwurf zur Kenntnis zu nehmen, darf nicht unverhältnismäßig oder unzumutbar eingeschränkt sein (vgl. BVerwG, Urt. vom 4.7.1980 – 4 C 25.78 –, DÖV 1980 S. 764; DVBl 1981 S. 99). In der Praxis hat sich daher bewährt, Einsichtnahmen **auch außerhalb der üblichen Publikumszeiten nach telefonischer Terminabsprache** zu ermöglichen. Da die Auslegung überhaupt nur noch selten zur Information genutzt wird, dürfte hiermit auch keine unzumutbare Belastung der Behörde verbunden sein.

88 Die COVID-19-Pandemie hat 2020/ 2021 gezeigt, dass eine **öffentliche Auslegung nicht immer durchführbar** ist. Wenn der Zugang zu öffentlichen Gebäuden infolge einer Epidemie oder einer anderen Katastophe eingeschränkt ist, muss ein anderes, von einer Internetnutzung unabhängiges Zugangsangebot zu den Verfahrensunterlagen geschaffen werden, soweit dies mit verhältnismäßigem Aufwand möglich ist. In der Regel dürfte dann nur ein **Versand von Unterlagen auf Anforderung** in Betracht kommen.

4.3.3 Dauer der Veröffentlichung im Internet und Auslegung

89 § 10 Abs. 4 Satz 1 NROG sieht aufgrund Art. 72 Abs. 3 Nr. 4 und Art. 84 Abs. 1 Satz 2 GG **abweichend von § 15 Abs. 3 Satz 2 ROG für die Veröffentlichung von Unterlagen im Internet eine feste einmonatige Frist** (statt einer einmonatigen Mindestfrist) vor. Soweit nach § 15 Abs. 3 Satz 7 ROG zusätzlich weitere Zugangsmöglichkeiten zu den Verfahrensunterlagen eröffnet werden, wäre für deren Verfügbarkeit grundsätzlich die gleiche Frist einzuhalten. Eine Auslegung gedruckter Verfahrensunterlagen wäre demnach ebenfalls für die Dauer von einem Monat zu gewährleisten.

90 Da landesgesetzlich eine feste Frist normiert wurde, liegt es **nicht mehr im Ermessen der Landesplanungsbehörde, die Dauer der Veröffentlichung der Unterlagen großzügiger zu fassen** (etwa mit Rücksicht auf Hauptferienzeiten, Feiertage oder sog. Brückentage zwischen Wochenenden und Feiertagen). Bei einer gesetzlich geregelten, maximalen Auslegungsfrist in Planfeststellungsverfahren wird zwar eine längere Frist als an sich nicht zulässig, letztlich aber rechtlich als unschädlich angesehen (so *Ramsauer/Wysk* in Kopp/ Ramsauer, VwVfG, zu § 73 Rn. 49). Bei Raumverträglichkeitsprüfungen dürfte eine grundlegend längere Frist für die Veröffentlichung der Verfahrensunterlagen im Internet und für eine Auslegung derselben jedoch mit der Fristvorgabe des § 15 Abs. 1 Satz 3 ROG (Verfahrensabschluss innerhalb von sechs Monaten) schwer in Einklang zu bringen sein. Die strikte landesgesetzliche Fristvorgabe für die Dauer der Einsichtnahmemöglichkeiten in die Verfahrensunterlagen soll ermöglichen, dass für die Auswertung der Ergebnisse des Beteiligungsverfahrens und ihre Einbeziehung in die Raumverträglichkeitsprüfung sowie andere gegebenenfalls nötige Schritte ausreichend Zeit verbleibt und das gesamte Verfahren innerhalb der bundesgesetzlich vorgegebenen sechsmonatigen Frist mit einem verwertbaren Prüfergebnis abgeschlossen werden kann.

Losgelöst von den förmlichen Beteiligungserfordernissen soll es ausweislich der Gesetzes- 91
begründung **zulässig** bleiben, **als Serviceleistung die Verfahrensunterlagen auch über die Monatsfrist hinaus im Internet rein informell zur Verfügung zu stellen** (LT-Drs. 19/ 2630 S. 57). Geht die Landesplanungsbehörde rein informell über die landesgesetzlich bestimmte Veröffentlichungsfrist von einem Monat hinaus, muss aus der vorherigen öffentlichen Bekanntmachung klar ersichtlich sein, in welchem Zeitraum die digitalen Unterlagen explizit für das Beteiligungsverfahren bereitstehen, damit keine Missverständnisse über den Zeitraum für Äußerungsmöglichkeiten aufkommen. Die Landesplanungsbehörde ist also nicht gehindert, über den vorgegebenen Beteiligungszeitraum hinausgehend Unterlagen mit Blick auf höhere Transparenz des Verfahrens im Internet verfügbar zu halten.

In der Praxis ist darauf zu achten, dass bezüglich der Veröffentlichung von Unterlagen im 92
Internet und einer Auslegung nicht versehentlich „ein Monat" gleichgesetzt wird mit „vier Wochen", sondern die **Veröffentlichungsfrist** ordnungsgemäß bestimmt wird. Die **Berechnung** der Fristen für die Veröffentlichung der Verfahrensunterlagen richtet sich **analog zu § 31 VwVfG (i. V. m. § 1 NVwVfG) nach den §§ 187 ff. BGB**, soweit nicht § 31 Abs. 3 bis 5 VwVfG etwas anderes bestimmt. Nach § 187 Abs. 2 BGB beginnt die Frist mit dem ersten Tag der Bereitstellung der Unterlagen zur öffentlichen Einsichtnahme. Zu beachten ist dabei, dass die Bereitstellung im Internet und eine etwaige begleitende Auslegung als zusätzliches Informationsangebot nicht vor Ablauf der in § 15 Abs. 3 Satz 5 ROG normierten, mindestens einwöchigen Bekanntmachungsfrist beginnen dürfen (vgl. hierzu Rn. 143 ff.).

Der **Beginn einer Frist einer Auslegung** kann zudem nicht an einem Feiertag oder einem 93
dienstfreien Samstag liegen, denn Sinn und Zweck der Auslegung schließen das aus (so *Krautzberger* in Ernst/Zinkahn/Bielenberg/Krautzberger, Baugesetzbuch – Beck Online 139. EL August 2020, zu § 3 BauGB Rn. 44), gleiches gilt für Auslegungsbeginn an einem Sonntag. Als erster Tag einer etwaigen Auslegung parallel zur Bereitstellung im Internet kommt daher nur ein Werktag in Betracht, an dem die Auslegungsstelle geöffnet hat. Zwar wäre eine Bereitstellung von Unterlagen im Internet auch unabhängig von den Öffnungszeiten einer Behörde bspw. an einem Sonnabend machbar. Ein zeitgleicher Zugang zu gedruckten Unterlagen im Zuge einer Auslegung wäre an einem Sonnabend jedoch nicht möglich, da Behörden dann in der Regel geschlossen sind. Um beide Zugangswege zu den Unterlagen zeitgleich zu eröffnen, wäre mit der Offenlegung der Unterlagen am folgenden Werktag zu beginnen.

Wird eine **Frist nach Monaten** bestimmt, ist **für die Berechnung des Fristendes § 188** 94
Abs. 2 BGB maßgeblich. Bei der einmonatigen Veröffentlichungsfrist im Internet und der Auslegungsfrist endet der Monatszeitraum mit Ablauf desjenigen Tages, der dem Tag vorausgeht, der im Folgemonat mit seiner Benennung bzw. Zahl dem Anfangstag der Frist entspricht. Beginnen die Internetveröffentlichung und eine Auslegung z. B. am ersten Tag eines Monats, endet die Monatsfrist mit Ablauf des letzten Tages dieses Monats; dies gilt unabhängig davon, wie viele Tage der Monat im Einzelfall hat (bei kürzeren Monaten ist also keine Verlängerung der Auslegung geboten). Beginnt eine Veröffentlichung der Verfahrensunterlagen bspw. am 5. Mai eines Jahres, endet der einmonatige Auslegungszeitraum mit Ablauf des 4. Juni. Fehlt bei der Monatsfrist der für ihren Ablauf maßgebende Tag mit einer entsprechenden Benennung bzw. Zahl im betreffenden Kalendermonat, endet sie gem. § 188 Abs. 3 BGB mit dem Ablauf des letzten Tages dieses Monats. Beginnt also etwa die einmonatige Veröffentlichungsfrist am 31. Januar eines Jahres, endet sie (mangels eines 30. Februars) mit Ablauf des 28. Februars oder in Schaltjahren mit Ablauf des 29. Februars. § 191 BGB, wonach der Monat bei nicht zusammenhängenden Zeiträumen mit 30 Tagen gerechnet wird, ist nicht einschlägig, da die Veröffentlichungsfrist ein zusammenhängender Zeitraum ist.

Würde nach den genannten Berechnungen das Ende der Bereitstellung der Unterlagen im 95
Internet oder einer Auslegung auf einen Sonnabend, Sonntag oder einen gesetzlichen

Feiertag fallen, verlängert sich die Frist jeweils bis zum Ablauf des folgenden Werktags (in entsprechender Anwendung von § 31 Abs. 3 VwVfG i. V. m. § 1 NVwVfG, § 193 BGB).

4.3.4 Weitere Zugangsmöglichkeiten zu den Unterlagen

96 § 15 Abs. 3 Satz 7 ROG sieht zusätzlich zur Veröffentlichung im Internet vor, eine oder mehrere *„**andere leicht zu erreichende, auch analoge Zugangsmöglichkeiten** zur Verfügung zu stellen, soweit dies nach Feststellung der zuständigen Raumordnungsbehörde angemessen und zumutbar ist"*. Es liegt im Ermessen der Landesplanungsbehörde, welche anderen Wege sie ergänzend zur Zugänglichmachung der Unterlagen nutzen will. Wenn sie es für zweckdienlich hält, kann sie **weitere digitale Zugangswege** eröffnen wie z. B. die elektronische Bereitstellung der Verfahrensunterlagen über in ihrem Dienstgebäude oder andernorts zugängliche Lesegeräte oder über einen Versand von gängigen Datenträgern auf Anforderung an Beteiligte, die zwar über einen Computer verfügen, aber aufgrund fehlender oder schlechter Internetverbindung nicht oder nur unter erheblichen Einschränkungen Unterlagen im Internet einsehen können. Die Landesplanungsbehörde muss **aber im Regelfall auch mindestens eine mit vertretbarem Aufwand realisierbare analoge Zugangsmöglichkeit** eröffnen, die von der Nutzung eines privaten Internetzugangs oder Computers unabhängig ist und weder eine besondere technische Ausstattung noch spezielle Kenntnisse oder digitale Kompetenz voraussetzt.

97 **Außer einer Auslegung gedruckter Unterlagen** zur Einsichtnahme kommt als eine analoge Zugangsmöglichkeit die **Versendung der Verfahrensunterlagen auf dem Postweg** in Betracht. Ein Einzelversand sämtlicher Verfahrensunterlagen an jede Person oder Stelle, die dies nach Belieben anfordert, könnte aufgrund des unübersehbaren Beteiligtenkreises mit großem Kosten- und Ressourceneinsatz verbunden sein, falls der Vorhabenträger vorsorglich eine große Anzahl von Ausfertigungen der – teils sehr umfassenden – Unterlagen in gedruckter Form vorlegen müsste, um der Landesplanungsbehörde einen zügigen Versand im Falle einer Anforderung zu ermöglichen. Andererseits ist nicht auszuschließen, dass gar keine Unterlagen angefordert werden, weil sich die Beteiligten ausreichend im Internet über das Vorhaben informieren können, wobei jedoch nach wie vor die Einsicht in großformatige Karten insbesondere bei Nutzung kleiner Endgeräte (wie Tablets) schwierig sein kann. Daher lässt sich der Umfang einer Nutzung dieses analogen Angebots nur schwer voraussehen und der Aufwand nur bedingt ermitteln. Laut der Gesetzesbegründung zur Vorgängerregelung in § 15 Abs. 3 Satz 6 ROG a. F. kann sich ein Versand z. B. bei einem kleinen Adressatenkreis und in Gebieten mit keinem oder nur eingeschränktem Netzzugang anbieten (BT-Drs. 19/22139 S. 27). Im Vorfeld des Beteiligungsverfahrens lässt sich aber nur selten abschätzen, welcher Personenkreis sich aus welchen Gebieten im Verfahren beteiligen wird und inwieweit dort ein Internetzugang erschwert ist.

98 Möchte die Landesplanungsbehörde **ein zusätzliches Versandangebot für Unterlagen eröffnen**, sollte sie ggf. auch die **Rahmenbedingungen nennen**, unter denen eine Versendung für sie zumutbar und angemessen ist. Dass ihr dies erlaubt sein muss, ergibt sich jedenfalls aus dem Wortlaut des § 15 Abs. 3 Satz 7 ROG. Allerdings dürfen dadurch **keine unangemessen hohen Hürden** für die Nutzung der ergänzenden Zugangsmöglichkeit zu den Unterlagen aufgebaut werden. Zulässig dürfte jedenfalls sein, in der öffentlichen Bekanntmachung über die Zugänglichmachung der Unterlagen darauf hinzuweisen, dass eine etwaige Anforderungsmöglichkeit vor allem für Personen und Stellen gedacht ist, denen kein oder nur ein eingeschränkter Internetzugang zur Verfügung steht. Eine diesbezügliche Begründungspflicht im Falle etwaiger Unterlagenanforderungen zu verlangen, ist jedoch zu weitreichend, weil das eine Hürde für einzelne Betroffene darstellen kann, die sie möglicherweise von der Nutzung ihrer Beteiligungsrechte abhält.

4.4 Stellungnahmemöglichkeit

99 Neben der Möglichkeit, sich über das Vorhaben anhand der verfügbaren Verfahrensunterlagen zu informieren, ist es Kernbestandteil des Beteiligungsverfahrens, eine **Äußerungs-**

möglichkeit für die Öffentlichkeit sowie für berührte öffentliche Stellen zu eröffnen. § 15 Abs. 3 Satz 6 ROG regelt (indirekt über Vorgaben zum Inhalt der öffentlichen Bekanntmachung des Verfahrens), dass im Verfahren zur Raumverträglichkeitsprüfung Stellungnahmen abgegeben werden können. Nach Sinn und Zweck des Beteiligungsverfahrens sollen sich die Stellungnahmen auf den Verfahrensgegenstand und die zugehörigen Unterlagen beziehen.

Während von **behördlichen Stellungnahmen** ein höheres Maß an konkreten raumbezoge- **100**
nen Sachinformationen, rechtlichen Hinweisen und Aussagen zur Betroffenheit raumbedeutsamer öffentlicher Belange oder anderer im Untersuchungsraum geplanter raumbedeutsamer Vorhaben zu erwarten ist, können die **Äußerungen aus der Öffentlichkeit** Hinweise, Anregungen oder Bedenken jeder Art zu dem Vorhaben und den vorgelegten Unterlagen umfassen. Auch allgemeine Meinungsäußerungen für und wider das geprüfte Vorhaben sind möglich. Zwar ist das Verfahren zur Raumverträglichkeitsprüfung darauf ausgerichtet, sich mit raumbedeutsamen Auswirkungen des betroffenen Vorhabens zu befassen. Es darf jedoch nicht den Stellungnehmenden abverlangt werden, sich bei etwaigen Einwendungen mit Rechtsfragen dahingehend auseinanderzusetzen, welche Aspekte nun raumbedeutsam und auf überörtlicher Ebene relevant sein könnten. So hat auch das BVerwG im Urt. vom 18.11.2010 – 4 CN 3.10 – (BVerwGE 138, 181; NVwZ 2011 S. 441; UPR 2011 S. 147; openJur 2011, 89506) festgestellt: *„Einwendungen sind sachliches, auf die Verhinderung oder die Modifizierung des Plans abzielendes Gegenvorbringen (vgl. Urteil vom 17. Juli 1980 – BVerwG 7 C 101.78 – BVerwGE 60, 297 <300>). Sie müssen zwar erkennen lassen, in welcher Hinsicht aus Sicht des Einwendenden Bedenken gegen die in Aussicht genommene Planung bestehen könnten, und so konkret sein, dass die Gemeinde erkennen kann, in welcher Weise sie bestimmte Belange einer näheren Betrachtung unterziehen soll (vgl. Urteil vom 30. Januar 2008 – BVerwG 9 A 27.06 – NVwZ 2008, 678 <679>). Der **Betroffene kann sich jedoch darauf beschränken, in groben Zügen darzulegen, welche Beeinträchtigungen er befürchtet. Eine weitergehende Begründung darf ihm ebenso wenig abverlangt werden wie eine rechtliche Einordnung seiner Einwendungen** (vgl. Urteil vom 24. Juli 2008 – BVerwG 4 A 3001.07 – BVerwGE 131, 316 Rn. 36).“* Eine Auswertung und „Filterung“ dahingehend, ob sich Stellungnahmen auf raumbedeutsame Umstände oder Belange beziehen und ob bzw. inwieweit sie auf einer raumordnerischen Ebene bei der Prüfung von Bedeutung sind, obliegt der Landesplanungsbehörde. Sie muss abschichten, welche Aspekte auf Ebene der Raumordnung zu berücksichtigen sind und welche Aspekte dem konkreten Zulassungsverfahren vorbehalten bleiben. Sie muss auch Fragen ausklammern, die den gesetzlichen Auftrag der Raumordnung übersteigen, etwa hinsichtlich einer fachplanerischen Entscheidung über den Bedarf für ein Vorhaben.

4.4.1 Form der Abgabe von Stellungnahmen

§ 15 Abs. 3 Satz 6 ROG fordert einen **Hinweis darauf, dass eine Übermittlung von Stel- 101**
lungnahmen elektronisch erfolgen soll. Diese „Soll“-Vorgabe stellt jedoch keine Formvorschrift dahingehend dar, dass etwa für alle Stellungnahmen zwingend eine elektronische Form verlangt wird und andere Stellungnahmeformen generell ausgeschlossen würden. Der in die öffentliche Bekanntmachung aufzunehmende Hinweis zeigt Betroffenen vor allem, dass **Äußerungen in elektronischer Form besonders erwünscht** sind. Damit soll eine medienbruchfreie digitale Bearbeitung abgegebener Stellungnahmen erleichtert und das Verfahren beschleunigt werden. Insbesondere von Behörden mit elektronischer Aktenführung dürfte zu erwarten sein, dass sie der „Soll-Vorgabe“ entsprechen und durch Abgabe elektronischer Stellungnahmen eine zügige Weiterbearbeitung bei der Landesplanungbehörde ermöglichen. Da weder § 15 ROG noch § 10 NROG spezielle zwingende Formvorschriften enthalten, bleiben **sowohl elektronische und schriftliche Stellungnahmen zulässig, ebenso wie mündliche Stellungnahmen zur Niederschrift.** Es handelt sich hierbei um die seit langem üblichen und allgemein anerkannten Äußerungsformen.

Elektronische Stellungnahmen können bei der für das Verfahren zuständigen Landespla- **102**
nungsbehörde vorgebracht werden, ohne dass eine qualifizierte elektronische Signatur

nötig wäre. Zur Übermittlung können die hierfür von der Behörde eröffneten elektronischen Zugangswege genutzt werden. Dies ist bei allen Landesplanungsbehörden in Niedersachsen bereits dadurch erfüllt, dass sie über eine E-Mail-Adresse erreichbar sind. Ein Zugang kann im Einzelfall aber auch über eine Internetbeteiligungsplattform oder ein im Internet bereit gestelltes Kontaktformular sowie – inzwischen selten – per Telefax bestehen. **Schriftliche Stellungnahmen** können postalisch übersandt werden.

103 Für Menschen, denen die Abgabe schriftlicher Stellungnahmen z. B. aufgrund begrenzter Sprachkenntnisse oder kognitiver Einschränkungen schwerfällt, besteht die Möglichkeit zur Abgabe einer **mündlichen Stellungnahme zur Niederschrift** bei der zuständigen Landesplanungsbehörde. Bei Äußerungen „zur Niederschrift" wird ein mündlicher Vortrag vom Behördenpersonal protokolliert und verlesen. Anschließend wird diese Niederschrift von der oder dem Stellungnehmenden sowie der oder dem Prokollierenden unterzeichnet. Sofern ausnahmsweise auch eine Bereitstellung von Verfahrensunterlagen nicht nur bei der Landesplanungsbehörde, sondern bei einer anderen Stelle im Untersuchungsraum erfolgt, wären dort ebenfalls Äußerungen zur Niederschrift zu ermöglichen, weil es meist eine unzumutbare Erschwernis darstellen dürfte, wenn Betroffene zunächst den Weg zu einer Stelle zwecks Einsichtnahme in die Verfahrensunterlagen und anschließend einen weiteren Weg zu einem ganz anderen Ort zwecks Abgabe einer Stellungnahme auf sich nehmen müssten.

4.4.2 Stellungnahmefrist, Ausschluss verspäteter Stellungnahmen (Präklusion)

104 § 10 Abs. 4 Satz 2 NROG regelt ergänzend zum Bundesrecht eine **Obergrenze für die den öffentlichen Stellen und der Öffentlichkeit einzuräumende Stellungnahmefrist**. Bundesgesetzlich ist lediglich eine Mindestfrist vorgesehen. Nach § 15 Abs. 3 Satz 6 ROG muss eine Stellungnahmemöglichkeit mindestens während der vorgeschriebenen Dauer der Veröffentlichung der Verfahrensunterlagen eröffnet werden (also für einen Monat, da dieser Zeitraum durch § 10 Abs. 4 Satz 1 NROG als feste Veröffentlichungsfrist normiert wurde). Darüber hinaus liegt es im Ermessen der Landesplanungsbehörde, bei Bedarf auch eine längere Stellungnahmefrist zu ermöglichen. Für diese bundesgesetzlich eröffnete Ermessensausübung setzt § 10 Abs. 4 Satz 2 NROG nunmehr einen **Rahmen, indem die maximal zulässige Stellungnahmefrist auf eine Woche nach Ablauf der Frist für die Veröffentlichung der Unterlagen begrenzt wird**, um zur Verfahrensbeschleunigung beizutragen. Die Landesplanungsbehörde kann als Stellungnahmefrist nur noch einen Zeitraum auswählen, dessen Dauer zwischen einem Monat und einem Monat plus einer Woche liegt. Dieser Zeitrahmen gewährleistet angemessene Möglichkeiten zu Stellungnahme.

105 Zuvor war in § 10 Abs. 5 Satz 7 NROG a. F. das Ende der Stellungnahmefrist einen Monat nach Ablauf der Frist für die Veröffentlichung der Unterlagen vorgesehen. Dies war der Tatsache geschuldet, dass früher im Verfahren regelmäßig eine förmliche Umweltverträglichkeitsprüfung beinhaltet war und die Stellungnahmefrist im Einklang mit § 21 Abs. 2 UVPG stand, der eine entsprechend lange Äußerungsfrist beinhaltet. Diese Norm ist jedoch für künftige Verfahren zur Raumverträglichkeitsprüfung nicht mehr relevant. Für die Verfahren zur Raumverträglichkeitsprüfung ist die Bindung an UVP-rechtliche Fristvorgaben infolge der Änderung der §§ 2 und 49 UVPG entfallen (vgl. Erl. vor §§ 9–13 Rn. 23 ff.). Daher stehen der nunmehr kürzeren Stellungnahmefrist insoweit keine umweltrechtlichen Bedenken entgegen.

106 Für die **Fristberechnung** sind mangels spezieller raumordnungsrechtlicher Regelungen die allgemeinen Bestimmungen des § 31 VwVfG (i. V. m. § 1 NVwVfG) und der §§ 187 ff. BGB entsprechend heranzuziehen, soweit nicht § 31 Abs. 2 bis 5 VwVfG etwas anderes bestimmt.

107 Die **Stellungnahmefrist beginnt ab dem Tag, an dem die Bereitstellung der Unterlagen im Internet beginnen soll**. Entsprechend § 31 Abs. 1 VwVfG und § 187 Abs. 2 BGB wird dieser Tag bei der Berechnung der Frist mitgerechnet. Werden die Verfahrensunterlagen schon verfrüht (z. B. unmittelbar nach der Bekanntmachung des Beteiligungsverfahrens) im Internet eingestellt, gilt trotzdem der in der öffentlichen Bekanntmachung genannte erste Veröffentlichungstag als Fristbeginn.

Für eine nach Wochen oder Monaten bestimmte Stellungnahmefrist ist das **Fristende grundsätzlich nach § 188 Abs. 2 BGB zu berechnen**. Die Frist endet danach mit dem Ablauf desjenigen Tages der letzten Woche oder des letzten Monats, der dem Tag vorhergeht, der durch seine Benennung bzw. Zahl dem Anfangstag der Frist entspricht. Fehlt bei einer nach Monaten bestimmten Frist ein solcher Tag (z. B. mangels eines 30. Februars oder eines 31. Junis), endet sie gem. § 188 Abs. 3 BGB mit dem letzten Tag des Monats (unabhängig davon, wie viele Tage dieser hat). Für den durch § 10 Abs. 4 Satz 2 NROG eröffneten Spielraum bedeutet dies bspw. 108

- bei Veröffentlichung der Unterlagen im Internet am 10. März: Beginn der Stellungnahmefrist am 10. März, Fristende frühestens mit Ablauf des 9. April und spätestens mit Ablauf des 16. April
- bei Veröffentlichung der Unterlagen im Internet am 31. Januar: Beginn der Stellungnahmefrist am 31. Januar, Fristende frühestens mit Ablauf des 28. Februars (in Schaltjahren des 29. Februars) und spätestens mit Ablauf des 7. März.

§ 191 BGB, wonach der Monat bei nicht zusammenhängenden Zeiträumen mit 30 Tagen gerechnet wird, ist nicht einschlägig, da die Stellungnahmefrist ein zusammenhängender Zeitraum ist. Wenn die maximal mögliche Verlängerungsmöglichkeit um eine Woche nicht gänzlich ausgeschöpft und stattdessen für das Fristende ein bestimmtes Datum festgelegt wird, endet die Frist entsprechend § 188 Abs. 1 BGB mit Ablauf dieses konkret benannten Tages.

Würde der letzte Tag der Frist für eine Stellungnahme auf einen Sonnabend, Sonntag oder einen staatlich anerkannten allgemeinen Feiertag fallen, so tritt an die Stelle eines solchen Tages der nächste Werktag (§ 31 Abs. 3 VwVfG i. V. m. § 1 NVwVfG, § 193 BGB). 109

Für **verspätet abgegebene Stellungnahmen** ist § 10 Abs. 4 Satz 3 NROG einschlägig. Danach sind nach Ablauf der festgelegten Frist eingegangene Stellungnahmen, die nicht auf besonderen privatrechtlichen Titeln beruhen, im weiteren Verlauf des Verfahrens zur Raumverträglichkeitsprüfung ausgeschlossen. Unberührt von dieser **formellen Präklusion** bleibt die Verpflichtung der Landesplanungsbehörde, alle für die Prüfung relevanten Gesichtspunkte, die ihr bekannt sind oder bekannt sein müssten, ordnungsgemäß in ihre Beurteilung einzubeziehen. Soweit verfristete Stellungnahmen raumbedeutsame, abwägungsrelevante Aspekte betreffen, wären diese im Zuge des Amtsermittlungsprinzips trotz des Hinweises auf die Präklusion zu berücksichtigen, um Prüfdefizite und Abwägungsfehler zu vermeiden. 110

Zu beachten ist ferner, dass sich die **Präklusion nur auf das Vorbringen im Verlauf des Verfahrens zur Raumverträglichkeitsprüfung** bezieht. Die NROG-Regelung kann keinen Ausschluss in Bezug auf ein Vorbringen im Verlauf eines späteren Zulassungsverfahrens oder einer etwaigen gerichtlichen Überprüfung (Inzidentkontrolle, vgl. Erl. zu § 11 NROG Rn. 50) bewirken. 111

4.5 Öffentliche Bekanntmachung des Verfahrens zur Raumverträglichkeitsprüfung

4.5.1 Anstoßfunktion

Voraussetzung dafür, dass die Öffentlichkeit und die berührten öffentlichen Stellen ihre Beteiligungsrechte überhaupt wahrnehmen können, ist eine **vorherige umfassende Unterrichtung** über das Verfahren zur Raumverträglichkeitsprüfung und dessen Gegenstand sowie über die bestehenden Einsichtnahme- und Äußerungsmöglichkeiten. Hierfür sieht § 15 Abs. 3 Satz 5 ff. ROG eine öffentliche Bekanntmachung vor. Landesgesetzliche Ergänzungen finden sich in § 10 Abs. 4 Sätze 4 bis 7 NROG. 112

113 Die Bekanntmachung soll insbesondere der Öffentlichkeit ein Interesse an Information und an Beteiligung bewusst machen (BVerwG, Urt. vom 6.7.1984 – 4 C 22.80 –, BVerwGE 69, 344–351; NJW 1985 S. 1570). Sie soll den **Anstoß dazu geben, sich näher über das Vorhaben**, dessen Raumverträglichkeit geprüft werden soll, **zu informieren und** nach Bedarf durch das Vorbringen von Anregungen, Bedenken oder Hinweisen **im Verfahren mitzuwirken**. Die Bekanntmachung darf keine irreführenden Formulierungen enthalten, die geeignet sind, Interessierte von der Abgabe einer Stellungnahme abzuhalten.

114 Die **Inhalte der Bekanntmachung sollen** zwar vor allem Personen des Privatrechts eine **Abschätzung ermöglichen, ob sie ggf. von dem Vorhaben berührt sein könnten** und ob die zugehörigen Unterlagen für sie von Interesse sind. Darüber hinaus soll die Bekanntmachung aber auch öffentlichen Stellen einen Überblick dazu verschaffen, ob möglicherweise ihre Aufgaben und Belange berührt sein könnten.

115 Um ihrer Anstoßfunktion gerecht zu werden, sind folgende **Angaben in der Bekanntmachung** erforderlich:

- Einleitung des Beteiligungsverfahrens und seines Gegenstandes, also zum zu prüfenden Vorhaben und betroffenen Raum,
- Ort und Dauer bzw. Art des Zugangs zu den Unterlagen sowie
- Art und Umfang der Stellungnahmemöglichkeit und Äußerungsfrist und damit zusammenhängende Anforderungen.

Ferner sollte sie sachdienliche Informationen zum Verfahren und zur Beteiligung enthalten, um potenziell Betroffenen eine effektive Wahrnehmung ihrer Rechte zu ermöglichen und zur Transparenz des Verfahrens beizutragen. Zudem stellt sie einen ersten Anknüpfungspunkt dafür dar, um auf datenschutzrechtliche Informationen zum Verfahren hinzuweisen.

116 Eine **fehlende oder fehlerhafte Bekanntmachung stellt einen Verfahrensfehler dar**, der bei Überprüfung einer auf die Landesplanerische Feststellung gestützten Zulassungsentscheidung für das Vorhaben vor Gericht geltend gemacht werden könnte. Führt ein Bekanntmachungsfehler dazu, dass die Äußerungsmöglichkeiten nicht umfassend genutzt werden können, besteht ferner das Risiko, dass sich der Verfahrensfehler auch materiell auf das Prüf- und Abwägungsergebnis auswirken könnte. Wird eine fehlerhafte Handhabung der Bekanntmachung während des Verfahrens erkannt, empfiehlt sich daher im Regelfall, sowohl die Bekanntmachung als auch die darauf fußende Beteiligung zu wiederholen.

4.5.2 Angaben zur Einleitung des Verfahrens, zu Verfahrensgegenstand, Untersuchungsraum und Unterlagen

117 Die Bekanntmachung muss angemessen **über das Verfahren** zur Raumverträglichkeit und die **Art des zu prüfenden Vorhabens** informieren. Insbesondere ist anzugeben, **auf welchen Raum sich das Vorhaben auswirken kann** und welche Standorte oder Trassen ggf. näher untersucht werden sollen sowie welcher Art die einsehbaren Unterlagen sind. Fehlt eine hinreichend klare und genaue Beschreibung des Vorhabens, auf das sich der Antrag (oder die Anzeige des Vorhabens) bezieht, und können potenziell Betroffene aufgrund der Beschreibung nicht abschätzen, ob das Vorhaben ihre Belange beeinträchtigen könnte, ist die Bekanntmachung fehlerhaft (so zu Bekanntmachungen in Planfeststellungsverfahren *Ramsauer/Wysk* in Kopp/Ramsauer, VwVfG, zu § 73 Rn. 110).

118 **Problematisch wäre insbesondere, wenn Interessierte nicht ausreichend erkennen können, ob sie räumlich betroffen sein könnten**. Im Urt. des BVerwG vom 17.12.2002 – 4 C 15.01 – (BVerwGE 117, 287; NVwZ 2003 S. 733; NuR 2003 S. 365; DVBl 2003 S. 797) wird im Zusammenhang mit der Bekanntmachung zur Auslegung von Unterlagen der Bauleitplanung zur Anstoßfunktion ausgeführt: *„Nach der Rechtsprechung des Senats soll der [...] interessierte Bürger [...] die Möglichkeit erhalten, durch Anregungen und Bedenken auf*

den Planungsgang Einfluss zu nehmen. Damit die Bekanntmachung diese Anstoßfunktion erfüllen kann, müssen die Angaben in einem hinreichenden Umfang Aufschluss über das Planungsvorhaben geben. Diesem Erfordernis ist genügt, wenn der Bürger in die Lage versetzt wird, das Vorhaben einem bestimmten Raum zuzuordnen (vgl. BVerwG, Urteil vom 6. Juli 1984 – BVerwG 4 C 22.80 – BVerwGE 69, 344; Beschluss vom 28. Januar 1997 – BVerwG 4 NB 39.96 – Buchholz 406.11 § 3 BauGB Nr. 6).“

Zwar müssen Interessierte Informationen dazu erhalten, **welche Unterlagen einsehbar sind**, die das Vorhaben und seine Auswirkungen näher beschreiben. Dass die Bekanntmachung zur Erfüllung ihrer Anstoßfunktion nicht alle Einzelheiten der beabsichtigten Planung oder Maßnahme beschreiben muss, bestätigt aber das BVerwG-Urt. vom 17.9.2008 – 4 BN 22.08 – (DVBl 2008 S. 1511; BauR 2009 S. 75). Danach soll die Bekanntmachung *„interessierte Bürger dazu ermuntern, sich am Ort der Auslegung des Planentwurfs zu den angegebenen Zeiten über die […] Planungsabsichten zu informieren und gegebenenfalls mit Anregungen und Bedenken zur Planung beizutragen. Ihre Aufgabe ist es nicht, über den Inhalt der angelaufenen Planung selbst so detailliert Auskunft zu geben, dass die Einsichtnahme in die Planunterlagen am Ort der Auslegung entbehrlich wird.“* 119

Diese Ausführungen gelten entsprechend in Bezug auf Verfahrensunterlagen für die Durchführung der Raumverträglichkeitsprüfung einer raumbedeutsamen überörtlichen Planung oder Maßnahme.

Da von Personen des Privatrechts in der Regel – anders als von öffentlichen Stellen – nicht erwartet werden kann, dass sie mit dem Instrument der förmlichen Raumverträglichkeitsprüfung vertraut sind oder Hintergrundwissen über die zugehörigen Verfahrensabläufe haben, ist eine kurze Angabe zur **Aufgabe des Verfahrens** (nämlich die raumbedeutsamen Auswirkungen der Planung oder Maßnahme und unter überörtlichen Gesichtspunkten zu prüfen, ggf. auch etwaige räumliche Alternativen) angezeigt. Auch ein **Hinweis auf die Wirkung und den lediglich gutachterlichen Charakter** der abschließenden Landesplanerischen Feststellung sollte zum besseren Verständnis erfolgen. 120

4.5.3 Angaben zu Ort und Dauer der Bereitstellung von Unterlagen im Internet, zur etwaigen Auslegung und zu anderen Zugangsmöglichkeiten

Zu den **gesetzlich bestimmten Mindestinhalten der Bekanntmachung** gehören die Informationen darüber, wo, wie und in welchem Zeitraum die Verfahrensunterlagen eingesehen werden können (§ 15 Abs. 3 Satz 5 und 8 ROG). 121

Da die Unterlagen gem. § 15 Abs. 3 ROG zwingend im Internet bereitgestellt werden müssen, ist in der Bekanntmachung über den genauen **Zeitraum der Bereitstellung der Verfahrensunterlagen im Internet** zu informieren. Die Dauer der Veröffentlichung der Unterlagen zur Einsichtnahme im Beteiligungsverfahren richtet sich nach § 10 Abs. 4 Satz 1 NROG und ist auf einen Monat begrenzt (vgl. Rn. 89 f.). Obwohl eine Veröffentlichung im Internet stets den Eindruck vermittelt, ein Zugriff sei rund um die Uhr möglich, kann es doch geringe Ausfallzeiten geben (z. B. wegen notwendiger Systemwartungen, wegen Schwankungen durch unterschiedlich starke Belastungen der Netzwerkverbindungen o. Ä.). Es empfiehlt sich daher ggf. ein Hinweis auf diesen Umstand, um Beschwerden oder Verfahrensrügen im Falle einer kurzzeitigen Nichtverfügbarkeit eines Internetzugriffs auf die Verfahrensunterlagen vorzubeugen. 122

§ 15 Abs. 3 Satz 5 ROG eröffnet eine Wahlmöglichkeit, in welcher Form die **„Fundstelle“ der Unterlagen im Internet** bekannt gegeben wird. Es ist entweder eine Internetseite oder eine Internetadresse bekannt zu machen, unter der die Unterlagen auffindbar und einsehbar sind. 123

Zulässig ist einerseits die formlose Bezeichnung einer **Internetseite**, über die die Verfahrensunterlagen aufgerufen werden können. Denkbar wären dafür Angaben wie z. B. *„… auf der Internetseite des Landkreises X in der Rubrik 123 unter dem Stichwort ABC“* oder die Bezeichnung einer allgemeinen Internetseite der Landesplanungsbehörde oder einer 124 separaten Beteiligungsplattform. Dies stellt eine vergleichsweise einfach lesbare und nachvollziehbare Angabe dar. Mitunter erfordert es aber, dass sich Interessierte zunächst mühevoll durch einen komplexen Internetauftritt „klicken" müssen oder den genauen Bereitstellungsort der Verfahrensunterlagen noch innerhalb eines Internetauftritts suchen müssen.

125 Zulässig ist andererseits die Verweisung auf eine genaue **URL-Internetadresse**, die direkt oder zumindest auf kürzerem Weg zu den Verfahrensunterlagen führt (z. B. *„https://www.xyzBEHÖRDEN?muster_beispiel2024.de/keineAHNUNGwielang?/öküevq-guh.ggiewqäanv/...*") Hierbei handelt es sich um eine zwar präzise, aber gelegentlich auch um eine sehr lange und schwierig lesbare Zeichenfolge. Daher kann es bei URL-Adressen schwierig sein, sie aus dem Text einer analogen Bekanntmachung korrekt zu übertragen und an einem internetfähigen Gerät aufzurufen.

126 § 15 Abs. 3 Satz 8 ROG verlangt, dass in der Bekanntmahung auf **sämtliche** weiteren von der Landesplanungsbehörde gem. § 15 Abs. 3 Satz 7 ROG **eröffneten Zugangsmöglichkeiten zu den Verfahrensunterlagen** hinzuweisen ist. Am häufigsten dürfte eine ergänzende öffentliche Auslegung gedruckter Unterlagen in Betracht kommen, möglich wäre aber z. B. auch ein Versand der Unterlagen auf Anforderung oder eine zusätzliche digitale Zugangsmöglichkeit etwa über ein leicht erreichbares Lesegerät.

127 Im Falle einer ergänzend vorgesehenen **öffentlichen Auslegung** sind Angaben zum **Ort der Einsichtnahme** sowie zum **Zeitrahmen einer Einsichtnahmemöglichkeit** zu machen. Angaben zum Ort einer öffentlichen Auslegung sind die Bezeichnung der zuständigen Landesplanungsbehörde und ggf. ergänzender Auslegungsstellen, die genaue Anschrift des jeweiligen Dienstgebäudes sowie die Angabe der genauen Räumlichkeit, in der die Unterlagen eingesehen werden können. Angaben zur Dauer der Auslegung (korrespondierend zur einmonatigen Dauer der Bereitstellung im Internet) sind zum einen die Angabe des jeweiligen Zeitraumes (von ... bis ...), in dem die Unterlagen öffentlich ausliegen, aber zum anderen auch Angaben über die konkreten täglichen Einsichtnahmezeiten, die durch die Dienststunden und Öffnungszeiten der Verwaltung beeinflusst sind. In der Praxis hat sich bewährt, für etwaige Rückfragen auch eine Telefonverbindung anzugeben. Dies ist sinnvoll, wenn es möglich sein soll, individuell Termine für eine Einsichtnahme abzustimmen, hilft aber auch, wenn sich infolge besonderer Umstände während des Verfahrens Beschränkungen des Besucherverkehrs ergeben.

128 Werden **weitere Zugangsmöglichkeiten zu den Unterlagen** eingeräumt, sind auch dafür die **Dauer ihrer Verfügbarkeit** und etwaige genaue **Modalitäten zur Nutzung dieser Angebote** bekannt zu machen. Dies gilt sowohl für ein etwaiges Angebot, die Verfahrensunterlagen in gedruckter Form zu übersenden, als auch für den Fall, dass auf öffentlich zugängliche Lesegeräte verwiesen wird, über die Unterlagen bei Interesse im Internet eingesehen werden können. Soweit bei der letztgenannten Option auf die Nutzung einzelner, gut erreichbarer Lesegeräte hingewiesen werden soll, wären deren konkrete Standorte und die Uhrzeiten anzugeben, in denen sie für jedermann zugänglich sind.

4.5.4 Angaben zu Stellungnahmemöglichkeiten, zur Stellungnahmefrist und Präklusion

129 Gem. § 15 Abs. 3 Satz 6 ROG ist in der Bekanntmachung auf die **Möglichkeit zur Abgabe von Stellungnahmen** hinzuweisen. Damit niemand in seinen Beteiligungsrechten eingeschränkt wird, gehören dazu Angaben,

- wer sich äußern kann,
- in welcher Form Stellungnahmen möglich sind, in welcher Form sie ggf. erbeten werden und wohin bzw. an wen sie zu richten sind,
- innerhalb welchen Zeitraums bzw. bis zu welchem Termin man sich äußern kann sowie
- welche Folgen eine etwaige Überschreitung der Stellungnahmefrist hat.

Das **Äußerungsrecht besteht für jedermann**, da sich nach § 15 Abs. 3 ROG sowohl die Öffentlichkeit – also Bürgerinnen und Bürger, Unternehmen, Vereinigungen und Verbände jeder Art – sowie öffentliche Stellen beteiligen und Stellungnahmen abgeben können. 130

Aus der Bekanntmachung muss eindeutig hervorgehen, dass **Stellungnahmen** bei der zuständigen Landesplanungsbehörde **sowohl in elektronischer Form als auch schriftlich und mündlich zur Niederschrift zulässig** sind, auch wenn entsprechend § 15 Abs. 3 Satz 6 ROG eine **Übermittlung möglichst in elekronischer Form** erfolgen soll (vgl. Rn. 101 ff.). Bezüglich elektronischer Stellungnahmen ist der dafür eröffnete Zugangsweg anzugeben, also etwa eine konkrete E-Mail-Adresse oder ein Internetzugang zu einer Beteiligungsplattform oder einem Kontaktformular. Für schriftliche Stellungnahmen ist eine postalische Anschrift anzugeben. Für Stellungnahmen zur Niederschrift bedarf es der Angabe der Anschrift des Dienstgebäudes und der Räumlichkeit, wo die Stellungnahme persönlich vorgebracht werden kann. Dies gilt entsprechend, wenn eine Auslegung von Unterlagen auch bei einer anderen Stelle erfolgt und dort ebenfalls Stellungnahmen zur Niederschrift angenommen werden. 131

Irreführende Zusätze oder Einschränkungen liegen dann vor, wenn bei einem entsprechend verständigen Menschen der **Eindruck vermittelt wird, dass bestimmte Formen der gesetzlich zulässigen Möglichkeiten der Stellungnahme nicht zulässig seien**. Dies würde bspw. zutreffen, wenn nur der Hinweis nach § 15 Abs. 3 Satz 6 ROG aufgenommen würde, dass Stellungnahmen abgegeben werden können und *„dass die Übermittlung elektronisch erfolgen soll"*. Hieraus kann nämlich der fälschliche Eindruck entstehen, dass generell nur elektronische Stellungnahmen erlaubt wären und übersandt werden dürfen. Dadurch wären diejenigen von einer Beteiligung ausgeschlossen, die ihre Stellungnahme nicht elektronisch übersenden können oder möchten. Formulierungen, wonach „auch schriftliche Stellungnahmen" möglich sein sollen, können zwar verdeutlichen, dass es neben der elektronischen Äußerungsmöglichkeit auch eine andere Option gibt. Bei Nichterwähnung der Option von Stellungnahmen zur Niederschrift bleibt aber unbekannt, dass diese Möglichkeit ebenfalls bestünde. Die Beteiligungsmöglichkeiten würden so verkürzt. Eine solche Bekanntmachung begründet die Gefahr, dass eine interessierte Person, die sich zur Abgabe einer schriftlichen Stellungnahme nicht in der Lage sieht, andere Möglichkeiten der Beteiligung, wie eine Stellungnahme zur Niederschrift bei der zuständigen Stelle, von vornherein nicht in Erwägung zieht (vgl. BVerwG, Beschl. vom 10.6.2020 – 4 BN 55.19 –, DÖV 2020 S. 993; NVwZ 2020 S. 1684). 132

Die bekannt zu machende **Stellungnahmefrist** beginnt, sobald die Unterlagen im Internet zur Einsichtnahme bereitstehen, also schon ab dem ersten Bereitstellungstag. Stellungnahmen müssen gem. § 15 Abs. 3 Satz 6 ROG zumindest während desselben Zeitraums möglich sein, der auch für die Veröffentlichung der Verfahrensunterlagen vorgeschrieben ist (also ein Monat, § 10 Abs. 4 Satz 1 NROG). Über das Ende der Veröffentlichungsdauer darf die Stellungnahmefrist längstens eine Woche hinausgehen, § 10 Abs. 4 Satz 2 NROG. Zur Berechnung der Stellungnahmefrist vgl. Rn. 106 ff. 133

Laut § 10 Abs. 4 Satz 4 NROG ist in der öffentlichen Bekanntmachung zwingend darauf hinzuweisen, dass **für das laufende Verfahren alle verspätet eingegangenen Stellungnahmen ausgeschlossen** sind, die nicht auf besonderen privatrechtlichen Titeln beruhen (Präklusion). 134

4.5.5 Hinweis auf Datenschutzinformationen

Da in der Bekanntmachung darauf hingewiesen wird, dass innerhalb einer bestimmten Frist Stellung genommen werden kann und die Stellungnahmen regelmäßig personenbezogene Daten enthalten werden (z. B. Namen, Anschrift, ggf. weitere Angaben zu persönlichen und Eigentumsverhältnissen), sind **die geltenden datenschutzrechtlichen Vorschriften zu beachten**. Der Hinweis auf die Möglichkeit, eine Stellungnahme abzugeben, ist datenschutzrechtlich als Beginn einer „Datenerhebung" zu bewerten. Dies löst **Informationspflichten der für das Verfahren verantwortlichen Landesplanungsbehörde** 135

i. S. d. Art. 13 Datenschutz-Grundverordnung (DSGVO) aus. Gem. Art. 13 Abs. 1 Satz 1 DSGVO müssen den Betroffenen zum Zeitpunkt der Datenerhebung – also mit der Aufforderung zur Stellungnahme in der öffentlichen Bekanntmachung – alle datenschutzrechtlich geforderten Informationen über die Verarbeitung ihrer Daten und die bestehenden Rechte zur Verfügung gestellt werden. Dabei reicht in der öffentlichen Bekanntmachung ein Hinweis darauf,

- dass im Falle einer Stellungnahme personenbezogene Daten zur ordnungsgemäßen Durchführung des Verfahrens zur Raumverträglichkeitsprüfung und Dokumentation seiner Ergebnisse gespeichert und verarbeitet werden,
- wo ausführliche Informationen abgerufen bzw. eingesehen werden können und
- dass Fragen auch an die verantwortliche Person für den Datenschutz bei der Landesplanungsbehörde gerichtet werden können.

136 Die bereit gehaltenen **Datenschutzinformationen**, auf die in der Bekanntmachung verwiesen wird, müssen gem. DSGVO alle näheren Informationen, die sich auf die Verarbeitung der personenbezogenen Daten beziehen, in präziser, transparenter und verständlicher Form enthalten. Dazu gehören u. a. Angaben zu den möglichen Empfängern oder Kategorien von Empfängern der personenbezogenen Daten wie beauftragte IT-Dienstleister, andere bei der Bearbeitung eingebundene Behörden und – soweit nach § 10 Abs. 5 NROG erforderlich – der Vorhabenträger (vgl.Rn. 156 ff.).

137 Da die Landesplanungsbehörde digitale Einsichtnahmemöglichkeiten zu den Verfahrensunterlagen im Internet einräumen sowie digitale Zugangswege für eingehende elektronische Stellungnahmen eröffnen muss, ist ferner das **Telekommunikation-Digitale-Dienste-Datenschutzgesetz (TDDDG) mit Regelungen zum Schutz der Privatsphäre in Endeinrichtungen** von Bedeutung. Werden bei Inanspruchnahme der von der Landesplanungsbehörde bereit gestellten digitalen Dienste auf den genutzten Endgeräten von Privatpersonen **sog. „Cookies“** (kleine Informationseinheiten mit einer Kennung) abgelegt, bedarf dies regelmäßig einer Information der Betroffenen und in manchen Fällen ihrer Einwilligung. Soweit ein „Cookie“-Einsatz ausschließlich für den ordnungsgemäßen, technisch funktionierenden und performanten Betrieb einer genutzten Internetseite und ihrer Funktionen (z. B. zur Registrierung als Stellungnehmende/r oder sicheren Abgabe von Stellungnahmen) zwingend erforderlich ist, bedarf es zwar einer Information der Betroffenen über diesen Umstand, aber gem. § 25 Abs. 2 TDDDG keiner Einholung einer ausdrücklichen Einwilligung. In Fällen eines „Cookie“-Einsatzes aus anderen Gründen (z. B. für statistische Zwecke) wären digitale Möglichkeiten zur Einholung einer Einwilligung oder zur Abmeldung für diese Zwecke (sog. „Opt-out“) vorzusehen.

4.5.6 Art und Weise der Bekanntmachung

138 § 15 Abs. 3 Satz 5 ff. ROG regelt, dass es sich um eine **öffentliche Bekanntmachung** handeln muss. In der Regel gibt es allgemeine rechtliche Bestimmungen, wie solche Bekanntmachungen behördlicherseits erfolgen. § 10 Abs. 4 Sätze 5 und 6 NROG enthält nur für zwei Sonderfälle ergänzende Regelungen zur Art und Weise der Bekanntmachung.

139 Die **Art und Weise der öffentlichen Bekanntmachungen unterer Landesplanungsbehörden ergibt sich** bei der Region Hannover, bei Landkreisen und kreisfreien Städten **aus deren Hauptsatzung** (als fakultativer Regelungsgegenstand der Satzung nach § 12 Abs. 1 Satz 3 NKomVG). Beim Regionalverband „Großraum Braunschweig“ ist gem. § 8 Satz 1 des Gesetzes über den Regionalverband „Großraum Braunschweig“ i. V. m. § 9 Abs. 2 Nr. 5 NKomZG die Form der öffentlichen Bekanntmachungen in der **Verbandsordnung** zu bestimmen.

140 Nur wenn der **Untersuchungsraum**, der Gegenstand des Verfahrens zur Raumverträglichkeitsprüfung ist, **über den Bereich der zuständigen unteren Landesplanungsbehörde hinausgeht**, ist gem. § 10 Abs. 4 Satz 5 NROG **zusätzlich noch eine Bekanntmachung im Niedersächsischen Ministerialblatt** vorgesehen. Da das Niedersächsische Ministerialblatt

im Internet kostenfrei für jedermann verfügbar ist, kann hierüber eine Verbreitung amtlicher Informationen auch über den Bezirk einer unteren Landesplanungsbehörde hinaus gewährleistet und die Öffentlichkeit effizient informiert werden.

Bei Verfahren zur Raumverträglichkeitsprüfung, die nach § 19 Abs. 1 Satz 4 NROG von **oberen Landesplanungsbehörden** (Ämter für regionale Landesentwicklung) durchgeführt werden, nutzen diese gem. § 10 Abs. 4 Satz 6 NROG ebenfalls das **Niedersächsische Ministerialblatt** als überregional verfügbares Bekanntmachungsorgan. **141**

Die Landesplanungsbehörden können **nach eigenem Ermessen durch Nutzung zusätzlicher Kommunikationswege und begleitende Presseinformationen** ergänzend zu einer weitergehenden Information der Öffentlichkeit beitragen. Da Aufwendungen für nicht zwingend vorgeschriebene Schritte dem Vorhabenträger nicht als Auslagen in Rechnung gestellt werden können, kommen jedoch in aller Regel nur kostenfreie Informationsangebote in Betracht oder solche, deren Kosten der Vorhabenträger auf freiwilliger Basis trägt. **142**

4.5.7 Bekanntmachungsfrist

Gem. § 15 Abs. 3 Satz 5 ROG ist eine **mindestens einwöchige Bekanntmachungsfrist** vor der Bereitstellung von Unterlagen im Internet einzuhalten. Die Landesplanungsbehörde entscheidet darüber, ob sie lediglich die Mindestfrist zwischen Bekanntmachung und Beginn der Veröffentlichung der Unterlagen oder eine geringfügig längere Frist einhält. **143**

Ist z. B. die Bekanntmachung von der Veröffentlichung in einem amtlichen Verkündungsblatt und ergänzend in einer örtlichen oder überörtlichen Zeitung abhängig, müssen diese Veröffentlichungen beide **mindestens eine Woche vor der Bereitstellung der Unterlagen im Internet erfolgt sein**. Erfordert die Bekanntmachung einen Vorgang bestimmter Dauer, wie etwa eine einwöchige Veröffentlichung auf der Internetseite der zuständigen Behörde, muss die geforderte Bekanntmachungshandlung über den gesamten Zeitraum beendet sein. **144**

Die **Wochenfrist beginnt am Tag nach der bewirkten Bekanntmachung**, denn der Bekanntmachungstag oder -zeitraum selbst zählt bei der Frist nicht mit (in entsprechender Anwendung von § 31 VwVfG i. V. m. § 187 Abs. 1 BGB bzw. § 31 Abs. 2 VwVfG). **145**

Eine nach Wochen bestimmte **Frist endet** gem. **§ 188 Abs. 2 BGB** mit dem Ablauf desjenigen Tages der letzten Woche, der dem Tag vorhergeht, der durch seine Benennung dem Anfangstag der Frist entspricht. Fällt der letzte Tag der Frist auf einen Sonntag, einen staatlich anerkannten allgemeinen Feiertag oder einen Sonnabend, so tritt an dessen Stelle der nächste Werktag (§ 31 Abs. 3 VwVfG i. V. m. § 1 NVwVfG). Ist eine Bekanntmachung z. B. an einem Montag erfolgt, beginnt die Bekanntmachungsfrist am anschließenden Dienstag und endet mit Ablauf des Montags der folgenden Woche. Die Bereitstellung im Internet kann dann – ebenso wie eine begleitende Auslegung – nach Ende der Bekanntmachungsfrist ab dem anschließenden Dienstag beginnen. **146**

Wird neben der Veröffentlichung im Internet eine **Auslegung gedruckter Unterlagen beabsichtigt**, ist **bei an einem Freitag bewirkten Bekanntmachungen als Besonderheit** zu berücksichtigen, dass die Daten der folgenden Veröffentlichung der Verfahrensunterlagen geringfügig nach hinten zu verschieben wären. Würde eine Bekanntmachung an einem Freitag erfolgen, beginnt die Frist am nächsten Tag – also am Sonnabend – und endet mit Ablauf des folgenden Freitags. Ein Zugang zu den Unterlagen für die Beteiligung dürfte dann theoretisch ab dem anschließenden Sonnabend eröffnet werden. Praktisch wäre dies aber nur in Bezug auf eine Bereitstellung von Unterlagen im Internet möglich, die unabhängig von den Öffnungszeiten einer Behörde auch an einem Sonnabend für Interessierte zur Verfügung gestellt werden könnten. Ein zeitgleicher Zugang zu gedruckten Unterlagen im Zuge einer ergänzenden Auslegung wäre an einem Sonnabend jedoch nicht möglich, da Behörden dann in aller Regel geschlossen sind (vgl. auch Rn. 93). Da die Bekanntmachung inhaltlich Bezug auf beide Zugangswege zu den Unterlagen nimmt, dürfte die Zugänglichmachung erst am folgenden Werktag beginnen. **147**

148 Zur Frage einer möglichen **Kompensation von Fehlerfolgen, wenn** bei Überschneidung von Bekanntmachungsfrist und Offenlegungspflicht zwar die **gesetzliche Bekanntmachungsfrist von einer Woche unterschritten wurde, jedoch die vorgeschriebene Dauer der Offenlegung länger als die gesetzliche Mindestfrist war**, hat im Bereich des Bauplanungsrecht das BVerwG mit Beschl. vom 23.7.2003 – 4 BN 36.03 – (NVwZ 2003 S. 1391; NuR 2004 S. 109; UPR 2003 S. 450) ausgeführt:

„Die Zulassung einer „Kompensation" (vgl. Bielenberg, in: Ernst/Zinkahn/Bielenberg, BauGB, § 3 Rn. 41) ist dann unbedenklich, wenn dem interessierten Bürger durch eine formell fehlerhafte Bekanntmachung der Auslegung des Planentwurfs sein gesetzlicher Anspruch auf Einsicht in die Planungsunterlagen im Ergebnis nicht verkürzt wird. Das ist der Fall, wenn die Fristen des § 3 Abs. 2 Satz 1 und Satz 2 BauGB insgesamt eingehalten werden und wenn sich die längere Auslegung auch bereits aus der Bekanntmachung ergibt. Diese Rechtsauffassung wird seit Jahrzehnten in Literatur und Rechtsprechung allgemein vertreten (vgl. z. B. Dolde, NJW 1975, 21 <26>; Beninde, BauR 1984, 433 ff.; Bielenberg, a. a. O.; Battis, in: Battis/Krautzberger/Löhr, BauGB, 8. Aufl. 2002, § 3 Rn. 14, jeweils m. w. N.; OVG Lüneburg, Beschluss vom 23. März 1984 - 1 C 10/83 – BRS 42 Nr. 24)."

Ebenso NdsOVG, Urt. vom 4.12.2018 – 4 KN 77/16 –, Rn. 91, www.rechtsprechung.niedersachsen.de.

4.6 Gesonderte Unterrichtung der zu beteiligenden öffentlichen Stellen (Absatz 4 Satz 7)

149 Dass der Bundesgesetzgeber in § 15 Abs. 3 ROG ausschließlich eine Unterrichtung durch öffentliche Bekanntmachung regelt, schließt nicht aus, dass ergänzend **weitere Wege zur gezielten Unterrichtung der berührten öffentlichen Stellen** gem. § 10 Abs. 4 NROG gewählt werden.

150 Absatz 4 Satz 7 regelt in Anlehnung an Bestimmungen des bisherigen § 10 Abs. 4 NROG a. F., dass **die berührten öffentlichen Stellen elektronisch gesondert über die Verfahrenseinleitung und Bereitstellung der Unterlagen im Internet informiert werden** (z. B. durch Übersendung des Bekanntmachungstextes per E-Mail). Zwar wird grundsätzlich im Interesse der Verfahrensvereinfachung und Planungsbeschleunigung dem Ansatz des § 15 Abs. 3 ROG gefolgt, das Beteiligungsverfahren für die öffentlichen Stellen und die Öffentlichkeit gleichartig zu gestalten. Es ist jedoch zu beachten, dass das Ergebnis der Raumverträglichkeitsprüfung zwar keinerlei Außenwirkung für Dritte hat, aber gegenüber öffentlichen Stellen Bindungswirkungen nach Maßgabe des § 4 ROG entfaltet. Angesichts des Umstandes, dass der Aufgabenbereich öffentlicher Stellen unmittelbar durch das Ergebnis des Verfahrens betroffen wird, ist es gerechtfertigt, sie ergänzend zur öffentlichen Bekanntmachung auch noch gesondert über das Verfahren zu informieren, zumal dies mit vertretbarem Aufwand möglich ist.

151 Eine gesonderte **Benachrichtigung der nach § 3 UmwRG anerkannten, landesweit tätigen Verbände sowie anderer Verbände und Vereinigungen** (wie im bisherigen § 10 Abs. 5 Satz 10 NROG a. F.), also der „organisierten" Öffentlichkeit, ist hingegen **nicht mehr verpflichtend** vorgesehen. Dies bleibt als Service aber weiterhin möglich (s. Gesetzesbegründung, LT-Drs. 19/2630 S. 56, 58).

4.7 Besonderheiten bei der Beteiligung von Behörden in Nachbarstaaten

152 Eine Sonderregelung für die etwaige **Beteiligung von Nachbarstaaten** enthält § 15 Abs. 3 Satz 10 ROG. Ist eine solche Beteiligung wegen erheblicher grenzüberschreitender Auswirkungen des Vorhabens erforderlich, richtet sich das Beteiligungsverfahren **nach den Grundsätzen der Gegenseitigkeit und Gleichwertigkeit**. Dies kann von den ROG- und NROG-Bestimmungen für das inländische Beteiligungsverfahren abweichen.

153 Praxisrelevant ist in Niedersachsen vor allem eine etwaige **Beteiligung der angrenzenden Niederlande**. Maßgeblich für eine Beteiligung „nach den Grundsätzen der Gegenseitigkeit und Gleichwertigkeit" können bestehende Regelungen deutsch-niederländischer

Verwaltungsvereinbarungen für eine Zusammenarbeit im Bereich der Raumordnung oder auch eine im Verlauf der Zeit entwickelte gängige Praxis der gegenseitigen Beteiligung sein. Das „Abkommen zwischen der Regierung der Bundesrepublik Deutschland und der Regierung des Königreichs der Niederlande über die Zusammenarbeit auf dem Gebiet der Raumordnung" vom 30.3.1976 (Bekanntmachung vom 17.1.1977, BGBl. II S. 35) sieht vor, dass gegenseitige Konsultationen über Raumordnungsprobleme erfolgen und im Rahmen der deutsch-niederländischen Raumordnungskommission oder deren Gremien (z. B. der Unterkommission Nord) darauf hingewirkt wird, dass raumbedeutsame Planungen und Maßnahmen – vornehmlich in den Grenzgebieten – aufeinander abgestimmt werden.

Sollten bei Verfahren im Bereich des Küstenmeeres ausnahmsweise auch andere **Nordsee-anrainerstaaten** zu beteiligen sein, ist zu prüfen, ob die Beteiligung aufgrund gegenseitiger Vereinbarungen i. S. des § 15 Abs. 3 Satz 10 ROG erfolgt. 154

5. Umgang mit Stellungnahmen (Absatz 5)

Die Landesplanungsbehörde bezieht die **Ergebnisse des Beteiligungsverfahrens** bei ihrer 155 Bewertung der Raum- und Umweltverträglichkeit des Vorhabens mit ein. Sie ist nicht an die abgegebenen Stellungnahmen gebunden, muss sich aber mit ihnen auseinandersetzen und **alle raumbedeutsamen Belange sachgerecht würdigen**.

Wenn es für eine Klärung von im Beteiligungsverfahren aufgeworfenen Fragen, zur 156 Bewertung einzelner Aspekte des Vorhabens oder für die Entscheidung über etwaige Maßgaben zur Optimierung der Planung oder Maßnahme notwendig ist, **kann die Landesplanungsbehörde vom Vorhabenträger oder dessen Beauftragten eine Erwiderung zu Stellungnahmen einholen**. In aller Regel darf dabei keine Offenlegung personenbezogener Daten von privaten Stellungnehmenden erfolgen. Sollte dies im Einzelfall ausnahmsweise nötig sein, müssen datenschutzrechtliche Anforderungen beachtet werden.

§ 10 Abs. 5 soll im Zusammenwirken mit den Bestimmungen in § 5 Niedersächsisches 157 Datenschutzgesetz (NDSG) eine mitgliedstaatliche Regelung i. S. des Öffnungsklausel des Art. 6 Abs. 3 Buchst. b DSGVO bieten, die als **Rechtsgrundlage für eine Verarbeitung personenbezogener Daten** gem. Art. 6 Abs. 1 Buchst. e DSGVO dienen kann. Unter den Begriff der Datenverarbeitung fallen u. a. das Auslesen, die Verwendung und die Offenlegung durch Übermittlung von Daten an Dritte. Die raumordnungsrechtlichen Regelungen zur möglichen Weitergabe von Stellungnahmen an den Vorhabenträger verdeutlichen und präzisieren die bereits in § 5 NDSG enthaltenen Regelungen, nach denen unter bestimmten Voraussetzungen die Weitergabe von Stellungnahmen mit personenbezogenen Daten nicht nur an andere öffentliche Stellen, sondern auch an nicht öffentliche Stellen zulässig sein kann.

Eine **Weitergabe an den Vorhabenträger kommt nur in Betracht, soweit** es für die Prüfung 158 und Bewertung durch die Landesplanungsbehörde **erforderlich** ist, von ihm eine Äußerung zu den im Beteiligungsverfahren vorgetragenen Sachverhalten, zum Umfang etwaiger Beeinträchtigungen von Belangen und möglichen planerischen Vorkehrungen zu deren Vermeidung oder Minimierung einzuholen. Auch eine Weiterleitung an vom Vorhabenträger Beauftragte, etwa Ingenieurbüros, Umweltgutachter, technische Dienstleister o. Ä. soll möglich sein, z. B. wenn es um spezielle von diesen aufgearbeitete Verfahrensunterlagen und Themen geht. Aus der Gesetzesbegründung (LT-Drs. 18/4777 S. 14, seinerzeit zu § 10 Abs. 6 NROG) ist ersichtlich, dass damit auch beabsichtigt ist, die Einflussnahme der Öffentlichkeit auf die Vorhabenplanung zu stärken. Dem Vorhabenträger sollen vorgetragene Hinweise, Anregungen und Bedenken zugänglich gemacht werden können, damit er aufgrund einer fundierten Auseinandersetzung mit den Äußerungen bereits mögliche Modifizierungen seiner Planung überdenken kann. Ferner soll die Einholung einer Gegenäußerung die ordnungsgemäße Berücksichtigung der Positionen und Belange aller betroffenen Parteien bei der abschließenden Gesamtabwägung durch die Landesplanungsbehörde gewährleisten.

159 Absatz 5 Halbs. 2 verdeutlicht, dass eine **Übermittlung nicht schrankenlos möglich ist** (vgl. LT-Dr. 18/5905 S. 7). Bei der Übermittlung von Stellungnahmen mit personenbezogenen Daten an Dritte muss stets geprüft werden, ob dies zur Erfüllung der Aufgaben der Landesplanungsbehörde erforderlich ist. Könnte die Landesplanungsbehörde die zu einer Stellungnahme erforderliche Aufklärung und Bewertung der maßgeblichen Belange auch ohne Erwiderung des Vorhabenträgers sachgerecht vornehmen, so wären weder die Erstellung der Erwiderung noch die zu diesem Zweck vorgenommene Übermittlung der personenbezogenen Daten erforderlich. Darüber hinaus muss auch erforderlich sein, dass der Vorhabenträger einzelne personenbezogene Angaben (wie etwa die Anschrift eines Wohnhauses im Umfeld des Vorhabens) kennen muss, damit ihm eine zielgerichtete Erwiderung möglich ist. In anderen Fällen dürften Stellungnahmen in der Regel nur anonymisiert bzw. pseudonymisiert weitergegeben werden.

160 Insbesondere **wenn sich Stellungnahmen nicht auf eine persönliche Betroffenheit beziehen**, sondern etwa Hinweise von Privatpersonen auf geschützte Arten, auf allgemeine Umweltbelange oder auf sonstige öffentliche Belange enthalten, wird eine Übermittlung der Stellungnahmen mit **Kontaktdaten der Stellungnehmenden oder anderen personenbezogenen Angaben nicht erforderlich** sein. Die Digitalisierung des Verfahrens zur Raumverträglichkeitsprüfung erleichtert es zunehmend, Stellungnahmen zu anonymisieren und erforderlichenfalls nur die enthaltenen Sachargumente an andere Stellen bzw. den Vorhabenträger weiterzugeben. Eine solche auszugsweise Weitergabe von Stellungnahmen, die nicht mit der Weitergabe personenbezogener Daten verbunden ist und keinen natürlichen Personen mehr zugeordnet werden kann, wäre datenschutzrechtlich unbedenklich.

161 Bei **Einwendungen, die sich auf personengebundene Umstände beziehen**, wie etwa die mögliche **Betroffenheit eigener Grundstücke** oder die Befürchtung, durch die konkrete Nachbarschaft zum Vorhaben **erheblichen Belastungen** ausgesetzt zu werden, kann es aber für eine Beurteilung in aller Regel gerade darauf ankommen, auch diese Angaben zu kennen. Bei solchen privaten Stellungnahmen ist **oft die Kenntnis solcher Daten erforderlich**, wie z. B. die genaue Lage des Wohnhauses oder die Art einer durch die Person ausgeübten Raumnutzung, um das Maß einer Betroffenheit privater Belange durch ein geplantes Vorhaben festzustellen und mögliche Fragestellungen zur verträglichen Gestaltung des Vorhabens sachgerecht aufzuklären. Letztlich muss aber auch hier berücksichtigt werden, wie sensibel die jeweils betroffenen personenbezogenen Daten sind und **ob schutzwürdige Interessen der betroffenen Personen überwiegen und daher einer Weitergabe entgegenstehen**.

6. Erörterung (Absatz 6)

6.1 Funktion und Gegenstand der Erörterung

162 Als weiterer Schritt des Beteiligungsverfahrens ist in Niedersachsen gem. § 10 Abs. 6 NROG eine **mündliche Erörterung wesentlicher Anregungen und Bedenken** möglich. Das ROG enthält keine diesbezüglichen Regelungen.

163 Anders als in der bis zum 18.4.2024 geltenden Vorgängernorm (§ 10 Abs. 7 NROG a. F.) ist eine Erörterung **nicht mehr verpflichtend**, sondern lediglich optional. § 10 Abs. 4 Satz 1 stellt es in das Ermessen der zuständigen Landesplanungsbehörde, ob und inwieweit eine Erörterung von Stellungnahmen benötigt wird, insbesondere um inhaltlich **unklare Aspekte zu erörtern** oder **bei aus den Stellungnahmen ersichtlichen Konflikten die Möglichkeiten zu deren Vermeidung oder zu einer Optimierung des Vorhabens auszuloten**.

164 Insbesondere bei großen Infrastrukturprojekten wird eine Erörterung **zunehmend für eine Information der (beteiligten) Öffentlichkeit genutzt**, um zur Transparenz des Verfahrens und des geplanten Vorhabens beizutragen. Daneben kommt einer Erörterung manchmal auch eine gewisse **Befriedungsfunktion** zu, weil mündliche Erläuterungen zum Hintergrund widerstreitender Interessen dazu beitragen können, zwischen unterschiedlichen

Positionen zu vermitteln oder nachvollziehbar zu machen, welche Aspekte für die Beurteilung eine Rolle spielen und wo die Grenzen des raumordnungsrechtlich Möglichen liegen.

Gegenstand der Erörterung können die von den Beteiligten vorgebrachten **Anregungen und Bedenken** jedoch nur sein, **soweit sie sich auf wesentliche Inhalte des Vorhabens beziehen**. Diese Regelung erlaubt, den Erörterungstermin zu straffen und besser zu strukturieren. Sie verpflichtet die Landesplanungsbehörde, Stellungnahmen aus einer etwaigen Erörterung auszuklammern, die sich nur auf unwesentliche Details, eine Bereinigung redaktioneller Fehler in den Unterlagen oder auf erst im späteren Zulassungsverfahren zu klärende Ausgestaltungsfragen beziehen, die im vorgelagerten Verfahren zur Raumverträglichkeitsprüfung unerheblich sind. Darüber hinaus bleibt es der Landesplanungsbehörde unbenommen, sich auch nur auf solche Stellungnahmen zu konzentrieren, deren Erörterung sie in der Sache besonders zweckdienlich findet, um das Verfahren mit einem verwertbaren Ergebnis abschließen zu können. Da eine Erörterung von Anregungen und Bedenken sogar gänzlich entfallen dürfte, ist es zulässig, sich nach Bedarf nur auf die Erörterung einiger weniger Aspekte zu beschränken. 165

Eine Erörterung dient zur Klärung offener Fragen der Landesplanungsbehörde, die für die Beurteilung der Raumverträglichkeit des Vorhabens relevant sind, und insoweit einem Austausch mit dem Vorhabenträger sowie anderen Beteiligten. Sie ist **nicht dafür vorgesehen, etwa schon eine Abwägungsentscheidung über vorgetragene Anregungen und Bedenken zu treffen** oder das Ergebnis der landesplanerischen Beurteilung darzulegen. 166

6.2 Teilnehmerkreis

Im Zusammenhang mit der Erforderlichkeit einer Erörterung und deren Umfang entscheidet die Landesplanungsbehörde auch über den **Kreis der Beteiligten**. Einen Anspruch auf Teilnahme an einer etwaigen Erörterung haben die Verfahrensbeteiligten nicht. 167

Die Landesplanungsbehörde könnte bei Bedarf etwa neben dem Vorhabenträger Beteiligte **insbesondere aus dem Kreis derjenigen Stellen hinzuziehen, mit denen nach dem früheren § 10 Abs. 7 NROG a. F.** bis zur Änderung der Rechtslage im April 2024 zwingend **eine Erörterung ihrer Anregungen und Bedenken vorgeschrieben war**. Dies wären die in ihren Belangen berührten Regionalplanungsträger, die Landkreise und kreisfreien Städte, die nicht selbst Regionalplanungsträger sind (wie im Bereich des Regionalverbandes „Großraum Braunschweig"), die Gemeinden, Samtgemeinden und öffentlich-rechtlich Verpflichteten in gemeindefreien Gebieten sowie die nach dem UmwRG vom Land anerkannten, landesweit tätigen Naturschutzvereinigungen. Die Landesplanungsbehörde kann sich aber in Abhängigkeit von den beabsichtigten Erörterungsinhalten auch auf einen kleineren Teilnehmerkreis beschränken, wenn dies ausreicht, um notwendige Informationen auszutauschen und offene Fragen zu klären. 168

Sie kann ferner entscheiden, **weitere Beteiligte hinzuziehen**, wenn sie dies für zweckmäßig hält und höherrangiges Recht nicht entgegensteht (z. B. bei Vorhaben der Verteidigung oder des Zivilschutzes). Neben einer Hinzuziehung anderer Fachbehörden, deren Sachverstand zur Klärung bedeutsamer Einzelfragen beitragen kann, kommen z. B. auch Vertreter beteiligter Vereinigungen/Verbände oder von Bürgerinitiativen in Betracht, die im Rahmen der Öffentlichkeitsbeteiligung für eine Gruppe von Personen zu dem Vorhaben Stellung genommen haben, oder andere private Stellungnehmende. Die Landesplanungsbehörde muss einerseits den etwaigen Nutzen eines erweiterten Teilnehmerkreises erwägen (z. B. bessere Klärung von Sachfragen, größere Transparenz des Verfahrens, mögliche Förderung der Akzeptanz des Vorhabens durch Erläuterung umstrittener Positionen). Andererseits ist aber ebenso zu erwägen, welche Erschwernisse ggf. mit einer Erörterung in einem vergleichsweise großen Kreis verbunden sein könnten. So sind bspw. auch organisatorische Rahmenbedingungen wie verfügbare Räume in ausreichender Größe, Gewährleistung eines geordneten Diskussionsablaufs, zeitliche Handhabbarkeit wie auch ein angemessener Kostenaufwand in die Betrachtung einzubeziehen. 169

6.3 Form der Erörterung

170 Während **in der Vergangenheit ausschließlich mündliche Erörterungen** unter persönlicher Anwesenheit aller Teilnehmenden vorgesehen waren, wurden infolge der COVID-19-Pandemie **befristet auch alternative elektronische Erörterungsformate** durch Regelungen des Planungssicherstellungsgesetzes und des früheren § 22 NROG zugelassen. Inzwischen wurden in § 10 Abs. 6 Satz 2 NROG dauerhafte Regelungen ähnlicher Art geschaffen. Die Nutzung zusätzlicher elektronischer Kommunikationswege für eine Erörterung trägt dazu bei, das Verfahren zu beschleunigen, und ermöglicht eine größere Flexibilität.

171 Neben einer **mündlichen Erörterung in Präsenz**, bei der die Teilnehmenden am gleichen Ort anwesend sind, erlaubt § 10 Abs. 6 Satz 2 ferner eine **Erörterung mittels Video- oder Telefonkonferenztechnik**, wobei auch eine **Kombination der Formate** etwa durch technische Zuschaltung nur einzelner Teilnehmenden zu einer Präsenzveranstaltung erfolgen könnte oder sich einzelne Personen lediglich per Telefon an einer Videokonferenz beteiligen.

172 Die **Landesplanungsbehörde entscheidet, welches Format** bzw. welche Format-Kombination sie für eine etwaige Erörterung wählt. Je nach Zusammensetzung und Größe des Teilnehmerkreises sind die Vor- und Nachteile abzuwägen. Die Einbeziehung von Telefon- und Videokonferenztechnik bietet insbesondere den Vorteil, dass auch Personen aus entfernt gelegenen Orten ohne Anreise teilnehmen können und ihnen erheblicher Aufwand für eine Anreise erspart wird. Nachteile können sich im Falle etwaiger technischer Störungen ergeben, durch die ggf. einzelne Personen unvorhergesehen an der Teilnahme gehindert sind oder die in Ausnahmefällen eine Erörterung für den gesamten Teilnehmerkreis erheblich erschweren oder sogar unmöglich machen. Hinzu kommt, dass es bei einem sehr großen Teilnehmerkreis herausfordernd sein kann, alle Teilnehmenden „im Blick zu behalten" und Redebeiträge korrekt zuzuordnen.

6.4 Organisatorische Aspekte, Einladung

173 Es liegt im Ermessen der Landesplanungsbehörde, **zu welchem Zeitpunkt über die Notwendigkeit und Form einer Erörterung sowie den Teilnehmerkreis entschieden wird**. Meist wird eine Entscheidung hierüber erst am Ende der Stellungnahmefrist möglich sein, wenn der Landesplanungsbehörde bekannt ist oder sich hinreichend abschätzen lässt, wie viele Stellungnahmen zu behandeln sind und auf welche Inhalte sie sich beziehen.

174 Besondere Regularien für die Vorbereitung und Durchführung eines Erörterungstermins sind gesetzlich nicht vorgesehen. Es ist Aufgabe der Landesplanungsbehörde, das Verfahren einschließlich einer etwaigen Erörterung **zweckmäßig und zügig zu führen**. Zur Strukturierung einer Erörterung ist es gängige Praxis, die Beteiligten im Vorfeld darüber zu informieren, welche Themen erörtert werden sollen. Dafür werden neben einer **Tagesordnung** den Teilnehmenden gelegentlich thematisch gegliederte Synopsen der vorgebrachten Anregungen und Bedenken übermittelt.

175 Wird von der Option Gebrauch gemacht, eine als Präsenzveranstaltung geplante Erörterung durch eine Teilnahmemöglichkeit per Telefon- oder Videokonferenz zu kombinieren oder die Erörterung ausschließlich mittels digitaler Technik durchzuführen, bedarf es in aller Regel einer vorherigen **Information der Teilnehmenden über technische Anforderungen**, Kontaktdaten im Falle technischer Pannen, ggf. geplante Bildschirmpräsentationen und über die „Spielregeln" (z. B. bei Wortmeldungen) auf der jeweiligen Konferenz. Bei einem größeren Teilnehmerkreis kann erwogen werden, an einem Tag im Vorfeld der Konferenz eine Test-Einwahl zu ermöglichen, sodass sich die Teilnehmenden mit dem technischen Format und den für die Konferenz wichtigen Funktionen vertraut machen können.

176 Grundsätzlich ist eine Erörterung als **nicht-öffentlicher Termin** für den Austausch der Landesplanungsbehörde mit den Verfahrensbeteiligten gedacht. Insbesondere wenn auch eine Erörterung privater Stellungnahmen vorgesehen ist, dürfte bei Präsenzveranstaltun-

gen schon aus Datenschutzgründen eine Zulassung anderer Interessierter zum Termin nur möglich sein, wenn kein Beteiligter dem widerspricht. Bei rein digitalen Formaten, die von vornherein nur bestimmten Personen einen Zugang ermöglichen, ergibt sich dieses Problem nicht.

Darüber hinaus gilt, wie bei jeder förmlichen Sitzung, dass **seitens der Verhandlungsleitung für einen ordnungsgemäßen, störungsfreien Ablauf zu sorgen** ist. Im Falle eines etwaigen Befangenheitsantrages gegen die Person, der die Verhandlungsleitung obliegt, ist § 21 VwVfG analog heranziehbar. **177**

6.5 Dokumentation der Ergebnisse

Da die Erörterung noch Teil des Beteiligungsprozesses ist, kann zu diesem Zeitpunkt noch kein Ergebnis der Raumverträglichkeitsprüfung erwartet werden. Die **Ergebnisse** der Diskussion sind jedoch für die anschließende Bewertung des Vorhabens durch die Landesplanungsbehörde und die raumordnerische Gesamtabwägung von Bedeutung und **müssen daher nachvollziehbar dokumentiert werden**. Ein Ergebnis- oder Verlaufsprotokoll ist hierfür ausreichend, eines Wortprotokolls bedarf es aus rechtlicher Sicht nicht. **178**

Es empfiehlt sich, das **Protokoll den Verfahrensbeteiligten zuzuleiten oder es in geeigneter Form zugänglich zu machen**. Sofern aus Gründen der Transparenz des Verfahrens eine Veröffentlichung des Protokolls im Internet erfolgen soll, darf es keine dem Datenschutzrecht unterliegenden personenbezogenen Angaben enthalten. **179**

Beabsichtigt eine Landesplanungsbehörde, von der Erörterung **Tonaufzeichnungen** zu machen, sind ebenfalls **datenschutzrechtliche Anforderungen zu beachten**. Tonaufnahmen von natürlichen Personen stellen personenbezogene Daten i. S. d. Art. 4 Nr. 1 DSGVO dar und ihre Verarbeitung muss auf eine Rechtsgrundlage gestützt sein. Um eine Datenverarbeitung, die zur Erfüllung einer öffentlichen Aufgabe „erforderlich" ist (Art. 6 Abs. 1 Buchst. e DSGVO i. V. m. § 3 NDSG), handelt es sich nicht, da die ordnungsgemäße Ausführung des § 10 Abs. 7 NROG mit Dokumentation der Erörterung auch mit geringeren Mitteln erfüllt werden kann. Daher kommt als Grundlage einer Verarbeitung von Daten in Form einer Tonaufnahme nur die Einwilligung der betroffenen Personen in Betracht (Art. 6 Abs. 1 Buchst. a DSGVO). Eine „stillschweigende" Einwilligung durch die Teilnahme an der Erörterung kann nicht angenommen werden. Vielmehr muss die Landesplanungsbehörde nachweisen, dass alle teilnehmenden Personen über die Tonaufnahme informiert waren und ihre Einwilligung zu der Datenverarbeitung gegeben haben (Art. 7 Abs. 1 DSGVO). Erteilt jemand die Einwilligung nicht, müsste bei Beginn der Erörterung abstrakt (ohne Nennung der Namen der betroffenen Personen) darauf hingewiesen werden, dass die Betroffenen vor Wortbeiträgen mitteilen sollen, dass sie eine Tonaufnahme ablehnen. In diesen Fällen wären relevanten Inhalte ihrer Beiträge bei Bedarf schriftlich zu erfassen. **180**

7. Ergänzendes Beteiligungsverfahren (Absatz 7)

Für den Fall, dass sich **im Laufe des Verfahrens Änderungen am Vorhaben** ergeben und die Verfahrensunterlagen dafür geändert werden, soll nach Absatz 7 grundsätzlich ein **ergänzendes Beteiligungsverfahren nur** stattfinden, **wenn sich die Betroffenheit raumbedeutsamer Belange wesentlich ändert**. Dies kann z. B. der Fall sein, wenn eine räumliche Verlagerung des Vorhabenstandortes, eine zusätzliche Planungsalternative, ein raumbeanspruchendes neues Element des Vorhabens (z. B. Konverterstationen im Verlauf einer Stromleitung) oder eine andere sachliche Veränderung in den Unterlagen dargestellt wird. **181**

Für die Auswirkungen auf andere Belange **unerhebliche Änderungen der Unterlagen führen dagegen zu keiner neuen Beteiligungspflicht**, z. B. redaktionelle Berichtigungen oder Ergänzungen zu bereits dargestellten Ausführungen, durch die die Tragweite des Vorhabens inhaltlich allenfalls unwesentlich verändert wird. Änderungen an den Verfahrensunterlagen, die ausschließlich auf eine Minimierung von Auswirkungen des Vorha- **182** bens auf raumbedeutsame Belange abzielen und durch die andere Belange nicht erstmals berührt werden, fallen ebenfalls nicht unter den Tatbestand des § 10 Abs. 7 Satz 1 NROG.

183 Wären zwar neue raumbedeutsame Auswirkungen denkbar, aber beschreibt der Vorhabenträger **Vorkehrungen, durch die zusätzliche Auswirkungen von vornherein ausgeschlossen oder auf ein unerhebliches Maß reduziert werden** können, ist eine **erneute Beteiligung nicht erforderlich**. Ob die beschriebenen Vorkehrungen als plausibel angesehen werden, unterliegt der Einschätzung der Landesplanungsbehörde. Stellt sie die Wirksamkeit der Vorkehrungen in Frage und befürchtet ggf. neue Betroffenheiten, die vom Vorhabenträger nicht gesehen wurden, ist die Einleitung eines ergänzenden Verfahrens zur Beteiligung öffentlicher Stellen und der Öffentlichkeit angezeigt.

184 Im Interesse eines zügigen Verfahrensfortschritts **beschränkt Absatz 7 Satz 1 eine ergänzende Beteiligung zwingend auf die geänderten Teile der Verfahrensunterlagen**. Der Landesplanungsbehörde ist es daher verwehrt, die Beteiligung auch für unveränderte Teile erneut zu öffnen. Sie soll zudem gem. Absatz 7 Satz 2 Möglichkeiten zur Verkürzung von Fristen nutzen. Dies ist von besonderer Bedeutung, da im Regelfall gem. § 15 Abs. 1 Satz 3 ROG das gesamte Verfahren sechs Monate nach Vorliegen der anfänglichen, vollständigen Antragsunterlagen endet, auch wenn bis dahin keine Landesplanerische Feststellung zur Raumverträglichkeit des Vorhabens getroffenen werden konnte.

8. Einstellung des Verfahrens (Absatz 8)

185 Wird ein Verfahren nicht innerhalb von sechs Monaten abgeschlossen, endet es im Regelfall automatisch spätestens sechs Monate nach Vorliegen der vollständigen Verfahrensunterlagen (§ 15 Abs. 1 Satz 3 ROG). **Einer separaten Einstellung des Verfahrens bedarf es nur noch für wenige Fallkonstellationen**.

186 § 10 Abs. 8 Satz 1 NROG betrifft Fälle, bei denen schon vor Ablauf der Sechsmonatsfrist nach § 15 Abs. 1 Satz 3 ROG **aufgrund einer ausdrücklichen Erklärung des Vorhabenträgers klar wird, dass ein Vorhaben nicht mehr weiterverfolgt wird**. Es soll dann sofort eine Einstellung des Verfahrens erfolgen. Einer nochmaligen Anhörung des Vorhabenträgers bedarf es nicht.

187 § 10 Abs. 8 Satz 2 NROG erfasst die Fälle, in denen ein Vorhabenträger zunächst über die sechsmonatige Frist hinaus gem. § 15 Abs. 1 Satz 8 ROG **die Weiterführung einer Raumverträglichkeitsprüfung beantragt, aber das Vorhaben danach in der Sache nicht mehr weiterverfolgt** wird oder das **Verfahren aufgrund fehlender Mitwirkung des Vorhabenträgers „verschleppt“** wird. Wenn Verfahren aus diesen Gründen über längere Zeit keine Fortschritte mehr erkennen lassen und möglicherweise deren Grundlagen veraltet sind, trägt die Einstellung des Verfahrens zur Rechtsklarheit bei. Dies entlastet die Landesplanungsbehörden zudem von der regelmäßigen Prüfung, ob und wann ein vorübergehend ruhendes Verfahren weitergeführt werden kann. Angesichts der Regeldauer einer Raumverträglichkeitsprüfung von sechs Monaten dürfte eine Überschreitung dieser Frist um mehr als das Doppelte es durchaus rechtfertigen, trotz der ursprünglich vom Vorhabenträger gebilligten Überschreitung der gesetzlich vorgesehenen Frist eine Verfahrenseinstellung zu erwägen.

188 Satz 2 Nr. 1 regelt die Möglichkeit einer Verfahrenseinstellung, wenn ein **Vorhaben erkennbar nicht mehr weiterverfolgt** wird, obwohl dies **bislang vom Vorhabenträger noch nicht gegenüber der Landesplanungsbehörde erklärt** wurde. Auf einen solchen Sachverhalt kann geschlossen werden, wenn entsprechende Erklärungen gegenüber anderen öffentlichen Stellen oder in öffentlichen Medien abgegeben wurden. Gleiches gilt, wenn bekannt wird, dass die notwendige Finanzierung eines Vorhabens nicht mehr gesichert ist.

189 Satz 2 Nr. 2 betrifft Konstellationen, in denen ein **Verfahren nicht weitergeführt werden kann, weil dafür ergänzende Angaben oder Unterlagen vom Vorhabenträger notwendig sind, die dieser aber nicht beibringt**. Die Landesplanungsbehörde muss dem Vorhabenträger zunächst eine angemessene Frist für die Beibringung einräumen. Die Beurteilung, was angemessen ist, hängt vom Einzelfall ab, insbesondere von Art, Umfang und Komplexität der nötigen Angaben oder Unterlagen und dem geschätzten Zeitaufwand für deren Beschaffung. Hat ein Vorhabenträger nachvollziehbare Gründe, warum sich die Vorlage der Angaben oder Unterlagen verzögert, wäre eine Nachfrist zu setzen. Ein Anwendungsfall von Satz 1 Nr. 2 dürfte insbesondere vorliegen, wenn ein Vorhabenträger ohne Angabe näherer Gründe gänzlich untätig bleibt und nichts dazu beiträgt, das Verfahren fortführen zu können. Hat ein Verfahren ohne Verschulden der Landesplanungsbehörde über einen die übliche Verfahrensdauer weit überschreitenden Zeitraum keinerlei Fortschritte mehr gemacht, soll es eingestellt werden dürfen.

Zwar handelt es sich bei der Einstellung eines Verfahrens zur Raumverträglichkeitsprü- **190**
fung nur um eine **Verfahrenshandlung ohne Verwaltungsaktcharakter**, sodass insoweit § 28 VwVfG nicht unmittelbar anwendbar ist. Gleichwohl kann es sich belastend auswirken, wenn eine ursprünglich angestrebte Landesplanerische Feststellung letztlich nicht mehr erbracht wird und das Verfahren – im Regelfall kostenpflichtig – eingestellt wird. § 10 Abs. 8 Satz 3 NROG regelt daher i**n Anlehnung an den Rechtsgedanken des § 28 VwVfG**, dass bei den in Absatz 8 Satz 2 genannten Sachverhalten **vor der Verfahrenseinstellung eine Anhörung des Vorhabenträgers** erfolgt. Dem Vorhabenträger soll damit auch ein Anreiz geboten werden, das Vorhaben voranzutreiben, um die Einstellung des Verfahrens ohne eine raumordnerische Beurteilung zu vermeiden. Erfolgt dies nach einer Anhörung allerdings nicht zeitnah, kann das Verfahren zur Raumverträglichkeitsprüfung formell seitens der Landesplanungsbehörde beendet werden, sodass dann auch eine Festsetzung etwaiger Kosten möglich ist.

Stellt die Landesplanungsbehörde das Verfahren ein, **sollten** hiervon **die Beteiligten und** **191**
ggf. die Öffentlichkeit unterrichtet werden, falls eine Öffentlichkeitsbeteiligung bereits stattgefunden hat. Formelle Anforderungen sind dabei nicht zu beachten.

§ 11

Ergebnis und Wirkungen des Verfahrens zur Raumverträglichkeitsprüfung

(1) Das Ergebnis des Verfahrens zur Raumverträglichkeitsprüfung stellt die Landesplanungsbehörde in einer Landesplanerischen Feststellung fest.

(2) [1]Die Geltungsdauer der Landesplanerischen Feststellung ist auf fünf Jahre befristet. [2]Die Landesplanungsbehörde kann die Frist vor ihrem Ablauf auf Antrag des Vorhabenträgers verlängern, jedoch jeweils um höchstens zwei Jahre. [3]Die Frist ist gehemmt, solange ein vor Fristablauf eingeleitetes Zulassungsverfahren für das Vorhaben nicht mit einer bestandskräftigen Entscheidung abgeschlossen ist.

(3) [1]Die Landesplanerische Feststellung ist dem Vorhabenträger elektronisch bekannt zu geben. [2]Die Landesplanerische Feststellung ist während ihrer Geltungsdauer im Internet zu veröffentlichen und ergänzend bei der Landesplanungsbehörde mindestens einen Monat lang zur Einsicht bereitzuhalten. [3]Die beteiligten öffentlichen Stellen, die den Bindungswirkungen nach § 4 ROG unterliegen, sind elektronisch gesondert über die Veröffentlichung der Landesplanerischen Feststellung im Internet zu benachrichtigen. [4]Die Landesplanungsbehörde hat

1. **die in der Landesplanerischen Feststellung getroffene Feststellung über die Raumverträglichkeit des Vorhabens sowie geprüfter Standort- oder Trassenalternativen,**
2. **die Internetseite oder Internetadresse, unter der die Veröffentlichung der Landesplanerischen Feststellung im Internet erfolgt, sowie**
3. **Ort und Zeit einer Bereithaltung der Landesplanerischen Feststellung zur Einsicht nach Satz 2**

öffentlich bekannt zu machen; § 10 Abs. 4 Sätze 5 und 6 gilt entsprechend. [5] Sind Pläne, Karten oder Zeichnungen Bestandteil der Landesplanerischen Feststellung oder ist die Landesplanerische Feststellung unter Maßgaben ergangen, so ist hierauf in der öffentlichen Bekanntmachung hinzuweisen.

(4) [1] Es ist unbeachtlich, wenn einzelne öffentliche Stellen nicht nach § 10 Abs. 4 Satz 7 oder nach Absatz 3 Satz 3 gesondert benachrichtigt worden sind. [2] Im Übrigen ist eine Verletzung von Verfahrens- oder Formvorschriften bei der Durchführung des Verfahrens zur Raumverträglichkeitsprüfung, die nicht innerhalb eines Jahres schriftlich geltend gemacht worden ist, unbeachtlich. [3] Die Jahresfrist beginnt mit der öffentlichen Bekanntmachung über die Veröffentlichung der Landesplanerischen Feststellung nach Absatz 3 Satz 4. [4] Auf die Voraussetzungen der Sätze 2 und 3 für die Geltendmachung der Verletzung von Vorschriften sowie auf die Rechtsfolge des Satzes 2 ist in der öffentlichen Bekanntmachung nach Absatz 3 Satz 4 hinzuweisen.

Erläuterungen

Übersicht

1. Ergebnis des Verfahrens zur Raumverträglichkeitsprüfung, Landesplanerische Feststellung (Absatz 1)

1 Absatz 1 bestimmt in Ergänzung der Vorschriften des ROG, die den Abschluss des Verfahrens nicht näher regeln, dass in Niedersachsen das **Verfahrensergebnis in einer sog. Landesplanerischen Feststellung zu dokumentieren** ist. Die Inhalte korrespondieren mit den Prüfaufträgen, die § 15 Abs. 1 ROG der Raumverträglichkeitsprüfung zuweist (vgl. Erl. vor §§ 9–13 Rn. 5, 10 und 25). Mit der Landesplanerischen Feststellung endet die Prüfung der Raumverträglichkeit der Planung oder Maßnahme einschließlich der ggf. in Betracht gezogenen Standort- oder Trassenvarianten nach § 15 Abs. 1 ROG und eine überschlägige Prüfung der Umweltauswirkungen für das Vorhaben und etwaige Varianten.

2 Das Ergebnis des Verfahrens zur Raumverträglichkeitsprüfung **soll dem Vorhabenträger ermöglichen, die aufwändige Detailplanung für das anschließende Zulassungsverfahren**

auf einen realisierungsfähigen Standort zu konzentrieren und ihm insbesondere bei erkennbar gewordenen Konflikten mit Erfordernissen der Raumordnung und anderen raumbedeutsamen Belangen Hinweise für ihre Vermeidung oder Bewältigung geben. Im Falle eines Variantenvergleichs sollen im Ergebnis raum- und umweltunverträgliche Varianten, deren Umsetzung voraussichtlich an hohen Raumwiderständen scheitern würden, ausgeschlossen und eine vorzugswürdige, geeignete Standort- oder Trassenalternative aufgezeigt werden.

1.1 Inhalt und Aufbau der Landesplanerischen Feststellung

Im Einzelnen sind von der Landesplanungsbehörde folgende **Feststellungen zu treffen, die dem Prüfauftrag nach § 15 Abs. 1 ROG gerecht werden**: 3

- ob das Vorhaben mit den Erfordernissen der Raumordnung übereinstimmt,
- wie das Vorhaben unter den Gesichtspunkten der Raumordnung durchgeführt und auf andere Vorhaben abgestimmt werden kann,
- welche raumbedeutsamen Auswirkungen das Vorhaben unter überörtlichen Gesichtspunkten hat,
- zu welchem Ergebnis eine Prüfung etwaiger Standort- oder Trassenalternativen geführt hat und
- welches Ergebnis die überschlägige Prüfung der Auswirkungen auf die Umwelt erbracht hat.

Die Ergebnisse des Verfahrens werden im Tenor festgestellt; eine nachvollziehbare Erläuterung wie und warum die Feststellung so erfolgt ist, erfolgt im Zuge der Sachverhaltsdarstellung und der Begründung der Landesplanerischen Feststellung. Dieser Aufbau einer Landesplanerischen Feststellung ist bereits seit 1994 gängige Praxis, vgl. Begründung zur damals geltenden NROG-Regelung für den Abschluss von Raumverträglichkeitsprüfungen im Zuge von Raumordnungsverfahren (LT-Drs. 12/4761 S. 21/22).

1.2 Ergebnis der raumordnerischen Prüfung/Gesamtabwägung, Maßgaben und Hinweise

Im Tenor der Landesplanerischen Feststellung ist eine **Aussage über das Gesamtergebnis der Raumverträglichkeitsprüfung** zu treffen. Daraus muss hervorgehen, ob die geprüfte **Planung oder Maßnahme am vorgesehenen Standort/auf vorgesehener Trasse** nach bisherigem Planungsstand mit den Erfordernissen der Raumordnung in Einklang steht und 4

- raumverträglich ist, also aus landesplanerischer Sicht keinerlei Vorbehalte bestehen, oder
- raumunverträglich ist, oder
- unter Beachtung welcher Maßgaben sie raumverträglich gestaltet werden kann.

Waren Gegenstand der Prüfung verschiedene **Standort- oder Trassenalternativen** i. S. des § 15 Abs. 1 Satz 2 Nr. 2 ROG, muss das Ergebnis der Bewertung in die Landesplanerische Feststellung aufgenommen werden. Ferner muss im Tenor der Landesplanerischen Feststellung zum Ausdruck kommen, ob das Vorhaben hinsichtlich seiner **Auswirkungen auf Umweltgüter** positiv oder negativ bewertet wird oder es unter Maßgaben umweltverträglicher gestaltbar wäre. Für welchen Zeitraum die Feststellung gilt (vgl. Rn. 16), sollte ebenfalls im Tenor angegeben werden.

Eine **uneingeschränkte Feststellung der Raumverträglichkeit** kommt in Betracht, wenn die Planung oder Maßnahme nach dem bisherigen Planungsstand vollumfänglich mit Erfordernissen der Raumordnung (Zielen, Grundsätzen und sonstigen Erfordernissen der Raumordnung) übereinstimmt und ohne nennenswerte Konflikte mit anderen raumbedeutsamen Planungen und Maßnahmen vereinbart werden kann, auf die im Verfahren hingewiesen wurde. Die **Feststellung der Raumunverträglichkeit** wäre dagegen zu tref- 5 fen, wenn das Vorhaben aus landesplanerischer Sicht abzulehnen ist, weil es mit den Erfordernissen der Raumordnung nicht in Einklang zu bringen ist, etwa weil schwerwiegende Konflikte mit Zielen der Raumordnung bestehen, die nicht auflösbar erscheinen.

6 Die **Feststellung der Raumverträglichkeit unter Maßgaben** stellt in der Praxis den häufigsten Fall dar. Sie kommt in Betracht, wenn das Vorhaben zwar in der bisherigen Form (noch) nicht vollständig raumverträglich ist, aber aus landesplanerischer Sicht Vorkehrungen und Modifizierungen möglich sind, um die Raumverträglichkeit herzustellen, nachteilige Auswirkungen auf raumbedeutsame Umweltbelange zu reduzieren und das Vorhaben auch bei konkurrierenden Raumnutzungsansprüchen im Einklang mit den Erfordernissen der Raumordnung und in Abstimmung mit anderen raumbedeutsamen Vorhaben weiter verfolgen zu können. Hierzu gehören zum einen Vorgaben, die zu beachten wären, damit Verstöße gegen bestehende Ziele der Raumordnung vermieden und das Vorhaben zielkonform gestaltet werden kann. Dazu gehören zum anderen Vorgaben, die mit Blick auf zu berücksichtigende Grundsätze oder sonstige Erfordernisse der Raumordnung aus landesplanerischer Sicht wichtig sind. Zuletzt gehören dazu Vorgaben, um Konflikte mit anderen raumbedeutsamen Planungen und Maßnahmen im betroffenen Planungsraum oder mit wichtigen Umweltgütern zu vermeiden oder zu minimieren.

7 Der **Begriff „Maßgaben"** ist im Planungsrecht durch die Rechtsprechung anerkannt für **Vorgaben, die vor allem auf eine inhaltliche Änderung des Planinhalts oder im Einzelfall auf die Erfüllung formeller Anforderungen abzielen**, entweder damit ein Vorhaben genehmigungsfähig wird oder – wie hier im Verfahren zur Raumverträglichkeitsprüfung – damit es als raumverträglich beurteilt werden kann. Anders als z. B. bei der Genehmigung eines RROP, wo Maßgaben als Teil eines Verwaltungsaktes rechtliche Außenwirkung haben (vgl. Erl. zu § 5 Rn. 82), sind Maßgaben hier als Bestandteil der gutachterlichen Landesplanerischen Feststellung angesprochen und haben insoweit in aller Regel nur gutachterlichen Charakter, sofern sie nicht auf die Einhaltung von Zielen der Raumordnung und anderen zwingenden Rechts abstellen (vgl. Rn. 41 ff.). Das BVerwG führt mit Urt. vom 5.11.2009 - 3 C 3.09 - (BVerwGE 135, 209; NVwZ 2010 S. 133, seinerzeit zum Raumordnungsverfahren) aus, dass es Aufgabe des Verfahrens ist *„zu prüfen, ob und gegebenenfalls unter welchen Voraussetzungen eine raumbedeutsame Planung oder Maßnahme mit den Erfordernissen der Raumordnung im Einklang steht (vgl. Schmitz, in: Bielenberg/Runkel/Spannowsky, Raumordnungs- und Landesplanungsrecht des Bundes und der Länder, Rn 38 zu K § 15). Ergebnis dieser Überprüfung ist dabei häufig die Feststellung einer nur eingeschränkten Übereinstimmung. In diesen Fällen wird im raumordnerischen Entscheid dargelegt, unter welchen Voraussetzungen das Vorhaben raumordnungsrechtlich durchgeführt werden könnte. Dabei können auch Maßgaben und Änderungsvorschläge angegeben werden, durch die in nachfolgenden Verfahren – etwa einem gemeindlichen Bauleitplanverfahren – sichergestellt werden kann, dass den raumordnerischen Erfordernissen Rechnung getragen wird […]."*

8 **Maßgaben können sich auch auf Prüfaufträge für das anschließende Zulassungsverfahren beziehen**, falls einzelne Aspekte im Verfahren zur Raumverträglichkeitsprüfung nicht abschließend beurteilbar sind, z. B. maßstabsbedingt oder aufgrund des ggf. noch rudimentären Planungsstandes des Vorhabens. So hat das BVerwG mit Urt. vom 3.4.2019 – 4 A 1/18 –, NVwZ 2019 S. 1213, www.bverwg.de, bei der Entscheidung über den Planfeststellungsbeschluss für eine Höchstspannungsleitung zu einer bei der Variantenprüfung im Raumordnungsverfahren nicht geprüften Querspange und der diesbezüglichen Maßgabe ausgeführt: *„Das Verfahren war nicht deshalb fehlerhaft, weil die planfestgestellte in Ost-West-Richtung verlaufende Querspange zwischen den landesplanerisch geprüften großräumigen Varianten 2 und 4 nicht in einem Raumordnungsverfahren untersucht wurde. […] Die Untersuchung wurde mit einer landesplanerischen Feststellung vom 30. November 2011 abgeschlossen, in der die großräumige Variante 2 […] als raumverträglich und vorzugswürdig festgestellt wurde. Planfestgestellt wurde demgegenüber die Variante B01–3, die im Bereich […] eine Querspange zwischen den großräumigen Varianten 2 und 4*

vorsieht. Von der Landesplanerischen Feststellung weicht der Planfeststellungsbeschluss damit gleichwohl nicht ab. Denn deren Maßgabe 7 formuliert als Prüfauftrag: „Zu prüfen ist, ob im Bereich […] durch eine Querspange von der Variante 2 nördlich von Heckenbeck zur Variante 4 nördlich von Hallensen die Belastungen im Raum Bad Gandersheim angemessen verringert werden können." Hintergrund dieses Prüfauftrags war, dass die Leitung nach Einschätzung der Landesplanerischen Feststellung in Variante 2 südlich von Kreiensen durch wertvolle Landschaften führe und damit ein hohes Konfliktrisiko auslöse, obwohl diese Variante raumordnerisch grundsätzlich möglich sei; deshalb habe sich im Raumordnungsverfahren die Fragestellung ergeben, ob diese Belastungen durch eine nördliche Querspange verringert werden könnten. In Umsetzung dieses Prüfauftrags hat die Beigeladene die örtliche Variante B01–2 geplant, zur örtlichen Variante B01–3 fortentwickelt und […] zum Gegenstand ihrer Detailplanung gemacht. […] Ein Raumordnungsverfahren kann auch mit dem Ergebnis enden, dass das zur Prüfung gestellte Vorhaben unter bestimmten Maßgaben raumverträglich ist (vgl. etwa Spannowsky/Runkel/Goppel, ROG, 2. Aufl. 2018, § 15 Rn. 97). Gegenstand solcher Maßgaben können auch weitere Prüfaufträge sein, die etwa dann naheliegen, wenn sich die Raumordnungsbehörde – wie hier – auf der Grundlage der ihr vorliegenden Unterlagen nicht in der Lage sieht, die Auswirkungen einer Variante auf die zu berücksichtigenden Schutzgüter abschließend zu beurteilen. Die in Maßgabe 7 enthaltene Rückverlagerung der Prüfzuständigkeit auf das detailgenauere Planfeststellungsverfahren ist deshalb nicht zu beanstanden."

Maßgaben müssen den überörtlichen Beurteilungsmaßstab der Raumordnung berücksichtigen. Es geht in der Landesplanerischen Feststellung nicht darum, Auflagen oder Bedingungen zu Ausführungsdetails vorwegzunehmen, über die auf Ebene des Zulassungsverfahren zu entscheiden wäre. Die Landesplanerische Feststellung beinhaltet vielmehr eine überörtliche raumordnerische Gesamtschau. 9

Beispiele für Maßgaben wären etwa, 10

- bei einem geplanten Einzelhandelsgroßprojekt die Vorgabe zu einer Reduzierung von Verkaufsflächengrößen auf ein mit Zielen der Raumordnung im Einklang stehendes Maß,
- bei einer geplanten Leitungstrasse die Vorgabe, auf einem Teilstück eine Bündelung mit einer bestehenden Trasse anzustreben, um Eingriffe in das Landschaftsbild in einem unter Landschaftsschutz stehenden Bereich zu minimieren,
- bei einem geplanten Straßenbauvorhaben eine Vorgabe zur Trassenoptimierung in einzelnen Bereichen, etwa um bestimmte Abstände von Wohnsiedlungen oder von einem Vorranggebiet ruhige Erholung einzuhalten, oder
- bei einem geplanten Schienenverkehrsweg eine Vorgabe zur Trassenoptimierung in einem Abschnitt, um ein FFH-Gebiet nicht zu beeinträchtigen.

Maßgaben können auch Vorgaben beinhalten, dass zur Kompensation bestimmter Eingriffe in Natur und Landschaft noch zusätzliche Kompensationsmaßnahmen vorzusehen wären oder dass technische Vorkehrungen zum Immissionsschutz nötig sind, um Belastungen auf ein verträgliches Maß zu reduzieren.

Von Maßgaben zu unterscheiden sind bloße **Hinweise**, die etwa im Beteiligungsverfahren von beteiligten Stellen im Verfahren vorgebracht wurden und die entweder nur zur Information des Vorhabenträgers dienen oder Details betreffen, die erst (im Sinne eines „Merkpostens") für das nachfolgende Zulassungsverfahren relevant sind, z. B. Hinweise von Versorgungsunternehmen auf bestehende kleinere Leitungen, von Straßenverkehrsbehörden auf Ausbaudetails für eine Straßenbaumaßnahme, von Denkmal- oder Naturschutzbehörden auf eventuell betroffene örtliche Bodendenkmale oder auf ggf. berührte kleine Naturdenkmale. 11

Der **Hinweis auf eine etwaige Kostenpflichtigkeit** des Verfahrens zur Raumverträglichkeitsprüfung (vgl. Erl. zu § 13 NROG) hat in der Landesplanerischen Feststellung ohne 12

Verwaltungsaktqualität nur nachrichtlichen Charakter. Er ersetzt nicht den Erlass eines rechtsmittelfähigen Bescheides mit einer Kostenentscheidung dem Grunde und der Höhe nach.

1.3 Sachverhaltsdarstellung und Begründung, Darlegung der Abwägung

13 Um nachvollziehbar zu machen, wie die Landesplanungsbehörde zum Ergebnis des Verfahrens gekommen ist, ist zunächst der **Sachverhalt** darzulegen. Hierzu gehört, das Vorhaben einschließlich ggf. geprüfter Standort- oder Trassenalternativen zu beschreiben sowie das Verfahren zur Ermittlung der davon ausgehenden Auswirkungen kurz zu schildern. Anschließend sind in der Begründung die ermittelten Auswirkungen zu bewerten und in der raumordnerischen Gesamtabwägung zu berücksichtigen; das Ergebnis der Abwägung ist näher zu begründen.

14 In der Praxis hat sich bewährt, die **Begründung** der Landesplanerischen Feststellung thematisch nach sachlichen Gesichtspunkten zu gliedern und die nähere Auseinandersetzung mit den Erfordernissen der Raumordnung zu erläutern (z. B. Erfordernisse der Siedlungsentwicklung, der Land- und Forstwirtschaft, der Energieversorgung, der Rohstoffversorgung, der Erholung und des Tourismus usw.). Daraus muss hervorgehen, inwieweit Ziele der Raumordnung einen verbindlichen Rahmen setzen. Ferner muss sich auch ergeben, welche Gründe bei etwa widerstreitenden Erfordernissen und Belangen in der landesplanerischen Abwägung letztlich zu der getroffenen Feststellung geführt haben. Es liegt im Ermessen der Landesplanungsbehörde, ob sie hierbei an geeigneten Stellen zugleich auf raumbedeutsame Umweltauswirkungen eingeht oder dies in einem sparaten Abschnitt behandelt. Es muss aber letztlich für alle in § 2 Abs. 1 UVPG genannten Schutzgüter erkennbar sein, welche Auswirkungen das geprüfte Vorhaben auf sie voraussichtlich haben wird.

15 Wurden verschiedene Standort- oder Trassenvarianten untersucht, ist zu begründen, welche raumordnerischen Aspekte für die **vorzugswürdige Alternative** sprechen und warum die übrigen Alternativen weniger oder nicht geeignet sind. Hat die Landesplanerische Feststellung zum Ergebnis geführt, dass das Vorhaben nicht raumverträglich ist, ist diese Feststellung gleichermaßen zu begründen. Wurde die Raumverträglichkeit des Vorhabens nur unter Maßgaben festgestellt, sind auch diese zu begründen.

2. Geltungsdauer der Landesplanerischen Feststellung (Absatz 2)

2.1 Gesetzliche Befristung

16 **Landesplanerische Feststellungen** im Verfahren zur Raumverträglichkeitsprüfung **gelten fünf Jahre**. Die gesetzliche Befristung der Geltungsdauer hat zum Ziel, die Aktualität der Ergebnisse von Raumverträglichkeitsprüfungen im Hinblick auf nachfolgende Verwaltungsverfahren zu bewahren. Eine Landesplanerische Feststellung kann nur dann zur Entlastung des nachfolgenden Zulassungsverfahrens beitragen, wenn sie hinreichend aktuell ist und die maßgeblichen Grundlagen für die raumordnerische Beurteilung noch Bestand haben. Andernfalls ist eine Berücksichtigung im Zulassungsverfahren nicht mehr oder nur sehr eingeschränkt möglich.

17 In der Regel kann **nach etwa fünf Jahren** davon ausgegangen werden, dass sich die Rahmenbedingungen sowohl durch tatsächliche Entwicklungen im Planungsraum als auch durch rechtliche Änderungen wie etwa neue Festlegungen in Raumordnungsplänen soweit verändert haben, dass die **Aktualität der Landesplanerischen Feststellung nicht mehr gegeben** ist (LT-Drs. 18/4777, S. 17). Inwieweit die NROG-Regelung noch relevant bleiben wird, obwohl in § 15 Abs. 5 Satz 1 ROG mittlerweile geregelt ist, dass Vorhabenträger eine Zulassung ihres Vorhabens möglichst zeitnah nach Abschluss des Verfahrens zur Raumverträglichkeitsprüfung beantragen sollen, bleibt abzuwarten.

2.2 Entscheidung über eine Verlängerung der Geltungsdauer

Um die Ergebnisse des Verfahrens in vertretbaren Einzelfällen über einen längeren Zeitraum sichern zu können, enthält § 11 Abs. 2 Satz 2 NROG eine Option zur **Verlängerung der Geltungsdauer der Landesplanerischen Feststellung auf Antrag des Vorhabenträgers**. Die Geltungsdauer kann nur verlängert werden, solange sie noch nicht abgelaufen ist. Eine durch Fristablauf unwirksam gewordene Landesplanerische Feststellung kann nicht rückwirkend wieder „in Kraft gesetzt" und dann in ihrer Geltung verlängert werden. Ein entsprechender Antrag des Vorhabenträgers muss daher rechtzeitig gestellt werden. Eine Fristverlängerung von Amts wegen unabhängig von einem Antrag ist ausgeschlossen. 18

Die Entscheidung über die Verlängerung der Geltungsdauer einer Landesplanerischen Feststellung setzt eine **überschlägige Prüfung** dazu voraus, **ob und inwieweit sich die für die raumordnerische Bewertung maßgeblichen tatsächlichen und rechtlichen Rahmenbedingungen im betroffenen Planungsraum wesentlich geändert haben** und ob es vertretbar ist, das Ergebnis des Verfahrens zur Raumverträglichkeitsprüfung noch länger aufrecht zu erhalten. Dies erfordert zum einen, dass die Landesplanungsbehörde mit dem Vorhabenträger den Sachverhalt bezüglich des Planungsstandes seines Vorhabens und zwischenzeitlicher Weiterentwicklungen und Änderungen abklärt. Zum anderen ist eine summarische Aktualitätsprüfung bezüglich der Entwicklungen im betroffenen Planungsraum (etwa hinsichtlich grundlegender Veränderungen durch neue bauliche Entwicklungen, geänderte Nutzungen oder hinzu gekommene raumbedeutsame Vorhaben) sowie der im Planungsraum geltenden Erfordernisse der Raumordnung (z. B. geänderte Festlegungen in Raumordnungsplänen) seit der Landesplanerischen Feststellung erforderlich. Ferner muss auch abgeschätzt werden, ob sich die Umweltsituation im Planungsraum wesentlich verändert hat und sich daher etwaige Auswirkungen auf Umweltgüter inzwischen gänzlich anders darstellen. Der Prüfaufwand hängt von der räumlichen Ausdehnung des Vorhabens und davon ab, inwieweit Bedarf für Nachfragen bei Gemeinden, anderen Landesplanungsbehörden oder sonstigen öffentlichen Stellen zur Klärung von Einzelfragen (bspw. bei neuen Erkenntnissen über raumbedeutsame tatsächliche oder rechtliche Entwicklungen) besteht. 19

Die **Landesplanungsbehörde entscheidet nach pflichtgemäßem Ermessen über eine Geltungsdauerverlängerung oder deren Ablehnung**. Hält sie nach Abwägung aller Umstände eine längerfristige Aufrechterhaltung des Ergebnisses ihrer früheren Prüfung der Raumverträglichkeit grundsätzlich für vertretbar (insbesondere, wenn sich die Grundlagen der bisherigen raumordnerischen Bewertung nicht oder nur unwesentlich verändert haben), muss sie auch **bestimmen, für welchen Zeitraum die Landesplanerische Feststellung weiter gelten soll**. Sie darf dabei die in § 11 Abs. 2 Satz 2 NROG festgelegte Obergrenze von zwei Jahren nicht überschreiten. Allerdings sind mehrmalige Verlängerungsanträge des Vorhabenträgers nicht ausgeschlossen und wären jeweils erneut zu prüfen. Eine Verlängerung der Geltungsdauer kommt nur in Betracht, wenn die jeweilige Prüfung immer noch eine hinreichende Aktualität der Landesplanerischen Feststellung bestätigt. 20

Um sicherzustellen, dass die verlängerte Berücksichtigung der Landesplanerischen Feststellung als Erfordernis der Raumordnung in nachfolgenden Verfahren oder bei raumbedeutsamen Planungen und Maßnahmen anderer öffentlicher Stellen erfolgt, muss die **Entscheidung nicht nur dem Vorhabenträger, sondern auch anderen am früheren Verfahren beteiligten Stellen, die das Ergebnis nach § 4 ROG zu berücksichtigen haben, in geeigneter Weise bekannt gegeben werden**. Ein rechtliches Erfordernis für eine Bekanntmachung der Geltungsdauerverlängerung analog zur Bekanntmachung der ursprünglichen Landesplanerischen Feststellung nach § 11 Abs. 3 NROG gegenüber der Öffentlichkeit besteht nicht. Es dürfte sich aber – auch im Sinne größerer Transparenz – empfehlen, zumindest eine Veröffentlichung der Entscheidung im Internet vorzunehmen. 21

2.3 Vorübergehende Hemmung des Fristablaufs

22 Absatz 2 Satz 3 regelt, dass der **Fristablauf gehemmt** wird, **sobald ein Zulassungsverfahren für das betroffene Vorhaben eingeleitet wurde**. Die Frist läuft also während der Durchführung eines Zulassungsverfahrens nicht weiter, sodass die Landesplanerische Feststellung über die gesamte Dauer des Zulassungsverfahrens Bestand hat und nicht „verfällt". Sie gilt solange als zu berücksichtigendes Erfordernis der Raumordnung weiter, bis die Entscheidung über den Zulassungsantrag bestandskräftig ist.

23 Der vor Eintritt der Hemmung liegende Fristanteil der Geltungsdauer ist endgültig „verbraucht"; nach Beendigung der Hemmung läuft die Frist nur noch über ihren verbliebenen Rest. Würde ein eingeleitetes Zulassungsverfahren eingestellt, bevor eine Entscheidung ergeht, läuft ab diesem Zeitpunkt die bis dahin gehemmte restliche Frist für die Geltung der Landesplanerischen Feststellung weiter.

3. Bekanntgabe der Landesplanerischen Feststellung (Absatz 3)

3.1 Bekanntgabe an Vorhabenträger

24 Absatz 3 Satz 1 regelt die **Bekanntgabe der Landesplanerischen Feststellung gegenüber dem Vorhabenträger** in elektronischer Form. So kann kostengünstig ein schneller Zugang der Landesplanerischen Feststellung beim Empfänger ermöglicht werden. Eine Übermittlung per E-Mail ist möglich und ausreichend. Eine förmliche Zustellung wird nicht gefordert. Ist aufgrund der Dateigrößen der zu übermittelnden Dokumente ein Versand per E-Mail nicht möglich, kann auch eine andere elektronische Übermittlung in Betracht kommen (z. B. das Hochladen über eine behördliche Cloud und Freigabe über einen Link).

3.2 Bekanntgabe gegenüber der Öffentlichkeit und beteiligten öffentlichen Stellen

25 Absatz 3 Sätze 2 bis 5 regeln die **Unterrichtung der Öffentlichkeit und der beteiligten öffentlichen Stellen** über den Abschluss und das Ergebnis des Verfahrens zur Raumverträglichkeitsprüfung. Diese Unterrichtung konzentriert sich wie bei der Beteiligung nach § 15 Abs. 3 ROG i. V. m. § 10 Abs. 4 NROG auf die Nutzung des Internets als Informationsmedium und eine Bereithaltung erfolgt daneben nur noch an zentraler Stelle. An beteiligte öffentliche Stellen, die das Ergebnis des Verfahrens nach § 4 ROG bei ihren Aufgaben berücksichtigen müssen, ist eine gesonderte Information mit Verweis auf die Veröffentlichung im Internet vorgesehen.

26 Nach Absatz 3 ist die **Landesplanerische Feststellung zur Einsichtnahme im Internet zu veröffentlichen**. Die Bereitstellung im Internet ist während der gesamten Geltungsdauer der Landesplanerischen Feststellung zu gewährleisten. Die Landesplanerische Feststellung soll über diesen langen Zeitraum einsehbar sein, da das Ergebnis des Verfahrens zur Raumverträglichkeitsprüfung bei nachfolgenden Planungs- und Zulassungsverfahren zu berücksichtigen ist und auch dann noch für die Öffentlichkeit relevant ist. Ferner soll mit der längeren Bereitstellung im Internet ein aktiver Beitrag zur Veröffentlichung von Umweltinformationen i. S. d. NUIG i.V.mit dem UIG geleistet werden, weil gültige Landesplanerische Feststellungen auch Umweltinformationen beinhalten können.

27 Neben der Veröffentlichung im Internet ist eine **öffentliche Auslegung** als analoge Zugangsmöglichkeit vorgesehen. Die Landesplanungsbehörde legt ein Exemplar der Landesplanerischen Feststellung bei sich einen Monat lang zur Einsichtnahme für jedermann aus (zur Berechnung der einmonatigen Auslegungsfrist vgl. Erl. zu § 10 Rn. 92 ff.). Eine Bereithaltung bei weiteren Stellen ist gesetzlich nicht vorgeschrieben.

28 **Geheimhaltungsbedürftige Angaben** (etwa bei Vorhaben der Verteidigung oder des Zivilschutzes) dürfen weder im Internet noch im Rahmen der Auslegung der Öffentlichkeit zugänglich gemacht werden. Insofern gilt § 15 Abs. 3 Satz 9 ROG nicht allein für die anfängliche Beteiligungsphase, sondern auch in Bezug auf den Umfang der Veröffentlichung von Inhalten der Landesplanerischen Feststellung.

§ 10 Abs. 3 Satz 3 NROG sieht eine **gesonderte Information der beteiligten öffentlichen Stellen in elektronischer Form** vor, weil öffentliche Stellen nach Maßgabe des § 4 ROG die Ergebnisse des Verfahrens zur Raumverträglichkeitsprüfung in ihrem Aufgabenbereich berücksichtigen müssen und insoweit unmittelbar von der Landesplanerischen Feststellung betroffen sind. Ausreichend dafür wäre eine E-Mail mit Mitteilung der Internetseite oder -adresse, unter der die Landesplanerische Feststellung einsehbar und herunterladbar ist. Möglich wäre aber auch die Beifügung des Textes der öffentlichen Bekanntmachung nach § 10 Abs. 3 Satz 4 NROG, die alle maßgeblichen Informationen enthält. Ein Versand der Landesplanerischen Feststellung an die öffentlichen Stellen ist nicht geboten. 29

Die Landesplanungsbehörde veranlasst vor Beginn der Veröffentlichung der Landesplanerischen Feststellung im Internet und ihrer Auslegung eine **öffentliche Bekanntmachung**, um die Offenlegung des Verfahrensergebnisses und die jeweiligen Zugangsmöglichkeiten der Öffentlichkeit bekannt zu geben. Die Art und Weise entspricht der Bekanntmachung zur Öffentlichkeitsbeteiligung bei Einleitung des Verfahrens gem. § 10 Abs. 4 NROG (vgl. Erl. zu § 10 Rn. 138 ff.). Anders als bei Einleitung des Beteiligungsverfahrens nach § 15 Abs. 3 ROG i. V. m. § 10 Abs. 4 NROG ist es nicht erforderlich, dass die Bekanntmachung mindestens eine Woche vor der Internetveröffentlichung und Auslegung erfolgt. 30

Zu den **Inhalten der Bekanntmachung** gehören die **Internetseite oder -adresse**, unter der die Landesplanerische Feststellung zur Einsichtnahme verfügbar ist, sowie **Ort und Zeit der Auslegung**. 31

Außerdem sind die **wesentlichen inhaltlichen Ergebnisse des Verfahrens zur Raumverträglichkeitsprüfung** bekannt zu machen, um der Öffentlichkeit eine erste Orientierung darüber zu erlauben, zu welchen Erkenntnissen das Verfahren geführt hat. Dazu gehört zumindest die Aussage, um welches Vorhaben es geht und ob das Vorhaben raumverträglich ist oder nicht. Wurden mehrere räumliche Alternativen geprüft, ist zudem bekannt zu machen, für welche dieser Alternativen die Raumverträglichkeit festgestellt wurde. Dabei sollte textlich deren Lage kurz bezeichnet werden, damit Bürgerinnen und Bürger eine etwaige eigene Betroffenheit abschätzen können. 32

Da in der Praxis bereits im Tenor der Landesplanerischen Feststellung regelmäßig auf Kartenmaterial zur Lage des Vorhabens Bezug genommen wird, ist gem. Absatz 3 Satz 5 das **Vorhandensein etwaiger Pläne, Karten oder Zeichnungen** ebenfalls öffentlich bekannt zu machen. Diese sind jedoch nicht in der Bekanntmachung abzudrucken, sondern es genügt ein textlicher Hinweis hierauf. Gleiches gilt in Bezug auf **eventuelle Maßgaben der Landesplanerischen Feststellung**, also den Vorgaben dazu, wie das geprüfte Vorhaben raumverträglich gestaltet werden kann. Es ist nicht notwendig, ihren Wortlaut oder die Gründe für ihre Festlegung bekannt zu machen, sondern es reicht der Hinweis, dass die Landesplanerische Feststellung unter Maßgaben ergangen ist. 33

Es bleibt der Landesplanungsbehörde unbenommen, unter Servicegesichtspunkten in der Bekanntmachung **weitere sachdienliche Hinweise zur Information der Öffentlichkeit** aufzunehmen, etwa zur Erläuterung der Rechtswirkung der Landesplanerischen Feststellung. Dies kann auch einen Hinweis in allgemeiner Form darauf beinhalten, dass die Landesplanerische Feststellung gem. § 15 Abs. 6 ROG nur im Rahmen des Rechtsbehelfsverfahrens gegen die nachfolgende Zulassungsentscheidung überprüft werden kann. 34

Die öffentliche Bekanntmachung über die Veröffentlichung der Landesplanerischen Feststellung muss außerdem gem. § 11 Abs. 4 Satz 4 NROG auf die **Voraussetzungen für die schriftliche Geltendmachung der Verletzung von Verfahrens- und Formvorschriften innerhalb eines Jahres** nach der Bekanntmachung sowie auf die Rechtsfolge **im Falle des Versäumnisses einer fristgerechten Rüge** hinweisen (vgl. Rn. 38). Unterbleibt dieser Hinweis oder ist er unrichtig, führt dies lediglich dazu, dass etwaige Verfahrens- oder Formfehler bei der Durchführung des Verfahrens zur Raumverträglichkeitsprüfung auch nach Ablauf eines Jahres noch geltend gemacht werden könnten. Einen eigenständigen Verfah- 35 rensfehler, der die Rechtmäßigkeit der Landesplanerischen Feststellung berühren könnte, stellt dies nicht dar.

36 Eine **gesonderte Benachrichtigung einzelner Personen, Unternehmen, Vereinigungen oder Verbänden**, die sich im Rahmen des Beteiligungsverfahrens geäußert hatten, ist **gesetzlich nicht vorgesehen**. Ihnen wird durch die öffentliche Bekanntmachung ermöglicht, sich durch Einsichtnahme in die im Internet bereit gestellte bzw. ausliegenden Landesplanerische Feststellung darüber zu informieren, mit welchem Ergebnis die Landesplanungsbehörde die Stellungnahmen abgewogen hat.

4. Unbeachtlichwerden von Fehlern (Absatz 4)

37 Absatz 4 Satz 1 bestimmt, dass es für die Rechtmäßigkeit der Landesplanerischen Feststellung von vornherein **unbeachtlich ist, wenn im Verfahren die gesonderte Unterrichtung einzelner öffentlicher Stellen nach § 10 Abs. 4 Satz 7 oder § 11 Abs. 3 Satz 3 NROG unterblieben ist**. Die Unbeachtlichkeitsfolge ist gerechtfertigt, weil es sich hierbei nur um einen formalen Fehler von untergeordneter Bedeutung handelt, denn eine Informationsmöglichkeit der berührten öffentlichen Stellen bleibt trotzdem über die öffentliche Bekanntmachung der Beteiligungsmöglichkeiten nach § 15 Abs. 3 ROG i. V. m. § 10 Abs. 4 und § 11 Abs. 3 NROG gewahrt. Die Möglichkeit zur Mitwirkung dieser Stellen bleibt deshalb von einem solchen Fehler unberührt, und er kann im Rahmen einer späteren gerichtlichen Überprüfung nicht geltend gemacht werden.

38 Darüber hinaus sollte durch die Regelung im Hinblick auf die Bedeutung der Verfahren zur Raumverträglichkeitsprüfung für nachfolgende Zulassungsverfahren – analog zur Regelung für Raumordnungspläne – eine **etwaige Verletzung von Verfahrens- und Formvorschriften** bei der Durchführung des Verfahrens **nach Ablauf eines Jahres nicht mehr geltend gemacht werden** können (vgl. LT-Drs. 12/4761 S. 22, zur Begründung einer Vorgängerregelung im NROG). Voraussetzung dafür ist, dass die Fehler nicht innerhalb eines Jahres schriftlich gerügt wurden und auf die bestehende Rügemöglichkeit in der Bekanntmachung nach § 11 Abs. 3 NROG ordnungsgemäß hingewiesen wurde. Werden solche rein formellen Fehler mangels fristgerechter Rüge unbeachtlich, können sie auch im Zuge einer späteren gerichtlichen Überprüfung in aller Regel nur noch geltend gemacht werden, wenn sie gleichzeitig ursächlich für ein fehlerhaftes Abwägungsergebnis waren.

39 Auch **beachtliche Fehler ändern nichts daran, dass die Landesplanerische Feststellung als „raumordnerisches Gutachten"** mit verwaltungsinternen Rechtswirkungen (§ 15 Abs. 1 Satz 4, § 4 i. V. m. § 3 Abs. 1 Nr. 4 ROG) **zunächst wirksam bleibt** und sich in einem anschließenden Zulassungsverfahren die Genehmigungs- oder Planfeststellungsbehörde damit inhaltlich auseinandersetzen muss.

40 Beruft sich im Falle einer **gerichtlichen Überprüfung** der späteren Zulassungsentscheidung jemand auf beachtliche Form- und Verfahrensmängel des Raumordnungsverfahrens, prüft das Gericht, ob und ggf. inwieweit sich diese auf die Rechtmäßigkeit der Zulassungsentscheidung ausgewirkt haben.

5. Rechtliche Wirkung der Landesplanerischen Feststellung

5.1 Berücksichtigungspflicht, keine Relativierung der Zielbeachtungspflicht

41 Das **Ergebnis des Verfahrens zur Raumverträglichkeitsprüfung** stellt gem. § 3 Abs. 1 Nr. 4 ROG ein **sonstiges Erfordernis der Raumordnung** dar und entfaltet als solches die **Bindungswirkungen nach § 4 ROG** (vgl. Erl. zu § 1 NROG). Daher ist die Landesplanerische Feststellung bei allen nachfolgenden, an die Erfordernisse der Raumordnung gebundenen raumbedeutsamen Planungen und Maßnahmen, Genehmigungen, Planfeststellungen und sonstigen behördlichen Entscheidungen über die Zulässigkeit des Vorhabens zu berücksichtigen. Dabei werden jedoch die Grenzen, die die §§ 4 und 5 ROG hinsichtlich der Bindungswirkung der Erfordernisse der Raumordnung setzen, weder erweitert, noch

verengt. So entsteht eine Bindungswirkung auch nur in den in § 4 ROG genannten Fällen. Die Berücksichtigungspflicht betrifft die öffentlichen Stellen, deren nachfolgende Planungen (Bauleitplanung, Fachplanung) sich auf das im Verfahren auf seine Raumverträglichkeit geprüfte Vorhaben beziehen. Ferner betrifft sie die für das spätere Zulassungsverfahren zuständige Planfeststellungsbehörde oder ggf. die Genehmigungsbehörde (z. B. wenn es sich um die Genehmigung eines öffentlichen Vorhabens handelt oder bei Vorhaben Privater die Erfordernisse der Raumordnung über eine fachgesetzliche Raumordnungsklausel Eingang in das Genehmigungsverfahren finden). Dies stellt § 15 Abs. 5 Satz 4 ROG nochmals klar.

Da eine **Pflicht zur „Berücksichtigung"** besteht, können die öffentlichen Stellen, die das Ergebnis des Verfahrens zur Raumverträglichkeitsprüfung (einschließlich etwaiger Maßgaben) **in ihre Erwägungen einzubeziehen** haben, dieses zwar grundsätzlich im Rahmen eigener Abwägungs- oder Ermessensentscheidungen hinter anderen Belangen zurücktreten lassen. Angesichts des umfassenden Prüfumfangs des Verfahrens zur Raumverträglichkeitsprüfung begegnet dies in der Praxis aber Grenzen und dürfte vor allem dann zum Tragen kommen, wenn die Landesplanerische Feststellung schon längere Zeit zurückliegt und sich zwischenzeitlich ein neuer, besonders gewichtiger Belang ergeben hat oder wenn sich aufgrund der näheren Ausgestaltung des Vorhabens inzwischen manche Auswirkungen anders darstellen. Keinesfalls dürfen öffentliche Stellen das Ergebnis des Verfahrens zur Raumverträglichkeitsprüfung ignorieren oder von vornherein unbeachtet lassen. 42

Eine bloße Berücksichtigungspflicht (einschließlich einer Abwägungsbefugnis) einer anderen öffentlichen Stelle gilt im Übrigen nur, soweit es um landesplanerische Feststellungen dazu geht, ob die geprüfte raumbedeutsame Planung oder Maßnahme mit den Grundsätzen und sonstigen Erfordernissen der Raumordnung übereinstimmt und wie diese unter den Gesichtspunkten der Raumordnung mit anderen raumbedeutsamen Planungen und Maßnahmen in Einklang gebracht werden kann. 43

Stützen sich die Landesplanerische Feststellung und Maßgaben dagegen **auf Ziele der Raumordnung, deren Rechtswirkung (Beachtenspflicht) sich** – unabhängig von der Landesplanerischen Feststellung – **unmittelbar aus § 4 ROG ergibt, reicht ein Berücksichtigen nicht aus.** Die **Landesplanerische Feststellung hat** auf das Bestehen von Zielen der Raumordnung und deren gesetzliche Beachtenspflicht **keinen relativierenden Einfluss**.

Die strengere Bindungswirkung von Zielen gem. § 4 ROG besteht mit und ohne Prüfung der Zielkonformität des Vorhabens im Verfahren zur Raumverträglichkeitsprüfung. Wird also z. B. als Ergebnis des Verfahrens die Unvereinbarkeit des Vorhabens oder einer beurteilten Standort- oder Trassenalternative mit Zielen der Raumordnung festgestellt, muss dies nach Maßgabe des § 4 ROG von öffentlichen Stellen beachtet werden. So ist etwa eine **Planfeststellungsbehörde – auch unabhängig von der Landesplanerischen Feststellung – durch entgegenstehende Ziele der Raumordnung an einer Zulassung des Vorhabens gehindert**. Bei einer positiven Landesplanerischen Feststellung dazu, dass das geplante Vorhaben mit den bestehenden Zielen der Raumordnung übereinstimmt, wird die Planfeststellung nicht mit dem Argument versagt werden können, das Vorhaben sei nicht zielkonform (es sei denn, zwischenzeitlich wurden im Planungsraum neue Ziele der Raumordnung aufgestellt, die im Verfahren zur Raumverträglichkeitsprüfung noch nicht Grundlage der Prüfung waren). 44

Maßgaben in der Landesplanerischen Feststellung, **die die Vereinbarkeit des Vorhabens mit geltendem Recht sichern** (wie z. B. Vorgaben zur Einhaltung des Artenschutzrechts), kommt ebenfalls eine **Beachtenspflicht** zu. 45

Die Landesplanerische Feststellung zugunsten eines bestimmten Standortes oder einer Trasse für ein Vorhaben **garantiert nicht, dass der betroffene Raum auch tatsächlich für das jeweilige Vorhaben freigehalten wird**. Sollen die Flächen raumordnerisch gegenüber konkurrierenden Nutzungen verbindlich freigehalten werden, bedarf es ergänzend einer 46

Sicherung über Ziele der Raumordnung. Diese wären in einem Verfahren zur Aufstellung oder Änderung eines Raumordnungsplans festzulegen (vgl. Erl. zu §§ 3 ff. NROG).

5.2 Wirkung für Vorhabenträger und Dritte, fehlende Außenwirkung, Rechtsschutz

47 Aufgrund ihres rein gutacherlichen Charakters (§ 15 Abs. 1 Satz 4 ROG) **verpflichtet** die Landesplanerische Feststellung **einen Vorhabenträger nicht dazu, sein Vorhaben nur so zu verfolgen, wie es dem Ergebnis der Raumverträglichkeitsprüfung entspricht**, sondern sie steht ihm wie jedes andere Gutachten als Entscheidungshilfe zur Verfügung.

48 Die Landesplanerische Feststellung hat dementsprechend **gegenüber dem Träger des Vorhabens und gegenüber Einzelnen keine unmittelbare Rechtswirkung**. Mangels Außenwirkung hat die Landesplanerische Feststellung keine Verwaltungsaktqualität i. S. des § 35 VwVfG (so auch VG Lüneburg, Beschl. vom 7.7.2009 – 2 B 16/09 –, openJur 2012, 49244; BeckRS 2009, 36654; juris) und stellt keine Zulassungsentscheidung dar. Mit ihr wird noch keine konkrete, verbindliche Flächendisposition nach außen getroffen. Sie **berechtigt den Vorhabenträger also nicht dazu, das Vorhaben auf bestimmten Flächen durchzuführen**. Sie dient einer dem Zulassungsverfahren vorgeschalteten, verwaltungsinternen Klärung der raumordnerischen Verträglichkeit eines Vorhabens, die keine unmittelbare Rechtswirkung nach außen entfaltet (BVerwG, Beschl. vom 30.8.1995 – 4 B 86.95 –, NVwZ-RR 1996 S. 67; juris; BVerwG, Beschl. vom 4.6.2008 – 4 BN 12.08 –, ZfBR 2008 S. 59, BauR 2008 S. 1415). Die Landesplanerische Feststellung kann deshalb keine rechtsverbindlichen Genehmigungen, Planfeststellungen oder sonstige behördliche Entscheidungen über die Zulässigkeit des Vorhabens ersetzen, sondern diese müssen gesondert eingeholt werden.

49 Gem. § 42 Abs. 1 VwGO kann durch eine Anfechtungsklage nur die Aufhebung eines Verwaltungsakts und durch eine Verpflichtungsklage nur der Erlass eines abgelehnten oder unterlassenen Verwaltungsakts erstritten werden. Da es ihr an der Verwaltungsaktqualität fehlt, **kann eine Landesplanerische Feststellung nicht durch eine Anfechtungsklage isoliert angegriffen werden**. Dies gilt für den Vorhabenträger, falls er etwa eine Landesplanerische Feststellung mit belastenden Maßgaben oder das Ergebnis des Variantenvergleichs nicht akzeptiert. Dies gilt aber auch für Dritte, die etwa eine zugunsten eines Vorhabens getroffene positive Feststellung angreifen möchten, weil sie das Vorhaben ablehnen. Aus dem gleichen Grunde **kann auch eine unterlassene (positive) Landesplanerische Feststellung nicht durch Verpflichtungsklage erzwungen werden** (vgl. Erl. zu § 10 Rn. 60).

50 Eine **gerichtliche Überprüfung** des Ergebnisses des Verfahrens zur Raumverträglichkeitsprüfung ist **erst im Rahmen eines Rechtsbehelfs gegen das Ergebnis des nachfolgenden Zulassungsverfahrens möglich** (§ 15 Abs. 6 ROG). Wird beispielsweise Klage gegen einen Planfeststellungsbeschluss für ein Vorhaben erhoben, der auf das Ergebnis eines vorgelagerten Verfahrens zur Raumverträglichkeitsprüfung Bezug nimmt, wird im Rahmen der gerichtlichen Überprüfung des Planfeststellungsbeschlusses auch die entsprechende Landesplanerische Feststellung mit überprüft (sog. Inzidentkontrolle).

5.3 Abschichtungswirkung in Bezug auf nachfolgende Zulassungsverfahren

51 In gestuften Verfahren spricht man von „**Abschichtung**", wenn schon auf einer vorgelagerten Verfahrensstufe eine vorgezogene Prüfung von Fragestellungen erfolgt, die dann im anschließenden Verfahren nicht mehr in vollem Umfang geprüft werden müssen, sodass dort die Bearbeitung weniger aufwendig wird. Durch die bereits vorgelagert im Verfahren zur Raumverträglichkeitsprüfung geleisteten und insofern „abgeschichteten" Prüfungen zu raumbedeutsamen Belangen soll ein späteres Zulassungsverfahren möglichst weitgehend entlastet und beschleunigt werden.

52 Erfolgt im vorgelagerten Verfahren zur Raumverträglichkeitsprüfung eine Prüfung hinsichtlich der Auswirkungen des Vorhabens auf raumbedeutsame Belange und eine Fest-

stellung zur Raumverträglichkeit, soll gem. § 15 Abs. 5 Satz 3 ROG **im nachfolgenden Zulassungsverfahren die Prüfung auf Belange beschränkt werden, die nicht Gegenstand der Raumverträglichkeitsprüfung** waren, d. h., sie soll auf zusätzliche oder andere Auswirkungen des Vorhabens beschränkt werden. Dabei kommt es nicht allein darauf an, **ob ein bestimmter Belang bereits Gegenstand der vorgezogenen raumordnerischen Prüfung war**, sondern auch darauf, **in welcher Tiefe diese Prüfung erfolgt ist**. Die Gesetzesbegründung zur vergleichbaren Vorgängerregelung in § 15 ROG (BT-Drs. 19/22139 S. 28) bestätigt, dass zwar zeitintensive Doppelprüfungen vermieden werden sollen, aber eine Abschichtungsmöglichkeit nur insoweit besteht, wie die Belange im Raumordnungsverfahren auch tatsächlich geprüft wurden. Mit landesplanerisch nicht geprüften Auswirkungen auf Belange, die für die Zulassung des Vorhabens relevant sind, muss sich die spätere Zulassungsbehörde stets auseinandersetzen.

Eine Bindung der Zulassungsbehörde an das Ergebnis des Raumordnungsverfahrens, die über die Rechtswirkung nach durch § 4 i. V. m. § 3 Abs. 1 Nr. 4 ROG hinausginge, ist mit der Bestimmung in § 15 Abs. 4 ROG aber nicht verbunden.

In der Rechtsprechung ist **anerkannt, dass auch die Ergebnisse der Raumverträglichkeitsprüfung hinsichtlich räumlicher Alternativen abschichtend herangezogen werden dürfen** und das nachfolgende Zulassungsverfahren insoweit entlasten können. Im Zulassungsverfahren wird über den letztlich vorgelegten Plan zur Durchführung des Vorhabens auf ganz bestimmten Flächen entschieden. Standort- oder Trassenalternativen, die bereits Gegenstand der Variantenprüfung des Raumordnungsverfahrens waren und dort ausgeschieden wurden, brauchen z. B. in einem nachfolgenden Planfeststellungsverfahren nicht erneut umfänglich geprüft werden. Vielmehr darf die Planfeststellungsbehörde auf Vorgaben der landesplanerischen Beurteilung der Raumverträglichkeit eines Vorhabens abheben und die dort als raumverträglich beurteilte Variante zum Gegenstand der Planfeststellung machen (vgl. BVerwG, Urt. vom 18.7.2013 – 7 A 4.12 –, BVerwGE 147, 184; NVwZ 2013 S. 1605). Mit der landesplanerischen Feststellung, dass Trassen, Trassenabschnitte oder Standorte raumverträglich sind, diese mit den Erfordernissen der Raumordnung übereinstimmen und mit anderen raumbedeutsamen Planungen und Maßnahmen abgestimmt sind, steht fest, dass unüberwindbare Raumwiderstände gegen die Trassenführung nicht zu besorgen sind. Die bereits in einer förmlichen Raumvertäglichkeitsprüfung untersuchten Standort- oder Trassenvarianten können im Planfeststellungsverfahren daher ohne Weiteres in dem Sinne abgeschichtet werden, dass die Planfeststellungsbehörde sich die Ergebnisse und Vorgaben der Landesplanerischen Beurteilung zu eigen machen und insofern auf eine Doppelprüfung verzichtet (vgl. BVerwG, Urt. vom 21.1.2016 – 4 A 5.14 –, BVerwGE 154, 73; NVwZ 2016 S. 844; DVBl 2016 S. 785; BVerwG, Urt. vom 15.12.2016 – 4 A 4.15 –, NVwZ 2017 S. 708). Dies **entbindet die Planfeststellungsbehörde jedoch nicht davon**, im Rahmen ihres Abwägungsprozesses die **Ergebnisse der Landesplanerischen Feststellung zu bewerten, einer zumindest groben Plausibilitätsprüfung zu unterziehen und aktuelle Entwicklungen** (z. B. neue artenschutzrechtliche Gegebenheiten) **mit einzubeziehen**. 53

Die **Zulassungsbehörde** muss im Übrigen, da sie i. d. R. auf einer anderen Maßstabsebene als die Landesplanungsbehörde prüft, auch **Details in den Blick nehmen, die auf Ebene der Raumverträglichkeitsprüfung noch ausgeklammert werden durften oder mussten**. Dort wo die Prüfung der Landesplanungsbehörde ausnahmsweise bereits in der Art einer „Lupenbetrachtung" mit einer Detailtiefe erfolgte, die der eines nachfolgenden Zulassungsverfahren entspricht (vgl. insoweit zur Abstimmung des Detaillierungsgrades der Verfahrensunterlagen Erl. zu § 10Rn. 28), kann dagegen ein besonders weitreichender Abschichtungs- und Entlastungseffekt erreicht werden. 54

Ausdrücklich **ausgenommen von der Abschichtungswirkung ist die Prüfung der Auswirkungen auf raumbedeutsame Umweltbelange**. Zwar ist nach § 15 Abs. 1 Satz 2 Nr. 3 ROG eine **überschlägige Prüfung der Umweltauswirkungen** als Teil der (gutachterlichen) Raumverträglichkeitsprüfung vorgesehen, aber diese **soll eine förmliche Umweltprüfung** 55

nach dem UVPG nicht – auch nicht zum Teil – **ersetzen**. § 15 Abs. 3 Satz 3 ROG stellt ausdrücklich klar, dass im Zulassungsverfahren die Prüfung der Umweltauswirkungen im Rahmen einer förmlichen Umweltverträglichkeitsprüfung nach den UVPG-Standards und nach Maßgabe des Fachrechts unberührt bleibt. Damit wird jedenfalls gewährleistet, dass eine den EU-rechtlichen Vorgaben entsprechende Umweltverträglichkeitsprüfung vollständig im Zulassungsverfahren zu leisten ist.

6. Verzahnung mit nachfolgenden Verfahren

56 Um die Ergebnisse der Raumverträglichkeitsprüfung bestmöglich nutzen zu können, wird eine **rasche Verzahnung mit benötigten weiterführenden Verfahren** verfolgt. Je zügiger sich an ein Verfahren zur Raumverträglichkeitsprüfung eine Zulassung des Vorhabens anschließt, desto geringer ist die Wahrscheinlichkeit, dass landesplanerische Prüfergebnisse etwa veraltet sein könnten und neue Datenlagen oder relevante Änderungen im Planungsraum zu berücksichtigen sind. Daher sollte darauf hingewirkt werden, dass ein Vorhabenträger nach Abschluss des Verfahrens zur Raumverträglichkeitsprüfung zeitnah eine Weiterverfolgung seines Vorhabens durch die notwendigen Verfahrensschritte vorantreibt.

57 Um Raumordnungsverfahren besser mit einem nachfolgenden Zulassungsverfahren, wie etwa einem Planfeststellungsverfahren, zu verzahnen, enthält § 15 Abs. 5 Sätze 1 und 2 ROG besondere Regelungen zu einem **zügigen Anschluss dieser nachfolgenden Verfahren und zum Informationsaustausch mit den dafür zuständigen Behörden**. Während in der früheren Regelung des § 15 Abs. 4 Satz 3 ROG a. F. der Landesplanungsbehörde die Aufgabe des Informationsaustauschs mit der Zulassungsbehörde oblag, verpflichtet die aktuelle Regelung des § 15 Abs. 5 Satz 2 ROG hierzu inzwischen den Vorhabenträger.

58 Da die **ROG-Regelungen** dem Grunde nach im Zuge des Gesetzes zur Beschleunigung von Investitionen geschaffen wurden, sind sie **insbesondere auf große Verkehrsinfrastrukturvorhaben in öffentlicher Trägerschaft ausgerichtet**.

Hält ein Vorhabenträger nach Vorliegen der Landesplanerischen Feststellung an der Realisierung seines Vorhabens fest, soll er zeitnah die Durchführung des für sein Vorhaben erforderlichen **Zulassungsverfahrens oder, sofern dies gesetzlich vorgesehen ist, des Verfahrens zur Bestimmung der Planung und Linienführung beantragen**, damit Synergieeffekte möglichst effektiv genutzt werden können. Liegt zwischen den Verfahren kein längerer Zeitraum, sind die in den Unterlagen vom Vorhabenträger für das Verfahren zur Raumverträglichkeitsprüfung eingebrachten Daten, Gutachten etc. sowie die in diesem Verfahren gewonnenen Erkenntnisse und Prüfergebnisse der Landesplanungsbehörde regelmäßig aktuell genug, um in einem folgenden Verfahren effektiv weiter genutzt werden zu können.

59 Vorgesehen sind **Linienbestimmungsverfahren** bundesgesetzlich **bei Planungen für Bundesfernstraßen** (mit Ausnahme von Ortsumgehungen) und für **Bundeswasserstraßen**, landesgesetzlich für **Landesstraßenplanungen** (außer Ortsumgehungen). Es handelt sich um ein Verfahren der jeweiligen Fachverwaltung, das dem Zulassungsverfahren vorgelagert ist und keine Bindungswirkung gegenüber Dritten hat.

60 In **Linienbestimmungsverfahren nach § 16 FStrG** bestimmt das Fernstraßen-Bundesamt im Benehmen mit den Landesplanungsbehörden der beteiligten Länder die Planung und Linienführung der Bundesfernstraßen näher. Dabei sind die von dem Vorhaben berührten öffentlichen Belange einschließlich der Umweltverträglichkeit und des Ergebnisses der Raumverträglichkeitsprüfung im Rahmen der Abwägung zu berücksichtigen. Das Verfahren dient insbesondere dazu, den groben Verlauf der geplanten Strecke sowie deren Verknüpfungen mit dem bisherigen Straßennetz (Anfangs- und Endpunkte sowie weitere Anschlusspunkte), Schnittstellen mit den Anlagen anderer Verkehrsträger, die genaue Klassifizierung der Straße und nähere Details u. a. zur Streckencharakteristik und dem

Straßenquerschnitt als Grundlage für die Durchführung eines anschließenden Planfeststellungsverfahrens festzulegen.

Für Landesstraßen gilt das **Linienbestimmungsverfahren nach § 37 NStrG**. Danach bestimmt das für den Straßenbau zuständige Ministerium im Einvernehmen mit dem für die Raumordnung zuständigen Ministerium die Planung und Linienführung der Landesstraßen.

Im **Linienbestimmungsverfahren nach § 13 Bundeswasserstraßengesetz** bestimmt das Bundesministerium für Digitales und Verkehr im Einvernehmen mit der zuständigen Landesbehörde die Planung und Linienführung der Bundeswasserstraßen.

Die Zulassung der genannten Verkehrsinfrastrukturvorhaben erfolgt in **Planfeststellungsverfahren**. Hierbei handelt es sich um förmliche Verwaltungsverfahren nach den §§ 72 ff. VwVfG i. V. m. den jeweiligen Fachgesetzen. Auch über diverse andere raumbedeutsame Vorhaben wird in Planfeststellungsverfahren entschieden. Aufgrund einer Behörden- und Öffentlichkeitsbeteiligung werden darin alle von dem Vorhaben betroffenen öffentlichen und privaten Belange geprüft und abgewogen. Mit der Feststellung des Plans wird verbindlich und mit Außenwirkung über die Zulässigkeit des Baus und Betriebs des beantragten Vorhabens einschließlich der notwendigen Folgemaßnahmen an anderen Anlagen im Hinblick auf alle berührten öffentlichen Belange entschieden. Neben der Planfeststellung sind andere behördliche Entscheidungen, insbesondere öffentlich-rechtliche Genehmigungen, Erlaubnisse, Bewilligungen und Zustimmungen nicht erforderlich, d. h. die Planfeststellung hat Konzentrationswirkung. Für andere Vorhaben wiederum wird in Genehmigungs- oder Zulassungsverfahren nach anderen Fachgesetzen eine rechtsverbindliche Entscheidung mit Außenwirkung über die Umsetzung des beantragten Vorhabens auf genau bestimmten Flächen getroffen. 61

Die in § 15 Abs. 5 Satz 1 ROG getroffene **Regelung zur zügigen Beantragung eines Zulassungsverfahrens** greift nicht nur für die dabei vom Bundesgesetzgeber in den Fokus gestellten **Verkehrsinfrastrukturvorhaben**, sondern **auch für andere raumbedeutsame Vorhaben in öffentlicher oder privater Trägerschaft**. Ihr kommt jedoch nur die **Wirkung eines allgemeinen Appells** zu, der zwar insbesondere bei öffentlichen Vorhaben im Interesse des Allgemeinwohls berücksichtigt werden sollte, dessen Nichtbeachtung aber keine Sanktionen nach sich zieht. 62

§ 12
Beschleunigtes Verfahren zur Raumverträglicheitsprüfung

[1] Unter den Voraussetzungen des § 16 Abs. 1 Satz 1 ROG ist es abweichend von § 15 Abs. 3 ROG und von § 10 Abs. 4 dieses Gesetzes auch zulässig,

1. **die Dauer der Veröffentlichung der Verfahrensunterlagen und die Länge der Frist für die Bekanntmachung sowie der Frist zur Stellungnahme so zu verkürzen, dass das Beteiligungsverfahren insgesamt innerhalb eines Monats abgeschlossen werden kann, oder**
2. **unter Verzicht auf eine Beteiligung der Öffentlichkeit nur den zu beteiligenden öffentlichen Stellen die Verfahrensunterlagen elektronisch zuzuleiten und sie dabei unter Setzung einer Frist, die zwei Wochen nicht unterschreiten soll und einen Monat nicht überschreiten darf, zur Stellungnahme aufzufordern.**

[2] In Fällen des Satzes 1 Nr. 2 ist abweichend von § 11 Abs. 3 Sätze 2 bis 5 nur den beteiligten öffentlichen Stellen, die den Bindungswirkungen nach § 4 ROG unterliegen, die Landesplanerische Feststellung elektronisch zuzuleiten.

Erläuterungen

Übersicht

1. Funktion und Anwendungsfälle des beschleunigten Verfahrens zur Raumverträglichkeitsprüfung

1 § 12 NROG **knüpft an die Regelungen des § 16 ROG zur beschleunigten Raumverträglichkeitsprüfung an** und regelt **Abweichungen vom regulären Verfahren zur Raumverträglichkeitsprüfung** nach § 15 ROG i. V. m. § 10 NROG, um für bestimmte raumbedeutsame Vorhaben eine weniger aufwendige Verfahrensabwicklung zu ermöglichen. Die Anwendungsfälle des beschleunigten Verfahrens sind bundesgesetzlich durch § 16 Abs. 1 Satz 1ROG vorgegeben. Zum einen kommt es **für Vorhaben mit nur geringem Konfliktpotenzial** in Betracht, bei dem in der Sache weniger raumbedeutsame Konflikte „abzuarbeiten" sind. Zum anderen wäre es möglich, **wenn die für die Prüfung der Raumverträglichkeit erforderlichen Stellungnahmen schon aus anderen Verfahren** (z. B. einem anderen raumordnerischen Verfahren, Fachplanungs- oder Bauleitplanungsverfahren) **vorliegen** und daher das raumordnerische Beteiligungsverfahren weniger umfassend ausfallen kann.

2 Angesichts des für Vorhaben mit geringem Konfliktpotenzial möglichen Anzeigeverfahrens nach § 15 Abs. 4 Satz 2 ROG ist **zweifelhaft, ob für ein Verfahren zur beschleunigten Raumverträglichkeitsprüfung noch Bedarf besteht**. Dies gilt umso mehr, weil selbst bei Vorhaben mit erheblichen raumbedeutsamen Auswirkungen häufig nach § 16 Abs. 2 ROG i. V. m. § 9 Abs. 2 NROG von einem Verfahren zur Raumverträglichkeitsprüfung gänzlich abgesehen werden kann. Da der Bundesgesetzgeber aber die Bestimmungen des § 16 Abs. 1 ROG gleichwohl auch im Zuge der letzten ROG-Novelle 2023 nicht aufgehoben hat, wird § 12 NROG ebenfalls aufrechterhalten. Möglicherweise könnte das beschleunigte Verfahren zur Raumverträglichkeitsprüfung im Einzelfall z. B. noch für kleinere Bodenabbauvorhaben, Abwasserbehandlungsanlagen oder manche Leitungen Relevanz haben.

2. Fristverkürzungen, entfallende Verfahrensschritte

3 Das beschleunigte Verfahren ist nach § 16 Abs. 1 Satz 2 ROG **grundsätzlich innerhalb von drei Monaten abzuschließen**. Ein solcher Beschleunigungseffekt ist nur zu erzielen, wenn Verfahrensschritte verkürzt werden oder verzichtbar sind, das Vorhaben aber gleichwohl raumordnerisch sachgerecht beurteilt werden kann.

4 § 12 Satz 1 Nr. 1 NROG regelt die Option, dass zwar die **Verfahrensschritte zur Beteiligung der Öffentlichkeit und der öffentlichen Stellen in der Sache beibehalten** werden, **aber die dafür maßgeblichen Fristen erheblich verkürzt** werden. Dies gilt für

- die in § 10 Abs. 4 Satz 1 NROG geregelte Dauer einer Veröffentlichung der Verfahrensunterlagen im Internet und damit einhergehender Zugänglichmachung der Unterlagen auf anderem Wege nach § 15 Abs. 3 ROG,
- die vor der Veröffentlichung von Unterlagen einzuhaltende Bekanntmachungsfrist nach § 15 Abs. 3 Satz 5 ROG und
- die Stellungnahmefrist nach § 15 Abs. 3 Satz 6 ROG i. V. m. § 10 Abs. 4 Satz 2 NROG.

Die Fristen sind soweit zu kürzen, dass das Beteiligungsverfahren innerhalb eines Monats abgeschlossen werden kann. Zudem wird davon auszugehen sein, dass auch für optionale Verfahrensschritte wie eine Erörterung nach § 10 Abs. 6 NROG i. d. R. kein zeitlicher Spielraum mehr besteht.

§ 12 Satz 1 Nr. 2 NROG betrifft die Option, dass **die Beteiligung allein auf die öffentlichen Stellen begrenzt wird** und die in § 15 Abs. 3 ROG geregelte Öffentlichkeitsbeteiligung sowie die in § 11 Abs. 3 NROG geregelte **Information der Öffentlichkeit über das Ergebnis des Verfahrens entfallen**. Damit entfallen 5

- die öffentliche (digitale und analoge) Bereitstellung der Verfahrensunterlagen mit Eröffnung von Stellungnahmemöglichkeiten für die Öffentlichkeit,
- deren vorausgehende öffentliche Bekanntmachung,
- die bei Abschluss des Verfahrens sonst nötige öffentliche Bekanntmachung des Verfahrenergebnisses und
- die Veröffentlichung der Landesplanerischen Feststellung im Internet sowie deren Bereithaltung bei der Landesplanungsbehörde zur öffentlichen Einsichtnahme.

Da die uneingeschränkte öffentliche Bereitstellung von Unterlagen im Internet entfällt, über die sonst auch die öffentlichen Stellen Zugang zu den Verfahrensunterlagen erhalten, sieht § 12 Satz 2 NROG für die Beteiligung der öffentlichen Stellen insoweit eine vom ROG abweichende Regelung vor. Sie richtet sich allein nach § 10 Abs. 4 NROG, wonach die Beteiligung der Behörden elektronisch durch Übermittlung der Unterlagen per E-Mail oder Bereitstellung über eine nur einem begrenzten Kreis zugängliche Downloadmöglichkeit erfolgen kann. Im Übrigen wird die Stellungnahmefrist dabei auf einen Zeitraum von zwei Wochen bis maximal einem Monat begrenzt.

Die allein bundesgesetzlich **in § 16 Abs. 1 Satz 1 ROG geregelte Option, den Kreis der zu beteiligenden öffentlichen Stellen zu reduzieren, bleibt unberührt**, dürfte aber nur begrenzt zur Verfahrensbeschleunigung beitragen. Der Bundesgesetzgeber hat Verfahrensvereinfachungen nur insoweit eröffnet, dass auf die Beteiligung einzelner öffentlicher Stellen und die Beteiligung von Nachbarstaaten verzichtet werden kann. Die Frage, wie bei einer ansonsten vorgesehenen, grundsätzlichen Beibehaltung aller Verfahrensschritte unter Einhaltung der bundesgesetzlich geregelten Fristen trotzdem die gewünschte Verfahrensbeschleunigung auf drei Monate erreicht werden sollte, hat der Bundesgesetzgeber bedauerlicherweise nicht selbst aufgelöst. 6

3. Ermessensentscheidung

Ob bei Vorliegen der Voraussetzungen des § 12 Satz 1 NROG für ein raumbedeutsames Vorhaben auf Antrag **ein beschleunigtes oder ein umfassendes Verfahren zur Raumverträglichkeitsprüfung nach § 15 ROG und § 10 NROG durchgeführt wird**, entscheidet letztlich die Landesplanungsbehörde nach pflichtgemäßen Ermessen unter **Abwägung der Umstände des Einzelfalls**. Diese Frage kann außerdem unter Würdigung des Konfliktpotenzials des Vorhabens auf einer etwaigen Antragskonferenz (§ 10 Abs. 1 NROG) erörtert werden. Im Interesse effizienter Verfahren sollten aber die eröffneten Verfahrenserleichterungen in aller Regel so weitgehend wie möglich genutzt werden. 7

Wenn ein beschleunigtes Verfahren zur Raumverträglichkeitsprüfung in Betracht gezogen wird, liegt es auch im Ermessen der Landesplanungsbehörde, **welche der in § 12 Satz 1 NROG geregelten Handlungsoptionen** sie verfolgen will und inwieweit sie den Spielraum für Fristverkürzungen nutzt. 8

§ 13

Gebührenfreiheit für Maßnahmen öffentlicher Stellen

Für Verfahren zur Raumverträglichkeitsprüfung zu Planungen und Maßnahmen, durch die Gemeinden, Landkreise oder andere Körperschaften des öffentlichen Rechts gesetzliche Pflichtaufgaben erfüllen, werden Gebühren nicht erhoben.

Erläuterungen

Übersicht

1. Gebührenfreiheit
2. Gebührenpflichtige Verfahren zur Raumverträglichkeitsprüfung
3. Auslagenerstattung
4. Kostenbescheid

1. Gebührenfreiheit

1 Gem. § 13 NROG ist die Durchführung eines Verfahrens zur Raumverträglichkeitsprüfung einschließlich der erforderlichen vorbereitenden Tätigkeiten nur dann **gebührenfrei** (Sonderfall)**, wenn sich das Verfahren auf ein Vorhaben bezieht, durch das Gemeinden, Landkreise oder andere Körperschaften des öffentlichen Rechts gesetzliche Pflichtaufgaben erfüllen**. Hierunter fallen etwa Verfahren zur Raumverträglichkeitsprüfung für größere Straßenbauprojekte eines Landkreises.

2 Ebenfalls gebührenfrei sind **Verfahren auf Veranlassung einer Gemeinde, wenn diese für ein in § 1 RoV genanntes Vorhaben ihrer nach dem BauGB bestehenden städtebaulichen Planungspflicht nachkommen will**. Die Aufgabe „Bauleitplanung" ist gesetzlich den Gemeinden als Pflichtaufgabe im Rahmen ihrer hoheitlichen Tätigkeiten zugewiesen. Sie haben gem. § 1 Abs. 3 BauGB Bauleitpläne aufzustellen, sobald und soweit es für die städtebauliche Entwicklung und Ordnung erforderlich ist. Im Rahmen ihrer Planungshoheit obliegt einer Gemeinde die Beurteilung, wann ein solches Planungserfordernis besteht und für welche baulichen Nutzungen eine Ansiedlung durch ihre Bauleitplanung städtebaulich ermöglicht werden soll. Die Gebührenfreiheit nach § 13 NROG besteht daher unabhängig davon, für welche der in der RoV genannten Bauvorhaben die Gemeinde eine Bauleitplanung verfolgt und dafür ein Verfahren zur Raumverträglichkeitsprüfung veranlasst. Darauf, ob später die durch einen Bauleitplan ermöglichten Vorhaben in privater oder öffentlicher Trägerschaft umgesetzt werden, kommt es nicht an.

3 **Keine Gebührenfreiheit** genießen staatliche oder kommunale Unternehmen, die in privatrechtlich organisierter Form tätig sind (AG, GmbH usw.).

4 Dem Verfahren **zurechenbar sind alle Verfahrensschritte, die in den §§ 9 ff. NROG, in den §§ 15 und 16 ROG und in analog heranziehbaren Bestimmungen des VwVfG geregelt werden**. Die Bestimmungen zu einer vorbereitenden Phase, wie etwa die Prüfung, ob ein Verfahren zur Raumverträglichkeitsprüfung erforderlich ist, oder die Durchführung einer Antragskonferenz, die einem Verfahren zur Raumverträglichkeitsprüfung vorausgehen kann, sind als Verfahrensschritte ausdrücklich im Dritten Abschnitt des NROG „Verfahren zur Raumverträglichkeitsprüfung" geregelt. Damit verbundene Leistungen werden insoweit mit von der Regelung des § 13 NROG erfasst.

5 Die Gebührenfreiheit ist nicht gleichzusetzen mit Kostenfreiheit. Zu den **Kosten** des Verfahrens gehören nicht nur die Gebühren, sondern **auch Auslagen, deren Erstattung unberührt bleibt** (§ 13 NVwKostG; vgl. Rn. 10 ff.).

2. Gebührenpflichtige Verfahren zur Raumverträglichkeitsprüfung

6 **Im Regelfall** sind für die Vorbereitung und Durchführung von Verfahren zur Raumverträglichkeitsprüfung als Leistungen der öffentlichen Verwaltung **nach Maßgabe des NVwKostG Kosten zu erheben**. Der Vorhabenträger hat als Veranlasser des Verfahrens (§ 5 NVwKostG – Kostenschuldner) gem. §§ 1, 3 NVwKostG entsprechend dem in der Allgemeinen Gebührenordnung (AllGO) enthaltenen Kostentarif Gebühren zu entrichten. Den Anlass für das Verfahren setzt ein Vorhabenträger auch dann, wenn er zwar keinen Antrag auf Einleitung des Verfahrens zur Raumverträglichkeitsprüfung stellt, sich aber

aufgrund einer Anzeige nach § 15 Abs. 4 Satz 2 ROG bei der Prüfung durch die Landesplanungsbehörde ergibt, dass für sein Vorhaben ein Verfahren zur Raumverträglichkeitsprüfung erforderlich ist.

Maßgeblich ist die **Tarifnummer 71 „Raumordnung" der Anlage zur AllGO**. Diese Tarif- 7
nummer ist bausteinartig aufgebaut und umfasst einzelne Gebührentatbestände. Die Landesplanungsbehörde kann Kosten einer Beratung oder Antragskonferenz jeweils zeitnah vom Vorhabenträger erheben, auch unabhängig von der Einleitung oder dem Abschluss eines späteren Verfahrens zur Raumverträglichkeitsprüfung.

Gem. § 6 Abs. 1 NVwKostG **entsteht die Gebührenschuld mit der Beendigung der jeweili-** 8
gen Amtshandlung oder mit der Rücknahme des Antrages. Wird zum Beispiel eine Antragskonferenz nach § 10 Abs. 1 NROG durchgeführt, ist diese Amtshandlung entweder beendet, wenn der Vorhabenträger abschließend über den Untersuchungsrahmen unterrichtet wurde oder wenn die Vorbereitungen für die Durchführung einer Antragskonferenz eingestellt werden. Wird ein Verfahren zur Raumverträglichkeitsprüfung durchgeführt, ist diese Amtshandlung entweder beendet, wenn die Landesplanerische Feststellung vorliegt und ihre Bekanntgabe erfolgt ist (§ 11 Abs. 3 NROG) oder das Verfahren vorher eingestellt wird (§ 10 Abs. 8 NROG).

Da der Kostenanspruch gem. § 8 NVwKostG durch **Verjährung** nach drei Jahren erlöschen 9
kann, sollte die zuständige Landesplanungsbehörde auf eine rechtzeitige Kostenfestsetzung für die verschiedenen erbrachten Leistungen achten. Dies ist insbesondere in solchen Fällen von Bedeutung, in denen sich nach der Vorbereitungsphase die Einleitung des Verfahrens zur Raumverträglichkeitsprüfung erheblich verzögert oder letztlich sogar entfällt.

3. Auslagenerstattung

Der **Vorhabenträger ist als Veranlasser des Verfahrens verpflichtet**, gem. § 13 NVwKostG 10
im Verfahren entstandene, **notwendige Auslagen zu erstatten**. Hierzu gehören z. B. Kosten vorgeschriebener, öffentlicher Bekanntmachungen sowie die Kosten für eine von der Landesplanungsbehörde veranlasste Erstellung externer Gutachten. Verschiedene Auslagen, die typischerweise anfallen (z. B. für Vervielfältigungen, Telekommunikations- und Postdienstleistungen etc.) sind im maßgeblichen Gebührentarif einpauschaliert und werden in gebührenpflichtigen Verfahren nicht separat erhoben (s. Anmerkung zu AllGO-Tarifnr. 71). Sobald im Zuge der beabsichtigten Änderung der AllGO-Tarifnr. 71 dort keinerlei Einpauschalierung von Auslagen mehr vorgesehen ist, wären sämtliche Auslagen zusätzlich zur Gebühr geltend zu machen.

In den nach § 13 NROG **gebührenfreien Verfahren bleibt die Pflicht zur Auslagenerstat-** 11
tung bestehen. Hierunter fallen auch die oben genannten Auslagen, unabhängig davon, ob sie sonst in die Gebühren einpauschaliert wären.

Gem. § 6 Abs. 2 NVwKostG entsteht die **Verpflichtung zur Erstattung der Auslagen,** 12
sobald der Betrag verauslagt wurde. Die Landesplanungsbehörde kann diese Kosten daher sofort nach ihrer Entstehung gegenüber dem Vorhabenträger festsetzen und muss nicht den Abschluss des Verfahrens abwarten.

4. Kostenbescheid

Die **Festsetzung von Kosten gegenüber dem Vorhabenträger**, der Anlass zu dem Verfah- 13
ren gegeben hat, erfolgt **durch Bescheid (Verwaltungsakt)**. Darin ist die Kostenlastentscheidung (Entscheidung dem Grunde nach, dass Kosten zu tragen sind und wer diese Kostenlast zu tragen hat) und die Kostenfestsetzungsentscheidung der Höhe nach (über den genau zu zahlenden Betrag für Gebühren und Auslagen) zu treffen. Ferner sind die genauen Zahlungsmodalitäten (z. B. Zahlungsfrist, Kassenzeichen, Kontoverbindung für Überweisung) festzulegen. Da aufgrund der EU-Verordnung EU 2024/886 bei Überweisungen aus Sicherheitsgründen ab 9.10.2025 ein Abgleich von Zahlungsempfängern und

IBAN erfolgt, sollte im Kostenbescheid auch deutlich angegeben werden, wer Zahlungsempfänger ist. Dies ist insbesondere dann relevant, wenn eine besondere Stelle (z. B. Nds. Landeshauptkasse o. Ä.) für die Zahlungsabwicklung vorhanden ist und diese – anstelle der den Bescheid ausstellenden Landesplanungsbehörde – für die Annahme des erhobenen Betrags verantwortlich ist.

14 Zur notwendigen **Begründung** (§ 39 VwVfG) gehören alle wesentlichen tatsächlichen und rechtlichen Gründe der Entscheidung, insbesondere die Erläuterung des Anlasses für die Entstehung der Kostenschuld und ihre Höhe, die Darlegung der Berechnung der Gebühren und der entstandenen Auslagen sowie die Angabe aller maßgeblichen Rechtsgrundlagen.

15 Der Bescheid ist mit einer **Rechtsbehelfsbelehrung** zu versehen (§ 37 Abs. 6 VwVfG). Nur eine korrekte Rechtsbehelfsbelehrung gem. § 58 Abs. 1 VwGO führt dazu, dass die vorgesehene Rechtsbehelfsfrist zu laufen beginnt (andernfalls läuft nach § 58 Abs. 2 VwGO die Jahresfrist).

Gegen den Kostenbescheid kann unmittelbar Klage bei dem örtlich zuständigen Verwaltungsgericht **erhoben werden**. In Niedersachsen findet gem. § 80 Abs. 1 Niedersächsisches Justizgesetz (NJG) vor Erhebung der Anfechtungsklage abweichend von § 68 Abs. 1 Satz 1 VwGO keine Nachprüfung in einem Vorverfahren statt. Die Einlegung eines Rechtsbehelfs gegen die Anforderung von Kosten hat gem. § 80 Abs. 2 Nr. 1 VwGO keine aufschiebende Wirkung, d. h. die Zahlungsverpflichtung besteht zunächst weiter.

VIERTER ABSCHNITT
WEITERE INSTRUMENTE ZUR VERWIRKLICHUNG DER PLANUNG, ZUSAMMENARBEIT

Vor §§ 14–17
Einführung; raumordnerische Untersagung

Erläuterungen

Übersicht

1. Einführung

Neben Raumordnungsplänen und Raumverträglichkeitsprüfungen gibt es weitere **Instrumente zur Verwirklichung der Raumordnungsplanung**: 1

Zur Sicherung der Durchsetzbarkeit sowohl von bestehenden als auch erst in Aufstellung befindlichen Zielen der Raumordnung steht den Landesplanungsbehörden die **raumordnerische Untersagung** zur Verfügung. Die materiell-rechtlichen Voraussetzungen einer Untersagung sind abschließend in § 12 ROG normiert, die Zuständigkeitsregelungen finden sich im Landesrecht (zur Untersagung näher Rn. 5 ff.)). 2

§ 14 ROG schafft die gesetzliche Grundlage für die **raumordnerische Zusammenarbeit**, die in vielerlei Gestalt erfolgen kann und gerade keinen formalisierten Abläufen unterliegen soll. 3

Der Vierte Abschnitt des NROG ergänzt das Bundesrecht um weitere Instrumente zur Verwirklichung der Planung und enthält Regelungen über die Zusammenarbeit im Hinblick auf den **Austausch notwendiger Informationen** (dazu näher bei den jeweiligen Vorschriften). 4

2. Raumordnerische Untersagung

2.1 Zweck und Wirkung der Untersagung

Soweit bei raumbedeutsamen Planungen und Maßnahmen die Ziele der Raumordnung zu beachten sind (§ 4 ROG; vgl. Rn. 171 ff. zu § 1) sind raumbedeutsame Planungen und Maßnahmen unzulässig, die gegen Ziele der Raumordnung verstoßen. Die Untersagung ist ein förmliches **Sicherungsinstrument** und dient der wirksamen Durchsetzbarkeit einer bestehenden oder in Aufstellung befindlichen Raumordnungsplanung gegenüber raumbedeutsamen örtlichen oder fachlichen Planungen und Vorhaben. Zu unterscheiden sind unbefristete und befristete Untersagungen. 5

Die **unbefristete Untersagung** nach § 12 Abs. 1 ROG stellt in einem konkreten Einzelfall die Unvereinbarkeit einer Planung oder eines anderen Vorhabens mit einem geltenden Ziel der Raumordnung verbindlich fest. Damit ist die **Feststellung eines dauerhaften Planungs- oder Genehmigungsverbots** für dieses raumordnungswidrige Vorhaben verbunden. 6

Die **befristete Untersagung** nach § 12 Abs. 2 ROG *„stellt ein Sicherungsinstrument dar, mit dessen Hilfe verhindert werden soll, dass die Verwirklichung zukünftiger Ziele (der Raumordnung) bereits im Vorfeld der Planung vereitelt oder wesentlich erschwert wird“* (BVerwG, Urt. vom 27.1.2005 – 4 C 5.04 –, BVerwGE 122, 364; www.bverwg.de). Sie ist mit dem baurechtlichen Instrument der Zurückstellung nach § 15 BauGB vergleichbar und sichert vorbeugend die Ausgestaltung künftiger Ziele der Raumordnung während der Planungsphase. Ziele der Raumordnung entfalten erst mit dem Inkrafttreten des Raumordnungsplans Bindungswirkung und damit Relevanz für die Zulässigkeit einer anderen Pla- 7 nung bzw. für das Zulassungsverfahren einer Maßnahme. Solange das Verfahren zur Aufstellung oder Änderung eines Raumordnungsplans noch nicht abgeschlossen ist, bewirkt und legitimiert erst die befristete Untersagung ein **vorübergehendes Ruhenlassen des Verfahrens** für die konkurrierende Planung, die Maßnahme oder die Entscheidung über deren Zulässigkeit.

8 Eine **Untersagung** einer Planung oder Maßnahme **wegen ihrer Unvereinbarkeit mit Grundsätzen der Raumordnung, landesplanerischen Leitvorstellungen oder sonstigen raumordnerischen Konzepten** kommt nicht in Betracht, da die Untersagung ausdrücklich auf „Ziele" i. S. des § 3 Abs. 1 Nr. 2 ROG beschränkt ist.

9 Eine Untersagung ist **zielbezogen**. Eine Untersagung dergestalt, dass eine Planung oder Maßnahme „dem LROP" oder „dem RROP" widerspreche, wäre nicht bestimmt genug und in dieser Pauschalität unzutreffend.

10 Eine raumordnerische Untersagung muss in Bezug auf einen **konkreten Einzelfall** ergehen. Sie kann nicht pauschal in Gestalt einer Allgemeinverfügung i. S. v. § 35 Satz 2 VwVfG für alle Planungen oder Maßnahmen eines Typs im Planungsraum erlassen werden, weil eine Untersagung immer eine individuelle Interessen- und Gefährdungsabschätzung erfordert. Untersagungen unterscheiden sich insofern von einer allgemein wirkenden Veränderungssperre, wie sie von Gemeinden in Bezug auf einen Bebauungsplan durch Satzung nach § 14 BauGB beschlossen werden könnte.

2.2 Verhältnis der befristeten Untersagung zur Genehmigungsversagung wegen in Aufstellung befindlicher Ziele der Raumordnung

11 In der Rechtsprechung des BVerwG ist anerkannt, dass das Instrument der **befristeten Untersagung gleichberechtigt neben dem ordnungsrechtlichen Mittel einer Genehmigungsversagung** steht. Die Instrumente haben **unterschiedliche Rechtswirkungen** und dienen **unterschiedlichen Schutzzwecken** (vgl. BVerwG, Urt. vom 27.1.2005 – 4 C 5.04 –, BVerwGE 122, 364; www.bverwg.de). In beiden Fällen ist Bezugspunkt der Antrag auf Genehmigung eines Vorhabens.

12 Die **befristete raumordnungsrechtliche Untersagung ist ein lediglich temporäres Sicherungsmittel**. Durch eine befristete Untersagung wird die **Entscheidung über den Genehmigungsantrag für ein Vorhaben (lediglich) zeitlich verschoben** und erfolgt erst nach Inkrafttreten des Raumordnungsplans. Die Untersagung liegt in der **Entscheidungszuständigkeit einer Landesplanungsbehörde**.

13 Die **Versagung der Genehmigung** hingegen ist eine **endgültige Entscheidung über den Antrag** in der Sache. Den „Aufhänger" für die Versagung einer Genehmigung aufgrund von in Aufstellung befindlichen Zielen der Raumordnung bildet bspw. ein Baugenehmigungsantrag für ein privilegiertes Außenbereichsvorhaben i. S. d. § 35 BauGB. § 35 BauGB zählt zum öffentlichen Baurecht i. S. d. § 2 Abs. 16 NBauO, dessen Einhaltung nach niedersächsischem Landesrecht (§ 70 Abs. 1 NBauO) eine Voraussetzung für die Erteilung einer Baugenehmigung ist. Zur Wahrung des Grundanliegens, den Außenbereich weitest möglich von Bebauung freizuhalten, zählt § 35 Abs. 3 Satz 1 BauGB beispielhaft (d. h. nicht abschließend) Schutzgüter bzw. öffentliche Belange auf, die es grundsätzlich rechtfertigen, die Verwirklichung von Bauvorhaben abzuwehren. **In Aufstellung befindliche Ziele der Raumordnung sind anerkanntermaßen ein unbenannter öffentlicher Belang i. S. des § 35 Abs. 3 Satz 1 BauGB** (vgl. BVerwG, Urt. 1.7.2010 – 4 C 4.08 –, BVerwGE 137, 247; openJur 2011, 90902). Die Annahme, dass öffentliche Belange i. S. d. § 35 Abs. 3 Satz 1 BauGB in einem konkreten Anwendungsfall dadurch beeinträchtigt werden, weil ein Vorhaben einem in Aufstellung befindlichen Ziel der Raumordnung widerspricht, führt zur materiellen Nichtgenehmigungsfähigkeit der Baugenehmigung. Für die Versagung der Genehmigung ist die für den Vollzug des Fachrechts zuständige Genehmigungsbehörde (z. B. Bauaufsichtsbehörde) verantwortlich.

Allerdings ist der **Grad der Konkretisierung**, den ein in Aufstellung befindliches Ziel erreicht haben muss, um im Rahmen von § 35 Abs. 1 Satz 1 BauGB tatsächlich zur Annahme einer Beeinträchtigung öffentlicher Belange und damit zur Genehmigungsversagung führen zu können, höher als für eine befristete Untersagung. Der Entwurf der Zielfestlegung muss die hinreichend sichere Erwartung rechtfertigen, dass er über das Entwurfsstadium hinaus zu einer verbindlichen Vorgabe i. S. des § 3 Abs. 1 Nr. 2 ROG erstarken wird. 14

Dies führt dazu, dass sich Untersagung und Versagung der Genehmigung in ihrer praktischen Bedeutung unterscheiden. Eine befristete Untersagung ist oft schon zu einem **Zeitpunkt** möglich, in denen die Versagung der Genehmigung noch nicht ausgesprochen werden kann. 15

2.3 Gegenstand der Untersagung

Gegenstand einer Untersagung können nur **raumbedeutsame Planungen, raumbedeutsame Maßnahmen** sowie Entscheidungen über deren Zulässigkeit sein, die für ihre Rechtmäßigkeit die **Ziele der Raumordnung zu beachten** haben. 16

Stets zielgebunden und untersagungsfähig sind: 17

- raumbedeutsame Planungen und Maßnahmen **öffentlicher Stellen**,
- Genehmigungen, Planfeststellungen und sonstige behördlichen Entscheidungen über die Zulässigkeit raumbedeutsamer Planungen und Maßnahmen **öffentlicher Stellen**,
- behördliche Entscheidungen über die Zulässigkeit raumbedeutsamer Maßnahmen von Personen des Privatrechts, sofern diese durch **Planfeststellung** oder durch eine Genehmigung mit gleicher Rechtswirkung beschieden werden, bei der eine echte Abwägung stattfindet,
- raumbedeutsame Planungen oder Maßnahmen von Personen des Privatrechts und behördliche Entscheidungen über deren Zulässigkeit, wenn mit den Vorhaben öffentliche Aufgaben wahrgenommen werden und wenn sie überwiegend mit öffentlichen Mitteln finanziert werden oder an juristischen Personen des Privatrechts mehrheitlich öffentliche Stellen beteiligt sind; ferner Genehmigungen über die Errichtung und den Betrieb von öffentlich zugänglichen Abfallbeseitigungsanlagen nach den Vorschriften des Bundes-Immissionsschutzgesetzes.

Behördliche Entscheidungen über die Zulässigkeit **raumbedeutsamer Planungen und Maßnahmen von anderen Personen des Privatrechts** sind nur zielgebunden und untersagungsfähig, sofern nach den Bestimmungen des maßgeblichen Fachrechts die Ziele der Raumordnung bei der Erteilung der Genehmigung zu beachten sind, § 4 Abs. 2 ROG. So ist bspw. die Einhaltung von Zielen der Raumordnung ausdrückliche Genehmigungsvoraussetzung für Bauvorhaben im Außenbereich (§ 35 Abs. 3 Satz 2 BauGB). Einer solchen ausdrücklichen Raumordnungsklausel steht eine allgemeine Gemeinwohlklausel gleich, d. h., dass nach den fachrechtlichen Vorschriften bei der Genehmigung des Vorhabens „öffentliche Belange", „öffentliche Interessen" oder „das Wohl der Allgemeinheit/Gemeinwohl" zu prüfen sind und nicht beeinträchtigt werden dürfen. Bspw. ist ein Ziel der Raumordnung als „öffentlicher Belang" i. S. des § 31 Abs. 2 BauGB bei Befreiungen zu prüfen (vgl. näher auch § 1 Rn. 195). 18

Fehlt es an einer Bindungswirkung an Ziele der Raumordnung, ist eine Untersagung nicht statthaft. So ist bspw. für Bauvorhaben im Geltungsbereich eines wirksamen Bebauungsplans nach § 30 BauGB oder im unbeplanten Innenbereich nach § 34 BauGB, für die die Einhaltung von Zielen der Raumordnung keine Genehmigungsvoraussetzung sind, eine Untersagung nicht möglich. Bei raumbedeutsamen Planungen und Maßnahmen des Bundes und anderer Planungsträger i. S. des § 5 Abs. 1 ROG ist die Bindungswirkung der Ziele der Raumordnung nicht gegeben und eine Untersagung nicht statthaft, wenn die zuständige Behörde oder der Planungsträger den zukünftigen Zielen der Raumordnung zulässigerweise widersprochen hat (zum Widerspruch nach § 5 ROG s. § 1 Rn. 198 ff.). 19

2.4 Zeitrahmen für die Untersagung

2.4.1 Beginn der Untersagungsfähigkeit

20 Sowohl die unbefristete als auch die befristete Untersagung erfordern, dass die **zu untersagende Planung oder Maßnahme einen sachlich und räumlich hinreichenden Konkretisierungsgrad** erreicht hat. Nur dann kann überhaupt prognostiziert werden, dass ihr ein Ziel der Raumordnung entgegensteht oder die Verwirklichung eines in Aufstellung befindlichen Ziels unmöglich gemacht oder wesentlich erschwert wird. Bei einer **beabsichtigten Planung** ist mindestens die öffentliche Bekanntmachung und der Beginn des Beteiligungsverfahrens erforderlich. Für eine **beabsichtigte raumbedeutsame Maßnahme** muss zumindest ein Zulassungsantrag gestellt sein und müssen diejenigen Unterlagen vorliegen, die für eine raumordnerische Beurteilung erforderlich sind. Auf Faktoren, die für die raumordnerische Beurteilung unerheblich sind (z. B. Baustatik, Angaben zur Betriebsweise), kommt es nicht an; auch die Entscheidungsreife im Zulassungsverfahren ist daher kein Erfordernis einer Untersagung.

2.4.2 Ende der Untersagungsfähigkeit

21 Eine Untersagung ist nur so lange möglich, wie eine **raumbedeutsame Planung oder Maßnahme noch nicht abgeschlossen** ist. Dem Adressaten kann lediglich ein weiteres Tätigwerden untersagt werden. Die Anordnung einer „Rückgängigmachung" würde dem Charakter eines Sicherungsinstruments widersprechen und ist einer Landesplanungsbehörde nicht möglich.

22 Eine **raumbedeutsame Planung ist mit ihrem Wirksamwerden abgeschlossen**. Die Untersagungsmöglichkeit endet, wenn sämtliche Verfahrensschritte, die für das Wirksamwerden des Plans erforderlich sind, bereits durchgeführt worden sind (z. B. Bekanntmachung eines beschlossenen Bebauungsplans).

23 Bei **raumbedeutsamen Maßnahmen** ist in aller Regel dann keine Untersagung mehr möglich, wenn eine **Zulassungsentscheidung ergangen** ist. Wurden bei der Zulassungsentscheidung Ziele der Raumordnung nicht beachtet, ist die Zulassungsentscheidung zwar rechtswidrig, aber nicht nichtig. Auch eine rechtswidrige Zulassungsentscheidung ist wirksam und entfaltet gegenüber Personen des Privatrechts eine Legalisierungswirkung, d. h. Private dürfen darauf vertrauen, dass die erteilte Zulassung ihnen die Durchführung ihres Vorhabens erlaubt. Es obliegt allein der Genehmigungs- oder Planfeststellungsbehörde, über eine Rücknahme des wegen Verstoßes gegen § 4 ROG rechtswidrigen Verwaltungsakts nach § 48 VwVfG zu entscheiden.

24 Lediglich dann, wenn der **Träger der Maßnahme eine öffentliche Stelle** ist, kann auch nach der Zulassungsentscheidung noch eine Untersagung der tatsächlichen Durchführung der raumbedeutsamen Maßnahme verfügt werden, solange die Maßnahme tatsächlich noch nicht abgeschlossen/fertiggestellt ist. Denn die Pflicht jeder öffentlichen Stelle zu rechtmäßigem Handeln (dies umschließt auch die gesetzliche Zielbeachtungspflicht) hat ein höheres juristisches Gewicht als die Legalisierungswirkung einer Zulassungsentscheidung.

2.5 Unvereinbarkeit mit einem bestehenden oder in Aufstellung befindlichen Ziel der Raumordnung

2.5.1 Unvereinbarkeit mit einem bestehenden Ziel (unbefristete Untersagung, § 12 Abs. 1 ROG)

25 Eine unbefristete Untersagung erfordert die **Unvereinbarkeit einer raumbedeutsamen Planung oder Maßnahme mit einem geltenden Ziel der Raumordnung**. Unerheblich ist, ob es sich um ein Ziel eines RROP oder des LROP handelt.

2.5.2 Unvereinbarkeit mit einem in Aufstellung befindlichen Ziel (befristete Untersagung, § 12 Abs. 2 ROG)

Eine befristete Untersagung ist gegen solche raumbedeutsamen Planungen und Maßnahmen möglich, die die **Verwirklichung eines in Aufstellung oder Änderung befindlichen Zieles unmöglich machen oder wesentlich erschweren** würden. 26

2.5.2.1 In Aufstellung befindliches Ziel

Damit ein Raumordnungsplan bzw. eine darin enthaltene Zielfestlegung als „in Aufstellung befindlich" anzusehen ist, bedarf es eines **hinreichend verfestigten Planungsstands.** 27

Die **bis September 2023 geltende Rechtslage** enthielt hierzu keine näheren Regelungen. 28
Anerkanntermaßen genügte es grundsätzlich nicht, dass ein Planungsverfahren durch Bekanntmachung allgemeiner Planungsabsichten i. S. des § 9 Abs. 1 ROG in Gang gesetzt war. Allgemeine Planungsabsichten haben meist noch keinen hinreichenden Konkretisierungsgrad. Sie konnten nur in solchen Einzelfällen genügen, in denen es bereits eine „Vorklärung" durch eine Raumverträglichkeitsprüfung (z. B. über den Verlauf einer Leitungstrasse) gab, deren Ergebnis „nur" noch (unverändert) über die Festlegung als Ziel (Vorranggebiet Leitungstrasse) in einem Raumordnungsplan allgemeine Verbindlichkeit erhalten soll. Im Regelfall wurde nach früherer Rechtslage die hinreichende Verfestigung einer Planung erst zu dem Zeitpunkt angenommen werden, in dem der Planentwurf für das Beteiligungsverfahren freigegeben wurde (BVerwG, Urt. vom 27.1.2005 – 4 C 5.04 –, www.bverwg.de).

Seit dem **ROG-2023** genügt die Freigabe des Planentwurfs für das Beteiligungsverfahren 29
nicht mehr. Der Bundesgesetzgeber hat in § 3 Abs. 1 Nr. 4 Buchst. a ROG eine Legaldefinition für „in Aufstellung befindliche Ziele" eingeführt. Wenngleich § 12 Abs. 2 ROG nicht exakt diese Begrifflichkeit verwendet, sondern einerseits davon spricht, dass sich *„ein Raumordnungsplan in Aufstellung befindet"* und anderseits von den *„vorgesehenen Zielen"*, so ist dennoch nichts anderes gemeint (vgl. BT-Drs. 20/5830 S. 43). Ziele der Raumordnung sind danach erst dann „in Aufstellung befindlich" bzw. „vorgesehen", wenn *„die **erste Beteiligungsrunde (§ 9 Absatz 2) abgeschlossen** wurde"* und *„die Raumordnungsbehörde die Stellungnahmen dieser ersten Beteiligungsrunde ausgewertet hat"*.

Weiter verlangen die Gesetzgebungsmaterialien, dass die Träger der Raumordnunsplanung im Anschluss an diese Auswertung *„hinsichtlich der fraglichen Zielfestlegung **die Fassung formuliert hat, die Eingang in den endgültigen Raumordnungsplan finden soll**. Diese Fassung kann entweder der ursprünglichen Fassung entsprechen, wenn die Auswertung der Stellungnahmen keinen Anlass zu einer Änderung gab. Oder aber es handelt sich um eine gegenüber der ursprünglichen Version im Lichte der Auswertung der Stellungnahmen modifizierte Fassung"*. (vgl. BT-Drs. 20/5830 S. 43). 30

Ferner erfordert § 3 Abs 1 Nr. 4 Buchst. a ROG, dass der Träger der Raumordnungsplanung **den Verfahrensbeteiligten die Fassung der Zielfestlegung**, die aufgrund der Auswertung der Stellungnahmen aus der ersten Beteiligungsrunde Eingang in den endgültigen Raumordnungsplan finden soll, **zur Kenntnis gegeben** hat. 31

„Das Kenntnisgeben an die Verfahrensbeteiligten vollzieht sich wie folgt:

- *Sollte die Fassung der Zielfestlegung, die in den endgültigen Raumordnungsplan Eingang finden soll, von der ursprünglichen abweichen, wird sie entsprechend den Vorgaben des § 9 Absatz 3 erneut in eine (weitere) Beteiligungsrunde und damit den Verfahrensbeteiligten zur Kenntnis gegeben.*
- *Sollte hingegen die Fassung gegenüber der ersten Fassung unverändert sein und der ursprüngliche Planentwurf auch nicht aus anderen Gründen in eine erneute Beteiligungsrunde gegeben werden, ist dies den Verfahrensbeteiligten zur Kenntnis zu geben. In diesem Fall ersetzt das Kenntnisgeben die im Gesetzentwurf der Bundesregierung vorgesehene förmliche Veröffentlichung; die konkrete Art des Kenntnisgebens kann*

sodann jedes Bundesland für sich selbst bestimmen. In der Praxis ist jedoch eine erneute Beteiligungsrunde die Regel, so dass der letztgenannte Fall die Ausnahme bleiben wird." (vgl. BT-Drs. 20/5830 S. 43)

32 Weiterhin stellt das Gesetz nunmehr eindeutig klar, dass eine **abschließende Abwägungsentscheidung des Planungsträgers über das in Aufstellung befindliche Ziel noch nicht erfolgt** sein muss. Erst recht muss kein Verfahrensstand abgewartet werden, bei dem nur noch die Genehmigung eines RROP oder gar seine Bekanntmachung aussteht. Ein so weit nach hinten geschobener Zeitpunkt würde Sinn und Zweck der Untersagung als Sicherungsinstrument in vielen Fällen wirkungslos machen.

2.5.2.2 Zielverwirklichung unmöglich oder wesentlich erschwert

33 Die **Prognose**, dass die **Verwirklichung eines in Aufstellung befindlichen Ziels aufgrund einer konkurrierenden Planung oder einer konkurrierenden Maßnahme unmöglich gemacht oder wesentlich erschwert** wird, erfordert eine Befassung mit dem konkreten Inhalt der beabsichtigten Regelung. Maßgeblich ist die Sach- und Rechtslage zum Zeitpunkt der Untersagung.

34 Nicht jede prognostisch zielwidrige Planung oder Maßnahme ist ausreichend, um das Tatbestandsmerkmal einer „wesentlichen" Erschwernis oder der Unmöglichkeit der Zielverwirklichung zu erfüllen. Für das Maß der **„Wesentlichkeit"** gibt es keine allgemeingültigen Maßstäbe, es richtet sich nach den räumlichen und sachlichen Gegebenheiten des Einzelfalls und des jeweiligen Planungsraums. Nr. 3.4.2 VV-ROG/NROG-Untersagung weist darauf hin: Für die Beurteilung der Wesentlichkeit eines Konflikts spielt unter anderem eine Rolle, wie weiträumig sich eine Planung oder ein Vorhaben auswirkt und in welchem Ausmaß dadurch das in Aufstellung befindliche Ziel betroffen wäre. Ist ein geplantes Ziel auf sehr begrenzte Flächen oder seltene Raumnutzungen und -funktionen beschränkt, kann seine Verwirklichung auch schon durch kleinräumige Vorhaben wesentlich erschwert oder unmöglich werden. Ist das geplante Ziel dagegen auf weit verbreitete Raumnutzungen oder -funktionen bezogen, kann es sein, dass seine Verwirklichung durch ein einzelnes konkurrierendes Vorhaben noch nicht wesentlich beeinträchtigt wird. Auch die Häufigkeit der konkurrierenden Vorhaben kann – insbesondere unter dem Gesichtspunkt der Präzedenzwirkung – von Bedeutung für die „Wesentlichkeit" sein.

35 Erforderlich, aber auch ausreichend, ist eine **Prognose einer hinreichenden Wahrscheinlichkeit** einer wesentlich erschwerten oder unmöglichen Zielverwirklichung. Da entscheidend die Sach- und Rechtslage zum Zeitpunkt der Untersagung ist, ist es unerheblich, ob die angenommenen Entwicklungen später tatsächlich eintreten.

2.6 Ermessen

36 Die Entscheidung über eine Untersagung ist eine **Ermessensentscheidung**. Bei Vorliegen aller Tatbestandsvoraussetzungen kann, muss aber nicht zwingend eine Untersagung ausgesprochen werden. Eine ordnungsgemäße Ermessensausübung umfasst nicht nur die Entscheidung, ob überhaupt eine Untersagung ergehen soll (**Entschließungsermessen**), sondern auch, wie die Untersagung konkret ausgestaltet werden soll (**Auswahlermessen**). Anhand der Umstände des jeweiligen Einzelfalls hat die Landesplanungsbehörde abzuwägen, ob das Interesse an der Sicherung des in Aufstellung befindlichen Ziels in einer Gesamtschau mit anderen berührten Interessen (insbesondere der beteiligten Gemeinden oder Vorhabenträger) überwiegt. Der Grundsatz der Verhältnismäßigkeit gebietet, unter mehreren Handlungsalternativen das **mildeste Mittel** zu wählen und die Reichweite der Untersagung auf das **angemessene Maß** zu begrenzen.

37 In aller Regel ist aufgrund der Verpflichtung jeder öffentlichen Stelle zu rechtmäßigem Handeln davon auszugehen, dass **öffentliche Stellen** bei einem entsprechenden **Hinweis auf eine Zielverletzung** auch ohne förmliche Untersagung das geltende Recht einhalten und von einer raumordnungswidrigen Planung oder dem Erlass einer raumordnungswidri-

gen Genehmigung absehen werden. Unbefristete Untersagungen gegenüber öffentlichen Stellen erfordern daher das Hinzutreten besonderer Umstände, die diese Annahme widerlegen.

Sind bereits in vergleichbaren Fallkonstellationen Untersagungen ausgesprochen worden, so beeinflussen die Ermessenserwägungen solcher vorausgegangenen Verfahren das „Ob" und „Wie" der Ermessensausübung im laufenden Verfahren (**Gleichbehandlungsgrundsatz, Selbstbindung der Verwaltung**). **38**

Bei **befristeten Untersagungen von öffentlichen Planungen** ist ferner das verfassungsrechtliche Gewicht der **kommunalen Planungshoheit** nach Art. 28 Abs. 2 GG in die Ermessenserwägungen einzustellen. Öffentliche Planungen, die nach geltender Raumordnungsrechtslage zulässig wären und allein aufgrund in Aufstellung befindlicher Ziele untersagt werden, setzen ein hohes Gewicht der mit den in Aufstellung befindlichen Zielen zu schützenden Raumfunktionen oder Nutzungen voraus. **39**

Soll einer Genehmigungsbehörde befristet die **Genehmigung einer Planung untersagt** werden, ist ferner zu berücksichtigen, dass die befristete **Untersagung nicht den Eintritt einer Genehmigungsfiktion verhindern kann**). Im Rahmen des Ermessens hat insofern auch eine Auseinandersetzung mit der Frage zu erfolgen, ob eine befristete Untersagung die Folgen einer durch Genehmigungsfiktion wirksam werdenden Planung effektiv verhindern kann und – falls nicht – aus welchen Gründen trotz „Nutzlosigkeit" der Untersagung gleichwohl ein eindeutiges Signal gegen die prognostische Zielwidrigkeit geboten erscheinen könnte (z. B. unter Präzedenzgesichtspunkten). **40**

Soll über eine befristete Untersagung die **Verhinderung eines genehmigungspflichtigen privaten Vorhabens** erreicht werden, bei dessen Genehmigung auch die Ziele der Raumordnung zu beachten sind (Raumordnungsklausel), und handelt es sich bei dieser Genehmigung um eine gebundene Entscheidung, deren Voraussetzungen vollständig erfüllt sind (**Entscheidungsreife**), besteht nach geltender Rechtslage ein Anspruch des Vorhabenträgers auf Erteilung der Genehmigung. Wenngleich die Untersagung nur befristet ergeht, bewirkt sie im Ergebnis jedoch meist, dass die Realisierung des Vorhabens dauerhaft verhindert wird. Denn in aller Regel ist davon auszugehen, dass während der Dauer der befristeten Untersagung das in Aufstellung befindliche Ziel wirksam wird und dann der Erteilung der Genehmigung entgegensteht. Daher hat die Landesplanungsbehörde im Rahmen des Entschließungsermessens die mit dem in Aufstellung befindlichen Ziel zu sichernde Funktion oder Nutzung der durch die Untersagung beschränkten Rechtsposition (insbesondere das hohe Gewicht der Eigentumsgarantie durch Art. 14 GG) gegenüberzustellen und eine **Güter- und Interessenabwägung** vorzunehmen. **41**

Bei befristeten Untersagungen bezieht sich das Ermessen ferner auf den **Zeitpunkt der Untersagung** sowie den **Zeitraum der Untersagung**. **42**

Im Hinblick auf den **Zeitpunkt** einer Untersagung hat die Landesplanungsbehörde zu entscheiden, ob sie **bereits frühzeitig untersagen möchte oder zunächst die Entscheidungsreife abwartet** und die Untersagung nur ausspricht, falls die Planung oder die Maßnahme nicht bereits aus anderen Gründen nicht realisierbar ist. Die Vermeidung unnötiger Planungs- oder Investitionskosten kann anstelle einer Untersagung ggf. auch durch bloßen **Hinweis** oder durch **Anhörung** zu einer beabsichtigten Untersagung erreicht werden. **43**

Hingegen bleibt die Fortführung einer potentiell raumordnungswidrigen Planung zulässig und die Fortführung eines Genehmigungsverfahrens ohne Untersagung sogar verpflichtend (**Verbot der Untätigkeit der Verwaltung**), sodass **nur eine Untersagung einen wirksamen und legitimen „Stopp" bewirken kann**. **44**

Relevanz hat der Zeitpunkt der **Untersagung bei der Aufstellung von Bebauungsplänen** auch insofern, als nach **§ 33 BauGB** ein **Vorhaben bereits bei sog. materieller Planreife städtebaurechtlich zulässig** ist. Die Baugenehmigungsbehörde müsste – jedenfalls aus städtebaulichen Gründen – mit der Erteilung einer Baugenehmigung nicht bis zum Inkraft- **45** treten des Bebauungsplans warten. Ist die Untersagung einer Bauleitplanung erforderlich, weil die mit der Bauleitplanung ermöglichten Vorhaben negative Auswirkungen auf den Raum hätten, ist die Untersagung aus Gründen der Effektivität vor Eintritt der Planreife auszusprechen, um auch die Genehmigung von Vorhaben auf Grundlage des § 33 BauGB zu verhindern.

46 Bei befristeten Untersagungen ist ferner der genaue **Zeitraum** zu bestimmen, für den die Untersagung gelten soll. § 12 Abs. 2 ROG lässt eine Untersagung für **maximal zwei Jahre** (Satz 2) sowie eine **Verlängerung um maximal ein Jahr** (Satz 3) zu. Die Landesplanungsbehörde darf diese Gesamtdauer von drei Jahren auch dann nicht ausdehnen, wenn der zu sichernde Raumordnungsplan nicht innerhalb dieses Zeitraums in Kraft tritt.

47 Die Untersagung ist **zeitlich nur bis zum Inkrafttreten des Raumordnungsplans erforderlich**. Ihre Zeitdauer ist hieran zu bemessen. Den Anforderungen an die Verhältnismäßigkeit genügt es alternativ auch, eine befristete Untersagung mit der zweijährigen Höchstdauer auszusprechen, sie jedoch zugleich mit einer **auflösenden Bedingung** zu versehen für den Fall, dass der Raumordnungsplan vor Ablauf des Untersagungszeitraums in Kraft treten sollte (s. auch Rn. 60).

48 Eine ordnungsgemäße nachvollziehbare Ausübung des Ermessens umschließt auch die **Dokumentation der Ermessenserwägungen** in der Untersagungsentscheidung (Begründung). Die Nichtbeachtung führt zur gerichtlichen Aufhebbarkeit der Untersagung, da das gänzliche Fehlen von Ermessenserwägungen in einem Untersagungsbescheid im Gerichtsverfahren nicht durch Nachholung geheilt werden kann (vgl. § 45 VwVfG, § 114 VwGO).

2.7 Adressat, Wirkung und Umsetzung der Untersagung

2.7.1 Adressat

49 Eine von der Landesplanungsbehörde ausgesprochene **Untersagung kann sich immer nur an eine andere Behörde richten, nicht direkt an eine Person des Privatrechts**.

50 Ist **Gegenstand der Untersagung eine öffentliche Planung**, ist es primär geboten, dem **Planungsträger die Weiterverfolgung seiner Planung zu untersagen**, bspw. einer Gemeinde die Fortführung einer Bauleitplanung. Daneben besteht die Möglichkeit, die **Untersagung an die Aufsichtsbehörde** zu richten, sofern diese für bestimmte Schritte des Verfahrens zuständig ist. So kann bspw. der **Genehmigungsbehörde** die Erteilung der Genehmigung eines Flächennutzungsplans untersagt werden. Soweit eine gemeindliche Satzung im Amtsblatt eines Landkreises bekannt zu machen ist, kann der Amtsblattstelle des Landkreises deren **Bekanntmachung** untersagt werden. Mit einer solchen Untersagung der Bekanntmachung kann – selbst wenn der Prozess beim Planungsträger schon abgeschlossen ist – im Einzelfall immer noch das Wirksamwerden einer raumordnungswidrigen Planung gestoppt werden.

51 Geht es um die **Untersagung einer genehmigungsbedürftigen Maßnahme**, ist der zuständigen Zulassungsbehörde die **Erteilung dieser Zulassungsentscheidung zu untersagen**. Eine direkte Untersagung gegenüber dem Vorhabenträger, die Weiterverfolgung seiner Maßnahme zu unterlassen, ist nur möglich, wenn der Vorhabenträger eine öffentliche Stelle ist, nicht aber bei Privatpersonen.

2.7.2 Wirkung und Umsetzung

52 Eine **Untersagung in Form eines Verwaltungsakts** i. S. des § 35 VwVfG liegt vor, wenn eine öffentliche Stelle als Vorhabenträgerin in **eigenen Rechtspositionen** betroffen ist (z. B. Gemeinden als Träger der Bauleitplanung im eigenen Wirkungskreis). Die Untersagung begründet direkt gegenüber dem Adressaten die Verpflichtung, die untersagte Planung oder Maßnahme befristet oder dauerhaft zu unterlassen.

Eine **Untersagung, die eine öffentliche Stelle in ihrem übertragenen Wirkungskreis betrifft, hat nur verwaltungsinterne Wirkung**. Hierunter fällt bspw. die an eine Zulassungs- oder Genehmigungsbehörde gerichtete **Untersagung, die von einem Planungs- oder Vorhabenträger beantragte Genehmigung oder Planfeststellung zu erteilen**. Unerheblich ist, ob es sich um eine Behörde eines anderen Rechtsträgers oder um eine Organisationseinheit/Fachamt innerhalb des gleichen Verwaltungsträgers handelt. Die Untersagung bindet in solchen Fällen stets nur die betroffene Behörde/Stelle. Sie hat keine unmittelbare Außenwirkung gegenüber dem Vorhabenträger, ist daher kein Verwaltungsakt. 53

Da ein Vorhabenträger einen Anspruch auf unverzügliche Entscheidung hat und andernfalls berechtigt ist, Untätigkeitsklage zu erheben, ist es **Aufgabe der für die Zulassung des Vorhabens zuständigen Behörde, diese behördeninterne Untersagung im Verhältnis zum Vorhabenträger umzusetzen**. 54

Im Falle einer unbefristeten Untersagung muss die Zulassungsbehörde die beantragte Genehmigung ablehnen. In der Begründung ist darauf einzugehen, dass das Vorhaben ein oder mehrere geltende Ziele der Raumordnung verletzt, deren Einhaltung nach den jeweiligen fachgesetzlichen Genehmigungsvorschriften Voraussetzung der Genehmigung oder Planfeststellung ist. Dass intern eine Untersagung ergangen ist, kann, aber muss nicht erwähnt werden. 55

Im Falle einer **befristeten Untersagung** wäre das Vorhaben nach geltender Rechtslage raumordnerisch zulässig und – bei Entscheidungsreife – zu genehmigen. Die befristete Untersagung ist keine Anordnung, die Genehmigung abzulehnen. Sie bewirkt lediglich eine **Pflicht der Zulassungsbehörde, die Entscheidung über den Antrag bis zum zeitlichen Auslaufen der Untersagung zurückzustellen bzw. ruhen zu lassen**. Die endgültige Entscheidung ist zu einem späteren Zeitpunkt (nach Ablauf der Untersagungsdauer) anhand der dann geltenden Sach- und Rechtslage einschließlich des dann in Kraft getretenen Raumordnungsplans zu treffen. Die Zulassungsbehörde ist gegenüber dem Vorhabenträger verpflichtet, eine **zeitlich befristete Aussetzungsentscheidung** zu erlassen. Sollte ein Vorhabenträger daraufhin Untätigkeitsklage erheben, dient die befristete Untersagung als sachlicher Grund für die Untätigkeit; sie wäre dabei inzident gerichtlich überprüfbar. In der Begründung der Aussetzungsentscheidung ist daher nicht nur darauf einzugehen, dass die Landesplanungsbehörde eine befristete Untersagung ausgesprochen hat. Es ist auch darzulegen, aus welchen Gründen sie davon ausgeht, dass durch die Zulassung des Vorhabens die Verwirklichung von einem oder mehreren in Aufstellung befindlichen Zielen der Raumordnung unmöglich gemacht oder wesentlich erschwert würde. 56

Einer **besonderen landesgesetzlichen Ermächtigung der fachlich zuständigen Behörde zum Erlass einer solchen Aussetzungsentscheidung bedarf es nicht**; sie ist durch § 12 ROG gedeckt. Mit § 12 ROG hat der Bundesgesetzgeber eine unmittelbar geltende Rechtsgrundlage zum Schutz in Aufstellung befindlicher Ziele der Raumordnung geschaffen, die im gleichen Rang wie bundesrechtliche Genehmigungsvorschriften steht (in höherem Rang als Landesrecht ohnehin). Der Zweck der befristeten Untersagung als Sicherungsmittel für künftige Planinhalte würde verfehlt, wenn eine Behörde verpflichtet wäre, ein Vorhaben trotz einer Untersagung zuzulassen. Im Übrigen schiebt die raumordnerische Untersagung die Entscheidung über die Zulassung eines Vorhabens nur auf, bewirkt aber keine Änderung der Rechtslage. Die infolge einer Untersagung erfolgende Entscheidung über die vorübergehende Aussetzung eines Zulassungsverfahrens ist insofern nur ein verfahrensrechtlicher Akt, der mangels eigener Anfechtbarkeit keiner besonderen Ermächtigungsgrundlage bedarf (vgl. OVG LSA, Urt. vom 6.8.2012 – 2 L 6/10 –, www.landesrecht.sachsen-anhalt.de.jportal). 57

Der gegenteiligen **Auffassung des SächsOVG** (Urt. vom 20.6.2007 – 1 B 14/07 –, ZNER 2007 S. 351; www.justiz.sachsen.de), nach dessen Rechtsauffassung die landesgesetzlichen Vorschriften für raumordnerische Untersagungen eine ausdrückliche Regelung zum Erlass einer Aussetzungsentscheidung vorsehen müssen, ist nicht zu folgen. Die sächsische Rechtsprechung erscheint dadurch erklärbar und zugleich zu entkräften, dass sie aus einer 58

Zeit stammt, als das Bundesraumordnungsrecht noch reines Rahmenrecht war und zwingend einer landesrechtlichen Umsetzung bedurfte. Mit der Föderalismusreform und dem Erlass des ROG als Vollgesetz hat sich dieses Erfordernis erledigt. Das ROG wurde bewusst so konzipiert, dass es sämtliche notwendigen Regelungen enthält, um auch ohne landesrechtliche Ergänzung vollzugsfähig zu sein. Insofern ist davon auszugehen, dass der Bundesgesetzgeber – in Kenntnis der sächsischen Rechtsprechung – andernfalls diese Regelung selbst erlassen hätte. Im Gesetzgebungsverfahren zum ROG-2017 wurde die Aufnahme einer solchen Ermächtigungsgrundlage erneut geprüft, jedoch wiederum nicht vorgenommen.

59 Als zeitlich befristetes Genehmigungshemmnis **verhindert die befristete Untersagung nicht das Eintreten einer gesetzlichen Genehmigungsfiktion**, s. auch Rn. 40.

2.8 Nebenbestimmungen

60 Die Zuständigkeiten für Untersagungen richten sich danach, ob ein Ziel des RROP oder des LROP betroffen ist. Näher zu Zuständigkeiten vgl. § 19 Rn. 13 ff.

Die Untersagung durch eine untere Landesplanungsbehörde, die auch ein Ziel des LROP betrifft, bedarf der Zustimmung der obersten Landesplanungsbehörde (näher dazu § 19 Rn. 16).

2.9 Zuständige Stellen (Absatz 3)

Zu Zuständigkeiten vgl. Erl. zu § 19 Abs. 3 NROG.

2.10 Rechtsschutzmöglichkeiten gegen eine Untersagung

2.10.1 Rechtsschutz von öffentlichen Stellen

61 Gegen **Untersagungen mit Außenwirkung (Verwaltungsakte)** ist ohne Widerspruchsverfahren die **Anfechtungsklage** vor dem Verwaltungsgericht statthaft. Die einmonatige Klagefrist gilt nur gegenüber demjenigen, dem der Bescheid mit einer ordnungsgemäßen Rechtsbehelfsbelehrung zugestellt wurde. Die Anfechtungsklage nach § 42 VwGO hat keine aufschiebende Wirkung (§ 12 Abs. 3 ROG); ihre Anordnung kann im Wege des einstweiligen Rechtsschutzes gemäß § 80 Abs. 5 VwGO beantragt werden. Der gerichtliche Prüfungsumfang umschließt nicht nur die formellen und materiellen Voraussetzungen einer Untersagung, sondern auch eine Inzidentkontrolle des bestehenden oder in Aufstellung befindlichen Ziels der Raumordnung.

62 Gegen **Untersagungen ohne Außenwirkung (Untersagung im übertragenen Wirkungskreis oder behördenintern) ist keine Klagemöglichkeit** gegeben. Eine Anfechtungsklage ist mangels Vorliegens eines Verwaltungsaktes zwischen Landesplanungsbehörde und Fachbehörde als Adressat der Untersagung nicht statthaft. Eine Feststellungsklage ist nicht statthaft, weil Untersagungen im übertragenen Wirkungskreis oder im behördeninternen Innenverhältnis ein reines Verwaltungsinternum darstellen, bei denen keine feststellungsfähigen subjektiv-öffentlichen Rechte vorliegen.

2.10.2 Rechtsschutz von privaten Vorhabenträgern

63 Da eine Untersagungsverfügung nicht direkt gegenüber einem privaten Vorhabenträger ergeht, kann dieser **als nur mittelbar Betroffener die Untersagung weder direkt gerichtlich anfechten** noch einen Antrag nach § 80 Abs. 5 VwGO auf gerichtliche Anordnung der aufschiebenden Wirkung einer Klage stellen. Der Vorhabenträger kann stattdessen gegen die Entscheidung der für die Genehmigung oder Planfeststellung seines Vorhabens zuständigen Behörde vorgehen und die **Untersagung inzident überprüfen lassen**.

64 Bei einer **unbefristeten Untersagung** kann er aufgrund der Versagung der Genehmigung oder Planfeststellung seines Vorhabens **Verpflichtungsklage auf Erteilung der Zulassungsentscheidung** erheben.

Bei einer **befristeten Untersagung** ergeht gegenüber dem Vorhabenträger eine Aussetzungsentscheidung. Hierbei handelt es sich um eine bloße Verfahrenshandlung, die nicht isoliert beklagbar ist (§ 44a VwGO). Möglich ist die Erhebung einer Verpflichtungsklage in der besonderen Form der **Untätigkeitsklage auf Erteilung der beantragten Zulassung**. Gemäß § 75 VwGO ist die Untätigkeitsklage zulässig, wenn die zuständige Behörde über einen Antrag ohne zureichenden Grund nicht in angemessener Frist sachlich entschieden hat. Die gerichtliche Prüfung umschließt eine Inzidentkontrolle der Untersagung dahingehend, ob diese rechtmäßig ergangen ist und einen zureichenden Grund für die Aussetzung des Verfahrens darstellt. Daneben ist der einstweilige Rechtsschutz nach § 123 VwGO auf Erlass einer einstweiligen Anordnung statthaft. 65

2.10.3 Rechtsbehelfsbelehrung

Ist gegen die Untersagungsentscheidung ein (direkter) Rechtsbehelf gegeben, ist ihr eine **Rechtsbehelfsbelehrung** beizufügen. 66

2.11 Keine Entschädigungsfolgen einer Untersagung

Untersagungen haben keine Entschädigungspflichten zur Folge. Das Entschädigungsrecht knüpft die Entschädigungspflicht stets an die Aufhebung oder Änderung einer zulässigen Nutzung. 67

Unbefristete Untersagungen stellen lediglich die geltende Rechtslage klar, sodass es auch ohne die Untersagung bereits an einer zulässigen Nutzung fehlt. 68

Eine **befristete Untersagung** in Bezug auf eine Maßnahme hat zwar zur (faktischen) Folge, dass ein ansonsten zulässiges Vorhaben einer Privatperson nicht zugelassen werden kann. Damit hat sie nach Auffassung der Rechtsprechung zwar den Charakter einer **Inhalts- und Schrankenbestimmung** i. S. d. Art. 14 Abs. 1 Satz 2 GG, begründet aber keine Entschädigungspflicht. Zutreffend stellt das BVerwG fest: *„Dem Betroffenen wird jedoch kein unverhältnismäßiges Opfer auferlegt, wenn ihm ein finanzieller Ausgleich versagt wird. Wie aus § 18 BauGB zu ersehen ist, geht der Gesetzgeber davon aus, dass eine rechtmäßige Veränderungssperre – gegebenenfalls unter Anrechnung einer Zurückstellung – eine Entschädigungspflicht erst auslöst, wenn sie länger als vier Jahre dauert. Die landesplanerische Untersagung bietet nach der Wertung, die dieser gesetzgeberischen Entscheidung zugrunde liegt, noch weniger als § 18 BauGB Anlass zu etwaigen Bedenken. Denn ihre Höchstdauer ist […] von vornherein auf zwei Jahre begrenzt.“* (BVerwG, Urt. vom 27.1.2005 – 4 C 5.04 –, BVerwGE 122,364; www.bverwg.de) 69

§ 14
Überwachung

[1]Die Überwachung nach § 8 Abs. 4 ROG obliegt dem Planungsträger. [2]Zur Erfüllung dieser Aufgabe können auch die bei Inkrafttreten des Raumordnungsplans bereits bestehenden Überwachungsinstrumente genutzt werden, soweit sie dafür geeignet sind.

Erläuterungen

§ 14 NROG dient der Ergänzung von § 8 Abs. 4 ROG. Die Strategische Umweltprüfung eines Plans endet nicht mit dessen Inkrafttreten. § 8 Abs. 4 ROG bestimmt, dass die **erheblichen Auswirkungen der Durchführung der Raumordnungspläne auf die Umwelt zu überwachen sind (Monitoring)**. 1

Grundlage der Überwachung sind die im Umweltbericht genannten Überwachungsmaßnahmen. Zuständig ist der jeweilige Träger der Raumordnungsplanung, § 9 Abs. 4 Satz 1 ROG i. V. m. § 14 Satz 1 NROG. Weder ROG noch NROG regeln im Einzelnen, auf welche Weise die Überwachung durchzuführen ist. 2

3 Nach § 14 Satz 2 NROG können – zur Vermeidung von Doppelarbeit – bei der Überwachung der erheblichen Umweltauswirkungen **vorhandene Instrumente der Raumordnung genutzt werden**, wie bspw. das Raumordnungskataster. Ob und inwieweit Daten- und Informationsquellen anderer Behörden im Einzelnen genutzt werden können, hängt u. a. von der Aktualität und Aussagefähigkeit der Daten für den jeweiligen Raumordnungsplan ab. Nach § 8 Abs. 4 Satz 2 ROG unterrichten die in ihren Belangen berührten öffentlichen Stellen die Planungsträger, sofern nach den ihnen vorliegenden Erkenntnissen die Durchführung des Raumordnungsplans erhebliche, insbesondere unvorhergesehene nachteilige Auswirkungen auf die Umwelt hat.

§ 15
Raumordnungskataster

[1]Die obere Landesplanungsbehörde führt ein Raumordnungskataster in elektronischer Form; es soll alle raumbeanspruchenden und raumbeeinflussenden Planungen und Maßnahmen auf der Grundlage der Geodaten des amtlichen Vermessungswesens darstellen, die für die Entscheidungen der Landesplanungsbehörden von Bedeutung sind. [2]Die unteren Landesplanungsbehörden liefern die für die Führung des Raumordnungskatasters erforderlichen Angaben im Sinne des Satzes 1 Halbs. 2 aus ihrem Zuständigkeitsbereich, soweit sie ihnen vorliegen.

Erläuterungen

1 Die **Zusammenfassung aller raumbedeutsamen Planungen und Maßnahmen in Informationssystemen** trägt erheblich zu einer fachübergreifenden Koordinierung von Planungen und Maßnahmen sowohl durch die Landesplanungsbehörden als auch durch andere Planungsträger bei. Informationssysteme dienen unter anderem dazu, dass die öffentlichen und privaten Träger raumbedeutsamer Planungen und Maßnahmen sich frühzeitig über den Stand von möglicherweise entgegenstehenden anderweitigen Planungen und Maßnahmen sowie über den Abstimmungsbedarf informieren können. Damit bilden sie die Grundlage zur Erarbeitung von Raumordnungsplänen, Fachplänen oder landesplanerischen Bewertungen, für die Durchführung von Raumverträglichkeitsprüfungen oder für die Abstimmung bedeutsamer Einzelvorhaben. Im Hinblick auf die Strategische Umweltprüfung von Raumordnungsplänen können Informationssysteme die Grundlagen für ein Umweltmonitoring bieten, indem sie es ermöglichen, die Flächeninanspruchnahme für unterschiedliche Nutzungen zu verschiedenen Zeitpunkten miteinander zu vergleichen. Schließlich tragen Informationssysteme zur Erfüllung raumordnerischer Informationspflichten nach der EU INSPIRE-Richtlinie sowie des Niedersächsisches Geodateninfrastrukturgesetzes (NGDIG) bei.

2 Mit § 15 NROG werden landesrechtlich die **Grundlagen zur Führung eines Raumordnungskatasters** (ROK) normiert. Das ROK wird bei den Ämtern für regionale Landesentwicklung als digitaler Datenbestand mithilfe des Geografischen Informationssystems (GIS) geführt. In das ROK sind gemäß § 15 Satz 1 NROG alle raumbeanspruchenden oder raumbeeinflussenden Planungen oder Maßnahmen einzutragen, die für die Entscheidungen der Landesplanungsbehörden von Bedeutung sind. Dies sind zum einen Planungen und Maßnahmen, die auf bestandskräftigen Verwaltungsakten bzw. rechtskräftigen Entscheidungen beruhen (z. B. der Verlauf von Straßen, Standorte von Häfen, Bahnanlagen, Flughäfen und Landeplätzen, Standorte von Abfallentsorgungsanlagen, der Verlauf von Strom- oder Gasleitungen) oder für die vorgelagerte Verfahren (z. B. Raumverträglichkeitsprüfungen nach den §§ 15 f. ROG i. V. m. §§ 9 ff. NROG oder Linienbestimmungsverfahren nach § 16 FStrG) durchgeführt worden sind. Ebenfalls in das ROK übernommen werden die bei den Landesplanungsbehörden vorliegenden Darstellungen aus genehmigten Flächennutzungsplänen. Zustandsdarstellungen werden aufgenommen, soweit sie aufgrund gesetzlicher Bestimmungen Einschränkungen für künftige Planungen bewirken können (z. B. Schutzgebiete, geschützte Teile von Natur und Landschaft oder Objekte, die unterhalb der

Erdoberfläche liegen, wie Leitungen, Gasspeicher, Bergbauanlagen, Altlasten, Windparks).

Die **Inhalte des ROK sind im Objektarten- und Signaturenkatalog (ROK-OS) definiert.** 3
Dieser Katalog beinhaltet jeweils die Bezeichnung, einen Zeichenvorschriftscode (ZVS) und die Signatur. Solche Angaben sind beispielsweise

2114_6000 Sondergebiet Windkraftanlagen (*FNP*)

2112_3000 Industriegebiet (GI) (*FNP*)

2126_4001 Kraftwerk -Wind- (*Genehmigungsbehörde BImSch*)

2126_4002 Kraftwerk -Wind- -geplant- (*Genehmigungsbehörde BImSch*)

Zusätzlich werden umfangreiche **Sachdaten** erfasst, die nicht nur die Eintragung bezeich- 4
nen, sondern auch Informationen über die Erfassungsqualität oder auch die Erfassungsstelle geben. Die Vorteile hiervon sind die Möglichkeiten der Ergänzung um andere digital vorliegende Datenbestände und neue Möglichkeiten in der Auswertung. So ist es bspw. möglich, durch die Verschneidung von raumbedeutsamen Flächennutzungen Konfliktbereiche flächendeckend für jeden beliebigen Planungsraum darzustellen. Ebenso können andere räumliche Entwicklungen verfolgt werden, etwa zum Umfang der durch öffentliche Planungen gesicherten Flächen für den Ausbau erneuerbarer Energien.

Das **ROK ist mit dem Fachinformationssystem Raumordnung (FIS-RO) vernetzt**, in dem 5
außer den ROK-Daten Planungsdaten aus dem Landes-Raumordnungsprogramm und den Regionalen Raumordnungsprogrammen bereitgestellt werden.

Einen weiteren Baustein im Gefüge der Informationssysteme bildet der sog. **„Energieat-** 6
las“, in dem Daten zu raumbedeutsamen Planungen und Maßnahmen im Bereich erneuerbarer Energien dargestellt werden. Sie werden statt im ROK in diesem thematisch spezialisierten Portal dargestellt, beruhen aber letztlich auf für das ROK erhobenen Daten und auf Fachdaten. Im Energieatlas werden folgende Informationen abgebildet:

- Standort von Windenergieanlagen, und wenn vorhanden, werden für die einzelnen Windenergieanlagen nachfolgende Merkmale aufgeführt:
  - ID der Anlage
  - Anlagennummer (BNetzA)
  - Status der Anlage (geplant, genehmigt, in Betrieb, außer Betrieb, abgebaut)
  - Gesamthöhe
  - Elektrische Leistung (kW)
  - Name der Windenergieanlage
  - Name des Windparks
  - Jahr der Inbetriebnahme
  - Landkreis
  - Nabenhöhe
  - Rotordurchmesser
  - Gebietszuordnung
- Flächenfestlegung Windenergienutzung auf Ebene der Regionalplanung, und wenn vorhanden, werden für die einzelnen Festlegungen nachfolgende Merkmal aufgeführt:
  - ID des Vorranggebietes
  - Landkreis
  - Gebietsbezeichnung
  - Gebietstyp (z. B. Vorranggebiet)
  - Fläche in Hektar

  - Datum des Inkrafttretens
  - Rechtsgrundlage
- Standort für Biogasanlagen, und wenn vorhanden, werden für die einzelnen Biogasanlagen nachfolgende Merkmale aufgeführt:
  - ID der Anlage
  - Elektrische Leistung (kW)
  - Status der Anlage
  - Jahr der Inbetriebnahme
  - Gaseinspeisung
  - Landkreis
  - Gemeinde

7 Auf Informationssysteme können sowohl Landesdienststellen wie auch öffentliche und private Planungsträger zugreifen. Über im Internet kostenfrei bereit gestellte Dienste können Fachdaten aus dem ROK als **Rasterdaten (Bilddateien)** abgerufen und auch als **WMS-Dienst (Web Map Service)** in Fachanwendungen integriert werden. Auf Anforderung bei der jeweils zuständigen oberen Landesplanungsbehörde ist auch eine Herausgabe von Auszügen aus dem ROK in Form von **Vektordaten (Beschreibung raumbezogener Objekte anhand von Punkten)** möglich. Eventuelle Kosten (z. B. für Bearbeitungsaufwand zum Zusammenstellen der Daten oder für externe Datenträger) sind nach Maßgabe des NVwKostG vom Nutzer zu tragen. Für die Verwendung von Raster- und Vektordaten sind die dafür im Einzelfall geltenden Nutzungsvereinbarungen zu beachten.

8 Die rechtlichen **Bestimmungen zu Datenschutz, Schutz von Betriebs- und Geschäftsgeheimnissen, Urheberrechten usw. bleiben unberührt**. So dürfen z. B. im Zusammenhang mit dargestellten Anlagenstandorten keine personenbezogenen Angaben über Inhaber von Anlagen oder als Betriebsgeheimnisse eingestufte, technische Merkmale einer Anlage zugänglich gemacht werden.

9 Die unteren Landesplanungsbehörden haben gem. § 15 Satz 2 NROG aus ihrem Zuständigkeitsbereich die zur Führung des ROK bei der obersten Landesplanungsbehörde benötigten Informationen zu liefern. Hierzu gehören auch die bei den unteren Landesplanungsbehörden vorliegenden **Mitteilungen** über raumbedeutsame Planungen und Maßnahmen, zu denen nach Maßgabe des § 16 Abs. 1 NROG andere öffentliche Stellen und Personen des Privatrechts i. S. des § Abs. 1 Satz 2 ROG verpflichtet sind.

§ 16
Abstimmung raumbedeutsamer Planungen und Maßnahmen

(1) Öffentliche Stellen und Personen des Privatrechts nach § 4 Abs. 1 Satz 2 ROG haben ihre raumbedeutsamen Planungen und Maßnahmen aufeinander und untereinander abzustimmen.

(2) Die Behörden des Landes, die Gemeinden und Landkreise sowie die der Aufsicht des Landes unterstehenden sonstigen Körperschaften, Anstalten und Stiftungen des öffentlichen Rechts sind verpflichtet, den Landesplanungsbehörden die raumbeanspruchenden oder raumbeeinflussenden Planungen, Maßnahmen und Einzelvorhaben aus ihrem Zuständigkeitsbereich frühzeitig mitzuteilen.

(3) [1] Den Landesplanungsbehörden ist auf Verlangen über Planungen und Maßnahmen, die für die Raumordnung Bedeutung haben können, Auskunft zu erteilen; auf Verlangen ist die Auskunft elektronisch zu erteilen. [2] Die Auskunftspflicht gilt auch für Personen des Privatrechts nach § 4 Abs. 1 Satz 2 ROG.

Erläuterungen

Übersicht

1. Pflicht zur Abstimmung raumbedeutsamer Planungen und Maßnahmen (Absatz 1)

1 § 16 Abs. 1 NROG enthält für öffentliche Stellen sowie Personen des Privatrechts, die öffentliche Aufgaben wahrnehmen (§ 4 Abs. 1 Satz 2 ROG), eine grundsätzliche Pflicht, ihre raumbedeutsamen Planungen und Maßnahmen aufeinander und untereinander abzustimmen, und konkretisiert die allgemeine bundesgesetzliche Vorgabe aus § 1 Abs. 1 und § 14 Abs. 1 Satz 1 ROG zur raumordnerischen Zusammenarbeit. Das materielle Abstimmungsgebot gehört zum Kernbereich der Raumordnung und ist Voraussetzung dafür, dass die Raumordnung ihren Koordinierungs- und Vorsorgeauftrag erfüllen kann. Wie die Abstimmung im konkreten Fall zu erfolgen hat, ist durch das NROG nicht näher festgelegt. „Abstimmung" verlangt keinen Konsens.

2. Pflicht zur Mitteilung raumbedeutsamer Planungen und Maßnahmen (Absatz 2)

2 § 16 Abs. 2 NROG enthält Regelungen über **frühzeitige Mitteilungspflichten der Behörden des Landes, der Gemeinden, der Landkreise und verschiedener der Aufsicht des Landes unterstehender Einrichtungen gegenüber den Landesplanungsbehörden**. Zum einen ermöglichen erst diese Mitteilungen – im Zusammenspiel mit § 15 – die Führung des ROK, den Betrieb des Fachinformationssystem FIS-RO und den Geodatenaustausch (Näheres vgl. Erl. zu § 15 NROG). Mit der Mitteilungspflicht soll zum anderen sichergestellt werden, dass die zuständigen Landesplanungsbehörden frühzeitig Kenntnis über raumbedeutsame Planungen und Maßnahmen erlangen und erforderlichenfalls weitere Schritte wie eine Planänderung, eine Raumverträglichkeitsprüfung oder eine Untersagung einleiten können.

3 Der **Kreis der zur Mitteilung Verpflichteten** ist weit gefasst. Er beschränkt sich nicht auf die Träger der Raumordnungsplanung oder auf Landesplanungsbehörden (diese sind bereits nach § 15 Satz 2 NROG zur Mitteilung an die obere Landesplanungsbehörde verpflichtet). Adressat der Regelung nach § 16 NROG sind bspw. **Städte und Gemeinden, Industrie- und Handelskammern, Landwirtschaftskammern, Fachbehörden** (bspw. aus den Tätigkeitsbereichen Wasserwirtschaft, Natur- und Umweltschutz, Hochwasserschutz, Straßenbau, Schienenverkehr, Leitungs- und Netzausbau, Rohstoffsicherung und -abbau, Intensivtierhaltung, großflächiger Einzelhandel oder Windenergie) **sowie Landkreise, die nicht selbst Träger der Regionalplanung sind**.

4 Die **Mitteilung soll frühzeitig erfolgen**, d. h. bereits in einem Stadium, zu dem weder eine vollständige standörtliche Planung noch eine fertige Projektkonzeption vorliegen muss. Inhaltlich muss die Information Aufschluss darüber geben, welcher Art das Vorhaben ist und welcher Raum davon betroffen ist. Informationen zum Standort bzw. zur Trasse im Maßstab 1:25.000 reichen aus.

3. Auskunftsverlangen über raumbedeutsame Vorhaben (Absatz 3)

5 **Alle Landesplanungsbehörden können Auskunft verlangen** über Planungen – bspw. Bauleitplanungen und Fachplanungen – und Maßnahmen, die für die Raumordnung Bedeutung haben können. Von Bedeutung sind solche Angaben, die für raumordnerische Abstimmungs- und Monitoringzwecke benötigt werden und darum für das ROK, das FIS-RO und den „Energieatlas" erhoben werden.

6 **Zur Auskunft verpflichtet sind nur öffentliche Stellen** (Behörden des Landes, Gemeinden, die Landkreise, die der Aufsicht des Landes unterstehenden sonstigen Körperschaften, Anstalten und Stiftungen des öffentlichen Rechts) **sowie Personen des Privatrechts nach § 4 Abs. 1 Satz 2 ROG, die mit öffentlichen Aufgaben betraut sind. Ein Auskunftsrecht direkt gegenüber privaten Vorhabenträgern besteht nicht.** Die angesprochene Stelle hat Auskunft sowohl über eigene raumbedeutsame Planungen und Maßnahmen zu erteilen, als auch über solche, von denen sie in ihrer Eigenschaft als Genehmigungs- oder Planfeststellungsbehörde, als beteiligte Fachbehörde bzw. Träger öffentlicher Belange oder im Rahmen von Aufsichtspflichten erfahren hat. Der Schutz von Urheberrechten, personenbezogenen Daten oder Betriebsgeheimnissen bleibt unberührt.

7 Die auskunftspflichtige Stelle kann prinzipiell frei entscheiden, in welcher **Form** sie die verlangte Auskunft bereitstellt. Eine Pflicht zur Auskunft in elektronischer Form besteht dann, wenn die Landesplanungsbehörde ausdrücklich die Auskunft in elektronischer Form verlangt, § 16 Abs. 3 Satz 1 NROG.

8 Da es sich bei den Auskünften nach § 16 Abs. 3 NROG um Sachinformationen und keine personenbezogenen Daten handelt (die einem Zweckbindungsgebot unterliegen würden), dürfen sie auch für andere Zwecke mit genutzt werden, bspw. zur **Erfüllung von Berichtspflichten aus anderen Gesetzen und Themenzusammenhängen**. Die Beschränkung der Ermächtigung auf Auskunftsverlangen zu Angaben, die für die Raumordnung Bedeutung haben, verhindert jedoch, § 16 Abs. 3 NROG als allgemeine Auskunfts-Ermmächtigung für Berichtspflichten aller Art zu nutzen.

9 Bspw. detaillierte Angaben zur Dauer eines Genehmigungsverfahrens, wie sie etwa § 98 Abs. 1 Satz 1 Nr. 3 EEG vorsieht, lassen sich daher nicht über § 16 NROG erheben. Hierfür bedarf es einer speziellen Ermächtigung. Mit § 3 NWindG hat das Land 2024 eine solche Rechtsgrundlage geschaffen, um umfassend die für das **Energiemonitoring** nötigen Daten erheben zu können.

§ 17
Anpassungspflicht der Gemeinden

(1) Die oberste Landesplanungsbehörde kann verlangen, dass die Träger der Bauleitplanung ihre Flächennutzungspläne und Bebauungspläne den Zielen der Raumordnung anpassen.

(2) Werden rechtsverbindliche Bebauungspläne nach Absatz 1 aufgehoben oder geändert, so stellt das Land die Gemeinden von der Entschädigungspflicht nach den §§ 39, 42 und 44 des Baugesetzbuchs frei, soweit der Betrag 250 Euro übersteigt und im Fall des § 44 Abs. 1 Satz 3 des Baugesetzbuchs die Gemeinde Ersatz nicht erlangt.

(3) Dient die Aufhebung oder Änderung überwiegend dem Interesse eines bestimmten Begünstigten, so kann das Land das Anpassungsverlangen davon abhängig machen, dass der Begünstigte die sich aus Absatz 2 für das Land ergebenden Entschädigungsverpflichtungen übernimmt.

Erläuterungen

Übersicht

4. Entschädigung (Absatz 2)
5. Durchsetzung eines Anpassungsverlangens
6. Rechtsschutz
7. Übernahme der Entschädigungsverpflichtung durch Dritte (Absatz 3)

1. Einführung

Nach § 17 Abs. 1 NROG kann die **oberste Landesplanungsbehörde verlangen, dass die Träger der Bauleitplanung ihre Flächennutzungspläne und Bebauungspläne den Zielen der Raumordnung anpassen**. Raumordnerische Ziele sind Letztentscheidungen der Landesplanung, die ihre Rechtfertigung aus spezifisch landesplanerischen Gründen beziehen und über die sich die gemeindliche Bauleitplanung nicht hinwegsetzen darf. 1

Eine **gesetzliche Ermächtigung ist erforderlich**, weil sie nicht in anderen Vorschriften enthalten ist: 2

§ 5 Abs. 3 Satz 3 NROG konkretisiert § 4 ROG lediglich in Bezug auf RROP (die an das LROP anzupassen sind), normiert aber keine Anpassungspflicht für Bauleitpläne. 3

Nach **§ 4 Abs. 1 Satz Nr. 1 ROG** sind Ziele der Raumordnung bei raumbedeutsamen Planungen (aller) öffentlicher Stellen zu beachten sowie Grundsätze und sonstige Erfordernisse der Raumordnung zu berücksichtigen. 4

Eine speziell auf Bauleitpläne bezogene Konkretisierung der allgemeinen raumordnerischen Beachtungspflicht nach § 4 ROG stellt **§ 1 Abs. 4 BauGB** dar (vgl. *Runkel/Edenharter* in Ernst/Zinkahn/Bielenberg BauGB § 1 Rn. 67). Dieser normiert für Bauleitpläne die Verpflichtung, diese den Zielen der Raumordnung anzupassen. Unerheblich ist, ob diese Ziele in einem RROP, dem LROP oder einem ROP des Bundes (nach § 17 ROG) festgelegt sind. Mit der Anpassungspflicht wird sichergestellt, dass die örtliche Bauleitplanung dauerhaft in Übereinstimmung mit den überörtlichen Zielen der Raumordnung steht. Der planerische Schritt der Anpassung ist generell erforderlich, weil Ziele der Raumordnung Bauleitplanungen grundsätzlich weder im Sinne eines Anwendungsvorrangs automatisch überlagern oder verdrängen, noch den Bauleitplan aufheben. Das BVerwG nimmt an, dass die gesetzlich bestehende Anpassungspflicht nicht stets sofort umzusetzen ist, sobald ein Raumordnungsplan geändert wird (BVerwG, Beschl. vom 8.3.2006 – 4 B 75/05 –, NVwZ 2006 S. 932). Die Handlungspflicht wird erst *„akut"* (so *Gierke/Blessing* in Brügelmann, BauGB § 1 Rn. 429) aus Anlass einer konkreten Bauleitplanung, sei es die erstmalige Erstellung eines Bauleitplans, sei es bei dessen Änderung, Erweiterung oder Aufhebung (zu dieser umfassenden Reichweite vgl. BVerwG, Urt. vom 17.9.2003 – 4 C 14.01 –, BVerwGE 119, 25). Die Frage, ob ein Bebauungsplan dem Anpassungsgebot des § 1 Abs. 4 BauGB genügt, ist dabei von der Gemeinde in eigener Verantwortung zu prüfen. Die Stellungnahme einer als Trägerin öffentlicher Belange beteiligten Landesplanungsbehörde hat für die Gemeinde keine Verbindlichkeit (BVerwG, Beschl. vom 15.10.2020 – 4 BN 8.20 –, www.bverwg.de.). Weder § 4 ROG noch § 1 Abs. 4 BauGB enthalten weitere Umsetzungs- oder Vollzugsregelungen. 5

2. Verhältnis zu einer kommunalaufsichtlichen Planungsanordnung

§ 174 Abs. 1 NKomVG enthält eine weitreichende Ermächtigungsgrundlage für **„Anordnungen" gegenüber einer Kommune im Falle einer Nichterfüllung der ihr gesetzlich obliegenden Pflichten** (pflichtwidriges Unterlassen). Zu diesen Pflichten zählt auch die Anpassung nach § 1 Abs. 4 BauGB. § 174 Abs. 2 NKomVG normiert eine **Ermächtigung für die zwangsweise Umsetzung einer solchen Anordnung (kommunalaufsichtliche Ersatzvornahme**; nicht zu verwechseln mit der Ersatzvornahme im Sinne einer Zwangsvollstreckungsmaßnahme nach § 66 Abs. 1 Nds. SOG). Diese deckt auch den Erlass von Satzungen durch die Kommunalaufsichtsbehörde ab (vgl. *Smollich* in KVR-NKomVG § 174 Rn. 7). 6

7 Eine Anordnung nach § 174 NKomVG durch die zuständige Kommunalaufsichtsbehörde kann alternativ zu einem landesplanerischen Anpassungsgebot erlassen werden. Im **Verhältnis zwischen landesplanerischem Anpassungsgebot und einer solchen kommunalaufsichtlichen Planungsanordnung** ist dabei regelmäßig von einer **Zuständigkeitskonkurrenz auf Ministerialebene** auszugehen, denn die kommunalaufsichtliche Zuständigkeit des Landkreises geht in aller Regel aufgrund der sog. **institutionellen Befangenheit** auf die oberste Kommunalaufsichtsbehörde über. Gemäß § 171 Abs. 4 Satz 1 NKomVG ist bei einer „Beteiligung“ des Landkreises als Kommunalaufsichtsbehörde in der zu „entscheidenden Angelegenheit“ nicht lediglich eine Trennung der jeweils für die Kommunalaufsicht bzw. der für die Sachentscheidung zuständigen Abteilung oder Behörde innerhalb des Landkreises vorgesehen, sondern der Übergang auf das für Inneres zuständige Ministerium als oberste Kommunalaufsichtsbehörde. Ob eine solche Beteiligung in der zu entscheidenden Angelegenheit gegeben ist, bestimmt sich nach Auffassung des NdsOVG (Beschl. vom 19.8.2014 – 10 ME 90/13 –, openJur 2014, 19227, www. Rechtsprechung.niedersachsen.de) nach dem Inhalt der kommunalaufsichtlichen Verfügung. In Bezug auf eine kommunalaufsichtliche Anordnung zur Anpassung einer veralteten Bauleitplanung an die geltenden Ziele der Raumordnung, auf die der Landkreis bereits vergeblich in seiner Funktion als Untere Landesplanungsbehörde hinzuwirken versucht hat, wäre hiernach eine institutionelle Befangenheit gegeben.

8 Zu einem generellen Vorrang des raumplanerischen Anpassungsverlangens durch die oberste Landesplanungsbehörde vor einer kommunalaufsichtlichen Anordnung der obersten Kommunalaufsichtsbehörde führt dies nach hier vertretener Auffassung nicht. Im Hinblick auf die in § 17 NROG zugunsten der Kommune vorgesehenen **Entschädigungsfolgen** ist das Anpassungsverlangen nach § 17 NROG unter Verhältnismäßigkeitsgründen zwar das mildere Mittel und daher vorrangig zu wählen. Spricht die oberste Landesplanungsbehörde kein Anpassungsverlangen aus (bspw. weil Haushaltsmittel für eine Entschädigung fehlen), muss ein kommunalaufsichtliches Handeln zulässig bleiben, damit Aufsichtsbefugnisse nicht ins Leere laufen. Dass der Landesgesetzgeber mit § 17 NROG ein Instrument schaffen wollte, das als spezielleres Recht die kommunalaufsichtlichen Befugnisse gänzlich verdrängt, ist aus den Gesetzgebungsmaterialien nicht ersichtlich und widerspräche auch der das gesamte NROG durchziehenden Systematik, dass in Bezug auf kommunale Planungen das Fachrecht durch Vorschriften des Kommunalrechts ergänzt wird.

3. Anpassungsverlangen (Absatz 1)

3.1 Sinn und Zweck der Regelung

9 In der Praxis ist häufig eine nur schleppende Anpassung von Bauleitplänen zu beobachten. Personelle Engpässe werden ebenso geltend gemacht wie Planungskosten, Nutzungs- und Interessenkonflikte, Entschädigungsverpflichtungen sowie schlussendlich auch die gemeindeseitige Befürchtung, in Entwicklungsmöglichkeiten beschränkt zu werden. So wird bspw. bisweilen eine Anpassung veralteter Bebauungspläne an die aktuellen Ziele des LROP zur Steuerung des großflächigen Einzelhandels vermieden, weil alte Baurechte ansonsten nicht mehr voll ausgenutzt werden könnten oder ganze Standorte – insbesondere außerhalb der zentralen Siedlungsgebiete – nicht mehr für die Neuansiedlung oder Weiterentwicklung großflächigen Einzelhandels vorgesehen werden könnten.

3.2 Inhalt und Grenzen eines Anpassungsverlangens

10 Das Anpassungsverlangen besteht in der **Anordnung eines Planungsgebots, in dem ein Träger der Bauleitplanung verpflichtet wird, einen Flächennutzungsplan oder einen Bebauungsplan an konkret zu benennende Ziele der Raumordnung anzupassen** und so zu ändern, dass ein Verstoß gegen diese Ziele der Raumordnung ausgeschlossen ist.

11 Die konkrete Formulierung richtet sich nach den mit der Bauleitplanung verfolgten Vorhaben und den erforderlichen Verfahrensschritten. Das landesplanerische Anpassungsver-

langen muss der Gemeinde **klare Vorgaben für die Planung** machen. Ein Ausgestaltungsspielraum darf verbleiben. **Unzulässig sind tatbestandslose Ausnahmeermächtigungen, durch die das Anpassungsverlangen seinen Anordnungscharakter (wieder) verliert.** So hat das VG SH, a. a. O., eine Anordnung als *„völlig konturenlos"* aufgehoben, in der der Gemeinde einerseits aufgegeben wurde: *„Für bisher unbebaute bzw. nicht mit Einzelhandel belegte Flächen ist jeglicher Einzelhandel generell auszuschließen"*, der Gemeinde aber andererseits zugestanden wurde: *„Im Einzelfall können unter Beachtung der Ziele der Raumordnung flächenbegrenzt nicht-zentrenrelevante Sortimente zugelassen werden."* Da die Voraussetzungen eines solchen Einzelfalls in keiner Weise in der Anordnung vorgeben wurden, waren die Grenzen der Planungsmöglichkeiten der Gemeinde nicht bestimmbar.

Möglich ist auch, den **Abschluss des Bauleitplanverfahrens bis zu einem bestimmten Zeitpunkt zu verlangen**. So enthielt die Anpassungsverfügung in dem vom VGH BW (Beschl. vom 18.5.2016 – 8 S 703/16 –, DÖV 2016 S. 738; openJur 2016, 6582) entschiedenen Fall die Verpflichtung, einen Bebauungsplan an die Ziele der Raumordnung anzupassen und so zu ändern, dass die Bildung und Weiterentwicklung einer Einzelhandelsagglomeration ausgeschlossen ist. Hierzu wurde der Gemeinde aufgegeben, unverzüglich einen Beschluss zur Änderung des Bebauungsplans nach § 2 Abs. 1 BauGB zur Anpassung an die Ziele der Raumordnung zu fassen und öffentlich bekannt zu machen. Die Anpassungsverfügung in dem vom VG Schleswig Holstein, Urt. vom 14.3.2017 – 2 A 219/14 –, www.gesetze-rechtsprechung.sh.juris.de, entschiedenen Fall enthielt die Verfügung, bis zu einem bestimmten Datum im Gebiet einer Einzelhandelsagglomeration Einzelhandel mit zentrenrelevanten Sortimenten grundsätzlich auszuschließen. 12

Ein Anpassungsverlangen kann nicht erlassen werden, wenn die **Handlungsanweisungen in der Bauleitplanung tatsächlich oder rechtlich nicht umsetzungsfähig** sind (vgl. VGH BW, a. a. O., und VGH BW, Urt. vom 21.9.2010 – 3 S 324/08 –, DÖV 2011 S. 122; openJur 2012, 63476). 13

§ 17 NROG berechtigt die oberste Landesplanungsbehörde auch dazu, die Gemeinde zum **Einsatz der zur Sicherung der Planung erforderlichen Sicherungsmittel** zu verpflichten (vgl. VGH BW, a. a. O.). Insofern ist es möglich, die Gemeinde zu verpflichten, gemäß § 15 BauGB die Zurückstellung von Bauvoranfragen zu beantragen und eine Veränderungssperre gemäß § 14 BauGB zu beschließen. 14

Die Anordnung kann für sofort vollziehbar erklärt werden. 15

3.3 Ermessensentscheidung

Das Anpassungsverlangen ist eine **Ermessensentscheidung**. Bei Vorliegen der tatbestandlichen Voraussetzungen kann die oberste Landesplanungsbehörde eine entsprechende Verfügung erlassen, muss dies aber nicht. Bei der Ausübung ihres Ermessens hat sie alle entscheidungserheblichen Belange und Interessen abzuwägen und die Ergebnisse einer **Anhörung** (§ 28 VwVfG) der betroffenen Gemeinde zu würdigen. Eine ordnungsgemäße Ermessensausübung umfasst nicht nur die Entscheidung, ob überhaupt ein Anpassungsverlangen ausgesprochen werden soll (Entschließungsermessen), sondern auch wie dieses konkret ausgestaltet werden soll (Auswahlermessen). Der Grundsatz der Verhältnismäßigkeit erfordert nicht nur die Wahl eines geeigneten, sondern zugleich des mildesten Mittels und die Beachtung seiner Angemessenheit. 16

Gravierende Abweichungen von den Zielen der Landesplanung können dazu führen, dass das **Entschließungsermessen im Sinne einer Pflicht zum Erlass eines Anpassungsverlangens auf „Null" reduziert ist**. Würde in derart gravierenden Fällen die oberste Landesplanungsbehörde nicht von ihrer Ermächtigung Gebrauch machen, wäre nach Auffassung des VG SH, a. a. O., nicht ersichtlich wie man dann in anderen, nicht so gravierenden Fällen der Abweichung noch ermessenfehlerfrei ein Anpassungsverlangen erlassen könnte. 17

18 Hingegen ist das Ermessen nicht von vornherein auf einen Verzicht auf eine Anpassungsverfügung reduziert, wenn die oberste Landesplanungsbehörde durch **jahrelange Untätigkeit** eine ungehinderte Entwicklung (z. B. die stetige Vergrößerung einer unzulässigen Einzelhandelsagglomeration) nicht aufgehalten hat (so VG SH, a. a. O.). Planungen oder Entwicklungen, die nie im Einklang mit der Landes- oder Regionalplanung standen, stellen keine legitime Planung dar, auf die Rücksicht genommen werden müsste. Weder aus Gründen des Vertrauensschutzes noch nach den Erwägungen des sog. Gegenstromprinzips lässt sich eine Verpflichtung der obersten Landesplanungsbehörde herleiten, einen rechtswidrigen Zustand hinnehmen zu müssen bzw. zu seiner Verfestigung beizutragen.

19 Im Rahmen des Entschließungsermessens muss erwogen werden, ob die konkreten **Nachteile**, die sich für die räumliche Entwicklung des Landes und seiner Teilräume (und damit für das Allgemeinwohl) durch die nicht raumordnungskonforme Bauleitplanung ergeben, so gewichtig sind, dass sie **die gegen die Verfügung eines Anpassungsgebotes sprechenden Aspekte** im konkreten Einzelfall überwiegen.

20 Wird die Planungshoheit einer Gemeinde eingeschränkt, müssen überörtliche Interessen von höherem Gewicht den Eingriff rechtfertigen; der **Eingriff in die Planungshoheit** muss gerade angesichts der Bedeutung der kommunalen Selbstverwaltung verhältnismäßig sein. Die Standortplanung für Einzelhandelsgroßprojekte ist ein derartiges öffentliches Interesse, das eine Beschränkung der Planungshoheit durch landesplanerische Vorgaben zu rechtfertigen vermag (vgl. BVerwG, Beschl. vom 8.3.2006 – 4 B 75/05 –, NVwZ 2006 S. 932).

21 Neben Belangen der betroffenen Gemeinde sind die **Belange möglicher Privatbetroffener zu berücksichtigen**, die auf den Bestand eines Bebauungsplans vertraut haben. Jedoch führt der Umstand, dass eine Einzelhandelsnutzung auf der Grundlage rechtmäßiger Baugenehmigungen erfolgte und das Vertrauen der Eigentümer in die Fortsetzungen dieser genehmigten Nutzungen schutzwürdig ist, dabei weder von vornherein zu einer Ermessensreduzierung auf Null noch zu einem regelmäßigen Entscheidungserfordernis dahingehend, von einem Anpassungsverlangen abzusehen. Er muss vielmehr unter Wahrung des Verhältnismäßigkeitsgrundsatzes bei der Ausgestaltung der konkreten Planungsvorgaben berücksichtigt werden (so VG SH, a. a. O.).

22 Die Eignung (das „Ob") eines Anpassungsverlangens entfällt ferner nicht schon dadurch, dass in einem zu überplanenden Gebiet nicht mit der baldigen Aufgabe oder Schließung „raumordnungswidriger" Betriebe und einer „umgehenden" **Veränderung der Situation** zu rechnen ist. Es genügt, dass bestehende Nutzungen auf ihren Bestandsschutz reduziert werden und ihre Weiterentwicklung, der Neu- oder Umbau oder Neuansiedlungen unterbunden werden. Dass offensichtlich und auf unabsehbare Zeit der geänderte/angepasste Plan keine Wirkungen erzeugen wird (vgl. BVerwG, Beschl. vom 17.2.1997 – 4 B 16/97 –, NVwZ-RR 1997 S. 512; BVerwG, Beschl. vom 26.1.2010 – 4 B 43/09 –, BauR 2010 S. 871; openJur 2011, 89244), kann insofern nicht angenommen werden.

23 Schließlich sind mögliche **finanzielle Folgen für das Land zu berücksichtigen** (vgl. § 17 Abs. 2). Der Umstand, dass mit einer Planung für eine Gemeinde die Gefahr von Planungsschäden begründet wird, berechtigt eine Gemeinde nicht dazu, von der Planung absehen zu dürfen (vgl. BVerwG, Urt. vom 17.9.2003 – 4 C 14/01 –, BVerwGE 119, 25) und begründet deshalb auch nicht die die regelmäßige Unverhältnismäßigkeit des Anpassungsverlangens (VG SH, a. a. O.).

24 Wird die **Anpassung bis zu einem bestimmten Zeitpunkt** verlangt, müssen neben der üblichen Dauer für solche Verfahren auch die schon bekannten Einzelfallumstände berücksichtigt werden, aus denen sich eine Verzögerung ergeben könnte.

4. Entschädigung (Absatz 2)

25 Die Anpassungspflicht kann zu einem erheblichen finanziellen Aufwand bei der verpflichteten Gemeinde führen. Nach § 17 Abs. 2 und 3 NROG **stellt das Land die Gemeinde von**

der Entschädigungspflicht nach den §§ 39, 42 und 44 BauGB frei, soweit der Betrag 250 Euro übersteigt und im Fall des § 44 Abs. 1 Satz 3 BauGB die Gemeinde keinen Ersatz erlangt. Grundlegende Voraussetzung eines gemeindlichen Anspruchs nach § 17 NROG ist insofern, dass die Gemeinde Dritten gegenüber gemäß diesen abschließend genannten Vorschriften zur Entschädigung verpflichtet sein muss.

Entschädigungspflichten einer Gemeinde nach anderen Vorschriften, z. B. § 37 Abs. 3 BauGB sowie § 38 Satz 3 und § 7 Satz 6 BauGB, oder weitergehende Ersatzansprüche, z. B. wegen Wertverlustes gemeindeeigener Grundstücke durch Ausschluss bestimmter Nutzungsmöglichkeiten, wegen Folgekosten für neue Infrastrukturmaßnahmen oder wegen Nutzloswerdens bereits getätigter gemeindlicher Erschließungsmaßnahmen, erfasst § 17 NROG nicht. **26**

Auch Planungskosten werden nicht ersetzt. Planungskosten sind unmittelbarer Bestandteil der Gesamtaufgabe „Bauleitplanung". Kosten, die einer Gemeinde aus der Wahrnehmung ihrer kommunalen Selbstverwaltungsaufgaben heraus ohnehin anfallen, sind über § 17 NROG nicht erstattungsfähig. Denn das gemeindliche Selbstverwaltungsrecht unterliegt dem Gesetzesvorbehalt gem. Art. 28 Abs. 2 Satz 1 GG. Zu diesen die Planungshoheit einschränkenden gesetzlichen Vorschriften gehört auch § 1 Abs. 4 BauGB einschließlich seines mit Bauleitplanung verbundenen Kostenaspekts (näher dazu vgl. *Gierke/Blessing* in Brügelmann, BauGB § 1 Rn. 439). **27**

5. Durchsetzung eines Anpassungsverlangens

Kommt die verpflichtete Gemeinde dem Anpassungsverlangen nicht nach, stehen zur **zwangsweisen Durchsetzung nur die Mittel der Kommunalaufsicht** (durch die zuständige Kommunalaufsichtsbehörde) zur Verfügung. **28**

6. Rechtsschutz

Der Bescheid ist mit einer **Rechtsbehelfsbelehrung** zu versehen. Die **betroffene Gemeinde** kann gegen das Anpassungsverlangen als Adressatin eines belastenden Verwaltungsakts Anfechtungsklage vor dem Verwaltungsgericht erheben und ihre Klagebefugnis aus ihrem Recht auf kommunale Selbstverwaltung begründen. **29**

Eine **Nachbargemeinde** kann eine Verpflichtungsklage erheben, bspw. um sich gegen die Ansiedlung eines – nicht zielkonformen – Einzelhandelsgroßprojektes zu wehren. Da der Erlass eines Planungsgebots eine Ermessensentscheidung ist, besteht kein Anspruch auf Erlass eines Planungsgebots, sondern lediglich ein Anspruch auf ermessensfehlerfreie Entscheidung, § 114 VwGO. Zur Begründung ihrer Klagebefugnis kann sich eine Nachbargemeinde nach § 2 Abs. 2 Satz 2 BauGB auf die ihr durch Ziele der Raumordnung zugewiesenen Funktionen sowie auf Auswirkungen auf ihre zentralen Versorgungsbereiche berufen. **30**

7. Übernahme der Entschädigungsverpflichtung durch Dritte (Absatz 3)

Dient das Anpassungsverlangen einem bestimmten Begünstigten, so hat das Land die Möglichkeit, das Anpassungsverlangen nur dann auszusprechen, wenn der **Begünstigte auch die Entschädigungspflichten des Landes übernimmt**. Soll bspw. eine neue Bahnstrecke der DB Netz AG oder eine Energieversorgungsleitung gebaut werden, die im LROP und in den RROP bereits enthalten ist, in den von der Strecke betroffenen Bebauungsplänen jedoch noch nicht, kann die DB Netz AG, der Übertragungsnetzbetreiber oder ein anderer Versorger zur Entschädigung verpflichtet werden. **31**

FÜNFTER ABSCHNITT
ZUSTÄNDIGKEITEN

§ 18
Landesplanungsbehörden

(1) [1] Oberste Landesplanungsbehörde ist das Fachministerium. [2] Obere Landesplanungsbehörden sind die Ämter für regionale Landesentwicklung; sie üben die Fachaufsicht über die unteren Landesplanungsbehörden aus. [3] Die Landkreise und kreisfreien Städte nehmen die Aufgaben der unteren Landesplanungsbehörden als Aufgaben des übertragenen Wirkungskreises wahr; die Zuständigkeit der großen selbständigen Städte und der selbständigen Gemeinden (§ 17 Satz 1 des Niedersächsischen Kommunalverfassungsgesetzes) wird ausgeschlossen. [4] Die Kosten werden im Rahmen des Finanzausgleichs gedeckt.

(2) Ist ein Zweckverband oder der Regionalverband „Großraum Braunschweig" Träger der Regionalplanung, so nimmt er für seinen Bereich die Aufgaben der unteren Landesplanungsbehörde als Aufgabe des übertragenen Wirkungskreises wahr.

Erläuterungen

Übersicht

1. Aufbau der niedersächsischen Landesplanungsverwaltung (Absatz 1)

1 Nachdem von 2005 bis Mitte 2014 die Landesplanungsverwaltung nur zweistufig aufgebaut war (oberste und untere Landesplanungsbehörden), ist in Niedersachsen **seit dem 1.7.2014 der Aufbau der Landesplanungsverwaltung wieder dreistufig**. Die Landesplanungsverwaltung besteht aus der obersten, vier oberen und 39 unteren Landesplanungsbehörden.

2. Oberste Landesplanungsbehörde (Absatz 1 Satz 1)

2 **Oberste Landesplanungsbehörde** ist das jeweils **für Raumordnung und Landesplanung zuständige Fachministerium**. Derzeit sind die Aufgaben der Raumordnung und Landesplanung durch Beschluss der Landesregierung dem Geschäftsbereich des Niedersächsischen Ministeriums für Ernährung, Landwirtschaft und Verbraucherschutz (ML) zugewiesen. Dem Fachministerium obliegen gem. § 13 der Gemeinsamen Geschäftsordnung der Landesregierung und der Ministerien in Niedersachsen (GGO) **vor allem gesetzgeberische und allgemein lenkende Aufgaben** (z. B. Erarbeitung von Entwürfen zur Anpassung oder Neufassung des NROG, Erlass von Verwaltungsvorschriften) sowie **Aufgaben der**

Aufsicht, Planung und Erfolgskontrolle. Gegenüber den oberen und den (im übertragenen Wirkungskreis tätigen) unteren Landesplanungsbehörden hat sie fachaufsichtliche Informations- und Weisungsbefugnisse.

Die oberste Landesplanungsbehörde ist außerdem **federführend für Verordnungsverfahren zur Aufstellung und Änderung des LROP nach § 4 NROG**, für Vorgaben zum Verfahren der Aufstellung von RROP oder über die Darstellung ihrer Planinhalte (Planzeichen) nach § 5 Abs. 8 NROG, für das Verlangen einer Anpassung der Bauleitplanung an Ziele der Raumordnung nach § 17 NROG und die in § 19 NROG genannten, auf das LROP bezogenen Zielabweichungs- und Untersagungsverfahren.

Ferner ist die oberste Landesplanungsbehörde für **landesplanerische Abstimmungsprozesse auf Ressortsebene** verantwortlich, wenn es um landespolitisch bedeutsame oder um Ländergrenzen übergreifende Vorgänge geht. Sie vertritt Niedersachsen auch in verschiedenen Gremien, so in der Raumentwicklungsministerkonferenz und ihren Ausschüssen (vgl. § 24 ROG). Zu ihren Grundsatzaufgaben gehört ferner der **Auf- und Ausbau des landesweiten Fachinformationssystems Raumordnung (FIS-RO)**.

3. Obere Landesplanungsbehörden (Absatz 1 Satz 2)

Mit Beschluss der Landesregierung vom 10.12.2013 (Nds. MBl. S. 929) zur Reorganisation 3
der Landesverwaltung im Bereich der Regierungsvertretungen und des Landesamtes für Geoinformation und Landentwicklung Niedersachsen wurden **mit Wirkung vom 1.1.2014 die vier Ämter für regionale Landesentwicklung Braunschweig, Leine-Weser (in Hildesheim), Lüneburg und Weser-Ems (in Oldenburg) gegründet**. Ihnen wurden mit Wirkung vom 1.7.2014 die Funktion **oberer Landesplanungsbehörden** zugewiesen (Art. 1 des Gesetzes zur Übertragung weiterer Zuständigkeiten auf die Ämter für Regionale Landesentwicklung [...] vom 25.6.2014, Nds. GVBl. S. 168). Damit wurde in der Landesplanungsverwaltung erneut eine Mittelinstanz geschaffen, die einzelne Vollzugsaufgaben von der obersten Landesplanungsbehörde übernahm (vgl. LT-Drs. 17/1467 vom 30.4.2014 S. 5/6).

Zu den **Aufgaben der oberen Landesplanungsbehörden** gehören die **Genehmigung der** 4
RROP (§ 5 Abs. 5 NROG), die **Entgegennahme und Prüfung von Anzeigen zur regelmäßigen Gesamtüberprüfung der RROP** (§ 5 Abs. 7 Satz 2 NROG) sowie eine etwaige **Entscheidung über eine Verlängerung der Geltungsdauer eines RROP** (§ 5 Abs. 7 Satz 3 Nr. 3 NROG). Den oberen Landesplanungsbehörden obliegt insoweit die **Rechtsaufsicht über die Regionalplanungsträger**, d. h. sie überprüfen das Verwaltungshandeln der Regionalplanungsträger auf dessen Rechtmäßigkeit und stellen sicher, dass keine Rechtsvorschriften verletzt werden.

Die speziellen NROG-Regelungen zu rechtsaufsichtlichen Befugnissen der oberen Landesplanungsbehörden in Bezug auf die Regionalplanung gehen den allgemeinen Regelungen des NKomVG zu Aufsichtsbefugnissen vor. Obere Landesplanungsbehörden haben als Aufsichtsbehörde die dafür erforderlichen Auskunftsrechte gegenüber den Regionalplanungsträgern. Die raumordnungsrechtlich festgelegte Rechtsaufsicht schließt allerdings die darüber hinaus bestehende **Kommunalaufsicht** seitens des für Inneres zuständigen Ministeriums nicht aus. So könnten z. B. etwaige Verstöße eines Regionalplanungsträgers gegen kommunalrechtliche Bestimmungen auch von der zuständigen Kommunalaufsichtsbehörde aufgegriffen werden.

Gegenüber nachgeordneten unteren Landesplanungsbehörden, die nicht im eigenen, sondern im übertragenen Wirkungskreis – also im staatlichen Auftrag – tätig sind, **haben die oberen Landesplanungsbehörden weitergehende Fachaufsichtsfunktionen**. So stellen sie nicht nur sicher, dass die unteren Landesplanungsbehörden geltendes Recht beachten, sondern auch, dass sie Aufgaben des übertragenen Wirkungskreises zweckmäßig ausführen.

Gem. § 171 Abs. 1 NKomVG sollen sowohl die Rechts- als auch die Fachaufsicht so gehandhabt werden, dass die Entschlusskraft und Verantwortungsfreude der betroffenen kommunalen Stellen nicht beeinträchtigt werden.

5 Eine weitere Aufgabe der oberen Landesplanungsbehörden ist die **Führung des Raumordnungskatasters** (§ 15 NROG), in dem sie für ihren Amtsbezirk Informationen über raumbedeutsame Planungen und Maßnahmen zur Verfügung stellen, die zur Abstimmung anderer raumbedeutsamer Vorhaben von Belang sein können.

Die oberen Landesplanungsbehörden tragen außerdem aktiv zur Abstimmung raumbedeutsamer Vorhaben auf überregionaler Ebene bei. **In Einzelfällen können sie Verfahren zur Raumverträglichkeitsprüfung für Vorhaben von übergeordneter Bedeutung an sich ziehen** (vgl. Erl. zu § 19 Rn. 4).

4. Untere Landesplanungsbehörden, übertragener Wirkungskreis (Absatz 1 Satz 3 und 4)

4.1 Untere Landesplanungsbehörden im Regelfall (Absatz 1 Satz 3)

4.1.1 Landkreise und kreisfreie Städte

6 § 18 Abs. 1 Satz 3 Halbsatz 1 NROG sieht vor, dass grundsätzlich die **Landkreise und kreisfreien Städte untere Landesplanungsbehörden** sind. Anderes gilt, soweit aufgrund der Sonderregelung in § 18 Abs. 2 NROG ein Zweckverband oder der **Regionalverband „Großraum Braunschweig"** diese Funktion übernimmt.

Die grundlegende Übertragung der Funktion von Landesplanungsbehörden auf Landkreise und kreisfreie Städte korrespondiert mit den Bestimmungen des NKomVG. Danach sind in aller Regel die Landkreise in ihrem Gebiet die Träger der öffentlichen Aufgaben von überörtlicher Bedeutung (§ 3 Abs. 2 Satz 1 NKomVG) und die kreisfreien Städte erfüllen neben ihren gemeindlichen Aufgaben in ihrem Gebiet auch alle Aufgaben der Landkreise (§ 18 NKomVG). Dass entsprechend § 17 Abs. 1 NKomVG die selbständigen Gemeinden und die großen selbständigen Städte die Aufgaben des übertragenen Wirkungskreises der Landkreise im Bereich der Raumordnung und Landesplanung erfüllen dürfen, wurde durch § 18 Abs. 1 Satz 3 Halbsatz 2 NROG ausdrücklich ausgeschlossen.

4.1.2 Gleichstellung mit Landkreisen und kreisfreien Städten (Region Hannover, Stadt Göttingen)

7 Aufgrund ihrer kommunalrechtlichen Gleichstellung mit Landkreisen bzw. kreisfreien Städten sind **auch die Region Hannover und die Stadt Göttingen untere Landesplanungsbehörden.**

Die Region Hannover ist gem. § 3 NKomVG als Gebietskörperschaft den Landkreisen gleichgestellt und erfüllt in ihrem Gebiet ebenso wie die Landkreise die öffentlichen Aufgaben, die von überörtlicher Bedeutung sind. Im Verhältnis der Region Hannover zur Landeshauptstadt Hannover, die zwar gem. § 15 Abs. 1 NKomVG regionsangehörige Gemeinde ist, aber gem. § 15 Abs. 2 NKomVG weiterhin den Status einer kreisfreien Stadt hat, wird die Zuständigkeit für die Aufgaben der unteren Landesplanungsbehörde durch § 159 i. V. m. § 161 Nr. 1 NKomVG der Region Hannover in ihrem gesamten Gebiet (einschließlich der Landeshauptstadt Hannover) zugewiesen.

Auf die kreisangehörige Stadt Göttingen sind gem. § 16 Abs. 2 NKomVG die für kreisfreie Städte geltenden Vorschriften anzuwenden, da spezialgesetzlich im NROG nichts anderes bestimmt ist. Für ihr Stadtgebiet nimmt daher nicht der Landkreis, sondern die Stadt Göttingen die Aufgaben der unteren Landesplanungsbehörde wahr.

4.2 Zweckverbände und der Regionalverband „Großraum Braunschweig" als untere Landesplanungsbehörden (Absatz 2)

Haben Träger der Regionalplanung von der in § 20 Abs. 2 NROG eröffneten Möglichkeit Gebrauch gemacht, **ihre regionalplanerischen Aufgaben einem Zweckverband zu übertragen, gehen** aufgrund der Regelung in § 18 Abs. 2 NROG gleichzeitig **die Aufgaben der unteren Landesplanungsbehörde im übertragenen Wirkungskreis auf ihn über. Gleiches gilt in Bezug auf den Regionalverband „Großraum Braunschweig"**, der sich aus dem 1991 gebildeten Zweckverband „Großraum Braunschweig" entwickelt hat. Der Zweckverband „Großraum Braunschweig" wurde durch das Gesetz zur institutionellen Stärkung und Weiterentwicklung des Zweckverbandes „Großraum Braunschweig" vom 2.3.2017 (Nds. GVBl. S. 53) in einen Regionalverband umgewandelt (LT-Drs. 17/5290), der als **Verband „sui generis"**, also ein Verband eigener Art, eingestuft wurde (LT-Drs. 17/7472 S. 5). Der Regionalverband erfüllt zwar typische Merkmale eines kommunalen Zweckverbandes, weist aber organisatorische Besonderheiten auf, die zu seiner gesonderten rechtlichen Einordnung und zu der ausdrücklichen Nennung in § 18 Abs. 2 NROG geführt haben. 8

Zweckverbände, die unter die Regelung des § 18 Abs. 2 NROG fallen, bestehen derzeit nicht. Der frühere Kommunalverband Großraum Hannover wurde mit Bildung der Region Hannover (Gesetz über die Region Hannover vom 5.6.2001, Nds. GVBl. S. 348) aufgelöst. 9

Für den Fall, dass die Aufgaben der Regionalplanung nach § 20 Abs. 2 NROG nicht einem Zweckverband übertragen werden, sondern im Wege einer sonstigen Zusammenarbeitsform nach dem NKomZG auf andere Träger übergehen (vgl. Erl. zu § 20 Rn. 14), enthält § 18 Abs. 2 NROG keine Regelung zum gleichzeitigen Übergang auch der Aufgaben der unteren Landesplanungsbehörden. Es bedarf in solchen Fällen einer ergänzenden gesetzlichen Regelung zur Wahrnehmung der Aufgaben einer unteren Landesplanungsbehörde.

4.3 Übertragener Wirkungskreis (Absatz 1 Satz 3 Halbs. 1 und Satz 4)

§ 18 NROG ordnet die Funktion **unterer Landesplanungsbehörden** den gleichen kommunalen Körperschaften zu, die gem. § 20 NROG **„quasi in Personalunion" auch Träger der Regionalplanung** sind. Während die Regionalplanung eine Aufgabe des eigenen Wirkungskreises ihrer Träger ist (vgl. Erl. zu § 20 Rn. 8 ff.), gehören die Aufgaben der unteren Landesplanungsbehörden jedoch zum übertragenen Wirkungskreis und die damit verbundenen Aufgaben unterliegen einem anderen Regime. Die Aufgaben der unteren Landesplanungsbehörden wurden gesetzlich übertragen und sind im staatlichen Auftrag nach Weisung recht- und zweckmäßig zu erledigen (Art. 57 Abs. 4 Nds. Verfassung, § 6 NKomVG). Dabei unterliegen die unteren Landesplanungsbehörden der Fachaufsicht der ihnen übergeordneten oberen Landesplanungsbehörde und mittelbar der obersten Landesplanungsbehörde. Sie sind nicht nur – wie alle öffentlichen Stellen – an die Einhaltung der Rechtsordnung gebunden, sondern auch an darüber hinausgehende fachliche Weisungen (z. B. Anweisungen bei Dienstbesprechungen, Verfügungen der oberen Landesplanungsbehörde oder Erlasse der obersten Landesplanungsbehörde). 10

§ 18 Abs. 1 Satz 4 NROG stellt im Einklang mit Art. 57 Abs. 4 NV klar, dass den unteren Landesplanungsbehörden **für die Aufgaben des übertragenen Wirkungskreises eine Deckung der Verwaltungskosten zusteht**, die im Rahmen des allgemeinen Finanzausgleichs zwischen dem Land und den Kommunen erfolgt. Außerdem fließen gem. § 6 Abs. 2 Satz 2 NKomVG den unteren Landesplanungsbehörden die mit den übertragenen Aufgaben verbundenen Erträge zu (z. B. Gebühren für Verfahren zur Raumverträglichkeitsprüfung raumbedeutsamer Vorhaben). 11

Zentrale Aufgabe der unteren Landesplanungsbehörden ist, in ihrem regionalen Zuständigkeitsbereich gem. § 1 ROG und § 16 NROG **auf eine raumverträgliche Abstimmung raumbedeutsamer Planungen und Maßnahmen hinzuwirken** und den dafür erforderlichen Informationsaustausch sicherzustellen. Sie sind dafür verantwortlich, im Rahmen ihrer Möglichkeiten den ordnungsgemäßen **Vollzug der Vorschriften der Raumordnung zu** 12

sichern und die Belange der Raumordnung zu wahren (etwa bei Mitwirkung in Bauleitplan- oder Fachplanungsverfahren, in Planfeststellungs-, Genehmigungs- oder anderen Zulassungsverfahren). Zu den in die Zuständigkeit der unteren Landesplanungsbehörden fallenden Raumordnungs-, Zielabweichungs- und Untersagungsverfahren vgl. Erl. zu § 19 NROG.

§ 19
Zuständigkeiten der Landesplanungsbehörden

(1) [1] Für die Durchführung von Verfahren zur Raumverträglichkeitsprüfung sind die unteren Landesplanungsbehörden zuständig. [2] Berührt ein Vorhaben den Bereich mehrerer unterer Landesplanungsbehörden, so bestimmen diese untereinander die für das Verfahren zur Raumverträglichkeitsprüfung zuständige Behörde. [3] Kommt eine Einigung nicht zustande, so bestimmt die obere Landesplanungsbehörde die zuständige untere Landesplanungsbehörde. [4] Die obere Landesplanungsbehörde kann bei Vorhaben von übergeordneter Bedeutung das Verfahren zur Raumverträglichkeitsprüfung an sich ziehen. [5] Berührt ein Vorhaben in den Fällen der Sätze 3 und 4 den Bereich mehrerer oberer Landesplanungsbehörden, so bestimmt die oberste Landesplanungsbehörde die zuständige Landesplanungsbehörde.

(2) [1] Für die Durchführung von Zielabweichungsverfahren (§ 6 Abs. 2 ROG, § 8) zu Zielen in Regionalen Raumordnungsprogrammen sind die unteren Landesplanungsbehörden zuständig. [2] Für die Durchführung von Zielabweichungsverfahren zu Zielen im Landes-Raumordnungsprogramm ist die oberste Landesplanungsbehörde zuständig. [3] Betrifft ein Zielabweichungsverfahren sowohl Ziele in einem Regionalen Raumordnungsprogramm als auch Ziele im Landes-Raumordnungsprogramm, so ist die untere Landesplanungsbehörde zuständig; das Verfahrensergebnis bedarf der vorherigen Zustimmung der obersten Landesplanungsbehörde. [4] In Fällen des Satzes 3 kann die oberste Landesplanungsbehörde das Zielabweichungsverfahren an sich ziehen, wenn es wegen eines Vorhabens von übergeordneter Bedeutung durchgeführt wird.

(3) [1] Für die Untersagung von raumbedeutsamen Planungen und Maßnahmen (§ 12 ROG), die mit dem geltenden oder dem in Aufstellung befindlichen Regionalen Raumordnungsprogramm nicht vereinbar sind, ist die untere Landesplanungsbehörde zuständig. [2] Für die Untersagung von raumbedeutsamen Planungen und Maßnahmen, die mit dem geltenden oder dem in Aufstellung befindlichen Landes-Raumordnungsprogramm nicht vereinbar sind, ist die oberste Landesplanungsbehörde zuständig. [3] Für die Untersagung von raumbedeutsamen Planungen und Maßnahmen, die weder mit dem geltenden oder dem in Aufstellung befindlichen Regionalen Raumordnungsprogramm noch mit dem geltenden oder dem in Aufstellung befindlichen Landes-Raumordnungsprogramm vereinbar sind, ist die untere Landesplanungsbehörde zuständig; das Verfahrensergebnis bedarf der vorherigen Zustimmung der obersten Landesplanungsbehörde. [4] In Fällen des Satzes 3 kann die oberste Landesplanungsbehörde das Untersagungsverfahren an sich ziehen, wenn es raumbedeutsame Planungen und Maßnahmen von übergeordneter Bedeutung betrifft.

Erläuterungen

Übersicht

1. Zuständigkeiten bei Verfahren zur Raumverträglichkeitsprüfung (Absatz 1)
2. Zuständigkeiten bei Zielabweichungsverfahren (Absatz 2)
3. Zuständigkeiten bei Untersagungen (Absatz 3)

1. Zuständigkeiten bei Raumordnungsverfahren Verfahren zur Raumverträglichkeitsprüfung (Absatz 1)

Für die **Durchführung von Raumverträglichkeitsprüfungen** i. S. des § 15 ROG sind instanziell **im Regelfall die unteren Landesplanungsbehörden** zuständig, § 19 Abs. 1 Satz 1 NROG (Näheres zu unteren Landesplanungsbehörden vgl. § 18 NROG). Es handelt sich für sie um eine **Aufgabe im übertragenen Wirkungskreis**. Örtlich ist diejenige untere Landesplanungsbehörde zuständig, in deren Zuständigkeit sich das Vorhaben standörtlich befindet. 1

Raumverträglichkeitsprüfungen im niedersächsischen **Küstenmeer**, das außerhalb der Gebiete unterer Landesplanungsbehörden liegt, fallen in die Zuständigkeit des **Amtes für regionale Landesentwicklung Weser-Ems** (s. Anlage 1 des Beschlusses der Landesregierung vom 10.12.2013 – StK-401–06025/7 – zur „Reorganisation der Landesverwaltung im Bereich der Regierungsvertretungen und des Landesamtes für Geoinformation und Landentwicklung Niedersachsen; Stärkung und Konzentration der regionalen Landesentwicklung", Nds. MBl. S. 929, geändert durch Beschl. vom 17.6.2014, Nds. MBl. 2014 S. 456). 2

Berührt ein Vorhaben den Bereich mehrerer unterer Landesplanungsbehörden, bestimmen diese untereinander eine untere Landesplanungsbehörde, § 19 Abs. 1 Satz 2 NROG. Eine Berührtheit mehrerer unterer Landesplanungsbehörden kann sich aus der Kommunalgrenzen überschreitenden Flächeninanspruchnahme eines (standörtlich alternativlosen) großräumigen Vorhabens ergeben oder daraus, dass für das Vorhaben neben einem Vorzugsstandort bzw. einer Vorzugstrasse auch etwaige räumliche Alternativen bestehen. 3

Kommt eine Einigung nicht zustande, **bestimmt die obere Landesplanungsbehörde eine verfahrensführende untere Landesplanungsbehörde**, § 19 Abs. 1 Satz 3 NROG. Eine Berechtigung der oberen Landesplanungsbehörde, das Verfahren an sich zu ziehen, besteht nicht allgemein, sondern nur in den Fällen des Satzes 4, wenn es sich um ein Vorhaben mit übergeordneter Bedeutung handelt. Hierzu können z. B. Ländergrenzen übergreifende Planungen (z. B. Trassen zur Verlegung transnationaler Pipelines) oder Vorhaben mit erheblicher landespolitischer Auswirkung zählen. Lediglich Kreisgrenzen überschreitende und auf regionaler Ebene kontrovers diskutierte Vorhaben fallen in aller Regel nicht hierunter. 4

Berührt ein Vorhaben weite Teile des Landes und dadurch den **Zuständigkeitsbereich mehrerer oberer Landesplanungsbehörden** (z. B. größere Verkehrsprojekte oder Stromleitungsvorhaben), **bestimmt das zuständige Fachministerium als oberste Landesplanungsbehörde die verfahrensführende Behörde**, § 19 Abs. 1 Satz 5 NROG. Der Wortlaut der Vorschrift schließt nicht aus, dass in besonders gelagerten Fällen die oberste Landesplanungsbehörde auch sich selbst bestimmen kann. 5

Die vorgenannten Zuständigkeiten gelten **auch bei Raumverträglichkeitsprüfungen für raumbedeutsame Planungen und Maßnahmen von öffentlichen Stellen des Bundes** bzw. von Stellen, die im Auftrag des Bundes handeln, sofern dafür keine spezialgesetzlichen Vorschriften bestehen. 6

2. Zuständigkeiten bei Zielabweichungsverfahren (Absatz 2)

Für die Durchführung von **Zielabweichungsverfahren** sind – als Aufgabe im übertragenen Wirkungskreis – instanziell die **unteren Landesplanungsbehörden** zuständig, wenn **Ziele im RROP** betroffen sind (Näheres zu unteren Landesplanungsbehörden vgl. § 18 NROG). Örtlich ist diejenige untere Landesplanungsbehörde zuständig, deren RROP betroffen ist. 7

Betrifft ein Zielabweichungsverfahren sowohl **Ziele des RROP als auch des LROP**, erfolgen die Verfahrensführung sowie das Auftreten nach außen ebenfalls allein durch die **untere Landesplanungsbehörde**. 8

Die **oberste Landesplanungsbehörde hat dem Verfahrensergebnis einer unteren Landesplanungsbehörde** vor Bekanntgabe an den Adressaten der Zielabweichungsentscheidung 9

zuzustimmen. Hierbei handelt es sich um ein reines Verwaltungsinternum. Der Begriff „Verfahrensergebnis" ist weit; das Zustimmungserfordernis gilt sowohl für den Fall, dass die untere Landesplanungsbehörde vorschlägt, der beantragten Zielabweichung stattzugeben, als auch für den Fall ihrer Ablehnung. Das Zustimmungserfordernis besteht **unabhängig davon, ob die oberste Landesplanungsbehörde bereits ihr Einvernehmen als fachlich berührte Stelle gemäß § 8 NROG erteilt hat** (Näheres zum Einvernehmen § 8 Rn. 70 ff.). Die abschließende **Zustimmung umschließt eine vollständige Recht- und Zweckmäßigkeitsprüfung** des gesamten Entscheidungsvorschlags der unteren Landesplanungsbehörde. Die Rechtskontrolle umfasst bspw., ob ein Zielabweichungsbescheid den formaljuristischen Anforderungen genügt, ob die tatbestandlichen Zielabweichungsvoraussetzungen vollständig geprüft und im Bescheid dargelegt wurden und ob das Ermessen ordnungsgemäß ausgeübt und begründet wurde. Zur Zweckmäßigkeitskontrolle zählt auch die Befugnis, das Ermessen anders auszuüben als die untere Landesplanungsbehörde und z. B. anstelle der Zulassung einer Zielabweichung ihre Ablehnung zu verfügen.

10 Da Zielabweichungsbescheide mangels ihres Charakters als Zulassungsentscheidung i. S. des § 1 UmwRG **nicht dem UmwRG unterfallen**, kann das Fehlen des verwaltungsinternen Zustimmungserfordernisses nicht nach § 2 Abs. 4 Satz 1 Nr. 1 UmwRG gerügt werden (zu Klagemöglichkeiten nach dem UmwRG gegen Zielabweichungsentscheidungen s. § 8 Nr. 96 ff.).

11 Dient das Zielabweichungsverfahren einem Vorhaben, für das **ausschließlich Ziele des LROP betroffen** sind, ist die **oberste Landesplanungsbehörde zuständig**, § 19 Abs. 2 Satz 2 NROG. Die oberste Landesplanungsbehörde ist ferner für Zielabweichungsverfahren – auch von Zielen des RROP – zuständig, die sie wegen der übergeordneten Bedeutung des Vorhabens an sich gezogen hat, § 19 Abs. 2 Satz 4 NROG. Die übergeordnete Bedeutung kann sich aus sachlichen oder aus räumlichen Aspekten ergeben, bspw. wenn eine geplante Stromtrasse durch das Gebiet mehrerer Landkreise verlaufen soll.

12 Die Zuständigkeit für **Zielabweichungsentscheidungen im Rahmen von Planfeststellungsverfahren oder immissionsschutzrechtlichen Zulassungsverfahren** liegt wegen der Konzentrationswirkung dieser Entscheidungen bei der Planfeststellungs- bzw. Immissionsschutzbehörde (näher § 8 Rn. 85 ff.).

3. Zuständigkeiten bei Untersagungen (Absatz 3)

13 § 19 Abs. 3 NROG regelt die Zuständigkeit der Landesplanungsbehörden in Bezug auf **raumordnerische Untersagungen**. Die Zuständigkeitsregelungen unterscheiden nicht zwischen einer Untersagung im Hinblick auf geltende Ziele und Untersagungen im Hinblick auf in Aufstellung befindliche Ziele.

14 Für die Untersagung von raumbedeutsamen Planungen und Maßnahmen sind instanziell die **unteren Landesplanungsbehörden** – als Aufgabe im übertragenen Wirkungskreis – zuständig, wenn **Ziele im RROP** betroffen sind (Näheres zu unteren Landesplanungsbehörden vgl. § 18 NROG). Örtlich ist diejenige untere Landesplanungsbehörde zuständig, deren RROP betroffen ist.

15 Betrifft eine Untersagung sowohl **Ziele des RROP als auch des LROP**, erfolgen die Verfahrensführung sowie das Auftreten nach außen allein durch die **untere Landesplanungsbehörde**.

16 Die **oberste Landesplanungsbehörde hat dem Verfahrensergebnis einer unteren Landesplanungsbehörde vor Bekanntgabe an den Adressaten der Untersagung zuzustimmen**, hierbei handelt es sich um ein reines Verwaltungsinternum. Der Begriff „Verfahrensergebnis" umfasst sowohl den Entscheidungsvorschlag einer Untersagung als auch den Vorschlag der Ablehnung einer Untersagung. Da es sich um eine Aufgabe des übertragenen Wirkungskreises handelt, darf die oberste Landesplanungsbehörde im Rahmen einer **Rechtmäßigkeits- und Zweckmäßigkeitskontrolle** die Ausführungen in dem Bescheidentwurf selber ändern bzw. ergänzen oder Überarbeitungen durch die untere Landespla-

nungsbehörde verlangen sowie ihre eigenen Ermessenserwägungen über die der unteren Landesplanungsbehörde stellen und zu einem anderen Verfahrensergebnis kommen (vgl. auch Rn. 9).

Betrifft die Untersagung ein Vorhaben, für das **ausschließlich Ziele des LROP** betroffen 17
sind, ist die **oberste Landesplanungsbehörde** zuständig, § 19 Abs. 3 Satz 2 NROG. Die oberste Landesplanungsbehörde ist ferner für Untersagungen – auch in Bezug auf Ziele des RROP – zuständig, die sie wegen der übergeordneten Bedeutung des Vorhabens an sich gezogen hat, § 19 Abs. 3 Satz 4 NROG.

§ 20
Trägerschaft der Regionalplanung

(1) [1]Träger der Regionalplanung sind die Landkreise und kreisfreien Städte für ihr Gebiet. [2]Die Träger der Regionalplanung nehmen die Aufgabe der Regionalplanung als Angelegenheit des eigenen Wirkungskreises wahr.

(2) Die Landkreise und kreisfreien Städte können die Aufgabe der Regionalplanung einem Zweckverband oder dem Regionalverband „Großraum Braunschweig" übertragen oder sonstige Möglichkeiten der Zusammenarbeit nach dem Niedersächsischen Gesetz über die kommunale Zusammenarbeit nutzen, wenn die Abgrenzung des Planungsraums dem Landes-Raumordnungsprogramm nicht widerspricht.

Erläuterungen

Übersicht

1. Träger der Regionalplanung im Regelfall (Absatz 1 Satz 1)

Die Regionalplanungsträger sind in ihrem jeweiligen Gebiet insbesondere **zuständig für** 1
die Aufstellung und Änderung des RROP und dessen Verwirklichung, etwa durch begleitende regionale Konzepte und raumordnerische Zusammenarbeit mit anderen öffentlichen Stellen und Personen des Privatrechts.

1.1 Landkreise und kreisfreie Städte

Das NROG sieht vor, dass **grundsätzlich die Landkreise und kreisfreien Städte Träger der** 2
Regionalplanung sind. Es weist damit die Regionalplanungsträgerschaft den gleichen Körperschaften zu, wie die Aufgaben der unteren Landesplanungsbehörden (vgl. Erl. zu § 18 NROG). Dies trägt der hohen Bedeutung Rechnung, die in Niedersachsen der kommunalen Ebene zuerkannt wird. Sie berücksichtigt, dass auf der Landkreisebene detailliertere

Kenntnisse zum jeweiligen Planungsraum vorliegen als bei den für große Amtsbezirke zuständigen oberen Landesplanungsbehörden. Ferner dürfte dort in aller Regel eine intensivere Zusammenarbeit mit kreisangehörigen Städten und Gemeinden und bei Beteiligungsverfahren meist eine engere Bürgernähe möglich sein. Allerdings stellt sich angesichts der **besonderen Kleinteiligkeit der niedersächsischen Regionalplanung** stets die **Frage, inwieweit die Regionalplanungsräume noch ausreichend groß zugeschnitten sind, um dem gesetzlichen Auftrag der Raumordnung nach § 1 ROG effektiv gerecht werden zu können**, zumal es zunehmend raumbedeutsame Vorhaben gibt, die über die Grenzen der Regionalplanungsräume hinausgehen oder -wirken.

Die NROG-Regelung zur Trägerschaft der Regionalplanung stimmt mit der Zuweisung öffentlicher Aufgaben von überörtlicher Bedeutung an Landkreise gem. § 3 Abs. 2 Satz 1 NKomVG und mit § 18 NKomVG überein, wonach die kreisfreien Städte neben ihren (örtlichen) Aufgaben als Gemeinden in ihrem Gebiet auch alle Aufgaben der Landkreise erfüllen.

3 Die NROG-Regelung zur **Regionalplanungsträgerschaft kreisfreier Städte ist auf eine umfassende Verwaltungs- und Gebietsreform in den 1970er Jahren zurückzuführen**. Sie mag zwar angesichts der geschichtlichen Entwicklung kommunalpolitisch nachvollziehbar sein, setzt sich aber über das zentrale Anliegen der Raumordnung in Bezug auf eine überörtliche Koordinierung und Entwicklung auf regionaler Ebene hinweg, weil kreisfreien Städten der dazu notwendige Wirkungsbereich fehlt. Aus raumordnerischer Sicht wäre eine Entwicklung zu weiter gefassten Regionalplanungsräumen mit Einschluss der kreisfreien Städte sinnvoll, um den gesetzlichen Auftrag der Raumordnung landesweit auch auf regionaler Ebene erfüllen zu können.

Keine Regionalplanungsträger mehr sind solche Landkreise und kreisfreien Städte, die die Aufgabe der Regionalplanung zulässigerweise gem. § 20 Abs. 2 Alt. 1 NROG auf andere Träger übertragen haben.

Von den insgesamt 39 Regionalplanungsträgern in Niedersachsen sind 31 Landkreise (nämlich die Landkreise Ammerland, Aurich, Celle, Cloppenburg, Cuxhaven, Diepholz, Emsland, Friesland, Göttingen, Grafschaft Bentheim, Hameln-Pyrmont, Harburg, Heidekreis, Hildesheim, Holzminden, Leer, Lüchow-Dannenberg, Lüneburg, Nienburg/Weser, Northeim, Oldenburg, Osnabrück, Osterholz, Rotenburg/Wümme, Schaumburg, Stade, Uelzen, Vechta, Verden, Wesermarsch und Wittmund) und 5 kreisfreie Städte (nämlich die Städte Delmenhorst, Emden, Oldenburg, Osnabrück und Wilhelmshaven).

1.2 Gleichstellung mit Landkreisen und kreisfreien Städten (Region Hannover, Stadt Göttingen)

4 Die **Region Hannover** und die **Stadt Göttingen** sind **ebenfalls Träger der Regionalplanung** gem. § 20 Abs. 1 NROG i. V. m. NKomVG.

Auf die Region Hannover sind die für Landkreise geltenden Regelungen anderer Rechtsvorschriften – wie die des NROG – gem. § 3 Abs. 3 NKomVG entsprechend anzuwenden (vgl. Erl. zu § 18 NROG Rn. 7). Im Verhältnis der Region Hannover zur Landeshauptstadt Hannover wird die Aufgabenzuständigkeit für die Regionalplanung durch § 159 i. V. m. § 160 Abs. 1 NKomVG zugunsten der Region Hannover geregelt.

Die Stadt Göttingen gehört zwar dem Landkreis Göttingen an, für sie gelten aber gem. § 16 Abs. 2 NKomVG grundsätzlich die für kreisfreie Städte geltenden Vorschriften, soweit nichts anderes bestimmt ist. Mangels einer anderen rechtlichen Bestimmung gilt die in § 20 Abs. 1 NROG enthaltene Regelung zur Regionalplanungsträgerschaft kreisfreier Städte auch für sie.

1.3 Wechsel der Regionalplanungsträgerschaft bei kommunalen Fusionen

Nach Maßgabe des Art. 59 NV können Landkreise und Gemeinden einschließlich der kreisfreien Städte aufgelöst, vereinigt oder neu gebildet werden. Solche grundlegenden Veränderungen der kommunalen Gebietsstruktur bedürfen eines Gesetzes. **Kommunale Fusionen** können zwar zur Neubildung von Regionalplanungsräumen führen, stellen aber die Regelungen des § 20 Abs. 1 NROG zur Regionalplanungsträgerschaft nicht in Frage. Schließen sich aufgrund eines Gesetzes Landkreise zu einem neuen Landkreis zusammen, greift § 20 Abs. 1 NROG und der aus dieser Fusion entstandene Landkreis wird Träger der Regionalplanung für seinen regionalen Zuständigkeitsbereich. Ändern sich die Grenzen eines Landkreises und treten z. B. Flächen der Gemeinde eines benachbarten Landkreises zu seinem Kreisgebiet hinzu, vergrößert sich damit der seiner Verantwortung nach § 20 NROG unterliegende Regionalplanungsraum. 5

Etwas anders gelagert ist die Fallkonstellation, wenn sich zwei Landkreise oder ein Landkreis und eine kreisfreie Stadt, die bisher als Regionalplanungsträger nebeneinander standen, nicht zu einem größeren Landkreis zusammenschließen, sondern eine **neue Gebietskörperschaft eigener Art bilden**. Ein Beispiel hierfür ist die Bildung der Region Hannover im Jahr 2001. Für eine kommunale Gebietskörperschaft anderer Art gilt § 20 Abs. 1 NROG nicht unmittelbar. Es bedarf dann vielmehr einer separaten gesetzlichen Regelung, um die Regionalplanungsträgerschaft eindeutig zu bestimmen, etwa durch gesetzliche Verweisung auf die für Landkreise geltenden Regelungen oder eine spezielle Regelung. 6

2. Regionalplanung als Angelegenheit des eigenen Wirkungskreises (Absatz 1 Satz 2)

Art. 28 GG und Art. 57 NV sichern neben dem Selbstverwaltungsrecht der Gemeinden für Angelegenheiten der örtlichen Gemeinschaft gleichermaßen die **Selbstverwaltung und Planungsfreiheit der Gemeindeverbände auf Landkreisebene** für die überörtlichen Angelegenheiten im Rahmen ihres gesetzlichen Aufgabenbereiches. 7

Bei der Regionalplanung handelt es sich um eine Aufgabe, die ihren Trägern gem. Art. 57 Abs. 4 Satz 1 NV durch das NROG als **Pflichtaufgabe zur Erfüllung in eigener Verantwortung** zugewiesen ist. Die Regionalplanungsträger erfüllen sie in eigener Personal- und Organisationshoheit. **Im Rahmen der Gesetze** haben sie Gestaltungsfreiheit in Bezug auf die förmliche, regionale Raumordnungsplanung für ihr Gebiet und in Bezug auf begleitende informelle Abstimmungsprozesse, die zu ihrer Verwirklichung beitragen (Planungshoheit). Sie entscheiden eigenverantwortlich darüber, inwieweit ein Bedarf für ein regionalplanerisches Tätigwerden vorliegt, können sich der gesetzlichen Aufgabe aber nicht gänzlich entziehen. Die Regionalplanungsträger müssen sich an geltende Gesetze halten und auch untergesetzliches Recht beachten, das auf einer gesetzlichen Ermächtigungsgrundlage beruht (z. B. LROP-VO oder Verordnung über den BRPH). Die im ROG, NROG und in der LROP-VO geregelten Planungsaufträge müssen sie umsetzen. 8

Die Regionalplanungsträger **unterliegen** bei der Erfüllung ihrer planerischen Aufgaben **lediglich einer Rechtmäßigkeitskontrolle** (Rechtsaufsicht, Kommunalaufsicht), die sich insbesondere in der Genehmigungspflicht für RROP nach § 5 Abs. 5 NROG manifestiert. Sie müssen gerügten Rechtsfehlern nachgehen, sind aber nicht an fachliche Weisungen und Einschätzungen gebunden, die sich auf die Sinnhaftigkeit und Zweckmäßigkeit ihres Verwaltungshandels beziehen. Eine Überprüfung der Inhalte der Regionalplanung und der Verwaltungsabläufe beim Regionalplanungsträger auf Zweckmäßigkeit ist von staatlicher Seite nicht möglich (anders bei Aufgaben des übertragenen Wirkungskreises in Funktion als weisungsgebundene untere Landesplanungsbehörden, vgl. Erl. zu § 18 Rn. 10). 9

Gem. Art. 57 Abs. 4 NV steht den kommunalen Körperschaften, denen die Regionalplanung als Pflichtaufgabe zur Erfüllung in eigener Verantwortung zugewiesen wurde, für die hierdurch verursachten erheblichen und notwendigen Kosten ein Ausgleich im Rahmen des allgemeinen **Finanzausgleichs** zwischen dem Land und den Kommunen zu. Einer gesonderten Regelung hierzu im NROG bedarf es nicht. 10

3. Aufgabenübertragung auf einen Zweckverband oder anderen Planungsverband, sonstige Zusammenarbeit (Absatz 2)

11 Eine fachübergreifend und überörtlich koordinierende Regionalplanung setzt zum einen in der Regel einen **ausreichend großen Planungsraum** voraus, um raumverträgliche Standorte und Flächen für wichtige Raumnutzungen und -funktionen vorsorgend zu sichern, konkurrierende Nutzungen effektiv zu entflechten und räumliche Entwicklungen bedarfsgerecht steuern zu können. Zum anderen erfordert die wachsende Verdichtung der Nutzungen und die Zunahme Kreis- und Regionsgrenzen überschreitender Infrastrukturvorhaben eine **intensive Abstimmung mit benachbarten Planungsträgern**. Für die inhaltlich und formalrechtlich anspruchsvolle Planung wird außerdem **ausreichende Verwaltungskraft** benötigt. Es kann daher geboten sein, die Aufgabe der Regionalplanung in anderer, leistungsfähiger Organisationsform und Trägerschaft gemeinsam für mehrere Landkreise oder kreisfreie Städte zu erledigen. In der Praxis bereits bewährt hat sich die **Bildung eines Zweckverbandes bzw. die Bildung eines ähnlichen Regionalverbandes zur Übernahme der Regionalplanung**. Kommunalrechtlich stehen auch andere Zusammenarbeitsformen zur Verfügung, die in Niedersachsen allerdings im Bereich der Regionalplanung noch nicht zur Anwendung gekommen sind und deren Eignung dafür noch nicht erprobt ist.

3.1 Aufgabenübertragung auf einen Zweckverband oder den Regionalverband „Großraum Braunschweig"

12 Die im Regelfall zuständigen Regionalplanungsträger können ihre **regionalplanerischen Aufgaben einem Zweckverband übertragen**, der diese für das Gesamtgebiet seiner Mitglieder erfüllt. § 20 Abs. 2 NROG nennt diese Möglichkeit zwar nur für die Landkreise und kreisfreien Städte ausdrücklich, aufgrund der §§ 3 und 16 NKomVG besteht sie aber gleichermaßen für die den Landkreisen gleichgestellte Region Hannover und die den kreisfreien Städten gleichgestellte Stadt Göttingen. Gerade in Räumen mit hoher Nutzungsdichte, bei denen zahlreiche Verflechtungen über die Grenzen der Regionalplanungsräume hinaus bestehen, wird hierdurch eine Möglichkeit eröffnet, im Verbund eine effektivere Regionalplanung für einen größeren Planungsraum zu schaffen als es für die einzelnen bisherigen Regionalplanungsräume möglich wäre. Insbesondere **für den Raum kreisfreier Städte, die isoliert gar keine überörtliche Regionalplanung betreiben können, und die sie umgebenden Landkreise** bietet sich hierdurch eine **sinnvolle Option** zur Schaffung einer gemeinsamen Regionalplanung i. S. des § 5 Abs. 4 NROG.

Haben kommunale Regionalplanungsträger einem Zweckverband ihre Aufgaben übertragen, sind sie selbst von der Pflicht zur Aufgabenerfüllung frei (s. § 2 Abs. 4 NKomZG).

13 **Derzeit besteht in Niedersachsen aber kein Zweckverband als Träger der Regionalplanung** i. S. des § 20 Abs. 2 NROG. Der nach anderen Zweckverbänden für die Regionalplanung im Großraum Hannover zuständige Kommunalverband Großraum Hannover wurde 2001 zeitgleich mit der Bildung der Region Hannover aufgelöst. Der frühere Zweckverband „Großraum Braunschweig" wurde 2017 organisatorisch zum Regionalverband „Großraum Braunschweig" umgestaltet (vgl. Erl. 4.2 zu § 18 NROG). Mit Inkrafttreten des Gesetzes zur institutionellen Stärkung und Weiterentwicklung des Zweckverbandes „Großraum Braunschweig" am 22.3.2017 hat der Verband seinen Status als Zweckverband verloren und stellt nun einen Verband eigener Art dar (vgl. LT-Drs. 17/7472 S. 5). Dies hat dazu geführt, dass in § 20 Abs. 2 NROG ergänzend zur Übertragung der Regionalplanungsaufgaben auf einen Zweckverband auch die Möglichkeit der Aufgabenübertragung auf den Regionalverband „Großraum Braunschweig" geregelt wurde.

3.2 Sonstige Möglichkeiten der Zusammenarbeit nach dem NKomZG

14 Neben der Aufgabenübertragung auf einen Zweckverband können von den Regionalplanungsträgern **weitere Möglichkeiten der Zusammenarbeit** nach dem NKomZG genutzt werden. So können Regionalplanungsträger ihre öffentlichen Aufgaben mittels eines gemeinsamen Unternehmens in der Rechtsform einer rechtsfähigen Anstalt des öffentli-

chen Rechts (**gemeinsame kommunale Anstalt**) erledigen oder auf Basis einer Zweckvereinbarung einen **anderen kommunalen Regionalplanungsträger** mit der Durchführung ihrer Aufgaben **beauftragen oder ihm die Aufgabe übertragen**. Die Initiative für eine solche Zusammenarbeit kann **nur von den zuständigen Aufgabenträgern nach § 20 Abs. 1 NROG ausgehen**, nicht aber von einzelnen kreisangehörigen Gemeinden oder Samtgemeinden innerhalb eines Landkreises, denen die Aufgaben der Regionalplanung gar nicht obliegen (vgl. § 2 Abs. 2 NKomZG und LT-Drs.16/4476 S. 57).

Die **Rechtsfolgen einer Übertragung von Aufgaben unterscheiden sich von denen einer bloßen Beauftragung** einer Anstalt oder einer anderen Kommune mit Aufgaben der Regionalplanung. Gem. § 2 Abs. 3 NKomZG gehen mit einer Aufgabenübertragung alle mit der Aufgabenerfüllung verbundenen Rechte und Pflichten einschließlich der Befugnis, ein RROP als Satzung zu erlassen (§ 5 Abs. 5 Satz 1 NROG), über und die bisherigen Regionalplanungsträger sind hiervon befreit. Im Falle der Beauftragung mit Aufgaben der Regionalplanung, bleiben die Rechte und Pflichten der auftraggebenden Regionalplanungsträger in Bezug auf die Aufgabe unberührt und sie können dem Beauftragten oder der beauftragten Einrichtung fachliche Weisungen erteilen (vgl. § 2 Abs. 4 Satz 2 und 3 NKomZG). Dies gilt auch, wenn sie sich zu ihrer Erfüllung einer gemeinsamen kommunalen Anstalt oder anderer kommunaler Regionalplanungsträger bedienen. **15**

3.3 Grenzen bei der Übertragung von Aufgaben oder bei der kommunalen Zusammenarbeit

Wird ein Zweckverband gebildet, der die Aufgaben der Regionalplanungsträger nach § 20 NROG übernehmen soll und auf den infolgedessen nach § 18 Abs. 2 NROG zugleich die Aufgaben der unteren Landesplanungsbehörden übergehen, dürfen dabei **keine dem LROP widersprechenden Planungsräume** entstehen. Auch bei Nutzung anderer kommunaler Zusammenarbeitsformen für die Regionalplanung darf die Abgrenzung des Planungsraums dem LROP nicht widersprechen. **16**

Die in § 20 Abs. 2 NROG enthaltene Regelung stand ursprünglich mit anderen Ermächtigungsgrundlagen zur Festlegung von Planungsraumgrenzen im Zusammenhang, die inzwischen aufgehoben sind (§ 4 Abs. 1 Buchst. d i. V. m. § 12 NROG vom 30.3.1966, Nds. GVBl. S. 69; Gesetz über das Landes-Raumordnungsprogramm Niedersachsen – Teil I – vom 2.3.1994, Nds. GVBl. S. 130).

Heutzutage könnten sich Anwendungsfälle für grenzüberschreitende Planungsverbände und Zusammenarbeitsformen ergeben. Durch die Regelung in § 20 Abs. 2 NROG kann dabei sichergestellt werden, dass die Bildung von Planungsräumen so erfolgt, das im LROP verankerte Planungsaufträge ohne Einschränkungen abgearbeitet werden können. Die Regelung kann ferner zur Anwendung kommen, wenn im LROP künftig Festlegungen erfolgen, die für die Abgrenzung etwaiger neuer Regionalplanungsräume relevant sein könnten. Derzeit ist die Praxisrelevanz dieser Regelung gering.

Der in **§ 2 Abs. 1 Satz 2 NKomZG** geregelte, allgemeine Grundsatz, dass sich eine kommunale Zusammenarbeit auch auf sachlich und örtlich begrenzte Teile der Aufgaben beschränken kann, ist **nachrangig gegenüber der spezialgesetzlichen Norm in § 5 Abs. 1 Satz 2 NROG**, die für RROP ausdrücklich ausschließt, dass Festlegungen der Regionalplanung in sachlichen oder räumlichen Teilprogrammen erfolgen. Insoweit sind die Aufgaben der Regionalplanungsträger unteilbar und könnten nur in Gänze übertragen oder Gegenstand einer raumordnerischen Zusammenarbeit werden, nicht aber nur für einen Teil des Planungsraums oder nur für ein sachliches Segment der Regionalplanung. Andernfalls wäre die nach § 2 Abs. 5 NKomVG erforderliche Genehmigung der Aufgabenübertragung wegen eines Verstoßes gegen Rechtsvorschriften des NROG abzulehnen. Dies gilt sowohl bei der Übertragung auf einen Zweckverband als auch bei anderen Formen einer Aufgabenübertragung. **17**

Hiervon ausgenommen wäre eine auf den RROP-Planungsteil „Windenergienutzung" beschränkte, befristete Zusammenarbeit, da hierfür inzwischen in § 5 Abs. 1 NROG eine vorübergehende Ausnahme vom Teilplanverbot eröffnet wurde.

§ 21

Übergangsvorschriften

(1) [1]Verfahren zur Aufstellung und zur Änderung von Raumordnungsplänen sowie Raumordnungsverfahren, die vor dem 29. November 2017 förmlich eingeleitet wurden, werden nach den bis zum 28. November 2017 geltenden Fassungen dieses Gesetzes und des Raumordnungsgesetzes abgeschlossen. [2]Ist mit gesetzlich vorgeschriebenen einzelnen Schritten des Verfahrens noch nicht begonnen worden, so können diese auch nach den ab dem 29. November 2017 geltenden Fassungen dieses Gesetzes und des Raumordnungsgesetzes durchgeführt werden.

(2) [1]In Raumordnungsverfahren, die vor dem 15. März 2020 förmlich eingeleitet wurden, werden gesetzlich vorgeschriebene einzelne Schritte des Verfahrens, die vor dem 15. März 2020 begonnen, aber noch nicht abgeschlossen wurden, nach den bis zum 14. März 2020 geltenden Fassungen dieses Gesetzes und des Raumordnungsgesetzes abgeschlossen. [2]Ist in Raumordnungsverfahren, die vor dem 15. März 2020 förmlich eingeleitet wurden, mit gesetzlich vorgeschriebenen einzelnen Schritten des Verfahrens bis zum 14. März 2020 noch nicht begonnen worden, so werden diese nach den ab dem 15. März 2020 geltenden Fassungen dieses Gesetzes und des Raumordnungsgesetzes durchgeführt.

(3) [1]In Raumordnungsverfahren, die vor dem 20. Oktober 2021 förmlich eingeleitet wurden, werden gesetzlich vorgeschriebene einzelne Schritte des Verfahrens, die vor dem 20. Oktober 2021 begonnen, aber noch nicht abgeschlossen wurden, nach den bis zum 19. Oktober 2021 geltenden Fassungen dieses Gesetzes und des Raumordnungsgesetzes abgeschlossen. [2]Ist in Raumordnungsverfahren, die vor dem 20. Oktober 2021 förmlich eingeleitet wurden, mit gesetzlich vorgeschriebenen einzelnen Schritten des Verfahrens bis zum 19. Oktober 2021 noch nicht begonnen worden, so können diese auch nach den ab dem 20. Oktober 2021 geltenden Fassungen dieses Gesetzes und des Raumordnungsgesetzes durchgeführt werden.

(4) [1]In Verfahren zur Aufstellung und zur Änderung von Raumordnungsplänen sowie Verfahren zur Raumverträglichkeitsprüfung, die vor dem 19. April 2024 förmlich eingeleitet wurden, werden gesetzlich vorgeschriebene einzelne Schritte des Verfahrens, die vor dem 19. April 2024 begonnen, aber noch nicht abgeschlossen wurden, nach der bis zum 18. April 2024 geltenden Fassung dieses Gesetzes und des Raumordnungsgesetzes abgeschlossen. [2]Ist in Verfahren zur Aufstellung und zur Änderung von Raumordnungsplänen sowie Verfahren zur Raumverträglichkeitsprüfung, die vor dem 19. April 2024 förmlich eingeleitet wurden, mit gesetzlich vorgeschriebenen einzelnen Schritten des Verfahrens bis zum 18. April 2024 noch nicht begonnen worden, so können diese auch nach der ab dem 19. April 2024 geltenden Fassung dieses Gesetzes und des Raumordnungsgesetzes durchgeführt werden.

Erläuterungen

1 § 21 NROG enthält **Übergangsvorschriften für laufende Verfahren**. Erfolgt eine Gesetzesänderung, so sind prinzipiell alle Verfahren ausschließlich nach den (dann) geltenden Vorschriften durchzuführen. Besondere Bedeutung hätte dies für die genehmigungspflichtigen RROP. Da die Sach- und Rechtslage zum Zeitpunkt der Erteilung der Genehmigung maßgeblich ist, könnte eine Genehmigung nur erteilt werden, wenn alle Verfahrensanforderungen gemäß der zu diesem Zeitpunkt geltenden Rechtslage eingehalten wurden. Erfolgte während eines laufenden Planungsverfahrens eine Gesetzesänderung, müssten alle diejenigen bereits erfolgten Verfahrensschritte (selbst wenn sie nach altem Recht ord-

nungsgemäß waren) wiederholt werden, die den neuen Anforderungen nicht genügen. Die Übergangsvorschriften sollen diese Rechtsfolge verhindern.

Den Übergangsregelungen liegt – mit Ausnahme von Absatz 2 – die einheitliche Entscheidung zugrunde, dass **laufende Verfahren wahlweise nach neuem oder nach altem Bundes- und Landesrecht abgeschlossen werden dürfen**. Entscheidet sich der Planungsträger für die Fortführung des Verfahrens nach neuem Recht, ermöglichen die Übergangsvorschriften, das neue Recht nur bei künftigen Verfahrensschritten anzuwenden, nicht aber bei bereits erfolgten. Die nach der alten Übergangsregelung mögliche Kombination von neuem Bundesrecht und altem Landesrecht ist wegen Widersprüchen zwischen neuem Bundes- und altem Landesrecht – z. B. bei Beteiligungsanforderungen oder Fristen – nicht mehr zulässig. 2

Die Übergangsvorschriften des **§ 21 Abs. 1 NROG** wurden mit der **NROG-Änderung von 2017** aktualisiert. Sie korrespondieren mit den Übergangsregelungen nach Bundesrecht (§ 27 ROG). Die Übergangsvorschriften stellen deshalb auf den 29.11.2017 ab, weil das ROG zwar bereits am 29.5.2017 im BGBl. verkündet wurde, aber erst sechs Monate nach seiner Verkündung in Kraft trat. Das Inkrafttreten des NROG und damit auch der Stichtag in den Übergangsregelungen wurden auf das Bundesrecht abgestimmt, um einen einheitlichen Übergang von altem zu neuem Recht zu erreichen. 3

§ 21 Abs. 2 NROG enthält **Übergangsregelungen für bestimmte Raumordnungsverfahren** (aktuelle Bezeichnung: Raumverträglichkeitsprüfung). Hierbei sind – sofern es sich um UVP-pflichtige Vorhaben handelt – neben den Vorschriften des ROG und des NROG auch die Verfahrensvorschriften des UVPG zu beachten. Während mit § 27 ROG und § 21 NROG 2017 der jeweiligen Landesplanungsbehörde ein Wahlrecht eingeräumt wurde, ob sie laufende Verfahren nach altem oder nach neuem Recht zu Ende führen möchte, sahen die Übergangsvorschriften des UVPG ein solches Wahlrecht nicht vor. Die strengeren Vorgaben im UVPG verdrängen das Verfahrenswahlrecht nach den raumordnungsrechtlichen Übergangsvorschriften. **Laufende Raumordnungsverfahren, die Absatz 2 unterfallen, sind zwingend nach dem jeweils anzuwendenden alten Recht zu Ende zu führen**. 4

Hauptanwendungsfall ist die in **§ 74 Abs. 2 UVPG** erfasste Konstellation: Wurde bereits vor dem 16.5.2017 die Einladung zur Antragskonferenz versandt (Nummer 1) oder vom Vorhabenträger die entscheidungserheblichen Verfahrensunterlagen vorgelegt (Nummer 2), so „ist" das Verfahren nach den Vorgaben des vor dem 16.5.2017 geltenden UVPG (Stichtag für die Umsetzung europarechtlicher Vorgaben) zu Ende zu führen. Raumordnungsverfahren, die vor dem 1.3.2010 begonnen wurden, sind gemäß § 74 Abs. 10 UVPG in der ab dem 1.3.2010 geltenden Fassung des UVPG zu Ende zu führen. 5

Mit **§ 21 Abs. 3 NROG** wurde eine Übergangsvorschrift mit Blick auf die **2021 erfolgte Anpassung der NROG-Vorschriften zum Raumordnungsverfahren** (aktuelle Bezeichnung: Raumverträglichkeitsprüfung) an ROG-Änderungen durch das Investitionsbeschleunigungsgesetz vom 3.12.2020 geschaffen. Bundesgesetzlich war hierbei keine Übergangsvorschrift vorgesehen. 6

Die Übergangsvorschriften in **§ 21 Abs. 4 NROG** erging mit Blick auf die **ROG Novelle 2023 und die NROG-Änderung 2024.** 7

§ 22
Besondere Verfahrensmöglichkeiten bis zum 31. Dezember 2022

(weggefallen)

Erläuterungen

Übersicht

1. Notwendigkeit pandemiebedingter Sonderregeln; Verhältnis von § 22 NROG und PlanSiG

1 § 22 NROG enthielt **befristete Verfahrenserleichterungen aus Anlass der COVID-19-Pandemie**.

2 § 22 NROG in seiner zuletzt geltenden Fassung lautete:

(1) Von einer Erörterung nach § 3 Abs. 4 Satz 1 und von einer Erörterung nach § 10 Abs. 7 Halbsatz 1 kann abgesehen werden. Die Erörterung ist durch einen Austausch in schriftlicher oder elektronischer Form oder im Rahmen einer Telefon- oder Videokonferenz zu ersetzen, soweit dies möglich ist und keinen unverhältnismäßigen Aufwand verursacht.

(2) Die Landesplanungsbehörde kann über Erfordernis, Gegenstand, Umfang und Ablauf des Raumordnungsverfahrens ohne Antragskonferenz nach § 10 Abs. 1 Satz 1 entscheiden. Die Antragskonferenz ist durch einen Austausch in schriftlicher oder elektronischer Form oder im Rahmen einer Telefon- oder Videokonferenz zu ersetzen, soweit dies möglich ist und keinen unverhältnismäßigen Aufwand verursacht; § 10 Abs. 1 Satz 2 gilt entsprechend.

(3) Die Landesplanungsbehörde kann die in § 10 Abs. 5 Sätze 7 bis 9 vorgesehene Äußerung zur Niederschrift ausschließen, wenn die Entgegennahme von Äußerungen zur Niederschrift nicht oder nur mit unverhältnismäßigem Aufwand möglich wäre; auf den Ausschluss von Äußerungen zur Niederschrift ist bei der öffentlichen Bekanntmachung nach § 10 Abs. 5 Satz 4 ausdrücklich hinzuweisen.

(4) Die Absätze 1 bis 3 finden auch auf Verfahren Anwendung, die vor dem 18. Juli 2020 begonnen, aber noch nicht abgeschlossen wurden. Wird in einem solchen Verfahren von den in Satz 1 genannten Regelungen Gebrauch gemacht, so ist den Betroffenen Gelegenheit zu geben, sich auf die neue Situation einzurichten.

3 Mit Ablauf des 31.12.2023 sind diese Regeln außer Kraft getreten. Die seinerzeitigen Vorschriften und nachstehenden Ausführungen behalten **übergangsweise Bedeutung für noch nicht abgeschlossene Verfahren sowie für die gerichtliche Überprüfung von Verfahren aus der Zeit**.

4 Die COVID-19-Pandemie wirkte sich auch auf Raumplanungs- und Raumordnungsverfahren/Raumverträglichkeitsprüfungen aus. Aufgrund von **Kontaktbeschränkungen** konnten Beteiligungsverfahren nicht in gleicher Weise durchgeführt werden wie vor der Pandemie. Die Auslegung von Papierunterlagen in für den Publikumsverkehr geschlossenen Behördenhäusern war hiervon ebenso betroffen wie Präsenzveranstaltungen wie beispielsweise Antragskonferenzen, Scoping- oder Erörterungstermine. Das Absehen von gesetzlich normierten Verfahrensanforderungen war ohne gesetzliche Grundlage nicht zulässig. Das

Verschieben neuer Verfahren oder das Ruhenlassen laufender Verfahren wäre die zwangsläufige Folge gewesen.

Sowohl das Gesetz zur Sicherstellung ordnungsgemäßer Planungs- und Genehmigungsverfahren während der COVID-19-Pandemie (Planungssicherstellungsgesetz – PlanSiG) des Bundes als auch das Niedersächsische Artikelgesetz aus Anlass der COVID-19-Pandemie eröffneten den Planungsträgern und Landesplanungsbehörden daher **befristete Möglichkeiten zur erleichterten Handhabe einzelner Verfahrensschritte**, um Planungs- bzw. Verfahrensverzögerungen zu reduzieren. **§ 22 NROG und das PlanSiG waren kumulativ anwendbar**. Soweit § 22 NROG und PlanSiG gleichlautende bzw. vergleichbare Regelungen enthielten, erklärte sich das aus den besonderen pandemiebedingten Rahmenbedingungen, aus denen heraus unter großem Zeitdruck schnellstmöglich Notfallregelungen erlassen werden mussten. Teilweise bestand rechtliche Unklarheit über die Anwendungsreichweite des PlanSiG. Insoweit sollte § 22 NROG „sicherheitshalber" für den Fall der Nichtabwendbarkeit des PlanSiG als eine hilfsweise greifende landesrechtliche Ermächtigungsgrundlage gewährleisten, dass pandemiebedingte Verfahrenserleichterungen in jedem Fall eine rechtliche Grundlage und Absicherung finden und Verfahrensergebnisse nicht gefährdet werden. 5

Das **PlanSiG enthielt Sonderregelungen** für die Auslegung öffentlicher Bekanntmachungen (§ 2 PlanSiG), für die Auslegung von Unterlagen oder Entscheidungen (§ 3 PlanSiG), für Erklärungen zur Niederschrift (§ 4 PlanSiG) sowie für Erörterungstermine, mündliche Verhandlungen und Antragskonferenzen (§ 5 PlanSiG). Die Vorschriften waren **vergleichsweise eng gefasst**, weil sie für jeden der genannten Verfahrensschritte zugleich eine stattdessen erforderliche Verfahrensweise regelten. 6

Im Interesse eines möglichst unterbrechungsfreien Fortgangs laufender Verfahren **erweiterte § 22 NROG die Möglichkeiten des PlanSiG**. Insbesondere zu Beginn der Pandemie verfügten weder alle Stellen/Arbeitsplätze der Landes- oder Kommunalverwaltung in Niedersachsen über hinreichende technische und/oder personelle Ausstattung noch waren Verbände, Vereinigungen und die breite Bevölkerung „geübt" darin, die im PlanSiG normierten Anforderungen, bspw. über online-Konsultationen, erfüllen zu können. Die **niedersächsischen Rechtsvorschriften eröffneten weitere Handlungsoptionen und gestatteten als ultima ratio auch das gänzliche Absehen von bestimmten Verfahrensschritten**. 7

Bis Dezember 2021 konnten der Träger der Raumordnungsplanung oder die Landesplanungsbehörde erst dann über die Anwendbarkeit der Verfahrenserleichterungen entscheiden, wenn zuvor eine **epidemische Lage von nationaler Tragweite nach § 5 Abs. 1 Satz 1 IfSG durch den Deutschen Bundestag, eine epidemische Lage von landesweiter Tragweite nach § 3a Abs. 1 Satz 1 NGöGD durch den Niedersächsischen Landtag oder ein Katastrophenfall i. S. d. § 1 Abs. 2 NKatSG festgestellt** worden war. Praktisch bedeutsam war in Niedersachsen nur die epidemische Lage von nationaler Tragweite im Sinne von § 22 Abs. 1 Satz 1 Nr. 1 NROG a. F. 8

Das **Auslaufen der „epidemischen Lage von nationaler Tragweite" am 25.11.2021** hatte zur Folge, dass die Voraussetzungen für Verfahrenserleichterungen nach § 22 NROG a. F. entfallen sind. Mit dem am 10.12.2021 in Kraft getretenen Gesetz vom 7.12.2021 hat der niedersächsische Landesgesetzgeber die Erfordernisse nach § 22 Abs. 1 Satz 1 Nr. 1 bis 3 NROG a. F. entfallen lassen. Seitdem standen die Verfahrenserleichterungen des § 22 NROG – ebenso wie die des PlanSiG – **unabhängig von „Notlage-Voraussetzungen"** zur Verfügung. 9

Die Regelungen des **§ 22 NROG hatten eine befristete Gültigkeit vom 18.7.2020** (eingeführt durch Art. 16 und aufgehoben durch Art. 21 i. V. m. Art. 23 Abs. 2 Nr. 3 des Gesetzes vom 15.7.2020, Nds. GVBl. S. 244) **bis 31.12.2023** (ursprüngliche Geltung bis 31.3.2021 verlängert durch Gesetz zur Änderung verschiedener Rechtsvorschriften aus Anlass der COVID-19-Pandemie vom 16.3.2021, Nds. GVBl. S. 133 bis 31.12.2022 und erneut bis 31.12.2023). 10

11 Die Vorschriften des **PlanSiG** waren ab seinem **Inkrafttreten am 29.5.2020** anwendbar und zunächst ebenfalls bis zum 31.3.2021 befristet. Sie wurden durch Art. 1 des Gesetzes zur Verlängerung der Geltungsdauer des Planungssicherstellungsgesetzes und der Geltungsdauer dienstrechtlicher Vorschriften vom 18.3.2021 (BGBL.I S. 353) zunächst bis zum 31.12.2022 und danach erneut verlängert. Der Bereich Raumordnung wurde allerdings mit dem Inkrafttreten des ROG-2023 dem Anwendungsbereich entzogen; seit seinem Inkrafttreten am 2.9.2023 sind bestimmte Regelungen im ROG als Dauerrecht und regulär anwendbar.

2. Verfahrenserleichterungen für die Aufstellung und Änderung von Raumordnungsplänen

12 **§ 2 PlanSiG betraf Bekanntmachungen nach § 9 Abs. 2 Satz 3 ROG**. Sofern kommunalrechtlich vorgesehen war, dass die Bekanntmachung über Beginn und Modalitäten Beteiligungsverfahren zu einem RROP durch Anschlag an einer Amtstafel oder durch Auslegung dieser Bekanntmachung (nicht der Verfahrensunterlagen!) zur Einsichtnahme erfolgt und damit eine physische Anwesenheit erfordert, ermöglichte § 2 PlanSiG die Bekanntmachung via Internet. **Die praktische Bedeutung für Raumordnungspläne war gering.** Bekanntmachungen zum LROP erfolgen gem. § 4 Abs. 3 NROG im Niedersächsischen Ministerialblatt. In Bezug auf RROP sahen die kommunalen Hauptsatzungen für Bekanntmachungen der allgemeinen Planungsabsichten oder über die Auslegung von RROP-Entwurfsunterlagen in aller Regel das Amtsblatt oder Tageszeitungen vor.

13 **§ 3 PlanSiG eröffnete als Alternative für die Auslegung von Verfahrensunterlagen nach § 9 Abs. 2 Sätze 2 und 3 ROG deren Bereitstellung im Internet**. Dies allein bedeutete in Niedersachsen keine Neuerung, da § 3 Abs. 3 NROG a. F. ohnehin eine Bereitstellung der Verfahrensunterlagen im Internet erforderte. Auch die mit der Internet-Bereitstellung verbundenen technischen und informatorischen Anforderungen des § 3 Abs. 1 Sätze 1 und 2 PlanSiG entsprachen im Wesentlichen den ohnehin geltenden Erfordernissen des § 3 Abs. 3 Sätze 1 und 2 NROG a. F. Neu hinzu trat das Erfordernis, dass der Inhalt der Bekanntmachung (über die Bereitstellung der Unterlagen im Internet) ebenfalls auf einer Internetseite des Planungsträgers zugänglich gemacht werden soll, was vielfach allerdings ohnehin der bereits gängigen Praxis entsprach.

14 § 3 PlanSiG sah **als Ersatz für die Auslegung von Unterlagen deren Veröffentlichung im Internet** vor. § 3 Abs. 2 PlanSiG stellte jedoch klar, dass allein die internetbasierte Information nicht genügt. Vor dem Hintergrund der Aarhus-Konvention über den Zugang der Öffentlichkeit zu Umweltinformationen hatte der Planungsträger Einsichtsalternativen für diejenigen Personen anzubieten, die keinen eigenen Zugang zum Internet haben. Das gesetzlich genannte Beispiel öffentlich zugänglicher Lesegeräte war dabei eher praxisfern sein. Jedenfalls Lesegeräte in öffentlichen Bibliotheken und Büchereien waren von pandemiebedingten Schließungen für den Publikumsverkehr ebenso betroffen wie Lesegeräte in den Behörden selbst. Auch die in Absatz 2 genannte Versendung von Papierunterlagen war nicht immer so „schnell und einfach" möglich, wie dies der Gesetzgeber angenommen haben mag – insbesondere, wenn aufgrund von behördlich angeordnetem Homeoffice und der Reduzierung von Präsenzpersonal auf eine Notbesetzung Verzögerungen bei der Erstellung der zumeist aus mehreren hundert Seiten und großformatigen Karten bestehenden Planentwurfs-Exemplare auftraten. Wegen der mangels Praktikabilität der vom Gesetzgeber angedachten Alternativen ohnehin nötigen physischen Auslegung von Unterlagen war die praktische Bedeutung des § 3 PlanSiG für Raumplanungsverfahren in Niedersachsen ebenfalls eher gering.

15 § 4 PlanSiG ermöglichte einen **Verzicht auf die Abgabe von Erklärungen zur Niederschrift**. Für Raumordnungspläne beschränkte § 3 Abs. 3 Satz 3 NROG a. F. die Möglichkeit zur Stellungnahme auf die schriftliche oder elektronische Form, sodass die Vorschrift nicht zur Anwendung kam.

Praktisch bedeutsame Verfahrenserleichterungen ermöglichten § 5 PlanSiG und § 22 Abs. 1 NROG für **Erörterungstermine** nach § 3 Abs. 4 NROG a. F. § 5 PlanSiG und § 22 Abs. 1 NROG eröffneten verschiedene Handlungsalternativen für den Fall, dass ein Präsenztermin nicht durchführbar ist. § 5 PlanSiG sah gem. Absatz 2 als Ersatz eine Online-Konsultation vor, gem. Absatz 5 Telefon- oder Videokonferenzen bei Einverständnis aller Beteiligten, ferner gem. Absatz 6 die Gelegenheit zur schriftlichen oder elektronischen Stellungnahme. § 22 NROG ermöglichte Video- oder Telefonkonferenzen, auch ohne dass zuvor alle zur Teilnahme Berechtigten ausdrücklich ihr Einverständnis erteilen mussten, und ermöglichte letztlich auch den gänzlichen Entfall einer Erörterung. 16

Für eventuelle Fehler bei der Anwendung von Verfahrenserleichterungen galt § 6 Abs. 3 PlanSiG mit **Regelungen zur Unbeachtlichkeit von Fehlern**. Satz 1 erklärte das Fehlerfolgenrecht der in § 1 PlanSiG genannten Fachgesetze – d. h. für die Raumordnung § 11 ROG – auch für Fehler in den Verfahrensschritten nach dem PlanSiG für entsprechend anwendbar. Satz 2 enthielt Regelungen für Bekanntmachungsfehler. 17

3. Verfahrenserleichterungen für Raumordnungsverfahren

Für **Raumordnungsverfahren (aktuelle Bezeichnung: Raumverträglichkeitsprüfungen)** galten ebenfalls die Regelungen des **PlanSiG**; zur praktischen Bedeutung von § 2 und § 3 PlanSiG vgl. Erl. 1. 18

§ 22 Abs. 3 NROG ergänzte die Regelungen des § 4 PlanSiG zur persönlichen Abgabe von Stellungnahmen. Neben einer schriftlichen oder elektronischen Stellungnahme eröffnete § 10 NROG auch die Abgabe einer Äußerung zur Niederschrift bei einer Behörde, bei der die Verfahrensunterlagen zur Einsicht ausliegen. Waren aufgrund von Kontaktbeschränkungen Behördenhäuser geschlossen, waren Besuchszeiten zur Senkung des Infektionsrisikos reduziert oder war ein Niederschrifts-Angebot aufgrund verstärkter Arbeit im Homeoffice nicht zumutbar realisierbar, konnte die Möglichkeit zur Niederschrift nicht nur unter der Maßgabe des § 4 Abs. 2 PlanSiG (Bereithaltung eines Zugangs für die Abgabe von elektronischen Erklärungen), sondern auch ohne entsprechende Alternative entfallen. Die praktische Bedeutung der Regelung war gering, da ohnehin kaum noch Stellungnahmen zur Niederschrift abgegeben wurden. 19

§ 22 Abs. 1 und 2 NROG ermöglichten – ergänzend zu § 5 PlanSiG – **Alternativen für die Durchführung von Antragskonferenzen und Erörterungsterminen** für Raumordnungsverfahren sowie als ultima ratio ihr Entfallen lassen. 20

4. Anwendungsbereich

Von den Verfahrenserleichterungen konnte zum einen **in Verfahren Gebrauch gemacht werden, die erst nach Inkrafttreten der Vorschriften eingeleitet wurden**. In Bezug auf die Vorschriften des PlanSiG war dies der 29.5.2020, in Bezug auf § 22 NROG der 18.7.2020. 21

Die Verfahrenserleichterungen waren aber auch **in bereits laufenden Verfahren** anwendbar. Ein bereits begonnener Verfahrensschritt hätte allerdings nach § 6 Abs. 1 Satz 2 PlanSiG wiederholt werden müssen, wenn man hierfür die Verfahrensregelungen des PlanSiG anwenden wollte. Für bundesrechtlich nicht vorgesehene Verfahrensschritte, die ausschließlich durch § 22 NROG modifiziert werden, war keine derartige Wiederholung notwendig, sondern § 22 Abs. 4 Satz 2 NROG ließ (flexibler) ausreichen, dass sich die Beteiligten auf die neue Situation einstellen können. Wurde beispielsweise bereits zu einem Erörterungstermin in Gestalt einer Präsenzveranstaltung eingeladen, konnte diese aber nicht wie geplant stattfinden, so durfte stattdessen beispielsweise zu einer Erörterung in Form einer Videokonferenz „umgeladen" werden. 22

Stichwortverzeichnis

Die fett gedruckten Ziffern bezeichnen den jeweiligen Paragrafen, die Angaben dahinter verweisen auf die jeweilige Gliederungsziffer

C

D

E